谨以此书献给

为中国水运基础设施建设事业作出贡献的决策者、建设者、管理者

"十四五"时期国家重点出版物出版专项规划项目

Record of
Port and Waterway Engineering
Construction in

China

中国水运工程建设实录
（1978 — 2015）

第四卷 · 内河港口工程（上）

中华人民共和国交通运输部

人民交通出版社股份有限公司
北 京

内 容 提 要

本书分为发展篇、管理篇、科技篇、开放篇、成就篇，共九卷十三章。内容包括改革开放以来的中国水运事业、水运基础设施建设规划及前期工作、水运工程建设法律法规、水运工程建设与管理、水运工程建设技术标准、水运工程建设科技创新与应用、水运工程建设对外合作与交流、沿海港口与航道工程、内河港口工程、内河航道工程、内河通航建筑物（船闸与升船机）、水运支持保障系统工程、重要水工工程等。

本书集中梳理了改革开放以来我国水运事业的发展历程，特别是水运基础设施建设方面的巨大成就，较为系统地总结了我国水路交通发展的实践经验，具有很强的学术价值和史料价值，可供水运工程建设行业相关人员阅读、学习与查询参考。

图书在版编目（CIP）数据

中国水运工程建设实录：1978—2015 / 中华人民共和国交通运输部组织编写. — 北京：人民交通出版社股份有限公司，2021.6

ISBN 978-7-114-17354-7

Ⅰ.①中… Ⅱ.①中… Ⅲ.①航道工程—工程建设—中国—1978—2015 Ⅳ.①U61

中国版本图书馆 CIP 数据核字（2021）第 100900 号

审图号：GS（2021）2063 号

Zhongguo Shuiyun Gongcheng Jianshe Shilu(1978—2015)　　Di-Si Juan·Neihe Gangkou Gongcheng(Shang)

书　　　　名	中国水运工程建设实录（1978—2015）　第四卷·内河港口工程（上）
著　作　者	中华人民共和国交通运输部
本卷责任编辑	崔　建　张　斌　张江成　杨　明
本卷责任校对	席少楠
责任印制	张　凯
出 版 发 行	人民交通出版社股份有限公司
地　　　　址	（100011）北京市朝阳区安定门外外馆斜街 3 号
网　　　　址	http://www.ccpcl.com.cn
销 售 电 话	（010）59757973
总　经　销	人民交通出版社股份有限公司发行部
经　　　　销	各地新华书店
印　　　　刷	北京印匠彩色印刷有限公司
开　　　　本	787×1092　1/16
印　　　　张	354.75
字　　　　数	6620 千
版　　　　次	2021 年 6 月　第 1 版
印　　　　次	2021 年 6 月　第 1 次印刷
书　　　　号	ISBN 978-7-114-17354-7
定　　　　价	2980.00 元（全九卷）

（有印刷、装订质量问题的图书由本公司负责调换）

《中国水运工程建设实录(1978—2015)》
编审委员会

顾　　问	杨传堂	李小鹏	刘小明	
主　　任	黄镇东	李盛霖		
副 主 任	何建中	徐祖远	许立荣	王彤宙	李建红
	费维军			
委　　员	邱　江	李天碧	徐成光	吴春耕	苏　杰
	王　韬	卢尚艇	庞　松	李　扬	孙有恒
	王　雷	王魁臣	唐建新	贾福元	田　林
	张　林	陆永泉	陈利幸	程跃辉	李　擎
	陈鹏程	高立平	唐彦民	朱汉桥	肖文伟
	陆亚兴	陈鸿起	姚建勇	陈永忠	陈乐生
	韩剑波	万振江	王海民	孙家康	褚宗生
	苏新刚	宋德星	王海怀	王洪涛	唐冠军
	王建华	朱鲁存	王先进	贾大山	张华勤
	朱伽林	刘　建	莫鉴辉	孙玉清	唐伯明
	门妍萍	张　页	彭翠红		
特邀专家	徐　光	汪临发	付国民	解曼莹	王明志

组织协调工作委员会

综合编纂工作委员会

参 编 单 位

交通运输部办公厅

交通运输部政策研究室

交通运输部综合规划司

交通运输部人事教育司

交通运输部财务审计司

交通运输部水运局

交通运输部科技司

交通运输部国际合作司

交通运输部海事局

交通运输部救助打捞局

天津市交通运输委员会

河北省交通运输厅

辽宁省交通运输厅

黑龙江省交通运输厅

上海市交通委员会

江苏省交通运输厅

浙江省交通运输厅

安徽省交通运输厅

福建省交通运输厅

江西省交通运输厅

山东省交通运输厅

河南省交通运输厅

湖北省交通运输厅

湖南省交通运输厅

广东省交通运输厅

广西壮族自治区交通运输厅

海南省交通运输厅

重庆市交通局

四川省交通运输厅

贵州省交通运输厅

云南省交通运输厅

陕西省交通运输厅

中国远洋海运集团有限公司

招商局集团有限公司

中国交通建设集团有限公司

交通运输部长江航务管理局

交通运输部珠江航务管理局

交通运输部规划研究院

交通运输部科学研究院

交通运输部水运科学研究院

交通运输部天津水运工程科学研究院

水利部交通运输部国家能源局南京水利科学研究院

人民交通出版社股份有限公司

中国交通通信信息中心

中国船级社

大连海事大学

重庆交通大学

上海海事大学

上海航运交易所

中国引航协会

参 编 人 员

丁军华　丁武雄　于广学　于传见　于金义　于海洋

万东亚　万　宇　万　亨　马兆亮　马进荣　马　良

马绍珍　马格琪　马朝阳　王大鹏　王义青　王文博

王平义　王　东　王目昌　王仙美　王永兴　王吉刚

王吉春　王达川　王　伟　王多银　王庆普　王阳红

王如正　王纪锋　王孝元　王　杨　王　坚　王　岚

王灿强　王　宏　王　坤　王　奇　王欣铭　王建华

王建军　王洪海　王艳欣　王晓明　王　晖　王　敏

王　烽　王　琳　王　辉　王瑞成　王　魁　王　鹏

王　新　王嘉琪　王慧宇　韦世荣　韦华文　韦国维

牙廷周　毛元平　毛亚伟　毛成永　尹海卿　邓　川

邓志刚　邓晓云　邓　强　孔令元　孔　华　孔德峰

石　晨　卢永昌　申　霞　叶建平　叶　智　田红旗

田佐臣　田轶群　田　浩　史超妍　付　广　付向东

付秀忠　付昌辉　付春祥　白雪清　冯小香　冯　玥

边　恒　母德伟　邢　艳　曲春燕　吕春江　吕勇刚

吕海林　朱立俊　朱吉全　朱红俊　朱　昊　朱剑飞

朱晓萌　朱逢立　朱悦鑫　朱　焰　乔　木　仲晓雯

任宏安　任建华　任建毅　任胜平　任　舫　任　超

向　阳　庄明刚　庄儒仲　刘　广　刘广红　刘元方

刘亚平　刘光辉　刘华丽　刘如君　刘孝明　刘　虎

刘国辉　刘明志　刘　岭　刘建纯　刘俊华　刘　洋

刘晓东	刘晓峰	刘润刚	刘雪青	刘常春	刘　祺
刘　颖	刘新勇	刘德荣	闫　军	闫岳峰	关云飞
许贵斌	许　麟	牟凯旋	纪成强	孙卫东	孙小清
孙百顺	孙林云	孙相海	孙洪刚	孙　敏	孙智勇
严　冰	严超虹	杨文武	杨立波	杨　华	杨宇民
杨远航	杨　武	杨国平	杨明昌	杨宝仁	杨建勇
杨树海	杨胜发	杨　艳	杨钱梅	杨　靓	杨　瑾
杨　鹤	杨　蕾	李一兵	李广涛	李天洋	李　云
李中华	李文正	李　玉	李东风	李永刚	李光辉
李　刚	李传光	李兆荣	李秀平	李作良	李　坦
李旺生	李国斌	李　明	李　凯	李佳轩	李金泉
李金海	李定国	李建宇	李建斌	李玲琳	李思玮
李思强	李俊涛	李　航	李　涛	李海涛	李培琪
李雪莲	李　博	李景林	李　锋	李　椿	李　群
李　静	李歌清	李德春	李　毅	李鹤高	李耀倩
李　巍	肖仕宝	肖　刚	肖胜平	肖　富	吴　天
吴凤亮	吴　昊	吴相忠	吴　俊	吴晓敏	吴彬材
吴　颖	吴新顺	吴蔚斌	吴　颜	时荣强	时梓铭
岑仲阳	邱志勇	邱逢埕	邱　梅	何升平	何月甫
何　杰	何国明	何海滨	何继红	何　斌	何静涛
何　睿	余高潮	余　辉	佘小健	邹　鸰	邹德华
应翰海	汪溪子	沈　忱	沈益华	宋伟巍	宋昊通
张子闽	张公振	张凤丽	张　平	张光平	张　伟
张　华	张华庆	张华麟	张　军	张红梅	张远红
张志刚	张志华	张志明	张　兵	张宏军	张　玮
张幸农	张金善	张怡帆	张学文	张宝华	张建林
张俊勇	张俊峰	张娇凤	张晓峰	张　涛	张　婧

张绪进	张越佳	张筱龙	张　鹏	张　黎	张　霞
张　懿	张懿慧	陆永军	陆　彦	陆培东	陈一梅
陈　飞	陈小旭	陈长荣	陈凤权	陈正勇	陈　竹
陈传礼	陈　冰	陈志杰	陈良志	陈　明	陈明栋
陈　佳	陈治政	陈　俊	陈美娥	陈娜妍	陈　勇
陈振钢	陈晓云	陈晓欢	陈晓亮	陈　峻	陈　鹏
陈源华	陈　飚	邵荣顺	范亚祥	范明桥	范海燕
范期锦	茅伯科	林一鹏	林小平	林　鸣	林和平
林鸿怡	林　琴	林　巍	易涌浪	易　纛	罗小峰
罗　冬	罗　军	罗春艳	罗海燕	罗　毅	季荣耀
金宏松	金晓博	金震宇	金　鏐	周大刚	周小玲
周世良	周立伟	周　兰	周永盼	周永富	周发林
周安妮	周欣阳	周　炜	周承芳	周柳言	周炳泉
周　培	周隆瑾	周　朝	庞雪松	郑艺鹏	郑文燕
郑　东	郑冬妮	郑尔惠	郑学文	郑惠明	郑锋勇
孟祥玮	孟德臣	封建明	赵玉玺	赵世青	赵吉东
赵志垒	赵岸贵	赵洪波	赵　晖	赵培雪	赵德招
赵　鑫	郝建利	郝建新	郝晓莹	郝润申	胡亿军
胡文斌	胡玉娟	胡　平	胡亚安	胡华平	胡旭跃
胡旭铭	胡冰洁	胡　军	胡　浩	胡瑞清	柳恩梅
哈志辉	钟　芸	钮建定	俞　晓	逢文昱	饶京川
施海建	姜正林	姜　帅	姜兰英	洪　毅	宣国祥
祝振宇	姚二鹏	姚小松	姚育胜	姚　莉	班　铭
班　新	袁子文	袁　茁	耿宝磊	聂　锋	贾石岩
贾吉河	贾润东	贾　楠	夏云峰	夏　炜	夏炳荣
顾祥奎	柴信众	钱文勋	徐　力	徐　飞	徐子寿
徐业松	徐思思	徐宿东	高万明	高江宁	高军军

高纪兵	高 敏	高 超	高翔成	郭玉起	郭 枫
郭 钧	郭剑勇	郭晓峰	郭 超	唐建新	唐家风
谈建平	陶 伟	陶竞成	桑史良	黄风华	黄东旭
黄召标	黄克艰	黄昌顿	黄明毅	黄 河	黄 莉
黄莉芸	黄 铠	黄维民	黄 超	黄 淼	黄 锦
黄 群	黄 磊	梅 蕾	曹民雄	曹桂榕	曹 辉
曹慕蠡	龚正平	盛 乐	鄂启科	崔乃霞	崔坤成
崔 建	崔 洋	麻旭东	梁 正	梁 桁	梁雪峰
梁雄耀	寇 军	宿大亮	绳露露	彭职隆	董成赞
董 政	董徐飞	董溪涧	蒋龙生	蒋江松	蒋昌波
韩亚楠	韩 庆	韩 俊	韩振英	韩 敏	韩静波
覃规钦	程永舟	程泽坤	焦志斌	储祥虎	童本标
童翠龙	曾光祥	曾 莹	曾 越	谢臣伟	谢殿武
谢耀峰	赖炳超	赖 晶	雷 林	雷 潘	詹永渝
雍清赠	窦运生	窦希萍	蔡正银	蔡光莲	蔡晶晶
廖 原	翟征秋	翟剑峰	樊建华	樊 勇	黎江东
滕爱国	潘军宁	潘 峰	潘展超	薛 扬	薛润泽
薛 淑	薛翠玉	戴广超	戴济群	戴菊明	戴 葳
鞠文昌	鞠银山	魏 巍			

参与咨询的专家

（按姓氏笔画排序）

于胜英　王庆普　仇伯强　边　恒　朱永光　邬　丹
刘凤全　孙国庆　杨　咏　李光灵　李金海　李　锋
吴　澎　何升平　张小文　张华庆　张　鹏　陈明栋
茅伯科　林鸿怡　孟乙民　孟德臣　胡汉湘　胡亚安
洪善祥　徐子寿　曹凤帅　崔坤成　董学博　蒋　千
鞠文昌　檀会春

奋力谱写加快建设交通强国水运篇

习近平总书记强调,经济要发展,国家要强大,交通特别是海运首先要强起来。水运业是经济社会发展的基础性、先导性、战略性行业和服务性产业,是综合交通运输体系的重要组成部分,在支撑经济发展、促进国土开发、优化产业布局、促进对外贸易、维护国家安全等方面发挥着重要作用。

自古以来,水运以其舟楫之利成为十分重要的运输方式。新中国成立后,海运是最先走出去的领域。改革开放40多年来,我国水运业走过了不平凡的发展历程。改革开放初期,沿海港口吞吐能力严重不足,对经济社会发展形成瓶颈制约。之后,港口率先改革开放,依托港口设定经济特区和开放14个沿海港口城市。1983年交通工作会议提出了"有河大家走船,有路大家走车",在放宽搞活方针指引下,水运进入快速发展时期,逐步缓解水路运输"瓶颈"制约,解决了"有没有"的问题。1992年,邓小平同志南方谈话后,交通运输行业加快培育和发展水运市场体系,港口和内河航道建设成绩斐然,船舶运力加快发展,涵盖散货船、油船、集装箱船等主要船型和LNG船等高技术、高附加值船舶,运输全面紧张状况得到缓解,"瓶颈"制约状况得到改善。2001年我国加入世界贸易组织(WTO),水运行业抓住机遇,实现了大发展,高等级航道和港口建设成绩突出,深水泊位大幅增加,吞吐能力显著增强,专业化水平不断提高,基本适应了经济社会发展需要,解决了"够不够"的问题。

党的十八大以来,习近平总书记高度重视水运事业发展,强调经济强国必定是海洋强国、航运强国,强调要努力打造世界一流的智慧港口、绿色港口。推动我国水运事业发展取得历史性成就、发生历史性变革,进入高质量发展的新阶段。截至2020年底,全国内河高等级航道达标里程1.61万公里,长江南京以下12.5

米深水航道全线贯通，黄金水道发挥黄金效益。西江航运干线扩能升级加快推进，通航能力显著增强。沿海港口万吨级及以上泊位数2530个。我国水运量、港口货物吞吐量和集装箱吞吐量等指标均稳居世界第一。世界前十的集装箱港口中，我国占据7席。运输船队运力跻身世界前列，船舶大型化趋势明显，30万吨级原油船、40万吨级铁矿石运输船舶等陆续投入使用。水运科技创新能力大幅跃升，高坝通航、离岸深水港和巨型河口航道整治等建设技术迈入世界先进或领先行列，洋山港四期、青岛港等自动化码头引领全球港口智能化发展。上海国际航运中心基本建成，国际航运网络进一步完善，投资建设运营"一带一路"支点港口成绩斐然，希腊比雷埃夫斯港成为"一带一路"合作旗舰项目，在服务国家重大战略中彰显力量，为畅通国际物流大通道发挥了重要作用。期间涌现出许振超、包起帆等一批行业先锋，生动诠释了新时代奋斗者的深刻内涵，凝聚起新时代交通精神的磅礴伟力。

总的来看，水运对经济社会需求的适应程度经历了由"瓶颈制约"到"初步缓解"再到"总体缓解""基本适应"的历史性变化，并在"基本适应"的基础上向"适度超前"迈进了一大步，探索走出了一条具有中国特色的水运发展道路。这些成绩的取得，根本在于以习近平同志为核心的党中央的坚强领导和习近平新时代中国特色社会主义思想的科学指导，在于发挥了我国社会主义制度集中力量办大事的制度优势，在于坚持人民交通为人民的根本宗旨，在于不断深化改革、扩大开放、创新驱动，解放和发展了水运生产力。

"十四五"时期是我国开启全面建设社会主义现代化国家新征程的第一个五年，是加快建设交通强国的第一个五年，水运业面临加快建设、提升发展能级等重大机遇。要把握新发展阶段、贯彻新发展理念，按照构建新发展格局的要求，充分发挥水运运能大、成本低、能耗小、占地少、污染轻等比较优势，加快补齐内河水运基础设施短板，加快服务功能升级，推进安全绿色智慧发展，提高支撑引领水平，打造安全、便捷、高效、绿色、经济的现代水运体系，更好服务经济社会发展和高水平对外开放，为加快建设交通强国当好先行。要着力加快高等级航道建设，提升航道区段间、干支间标准衔接水平，推进运河连通工程建设，打造与城市、文化、旅游等融合的旅游航道。要着力打造高能级港口枢纽和辐射全球的航运枢纽,推进区域港口高质量协同发展,提升服务现代产业发展、促进国内国际双循环的能力。要着力发展高水平运输,优化运输组织,发展现代物流,改善营商环境,提升客运服务品质,加快构建现代化物流供应链体系。要着力提升智慧运输发展水平,推动5G、区块链、北斗、大数据等现代技术在水运领域的深度应用,推进水运安全绿色发展。要着力提升港航服务国际化水平,提高海运船队国际竞争力,深化国际港航海事合作。要着力完善治理体系,强化法规制度保障、深化行业管理改革,提升治理能力与水平。

潮平岸阔催人进,风起扬帆正当时。写好加快建设交通强国水运篇这篇大文章,使命光荣、责任重大、机遇难得。让我们更加紧密地团结在以习近平同志为核心的党中央周围,砥砺奋进、不懈努力,奋力谱写加快建设交通强国水运篇,为全面建设社会主义现代化国家当好先行。

2021 年 2 月 1 日

前言
Foreword

　　习近平总书记指出："中国特色社会主义是全面发展、全面进步的伟大事业，没有社会主义文化繁荣发展，就没有社会主义现代化。要坚定文化自信，推动中华优秀传统文化创造性转化、创新性发展，继承革命文化，发展社会主义先进文化，不断铸就中华文化新辉煌，建设社会主义文化强国。"❶2017年6月，交通运输部决定编纂《中国水运史（1949—2015）》和《中国水运工程建设实录（1978—2015）》，并印发了交办政研〔2017〕86号文件，明确指出"编纂《中国水运史（1949—2015）》和《中国水运工程建设实录（1978—2015）》是我国交通文化工程的重要内容，也是一项光荣而艰巨的重要历史任务，必须以高度的责任感和使命感抓紧抓好"。三年多来，在承办单位交通运输部水运科学研究院及各参编单位的共同努力下，完成了《中国水运工程建设实录（1978—2015）》（以下简称《实录》）的编纂工作。

　　《实录》集中梳理了改革开放近40年来我国水运事业，特别是水运基础设施建设方面的历史进程和巨大成就，较为系统地总结了我国水路交通发展的实践经验。改革开放初期的1978年，我国主要港口（不含港、澳、台地区，以下同）的生产性泊位只有735个，其中万吨级泊位133个。经贸快速发展带动港口吞吐量快速增长，港口再次出现严重的"三压"（压船、压车、压货）现象，成为制约国民经济发展的"瓶颈"。经过艰苦努力，到2015年，全国港口生产性泊位达到了31259个，其中万吨级泊位2221个，分别增长了41.5倍和15.7倍，10万吨级以上泊位达到331个，大型化、专业化供给结构明显改善。我国轮驳船达到

---

❶ 习近平在教育文化卫生体育领域专家代表座谈会上的讲话（2020年9月22日），《人民日报》2020年9月23日01版。

I

16.6万艘,净载重量2.7亿吨,集装箱箱位260万TEU,载客量101.7万客位,海运运力规模跃居世界第三位,形成初具规模的上海国际航运中心和多个区域性航运中心。水路交通对经济社会需求的适应程度经历了由"瓶颈制约""初步缓解""全面缓解"到"基本适应"并迈向高质量发展的历史性变化。特别是2001年我国加入世界贸易组织(WTO)后,经济发展融入全球化,水路国际运输航线通达全球逾100个国家和地区,1000多个港口。2015年,全国港口吞吐量127.5亿吨,是1978年2.8亿吨的45倍,其中外贸吞吐量增长了61倍。港口集装箱吞吐量自改革开放初期由几乎为零起步,到2015年达到2.1亿TEU。2015年,全国已有33个港口(沿海23个、内河10个)货物吞吐量超亿吨,其中10个港口位列世界前20位。集装箱吞吐量世界前20位中,中国占有10席(包括香港特别行政区、台湾地区的港口)。中国已是名副其实的航运大国,水路交通包括水运基础设施建设,许多领域已处于国际领先的位置,这不仅是国家综合实力的重要体现,更是中华民族伟大复兴的重要标志。中国水运发展受到了国际社会的高度关注和称誉,世界银行列专题组织专家进行了"新时代的蓝色航道:中国内河水运发展"(Blue Route for a New Era: Developing Inland Waterways Transport in China)和"中国港口发展回顾"(Retrospective Review of China Port Sector Development)的研究,将中国发展经验介绍给世界。2020年10月13日,世界银行发布研究报告指出,中国目前拥有世界上最繁忙的内河水运体系,2018年中国内河水运货运量已达到37.4亿吨,是欧盟或美国的6倍。报告认为,中国内河水运发展成就,源于持续有力的政策支持、分工明确的管理体制、大量投入的建设资金、与基础设施建设同步进行的船型标准化和航道等级划分、完善的水运教育体系等,值得更多国家学习借鉴。世界银行的报告分析全面,评价中肯,体现了国际社会对中国水运发展的肯定。

《实录》全面翔实地反映了改革开放近40年,中国水运事业的历史性变化和探索中国特色社会主义交通运输发展道路的历程。回望探索发展的历程,我们始终不能忘记敬爱的周恩来总理在1973年2月提出的"三年改变港口面貌""力争1975年基本上改变主要依靠租用外轮的局面"的重要指示,和1975年嘱咐争取到1980年建设250~300个泊位的遗愿;不能忘记1978年3月交通部向国务院呈报的《关于实现交通运输现代化的设想(汇报提纲)》;不能忘记1983年全国交通工作会议提出了"有河大家走船,有路大家走车"的改革方针,坚决冲破计划经济束缚,开放运输市场;不能忘记1990年交通部提出关于发展交通基础设施"三主一支持"❶的规划设想;不能忘记1998年交通部提出实现交通运输现代化"三阶段"的发展战略❷;不能忘记2006—2008年交通部不断探索转变发展方式,提出了发展现代交通业"三个转变"❸和"三个服务"❹的重大决策;不能忘记2014年全国交通运输工作会议提出了"四个交通"❺的理念,推动交通运输科学发展;我们更不能忘记习近平总书记在党的十九大报告中明确指出要加快建设创新型国家,把"交通强国"作为新时代建设现代经济体系重要战略目标之一……这一项项遵循党中央国务院重大战略部署,结合我国交通运输发展实际做出的具有里程碑意义的决策,使交通运输,特别是水路交通铸就了无愧于时代的历史性变化,走出了一条具有中国特色社会主义交通运输发展的道路。

改革开放以来水路交通走过的历程可谓爬坡过坎,披荆斩棘,取得的成就来之不易。回答中国水运事业特别是水运基础设施建设为什么能实现历史性的变化,是怎样实现历史性变化的,这就是我们编纂《实录》的初衷。回顾总结水运发展可从多方面阐述,但核心的就是三条:没有社会主义制度的优越性,就不能集中力量办大事、办难事、办成事,就没有水运事业的历史性变化;没有改革开放,就不能调动、发挥各方面积极性,就没有水运行业科学的、持续的发展,就没有水运事业的历史性变化;没有人民群众对发展水运事业的殷切期盼,就没有发展水运事业的力量源泉和动力,也就没有水运事业的历史性变化。最根本的一条就是在党中央国务院坚强领导下,全体交通人特别是水运行业的广大干部职工筚路蓝缕、

---

❶ "三主一支持"是1989年2月27日在全国交通工作会议上正式提出的,从"八五"开始用了几个五年计划实施的交通基础设施建设长远规划。1990年在此基础上,增加"三主",就是公路主骨架、水运主通道、港站主枢纽,"一支持"即交通支持保障系统。

❷ "三阶段"发展战略即第一阶段从"瓶颈制约,全面紧张"走向"两个明显"(交通运输的紧张状况有明显缓解,对国民经济的制约状况有明显改善);第二阶段2020年前从"两个明显",再到"基本适应";第三阶段2040年前从"基本适应"到"基本实现现代化"。

❸ "三个转变"即交通发展由主要依靠基础设施投资建设拉动向建设、养护、管理和运输服务协调拉动转变;由主要依靠增加物质资源消耗向科技进步、行业创新、从业人员素质提高和资源节约环境友好转变;由主要依靠单一运输方式的发展向综合运输体系发展转变。

❹ "三个服务"是交通运输部提出的交通发展要服务国民经济和社会发展全局、服务社会主义新农村建设、服务人民群众安全便捷出行。

❺ "四个交通"是交通运输部综合分析形势任务,立足于交通运输发展的阶段性特征,更好地实现交通运输科学发展,服务好"两个百年目标",由部党组于2014年研究提出的当时和此后一个时期的战略任务,即全面深化改革,集中力量加快推进综合交通、智慧交通、绿色交通、平安交通的发展。

砥砺奋进,水运事业才取得了令世人瞩目和彪炳史册的巨大成就,成为国民经济发展的"先行官"。

《实录》在谋篇布局上紧扣编纂初衷,由五篇十三章及附录构成,力求回答国际、国内社会特别是交通运输行业人士关注的问题,也为今后研究分析改革开放以来,我国水运基础设施建设的历程和规律提供了翔实的资料。《实录》分为九卷,每卷既是《实录》的一部分,又是水运基础设施建设一个相对独立的领域,便于研读分析。

第一卷为"综合",由四篇七章组成。第一篇"发展篇"中的第一章"改革开放以来的中国水运事业",对改革开放以来我国水运事业发展进行了系统回顾总结,分为历史性变化的阶段性特征、发展成就、基本经验和结语四个方面,全面阐述了在探索中国特色社会主义交通发展道路进程中实现了水运事业的历史性变化。第二章为"水运基础设施建设规划及前期工作",重点阐述了四个规划,即1993—1994年编制的《全国水运主通道、港口主枢纽总体布局规划》,2006年编制的《全国沿海港口布局规划》,2007年编制的《全国内河航道与港口布局规划》《国家水上交通安全监管和救助系统布局规划》。这是20世纪80年代交通部提出"三主一支持"规划设想,以及1998年交通部关于实现交通运输现代化"三阶段"设想的交通发展战略,在我国水运事业特别是基础设施建设方面的重要布局规划,指导了改革开放尤其是"八五"之后的水运基础设施建设,体现了交通发展的规划引领作用。重点项目的前期工作作为从规划安排到项目建设的重要转换环节,是水路交通建设可持续发展的保证,也是基础设施建设不可或缺的重要工作。第二篇"管理篇"的第三章"水运工程建设法律法规"和第四章"水运工程建设与管理",阐述了改革开放以来,我国水运工程建设吸收国际先进管理经验,结合我国工程建设实践建立起一套行之有效的法律法规,体现了全面依法治国理念在水运基础设施建设中的实践。第三篇"科技篇"的第五章"水运工程建设技术标准",展示了水运工程主要技术标准的发展,体现了我国水运工程建设的软实力。新中国成立之初,向苏联学习,采用的是"苏标"。历经几代水运建设者的艰苦奋斗,在水运工程实践中逐步形成了完整的中国水运工程标准规范体系,涵盖了水运工程所有领域,标志着中国水运工程标准从'无'到'有',由'弱'变'强'。第六章"水运工程建设科技创新与应用",从水运领域的港口、航道、枢纽、海工、疏浚吹填、地基处理、港口设备、环境保护、综合技术等方面,总结了改革开放近40年来水运工程技术创新与进展,体现了水运基础设施建设践行"科学技术是第一生产力"的理念和水运事业发展中的"亮点"。第四篇"开放篇"的第七章"水运工程建设对外合作与交流",记载了以企业为主的市场主体在国际水运工程,如港口码头建设、航道疏浚开发和营运管理等方面开展的国际合作与交流,特别是党中央提出"一带一路"倡议之后,水运工程在援建、施工承建、项目总承包以及投资和技术装备等方面取得的业绩,共收录了84个项目,反映了改革开放近40年来水运工程建设领域由"引进来"迈向"走出去"的历史性变化。

第二卷至第五卷为第五篇"成就篇",包括第八章"沿海港口与航道工程"(第二卷、第三卷)与第九章"内河港口工程"(第四卷、第五卷)。由于沿海港口的航道一般是港口(港区)的公共或专用航道,所以沿海的港口航道工程与港口码头泊位建设合并阐述,但内河航道是公共、公益性水运基础设施,为航道沿线各港口和航行的船舶服务,故对内河航道的工程建设单设一章(第十章)。第八章"沿海港口与航道工程"和第九章"内河港口工程"的最大区别在于收录入书的标准不同,第八章收录的是拥有万吨级泊位的沿海港口,第九章收录的是拥有500吨级泊位的内河港口。根据2015年《全国交通运输统计资料汇编》,港口货物吞吐量1000万吨以上沿海港口和200万吨以上内河港口为规模以上港口,沿海港口39个、内河港口54个,本书全部收录。对规模以下的港口,有万吨级以上泊位的8个沿海港口收录入书,有500吨级以上泊位以及国际河流边境贸易口岸港口等有特别典型意义的53个内河港口也收录入书。这样,第八章"沿海港口与航道工程"共收录港口47个,第九章"内河港口工程"共收录港口107个。第二卷至第五卷对沿海、内河港口的编撰内容,按港口的管理体制及地域位置,分省区市、港口、港区、工程项目四个层面展开。第八章"沿海港口与航道工程"共录入大中小型工程项目1054个(包括1978年和2015年在建项目),万吨级以上泊位1739个。第九章"内河港口工程"共录入工程项目1133个,500吨级以上泊位3028个。由于从20世纪90年代开始的长江口深水航道治理工程和长江南京以下12.5米深水航道整治工程实施完成,长江南京以下港口可接纳5万吨级船舶直接靠泊、10万吨级船舶乘潮或减载靠泊,实现了海港化的功能,故《实录》收录的码头泊位视同海港,按万吨级泊位入书标准收录。此外,长江干线上的水富港是云南进入长江的"北大门"，黑龙江、澜沧江边境河流的港口，泊位等级有些达不到500吨级，但这些港口在对外开放、发展边境贸易方面意义重大，也都收录入书。

第六卷为"成就篇"的第十章"内河航道工程"，遵循2007年国务院批准的《全国内河航道与港口布局规划》明确的"两横一纵两网十八线"和我国通航河流分布特征设置"节、目"。2015年，我国内河通航里程12.7万千米，其中等级航道6.62万千米，四级以上的航道为2.22万千米，占等级航道的33.5%，故确定通航500吨级船舶的四级及以上航道工程收录入书。此外，对"两横一纵两网十八线"规划以外，一些在区域经济发展中有突出意义的内河航道建设工程，如赤水河等十二条河流的航道建设工程也收录入书。共收录了包括长江口深水航道治理工程、长江南京以下12.5米深水航道整治工程在内的256个项目工程。对"寸水寸金"的内河航道来说，这些工程极大地发挥了基础设施的服务能力，对发展我国水运事业的意义和作用不言而喻。

第七卷为"成就篇"的第十一章"内河通航建筑物(船闸与升船机)"。按我国大江大河(包括运河)水系分布状况以及航道发展"两横一纵两网十八线"的规划与分布设置"节、目"。发展内河航运是水资源综合利用的重要方向，船闸、升船机是内河通航建筑物中较为常见的工程设施。改革开放以来，我国在发展水利事业的同时，通过船闸、升船机建设，极大地改善了航道条件，提高了我国内河航运能力，助推国民经济的发展。第十一章收录改革开放以来，通过能力500吨级及以上船舶的船闸、升船机建设项目;对不在规划河流上或通过能力不够500吨级船舶的船闸、升船机，但对区域经济发展和科技创新有典型意义，如澜沧江景洪水力式升船机也收录入书。第十一章共收录改革开放以来工程项目168个，含220座船闸、9座升船机。

第八卷为"成就篇"的第十二章"水运支持保障系统工程"。水运支持保障系统由海事管理、救助打捞、船舶检验、科技教育、通信导航、船舶引航等构成，是水路运输不可或缺的重要组成部分。改革开放以来，我国在大力发展港口、航道水运基础设施的同时，高度重视支持保障系统建设，不断提高为水运发展的服务能力。第十二章按上述系统构成设置"节、目"，共收录工程项目396个。相对港口、航道建设项目，支持系统的中小型项目居多，由于数量较大，在收录入书时对部分项目进行了汇总合并。

第九卷为"成就篇"的第十三章"重要水工工程"，收录了六项重大水运工程。改革开放以来，我国的水运工程建设项目多达数千项，奠定了中国在全球的航运大国、交通大国地位，也为我国从航运大国、交通大国向航运强国、交通强国迈进奠定了坚实的基础。第十三章收录的六项工程，建设规模大，科技创新突出，对我国经济社会发展有重大意义，在国际上有重要影响，是我国水运发展辉煌成就的标志性工程。葛洲坝水利枢纽航运工程与长江三峡水利枢纽航运工程，特别是三峡工程的双线连续五级船闸和升船机为当今世界规模最大的内河通航建筑物。长江口深水航道治理工程，建成了12.5米的深水航道，获得了2007年国家科学技术进步奖一等奖，是世界上巨型河口航道治理的成功范例，连同长江南京以下12.5米深水航道整治工程，不仅使长江南京以下港口功能海港化产生巨大的经济社会效益，而且是党中央国务院关于建设长江黄金水道重大决策的基础性工程。上海国际航运中心洋山深水港区工程，不仅标志着我国在外海深水建设港口的技术进步，而且洋山深水港区四期工程自动化集装箱码头建成投产，使我国集装箱码头智能化建设处于世界领先地位。港珠澳大桥岛隧工程是极为复杂的水工工程，取得了一系列技术突破，标志着我国水工工程技术水平处于国际领先的第一方阵，大桥建成通车有力支撑了粤港澳大湾区发展。这六大工程是我国水工工程中的典型，在《实录》第十三章中做了比较细致的阐述。这一卷还有大事记、纪年图表等内容，不仅体现《实录》作为史书的完整性，而且便于读者查阅，比较直观地反映了改革开放以来，我国水运工程建设取得的成就。

在交通运输部的领导下，经过三年多的努力，《实录》编纂工作如期完成。编纂这部作为交通文化建设工程的书籍，凝聚了全行业的力量，众多的参编者为之付出了心血和智慧。特别是改革开放初期的文献，由于时间久远、机构变化、人员更迭，很多资料缺失，参编者千方百计，走访老同志，翻阅档案，力求《实录》的完整性、准确性。《实录》综合了改革开放近40年的水运基础设施建设项目，对此我们组织水运工程方面的专家编写了项目模板，并委托上海国际港务(集团)股份有限公司开发了电脑软件；第一次项目综合时，请重庆交通大学河海学院20多位师生进行了系统合成。《实录》编纂过程中，召开了多次专家咨询会、评审会，专家们为《实录》编纂建言献策，助推了编纂工作。交通运输部水运科学研究院承办《实录》

综合编纂工作，组织编写人员全力以赴，深入调查研究，及时解决编纂中存在的专业问题，确保《实录》编纂质量。本着对历史负责、对子孙负责的精神，参加综合编写的同志兢兢业业，按照时间节点的进度要求，完成各自的编写工作。人民交通出版社股份有限公司的编审同志，认真校审，为确保《实录》的出版质量做了大量的工作。最后，我们还要对支持《实录》编纂工作的中国远洋海运集团有限公司、招商局集团有限公司、中国交通建设集团有限公司表示衷心的感谢。

《中国水运史》《中国水运工程建设实录》

编审委员会

黄镇东　李盛霖

2020 年 11 月 10 日

总目录
Contents

第一卷　综　合

一、发　展　篇

二、管　理　篇

第五卷 内河港口工程（下）

五、成就篇（四）

第六卷 内河航道工程

五、成就篇（五）

第七卷　内河通航建筑物

五、成就篇(六)

第八卷　水运支持保障系统工程

五、成就篇(七)

第九卷 重要水工工程

五、成就篇（八）

《中国水运工程建设实录（1978—2015）》纪年图表

《中国水运工程建设实录（1978—2015）》大事记

附 录

地 图 图 例

⊗　省级行政中心

⊙　地级行政中心

◎　县级行政中心

⊙　乡镇

●　港区位置

├·─·┤·　国界

├─┤─　未定国界

─·─·─·　省级界

─────　特别行政区界

─·──·─　地级界

─·─·─·　县级界

━━━━━　已通高速

━ ━ ━ ━　在建高速

━━━━━　国道

━━━━━　省道

━━━━━　铁路

━━━━━　高速铁路

河流　湖泊

海岸线

桥梁

══════　隧道

目录
Contents

五、成就篇（三）

Record of
Port and Waterway Engineering
Construction in
China
中 国 水 运 工 程 建 设 实 录
(1978 — 2015)

五、成就篇（三）

第九章
内河港口工程(上)

第一节　黑龙江省

一、综述

(一)基本省情

黑龙江省,因省境东北有黑龙江而得名,简称黑,省会哈尔滨市,中国国土的东端与北端均位于省境内。黑龙江省共辖 12 个地级市、1 个地区,包括 64 个市辖区、18 个县级市、45 个县、1 个自治县,2015 年总人口 3812 万人。黑龙江省东部和北部以乌苏里江、黑龙江为界,与俄罗斯毗邻,与俄罗斯的水陆边界长约 2981 千米;西接内蒙古自治区,南连吉林省。介于北纬 43°26′~53°33′、东经 121°11′~135°05′之间,南北长约 1120 千米,东西宽约 930 千米,全省土地总面积 45.25 万平方公里。

黑龙江省是我国重要的煤炭、石油、木材、重型工业和农产品生产基地。2015 年全省地区生产总值达到 15083.7 亿元,其中第一产业 2633.5 亿元,第二产业 4798.1 亿元,第三产业 7652.1 亿元,人均地区生产总值为 39568 元,三大产业所占比重分别为 17.5∶31.8∶50.7;全省固定资产投资总额为 10182.9 亿元。

黑龙江省具有丰富的自然资源。黑龙江省土地条件优越,是世界著名的三大黑土带之一,总耕地面积和可开发的土地后备资源均占全国 1/10 以上,人均耕地和农民人均经营耕地是全国平均水平的 3 倍左右。全省林地面积 2183.7 万公顷,森林面积、森林总蓄积和木材产量均居全国前列,是国家最重要的国有林区和最大的木材生产基地。黑龙江省矿产资源丰富,现已查明 133 种矿产,探明储量矿产 81 种,石油、煤炭、天然气、金、铜等矿产储量多,质地好。大庆油田是我国最大的油田;黑龙江省煤炭储量居东北三省第一位,且分布面广,煤质优良,主焦煤储量占东北地区 70% 以上。

黑龙江省工农业较为发达。黑龙江省是国家重要的工业基地,有着坚实的工业基础和雄厚的科技力量,粮食、能源、林业、机械设备在我国国民经济中占有重要的战略地位,基本形成了以哈尔滨、齐齐哈尔为主体的重装备工业体系,以大庆油田为主体的石化工业体系,以鹤岗、鸡西、双鸭山、七台河等煤矿为主体的煤炭工业体系,以农副产品加工为主体的食品工业体系。黑龙江省农业机械化程度较高,粮食商品量、专储量均居全国第一位,是国家最大的商品粮生产基地。盛产大豆、小麦、玉米、马铃薯、水稻等粮食作物以及甜菜、亚麻、烤烟等经济作物,产量均居全国前列。

黑龙江省位于东北亚区域腹地,是亚洲与太平洋地区陆路通往俄罗斯和欧洲大陆的重要通道,是中国沿边开放的重要窗口,现已成为我国对俄罗斯开放的前沿。黑龙江省依靠独特的地缘优势,大力发展对俄边境贸易,2015 年实现对俄外贸进出口总额 108.8 亿美元,占全省当年外贸进出口总额的 52%。

(二)综合运输

黑龙江省位于我国东北边疆、东北亚地区的中心地带,是我国连接俄罗斯、日本、韩国、朝鲜、蒙古的桥梁和纽带,地理位置极其重要。改革开放以来,全省交通运输业得到前所未有的发展,形成了以哈尔滨为中心,连接城乡、沟通国内外、纵横交错的国家铁路、公路、水运、民航及管道运输的综合运输网络。目前,哈尔滨已发展成为国家级综合交通主枢纽,齐齐哈尔、佳木斯也成为区域重要的交通枢纽城市。

综合交通运输网络在全省经济和社会发展中发挥着重要的作用,占主要地位的是铁路、公路、水运三种运输方式,随着综合经济实力的增强,民航和管道运输也已得到较快的发展。

铁路:1978 年黑龙江省境内铁路营业里程 4594 千米,完成旅客运输量和周转量分别为 7707 万人和 72.2 亿人公里、货物运输量和周转量分别为 8592 万吨和 376.9 亿吨公里。

2015 年,黑龙江省境内有 62 条铁路干线、支线和联络线,铁路营业里程达 6120 千米。干支线以哈尔滨、齐齐哈尔、牡丹江、佳木斯 4 个经济中心城市为轴心向四周辐射,并通过国际干线和国内干线外接俄罗斯、朝鲜,内联吉林、辽宁和内蒙古。其中,滨绥和滨洲铁路与俄罗斯西伯利亚大铁路相接,牡图铁路与朝鲜相通。京哈、拉滨、平齐、通让、牡图五条铁路干线与全国铁路相接。高速铁路已开通至北京、沈阳、长春、大连等多条线路,并且在 2015 年 8 月开通了哈尔滨至齐齐哈尔城际高速铁路客运专线,省内高速铁路里程 360 千米。

2015 年,实现铁路旅客运输量和周转量分别为 9794 万人和 251.1 亿人公里,货物运输量和周转量分别为 8866 万吨和 593.6 亿吨公里。铁路运输货物以煤炭、粮食、木材、石油和矿建材料为主,上述五大类货物运量约占总运量的 75%,除满足本省需求外,大部分销往内地和国外。

公路:1978 年黑龙江省公路通车总里程 44797 千米,公路旅客运输量和周转量分别为 5560 万人和 17.5 亿人公里、货物运输量和周转量分别为 7888 万吨和 11.1 亿吨公里。

2015 年底,黑龙江省公路总里程为 163233 千米,其中高速公路里程 4346 千米。全省"OK"形公路主骨架全部建成二级以上沥青(水泥)路,除大兴安岭行署所在地加格达奇区外,地市区域中心城市与省会哈尔滨市全部相通。

全省公路旅客运输量和周转量分别为 32632 万人和 229.6 亿人公里,货物运输量和周转量分别为 44200 万吨和 929.3 亿吨公里。运输货物种类以煤炭、粮食、矿建材料为主,占货运总量 50%以上。

水运:黑龙江水系是我国三大通航水系之一,黑龙江省境内主要通航河流(湖泊)有黑龙江、松花江、乌苏里江和嫩江以及兴凯湖、镜泊湖等,是我国内河水运历史悠久的省份之一。黑龙江省水运是全省综合交通运输体系的重要组成部分,是沿边、沿江地区重要的交通运输方式之一,在大宗货物运输、外贸运输、江海联运、过境旅客运输、旅游客运等方面发挥了重要作用,在促进腹地经济发展、沿边开放、对俄贸易、巩固边疆等方面起到了积极的促进作用。

1978 年黑龙江省内河通航里程 5600 千米,完成旅客运输量和周转量分别为 99 万人和 0.72 亿人公里、货物运输量和周转量分别为 314 万吨和 7.8 亿吨公里。

2015 年,省内河通航里程为 5495 千米,完成旅客运输量和周转量分别为 372 万人和 0.4 亿人公里、货物运输量和周转量分别为 1245 万吨和 8.1 亿吨公里。运输货物种类以煤炭、木材、矿建材料为主,占货运总量的 80%以上。

民航:1978 年黑龙江省仅有一个哈尔滨机场,拥有民用运输飞机 9 架,全省民用航空总里程 1216 千米。当年实现旅客运输量和周转量分别为 2.59 万人和 0.31 亿人公里,完成货物运输量为 0.09 万吨。

2015 年,黑龙江省拥有哈尔滨、齐齐哈尔、牡丹江、佳木斯、黑河、漠河、大庆、鸡西、伊春 9 个民用机场,拥有民用运输飞机 180 架,开通国内和国际民用航空线路共 160 条,其中国际航线 18 条、国内航线 140 条、地区航线 2 条,有定期航班飞往国内三十多个城市以及俄罗斯的布拉戈维申斯克(海兰泡)、哈巴罗夫斯克(伯力)、符拉迪沃斯托克(海参崴),韩国的首尔和日本的新潟等地,民用航空总里程 378183 千米。实现旅客运输量和周转量分别为 1682 万人和 281.4 亿人公里、货物运输量和周转量分别为 11.6 万吨和 2.2 亿吨公里。

管道:1978 年,黑龙江省境内共有输油(气)管道里程 117.3 千米,管道货物运输量和周转量分别为 3865 万吨和 45.3 亿吨公里。

2015 年,黑龙江省境内共有输油(气)管道里程 9632.7 千米,主要为中国石油大庆石化公司炼油厂的原油供应系统服务,有多条输油管线通往大连、秦皇岛等地。管道货物运输量和周转量分别为 5268 万吨和 192.1 亿吨公里。

(三)港口概况

1.港口历史沿革

黑龙江省港口发展历史悠久,自金代大规模的漕运起,港口就应运而生,如建在阿什河上的金上京会宁(阿城)港、建在嫩江支流乌裕尔河畔的蒲峪(今克东西北 75 千米)港、建在松花江畔的肇州港和胡里改(依兰)港以及黑龙江下游的奴儿干古港等。到明清时期,港口有了进一步的发展,在黑龙江的上中下游、干支流上都有较好的港口。鸦片战争后,随着一系列不平等条约的签订,黑龙江航权丧失殆尽,港口受制于外来势力,多数港口惨遭废弃。

新中国成立后,随着国民经济的恢复和发展,黑龙江省港口重获新生。设立了由中央或省直接管理的机构,对各航线公有码头实施了统一管理,恢复了沿江各航运站的功能。1949—1982 年,重点扩建了哈尔滨港、佳木斯港等港口,提高了港口通过能力。

1983—2000 年,黑龙江省航运由交通部直管,这期间通过多渠道筹集资金,新建或扩建了哈尔滨、佳木斯以及沙河子、富锦、同江、富拉尔基、黑河、嘉荫、抚远、饶河等码头,港口机械化水平有了显著的提升,港口装卸效率有了明显的提高,港口通过能力有了大幅度提高,黑龙江省港口生产和发展呈现一片繁荣景象。这期间国务院陆续批准黑龙江省的15 个水运口岸对苏联(俄罗斯)开放,也为黑龙江省港口发展增添了动能和活力。

2001 年以来,黑龙江省航运由交通部直管下放为省管,并且实行政事企分开,港口实行属地化管理。原属黑龙江航运管理局的港口企业,统一划归隶属省国资委的黑龙江省航运集团有限公司管理。自此黑龙江省港口建设、经营主体发生了本质性的变化,真正走上了国有、民企、合资等多渠道筹集资金、多种方式建设经营的路子。到2015 年,有以市县政府为投资主体、交通运输部给予补助资金建设的肇源港、嘉荫港和抚远港,有以航运集团为主体、交通运输部给予资金补助建设的黑河港、同江港,有由省政府出资建设的哈尔滨、齐齐哈尔大件码头,也有民营企业出资建设的同江德通码头等。真正体现了大一统到多元的变化,呈现的是又一种欣欣向荣、蓬勃发展的景象。有鉴于此,黑龙江省为了规范并依法、有序地建设发展港口,出台了《黑龙江省港口布局规划》,明确各港口功能定位,指导港口码头按照环境友好型和资源节约型的要求,向专业化、规模化、集约化方向发展,揭开了黑龙江省港口发展新的篇章。

2.气候及岸线情况

黑龙江属于中温带到寒温带大陆性季风气候,年平均气温一般在 −4~5 摄氏度,气温由东南向西北逐渐降低,南北差近 10 摄氏度。夏季气温高,降水多,光照时间长,适宜农作物生长。太阳辐射资源丰富,年日照时数一般在 2300~2800 小时。春季大风日最多,松嫩平原和三江平原风能资源丰富,无霜冻期一般在 100~150 天,年均降水量在 370~670

毫米。黑龙江省河流均为季节性封冻河流,河流封冻期一般在10月中旬至11月下旬,解冻期一般在3月中旬至5月中旬,封冻时间由南向北增长。

黑龙江省可利用岸线资源较为丰富,到2015年,全省已利用岸线12096米。其中黑龙江沿线已利用岸线3510米,松花江沿线已利用岸线8070米,嫩江沿线已利用岸线456米,乌苏里江沿线已利用岸线60米。

3. 港口布局及规划情况

黑龙江是中俄界河,黑龙江的港口界河特征突出。2012年,黑龙江省颁布了《黑龙江省港口布局规划》,并陆续开展了哈尔滨、佳木斯、漠河、黑河、嘉荫、萝北、饶河、牡丹江、齐齐哈尔、绥滨等港口总体规划的编制或修编工作,进一步明晰了港口各作业区功能定位。2015年,全省拥有港口17个,哈尔滨港、佳木斯港为全国内河主要港口;漠河港、黑河港、嘉荫港、萝北港、齐齐哈尔港、肇源港、牡丹江港、饶河港为地区重要港口;呼玛港、杜蒙港、兰西港、密山港、虎林港、肇东港、绥滨港为一般港口。全省港口在江河上的分布情况是,松花江、黑龙江沿岸各5个,乌苏里江、嫩江各2个,牡丹江、呼兰河、兴凯湖各1个。

黑龙江省港口腹地范围涵盖了全省及吉林、内蒙古部分地区,并且经济腹地扩延到俄罗斯黑龙江、乌苏里江沿岸城镇以及黑龙江下游俄罗斯境内,腹地内自然资源丰富,工农业较为发达,沿边地区对外贸易活跃,是我国重要的煤炭、石油、木材、重型工业和农产品生产基地。

(四)港口发展成就

1978年,黑龙江省共有直立式生产性泊位(含墩台)32个,使用岸线长度2056米。另有稍加砌护的斜坡泊位108个、自然岸坡泊位53个,分别使用岸线10599米和5975米。1978年全年完成货物吞吐量为442.1万吨。港口装卸机械化程度非常低,货物装卸绝大多数靠人抬、肩扛、小车推等人力作业。

改革开放以来,全省港口建设步伐加快,陆续实施建设了哈尔滨港(含依兰)、佳木斯港(含同江、抚远、富锦)、黑河港、嘉荫港、萝北港、饶河港、肇源港、齐齐哈尔港等一批港口。近40年来,港口建设分为三个阶段:

一是缓慢恢复期,大体时间是1978—1982年。刚刚进入改革开放,黑龙江港口事业经历了转变观念、制定发展规划、争取发展资金等恢复的过程。首先人要醒过来、心要稳下来,其次设备要检修磨合,再次发展要有规划计划,最后要有资金支持保障。而港口建设资金量大,对于百废待兴、百业待举的黑龙江来说,的确是困难重重。这期间主要是对原有码头、设备功能的恢复,以及重建港口管理的规章制度等。

二是快速发展期,时间是1983—2000年。这期间黑龙江航运由交通部直接管理,港口、运输以及航道等支持系统统一由交通部黑龙江航运管理局管理,发展规划计划、建设资金统一由黑龙江航运管理局审批。由于管理细微到位，相对有限的资金能用到急需的地方，港口建设、生产、管理有序，港口事业得到了快速的发展。这期间重点实施建设了哈尔滨、佳木斯、黑河等港口，为适应水运口岸的开放，建设了一批外贸码头。码头泊位的机械化、专业化有了长足的发展。

三是多头并举多元发展时期。为适应建立中国特色的社会主义市场经济体制需要，2001年以来黑龙江省航运整体由交通部下放到黑龙江省管理，原来政企合一管理模式下的港口实行了政企分离。政府管理职能由省、市、县的相应机构负责，企业经营由新组建的隶属省国资委的企业集团承接，形成了一家独有的港口经营市场。后来市县政府、民营企业等看好码头经营的前景，积极投资建设港口码头，甚至有的民营企业出资买下国有经营不善的码头自己经营管理。由此形成了多头并举多元发展的大好局面，使港口码头建设经营步入了良性发展的轨道。

经过近40年的建设，黑龙江省初步形成了以哈尔滨港、佳木斯港和黑河港为核心的南部、东部和北部三大港口群，共实施了105个生产性泊位的新、改（扩）建工程建设，新增生产性泊位89个。到2015年底，全省拥有生产性泊位121个，其中千吨级及以上（深水）泊位98个，全省港口年通过能力达到1601万吨。但是目前仅有的专业化泊位也仅限于木材和煤炭泊位，还没有集装箱专用泊位。另外，黑龙江省还有16个客运泊位，年通过能力为372万人。

全省只有佳木斯港同江港区拥有铁路专用线，其他港口的集疏运主要依靠公路运输，另外哈尔滨港、佳木斯港、黑河港、嘉荫港、萝北港等港口的油品码头有专用的油品运输管道。

主要港口和界河港口装卸机械以门座起重机居多，间有轮胎式起重机。其他港口多利用轮胎式起重机或其他装卸设备。

2015年全省港口完成吞吐量1590.37万吨和316.76万人，其中外贸货物吞吐量75.99万吨。

黑龙江省内河港口基本情况见表9-1-1。

二、哈尔滨港

（一）港口概况

1. 港口综述

哈尔滨港位于黑龙江省会哈尔滨市境内、松花江中上游，是我国东北内河最大的水陆换装枢纽港、全国内河主要港口之一。以哈尔滨港为中心，沿水路上溯经嫩江、第二松花江可进入内蒙古、吉林境内，下行进入黑龙江可抵俄罗斯远东地区，经黑龙江下游出海，可达我国东南沿海和日本、韩国等国家。

表 9-1-1

黑龙江省内河港口基本情况表

序号	规模	港口名称	港口岸线		2015年港口生产性泊位				1978—2015年建成的生产性泊位				2015年港口货物和旅客吞吐量						
			港口规划岸线	其中:2015年前已建成岸线	生产性泊位数	其中:千吨级及以上	生产性泊位总长	其中:千吨级及以上	生产性泊位数	其中:千吨级及以上	生产性泊位总长	其中:千吨级及以上	货物吞吐量	其中:外贸货物吞吐量	集装箱	滚装车辆数量	滚装车辆质量	旅客	其中:国际旅客
			千米	千米	个	个	米	米	个	个	米	米	万吨	万吨	万TEU	万辆	万吨	万人	万人
1	规模以上港口	哈尔滨港	39690	4274	46	33	4274	3252	12	9	1151	919	651.17	—	—	—	—	—	—
2		佳木斯港	30511	4552	43	40	4552	4099	43	43	4754	4554	408.88	44.22	—	—	—	173.18	4.02
3		黑河港	8120	1553	16	14	1553	1088	15	15	1128	1128	92.49	29.23	—	—	—	122.53	22.46
4		漠河港	4320	—	—	—	—	—	—	—	—	—	—	—	—	—	—	0.98	—
5		嘉荫港	4170	299	4	3	299	185	4	4	215	130	4.57	2.54	—	—	—	3.87	0.51
6		萝北港	4240	310	3	3	310	235	3	3	215	215	11.44	—	—	—	—	—	—
7		饶河港	6400	60	1	—	60	—	1	—	60	—	40.06	—	—	—	—	1.95	—
8		齐齐哈尔港	9700	456	3	—	456	212	3	—	456	—	71.68	—	—	—	—	—	—
9		肇源港	3100	212	3	3	212	212	3	3	212	212	160.49	—	—	—	—	—	—
10	规模以下港口	牡丹江港	8850	—	—	—	—	—	—	—	—	—	17.95	—	—	—	—	7.56	—
11		呼玛港	1200	—	—	—	—	—	—	—	—	—	—	—	—	—	—	—	—
12		虎林港	1500	—	—	—	—	—	—	—	—	—	—	—	—	—	—	2.89	—
13		密山港	2000	—	—	—	—	—	—	—	—	—	—	—	—	—	—	3	—
14		肇东港	2000	—	—	—	—	—	—	—	—	—	19.55	—	—	—	—	—	—
15		绥滨港	3260	380	2	2	380	230	4	4	440	440	65.84	—	—	—	—	—	—
16		杜蒙港	1000	—	—	—	—	—	—	—	—	—	13.11	—	—	—	—	0.8	—
17		兰西港	2000	—	—	—	—	—	—	—	—	—	33.14	—	—	—	—	—	—
	合计		132061	12096	121	98	12096	9301	88	81	8631	7598	1590.37	75.99	—	—	—	316.76	26.99

哈尔滨港历史悠久,1955年经交通部批准成立哈尔滨港。1989年,哈尔滨市被国务院批准为一类开放口岸。改革开放以来,哈尔滨港依托腹地经济基础和产业优势,取得了一定的发展。至2018年,哈尔滨港拥有1000吨级泊位16个,年吞吐能力600万吨以上,主要装卸煤炭、矿建、石油等货物。哈尔滨港在促进我国东北部经济社会发展、对外贸易和对俄运输通道建设等方面发挥了重要作用。

哈尔滨港由哈尔滨港区、宾县港区、巴彦港区、木兰港区、通河港区、方正港区、依兰港区七个港区组成,哈尔滨港区为核心港区。哈尔滨港处于松花江上、中游,哈尔滨至佳木斯444千米长的中游河段为三级航道,佳木斯至同江252千米长的下游河段为二级航道,分别通航1000吨级、2000吨级船舶。呼兰河铁路大桥至河口11千米为三级航道。黑龙江中游黑河至同江为二级航道,同江以下则为江海轮航道。哈尔滨港沿松花江、呼兰河布置锚地6处,锚位数24个,锚地总面积15.84公顷。其中,哈尔滨、方正、依兰港区沿松花江设锚地5处,锚地面积13.2公顷;哈尔滨港区沿呼兰河设锚地1处,锚地面积2.64公顷。

2. 港口水文气象

哈尔滨市地处中高纬度,属中温带大陆性季风气候。历年平均最高、最低气温分别为5.9摄氏度、0.7摄氏度,日极端最高、最低气温分别为37.8摄氏度、-42.6摄氏度。降水集中在6~9月,占全年降水量的70%~80%,年平均降水量569.1毫米。季风气候,年平均风速4.1米/秒,极端最大风速37米/秒。年雾日数10~20天,畅流期出现雾的天数较多,平均有雾天数15.4天。水文:松花江年内水位过程一般分为5个时段,即春汛(4月)、春枯(5—6月)、洪水(7~9月)、秋枯(10月)、封冻期(11月—翌年4月),平均畅流期为210天左右,封冻期150天左右。松花江最大径流多发生在8、9月份,春季多枯水。哈尔滨站多年平均流量1550立方米/秒。泥沙:松花江两岸植被良好,水流含沙量较小。

3. 发展成就

改革开放以来,哈尔滨港曾经历一段繁荣发展时期,但从20世纪90年代后期开始,港口发展逐渐滞缓。发展成就主要体现在:

1984—1985年,实施沙河子港煤炭码头扩建工程,新建1000吨级煤炭泊位2个,形成年吞吐能力100万吨;1985—1989年,扩建阿什河口散货码头工程,1000吨级泊位1个,形成年吞吐能力75万吨;1990—1992年,西坞散装码头扩建工程,建造直立式码头100延米,形成年吞吐能力80万吨。实施哈尔滨港三棵树港区多用途码头工程,形成年吞吐能力10万吨;1999—2001年,实施哈尔滨港4号泊位改扩建工程一期工程,新建1000吨级件杂货泊位1个,形成年吞吐能力13万吨。

2008 年,在省政府的重视和支持下,实施重大装备(件)水路运输(江海联运)建设项目。项目由齐齐哈尔重件码头、哈尔滨重件码头和抚远水水换装江海联运泊位三部分组成;哈尔滨重件码头当年建设、当年投产,该码头建设,采用桩基承台、钻孔灌注桩门式起重机基础,购置了一台 500 吨固定式门式起重机用于吊运重大件设备。

到 2015 年,哈尔滨港实际拥有生产性泊位 46 个,生产用码头长度 4274 延米,港口吞吐量达到 651.2 万吨。

哈尔滨港港区分布见图 9-1-1,哈尔滨港基本情况见表 9-1-2。

图 9-1-1　哈尔滨港港区分布图

表 9-1-2

哈尔滨港基本情况表

序号	港区名称	港区岸线		2015年港口生产性泊位				其中:1978—2015年建成的生产性泊位				2015年港口货物和旅客吞吐量							
		港区规划岸线	其中:2015年前已建成岸线	生产性泊位数	其中:千吨级及以上	生产性泊位总长	其中:千吨级及以上	生产性泊位数	其中:千吨级及以上	生产性泊位总长	其中:千吨级及以上	货物吞吐量	其中:外贸货物吞吐量	集装箱	滚装车辆 数量	滚装车辆 质量	旅客	其中:国际旅客
		千米	千米	个	个	米	米	个	个	米	米	万吨	万吨	万TEU	万辆	万吨	万人	万人
1	哈尔滨港区	23490	2370	26	16	2370	1580	8	5	648	416	382.19	—	—	—	—	—	—
2	宾县港区	4700	232	3	—	232	—	—	—	—	—	73.46	—	—	—	—	—	—
3	巴彦港区	800	—	—	—	—	—	—	—	—	—	22.13	—	—	—	—	—	—
4	木兰港区	1400	—	—	—	—	—	—	—	—	—	36.12	—	—	—	—	—	—
5	通河港区	1700	—	—	—	—	—	—	—	—	—	21.1	—	—	—	—	—	—
6	方正港区	3400	1672	17	17	1672	1672	2	2	300	300	73.21	—	—	—	—	—	—
7	依兰港区	4200	—	—	—	—	—	2	2	203	203	42.96	—	—	—	—	—	—
	合计	39690	4274	46	33	4274	3252	12	9	1151	919	651.17	—	—	—	—	—	—

(二)哈尔滨港区

1. 港区综述

(1)港区建设和运营情况

哈尔滨港区位于松花江中游、哈尔滨市区江段,是我国东北内河最大的水陆换装枢纽港口和国家一类开放口岸,辖 6 个作业区,是哈尔滨港的核心港区。

2015 年,哈尔滨港区共有生产性泊位 26 个,生产性泊位码头长度 2370 米,年通过能力 413 万吨、21 万人次,货物吞吐量达到 382.2 万吨。2011—2015 年港区货物吞吐量分别为 333.04 万吨、356.87 万吨、367.25 万吨、377.11 万吨、382.18 万吨。

(2)港区地理条件和集疏运概况

哈尔滨港区各作业区主要集中在哈尔滨市区河段,岸线较为稳定,港区处于大顶子山航电枢纽回水变动区内,航道水深条件良好。

哈尔滨港区辐射范围涵盖黑龙江省沿江各地及俄罗斯远东部分地区。港区水路集疏运主要通过松花江,可连通嫩江、乌苏里江、黑龙江并可出江入海;陆路集疏运各作业区通过二环路可连接绕城高速公路,继而实现与 G1、G10、G1011 等高速公路互通。

2. 港区工程项目

(1)扩建阿什河口散货码头工程

项目于 1985 年 5 月开工,1989 年 7 月试运行,1989 年 8 月竣工。

项目建设依据:1985 年 1 月,交通部《关于黑龙江航运局新建、扩建煤炭码头计划任务书的批复》(交计发〔1985〕113 号);1985 年 11 月,哈尔滨市农牧渔业局《关于哈尔滨港务局新建煤炭码头和进港公路用地的批复》(哈农牧渔字〔1985〕58 号);1985 年 4 月,哈尔滨市农林局《关于同意哈尔滨港务局建港用地先行施工的批复》(哈农林字〔1985〕4 号)。

项目设计建造 2 个 1000 吨级泊位。1 号泊位年通过能力 70 万吨,1 号泊位建直立式码头 110 米和变电所一座,硬化道路、堆场 4.9 万平方米,购置和制造种类装卸机械 9 台组和部分辅助设施。2 号泊位年通过能力 80 万吨,建码头 110 米,养修车间 1 座 1025 平方米、综合办公楼 1 座 2178 平方米、油库等建筑物和构筑物,硬化堆场、道路 5.1 万平方米,装卸机械 M10-25 门座起重机 1 台、10 吨桥式抓斗卸船机 1 台、ZLY-08 单斗装载机 1 台、ZL-40 单斗装载机 8 台。码头采用顺岸布局,重力式结构。用地面积 17 万平方米。该项目可行性研究报告中投资 2000 万元,其中国家拨款 1300 万元,贷款 700 万元。

为解决黑龙江省东部七台河等矿区大量落地煤炭积压问题,根据黑经发〔84〕296 号文件决定,预计形成年吞吐能力150万吨。由于原煤炭分流计划中的七台河煤矿至依兰近200千米的公路未按计划投资建设,联运煤炭流向未能落实,故分流的煤炭货源全部落空。因而本项目最终根据交通部计统基字〔87〕44号文件精神,申请豁免拨改贷,并在交通部黑龙江航运管理局1988年航运建设计划中予以调整,只建设了1个泊位,形成年吞吐能力70万吨,总投资1263万元。

建设单位为哈尔滨港务局;设计单位为黑龙江水运规划设计院;施工单位为哈尔滨港务局桩基础工程队、黑龙江航道局、哈尔滨市兴港建筑工程公司。

投产后五年完成吞吐量:1990年完成货物吞吐量501327吨,1991年完成货物吞吐量367707吨,1992年完成货物吞吐量510233吨,1993年完成货物吞吐量491760吨,1994年完成货物吞吐量410400吨。投产后,按照码头年吞吐能力70万吨的设计要求,通过上述几年的货物吞吐量分析,达到了设计目的。由于国家经济结构的调整,水运货物量萎缩,2015年完成吞吐量79756吨。

(2)哈尔滨港西坞散杂货码头扩建工程

项目于1990年4月开工,1992年3月试投产,1993年1月竣工。

项目建设依据:1989年2月,交通部《关于哈尔滨港三棵树作业区散杂码头扩建工程设计计划任务书的批复》(交计字〔1989〕52号);1989年11月,国家交通投资公司水运项目部《关于哈尔滨港西坞散杂码头扩建工程初步设计的批复》(交投水字〔1989〕66号);1990年1月,国家交通投资公司水运项目部《关于哈尔滨港西坞散杂码头扩建工程码头结构方案的批复》(水字〔1990〕001号)。1990年11月,哈尔滨市环境保护局监督检查处和黑龙江航运管理局环境保护处批复哈尔滨港务局编制的《建设项目环境影响报告表》。1990年8月,哈尔滨市规划土地管理局《关于申请城市建设用地的批复》(哈规土政字〔1990年〕148号)批复同意将道外区原海军船坞101116平方米土地划拨给哈尔滨港务局。

项目建设1个1000吨级泊位,岸线总长100米。码头形式为重力式码头,采用顺岸式布局。码头前沿水深2.0米,设计靠泊能力0.1万吨。项目后方堆场面积6.15万平方米。主要装卸设备配置为25吨以上港口门座起重机2台。直立式码头100米,干砌石护坡106米,陆域面积86149平方米,道路硬化11720平方米,堆场硬化16447平方米,堆料机基础225米,综合楼1033平方米,变电所153平方米,收发室、秤房160平方米,围墙700米,市区排污干线305米(港区段)。总投资为1127万元,全部由国家交通投资公司投资。

建设单位为哈尔滨港务局建港指挥部;设计单位为黑龙江水运规划设计院和哈尔滨港务局;施工单位为黑龙江航务工程公司、哈尔滨市政二公司三处、黑龙江航运建筑公司第二分公司;质监单位为黑龙江航运管理局质检站。

工程建成后每年新增吞吐量80万吨。由于国家经济结构的调整,水运货物量萎缩,同时经常受到枯水的影响,为满足企业生存的需要,至 2002 年哈尔滨港务局实行弃水登陆政策,招商引资建设市场,码头基本停用。2015 年码头被政府征用,进行堤改线工程,现在已经成为沿江一条线的一部分。

(3)哈尔滨港三棵树港区多用途码头工程

项目于 1991 年 3 月开工,1991 年 12 月试运行,1992 年 12 月竣工。

项目建设依据:1989 年 2 月 5 日,交通部《关于哈尔滨港三棵树作业区散货码头扩建工程设计计划任务书的批复》(交计字〔1989〕52 号);1990 年 11 月 3 日,交通部黑龙江航运管理局《关于哈尔滨港三棵树港区(西坞)多用途码头设计计划任务书的批复》(黑航字〔1990〕331 号);1990 年 11 月 19 日,交通部黑龙江航运管理局《关于对哈尔滨港三棵树港区多用途码头工程初步设计的批复》(黑航字〔1990〕351 号)。

项目建设 1 个 1000 吨级泊位,为沉筒重力式结构直立式码头,岸线总长 106.0 米,前沿水深 2.0 米。码头采用顺岸布局。堆场 8850 平方米,其中硬化 4000 平方米,拥有 10 ~ 25 吨港口门座起重机 1 台。本工程总投资 300 万元,全部由中央投资。

建设单位为哈尔滨港务局;设计单位为黑龙江水运规划设计院;施工单位为黑龙江航务工程公司、哈尔滨港务局桩基础工程公司、哈尔滨港务局机械修配厂;质监单位为黑龙江航运管理局质检站。

项目按计划建成,完成新建千吨级码头一座,106 延米,新建设堆场 4000 余平方米,增加年吞吐能力 10 万吨,可彻底改变港口不能装卸集装箱的现状,较大幅度提高港口综合服务水平。1993—1997 年完成吞吐量分别为 30.64 万吨、27 万吨、2.26 万吨、5.57 万吨、11.36 万吨。2015 年,该码头由于江堤改线已停用。

(4)哈尔滨港务局 4 号泊位改扩建工程

项目于 1999 年 11 月开工,2000 年 12 月竣工。

项目建设依据:1995 年 8 月,交通部《关于哈尔滨港 4 号泊位改扩建工程可行性研究报告的批复》(交计发〔1995〕724 号);1998 年 2 月,交通部基建管理司《关于哈尔滨港四号泊位改扩建工程初步设计的批复》(基内字〔1998〕68 号)。

项目改建原 4 号泊位的码头 100 延米,设计靠泊能力 1000 吨,码头水工建筑允许靠泊能力 2000 吨,码头前沿水深 2.0 米。码头采用钢板桩式结构,利用自然岸线顺岸布置,形成道路堆场以及其他生产生活辅助配套设施。设计年吞吐量 13.0 万吨,其中件杂货 5.5 万吨、集装箱 7.5 万吨,折合 8734TEU。堆场面积 2.06 万平方米,堆存能力 5250 吨(720TEU),仓库面积 6229 平方米。停车场面积 1200 平方米。工程总投资 3137 万元。用地面积 7.37 万平方米。

建设单位为哈尔滨港务局;设计单位为黑龙江水运规划设计院;施工单位为黑龙江航务工程公司、黑龙江航运建筑工程公司、哈尔滨金马市政建设有限公司、黑龙江兴阜电气队;监理单位为黑龙江水运工程监理公司。

2000 年吞吐量 10.73 万吨,2001 年吞吐量 6.89 万吨。2015 年,该码头由于江堤改线已停用。

(5)黑龙江省重大装备(件)水路运输(江海联运)建设项目

项目于 2008 年 3 月开工。

项目建设依据:2007 年 11 月,黑龙江省发展和改革委员会《关于黑龙江省重大装备(件)水路运输(江海联运)建设项目可行性研究报告的批复》(黑发改交通〔2007〕1145号);2009 年 1 月,黑龙江省发展和改革委员会《关于黑龙江省重大装备(件)水路运输(江海联运)建设项目工可研补充报告的批复》(黑发改函字〔2009〕12 号);2009 年 6 月,黑龙江省发展和改革委员会《关于黑龙江省重大装备(件)水路运输(江海联运)建设项目初步设计的批复》(黑发改建字〔2009〕687 号);2008 年 2 月,黑龙江省环境保护局《关于黑龙江省重大装备(件)富拉尔基码头建设项目环境影响报告表的批复》(黑环建审〔2008〕19 号)。

项目建设 500 吨的齐齐哈尔和哈尔滨重件码头各 1 座,抚远水—水中转码头 1 处。码头采用高桩斜坡式,利用自然岸线顺岸布置。岸线总长 272.0 米,码头前沿水深 2.0米,拥有 2 个千吨级泊位。配置缆车及卷扬设备 1 套,购置起重机 2 台。总投资 4730万元,其中黑龙江省政府财政资金 500 万元,企业自筹 1200 万元,银行贷款 3030 万元。齐齐哈尔富拉尔基重件码头陆域用地 2.3 万平方米。

项目建设单位为黑龙江省龙航大型设备江海运输有限公司;设计单位为黑龙江中北航务勘察设计有限公司、交通运输部水运科学研究院;施工单位为黑龙江省龙航工程总承包有限责任公司、哈尔滨重型机械工业控股有限公司、哈尔滨北方船舶工业有限公司、齐齐哈尔市四方铸造设备有限公司;监理单位为黑龙江黑航工程监理咨询有限公司;质监单位为黑龙江省水运工程质量监督站。

2008 年 8 月 20 日,在哈尔滨港隆重举行重大装备江海联运首航仪式。首航承运的哈尔滨电机厂 1000 兆瓦、438 吨汽轮机发电定子,长 11.23 米、宽 6.49 米、高 4.45 米,属于超重、超大、超高设备,从哈尔滨港起航,由 440 千瓦顶推轮、1000 吨驳船组成的运输船队顺松花江、黑龙江航行至抚远,利用 500 吨浮式起重机吊运,顺利实现江海船舶重大件水上换装,然后由"木兰号"江海轮经海运运抵广东汕头港。2008 年 11 月 15 日,运载哈尔滨电机厂重 438 吨定子的江海两用船——"木兰"号,第二次顺利到达广东汕头港,并在广东大塘国际潮州发电有限责任公司重件码头卸船,圆满完成了当年的江海联运运输任务。此后,2009、2011 年又完成 3 个航次重大装备整体运输。令人欣喜的是,期间还成功承运了回程货物,"东方汇达"号海轮于 2009 年 10 月 4 日由宁波港出发,途经东海、鞑靼海峡、黑龙江下游,历时 21 天,于 2009 年 10 月 24 日顺利抵达抚远港。这是江海联运开通以来,首次成功承运回程货物。回程货物是宁波永鸿造船有限公司建造的一艘豪华游艇,该船长 40.2 米、宽 9 米、重 110 吨。由于公路运输和其他形式的运输无法将该游艇从沿海运抵伊春市,游艇只能通过江海联运的方式运输。

2011 年,日本福岛大地震造成核电站核泄漏事故,国内一些核电站建设被叫停或缓建,导致超重、超大机电设备需求骤减,黑龙江江海联运再次陷入沉寂。

（三）依兰港区

1.港区综述

（1）港区建设和运营情况

依兰港区位于松花江中游右岸依兰县境内,经多年建设,相继建成千吨级煤炭泊位 1 个、重大件泊位 1 个。

依兰港区辖达连河、依兰镇、依兰客运码头等 3 个作业区。达连河作业区是以煤炭、重大件装卸运输为主的专业化作业区,其余作业区利用自然岸坡进行装卸作业。

2011—2015 年货物吞吐量分别为 34.59 万吨、38.35 万吨、41.53 万吨、42.58 万吨、42.96 万吨。

（2）港区地理条件和集疏运概况

依兰港区上距哈尔滨 332 千米,作业区主要集中在松花江达连河、依兰镇河段,港区附近大部分修建有水利护岸,多年来河势变化不大,岸线较为稳定。

依兰港区辐射范围涵盖黑龙江省沿江各地及俄罗斯远东部分地区。港区水路集疏运主要通过松花江,可连通嫩江、乌苏里江、黑龙江并可出江入海;陆路集疏运以公路为主,现有道路连接码头与煤田,并与 G221、G1011 公路相连。

2.港区工程项目

哈尔滨港依兰港区重件码头建设工程

项目于 2013 年 5 月开工,2015 年 3 月竣工。

项目建设依据:2011 年 12 月,黑龙江省发展和改革委员会《关于哈尔滨港依兰港区重件码头建设工程可行性研究报告的批复》(黑发改交通〔2011〕1701 号);2011 年 12 月 30 日,黑龙江省交通运输厅《关于哈尔滨港依兰港区重件码头建设工程初步设计的批复》(黑交发〔2011〕604 号);2011 年 11 月,黑龙江省环境保护厅《关于哈尔滨港依兰港区重件码头建设工程环境影响报告书的批复》(黑环审〔2011〕314 号)。

项目新建 1 个 1000 吨级重大件泊位,岸线总长 148.0 米,码头前沿水深 2.2 米。码头采用顺岸方式布局和重力式沉箱结构,建设相应配套工程。陆域总面积 55010 平方米。堆场面积 13817 平方米,港内道路面积 32060 平方米,绿化面积 3919 平方米。生活、生产辅助建筑物设有综合办公楼、集装箱拆装库、机修车间、锅炉房、泵房、门卫房等,建筑物总面积2892平方米。其中,综合楼1538平方米,集装箱拆装库505平方米,机修车间494.82平方米,锅炉房150.84平方米,泵房(含消防水池)110.26平方米,门卫房两处92.82平方米。总投资5602万元,其中交通运输部补助资金900万元,企业自筹资金4702万元。购置1台500吨桥式起重机、2台集装箱正面起重机及配套设备。

建设单位为黑龙江省航务管理局;设计单位为黑龙江中北航务勘察设计有限公司;施工单位为黑龙江省龙航工程总承包有限责任公司;监理单位为黑龙江黑航工程监理咨询有限公司;质监单位为黑龙江省水运工程质量监督站。

哈尔滨港依兰港区重件码头是打开省重大装备(件)出海通道的重要组成部分,在振兴东北老工业基地发展方面发挥着积极的作用。

(四)方正港区

1.港区综述

(1)港区建设和运营情况

方正港区位于松花江中游右岸方正县,港区范围为方正县行政区划内的港口码头。方正港区划分有沙河子作业区和伊汉通作业区。沙河子作业区始建于1939年,在20世纪80年代达到了年吞吐量顶峰,煤炭年吞吐量达百万吨以上,进入21世纪后,煤炭年吞吐量基本维持在50万吨左右。2015年,方正港区共有生产性泊位17个,年综合通过能力125万吨。2011—2015年货物吞吐量分别为39.03万吨、44.57万吨、50.25万吨、63.28万吨、73.21万吨。

(2)港区地理条件和集疏运概况

方正港区地处哈尔滨、佳木斯、鸡西、鹤岗四大城市中间地段,多年来河势较为稳定,航行条件良好,码头前沿水深2.0米。方正港区水路集疏运主要通过松花江,可连通嫩江、松花江、黑龙江沿岸港口;沙河子作业区陆路集疏运依托专用疏港路,与S221、G011公路相连通;伊汉通作业区陆路集疏运有作业区道路与方伊路(X035)相连,方伊路与S221、G1011公路相通。

2.港区工程项目

沙河子港煤码头扩建工程

项目于1985年5月开工,1986年10月竣工。

项目建设依据:1985年1月,交通部《关于黑龙江航运局新建、扩建煤炭码头计划任务书的批复》(交计字〔1985〕113号);1985年3月,交通部黑龙江航运管理局《关于对沙河子港煤炭码头扩建工程技术设计的批复》(黑航字〔1985〕57号);1984年10月,黑龙江省土地利用管理局《关于沙河子港务局码头扩建征（拨）用土地的批复》（黑土〔1984〕126 号）。

项目新建 2 个 1000 吨级煤炭泊位,工程设计年吞吐量为 100 万吨,采用斜坡式码头形式,利用自然岸线顺岸布置。岸线总长 300.0 米,码头前沿水深 2.5 米。堆场面积 4.37万平方米,堆场堆存能力 50.0 万吨。主要装卸设备配置包括皮带输送机 2 台。相应进行港区护岸、堆场、仓库、道路、设备、给排水、消防、通信、供电照明、采暖等配套工程建设。项目建设总投资 317 万元,全部由中央投资。沙河子港务局煤码头扩建工程,建设堆场面积 4.37 万平方米。

建设单位为沙河子港务局;设计单位为黑龙江水运规划设计院;施工单位为汤原县香兰建筑工程公司、沙河子港务局建筑工程队。

项目建成投入使用后装卸七台河、勃利煤炭 20 余万吨,当年港口吞吐量、利润实现了"双百",分别达到了 112 万吨、113 万元,取得了较好的经济效益。在后期的运营中,第一作业区(扩建的港区)的年吞吐量一直保持良好的发展势头,基本维持在 40 ~ 50 万吨,占全港年吞吐量的 50% 左右。1995 年,由于腹地的依兰煤矿产业结构调整,通过水运出口的煤炭全部集中到第三作业区,煤炭专用线拆除,当年只有不到 1 万吨的吞吐量,装卸的是个体工商户经销的煤炭。1996 年后码头废弃。

三、佳木斯港

（一）港口概况

1. 港口综述

佳木斯港位于黑龙江省佳木斯市境内,因其地处黑龙江、松花江、乌苏里江三江交汇处,成为松花江下游和黑龙江中游最大的枢纽港、江海联运始发港和全国内河主要港口之一。以佳木斯港为中心,水运沿松花江上溯可至哈尔滨并进入吉林省、经嫩江进入齐齐哈尔,下行进入黑龙江,可抵嘉荫、黑河、漠河等地并进入内蒙古境内,经俄罗斯境内的黑龙江下游尼古拉耶夫斯克(庙街)港出江入海,再经鞑靼海峡进入日本海,可直达日本、韩国等国以及我国东南沿海港口。

佳木斯开埠建港始于 20 世纪初,1900 年就有俄国轮船航行于松花江,1937 年伪满政府扩建 456 延米码头,港口装卸转运能力大增,年装卸量都在 50 万吨以上,佳木斯港成为当时松花江最大的中转港。1986 年 3 月至 1994 年 6 月,经国务院批准先后在佳木斯市境设立同江、佳木斯、富锦、抚远、桦川五个国家一类开放口岸,佳木斯港开放水平不断提高,相继建成投产杏林河外贸码头、莽吉塔 3000 吨级码头等一批码头泊位,港口吞吐能力得到较大提高。随着中俄两国深化经贸科技战略合作、中蒙俄经济走廊发展、东北老工业基地振兴和腹地经济持续发展,佳木斯港迈入了一个崭新的发展机遇期。

佳木斯港由 6 个港区组成,松花江沿岸有佳木斯、汤原、桦川、富锦四个港区,黑龙江沿岸有抚远港区,同江港区位于松花江和黑龙江沿岸。佳木斯、同江和抚远港区为佳木斯港核心港区。

佳木斯港处于松花江中、下游和黑龙江中游,松花江中游哈尔滨至佳木斯 444 千米河段为三级航道,通航 1000 吨级内河船舶;松花江下游佳木斯至同江 252 千米河段、黑龙江中游 967 千米(黑河至黑中 29 千米❶)均为二级航道,通航 2000 吨级内河船舶,其中同江至黑中 29 千米的 246 千米河段为江海轮航道,通航 2000 ~ 4000 吨级江海轮。

佳木斯港沿松花江、黑龙江共布置锚地 18 处,锚地总面积 128.5 公顷。其中佳木斯港区设锚地 5 处,分别为宏力作业区锚地 2 处,杏林河、造纸厂、松江作业区锚地各 1 处;桦川港区煤炭作业区设锚地 1 处,锚地面积 4.5 公顷;富锦港区兴福作业区设锚地 1 处,锚地面积 12 公顷;同江港区设锚地 6 处,分别为松花江沿岸的乐业、横江口作业区各 1 处锚地,黑龙江沿岸的双河 1 处、勤得利 1 处、哈鱼岛作业区 2 处,锚地面积 48 公顷;抚远港区设锚地 5 处,分别为黑龙江沿岸的抚远镇作业区 1 处,莽吉塔、黑瞎子岛作业区各 2 处,锚地面积 24 公顷。

2. 港口水文气象

佳木斯属于中温带大陆性季风气候。多年平均气温 2.9 摄氏度,历年最高、最低气温分别为 38.1 摄氏度(1982 年)、-41.1 摄氏度(1970 年)。多年平均降水量 510.7 毫米,历年最大、最小降水量分别为 742.9 毫米(1965 年)、316.7 毫米(1975 年),历年日最大降水量 88.5 毫米(1951 年)。全年主导风向为 WS 风,夏季多 E 风,一年之中,春季风大,夏季风小,历年最大风速 35.5 米/秒(1957 年 5 月 8 日)。历年空气最小相对湿度为 2%,最大湿度是降雨天,空气中的湿度达到饱和。夏、秋两季有雾出现,年雾日平均在 12 ~ 14 天。

松花江属于季节性封冻河流,水文要素随季节变化显著,年内水位变化一般分为春季凌汛、春枯、中洪水、秋枯和封冻低水五个时期,分别出现在 4 月上中旬、4 月末至 5 月末、6 月至 9 月、10 月到 11 月上中旬、11 月下旬至翌年 4 月上旬。松花江径流主要靠降水补给,年降水量一般在 400 ~ 900 毫米之间,年内降水分配极不均匀,7 月至 9 月降水占全年降水的 60%,5 月至 6 月降水占全年降水的 25%。佳木斯站多年平均径流量为 710 亿立方米。

松花江属于少沙河流,悬移质含量很小,处于次饱和状态,参与造床作用主要以推移质为主。佳木斯站多年平均年悬移质输沙量为 1247 万吨,多年平均含沙量为 0.18 千克/

---

❶ 黑中 29 千米是黑龙江中游 29 千米。重新划界后,原黑龙江中游 29 千米划归俄罗斯内河,中方中俄界河起点就是黑中 29 千米。

立方米。

佳木斯港港区分布图如图 9-1-2 所示。

图 9-1-2　佳木斯港港区分布图

3. 发展成就

改革开放以来,佳木斯港进入较快发展时期。

1982—1984 年,实施抚远码头建设工程,新建码头 150 延米。1994 年,杏林河外贸码头建成投产,新建 1000 吨级件杂货泊位 2 个、集装箱泊位 1 个,设计年吞吐能力 35 万吨。1998—2000 年,抚远港西山码头工程建成 1000 吨级泊位 1 个。2004—2008 年,同江港横江口港区 3 号泊位码头建设工程新建 1000 吨级泊位 1 个。2006—2007 年,一是实施同江德通外贸码头建设工程,新建 3000 吨级木材泊位 2 个;二是开工建设同江港改扩建(一期)工程,新建泊位 3 个,其中 3000 吨级木材泊位 2 个,1000 吨级木材泊位 1 个,同时对原有 4 个泊位进行改建,新增港口年吞吐能力 84 万吨。2008 年,建设了抚远水—水中转江海联运泊位,首航承运哈尔滨电机厂 1000 兆瓦、438 吨汽轮机发电定子,于当年 8 月 20 日从哈尔滨港起航,在抚远利用 500 吨浮式起重机吊运,成功实现江海船舶重大件水上换装,然后由"木兰号"江海轮经海运运抵广东汕头港,解决了哈电站集团、中国一重集团等企业生产的超重、超大件"造得出来,运不出去"的难题,为重大件运输开辟新通道。

改革开放以来,佳木斯港新建或改扩建生产性泊位共计43个。到2015年,佳木斯港拥有生产性泊位47个,生产用码头4552延米,港口吞吐量实现408.8万吨。

佳木斯港基本情况见表9-1-3。

(二)同江港区

1.港区综述

(1)港区建设和运营情况

同江港区位于松花江下游的同江市,松花江与黑龙江交汇处。1986年同江港区被国务院批准为对外开放港口,经过多年的建设,同江港区发展成为黑龙江省东部地区重要的港口和对俄经贸发展的重要窗口。同江港区下设横江口、哈鱼岛两个作业区。

2015年,同江港区共有生产性泊位11个,生产性泊位码头长度1053米。2011—2015年货物吞吐量分别为110.78万吨、99.15万吨、95.29万吨、99.12万吨、98.05万吨。

(2)港区地理条件和集疏运概况

同江港区位于松花江、黑龙江交汇处,距离黑龙江出海口约1192千米。横江口作业区位于同江市区松花江河段,岸线较为稳定,码头泊位前沿水深2.0～3.0米,主航道水深1.6米。哈鱼岛作业区位于黑龙江哈鱼岛上,作业区上、下游修建有护岸,岸线较为稳定,码头泊位前沿水深4.0米,主航道水深2.5米。

同江港区水路集疏运主要通过松花江、黑龙江,可连通松花江、黑龙江沿岸港口及俄罗斯远东部分地区;陆路集疏运采用公路、铁路,各作业区通过疏港路和市区内道路可与G010、G1011、S306、S313等公路相通。

2.港区工程项目

(1)同江哈鱼岛滚装码头建设工程

项目于2004年5月开工,2005年7月试运行,2008年1月竣工。

项目建设依据:2004年3月,佳木斯市发展计划委员会《关于同江哈鱼岛滚装码头建设工程可行性研究报告的批复》(佳计投资〔2004〕14号);2004年4月,佳木斯市发展计划委员会《关于同江哈鱼岛滚装码头建设工程初步设计的批复》(佳计建字〔2004〕4号);2004年5月,佳木斯市环境保护局《关于〈同江哈鱼岛滚装码头建设工程环境影响报告表〉审批意见的函复》(佳环建审〔2004〕18号);2004年7月,黑龙江省国土资源厅《关于印发〈同江哈鱼岛滚装码头工程建设用地地质灾害危险性评估报告〉的评审意见书》(黑国土资函〔2004〕271号);2004年7月,黑龙江省国土资源厅《关于同江哈鱼岛滚装码头建设项目占地压覆矿产资源储量情况证明的函》(黑国土资函〔2004〕283号)。

佳木斯港基本情况表

表 9-1-3

序号	港区名称	港区岸线 规划岸线(千米)	港区岸线 其中:2015年前已建成岸线(千米)	2015年港口生产性泊位 生产性泊位数(个)	其中:千吨级及以上(个)	生产性泊位总长(米)	其中:千吨级及以上(米)	其中:1978—2015年建成的生产性泊位 生产性泊位数(个)	其中:千吨级及以上(个)	生产性泊位总长(米)	其中:千吨级及以上(米)	货物吞吐量(万吨)	2015年港口货物和旅客吞吐量 其中:外贸货物吞吐量(万吨)	集装箱(万TEU)	滚装车辆 数量(万辆)	滚装车辆 质量(万吨)	旅客(万人)	其中:国际旅客(万人)
1	佳木斯港区	9271	2364	22	20	2364	2156	15	15	1772	1772	228.39	—	—	—	—	111.35	—
2	汤原港区	500	—	—	—	—	—	—	—	—	—	—	—	—	—	—	—	—
3	桦川港区	780	320	4	4	320	320	—	—	—	—	19.56	—	—	—	—	—	—
4	富锦港区	7180	520	3	3	520	520	7	7	728	658	58.40	—	—	—	—	23.14	—
5	同江港区	8560	1053	11	10	1053	883	13	13	1426	1366	98.05	41.36	—	—	—	18.54	1.05
6	抚远港区	4220	295	3	3	295	220	8	8	828	758	4.48	2.86	—	—	—	20.15	2.98
	合计	30511	4552	43	40	4552	4099	43	43	4754	4554	408.88	44.22	—	—	—	173.18	4.03

项目新建客货滚装泊位 1 个,建设规模为年吞吐量 20 万吨,岸线总长 190.0 米,码头前沿水深 2.2 米。建有护岸(含挡土墙)373 米,疏港道路 6307 平方米,联检车场及港区道路硬化 2050 平方米,还有供电、计量房、围墙等附属工程。斜坡式码头结构。码头采用顺岸布局、重力式结构。该项目批准概算 1430 万元,其中银行贷款 1000 万元,企业自筹 430 万元。实际完成投资 1513 万元,均由业主自筹,没有进行贷款,资金超概算 83 万元。

建设单位为同江新港有限公司;设计单位为黑龙江省航务勘察设计院;施工单位为黑龙江省港航工程有限公司;监理单位为黑龙江黑航工程建设监理有限公司;质监单位为黑龙江省水运工程质量监督站。

2011—2015 年完成客运量分别为 11.8 万人次、4.36 万人次、2.8 万人次、3.5 万人次、2.1 万人次,为同江市经贸发展起到促进作用。

(2)同江港改扩建工程横江口港区 3 号泊位码头建设工程

项目于 2004 年 9 月开工建设,2005 年 8 月试运行,2008 年 1 月竣工。

项目建设依据:2004 年 8 月 3 日,同江市经济计划局《关于同江新港有限公司申请〈同江港改扩建工程横江口港区 3 号泊位码头建设工程备案〉请示的批复》(同经计字〔2004〕163 号)。

项目建设 1 个 1000 吨级钢板桩码头,泊位设计长度 114 米,码头前沿水深 2.0 米。码头采用钢板桩结构,顺岸布局。堆场面积 0.56 万平方米,堆场堆存能力 5.0 万吨。码头主要设备为 10 ~ 25 吨港口门座起重机 2 座。码头设施为 100 延米门座起重机轨道。总投资 905 万元,全部由企业自筹(黑龙江航运集团有限公司拨入)。

建设单位为同江新港有限公司;设计单位为黑龙江省航务勘察设计院;施工单位为黑龙江龙航工程总承包有限责任公司;监理单位为黑龙江黑航工程建设监理有限公司;质监单位为黑龙江省水运工程质量监督站。

同江港横江口港区 3 号泊位码头 2006—2008 年完成货物吞吐量分别为 14 万吨、18 万吨、18 万吨。

(3)同江德通外贸码头建设工程

项目于 2006 年 8 月开工,2008 年 4 月竣工。

项目建设依据:2005 年 4 月,同江市经济计划局《关于黑龙江省德通投资有限公司新建木材交易市场可行性研究报告的批复》(同经计字〔2005〕44 号);2006 年 8 月,黑龙江省交通厅《关于同江德通外贸码头建设工程项目予以核准的请示》(黑交发〔2006〕306 号);2006 年 10 月,黑龙江省发展与改革委员会《关于同江德通外贸码头建设工程项目的核准批复》(黑发改交通〔2006〕956 号);2006 年 11 月,佳木斯海事局《关于建设同江德通外贸码头的申请的复函》(佳海事函〔2006〕007 号);2006 年 4 月,佳木斯市环境保护局《关于同江德通木业贸易有限公司同江德通外贸码头建设工程环境影响报告表审批意见的复函》(佳环建审〔2006〕25号);2005年10月,同江市人民政府颁发土地使用证(黑同江市国用〔2005〕第09768号);2007年12月,交通部《关于同江德通外贸码头建设工程使用港口岸线的批复》(交规划发〔2007〕757号)。

项目新建2个3000吨级木材泊位,占地17.6万平方米,码头长度204米,码头前沿水深3.09米,码头采用顺岸布局,钢板桩结构。堆场面积14.45万平方米,堆场堆存能力10.0万吨,仓库面积2.25万平方米,仓库堆存能力10.0万吨,停车场面积0.27万平方米。并相应配备装卸机械、堆场、道路、消防、供电、铁路专用线、仓库等生产辅助配套设施。总投资6492.0万元,建设资金全部由企业自筹。陆域新增的项目用地17.6万平方米。

建设单位为同江德通木业贸易有限公司;设计单位为青岛港湾工程勘察设计院、黑龙江水利规划设计院(工程可行性研究)、黑龙江水运规划设计院(施工图设计);施工单位为黑龙江龙航工程总承包有限责任公司;监理单位为黑龙江黑航工程建设监理有限公司;质监单位为黑龙江省水运工程质量监督站。

项目未进行竣工验收。2008年4月,由黑龙江省水运工程质量监督站等5家单位组成的验收工作组对同江德通外贸码头工程进行了交工验收,并经佳木斯航务管理处批准同意试运行。当年接卸俄罗斯进口木材10万立方米、出口货物装船6000余吨,完成吞吐量9万吨,解决同江本地和外地近40人就业。同江德通外贸码头的建成,缓解了同江港码头泊位通过能力不足的问题,适应了对俄经贸的发展需要,为提高同江进口木材的接卸能力提供了更大的发展空间,对推动同江区域经济的发展起到了积极的作用。

(4)同江港改扩建(一期)工程

项目于2006年9月开工建设,2010年10月试运行,2017年8月竣工。

项目建设依据:2005年9月,黑龙江省发展和改革委员会《关于同江港改扩建(一期)工程可行性研究报告的批复》(黑交改交通〔2005〕784号);2006年2月,黑龙江省发展和改革委员会《关于同江港改扩建(一期)工程初步设计的批复》(黑发改建字〔2006〕56号);2005年5月,黑龙江省环境保护局《同江港改扩建工程环境影响报告表审批意见》(黑环建审〔2005〕24号);2004年12月,同江市国土资源局《关于同江港改扩建工程可批准使用建设用地的说明》;2006年2月,交通部《关于同江港改扩建一期工程使用港口岸线的批复》(交规划发〔2006〕52号)。

项目新建泊位3个,其中3000吨级木材泊位2个,1000吨级木材泊位1个;对原有4个泊位进行改建维修;工程设计年吞吐量为110万吨,新增设计年吞吐量为84万吨,年通过能力163万吨。码头采用板桩式结构,利用自然岸线顺岸布置。岸线总长558米,码头前沿水深3.2米。堆场面积5.63万平方米,堆场堆存能力5.55万吨,仓库面积0.13万平方米,仓库堆存能力0.16万吨,10~25吨港口门座起重机5台。新建综合楼3438.68

平方米及配套附属设施;相应进行港区堆场、仓库、道路、给排水、环保、消防、通信、供电照明、采暖等配套工程建设。该项目总投资为11649万元,其中申请交通部投资补贴3883万元,社会融资3500万元,黑龙江航运集团有限公司投资4266万元。占地面积17.7万平方米。

项目建设单位为黑龙江航运集团有限公司同江港改扩建(一期)工程建设指挥部;设计单位为黑龙江中北航务勘察设计有限公司;施工单位为黑龙江航运建筑工程公司、黑龙江龙航工程总承包有限责任公司、黑龙江飞天建设工程总承包有限责任公司、哈尔滨大东集团股份有限公司;监理单位为黑龙江黑航监理咨询有限公司;质监单位为黑龙江省水运工程质量监督站。

2010年10月试营运以来,解决了原有泊位不足、影响船舶停泊、存在安全隐患的实际问题,有效提高了泊位利用率,码头设施及后方堆场已经具备设计年吞吐量110万吨的能力。工程的建设为提高同江进口木材的接卸能力提供了更大的发展空间,对同江经济的发展起到了积极的作用。2011—2017年完成吞吐量分别为106万吨、77.8万吨、69.4万吨、59.2万吨、54.1万吨、58.9万吨、36.8万吨。

(三)佳木斯港区

1. 港区综述

(1)港区建设和运营情况

佳木斯港区位于松花江下游右岸佳木斯市区江段。改革开放以来,佳木斯港区经过30多年建设,相继建成煤炭、木材、砂石、粮食等专业码头,已成为松花江中下游最大的中转港。

佳木斯港区划分为莲江口、杏林河、造纸厂和宏力4个作业区。2015年,佳木斯港区共有生产性泊位22个,生产性泊位码头长度2364米,完成货物吞吐量228.39万吨、旅客吞吐量111.4万人。2011—2015年货物吞吐量分别为204.94万吨、222.62万吨、227.73万吨、232.69万吨、228.39万吨。

(2)港区地理条件和集疏运概况

佳木斯港区上距哈尔滨443千米,下距松花江口253千米,各作业区主要集中在市区松花江河段,港区沿岸大部分修建有水利护岸,未修建护岸的岸线多年来河势基本没有变化,岸线较为稳定,码头泊位前沿水深2.0米,主航道水深1.6米。

佳木斯港区辐射范围涵盖黑龙江省沿江各地及俄罗斯远东部分地区。港区水路集疏运主要通过松花江,可连通嫩江、乌苏里江、黑龙江并可出江入海;陆路集疏运以公路为主,各作业区通过市区内道路可与S221、G1011等公路互通。

2.港区工程项目

杏林河外贸码头建设工程

项目于 1992 年 3 月开工,1994 年 2 月试运行,1994 年 8 月竣工。

项目建设依据:1991 年 8 月,交通部《关于佳木斯港杏林河外贸码头建设工程项目建议书的批复》(交计字〔1991〕604 号);1991 年 11 月,交通部《关于佳木斯杏林河外贸码头建设一期工程设计计划任务书的批复》(交计字〔1991〕805 号);1991 年 12 月,国家交通投资公司《关于佳木斯港杏林河外贸码头一期工程初步设计的批复》(交投水〔1991〕162 号);1991 年 12 月,佳木斯市环境保护局《关于〈佳木斯杏林河外贸码头建设工程环境影响报告书〉的批复》(佳环函字〔1991〕48 号);1994 年 2 月,国家交通投资公司《关于佳木斯港杏林河外贸码头一期工程调整概算的批复》(交投水〔1994〕31 号)。

项目建设 3 个 1000 吨级泊位,码头采用顺岸布局、钢筒混凝土木桩基结构。佳木斯港杏林河外贸码头与佳木斯港东部衔接,沿松花江南岸向下游延长 320 米,南部至该段松花江防洪堤,占地面积约 9.23 万平方米,码头前沿水深 1.9 米,设计靠泊能力 1000 吨,码头水工建筑允许靠泊能力 2000 吨。配置装卸设备 33 台组,年吞吐量 35 万吨(木材 20 万吨、杂货 10 万吨、集装箱 5000TEU)。堆场面积 2.34 万平方米,仓库面积 0.10 万平方米。10~25 吨港口门座起重机 1 座。总投资 4556 万元,由国家交通投资公司全额投资。

建设单位为佳木斯港务局;设计单位为黑龙江水运规划设计院;施工单位为黑龙江航务工程公司、佳木斯港务局建筑工程公司;监理单位为黑龙江水运工程监理公司;质监单位为黑龙江航运管理局基本建设工程质量监督站。

项目建成后,结束了东北内河没有外贸专用码头的历史,填补了黑龙江水系无集装箱装卸作业的空白,佳木斯港也成为江海联运的始发港之一,在接卸俄罗斯进口木材方面发挥了一定作用。但是,受松花江枯水导致航道水位无法满足船舶航行要求等因素影响,致使外贸木材到港时断时续,总体上呈震荡减少趋势,影响了港口功能的进一步发挥。

(四)富锦港区

1.港区综述

(1)港区建设和运营情况

富锦港区位于松花江下游右岸、富锦市所辖江段。富锦港区始建于 1933 年,为当时地区货物中转中心之一。1989 年国务院批准为对外开放港口。经过多年建设,富锦港区成为松花江下游重要的港口之一,是富锦市开展对俄贸易和大宗货物的主要集散地。富锦港区划分有大屯、轮渡客运、东平等 3 个作业区,其中大屯作业区为自然岸线。

2015 年,富锦港区共有生产性泊位 3 个,生产性泊位码头长度 520 米,年综合通过能力47万吨、10万人;完成货物吞吐量58.4万吨、旅客吞吐量23.1万人。2011—2015年货物吞吐量分别为37.53万吨、39.69万吨、44.51万吨、57.81万吨、58.40万吨。

(2)港区地理条件和集疏运概况

富锦港区上距佳木斯港区约177千米,各作业区主要集中在市区松花江河段,港区沿岸大部分修建有水利护岸,岸线较为稳定,码头泊位前沿水深2.0米,主航道水深1.6米。

富锦港区水路集疏运主要通过松花江,可连通松花江、黑龙江沿岸港口;陆路集疏运以公路为主,各作业区通过市区内道路可与G010、G1011等公路互通。

2. 港区工程项目

富锦港东平港区建设工程

项目于2011年8月开工,2012年2月码头主体交工验收。

项目建设依据:2008年12月,黑龙江省发展和改革委员会《关于富锦港东平港区建设工程可行性研究报告的批复》(黑发改交通〔2008〕1648号);2009年7月,黑龙江省发展和改革委员会《关于富锦港东平港区建设工程初步设计的批复》(黑发改建字〔2009〕841号);2007年8月,佳木斯市环境保护局《关于富锦港东平港区环境影响报告表审批意见的函复》(佳环建审〔2007〕68号);2007年10月,黑龙江省水利厅《关于富锦市东平港区建设有关涉河事宜的批复》(黑水发〔2007〕527号);2008年12月,黑龙江省国土资源厅《关于富锦港东平港区建设工程建设用地预审意见的复函》(黑国土资预审字〔2008〕139号)。

项目新建3个1000吨级泊位,其中件杂货泊位1个、木材泊位2个。岸线总长208米,码头前沿水深1.9米,码头设计靠泊能力1000吨,码头水工建筑允许靠泊能力2000吨。年吞吐量45万吨,年通过能力61.4万吨。码头采用顺岸布局、重力式空心方块结构。新建港口铁路专用线465米,新建房屋建筑面积1546.4平方米,道路及堆场面积72450.0平方米(其中,港内道路31960.0平方米,堆场40490.0平方米),以及相关配套工程建设。主要装卸设备配置M16-30门座起重机3台、QLY25轮胎式起重机6台、ZLM50木材装载机6台、Q30A牵引机车8台、木材专用平车12个。工程总概算8230万元,其中交通运输部投资2800万元、银行贷款2000万元、自筹资金3430万元。采用疏浚土方进行陆域吹填,吹填材料为中粗砂。用地面积10.9万平方米。

项目建设单位为富锦市锦城城市基础设施建设投资有限公司;设计单位为黑龙江省航务勘察设计院(工程可行性研究)、黑龙江中北航务勘察设计有限公司(初步设计、施工图设计);施工单位为黑龙江省港航工程有限公司;监理单位为黑龙江黑航监理咨询有限公司;质监单位为黑龙江航运管理局基本建设工程质量监督站。

截至2015年,项目只建成了码头主体部分,未建设相应配套设施,没有投入使用。

（五）抚远港区

1.港区综述

（1）港区建设和运营情况

抚远港区位于黑龙江中游右岸,抚远市境内。改革开放以来,陆续实施抚远港改扩建、乌苏镇码头和抚远客运码头建设。抚远港区被确定为江海联运始发港后,发展速度加快,建设抚远水—水中转江海联运泊位,实施莽吉塔作业区建设工程,新建3000吨级木材泊位2个,江海联运件杂货泊位1个,并建设了黑瞎子岛客运码头。抚远港区基础设施和现代化水平得到了较大幅度的提高,成为佳木斯市和抚远周边地区对俄外贸发展的重要窗口。抚远港区划分有抚远镇、莽吉塔2个作业区。

2015年,抚远港区共有生产性泊位3个,生产性泊位码头长度295米,年综合通过能力40万吨、15万人;完成货物吞吐量4.5万吨、旅客吞吐量20.2万人。2011—2015年货物吞吐量分别为5.79万吨、5.82万吨、3.23万吨、4.05万吨、4.48万吨。

（2）港区地理条件和集疏运概况

抚远港区距俄罗斯哈巴罗夫斯克（伯力）65千米,距黑龙江入海口960千米。抚远港区位于市区黑龙江河段,岸线较为稳定,码头泊位前沿水深2.5米,主航道水深2.5米。

抚远港区水路集疏运主要通过黑龙江,可连通松花江、黑龙江、乌苏里江沿岸港口及俄罗斯远东部分地区;陆路集疏运以公路运输为主,抚远镇作业区通过疏港路和镇内道路可与S210公路相通;莽吉塔作业区通过专用疏港路与S210公路相通。前进镇至抚远铁路已建成通车。

2.港区工程项目

（1）抚远码头建设工程

项目于1982年5月开工,1984年10月竣工。

项目建设依据:1981年3月,交通部黑龙江省航运管理局《关于下达一九八一年交通部补助黑龙江界河第一批基本建设计划的通知》（黑航字〔1981〕49号）;1981年6月交通部黑龙江省航运管理局《关于抚远码头工程施工安排的通知》（黑航字〔1981〕142号）;1981年12月,交通部黑龙江省航运管理局《关于下达抚远码头设计的通知》（黑航字〔1981〕242号）。

新建1个1000吨级泊位,岸线总长150米,码头前沿水深2.0米,采用钢筋混凝土板桩码头结构。新建港区面积（堆场）225平方米,混合结构仓库600平方米,混合结构候船室500平方米,港区公路310平方米,港区围墙115米等配套附属设施。主要装卸设备配置包括1台16吨轮胎式起重机、6台移动式皮带输送机。工程总投资213万元,全部为交通部给黑龙江省航运管理局补助的黑龙江界河基本建设资金。

建设单位为合江航运局;设计单位为黑龙江水运规划设计院;施工单位为黑龙江航务工程公司、合江航运局航务工程公司。

(2)抚远港扩建工程

项目于 2000 年 5 月开工,2001 年 10 月竣工。

项目建设依据:1999 年 1 月,交通部《关于对抚远港扩建工程可行性研究报告的批复》(交规划发〔1999〕144 号);1999 年,交通部水运司《关于抚远港扩建工程初步设计的批复》(水运航道字〔1999〕657 号)。

项目新建货运码头 1 座,水工建筑物长 60 延米,新建西山码头水工建筑物长 38 延米,码头设计靠泊能力 1000 吨级,码头水工建筑允许靠泊能力 5000 吨级。新建客运泊位 1 个,并新建客运道路 532 平方米,港区道路铺面 2179 平方米,港区堆场回填 12700 立方米。货运码头为重力式空心方块结构、客运为墩台栈桥结合式码头结构。购买抚远县粮食码头一座、码头长 50 延米,包括所属的仓库 2500 平方米以及岸线、场地、道路和围墙;购买口岸联检楼,建筑面积 2600 平方米,以及其他配套设施。8 米×30 米趸船 1 艘,工程总投资 985 万元,其中交通部安排资金 700 万元,其余 285 万元由交通部黑龙江航务管理局自筹。建设单位为抚远港务局。

项目实施后完善了过货、过客的港口功能,为地方经济发展作出了积极贡献。由于 2013 年洪水影响,码头前沿淤积严重,已经停止使用。2018 年,为盘活闲置资产,通过与俄罗斯种粮大户合作,将码头扩建,建设粮食专用泊位 2 个,后方建设粮食仓库 3 座。

(3)抚远港莽吉塔港区建设工程

项目于 2009 年 3 月开工,2012 年 9 月试运行,2018 年 12 月竣工。

项目建设依据:2009 年 1 月,黑龙江省发展和改革委员会《关于抚远港莽吉塔港区建设工程可行性研究报告的批复》(黑发改交通〔2009〕49 号);2009 年 5 月,黑龙江省发展和改革委员会《关于抚远港莽吉塔港区建设工程初步设计的批复》(黑发改建字〔2009〕603 号);2009 年 3 月,黑龙江省环境保护厅《关于抚远港莽吉塔港区建设工程环境影响报告书的批复》(黑环审〔2009〕44 号);2009 年 9 月,交通运输部《关于抚远港莽吉塔港区建设工程使用岸线合理性评估的批复》(交规划发〔2009〕481 号);黑龙江省人民政府《关于抚远港莽吉塔港区建设工程农用地转用的批复》(黑政土〔2009〕第 174 号)。

项目新建 3 个 3000 吨级泊位,其中,件杂货泊位 1 个,木材泊位 2 个。建设规模为年吞吐量 80 万吨,年通过能力 114.4 万吨。码头采用顺岸方式布局,钢板桩结构。岸线总长 510 米,码头前沿水深 3.5 米。新建港内铁路 875 米,道路 96572 平方米,堆场 112736 平方米,生产、生活辅助建筑 7876.6 平方米,绿化面积 17329 平方米。主要装卸设备配置包括 6 台 MQ16-30 门座起重机、9 台 QLY25 轮胎式起重机、8 台 ZLM-50B 木材装载机。总投资 18133 万元,其中交通运输部补助资金 2600 万元,银行贷款 9000 万元,企业自筹

6533 万元。

建设单位为抚远港莽吉塔港区建设指挥部；设计单位为黑龙江中北航务勘察设计有限公司（工程可行性研究）、交通运输部规划研究院、黑龙江中北航务勘察设计有限公司（初步设计）；施工单位为黑龙江省港航工程有限公司；监理单位为黑龙江黑航工程监理咨询有限公司；质监单位为黑龙江省水运工程质量监督站。

作为抚远经济发展新生力量，抚远港莽吉塔港区建营并举，以贸易带动物流，以物流促进港区产业，以码头为基础全面推进交通运输、餐饮服务、商贸流通、木材加工等产业，对充分发挥和利用腹地资源、调整和优化沿江产业布局、带动航运事业发展、促进对俄贸易、加强对日韩贸易与交流、推动区域经济发展，起到重要作用。

四、黑河港

（一）港口概况

1.港口综述

黑河港位于黑龙江中游右岸，与俄罗斯布拉戈维申斯克（海兰泡）市隔江相望，是我国在黑龙江上最大的港口，水运可到达黑龙江、乌苏里江、松花江、嫩江沿江地区并可沿黑龙江下游出江入海。

黑河港历史悠久，开埠于清代。当时随着黑龙江上、中游沿岸的黄金开采及农业垦殖、林业的发展，黑龙江水运需求旺盛，黑河码头因而发展起来。码头附近兴建了许多粮仓、旅店、饭店等，形成了既是码头又是物资集散地的集镇。在沙俄垄断航权时期，黑河码头几经兴衰，直到中国收回航权后，由松花江直达黑河码头的船队才逐渐增多。20 世纪30 年代初，黑河码头年出口木材6000 余吨，进口货物2000 吨左右。中华人民共和国成立后，随着经济发展和形势的变化，黑河港经历了曲折的发展过程。改革开放后，对港口进行数次扩建和技术改造，建成年通过能力百万吨的机械化港口。1986 年5 月经国务院批准黑河港成为对外开放港口，同年9 月向苏联出口大豆1200 余吨。近年来黑龙江省对俄经贸战略不断升级，有力地推动了黑河市对外开放、招商引资和区域经济的快速发展。随着中俄战略合作伙伴关系的巩固和发展、国家"一带一路"倡议的深入实施和"中蒙俄经济走廊"龙江陆海丝绸之路经济带的建设，以及黑龙江黑河大桥的建设、中国（黑龙江）自由贸易试验区黑河片区的构建，位于中俄贸易发展桥头堡位置的黑河港发展空间将更为广阔。

黑河港由黑河港区、孙吴港区、逊克港区、嫩江港区、五大连池港区等5 个港区组成，黑河港区、孙吴港区、逊克港区等3 个港区位于黑龙江沿岸，嫩江港区位于嫩江上游，五大连池港区位于五大连池风景区内。黑河港区为黑河港的核心港区。2015 年底黑河港共有 16 个生产性泊位，其中千吨级泊位 14 个。

黑河港处于黑龙江上中游过渡段、嫩江上游以及五大连池内。黑龙江上游恩和哈达至黑河 894 千米河段规划等级为三级航道，目前尚未达标，还有部分航道为四级航道，通航 600~1000 吨级船舶；黑龙江中游黑河至黑中 29 千米河段为二级航道，通航 2000 吨级船舶；嫩江尼尔基至嫩江镇 129 千米河段为七级航道，其中尼尔基水利枢纽上游 84 千米河段为库区河段，可以达到四级航道标准；五大连池位于讷谟尔河流域，地处小兴安岭山地向松嫩平原的过渡地带，是由于火山喷发、熔岩阻塞白河河道形成的五个相互连接的湖泊，主要用于发展水上旅游客运。

黑河港沿黑龙江在黑河港区布置锚地 1 处，锚地面积 8 公顷。

2. 港口水文气象

黑河市位于东亚季风区，冬季受西伯利亚寒冷空气控制，冬季漫长，干燥严寒，夏季温和多雨，春季易干旱，秋季降温迅速，常有冻害发生。多年平均气温 0.3 摄氏度，极端最高气温 37.7 摄氏度，极端最低气温 -44.5 摄氏度。多年平均降水量 515.0 毫米，年最大降水量 788.7 毫米，年最小降水量 338.0 毫米，降水多集中在 6 月至 9 月份，占全年降水量的 80% 左右。常风向为 WN 风，风频率为 28%；次风向为 SSW 风，风频率为 12%；强风向为 WS 风。年平均风速 3.3 米/秒，年最大风速 26.7 米/秒。黑龙江通航期间，按因雾的影响而使能见度不大于 1000 米统计，多年平均出现三级及以上雾的时间为 247.5 小时，多出现在 6~9 月份。

黑龙江属于季节性封冻河流，水文要素随季节变化明显，每年 4 月末前后开始流冰，开江后有 10~15 天的春汛期，至 7 月初为春枯期，7 月上旬至 8 月末为夏汛期，9 月初至 10 月中旬为秋枯期，之后进入封冻期。黑龙江上游具有山区河流的特性，春汛期和夏汛期水位涨落较快，中游汛期水位涨落特性不明显。嫩江属于季节性封冻河流，年内水位变化一般分为春季凌汛、春枯、中洪水、秋枯和封冻低水五个时期，分别出现在 4 月上中旬、4 月末至 5 月末、6 月至 9 月、10 月至 11 月上中旬和 11 月下旬至翌年 4 月上中旬，航期内水位变化幅度最大为 14.77 米。根据五大连池风景名胜区管委会提供的资料，五大连池三池（白龙湖）内，水位常年保持在 283~284 米之间，水位变化幅度较小。

3. 发展成就

改革开放以来，黑河港历经多次改建和技术改造，已发展成为黑龙江省在黑龙江上最大的综合性港口。1981—1982 年，黑河港配套工程建设工程扩建 1000 吨级货运泊位 6 个；1983—1984 年，黑河码头建设工程建设 1000 吨级泊位 1 个；1985—1986 年，实施了大黑河码头建设工程、黑河客运码头建设工程，共建设客运泊位 6 个；1987—1988 年，黑河客货滚装码头建设工程新建 1000 吨级客货滚装泊位 1 个；1996—1997 年，黑河大岛码头客运码头建设工程扩建客运泊位2个;2004—2005年,黑河浮码头建设工程新建浮码头2个;2007—2008年,黑河滚装码头工程扩建1000吨级客货滚装泊位2个;2009—2010年,黑河港改扩建一期工程改建1000吨级滚装泊位2个,扩建1000吨级泊位6个。到2015年,黑河港实际拥有生产性泊位16个,生产用码头长度1553延米,港口年吞吐量达到92.49万吨。

黑河港基本情况见表9-1-4。

(二)黑河港区

1.港区综述

(1)港区建设和运营情况

黑河港区位于黑龙江上游和中游过渡段,划分为大新屯作业区、长发屯作业区、三道沟作业区、国际旅游客运码头、好八连客运码头、水上观光客运码头、大黑河岛客运码头、五道豁洛公务码头、二道豁洛公务码头、大黑河岛公务码头等作业区和码头,是主要承担矿建材料、煤炭、机械设备、木材、农产品、轻工产品等货种的装卸、储存、中转业务及旅客运输的综合性港区。2011—2015年货物吞吐量分别为96.37万吨、94.01万吨、82.79万吨、84.04万吨、92.49万吨。

(2)港区地理条件和集疏运概况

黑河港区各作业区沿岸大部分修建有水利护岸,没有修建护岸的岸线,多年来河势基本稳定,码头前沿和主航道水深条件较好,水流平稳。

黑河港区腹地辐射范围涵盖黑龙江沿岸各地及俄罗斯远东部分地区。港区水路可连通黑龙江、额尔古纳河、松花江、乌苏里江等沿江港口,并可出江入海;陆路集疏运以公路为主,各作业区通过市区、村镇道路可与G1211、S209、S301、S310等公路互通;经过市内短途运输,也可经由铁路实现集疏运。

2.港区工程项目

(1)黑河港配套工程

项目于1993年10月10日开工,1995年5月10日试投产,1996年8月10日竣工。

项目建设依据:1993年,国家交通投资公司《关于黑河港配套工程初步设计的批复》(交投水〔1993〕107号)。

项目建设6个1000吨级泊位,岸线总长256米。码头形式为重力式码头,采用顺岸式布局,利用自然岸线挖填方式。码头前沿水深2.0米。项目后方堆场面积2.01万平方米,仓库面积500平方米。新增50米码头,原206米码头加高1.3米。场区回填1.5万立方米,硬化面积27184平方米,砂石堆场面枳2.01万平方米,新增综合业务用房、宿舍、仓库、泵房、消防车库等设备设施。总投资为1458万元,全部由国家交通投资公司投资。

表 9-1-4

黑河港基本情况表

序号	港区名称	港区岸线		2015年港口生产性泊位				其中:1978—2015年建成的生产性泊位				2015年港口货物和旅客吞吐量						
		港区规划岸线	其中:2015年前已建成岸线	生产性泊位数	其中:千吨级及以上	生产性泊位总长	其中:千吨级及以上	生产性泊位数	其中:千吨级及以上	生产性泊位总长	其中:千吨级及以上	货物吞吐量	其中:外贸货物吞吐量	集装箱	滚装车辆数量	滚装车辆质量	旅客	其中:国际旅客
		千米	千米	个	个	米	米	个	个	米	米	万吨	万吨	万TEU	万辆	万吨	万人	万人
1	黑河港区	—	—	12	10	1275	730	15	15	1128	1128	82.21	27.88	—	—	—	122.25	22.46
2	孙吴港区	—	—	—	—	—	—	—	—	—	—	—	—	—	—	—	—	—
3	逊克港区	—	—	4	4	278	278	—	—	—	—	10.28	1.35	—	—	—	0.28	—
4	嫩江港区	—	—	—	—	—	—	—	—	—	—	—	—	—	—	—	—	—
5	五大连池港区	—	—	—	—	—	—	—	—	—	—	—	—	—	—	—	—	—
	合计	8120	1553	16	14	1553	1088	15	15	1128	1128	92.49	29.23	—	—	—	122.53	22.46

建设单位为黑河港务局;设计单位为黑龙江水运规划设计院;施工单位为黑龙江航务工程公司;监理单位为黑龙江黑航工程监理咨询有限公司。

项目投产后,新建泊位发挥突出作用,黑河港是当时中国进口俄罗斯废旧钢铁的主要港口。后期黑河港货运码头经历多次改扩建,码头仍在使用。

(2)黑河港改扩建(一期)工程

项目于 2009 年 12 月 1 日开工,2012 年 10 月 26 日试投产,2013 年 9 月 10 日竣工。

项目建设依据:2007 年 12 月,黑龙江省发展和改革委员会《关于黑河港改扩建(一期)工程可行性研究报告的批复》(黑发改交通〔2007〕1225 号);2008 年 9 月,黑龙江省发展和改革委员会《关于黑河港改扩建(一期)工程初步设计的批复》(黑发改建字〔2008〕1076 号);2006 年 1 月,黑龙江省环境保护局《关于黑龙江省黑河市黑河港改扩建工程环境影响报告表的审查意见》(黑环建审〔2006〕13 号);2009 年 5 月,黑河市人民政府《关于黑河港改扩建工程建设用地的批复》(黑市政土〔2009〕19 号)。

项目改扩建 8 个泊位,功能整合后重新划分为 6 个 1000 吨级泊位,占用岸线长度 586 米。将港区上游原水泥厂的两个 1000 吨级泊位改为滚装码头,设 2 个 1000 吨级泊位,占用岸线长度 188 米,改扩建后码头总占用岸线长度 774 米。码头形式为重力式码头,采用顺岸式布局,利用自然岸线挖填方式。码头前沿水深 2.0 米。项目后方堆场面积 3.25 万平方米,停车场面积 0.9 万平方米,陆域面积 12.4 万平方米。相应进行港口道路、堆场、供电、通信、给排水、采暖、消防、生产及生活辅助建筑物等配套工程建设。总投资 5548.6 万元,其中交通部补助资金 1600 万元,黑河市政府投资 3756.2 万元,黑河航务局投资 192.4 万元。

项目建设单位为黑河港务局;设计单位为黑龙江省航务勘察设计院;施工单位为黑龙江省龙航工程总承包有限责任公司;监理单位为黑龙江黑航工程监理咨询有限公司;质监单位为黑龙江省水运工程质量监督站。

项目投产后,主要解决了码头前沿整体贯通和水深不足的问题,使得黑河港在中俄国际货物运输中发挥了重要作用。经黑河港进口的俄罗斯大豆、煤炭、木材等大宗货源,使港口吞吐量大幅增加,中俄东线天然气项目超大件及大件物资、机械、果蔬等货源明显增多,为黑河市经济发展作出积极贡献,为"一带一路"建设发挥重要作用。

2014—2018 年完成的港口吞吐量分别为 20.1 万吨、25.4 万吨、20.2 万吨、29.5 万吨、43 万吨。

(3)黑河大黑河岛国际客运码头(二期)工程

项目于 2012 年 3 月 10 日开工,2012 年 8 月 10 日试投产。

项目建设依据:2012 年,黑河市发展和改革委员会《关于黑河市大黑河岛国际客运码头(二期)工程可行性研究报告的批复》(黑市发改交通〔2012〕114 号);2012 年 3 月,黑河市发展和改革委员会《关于黑河市大黑河岛国际客运码头(二期)工程初步设计的批复》(黑市发改稽察〔2012〕116号);2012年2月,黑河市环境保护局《黑河岛国际客运码头(二期)工程环境影响报告表的审查意见》(黑市环审字〔2012〕9号);2012年,黑河市国土资源局《国有建设用地划拨决定书》(黑市国有划拨2012-8);2012年12月,黑龙江省航务管理局《关于黑河大黑河岛国际客运码头(二期)工程使用港口岸线的批复》(黑航发〔2012〕184号)。

项目在原有码头基础上新建立壁式码头97.5米,码头前沿岸线与原有码头前沿岸线一致,其中上游新建码头50米,下游新建码头47.5米。在原有斜坡道相邻处建设一处宽为8米的斜坡道;前方作业带回填,后方场地硬化3040平方米及码头相关配套附属设施工程建设。港口设两个0.1万吨客运泊位。占用岸线长度97.5米。码头形式为重力式码头,采用顺岸式布局,利用自然岸线挖填方式,码头前沿水深2.0米,陆域面积3000平方米。总投资400万元,全部由黑河港务局出资。

项目建设单位为黑河港务局;设计单位为黑龙江正直工程项目管理咨询有限公司(负责工程可行性报告)、黑龙江江海工程设计有限公司(负责初步设计、施工图设计);施工单位为黑龙江省港航工程有限公司;监理单位为黑龙江黑航工程监理咨询有限公司;质监单位为黑龙江省水运工程质量监督站。

2017年黑河港务局更名为黑河港务局有限公司。

项目投产后,码头岸线得以延伸,进出境船舶停靠更安全,确保了水运口岸中俄进出境客运量的提升,为黑河口岸旅贸大通道建设作出了积极贡献。

2014年客运量20.5万人次,客运周转量163.6万人次;2015年客运量24.8万人次,客运周转量198.4万人次;2016年客运量23.8万人次,客运周转量190.1万人次;2017年客运量26.5万人次,客运周转量211.6万人次。

五、嘉荫港

(一)港口概况

1.港口综述

嘉荫港位于黑龙江省嘉荫县境内,黑龙江中游右岸,是黑龙江省地区重要港口之一,也是伊春市开展对俄贸易的重要窗口。水运可到达黑龙江、乌苏里江、松花江、嫩江沿江地区,并可沿黑龙江下游出江入海。

嘉荫港始建于1958年,在朝阳镇内建设成品油浮码头一座,为嘉荫县提供石油运输。1989年4月,嘉荫口岸经国务院批准为对外开放一类口岸,1992年嘉荫口岸码头建成。1993年1月,经中俄两国政府换文确认为国际客货运输口岸,同年5月,正式对外开通使用。随着中俄战略合作伙伴关系的进一步加深,国家"一带一路"倡议和《黑龙江和内蒙古东部地区沿边开发开放规划》等规划的深入实施,以及"中蒙俄经济走廊"龙江陆海丝绸之路经济带建设,嘉荫港将逐步发展成为伊春市外向型经济发展重要的通道和腹地发展沿江旅游、旅客运输的重要平台。

嘉荫港由乌云镇港区、向阳乡港区、朝阳镇港区、旅游客运港区等4个港区组成。各港区分布于黑龙江沿岸。朝阳镇港区为嘉荫港的核心港区。

嘉荫港处于黑龙江中游,黑龙江中游黑河至黑中29千米河段为二级航道,通航2000吨级内河船舶,其中同江至黑中29千米里的246千米河段为江海轮航道,通航2000～4000吨级江海轮。

2. 港口水文气象

嘉荫县域位于东亚季风区,冬季受西伯利亚寒冷空气控制,冬季漫长,干燥严寒,夏季温和多雨,春季易干旱,秋季降温迅速常有冻害发生。全年主导风向冬季为WN风,夏季为ES风,历年最大风速为18.0米/秒,历年平均大于8级风天数为3天。嘉荫位于黑龙江上游,雾日较多,多年平均雾日为19天(按照能见度≤1000米统计),夏航期多年平均雾日3天。

黑龙江属于季节性封冻河流,水文要素随季节变化明显,每年4月末前后开始流冰,开江后有10～15天的春汛期,至7月初为春枯期,7月上旬至8月末为夏汛期,9月初至10月中旬为秋枯期,之后进入封冻期。黑龙江上游具有山区河流的特性,春汛期和夏汛期水位涨落较快,中游汛期水位涨落特性不明显。黑龙江流域植被较好,山区森林茂密,平原、低地、草原致密,土壤流失很少,径流中含固体径流极少。黑龙江属于少沙河流,含沙量很小。

3. 发展成就

改革开放以来,嘉荫港经过建设,在嘉荫县对俄贸易发展中发挥了重要作用,特别是近年来黑龙江省对俄经贸战略不断升级,有力拉动嘉荫县乃至整个伊春地区对外开放、招商引资和区域经济的快速发展。

1993—1994年,嘉荫码头建设工程,新建1000吨级直立式泊位2个,滚装泊位1个;2012—2013年,嘉荫港朝阳镇港区改扩建工程,改建客运泊位1个,改扩建1000吨级货运泊位3个、新建滚装泊位1个;到2015年,嘉荫港实际拥有生产性泊位4个,生产用码头长度299延米,港口吞吐量达到4.57万吨。

嘉荫港基本情况见表9-1-5。

表 9-1-5

嘉荫港基本情况表

序号	港区名称	港区岸线		2015年港口生产性泊位				其中:1978—2015年建成的生产性泊位				货物吞吐量	2015年港口货物和旅客吞吐量							
		港区规划岸线	其中:2015年前已建成岸线	生产性泊位数	其中:千吨级及以上	生产性泊位总长	其中:千吨级及以上	生产性泊位数	其中:千吨级及以上	生产性泊位总长	其中:千吨级及以上		其中:外贸货物吞吐量	集装箱	滚装车辆		旅客	其中:国际旅客
															数量	质量		
		千米	千米	个	个	米	米	个	个	米	米	万吨	万吨	万TEU	万辆	万吨	万人	万人
1	朝阳镇港区	4170	299	4	3	299	185	4	3	215	130	4.57	2.54	—	—	—	—	—
2	乌云镇区	—	—	—	—	—	—	—	—	—	—	—	—	—	—	—	—	—
3	向阳乡港区	—	—	—	—	—	—	—	—	—	—	—	—	—	—	—	—	—
4	旅游客运港区	—	—	—	—	—	—	—	—	—	—	—	—	—	—	—	—	—
	合计	4170	299	4	3	299	185	4	3	215	130	4.57	2.54	—	—	—	—	—

(二)朝阳镇港区

1. 港区综述

朝阳镇港区位于黑龙江中游,以进口石油、木材、铁矿粉、煤炭,出口水泥、钢铁、农副、轻工等件杂货为主。

朝阳镇港区划分有成品油作业区和嘉荫口岸作业区。2011—2015 年货物吞吐量分别为6.21 万吨、4.68 万吨、4.49 万吨、4.51 万吨、4.57 万吨。

2. 港区地理条件和集疏运概况

朝阳镇港区地处黑龙江中游,各作业区沿岸大部分修建有水利护岸,没有护岸的岸线多年来河势基本稳定,码头前沿和主航道水深条件较好,水流平稳。

朝阳镇港区腹地辐射范围涵盖黑龙江沿岸各地及俄罗斯远东部分地区。港区水路集疏运主要通过黑龙江,可连通黑龙江、额尔古纳河、松花江、乌苏里江等沿江港口,并可出江入海;陆路集疏运以公路为主,各作业区通过市区、村镇道路可与省道 S204、S311 和 S312 等高速公路互通。

3. 港区工程项目

(1)嘉荫港建设工程

项目于 1993 年 6 月开工,1994 年 9 月试投产,1995 年 5 月竣工。

项目建设依据:1993 年 1 月,黑龙江水运规划院设计院编制《嘉荫港建设工程初步设计》。1993 年 4 月 6 日交通部黑龙江航运管理局发布《关于下达一九九三年建设项目前期工作计划的通知》(黑航字〔1993〕153 号)中包含该项目。

项目建设 2 个 1000 吨级杂货泊位,滚装泊位 1 个。岸线总长 180 米。码头形式为重力式码头。码头前沿水深 2.0 米。设计靠泊能力 1000 吨级。项目工程年吞吐量为 18 万吨。完成件杂货码头水工建筑物 150 延米,滚装码头水工建筑物 30 延米,陆域回填到规定高程形成道路堆场,同时配备必要的装卸机械,完善供水、供电等其他配套设施。项目后方堆场面积为 0.93 万平方米,道路面积为 0.94 万平方米。陆域面积为 2.34 万平方米。主要装卸设备配置为轮胎式起重机 4 台,叉式装卸机 4 台。总投资为 200 万元,由国家非经营性基金投资。

建设单位为嘉荫港务局;设计单位为黑龙江水运规划设计院;施工单位为黑龙江航务工程公司;监理单位为黑龙江黑航工程监理咨询有限公司。

项目投产后,码头岸线得以延伸,确保了区域水路运输进出港货物和人员的安全,货物吞吐量有所提升,为腹地的物资运输作出了重要贡献。

（2）嘉荫港朝阳镇港区改扩建工程

项目于 2012 年 5 月开工,2013 年 10 月竣工。

项目建设依据:2011 年 7 月 19 日,黑龙江省发展计划委员会《关于嘉荫港朝阳镇港区改扩建工程可行性研究报告的批复》(黑发改交通〔2011〕1246 号);2011 年 9 月 13 日,黑龙江省交通运输厅《关于嘉荫港朝阳镇港区改扩建工程初步设计的批复》(黑交发〔2011〕386 号);2010 年 7 月 13 日,嘉荫县国土资源局《关于嘉荫县建口岸货运站工程项目用地的预审报告的批复》(嘉国土预审〔2010〕16 号);2011 年 1 月,水利部松辽水利委员会《嘉荫港朝阳镇港区改扩建工程河道管理范围内建设项目工程建设方案准予水行政许可决定书》(松辽许可〔2011〕9 号);2011 年 2 月,黑龙江省环境保护厅《关于嘉荫港扩建工程环境影响报告书审查意见》(黑环审〔2011〕16 号)。

项目改建客运泊位 1 个,改扩建货运泊位 3 个、新建滚装泊位 1 个。直立式岸线总长 192 米,斜坡道岸线长 120 米。客运泊位改建长度为 79 米,货运泊位改扩建长度为 312 米,滚装泊位长度为 42 米。码头形式为重力式码头。码头前沿水深 2.0 米。设计靠泊能力 3000 吨级,每个货运泊位靠泊能力为 1000 吨级。新建联检楼、计量房等附属设施,并进行后方堆场、道路、给排水、消防、环保、通信、供电照明等配套工程的建设。项目新增堆场面积为 2.7 万平方米(原有面积 0.45 万平方米),新增陆域面积为 6 万平方米(原港区面积 2 万平方米)。主要装卸设备配置为 MQ16-30 门座起重机 3 台、Q30 牵引车 6 台、QLY25 轮胎式起重机 3 台、ZM-50 装卸机 7 台及部分辅助设施。总投资为 7092 万元,其中交通运输部配置资金 2100 万元,其余由嘉荫县出资。

建设单位为嘉荫县交通局;设计单位为黑龙江航务勘察设计有限公司;施工单位为黑龙江龙航工程总承包有限责任公司;监理单位为黑龙江黑航工程监理咨询有限公司。

项目投产后,嘉荫口岸码头岸线得以延伸,通过能力得到提升,确保了区域水路运输外贸进出港货物和过境旅客的安全,货物吞吐量有所提升,为腹地的对外贸易的发展作出了重要贡献。

六、萝北港

(一)港口概况

1.港口综述

萝北港位于黑龙江省萝北县境内,黑龙江中游右岸,是黑龙江省地区重要港口之一,也是鹤岗市开展对俄贸易的重要窗口。水运可到达黑龙江、乌苏里江、松花江、嫩江沿江地区并可沿黑龙江下游出江入海。

萝北县地处祖国东北边陲。新中国成立前，交通不便，经济落后。新中国成立后，境内人口仅有 1 万余人。20 世纪 50 年代后期至 60 年代，大批转业官兵及知识青年来这里屯垦戍边，大力开发"北大荒"，推动和促进了萝北县经济的发展。水路交通运输在此期间对萝北经济发展起到了积极作用，以运输内贸煤炭、粮食等货物为主，开通了萝北至佳木斯之间的定期客货航线。随着黑龙江省沿边地区公路、铁路运输的发展，加之水路交通运输投入较少，萝北县水路交通运输逐渐萎缩。20 世纪 80 年代后，随着中(苏)俄两国边境地区友好往来的发展，1988 年和 1989 年，国务院分别以国函〔1988〕61 号和国函〔1989〕25 号文件，批准开放萝北口岸并设立国家一类口岸检查检验机构，积极发展对苏联贸易。1992 年，中俄双方政府照会换文，正式确认萝北—阿穆尔捷特这对口岸为国际客货运输口岸。1993 年，萝北被国务院批准为对外国人开放区，同时，萝北口岸经国家验收正式对外开通使用。1994 年，中俄两国政府在北京签署关于中俄边境口岸协定，进一步明确萝北—阿穆尔捷特口岸为国际客货运输口岸。

萝北港由太平沟港区、延兴港区、名山港区、肇兴港区等 4 个港区组成。各港区分布于黑龙江沿岸。名山港区为萝北港的核心港区。

萝北港处于黑龙江中游，黑龙江中游黑河至黑中 29 千米河段为二级航道，通航 2000 吨级内河船舶，其中同江至黑中 29 千米的 246 千米河段为江海轮航道，通航 2000～4000 吨级江海轮。

2. 港口水文气象

萝北县属于寒温带大陆性季风气候。其特点是春季少雨多风，秋季凉爽霜早，夏季短，雨热同季，冬季长，寒冷干燥。全年平均气温 −0.5 摄氏度至 3.5 摄氏度，全年平均温差 12 摄氏度。全年平均降雨 550 毫米，随地形变化，西北山区降雨稍多，东南平原降雨略少。冬季盛行 W 风、WN 风，夏季盛行 EN 风，年平均风速 3.4 米/秒，最大风速 33.0 米/秒(1976 年 5 月 14 日 WN 风)。全年日照时数为 2400～3000 小时，全县各地日照条件基本一致。

黑龙江属于季节性封冻河流，水文要素随季节变化明显，每年 4 月末前后开始流冰，开江后有 10～15 天的春汛期，至 7 月初为春枯期，7 月上旬至 8 月末为夏汛期，9 月初至 10 月中旬为秋枯期，之后进入封冻期。黑龙江上游具有山区河流的特性，春汛期和夏汛期水位涨落较快，中游汛期水位涨落特性不明显。

黑龙江流域植被较好，山区森林茂密，平原、低地、草原致密，土壤流失很少，径流中含固体径流极少。黑龙江属于少沙河流，含沙量很小。

3. 发展成就

改革开放以来，萝北港经过建设，为区域经济的发展，特别对俄外贸发展中起到了重要的作用。

2000—2001 年,名山港建设工程、延兴码头建设工程,建设 1000 吨级泊位 3 个。2002—2003 年,名山港件杂货码头工程,建设 1000 吨级泊位 1 个。到 2015 年,萝北港实际拥有生产性泊位 3 个,生产用码头长度 310 延米,港口吞吐量达到 11.44 万吨。

萝北港基本情况见表 9-1-6。

(二)名山港区

1. 港区综述

(1)港区建设和运营情况

名山港区位于黑龙江中游,是萝北港的主要港区,主要承担对外贸易货物运输与进出境旅客、水上旅游运输。

名山港区划分有名山口岸作业区、名山新港作业区和名山旅游客运码头。2011—2015 年货物吞吐量分别为 9.62 万吨、10.07 万吨、11.48 万吨、11.09 万吨、11.23 万吨。

(2)港区地理条件和集疏运概况

名山港区地处黑龙江中游,各作业区沿岸大部分修建有水利护岸,未有护岸的岸线多年来河势基本稳定,码头前沿和主航道水深条件较好,水流平稳。

名山港区辐射范围涵盖黑龙江沿岸各地及俄罗斯远东部分地区。港区水路集疏运主要通过黑龙江,可连通黑龙江、额尔古纳河、松花江、乌苏里江等沿江港口,并可出江入海;陆路集疏运以公路为主,各作业区通过市区、村镇道路可与省道 S101、S312 等高速公路互通。

2. 港区工程项目

名山港件杂货码头工程

项目于 2002 年 9 月 15 日开工,2003 年 9 月 20 日竣工。

项目建设依据:2002 年 4 月,黑龙江省航务管理局《关于同意建设名山件杂码头的批复》(黑航发〔2002〕35 号);2002 年 8 月,黑龙江省航务管理局《关于〈佳木斯港务局名山港杂码头建设工程初步设计〉的批复》(黑航发〔2002〕112 号);2002 年 2 月,《萝北县城镇规划建设用地规划许可证》(编号 0020205);2002 年 2 月,《萝北县建设用地批准书》(萝北县〔2002〕国土资字第 2002004 号)。

项目新建件杂货码头一座,码头前沿长度 40 米,岸线长 70 米,泊位长 110 米,设计靠泊能力 1000 吨级泊位 1 个。码头形式为重力式码头,码头前沿水深 2.0 米。码头水工建筑物允许靠泊能力为 2000 吨级,设计年吞吐量 13 万吨。码头形式为重力式码头。码头前沿作业地带硬化 0.3 万平方米。码头后方堆场面积为 1.5 万平方米。陆域用地 0.5 万平方米。配备 DYL16 轮胎式起重机 2 台以及部分辅助设备。总投资为 202 万元,其中中央投资 160 万元,业主自有资金 42 万元。

萝北港基本情况表

表 9-1-6

序号	港区名称	港区岸线		2015 年港口生产性泊位				其中:1978—2015 年建成的生产性泊位				2015 年港口货物和旅客吞吐量						
		港区规划岸线	其中:2015年前已建成岸线	生产性泊位数	其中:千吨级及以上	生产性泊位总长	其中:千吨级及以上	生产性泊位数	其中:千吨级及以上	生产性泊位总长	其中:千吨级及以上	货物吞吐量	其中:外贸货物吞吐量	集装箱	滚装车辆		旅客	其中:国际旅客
															数量	质量		
		千米	千米	个	个	米	米	个	个	米	米	万吨	万吨	万TEU	万辆	万吨	万人	万人
1	名山港区	—	—	2	2	230	155	2	2	135	135	11.23	—	—	—	—	3.87	0.51
2	延兴港区	—	—	1	1	80	80	1	1	80	80	0.21	—	—	—	—	—	—
3	肇兴港区	—	—	—	—	—	—	—	—	—	—	—	—	—	—	—	—	—
4	太平沟港区	—	—	—	—	—	—	—	—	—	—	—	—	—	—	—	—	—
	合计	—	—	3	3	310	235	3	3	215	215	11.44	—	—	—	—	3.87	0.51

建设单位为佳木斯港务局;设计单位为黑龙江省航务勘察设计院;施工单位为佳木斯港务局建筑工程公司;监理单位为黑龙江黑航工程监理咨询有限公司;质监单位为黑龙江省水运工程质量监督站。

项目建成后,提高了名山港通过能力,为地方经济的发展提供了助力。

(三)延兴港区

1. 港区综述

(1)港区建设和运营情况

延兴港区位于黑龙江中游,主要承担区域内农场运输煤炭、件杂货等物资运输任务。2014—2015年货物吞吐量分别为0.19万吨、0.21万吨。

(2)港区地理条件和集疏运概况

延兴港区地处黑龙江中游,港区沿岸大部分修建有水利护岸,未修建护岸的岸线多年来河势基本稳定,码头前沿和主航道水深条件较好,水流平稳。

延兴港区主要服务于区域内的内贸货物运输。港区水路集疏运主要通过黑龙江实现,可连通黑龙江、额尔古纳河、松花江、乌苏里江等沿江港口,并可出江入海;陆路集疏运以公路为主,各作业区通过市区、村镇道路可与省道S101、S312等高速公路互通。

2. 港区工程项目

延兴码头建设工程

项目于2002年5月18日开工,2003年4月3日竣工。

项目建设依据:2002年3月,黑龙江省航务勘察设计院编制《延兴码头建设工程可行性研究报告》;2002年3月,黑龙江省航务勘察设计院编制《延兴码头建设工程初步设计》;2002年12月,黑龙江省农垦总局交通局向黑龙江省航务管理局提交《关于申请延兴港建设工程竣工验收的请示》(农总交呈〔2002〕29号);2002年3月,黑龙江农垦勘察设计研究院编写了《延兴码头项目对防洪及河势影响的评估报告》。

项目新建货运码头一座,码头前沿长度40米,泊位长80米,设计靠泊能力1000吨级泊位一个。码头形式为重力式码头。码头前沿水深2.0米。设计年吞吐量13万吨。码头堆场面积为0.27万平方米,堆场堆存能力为7.9万吨,件杂货堆场总面积为1.1万平方米。陆域用地8000平方米。配备DYL16轮胎式起重机一台、ZL-50装载机一台以及部分辅助设备。总投资为212万元,其中中央预算110万元,业主自筹102万元。

建设单位为黑龙江省农垦总局交通局;设计单位为黑龙江省航务勘察设计院;施工单位为黑龙江航运建筑工程公司;监理单位为黑龙江黑航工程监理咨询有限公司;质监单位为黑龙江省水运工程质量监督站。

2003 年 4 月 3 日,黑龙江省航务管理局、黑龙江省农垦总局交通局、黑龙江省农垦总局港航管理总站等相关单位对本项目进行竣工验收。

项目建成后,满足了区域内货物运输的需求,对地区经济的发展起到了一定作用。

七、饶河港

（一）港口概况

1. 港口综述

饶河县位于黑龙江省东北边陲,乌苏里江中下游,与俄罗斯开放口岸比金市隔江相望,是内地通往俄罗斯远东地区的重要窗口,也是对俄哈巴罗夫斯克（伯力）地区的水运和冬季过货的国家一类客货口岸,担负着中俄贸易进出口货物的中转和分拨任务。水运可到达黑龙江、乌苏里江、松花江、嫩江沿江地区并可沿黑龙江下游出江入海。

饶河港于 1953 年开港,1989 年 4 月 8 日经国务院批准成为国家一类口岸,对外籍船舶开放,1990 年 5 月办理外贸运输业务。饶河口岸于 1993 年 9 月 21 日正式对外开放,是中俄及欧亚陆海联运的桥梁和联结东北亚区域经济合作的纽带。经过近十几年来的发展,饶河县依托独特的地缘优势,大力发展口岸经济,强力推进对俄经贸工作,取得了突破性进展。

饶河港由饶河港区、东安港区、西通港区和饶河客运港区等 4 个港区组成。各港区分布于乌苏里江沿岸。饶河港区为饶河港的核心港区。

饶河港处于乌苏里江中游,乌苏里江抚远水道至饶河码头河段为四级航道,通航 600 吨级内河船舶;饶河码头至松阿察河口河段为五级航道,通航 300 吨级内河船舶。

2. 港口水文气象

饶河县域位于东亚季风区,属于寒温带大陆性季风气候,在黑龙江省内为第三积温带。气候特点:四季分明,冬季漫长,降水偏少,气候干燥而严寒;夏季短促,降水集中,气候湿润而温热;春季回暖快,昼夜温差较大,多西南大风;秋季降温急骤,山区常有过早霜冻出现。饶河县地处完达山脉那丹哈达拉岭山区,北靠三江平原南缘,经常受南高北低的气压形势影响,全县 8 级以上大风日数年平均 16 天。雾随季节和地理位置的不同而不同,一般夏季雾多,春季次之,冬季最少。

乌苏里江属于封冻春汛型平原河流,历年一般在 4 月中下旬开江,11 月中下旬封冻,平均航期 200 天左右,多年平均径流量为 71.2 亿立方米,径流量年内分配极不均衡,夏季占 70% 以上。由于锡霍特山脉每年冬季大量积雪,翌年春季集中融化,雪水通过伊曼河、比金河和霍尔流入乌苏里江,致使该江在 4、5 月份水位出现春汛,一般年份春汛高于夏汛,水位年内变化幅度一般为 2 米左右。

乌苏里江属于少沙河流,乌苏里江流域植被良好,从地表冲蚀而进入河道的泥沙量很小,因此河道的输沙量很小。

3. 发展成就

改革开放以来,饶河港发展成为乌苏里江沿岸地区重要水运口岸港口,在区域经济发展中,特别是对俄外贸发展中起到了积极的促进作用。

1997—1998年,饶河港建设工程,建设600吨级泊位1个。

到2015年,饶河港实际拥有生产性泊位1个,生产用码头长度60延米,港口吞吐量达到40万吨。

饶河港基本情况见表9-1-7。

(二)饶河港区

1. 港区综述

(1)港区建设和运营情况

饶河港区位于乌苏里江中游,是饶河港的主要港区,主要承担外贸进出口和矿建材料运输任务,饶河港区划分有饶河口岸码头和王家店货运码头。2011—2015年货物吞吐量分别为21.51万吨、24.26万吨、25.32万吨、38.88万吨、40.06万吨。

(2)港区地理条件和集疏运概况

饶河港区地处乌苏里江中游,各作业区多年来河势基本稳定,码头前沿和主航道水深条件较好,水流平稳。

饶河港区腹地辐射范围涵盖乌苏里江沿岸各地及俄罗斯远东部分地区。港区水路集疏运主要通过乌苏里江,可连通黑龙江、松花江等沿江港口,并可出江入海;陆路集疏运以公路为主,各作业区通过市区、村镇道路可与省道S210、S211和S307等高速公路互通。

2. 港区工程项目

饶河港建设工程

项目于1997年9月1日开工,1998年11月13日竣工。

项目建泊位1个,600吨级码头(60延米)占用岸线长度60米,码头设计靠泊能力6000吨级。码头形式为重力式码头。总投资180万元,由饶河县粮食局自筹。

项目建设单位为饶河县粮食局;设计单位为黑龙江水运规划设计院;施工单位为黑龙江航务工程公司;监理单位为黑龙江黑航工程监理咨询有限公司;质监单位为黑龙江航运管理局基本建设工程质量监督站。

项目建成后,填补了区域内没有粮食泊位的空白,为区域内粮食外运提供了便利条件。后期,由于陆路交通的快速发展等,该码头已停止使用。

表 9-1-7

饶河港基本情况表

序号	港区名称	港区岸线		2015年港口生产性泊位				其中:1978—2015年建成的生产性泊位				货物吞吐量	2015年港口货物和旅客吞吐量						
		港区规划岸线	其中:2015年前已建成岸线	生产性泊位数	其中:千吨级及以上	生产性泊位总长	其中:千吨级及以上	生产性泊位数	其中:千吨级及以上	生产性泊位总长	其中:千吨级及以上		其中:外贸货物吞吐量	集装箱	滚装车辆		旅客	其中:国际旅客
															数量	质量		
		千米	千米	个	个	米	米	个	个	米	米	万吨	万吨	万TEU	万辆	万吨	万人	万人
1	饶河港区	6400	60	1	—	60	—	1	—	60	—	40.06	—	—	—	—	1.95	—
2	东安港区	—	—	—	—	—	—	—	—	—	—	—	—	—	—	—	—	—
3	西通港区	—	—	—	—	—	—	—	—	—	—	—	—	—	—	—	—	—
4	饶河客运港区	—	—	—	—	—	—	—	—	—	—	—	—	—	—	—	—	—
	合计	6400	60	1	—	60	—	1	—	60	—	40.06	—	—	—	—	1.95	—

八、齐齐哈尔港

(一)港口概况

1.港口综述

齐齐哈尔市是黑龙江省西北部重镇。齐齐哈尔港位于嫩江沿岸,是黑龙江省地区重要港口之一,港口所在的齐齐哈尔市地处"东北亚经济圈""哈大齐工业走廊"的中心地带,具有明显的区位优势和重要的战略地位,港口作为现代物流运输的重要结点,在城市发展中的作用越来越大。齐齐哈尔港地理位置优越,通过嫩江水运可与内蒙古、吉林部分地区沟通,沿水路向下可通过第二松花江进入吉林省腹地,向下通过松花江、黑龙江可到达黑龙江省沿江各市县和俄罗斯远东地区,并可通过黑龙江下游出海到达我国东南沿海各省和东南亚各国。

齐齐哈尔港具有悠久的历史,是嫩江第一大港,多年来水运为区域经济发展作出卓越的贡献。齐齐哈尔港的快速发展始于1985年,由于富拉尔基发电厂煤炭需求量较大,陆路运输运力组织困难,水运承担起了为富拉尔基发电厂提供煤炭运输的任务,兴建了2个600吨级煤炭泊位。2009年,为满足黑龙江省重大装备(件)运输需要,在齐齐哈尔市富拉尔基区建设了齐齐哈尔重件码头,重件码头的建设为哈大齐工业走廊提供了运输保障,为齐齐哈尔一重集团等大型设备制造企业产品外运提供了优质的运输服务。

齐齐哈尔港由齐齐哈尔港区、富裕港区、泰来港区、龙江港区、甘南港区、讷河港区和克山港区等7个港区组成。各港区分布于嫩江沿岸及各支流、水库。齐齐哈尔港区为齐齐哈尔港的核心港区。

嫩江三岔河至大安48千米河段为四级航道,可通航600吨级内河船舶;大安至齐齐哈尔大桥353千米河段五级航道,可通航300吨级内河船舶;齐齐哈尔大桥至七站549千米河段为七级航道,其中尼尔基水利枢纽上游84千米河段为库区,可以达到四级航道标准。

2.港口水文气象

齐齐哈尔市位于东北松嫩平原,海拔高度一般在200~500米之间,地处中高纬度,属寒温带大陆性季风气候,冬季受极地冷气团的影响,常为强大的蒙古高压所控,严寒而干燥,夏季受热带海洋气团的影响,常为东南季风所控制,温热多雨,春季少雨干旱,秋季降温急剧。年平均气温在0.7~4.2摄氏度之间,南北相差3.5摄氏度左右。年平均无霜期122~151天。年日照时数在2600~2900小时,年降水量在400~550毫米之间,生长期降水量一般在350~480毫米之间,占年降水量的85%以上。

嫩江属于季节性封冻河流,年内水位变化一般分为春季凌汛、春枯、中洪水、秋枯和封冻低水五个时期,分别出现在4月上中旬、4月末至5月末、6月至9月、10月至11月上中旬和 11 月下旬至翌年 4 月上中旬,航期内水位变幅最大为 14.77 米。

嫩江为少沙河流,尤其上段含沙量特少,齐齐哈尔以下河段含沙量较大,但仅是相对中上部河段而言。上段的库漠屯站含沙量平均为 0.02 千克/立方米左右,最大不到 0.5 千克/立方米,年平均输沙率为 3 千克/秒左右,下段的江桥站含沙量虽然有所增加,但年平均含沙量仅在 0.75 千克/立方米左右,年平均输沙率为 45 千克/秒左右,一般规律是封冻期含沙量仅为畅流期的 1/5 左右,封冻期 1 月至 3 月各年平均含沙量为 0.02 千克/立方米,畅流期 4 月至 10 月各年平均含沙量为 0.84 千克/立方米,多年平均含沙量为 0.07 千克/立方米。

3. 发展成就

齐齐哈尔港建设主要是为满足地区物资进口和外运需求,为地区经济发展提供助力和促进作用。

1985—1986 年,富拉尔基码头建设工程,建设 600 吨级泊位 2 个。2008—2009 年,重大装备水路运输江海联运建设工程,建设 600 吨级泊位 1 个。到 2015 年,齐齐哈尔港实际拥有生产性泊位 3 个,生产用码头长度 456 延米,港口吞吐量达到 71.68 万吨。

齐齐哈尔港基本情况见表 9-1-8。

(二)齐齐哈尔港区

1. 港区综述

(1)港区建设和运营情况

齐齐哈尔港区位于嫩江沿岸,为齐齐哈尔港的主要港区,主要以出口钢材、重大件装备,进口煤炭、木材、矿建材料等大宗货物为主;同时承担市区内水上旅客运输。

齐齐哈尔港区划分有龙沙作业区、富拉尔基作业区、明月岛客运码头、浏园客运码头、碾子山客运码头。2014—2015 年货物吞吐量分别为 75.28 万吨、71.68 万吨。

(2)港区地理条件和集疏运概况

齐齐哈尔港区地处嫩江沿岸,各作业区沿岸大部分修建有水利护岸,没有护岸的岸线多年来河势基本稳定,码头前沿和主航道水深条件较好,水流平稳。

齐齐哈尔港区腹地辐射范围涵盖嫩江沿岸各地及内蒙古自治区东部部分地区。港区水路集疏运主要通过嫩江,可连通黑龙江、额尔古纳河、松花江、乌苏里江等沿江港口,并可出江入海;陆路集疏运以公路为主,各作业区通过市区、村镇道路可与 G111、G202、G301、S202、S302、S303 等高速公路互通。

2. 港区工程项目

重大装备(件)水路运输(江海联运)建设工程

表 9-1-8

齐齐哈尔港基本情况表

序号	港区名称	港区岸线		2015年港口生产性泊位				其中:1978—2015年建成的生产性泊位				2015年港口货物和旅客吞吐量						
		港区规划岸线	其中:2015年前已建成岸线	生产性泊位数	其中:千吨级及以上	生产性泊位总长	其中:千吨级及以上	生产性泊位数	其中:千吨级及以上	生产性泊位总长	其中:千吨级及以上	货物吞吐量	其中:外贸货物吞吐量	集装箱	滚装车辆 数量	滚装车辆 质量	旅客	其中:国际旅客
		千米	千米	个	个	米	米	个	个	米	米	万吨	万吨	万TEU	万辆	万吨	万人	万人
1	齐齐哈尔港区	—	—	3	—	456	—	3	—	456	—	71.68	—	—	—	—	—	—
2	富裕港区	—	—	—	—	—	—	—	—	—	—	—	—	—	—	—	—	—
3	泰来港区	—	—	—	—	—	—	—	—	—	—	—	—	—	—	—	—	—
4	龙江港区	—	—	—	—	—	—	—	—	—	—	—	—	—	—	—	—	—
5	甘南港区	—	—	—	—	—	—	—	—	—	—	—	—	—	—	—	—	—
6	讷河港区	—	—	—	—	—	—	—	—	—	—	—	—	—	—	—	—	—
7	克山港区	—	—	—	—	—	—	—	—	—	—	—	—	—	—	—	—	—
	合计	9700	456	3	—	456	—	3	—	456	—	71.68	—	—	—	—	—	—

项目于 2008 年 3 月,2016 年 7 月竣工。

项目建设依据:2007 年 11 月,黑龙江省发展和改革委员会《关于黑龙江省重大装备(件)水路运输(江海联运)建设项目可行性研究报告的批复》(黑发改交通〔2007〕1145 号);2009 年 1 月,黑龙江省发展和改革委员会《关于黑龙江省重大装备(件)水路运输(江海联运)建设项目工可研补充报告的批复》(黑发改函字〔2009〕12 号);2009 年 6 月 12 日,黑龙江省发展和改革委员会《关于黑龙江省重大装备(件)水路运输(江海联运)建设项目初步设计的批复》(黑发改建字〔2009〕687 号)。2008 年 2 月,黑龙江省环境保护局《黑龙江省重大装备(件)富拉尔基码头建设项目环境影响报告表审批意见》(黑环建审〔2008〕19 号)。

项目建设装卸能力为 500 吨的重件码头及水—水中转码头。建设齐齐哈尔和哈尔滨重件码头各 1 座,抚远水—水中转码头 1 处。共 2 个 1000 吨泊位。岸线长度 272 米。码头设计靠泊能力 1000 吨。码头水工建筑物允许靠泊能力 1000 吨。码头形式为高桩式码头,采用顺岸式布局方式,利用自然岸线挖填方式。码头前沿水深 2.0 米。项目后方堆场面积 0.43 万平方米,陆域面积 2.3 万平方米。配置缆车及卷扬设备 1 套,购置起重机 2 台。总投资 4730 万元,其中黑龙江省投资 500 万元,黑龙江省龙航大型设备江海运输有限公司投资 1200 万元,银行贷款 3030 万元。

项目建设单位为黑龙江省龙航大型设备江海运输有限公司;设计单位为黑龙江中北航务勘察设计有限公司、交通部水运科学研究院;施工单位为黑龙江省龙航工程总承包有限责任公司;监理单位为黑龙江黑航工程监理咨询有限公司;质监单位为黑龙江省水运工程质量监督站。

2016 年 7 月 22 日,黑龙江省航务管理局组织黑龙江省水运工程质量监督站、黑龙江省龙航大型设备江海运输有限公司等单位组成黑龙江省重大装备(件)水路运输(江海联运)建设项目竣工验收委员会对本工程进行竣工验收。验收委员会认为工程质量合格,具备竣工验收条件,同意通过验收。

九、肇源港

(一)港口概况

1.港口综述

肇源港位于黑龙江省大庆市境内,地处松花江和嫩江交汇处,其东南紧邻哈尔滨市,地理位置优越。多年来为地区的经济建设作出了重要贡献。在黑龙江省的经济板块规划中,肇源港位于工业版块的中轴位置,东距哈尔滨、西距齐齐哈尔都仅有两小时车程,从肇源可以到达蒙古和俄罗斯,经松花江也可直达俄罗斯,是亚欧大陆桥的中转站和辐射黑龙江、吉林、内蒙古自治区三省(区)的重要港口。

肇源港始建于 1953 年,当时主要为肇源县进口煤炭和矿建材料。历经 50 多年发展变迁,老港区泥沙淤积废弃,在 2006 年实施了港址迁移,在原港址上游新建了 3 个千吨级泊位,设计年吞吐量 100 万吨,项目建成后使肇源港年吞吐能力位居全省第四位,有力地带动了腹地经济建设与发展。

截至 2015 年,肇源港尚未开展港口总体规划工作,装卸作业以现港址为主,兼利用自然岸坡进行装卸作业。

肇源港处于松花江上游,三岔河至松花江河口为三级航道,可通航 1000 吨级船舶。

2.港口水文气象

肇源县位于东亚季风区,冬季受西伯利亚寒冷空气控制,冬季漫长,干燥严寒,夏季温和多雨,春季易干旱,秋季降温迅速常有冻害发生。多年平均气温 4.2 摄氏度,多年平均降水量 399.7 毫米。历年平均大风日数为 28.2 天。历年平均雾日为 9.9 天,其中第二季度有 1.2 天,第三季度有 3.1 天,10 月、11 月有 2.6 天。

松花江属于季节性封冻河流,一般 11 月中旬结冻封江,翌年 4 月中旬解冻,封冻期 160 天左右,畅流期 200 天左右。在畅流期内,4 月下旬至 5 月上旬水位较低,为春季枯水期;个别干旱年份枯水期可延至 6、7 月;5 月下旬至 7 月上旬为涨水期;7 月中旬至 9 月上旬为洪水期;9 月中旬至 10 月初为落水期。

松花江径流主要靠降水(雨、雪)补给,干流洪水多发生在 7 月至 9 月。由于松花江干流春季多为枯水,所以各水文站的流量过程线一般为单峰形,个别年份出现双峰、三峰甚至三峰以上。松花江两岸植被良好,水流含沙量较小。畅流期哈尔滨站多年平均含沙量为 185.74 克/立方米,最大含沙量为 1010 克/立方米,多年平均输沙率为 347.69 千克/秒。悬移质泥沙年内分配主要集中在汛期。

3.发展成就

2006—2008 年,肇源新港建设工程,建设 1000 吨级泊位 3 个。到 2015 年,肇源港实际拥有生产性泊位 3 个,生产用码头长度 212 延米,港口吞吐量达到 160.49 万吨。

肇源港基本情况见表 9-1-9。

(二)肇源港区

1.港区综述

(1)港区建设和运营情况

肇源港区位于松花江上游,目前为肇源港唯一一个港区,主要以进口煤炭、矿建材料为主。2011—2015 年货物吞吐量分别为 131.69 万吨、136.63 万吨、145.81 万吨、157.93 万吨、160.49 万吨。

肇源港基本情况表

表 9-1-9

港区名称	港区岸线		2015年港口生产性泊位				其中:1978—2015年建成的生产性泊位				货物吞吐量	2015年港口货物和旅客吞吐量						
	港区规划岸线	其中:2015年前已建成岸线	生产性泊位数	其中:千吨级及以上	生产性泊位总长	其中:千吨级及以上	生产性泊位数	其中:千吨级及以上	生产性泊位总长	其中:千吨级及以上		其中:外贸货物吞吐量	集装箱	滚装车辆		旅客	其中:国际旅客
														数量	质量		
	千米	千米	个	个	米	米	个	个	米	米	万吨	万吨	万TEU	辆	万吨	万人	万人
肇源港区	3100	212	3	3	212	212	3	3	212	212	160.49	—	—	—	—	—	—
合计	3100	212	3	3	212	212	3	3	212	212	160.49	—	—	—	—	—	—

（2）港区地理条件和集疏运概况

肇源港区所处松花江沿岸大部分修建有水利护岸,没有护岸的岸线多年来河势基本稳定,码头前沿和主航道水深条件较好,水流平稳。

肇源港区辐射范围涵盖松花江、嫩江沿岸各地及内蒙古自治区东部、吉林省北部部分地区。港区水路集疏运主要通过松花江,可连通黑龙江、额尔古纳河、嫩江、乌苏里江等沿江港口;陆路集疏运以公路为主,港区通过市区道路可与 S201、G203 等高速公路互通。

2. 港区工程项目

肇源新港建设工程

项目于 2003 年 9 月开工,2005 年 10 月试投产,2006 年 5 月竣工。

项目建设依据:1993 年 10 月,黑龙江省发展计划委员会《关于肇源新港建设工程可行性研究报告的批复》(黑计交字〔2002〕895 号);2003 年 3 月,黑龙江省发展计划委员会《关于肇源新港建设工程初步设计的批复》(黑计建字〔2003〕232 号);2003 年 3 月,黑龙江省环境保护局《肇源新港港口建设项目环境影响报告表审批意见》。

项目共建 3 个泊位,江沙泊位 1 个,煤炭泊位 1 个,件杂货泊位 1 个,岸线总长度 200 米,设计靠泊能力 3000 吨级(每个泊位 1000 吨)。码头形式为重力式码头,采用顺岸式布局方式。码头前沿水深 2.0 米。码头江沙堆场面积为 1.34 万平方米,煤炭堆场面积为 1.34 万平方米,杂件货堆场面积为 1.09 万平方米。江沙堆场堆存能力为 7.88 万吨,煤炭堆场总面积为 3.72 万平方米。陆域用地 12.39 万平方米。建设四级疏港道路 3.1 千米,港内道路 2.62 万平方米,生产、生活等辅助建筑 3701 平方米。配备高架台起重机卸船 2 台、DLQ16 轮胎式起重机 2 台、ZL50 单斗装载机 1 台以及部分辅助设备。总投资为 4199 万元,其中交通部配置资金 110 万元,其余由业主自筹。

建设单位为黑肇源县交通局;设计单位为黑龙江省航务勘察设计院;施工单位为黑龙江航运建筑工程公司;监理单位为黑龙江黑航工程监理咨询有限公司;质监单位为黑龙江省水运工程质量监督站。

肇源港建成后,承担起腹地煤炭和矿建材料的进口任务,多年港口吞吐量持续上涨。21 世纪初,港口经过迁址重建后,年通过能力得到显著提高,港口吞吐量突破百万吨,至今仍位列黑龙江省港口前列,为腹地的经济建设需求作出了重要贡献。

第二节　山　东　省

一、综述

(一)港口概况

山东省境内河流众多,黄河横贯东西,京杭运河纵越南北,小清河等其他河流遍布全省,长度 10 千米以上河流有 1552 条,分属于黄河、海河、淮河三大水系。山东省内河航运历史悠久,近代黄河改道、清政府废弃漕运、战争等因素给山东内河航运造成极大影响,内河港口逐渐萎缩。到"七五"期末,山东省内河港口由从东到西、从南到北的布局萎缩至仅剩下鲁西南枣庄、济宁两市。"八五"以来,随着腹地经济社会、综合运输等发展变迁、航道条件的逐步改善,以及内河港口建设投资体制的改革,山东省内河港口又重新焕发了新的生机。目前,山东省内河港口鲁西南地区以京杭运河为主线,济宁、枣庄、泰安及菏泽等地港口的建设进入了快速、持续发展时期。截至 2015 年底,建成生产性泊位 380 多个,形成码头岸线近 28 千米,码头最大可靠泊等级为 2000 吨级。2015 年济宁、枣庄两港共完成货物吞吐量 8200 万吨。

回顾改革开放以来,山东省内河港口发展历程,大致可划分三个阶段:改革开放至"七五"期末为整体萎缩阶段,"八五"至"十五"为快速恢复期,"十一五"至今为高速发展期。

20 世纪 70 年代,山东省内河港口主要分布在黄河、小清河、京杭运河山东南段。至 20 世纪 90 年代,黄河、小清河因航道条件恶化逐渐停航,港口也随之撤销。改革开放初期,京杭运河由于受水源影响,黄河以北的卫运河已停航,德州港、临清港、南馆陶港、武城港等相继撤销。其中,临清港在 1979 年时,泊位减少至 5 个,货场减少为 1.9 万平方米,当年便断航封港;德州港 1979 年货运量仅为 4800 吨。黄河山东段改革开放初期有 5 个港口,并配备装卸机械,吞吐量较大。至 1985 年,黄河有旧城、郭口、孙口、董庄、泺口、济阳、清河、北镇、利津、1 号坝 10 个港口,人工驳岸长 2300 余米,拥有 25 个泊位和 20 余个自然岸坡装卸点,装卸工艺较为原始。规模较大的港口拥有一定数量的皮带输送机等实现流动装卸接卸,总吞吐量最大 31.73 万吨。1990—1992 年,由于黄河枯水、货源少而逐渐消退。改革开放前小清河有黄台、坝子、魏桥、石村、羊口等 10 个港口。黄台港浆砌块石码头岸线 600 余米。羊口港在 20 世纪 70 年代初期小清河航道渠化期间建成内河港口岸线 300 米,泊位 10 个;由于港池淤积,只有 6 个泊位可正常运营,其他港口需全部通过自然岸坡进行货物装卸。1980 年以后,小清河的通航期由原来每年 8 至 10 个月缩短到 5

至 6 个月。同时随着公路运输的快速发展，大批货物弃水登陆，港口吞吐量直线下降。1997 年，除羊口港的海船泊位继续从事港口运营外，小清河内河航运宣布停航，其他港口关闭。到 1978 年，山东内河港口仅存鲁西南地区京杭运河沿线济宁、枣庄两港 45 个泊位，并且受航道条件影响码头靠泊等级大多为 100 吨级。

为适应经济社会发展的需要，快速改善南四湖至鲁苏界洪水的影响，经过山东省济宁、枣庄两市的共同努力，1993 年，国家计划委员会批复了《京杭运河（济宁至徐州）续建工程济宁至台儿庄段工程可行性研究报告》，同意按照内河三级通航标准，建设济宁至台儿庄航道 164.2 千米，同时在京杭运河支流上建设滕州、留庄、太平、泗河口等港口共 15 个泊位。济宁至台儿庄段航道工程于 1996 年开工建设，2000 年航道试运行。京杭运河济宁至鲁苏界航道由一般航道提升到三级高等级标准，以及相关配套港口的建设，为山东鲁西南沿京杭运河地区内河航运的发展开启了新的篇章。

"八五"至"十五"期间，内河港口开发建设项目，主要为京杭运河济宁至大王庙航道建设同时批复的配套港口建设项目，受项目建设资金、土地征用、水利防洪等诸多因素的影响，配套港口及进港航道工程由于建设期过长，在交通部组织建设项目验收时，被作为未完成项目交由山东省交通运输厅负责。值得一提的是，作为京杭运河济宁至台儿庄段工程配套建设的泗河口港，以其先进的港口装卸系统、自动化程度较高的装卸工艺和高效的装船效率一度成为山东省内河港口标志，为山东省内河港口装卸服务水平的提升提供了样板。

2004 年《港口法》的颁布实施和国务院关于投资改革决定的实施，以及相关部委、山东省有关部门相继出台的有关投资体制改革政策，为山东省内河港口投资和建设项目审批管理提供了一个新的政策环境，大量的社会资本及外资纷纷投入内河港口建设中来。同时，山东省市两级航道管理部门，加大了内河航道养护力度，以京杭运河为依托，白马河、洙水河及既有港口的进港航道通航条件逐步改善，通航标准逐步提高，山东省内河港口建设在鲁西南地区遍地开花。特别是"十一五"期间，济宁、枣庄两港总体规划得到部、省批复，为两港的开发建设提供了重要指引和方向。2005—2010 年，济宁市大力推进港口建设招商引资，着力进行济宁港主城港区的跃进沟作业区、龙拱河作业区，以及邹城港区的太平作业区的高标准、规模化的开发建设。2013 年南水北调工程开工建设，按照南水北调水质管控相关措施要求，枣庄港除滕州港区外，其他所有的码头需要搬迁到调水核心区外，给枣庄港带来了巨大压力，同时也为枣庄港的发展提供了难得的机遇。2014 年，经征得交通运输部同意，山东省政府批复了新的《枣庄港总体规划》，为枣庄港新一轮发展提供了明确的指引。枣庄市政府采取得力措施，一方面积极稳妥地解决调水线路沿线港口问题，另一方面加大招商工作力度，吸引社会资本投资枣庄港新规划港口的开发建设，取得了良好的社会效益。

2014 年以来，随着京杭运河输水与航运工程的建成，新万福河、梁济运河、小清河航道建设的快速推进，以及项目审批权限下放，山东省内河港口迎来了跨越式发展阶段。枣庄港峄州港区、济宁港嘉祥港区、主城港区大型专业化泊位相继建成投产，济宁港梁山港区、泰安港东平港区、菏泽港巨野港区（新万福河）等泊位开工建设。小清河沿线港口正在积极推进，海河联运、铁水联运等多式联运已现雏形。货种方面，集装箱、大件运输等新货种运输正在发展中。内河运输已经成为山东省综合运输体系中的重要组成部分，其作用正在不断加强。截至 2015 年底，山东省内河港口共有生产性泊位 384 个，港口岸线 27444 米，其中 1000 吨泊位 83 个，岸线 7402 米。

根据《山东省内河航道与港口布局规划》（2011 年版），山东内河港口共规划济宁、枣庄、泰安、菏泽、聊城、德州等港口 8 个。其中，济宁港为全国 28 个重点港口之一，也是山东省最早的、唯一的规模以上内河港口；枣庄港、菏泽港、泰安港为地区重要港口；其他港口为一般港口。按照相关港口的总体规划，截至 2015 年底，已经开发建设的黄河以南鲁西南地区的济宁、枣庄、菏泽三港，共计规划 8 个港区 42 个作业区。港口规划岸线 90 千米，已使用岸线 27 千米，绝大部分为内河深水岸线。基本形成以济宁港为核心，枣庄港、菏泽港为两翼的发展格局，主要为鲁西南地区煤炭南下和腹地建材提供运输服务。

随着山东省内河航道"一纵三横"和"一干多支"航道网的逐步完善、运输结构调整的深入、港口集疏运条件的进一步改善，山东省内河港口将形成新的发展格局，并在综合交通运输体系中的作用和地位进一步提升。

（二）港口发展成就

改革开放初期，内河航道等级低，港口只有一些沿河的小泊位，设施设备简陋、靠泊能力低，货物过驳倒载、装卸靠肩挑人抬。1978 年，山东省内河港口主要位于京杭运河及其沿线支流、黄河、小清河，码头岸线总长不足 4 千米，泊位百余个，最大靠泊能力 500 吨，完成货物吞吐量 150 多万吨。改革开放以来，山东省内河港口规模不断扩大。截至 2015 年，全省内河港口泊位数 276 个，岸线总长 15759 米，泊位水深 2.5～5 米。2015 年完成货物吞吐量 7900 万吨，达到历史最高值。运输货种由原来的煤炭及其制品"一货独大"，逐步变为以煤炭及制品、矿建材料、钢铁、粮食等多货种运输格局。

内河装卸工艺比改革开放初期大幅度提高，人抬肩扛的原始作业方式已经完全消失，取而代之的是现代化的机械作业。港口的集疏运方式正在向多式联运方式转变，港口环境明显改善。2014 年以来，山东省及各地市加强了对内河港口集疏运公路的建设，大力支持疏港铁路的建设，济宁港嘉祥港区铁水联运已建成投产，济宁港梁山港区、枣庄港滕州港区、泰安港东平港区的铁水联运正在积极推进。为满足南水北调东线水质和京津冀污染防治要求,山东省全面取缔了沿河小码头,建设大型专业化泊位,并配备了散货大棚、防风抑尘网、自动喷淋、岸电等环保装置,有效降低了港口生产对周边环境的影响,环境效益明显。

改革开放以来,山东省内河港口为长江三角洲地区能源供应、腹地产业结构的调整和经济社会发展作出了重要的贡献。随着内河航道条件的改善和航道网的完善,以及国家运输结构调整政策的深入实施,山东省内河港口在经济社会发展中必将作出更大的贡献。

山东省内河港口基本情况见表9-2-1。

二、济宁港

(一)港口概况

1. 港口综述

济宁港位于京杭运河山东段,是交通运输部确定的全国28个主要内河港口之一,是全国内河主要港口和区域综合交通运输体系的重要枢纽,是京杭运河"北煤南运"的重要下水港,是济宁市实施"以河兴市"战略和推进运河济宁经济带建设的重要依托。济宁港将发展成为以煤炭、矿建材料、集装箱、件杂货等运输为主,积极发展现代物流、铁水联运、临港工业、旅游客运服务功能的综合性、现代化内河港口。

济宁港地处淮河流域南四湖水系,新菏兖日铁路及腹地内京沪高铁、京九铁路、G3京台高速公路、G35日兰高速公路、S33济徐高速公路、S35济广高速公路、国道327(连荷线)、国道104(京福线)、国道105(京珠线)等铁路公路纵横交错,交通便利。

济宁港历史悠久,元明清三代均将漕运衙门设于济宁,享有"运河之都"的美誉,明清两代为京杭运河繁盛时期。1855年黄河改道北徙,清政府废弃漕运后运河航运逐步萎缩。新中国成立以后,随着腹地经济社会、综合运输等发展变迁以及航道条件的逐步改善,济宁港主要经历了以下阶段。

第一阶段:新中国成立至2000年。1953—1985年间分期分批进行航道治理和建设。1953年在古运河上建济宁港,在韩庄和西支河上建韩庄港和谷亭港,1965年在独山湖东岸建白山港,1967年在梁济运河上建梁山港,1971年在金乡建金乡港,1972年在微山古运河上和湖东白马河上建夏镇港和太平港,1978年在小荆河上建留庄港,1985年在洙水河上建嘉祥港等一批国有企业港口码头,由济宁市航运局统一管理。1997年《山东省内河航道及港口布局规划》将济宁港规划为山东省的主枢纽港口、国家28个主要内河港口之一,之后又建设了泗河口港区、济宁西港区。

山东省内河港口基本情况表

表 9-2-1

规模	港口名称	港口岸线		2015年港口生产性泊位				其中:1978—2015年建成的生产性泊位				2015年港口货物和旅客吞吐量								
		港口规划岸线	其中:2015年前已建成岸线	生产性泊位数	其中:千吨级及以上	生产性泊位总长	其中:千吨级及以上	生产性泊位数	其中:千吨级及以上	生产性泊位总长	其中:千吨级及以上	货物吞吐量	其中:外贸货物吞吐量	集装箱	滚装车辆		旅客	其中:国际旅客
															数量	质量		
		千米	千米	个	个	米	米	个	个	米	米	万吨	万吨	万TEU	万辆	万吨	万人	万人
规模以下	济宁港	45.76	9.72	147	107	9718	7174	147	107	9718	7174	5238	—	—	—	—	—	—
	枣庄港	22.95	7.77	131	8	7769	560	131	8	7769	560	2960.5	—	—	—	—	—	—
	菏泽港	21.15	1.94	29	16	1942	1251	29	16	1942	1251	0	—	—	—	—	—	—
	合计	89.86	19.43	307	131	19429	8985	307	131	19429	8985	8198.5	—	—	—	—	—	—

第二阶段:2000年至2010年《济宁港总体规划》编制出台。2000年之后,山东省加快了内河航运体系的建设,促进了水运行业的发展。2000—2003年仅3年,济宁港相继建设了宋闸码头、曹庄码头、福兴码头等14处码头,共计49个泊位,济宁港的吞吐能力得到了很大提高。2004年《港口法》的颁布实施标志着济宁港的发展进入了全新的历史时期。随着执法主体的明确,济宁市航运局及时组织编制完成了《济宁港总体规划(梁济运河段)》,2009年按照济宁市委市政府的部署对济宁城区附近的30多个小码头进行了清理,并完成了规划中跃进沟作业区的建设,济宁港开始了从量变到质变跨越式发展的新时期。

第三阶段:《济宁港总体规划》编制至2015年底。随着国家加快长江、京杭运河等内河水运发展意见的出台,依托京杭运河推动鲁西南经济带的发展,济宁紧紧抓住战略机遇,在交通运输部和山东省人民政府批复的《济宁港总体规划(2013年—2030年)》指导下,济宁港进入向集约化、规模化、专业化港口加快发展的新阶段,先后建设了主城港区龙拱河作业区一期工程和西王楼码头、邹城港区太平作业区、嘉祥港区嘉祥码头、鱼台港区汇金码头等规模化、专业化港口,进一步增强了济宁港对腹地经济社会发展的运输保障能力。同时为确保南水北调水质稳定达标,整合港口岸线资源,规范港口经营秩序,2014年济宁市人民政府发布《关于开展清理非法小码头装卸点工作的通知》,在全市范围内集中开展清理非法小码头、装卸点工作。截至2015年底,全市清理非法装卸点197处,为规范济宁港水运市场秩序、保证南水北调水质提供了强有力的保障。目前,济宁港已成为京杭运河沿线"北煤南运"最大的中转港。

2014年交通运输部和山东省人民政府联合批复的《济宁港总体规划(2013年—2030年)》由主城、微山、梁山、汶上、嘉祥、邹城、金乡、鱼台8大港区组成。主城港区为核心港区,以煤炭、矿建材料、件杂货和集装箱运输为主,主要为鲁西南地区对外物资交流、周边地区煤炭资源开发及沿河产业发展服务。微山港区为重要港区,以煤炭、矿建材料、非金属矿石等散货运输为主,主要为当地矿产资源开发外运和城市建设服务,相应发展旅游客运。其他港区为一般港区,以煤炭、矿建材料和件杂货运输为主,主要为当地经济发展、城市建设和煤炭资源开发服务。

截至2015年,全港共有生产性泊位149个,年通过货运量5238万吨。

济宁地区内河河网较为发达,通航航道主要由京杭运河主航道和京杭运河支流航道、湖区航道等组成。截至2015年底,全市航道通航总里程1100多千米,其中京杭运河主航道210千米,三级航道里程达到300.6千米。

2.港口水文气象

济宁东平湖至南四湖间区域地处鲁中低山丘陵与鲁西黄泛平原交接地带,属于淮河流域,是我国从暖温带到亚热带的渐变地带。季风型大陆气候明显,四季分明,气候温和,雨量集中,具有冬寒干燥、夏热多雨的特征。

梁济运河流域平均气温 14 摄氏度,平均降水量 667.3 毫米。本区域常年主导风向为 ES 风,冬季多 WN 风。年平均风速为 3.1 米/秒,大风多发生于春季,其次为冬季,秋季最少。年≥6 级(含)以上大风天数平均 9.7 天。多年平均雾日为 11 天,多发生在冬季,秋季次之。本区域一般 12 月下旬至次年 2 月上旬水面结冰,结冰期约 60 天,最大冰厚 10 厘米。

南四湖区平均气温 13.7 摄氏度,平均降水量 706.6 毫米。区域常年主导风向为 ES 风,冬季多 WN 风。年平均风速为 3.1 米/秒,大风多发生于春季,其次为冬季,秋季最少。年≥6 级(含)以上大风天数平均 9.7 天。多年平均雾日为 14 天,多发生于冬季,秋季次之。年平均相对湿度为 70%～80%。区域一般在 12 月下旬至次年 2 月上旬水面结冰,结冰期约 60 天,最大冰厚 10 厘米。

济宁境内水系发达,河流众多,交错密布,京杭运河纵贯南北,诸多河流横穿东西,汇流入湖。流域内 50 平方公里的河流 91 条,总长度 1516 千米。较大的河流有泉河、白马河、城郭河、洙水河、大沙河、洸府河、梁济运河、老万福河、新万福河、东鱼河、复兴河等,分列南四湖两侧。

黄河至济宁城区段,即梁济运河,目前区段内水文、泥沙的变化主要受引黄灌溉影响,受两端的东平湖与南四湖的影响也较大。其径流主要来自两岸支流汇入和引黄退水,据后营站多年观测资料分析统计,多年平均径流量 7.0 亿立方米,最大为 21.7 亿立方米,最小仅 0.9 亿立方米。从目前的水资源分析,枯水年份要实现京杭运河全线通航、主航道全年通航也有相当大的难度,"南水北调"工程将为航运发展提供良好的水资源条件。

济宁以南运河,由南四湖主航道和韩庄运河组成,南四湖湖区蓄水主要来自入湖支流。湖面面积达 1266 平方公里,兴利库容 17.02 亿立方米,湖面宽 5～25 千米,南北长 130 千米,常年水深平均 2.0 米,是华北最大的淡水湖,由南北串联的南阳、独山、昭阳和微山四湖组成。昭阳湖最窄处有二级坝将南四湖分为上下两级湖;入湖水量受大气降水影响,在年内及多年分配很不平衡。南四湖在一般丰水年、平水年通航用水,可靠南四湖自身水源维持;如遇枯水年份,近期则依靠引黄济湖工程补充水源,并考虑对运输船舶进行适当减载,以维持通航。韩庄运河无灌溉用水,其航运用水主要依靠下级湖的下泄水。由于济宁以下河段已全部渠化,航运耗水很少,主要为船舶过闸用水,年耗水约 0.4 亿立方米。

京杭运河以东为丘陵地带,主要入湖支流有泉河、白马河、新薛河、十字河等;运河以西为平原地区,支流有洙水河、东鱼河、新万福河、老万福河、洙赵新河等平原河流。本区域内径流主要依靠降雨形成,枯水期由地下水、河网本身及南四湖调节;河道比降小,水流流速不大,平时基本无流速,流向顺逆不定。

梁济运河沿线地势较低,历来是黄河滞洪的主干道,其流域属于黄泛区。由于承接大面积流经黄泛区的洪水和涝水,河道淤积比较严重。因运河沿线接纳数十条大小不一的支流,运河河道内的泥沙来源,主要来自丰水年运河两岸降雨侵蚀和枯水年引黄灌溉所携带的泥沙。据运河济宁后营水文站多年观测资料,年平均输沙量约49.7万吨。运河内年均淤积量约25万立方米。

南四湖区泥沙主要来自泥沙含量大的入湖支流。据统计,多年平均入湖泥沙为441.71万立方米,年出湖泥沙量3.83万立方米,年淤积量为437.88万立方米。按湖内平均淤积量计算,年平均淤积强度为4毫米。但淤积在空间分布上是不均匀的,湖区淤积主要发生在支流入湖口,即湖区两侧,而湖内影响相对较小。

3.发展成就

济宁港水运主要依托京杭运河主航道及其各支流航道。截至2015年底,京杭运河主航道(东线)先后实施了4次较大规模的疏浚。1983年4月,实施了京杭运河微山船闸至韩庄船闸段工程,工程按六级航道标准疏浚,同年12月竣工;该工程的竣工,使济宁南四湖下级湖主航道雏形形成。1989年实施了京杭运河济宁至微山船闸段工程,工程按六级通航标准疏浚,于1992年竣工;该工程的竣工,使济宁南四湖上级湖主航道雏形形成。1996年开始实施京杭运河济宁至韩庄船闸段工程三级航道疏浚,航道底宽50米,水深3米,至2000年航道全线贯通,2003年通过竣工验收;该工程的建设,使得济宁港航道通行能力增大,港口船舶等级提升,货运量大幅度提高。2009年6月实施了南水北调东线南四湖至东平湖段输水与航运结合工程,工程按三级通航标准疏浚了京杭运河北的柳长河段和梁济运河段,2013年主体工程完工;该工程的建设既为南水北调输水工程打通通道,又使济宁港通航航道向北延伸,与泰安东平湖连通。

在《济宁港总体规划》的指导下,港口基础设施建设不断加快,先后建设了济宁港邹城港区太平作业区一期工程、济宁港主城港区跃进沟作业区森达美码头和龙拱河作业区森达美码头、济宁港嘉祥港区祥城作业区嘉祥码头等泊位等级500吨级以上的规模码头。截至2015年底,济宁港共有39家货运码头,149个生产性泊位。2015年完成货物吞吐量5238万吨,其中煤炭及制品吞吐量3723万吨,占比71.1%;钢铁76万吨,占比1.4%;矿建材料1159万吨,占比22.1%;粮食25万吨,占比0.5%;其他254万吨,占比4.8%。各泊位分布在京杭运河主航道及其支流航道上,大多数距矿井10千米以内,最近处在1000米内,主要为煤炭南运服务,下行至苏、浙、沪一带,上行以矿建材料居多。"十二五"期间,济宁港新建大型专业化泊位57个,新增码头年通过能力4290万吨。

《济宁港总体规划》基准年为2010年。自2010年《济宁港总体规划》通过交通运输部和山东省人民政府联合召开的专家评审会评审以来,以《济宁港总体规划》为指导,山东省港航管理部门和济宁市港航管理部门实施了多个港口、航道建设项目,济宁市港口建设和发展取得了显著成绩,相继完成了主城港区龙拱河作业区森达美码头一期工程、嘉祥港区祥城作业区嘉祥码头等。着力缓解码头通过能力不足的矛盾,加大对老旧码头升级改造的力度,增加其综合效益,港口适应度基本达到1:1。

《济宁港总体规划》实施以来,济宁市港口吞吐量实现了稳步增长,港口吞吐量从2010年的4010万吨增长至2015年的5238万吨,济宁港已成为鲁西南地区对外物资交流和晋东南煤炭外调的重要枢纽,在保证国家重点企业的能源供应、支持长江中下游地区的经济发展中起到了重要支撑作用。自2010年以来,济宁市港航业发展与全市生产总值总体保持同步增长,有效拉动了其他产业发展,推动了济宁市及鲁西南地区的经济发展。

2011年货运量4349万吨,2012年货运量4451万吨,2013年货运量4883万吨,2014年货运量4956万吨,2015年货运量5238万吨。

目前,济宁市京杭运河的沿河企业已经超过百余家,济宁市物流交易服务中心、煤炭配送物流中心等临港工业园区和物流园区已经初具规模。为保证南水北调东线工程输水水质,满足京杭运河"四带"(风景带、经济带、文化带、旅游带)建设的需要,按照《济宁港总体规划》的相关整合思路,自2010年以来,济宁市对京杭运河干流和新、老万福河、白马河等支流城区附近的现有码头进行了搬迁,并科学整合了一些规模小、设施差、管理乱、污染大的小码头。在主城港区、邹城港区、嘉祥港区建设了一批现代化公共作业区,提升了港口的机械化水平和集约化程度,港区功能逐步向仓储物流等服务拓展,促进了沿河产业带的形成。

《济宁港总体规划》实施以来,济宁港结合新建码头工程,配套建设了各主要港区疏港公路,实现了新规划港区与干线公路的有效衔接。嘉祥港区于2013年正式开通煤炭铁水联运,初步构建了多式联运体系。港口在保持传统的煤炭、矿建材料运输优势的同时,运输货类不断丰富,增加了焦炭、件杂货等货种,在综合交通体系中的地位不断提升。

济宁港港区分布如图9-2-1所示。济宁港基本情况见表9-2-2。

(二)主城港区

1.港区综述

(1)港区建设和运营情况

主城港区为济宁港核心港区,为鲁西南地区对外物资交流、腹地煤炭资源开发外运和沿河产业发展服务,以煤炭、矿建材料、集装箱和件杂货运输为主。主城港区分为跃进沟、郭庄、龙拱河、泗河口四个作业区。

跃进沟作业区,其规划主要运输货种为煤炭、矿建材料、化工原料及制品等,是主城港区的重要组成部分,主要为任城区和市中区北部及其辐射范围内的煤炭外运和城市建设所需矿建材料进口服务,为济宁市重要的化工园区——任城区济北高新技术化工园区内的大型化工企业的化工原料及制品运输服务。

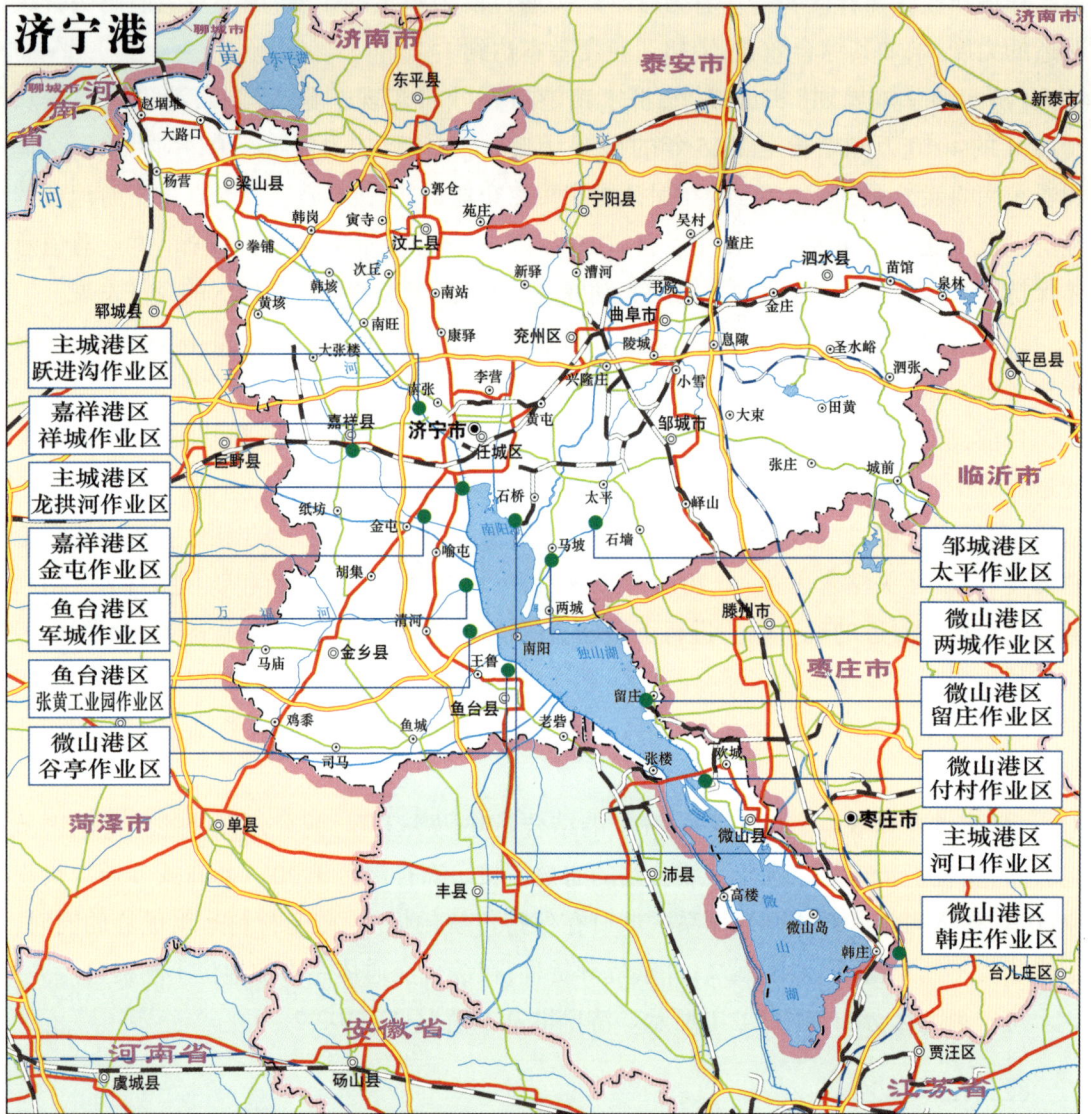

图 9-2-1　济宁港港区分布图

郭庄作业区,其规划主要运输货种为件杂货、集装箱等。郭庄作业区是济宁市物流园区的重要组成部分,是济宁主城港区的核心,为济宁市件杂货和集装箱的水路运输服务,并为沿京杭运河度假休闲及旅游客运服务。

龙拱河作业区,其规划主要运输货种为煤炭、矿建材料等,是主城港区的重要作业区,主要承接任城区和市中区南部小码头整合后的转移运量,为其辐射范围内的货物运输服务,为城市建设服务。

表9-2-2

济宁港基本情况表

序号	港区名称	港区规划岸线 千米	其中:2015年前已建成岸线 千米	2015年港口生产性泊位 生产性泊位数 个	其中:千吨级及以上 个	生产性泊位总长 米	其中:千吨级及以上 米	其中:1978—2015年建成的生产性泊位 生产性泊位数 个	其中:千吨级及以上 个	生产性泊位总长 米	其中:千吨级及以上 米	2015年港口货物和旅客吞吐量 货物吞吐量 万吨	其中:外贸货物吞吐量 万吨	集装箱 万TEU	滚装车辆 数量 万辆	滚装车辆 质量 万吨	旅客 万人	其中:国际旅客 万人
1	主城港区	10.97	1.44	12	9	1436	785.3	12	9	1436	785.3	2082	—	—	—	—	—	—
2	微山港区	10.39	5.73	72	—	5730	—	72	—	5730	—	1416	—	—	—	—	—	—
3	嘉祥港区	4.28	1.33	22	8	1331	774	22	8	1331	774	265	—	—	—	—	—	—
4	梁山港区	2.55	—	—	—	—	—	—	—	—	—	—	—	—	—	—	—	—
5	金乡港区	5.20	—	—	—	—	—	—	—	—	—	—	—	—	—	—	—	—
6	鱼台港区	6.55	1.55	31	—	1550	—	31	—	1550	—	969	—	—	—	—	—	—
7	邹城港区	3.79	1.58	12	4	1584	353	12	4	1584	353	506	—	—	—	—	—	—
8	汶上港区	2.03	—	—	—	—	—	—	—	—	—	—	—	—	—	—	—	—
	合计	45.76	11.63	149	21	11631	1912.3	149	21	11631	1912.3	5238	—	—	—	—	—	—

泗河口作业区,其规划主要运输货种为煤炭(含焦炭),是主城港区的重要组成部分;主要为兖州矿业集团焦炭及2号煤矿、3号煤矿煤炭外运服务。

经过多年建设,主城港区目前已建设郭庄作业区、泗河口作业区、森达美跃进沟作业区、森达美龙拱港作业区等专业化货运码头。2015年,主城港区共有生产性泊位12个。2011—2015年货物吞吐量分别为1393.4万吨、1592万吨、1698万吨、1991.7万吨、2081.8万吨。

(2)港区地理条件和集疏运概况

主城港区位于山东省西南部,济宁市中心位置,是京杭运河水运主通道、多条公路和铁路运输大通道的主要结点,是京杭运河上游水陆中转的重要枢纽。

主城港区集疏运主要通过水水中转及水陆中转,水路运输依托京杭运河和港口进港航道,陆路运输通过境内贯穿的东西新菏兖日铁路、省道S337、S338、S251、国道G327等高等级公路,与全国交通运输网相通。

2. 港区工程项目

(1)济宁港主城港区跃进沟作业区森达美码头

项目于2008年7月开工,2010年1月试运行,2016年7月竣工。

项目建设依据:2009年5月,山东省省发展和改革委员会《关于鲁港合资建设济宁港跃进沟作业区工程项目的核准意见》(鲁发外资〔2009〕606号);2009年7月,山东省交通运输厅和山东省发展和改革委员会《关于济宁港跃进沟作业区工程初步设计的批复》(鲁交规划〔2009〕14号);2009年7月,山东省环境保护厅《关于济宁港跃进沟作业区工程环境影响报告书的批复》(鲁环审〔2009〕28号);2012年,济宁市国土资源局批复(济宁国用〔2012〕第811120033号);2010年7月,交通运输部《关于济宁港跃进沟作业区工程使用港口岸线的批复》(交规划发〔2010〕315号)。

项目建设6个1000吨级码头泊位(1个煤炭出口泊位、1个散货出口泊位和4个通用泊位),岸线总长556.5米。码头采用顺岸式布局,重力式结构。码头前沿水深4.1米。项目后方堆场面积12.2万平方米,堆存能力30万吨。主要装卸设备配置包括堆取料机2台、弧形装窗机4台。项目总投资2.32亿元,资金来源于企业自筹、银行贷款及外资。用地面积46.2万平方米。

建设单位为济宁森达美港有限公司;设计单位为青岛港湾勘察设计院有限公司;施工单位为中交一航局第二工程有限公司;监理单位为山东省交通监理咨询公司;质监单位为山东省交通运输厅质监站。

2013—2017年泊位总吞吐量分别为682万吨、764万吨、869万吨、624万吨、643万吨。

(2)济宁港主城港区龙拱河作业区一期工程

项目于2009年11月开工,2012年5月试运行,2011年4月竣工。

项目建设依据:2009 年 11 月,山东省交通运输厅《关于济宁港龙拱河作业区一期工程可行性研究报告审查意见的函》(鲁规划〔2009〕101 号);2009 年 12 月,山东省发展和改革委员会《关于鲁港合资建设济宁港龙拱河作业区一期工程项目的核准意见》(鲁发外资〔2009〕1650 号);2010 年 7 月,山东省交通运输厅和山东省发展和改革委员会《关于济宁港龙拱河作业区一期工程初步设计的批复》(鲁交规划〔2010〕144 号);2009 年 11 月,山东省环境保护厅《关于济宁港龙拱河作业区一期工程环境影响报告的批复》(鲁环审〔2009〕158 号);2015 年,济宁市国土资源局用地批复(济宁国用〔2015〕第 08020361 号);2010 年 7 月,交通运输部《关于济宁港龙拱河作业区一期工程使用港口岸线的批复》(交规划发〔2009〕343 号)。

项目建设 2 个 1000 吨级煤炭专用泊位,一个 1000 吨级通用泊位,岸线总长 228.8 米。码头采用顺岸式布局,重力式结构。码头前沿水深 3.5 米。项目后方堆场面积 7.1 万平方米,堆存能力 10 万吨。主要装卸设备配置包括弧形装船机 2 台和 12 吨固定式起重机 1 台。项目总投资 1.68 亿元,其中企业自筹资金 3060 万元,银行借款 6642 万元,利用外资 7140 万元。用地面积 18 万平方米。

项目建设单位为济宁森达美龙拱港有限公司;设计单位为山东诚基工程建设有限公司;施工单位为中交一航局二公司;监理单位为山东交通工程监理咨询公司;质监单位为日照港湾工程检测有限公司。

2013—2017 年泊位总吞吐量分别为 275.09 万吨、312.78 万吨、283.67 万吨、252 万吨、276.7 万吨。

(三)嘉祥港区

1.港区综述

(1)港区建设和运营情况

嘉祥港区是济宁港的一般港区,其主要运输货种为煤炭、矿建材料、石油制品、粮食、钢铁等。主要为嘉祥县腹地内的梁宝寺矿及巨野矿区的部分煤炭外运以及当地的石材、山砂等建材出口服务,并为山西、河南煤炭通过新菏兖日铁路在此中转,经洙水河、京杭运河运往南方服务,为嘉祥机场油品运输服务。

经过多年建设,嘉祥港区主要建成祥城作业区嘉祥码头、金港码头、顺达码头等 22 个货运泊位。祥城作业区嘉祥码头位于嘉祥县城南,洙水河北岸,作业区后方即为铁路线,作为山西、河南煤炭铁水联运中转站。港口已建设 2 个 1000 吨级件杂货泊位,2 个 1000 吨级散杂货泊位,4 个 1000 吨级煤炭泊位和 1 个工作船泊位。设计年吞吐量 500 万吨。2011—2015 年泊位总吞吐量分别为 22.6 万吨、48.7 万吨、324.1 万吨、265.8 万吨、265.1 万吨。

(2)港区地理条件和集疏运概况

嘉祥港区位于主城港区西侧的嘉祥县区,主要依托县区内京杭运河及其主要支流河道洙水河、郓城新河等布置码头。

嘉祥港区西连嘉金线,北接新菏兖日铁路,是山西、河南煤炭铁水联运中转站。港区陆路运输可依托 S252、G327、日东高速、S338 等高等级公路与全国交通运输网相通。

2. 港区工程项目

济宁港嘉祥港区祥城作业区(嘉祥码头)

项目于 2010 年 2 月开工,2012 年 6 月试运行,2016 年 7 月竣工。

项目建设依据:2014 年 12 月,济宁市发展和改革委员会《关于济宁港嘉祥港区祥城作业区改扩建工程项目核准的批复》(济发改许可〔2014〕438 号);2015 年 2 月,济宁市港航局《关于济宁港嘉祥港区祥城作业区改扩建工程初步设计的批复》(济航〔2015〕22号);2013 年 1 月,山东省环境保护厅《关于济宁港嘉祥港区祥城作业区改扩建项目环境影响报告书的批复》(鲁环审〔2013〕15 号)。

项目建设 8 个 1000 吨级泊位(2 个件杂货泊位、2 个散杂货泊位、4 个煤炭泊位),预留 2000 吨级泊位 7 个。岸线总长 774 米。码头采用顺岸式布局,重力式结构。码头前沿水深 3.5 米。项目后方堆场面积 35.8 万平方米,堆存能力 47 万吨。主要装卸设备配置包括固定式弧形装船机 2 台、堆取料机 5 台、固定旋转式(吊钩)起重机 4 台。项目总投资 5.06 亿元,其中企业自筹资金 1.52 亿元,银行借款 3.54 亿元。用地面积 49.78 万平方米。

项目建设单位为山东嘉祥易隆港务有限公司;设计单位为中诚国际海洋工程勘察设计有限公司、中铁工程设计咨询集团有限公司;施工单位为中铁工程设计咨询集团有限公司济南设计院、山东尚德建安有限公司、济宁顺达市政工程有限责任公司等;监理单位为山东省交通工程监理咨询公司济宁分公司;质监单位为嘉祥县交通运输局农村公路质监站。

港口先后获得全市安全生产先进单位、落实企业主体责任先进企业、安全标准化三级企业、省级安全标杆企业、十佳港口、全市环保先进单位等荣誉。2017 年港口获得智能皮带输送机应用项目奖励 17 万元;2018 年获得绿色交通样板项目奖励 235 万元。

项目投产后,2013—2017 年泊位总吞吐量分别为 151 万吨、110 万吨、105 万吨、276 万吨、462 万吨。

(四)邹城港区

1. 港区综述

(1)港区建设和运营情况

邹城港区是济宁港的一般港区,其主要运输货种为煤炭、化工原料及制品、钢铁、化肥农药、机械设备等。主要为邹城市腹地内的以煤炭为主的散货及件杂货运输服务。

经过多年建设,邹城港区目前已建成太平作业区一期工程、荣信码头2处货运码头。2015年邹城港区共有生产性泊位12个。

2011—2015年泊位总吞吐量分别为580.5万吨、678.3万吨、522.9万吨、461万吨、506.1万吨。

（2）港区地理条件和集疏运概况

邹城港区位于济宁市东南方向的邹城市区,港区依托穿境而过的白马河航道布置码头。

邹城港区主要依托穿境而过的省道S342、国道G104和市区道路与外界连接。京沪铁路纵穿邹城市区,为邹城港区未来发展成为铁水联运码头提供条件。

2. 港区工程项目

济宁港邹城港区太平作业区一期工程

项目于2012年5月开工,2013年10月试运行,2016年5月竣工。

项目建设依据:2010年11月,山东省交通运输厅《关于济宁港邹城港区太平作业区一期工程可行性研究报告审查意见的函》（鲁交规划〔2015〕205）;2011年9月,山东省交通运输厅和山东省发展和改革委员会《关于济宁港邹城港区太平作业区一期工程初步设计的批复》（鲁交建管〔2011〕98）;2010年12月,山东省环境保护厅《关于济宁港邹城港区太平作业区一期工程环境影响报告书的批复》（鲁环审〔2010〕343号）;2015年6月,邹城市人民政府国有土地使用证批复（邹国用〔2015〕第8300820号）;2011年5月,交通运输部《关于济宁港邹城港区太平作业区一期工程使用港口岸线批复》（交规划发〔2011〕225号）。

项目建设2个1000吨级煤炭专用泊位,1个1000吨级散货泊位,1个1000吨级焦炭泊位,岸线总长353米。码头采用顺岸式布局,重力式结构。码头前沿水深4.5米。项目后方堆场面积7.64万平方米,堆存能力15万吨。主要装卸设备配置包括弧形轨道式装船机2台和固定式起重机1台。项目总投资1.14亿元,其中企业自筹资金2993万元,银行借款1444万元,利用外资6983万元。用地面积11.99万平方米。

项目建设单位为济宁森达美太平港有限公司;设计单位为中诚国际海洋勘察设计有限公司;施工单位为中交第三航务工程公司、山东鸿顺集团有限公司;监理单位为山东交通工程建设咨询公司;质监单位为山东省交通运输厅质监站。

项目投产后,2013—2017年泊位总吞吐量分别为246万吨、225万吨、318万吨、235万吨、261万吨。

三、菏泽港

(一)港口概况

1. 港口综述

菏泽巨野港区麒麟作业区是菏泽港的核心港区,位于巨野县东南部,洙水河航道的左侧,北距 327 国道 1.5 千米,距离京杭运河约 51 千米,交通便利。2015 年 12 月,巨野港区麒麟作业区主体工程建设完成。

洙水河腹地资源丰富,具有充足的货源。腹地内的巨野煤田总面积 960 平方千米,探明储量 43 亿吨,是山东省乃至整个华东地区最大的未开发煤田,已纳入国家和山东省政府的重点建设计划。其中规划建设的有万福矿(180 万吨)、龙固矿(600 万吨)、赵楼矿(300 万吨)、郭屯矿(240 万吨)、郓城矿(240 万吨)、彭庄矿(60 万吨)6 个煤矿。随着徐州煤矿和枣庄煤田的长期开采,煤炭储量的减少,今后煤炭开采将逐步移到济宁以北、梁济运河和洙水河两岸。因此洙水河腹地将成为重要的能源基地。

据统计资料表明,自用煤炭消耗量分为:规划在郭屯矿附近建设一座装机总容量为 4×600 兆瓦坑口电厂,设计煤炭用量为 500 万吨。同时矿区规划建设一座年产 400 万吨的焦化厂,设计本地煤炭用量为 200 万吨,同时需从山西调入无烟煤 300 万吨。据估算,本地销售煤炭为 200 万吨;煤炭总计 900 万吨,剩余煤炭需经过铁路、公路及水路运输的方式外调,同时菏泽市又是山东省农业大市,棉花、玉米等农作物产量大。从运输方式来看,采用公路运输,对于大宗低价货物,既不经济也不合理;铁路运输虽然适合中长途运输,但新石铁路已接近饱和,京九铁路能力虽然有富余,但主要承担赣、闽、粤内陆地区煤炭需求的运输任务。所以利用洙水河和京杭运河向苏、浙、沪一带输煤,可以发挥水运运量大、成本低、污染小的优势,完全符合可持续发展的战略。

巨野港区麒麟作业区的实施,是鲁西南地区经济发展的需要,是完善综合运输网的需要,有利于水资源的综合利用,有利于小城镇的建设和沿线经济的发展,有利于保护土地资源,减少污染,加强环境保护;其对促进区域经济的发展,提高洙水河沿岸的防洪、抗旱能力和改善区域的水质条件具有十分重要的意义。

2. 港口水文气象

菏泽港地处鲁西南低山丘陵与鲁西黄泛平原交接地带,属于淮河流域,所属区域气候属于暖温带亚湿润区中的鲁淮区气候。夏热多雨,冬寒晴燥,四季分明。

区域多年平均气温 13.7 摄氏度,历史极端最高气温 43.2 摄氏度,最高月平均气温 27.3 摄氏度,历史极端最低气温 –20.6 摄氏度,多年最低月平均温度 –6.3 ~ –1.7 摄氏度。所属区域季风气候明显,冬季多 N 风,夏季多 ES 风。年平均风速 3.28 米/秒,4 月份风速最大,平均风速为 4.14 米/秒,近 30 年最大风速达到 14.0 米/秒,历史记录最大风速为 24 米/秒。多年平均雾日数 11~14 天,多发生于冬季,秋季次之。年平均相对湿度 70%~80%。

区域多年平均降水量 640.2 毫米,丰水年降水量 925.8 毫米,枯水年降水量 353.2 毫米,汛期 7 月至 9 月由于受亚热带季风的影响,降雨量约占年降雨量的 56.8%。

菏泽港基本情况见表9-2-3。

(二)巨野港区

1.港区综述

(1)港区建设和运营情况

菏泽港巨野港区麒麟作业区由巨野县天宇龙港航有限公司于 2006 年取得立项批文,港口于 2009 年 12 月投资兴建。

(2)港区地理条件和集疏运概况

港口地处鲁西南黄泛平原交接地带,属于淮河流域,本地区气候属于温暖带亚湿润区中的鲁淮区气候,夏热多雨,冬寒晴燥,四季分明。洙水河口至嘉祥港段 31.8 千米,按照三级航道标准设计,底宽 45 米,边坡 1:3。嘉祥港至巨野港区麒麟作业区 19.8 千米,按照单线三级航道标准设计,底宽 30 米,边坡 1:3,航道尺度执行标准为《内河通航标准》(GB 50139—2004),全线新建、改建桥梁 16 座,桥梁永久性建筑物按三级标准建设,洙水河航道改造工程总投资 17969.27 万元。

2.港区工程项目

菏泽港巨野港区麒麟作业区

项目于 2009 年 12 月开工,2017 年 11 月试运行,2018 年 9 月竣工。

项目建设依据:2006 年,山东省发展和改革委员会《关于洙水河航道巨野港工程项目核准的意见》(鲁发改能交〔2006〕1156 号)。

项目共建设 29 个泊位。其中,港池北岸建设 11 个 1000 吨级装卸泊位,4 个待泊位,1 个工作船泊位;港池南岸建设 13 个 500 吨级固定式起重机泊位。岸线总长 1941 米,其中北岸岸线长 1250 米,南岸岸线长 691 米。码头采用顺岸式布局,重力式结构。码头前沿水深 3.5 米。项目后方堆场面积 8.98 万平方米,堆存能力 19.36 万吨。停车场面积 0.5 万平方米,停车数量 200 辆。主要装卸设备配置包括固定式起重机 3 台、圆弧式装船机 3 台、直卸伸缩式装船机 1 台。菏泽港巨野港区麒麟作业区一期项目投资 0.63 亿元,二期计划投资 2.6 亿元,项目资金由企业自筹。用地面积 32 万平方米。

表 9-2-3

菏泽港基本情况表

序号	港区名称	港区岸线		2015年港口生产性泊位				其中:1978—2015年建成的生产性泊位				2015年港口货物和旅客吞吐量			滚装车辆			
		港区规划岸线	其中:2015年前已建成岸线	生产性泊位数	其中:千吨级及以上	生产性泊位总长	其中:千吨级及以上	生产性泊位数	其中:千吨级及以上	生产性泊位总长	其中:千吨级及以上	货物吞吐量	其中:外贸货物吞吐量	集装箱	数量	质量	旅客	其中:国际旅客
		千米	千米	个	个	米	米	个	个	米	米	万吨	万吨	万TEU	万辆	万吨	万人	万人
1	巨野港区	9.43	1.94	29	16	1942	1251	29	16	1942	1251	—	—	—	—	—	—	—
2	成武港区	4.56	—	—	0	0	0	0	0	0	0	—	—	—	—	—	—	—
3	郓城港区	3.71	—	0	0	0	0	0	0	0	0	0	—	—	—	—	—	—
4	定陶港区	3.46	—	0	0	0	0	0	0	0	—	—	—	—	—	—	—	—
	合计	21.16	1.94	29	16	1942	1251	29	16	1942	1251	—	—	—	—	—	—	—

建设单位为巨野县天宇龙港航有限公司;设计单位为中诚国际海洋工程勘察设计有限公司;施工单位为中诚国际海洋工程勘察设计有限公司;监理单位为日照港建设监理有限公司;质检单位为青岛海陆通工程质量检测有限公司。

工程的实施,可完善鲁西南的综合运输水网,有利于沿线经济的发展,提高洙水河的防洪能力。

四、枣庄港

(一)港口概况

1.港口综述

枣庄港是山东省内河重要港口,是区域综合交通运输体系不可替代的重要组成部分,是我国南北水路运输主通道京杭运河上北煤南运的重要下水港。同时,枣庄港也是枣庄市对外物资交流的重要口岸,是原材料、建材和其他工农业产品运输的重要物资集散地,是枣庄市优化产业布局、发展沿运河经济、弘扬运河文化的重要依托。枣庄港将发展成为以煤炭、矿建材料、集装箱、件杂货等运输为主,兼具旅游客运的现代化、多功能、综合性港口。

京杭运河枣庄段横贯枣庄南部,台儿庄以上的韩庄运河史称"迦河新道",于明朝万历年间开挖形成,以台儿庄为中心的枣庄内河运输由此兴起,之后时断时续。改革开放以后,随着社会主义市场经济体制的初步建立,枣庄市港口建设与经营活动日趋活跃。1999年底,京杭运河万年闸枢纽建成启用,京杭运河枣庄段三级航道全线贯通,促进了港口码头的开发建设,带动了港口腹地资源的开发,以港口为龙头的沿运河经济带渐具雏形。随着经济的发展和通航条件的改善,曾发挥重要作用的散乱码头被拆除,规模化、环保型港口逐步建成,枣庄港逐步发展壮大。港口发展主要经历了以下阶段。

第一阶段:20世纪70年代至1999年。伊家河复航和韩庄运河万年闸以下段的通航为港口建设与生产提供了基本条件,在韩庄运河上兴建的"台儿庄港"与在伊家河上兴建的"李庄港",共有100吨级泊位12个,两处港口的货场面积不足2.4万平方米,港口是当时港航管理机构的直属单位或当地政府的直属企业。这一时期是改革开放后的计划经济向市场经济的转轨阶段,港口建设与经营呈现多样化。由港航管理机构、地方政府、个体经营者投资兴建了位于台儿庄区台儿庄镇、涧头集镇、峄城区古邵乡、薛城区沙沟、滕州市滨湖镇等多处港口码头,码头靠泊能力均在300吨级以下。

第二阶段:2000—2012年。1999年京杭运河枣庄段续建工程的主要建设内容完成,为枣庄港航业发展创造了更好的条件。2004年《中华人民共和国港口法》颁布实施,《山东省内河航道与港口布局规划》尚未颁布,枣庄市港航管理部门组织编制了《枣庄港总体规划(2007—2020年)》,并于2008年获得枣庄市人民政府批准。枣庄港大致划分为滕州、薛城、峄城和台儿庄四个片区，港口建设市场异常活跃，大量个体码头相继涌现，港口规模进一步扩大，共32个作业区，131个泊位，年吞吐能力1294万吨，港口吞吐量由几百万吨达到2000余万吨。

第三阶段：2013年至今。2012年《山东省内河航道与港口布局规划》颁布，将枣庄港确立为山东省内河重要港口。2016年，随着经济发展方式由粗放型向集约型转变，基于南水北调东线工程对调水水质的要求和航道条件的改善，布局散乱、规模小、工艺落后、污染严重的码头被拆除。重新编制了《枣庄港总体规划》，并于2013年12月获山东省政府批复。根据《枣庄港总体规划》，枣庄港形成"一港四港区六作业区"的发展格局，魏家沟作业区、马兰屯作业区、滨湖作业区相继建成启用。2016年下半年，为维护港口码头经营秩序，保护河岸、水体及周边生态环境，枣庄市将辖区内52家非法港口码头全部取缔，新枣庄港已见雏形。

截至2018年底，枣庄港已建及拟建泊位共有49个，其中，已建成泊位26个，拟建泊位23个，港口吞吐能力逐步恢复、提升。

2. 港口水文气象

枣庄市属于北温带季风型大陆性气候，四季分明。春季回暖快，降雨量少、多风、蒸发量大、易干旱；夏季炎热、多雨、潮湿、易涝；秋季降温快，雨骤减，多晴朗天气，晚秋易旱；冬季雨雪稀少，寒冷干燥。

多年平均气温在13.2～14.2℃之间，7月最热，1月最冷。历年极端最高温度41.4摄氏度（1966年7月19日薛城），极端最低温度－21.8摄氏度（1957年1月18日滕州）。多年最高月平均气温26.9摄氏度，多年最低月平均气温－1.8摄氏度。多年平均降水量801.7毫米，年最大降水量1190.5毫米（1958年），年最小降水量494.0毫米（1988年）。降水主要集中在汛期（6月至9月），且又集中于7、8月的几场暴雨，其中7月份降水量占全年降水量的30%左右，地区分布是东部山丘区较大，西部滨湖区较小。

枣庄市属于淮河流域南四湖水系，京杭运河枣庄段航道全长43千米，于台儿庄枢纽贯通韩庄运河与中运河。韩庄运河为大型河道，流域面积1828平方公里。境内其他中小型河流多为季节性河道，雨季河水汹涌，陡涨陡落；旱季流水潺缓，甚至干涸。全市流域面积在100平方公里以上的河道共有12条。

南四湖是枣庄市航运用水的主要补给水源，兼具水利、航运、工业、农业、渔业、环保等功能。湖区北起济宁城南12千米处的小门口，南抵韩庄镇。上级湖面积606平方公里与梁济运河相连，下级湖面积660平方公里与韩庄运河相连。蓄水主要来自入湖支流，承接苏、鲁、豫、皖四省32县市径流汇入，总汇水面积30453平方公里。入湖水量受降水影响，年内及多年分配很不平衡。湖水水位受入湖水量、出湖水量、湖区工农业用水及人为调度共同影响。1980年后，多次出现水位偏枯年份，甚至出现低于死水位现象。

港航建设与发展离不开水资源保障,治淮工程和南水北调工程的实施可为港航建设与发展、改善水资源提供条件。

枣庄市多年平均地表水资源量为10.28亿立方米,地下水资源量为7.68亿立方米,扣除重复计算量4.13亿立方米,水资源总量为13.83亿立方米;计入境外可调入枣庄市水量2.19亿立方米(南四湖1.9亿立方米,会宝岭水库0.29亿立方米),规划南水北调水量2亿立方米,全市水资源总量为18.02亿立方米。

南四湖水系的水位变化主要受降雨季节分布影响,每年7月至9月汛期水位较高,10月至翌年2月次之,为中水期,5月至6月水位最低。南四湖死水位上级湖为33.0米,这一水位的平均保证率为87%。根据资料分析,南水北调东线工程实施后,南四湖死水位上级湖仍为33.0米,但平均保证率可接近98%。上级湖目前现状20年一遇洪水位为36.5米,根据防洪规划和实施情况,设计洪水位采用50年一遇洪水标准,校核洪水位采用1957年洪水位(重现期约90年),则上级湖防洪水位和校核洪水位分别为36.8米和37.24米,下级湖防洪水位和校核洪水位分别为36.5米和37.0米(本规划除特别说明外,均采用1985年国家高程系统)。

枣庄市东部山丘区面积大,地形、地貌复杂及沟壑密度大等因素,决定了复杂的水土流失类型。土壤流失会导致水库、塘坝、河道淤积,但对西部影响不大,南四湖的泥沙主要来自梁济运河,但大部分泥沙已淤积在梁济运河的河槽内,所以湖区淤积问题不明显。韩庄运河由于已完全人工渠化,汛期在支流入河口段和船行波对岸坡破坏会造成淤积,但泥沙淤积量较小。

3.发展成就

(1)航道方面

枣庄港水运主要依托京杭运河主航道及其进港航道。1988年为解决台儿庄至大王庙"卡脖子航道",实施台儿庄二级船闸工程并将该段18.5千米航道作为应急工程进行三级航道整治,万年闸下可通行1000吨级船舶。1995—1996年实施京杭运河济宁至台儿庄段续建工程,全长38.5千米,至此京杭运河枣庄段全线贯通。台儿庄二线船闸1995年建成,万年闸船闸1999年底建成,保证了三级航道畅通。2010年台儿庄复线船闸建成,2019年万年闸复线船闸建成,进一步提高了通航能力和通航保证率。

截至2015年底,枣庄辖区内通航航道总里程108.4千米。其中京杭运河主航道长43千米,三级航道60余千米。

京杭运河枣庄段:上起济枣市界下至鲁苏省界,全长43千米,现状为三级航道。2019年9月京杭运河主航道三级升二级开始实施,计划2021年完工。

伊家河航道:上起韩庄铁路桥下至台儿庄大桥,全长34.2千米,六级航道,规划为四级航道,在枣庄航运史上,在韩庄运河全线通航之前发挥了重要作用。滕微航道:原滕州港、滨湖作业区进港航道,底宽30米,按三级航道标准养护,全长7.4千米。岗头港航道:原宏大港、交通港的进港航道,因港口资源整合配套两港口被拆除,该航道使用功能由货运航道转为旅游航道,底宽20米,按三级航道标准养护,全长7千米。薛微航道:薛城作业区进港航道,底宽30米,按三级航道标准养护,全长5.3千米。魏家沟作业区航道:二级航道,全长2.7千米。马兰屯作业区航道:三级航道,全长2.9千米。

(2)港口方面

在《枣庄港总体规划》的引领下,一批港口项目相继建成运营。峄城港区魏家沟作业区1号~6号通用泊位工程于2018年2月竣工投入运营。台儿庄港区马兰屯作业区1号~6号泊位工程于2019年9月竣工投入运营。滕州港区滨湖作业区1号~6号通用泊位工程于2020年1月竣工投入运营。一批港口项目在建或即将开工建设。薛城港区薛城作业区通用泊位工程于2019年5月开工建设。台儿庄港区马兰屯作业区7号~9号杂货泊位工程完成初步设计批复,开工建设;滕州港区滨湖作业区7号~11号通用泊位工程和西岗作业区1号~6号泊位工程已完成立项。规模化、规范化、环保型的新枣庄港水运设施基本架构已逐步形成。截至2018年已建泊位26个,拟建泊位23个,共完成货物吞吐量1416万吨,主要货种为煤炭、矿建材料、水泥及其他件杂货。其中,矿建材料占比69.9%,煤炭及制品占比22.5%,水泥占比3.04%,粮食、钢铁、石膏占比0.46%,其他货种占比4.1%。

枣庄港基本情况见表9-2-4。

(二)滕州港区

1.港区综述

(1)港区建设和运营情况

滕州港区规划建设滨湖作业区和西岗作业区,以大宗散货运输为主,积极拓展集装箱业务。主要为临港产业、集装箱运输和周边煤炭资源开发以及煤炭中转服务。

其中,滨湖作业区货种以工矿企业的煤炭、矿建材料、水泥、非金属矿等大宗散货、钢铁、机电等件杂货为主,积极拓展集装箱业务。临近产业集中区,主要服务范围是滕州市。2018年12月建成的6个2000吨级泊位已经运营。

西岗作业区以大宗散货运输为主,服务于滕南及陶枣煤田和鲁南化工基地等临港产业;滕州港区之前已建的宏大港南港、北港和交通港3家不符合港口总体规划的货运码头已于2016年底全部取缔。

(2)港区地理条件和集疏运概况

滨湖作业区以公路和水路集疏运为主。其中,港池北侧拟建疏港道路连接003县道,然后与S104枣济线(二级路)相连,南侧港池拟建疏港道路与S104相连或者通过堤顶公路对接外部路网。水路疏港通过滕微航道连接京杭运河。

表 9-2-4

枣 庄 港 基 本 情 况 表

序号	港区名称	港区岸线		2015 年港口生产性泊位				其中:1978—2015 年建成的生产性泊位				货物吞吐量	2015 年港口货物和旅客吞吐量						
		港区规划岸线	其中:2015年前已建成岸线	生产性泊位数	其中:千吨级及以上	生产性泊位总长	其中:千吨级及以上	生产性泊位数	其中:千吨级及以上	生产性泊位总长	其中:千吨级及以上		其中:外贸货物吞吐量	集装箱	滚装车辆		旅客	其中:国际旅客
															数量	质量		
		千米	千米	个	个	米	米	个	个	米	米	万吨	万吨	万TEU	万辆	万吨	万人	万人
1	滕州港区	8.13	2.48	51	21	2483	1460	51	21	2483	1460	243	—	—	—	—	—	—
2	薛城港区	3.95	0.3	3	3	296	296	3	3	296	296	120	—	—	—	—	—	—
3	峄城港区	2.91	1.92	29	28	1927	1886	29	28	1927	1886	2178	—	—	—	—	—	—
4	台儿庄港区	7.96	3.07	43	37	3063	2835	43	37	3063	2835	573	—	—	—	—	—	—
	合计	22.95	7.77	126	89	7769	6477	126	89	7769	6477	3114	2303	—	—	—	—	—

2. 港区工程项目

滕州港区滨湖作业区

项目于 2017 年 6 月开工,2019 年 1 月试运行。

项目建设依据:2017 年 3 月,枣庄市交通运输局《枣庄港滕州港区滨湖作业区 1#—6# 通用泊位工程可行性研究报告审查意见的函》(枣交字〔2017〕32 号);2017 年 5 月,枣庄市发展和改革委员会《枣庄港滕州港区滨湖作业区 1#—6#通用泊位工程项目的核准批复》(枣发改行审〔2017〕9 号);2017 年 12 月,枣庄市港航管理局《枣庄港滕州港区滨湖作业区 1#—6#通用泊位工程初步设计的批复》(枣港航字〔2017〕106 号);2018 年 1 月,枣庄市港航管理局《枣庄港滕州港区滨湖作业区 1#—6#通用泊位工程施工图设计的批复》(枣港航字〔2018〕5 号);2017 年 4 月,枣庄市环境保护局《枣庄港滕州港区滨湖作业区 1#—6#通用泊位工程项目环境影响报告书的批复》(枣环行审字〔2017〕6 号);2014 年 2 月,滕州市人民政府《中华人民共和国国有土地使用证》(滕国用〔2014〕第 020 号);2017 年 12 月,交通运输部《枣庄港滕州港区滨湖作业区 1 号至 6 号通用泊位工程使用港口岸线的批复》(交规划函〔2017〕959 号)。

项目建设 6 个 2000 吨级通用泊位。岸线总长 478 米。码头采用顺岸式布局、重力式结构。码头前沿水深 4 米。项目后方堆场面积 12 万平方米,堆存能力 20 万吨。主要装卸设备配置包括圆弧装船机 2 台、B140 环保型变幅移动式装船机 2 台、B120 变幅移动式装船机 1 台、固定式起重机 2 台。项目总投资 2.4 亿元,来源于企业自筹。用地面积 30.18 万平方米。

项目建设单位为滕州新奥能源物流港有限公司;设计单位为山东省交通规划设计院;施工单位为山东省路桥集团有限公司;监理单位为山东诚基工程管理咨询有限公司;质监单位为枣庄市交通基本建设工程质量监督站。

(三)薛城港区

1. 港区综述

(1)港区建设和运营情况

近期以散货、件杂货运输为主,枣庄港核心港区,规划新设铁水联运功能,积极拓展集装箱、客运业务。主要为煤炭中转以及腹地件杂货运输、集装箱运输和临港物流产业服务。

(2)港区地理条件和集疏运概况

现有集疏运方式包括公路、水路两种。其中,经疏港路、常潘线(X038)南端与国道 104 相接,北端与省道郯薛线(S352)相接。水路集疏运通过薛微航道连接京杭运河航道。

规划从京沪铁路枣庄西站引入港区铁路专用线,满足铁路集疏运发展需求。

2. 港区工程项目

薛城港区薛城作业区一期工程

工程于 2004 年 6 月开工,2016 年 6 月竣工。

项目建设依据:2004 年 5 月山东省交通厅《关于京杭运河续建工程台儿庄港闸下作业区变更的批复》(鲁交规划〔2004〕62 号);山东省环境保护局《关于京杭运河续建工程薛城港进港航道工程项目环境影响报告书的确认函》。

项目建设 3 个 1000 吨级通用泊位;岸线总长 293 米;码头采用顺岸式布局、重力式结构。码头前沿水深 3.5 米。项目后方堆场面积 5.34 万平方米。主要装卸设备配置包括起重机 2 台、装船机 1 台、皮带输送机 1 台。用地面积 6.62 万平方米。

项目建设单位为大河航运有限公司;设计单位为山东交通规划设计院;施工单位为中铁工程设计咨询集团有限公司济南设计院、山东尚德建安有限公司、济宁顺达市政工程有限责任公司等;监理单位为山东省交通工程监理咨询公司济宁分公司。

项目投产后,2012—2017 年泊位总吞吐量分别为 2 万吨、11 万吨、14 万吨、55 万吨、108 万吨、233 万吨。

(四)峄城港区

1. 港区综述

(1)港区建设和运营情况

以峄城区丰富的矿产资源为基础,以水泥、矿建材料、非金属矿物运输为主,主要为临港矿业与物流产业服务。

峄城港区之前在大堤内侧滩地建设的福兴、泉兴、润丰等 17 家规模小、污染严重、分布散乱的货运码头已于 2016 年全部取缔。目前运营的有魏家沟作业区和凯博港。

(2)港区地理条件和集疏运概况

公路和水路两种集疏运方式,北侧为县道韩台线,韩台线连接港区西侧的京台高速公路和东侧的 206 国道。港区规划建设疏港路通过县道连通国道和高速公路;水路集疏运主要通过魏家沟作业区进港航道连接京杭运河。

2. 港区工程项目

枣庄港峄城港区魏家沟作业区 1 号 ~6 号泊位工程

项目于 2016 年 6 月开工,2017 年 2 月试运行,2018 年 2 月竣工验收。

项目建设依据:2014 年 12 月,枣庄市发展和改革委员会《关于枣庄港峄城港区魏家沟作业区#1～#6泊位工程项目的核准意见》(枣发改行审〔2014〕38号);2016年1月,枣庄市港航管理局《关于峄城港区魏家沟作业区#1—#6泊位工程初步设计的批复》(枣港航字〔2016〕7号);2015年5月,枣庄市环境保护局《关于枣庄港峄城港区魏家沟作业区#1—#6泊位工程环境影响报告书的批复》(鲁环行审字〔2015〕3号);2015年11月,山东省人民政府《关于枣庄港峄城港区魏家沟作业区#1—#6泊位工程项目建设用地的批复》(鲁政土字〔2015〕973号);2015年12月,交通运输部《关于枣庄港峄城港区魏家沟作业区1号至6号泊位工程使用港口岸线的批复》(交规划函〔2015〕939号)。

项目建设6个2000吨级通用泊位。岸线总长478米。码头采用顺岸式布局、重力式结构。码头前沿水深4米。项目后方堆场面积14.5万平方米,堆存能力30万吨。主要装卸设备配置包括固定式起重机3台、泊位装船机4台、廊道皮带输送机5条、轮式装载机8台。项目总投资约3.9亿元。用地面积29.33万平方米。

项目建设单位为山东峄州港务有限公司;设计单位为山东省交通规划设计院;施工单位为烟台学雷港口工程有限公司;监理单位为山东省交通工程监理咨询有限公司;质监单位为枣庄市交通基本建设工程质量监督站。

项目投产后,2017—2019年泊位吞吐量分别为507万吨、768万吨、325万吨。

(五)台儿庄港区

1. 港区综述

(1)港区建设和运营情况

台儿庄港区规划建设马兰屯作业区和涧头集作业区。近期以矿建材料、件杂货运输为主,规划新设船舶修造船基地,积极拓展集装箱业务,为临港物流产业服务。

马兰屯作业区近期以矿建材料、水泥、煤炭、粮食、钢铁等件杂货、集装箱运输为主,规划新设船舶修造船基地,积极拓展集装箱业务,为临港物流产业服务。2018年9月建成6个1000吨级泊位。

涧头集作业区近期以矿建材料、水泥、煤炭运输为主,为京杭运河枣庄段南岸苏鲁两省边界地区服务。台儿庄港区之前在大堤内侧滩地建设的万通、宏顺、金盛等32家规模小、污染严重、分布散乱的货运码头已于2016年全部取缔。台儿庄港区2015年吞吐量为573万吨。

(2)港区地理条件和集疏运概况

以公路和水路两种集疏运方式,该作业区集疏运北侧依托县道韩台线,东侧依托县道036。韩台线西连接国道206,东通省道枣徐线;水路集疏运通过马兰屯作业区航道连接京杭运河航道。

2.港区工程项目

枣庄港台儿庄港区马兰屯作业区 1 号~6 号通用泊位工程

项目于 2014 年 11 月开工,2018 年 9 月试运行,2019 年 9 月竣工。

项目建设依据:2013 年 10 月,山东省交通运输厅《关于枣庄港台儿庄港区马兰屯作业区#1—#6 通用泊位工程可行性研究报告审查意见的函》(鲁交规划〔2013〕122 号); 2015 年 7 月,枣庄市港航管理局《关于台儿庄港区马兰屯作业区#1—#6 通用泊位工程初步设计的批复》(枣港航字〔2015〕55 号);2016 年 5 月,枣庄市港航管理局《关于台儿庄港区马兰屯作业区#1—#6 泊位工程施工图设计的批复》(枣港航字〔2016〕49 号);山东省人民政府《关于枣庄港台儿庄港区马兰屯作业区#1—#6 通用泊位工程项目建设用地的批复》(鲁政土字〔2015〕946 号);2014 年 2 月,枣庄市环境保护局《关于枣庄港台儿庄港区马兰屯作业区#1—#6 通用泊位工程环境影响报告书的批复》(枣环行审字〔2014〕4 号); 2015 年 5 月,交通运输部《关于枣庄港台儿庄港区马兰屯作业区 1 号至 6 号通用泊位工程使用港口岸线的批复》(交规划函〔2015〕321 号)。

项目建设 6 个 1000 吨级通用泊位,岸线总长 478 米。码头采用顺岸式布局、重力式结构。码头前沿高程 31.7 米,设计底高程 20.8 米,码头停泊水域宽 22 米,锚地布置在码头对岸,采用顺岸靠泊方式,锚地全长 525 米。项目后方陆域堆场面积 11.38 万平方米,主要装卸设备包括 MQ1625 门座起重机 1 台、MQ2525 门座起重机 1 台、圆弧轨道式装船机 2 台、轮胎式堆料机 1 台、轨道式堆料机 1 台。项目总投资 38544.46 万元,其中企业自筹资金 13490.56 万元,银行贷款 25053.90 万元。用地面积 22.93 万平方米。

项目建设单位为枣庄华亿港航物流有限公司;设计单位为山东省交通规划设计院;施工单位为江苏新海港口工程有限公司;监理单位为山东诚基工程管理咨询有限公司;勘测单位为江苏省第二地质工程勘察院;质量监督机构为枣庄市交通工程质量监督站。

第三节 江 苏 省

一、综述

(一)港口概况

江苏水网密布,河湖众多,水资源条件十分优越。江苏有长江港口、内河港口及海港。江苏水运具有悠久的历史,已有两千多年历史的京杭运河,沟通海河、黄河、淮河、长江及钱塘江五大水系,隋唐以至明清的南北经济交流,使扬州、淮安、邳州等一度成为依水而筑、因河而兴的重要港口城市。到了近代,由于黄河北移和年久失修等原因,运河航运逐渐衰落,内河港口发展基本处于自然状态。改革开放初期,国家对京杭运河苏北段进行了第二次大规模整治,续建和扩建了万寨、双楼、邳州等港,省内其他各地纷纷建设内河公用港口,以缓解陆路运输的压力。

1982年张家港首个长江港口对外籍船舶开放,同年南通港对外开放,南京、镇江等港口也相继于1986年对外开放。随着港口建设发展,港口体制改革同步推进。1984年港口管理体制改革后,南京港、镇江港、张家港港、南通港等港口改为由国家(交通部、长航航道局)与地方政府双重领导、以地方为主的体制,泰州、江阴等港口由地方政府管理。20世纪90年代,随着以浦东开发为龙头的长江三角洲发展战略的实施,无锡、常州、镇江等苏南地区一批规模较大、现代化程度较高的公用码头相继建成投产;部分企业也开始投资建设企业专用码头。进入21世纪,江苏省经济实力不断提升,城市化进程进一步加快,沿江开发战略进一步促进了口岸的对外开放。继2001年4月常州港经国务院批准为一类开放口岸,2003年4月1日通过国务院有关部门验收正式对外开放后,全省沿江规模以上港口全部实现对外开放。"十一五"期,按照江苏省委、省政府和交通运输部的总体部署,江苏港口步入规范管理、有序迈进的新阶段。"十二五"期,全国水运发展上升到前所未有的战略高度,国务院出台了《关于加快长江等内河水运发展的意见》(国发〔2011〕2号),提出要推进港口结构调整、资源整合和转型升级。江苏港口按照江苏省委、省政府和交通运输部的总体部署,积极策应重大战略实施,围绕建设"港口强省"的主题,以转变发展方式为主线,以发展港口现代物流为方向,以大型深水航道和集装箱干线港建设为突破口,以推动绿色港口建设为重要内容,强化沿江港口功能升级,推进内河港口规模化发展。

(二)港口规划情况

2005年江苏省人民政府批复的《江苏省干线航道网规划》,规划省干线航道里程约3455千米,岸线资源丰富。根据《江苏省内河港口布局规划》,全省内河港口目标是加快推进"等级标准、集约节约、功能多元、绿色智能"发展。通过市场主导、政府引导,加强内河港口资源整合,促进集约化、规模化、绿色化发展,优化布局结构,提高内河港口与沿岸城镇、产业发展的匹配性,加快江海河联运功能、连云港港等海港功能向内陆延伸,构建布局合理、保障有力,与江海联运港区、沿海港口高效衔接,与战略、经济、城镇发展和大运河文化带建设要求相适应的内河港口布局体系,推动内河港口高质量发展走在全国前列。

根据《江苏省沿江沿海港口布局规划》,沿江港口以资源整合、转型升级、优化发展和提升现代化水平为主。为了更好地服务综合运输体系构建、临港产业布局、港城协调发展，推进南京港龙潭和西坝港区、镇江港大港港区、扬州港扬州港区、泰州港高港港区、无锡（江阴）港申夏港区、常州港录安洲港区、南通港通海港区、苏州港太仓港区等9个重点港区发展。

在主要货种布局上，全省内河集装箱运输将在淮安港、宿迁港、徐州港至太仓港，无锡内河港至上海外高桥等主要通道的基础上，重点打造苏北至连云港港、苏北至太仓港、苏南至太仓港等三大核心通道，不断发展连申线盐城到连云港港、南通到太仓港通道。全省内河港口煤炭运输将以铁路调入、海港调入和沿江港口调入为主，形成以徐州港、淮安港等为铁路煤炭装船港，以沿江沿海港口为煤炭中转装船港（沿海港区后方内河作业区），以各地区内河煤炭公用码头、电厂等企业专用煤炭码头为卸船港，以京杭运河、徐宿连航道、灌河、盐河、锡溧漕河、锡澄运河、连云港港疏港航道、滨海港疏港航道、大丰港刘大线为主要运输通道的煤炭运输体系。全省内河进口铁矿石运输以从海港调入和沿江港口调入为主，形成以连云港海港后方内河作业区为主要中转装船港，以淮安、苏州、无锡等地内陆沿河钢铁企业专用码头为主要卸船港，以连云港港疏港航道、盐河、徐宿连航道、德胜河、杨林塘、锡澄运河等航道为海河联运主通道的进口铁矿石运输系统。全省矿建材料需求量将保持总体稳定，结合矿建材料生产、需求分布等情况，矿建材料运输基本维持目前以苏北徐州、淮安、宿迁、苏南高淳、溧阳等为矿建材料运输枢纽节点，以京杭运河、丹金溧漕河、芜申线等为运输通道的总体运输格局，通过京杭运河、长江从外省调入的量不断增加。

江苏省内河干线航道沿线规划港口岸线长度为416.9千米，已利用岸线139.0千米，占规划港口岸线总长度的33.3%。江苏省内河港口有13个，其中全国主要港口共有2个，地区性重要港口6个，一般港口5个。徐州港、无锡内河港为国家主要港口，苏州内河港、常州内河港、淮安港、宿迁港、扬州内河港和镇江内河港为地区性重要港口，盐城内河港、连云港内河港、泰州内河港、南通内河港和南京内河港为一般港口。江苏长江沿线有8个港口，其中全国主要港口有4个，地区性重要港口4个。南京港、镇江港、苏州港、南通港为全国主要港口，扬州港、常州港、无锡（江阴）港、泰州港为地区性重要港口。根据交通运输部规模以上港口名录，长江沿线8个港口均为规模以上港口，江苏内河共有6个规模以上港口，分别是徐州港、宿迁港、淮安港、扬州内河港、镇江内河港、无锡内河港。

江苏省内河港口地理位置优越，是国家水运主通道和能源物资运输系统的重要枢纽。江苏内河港直接经济腹地为江苏省，间接经济腹地包括邻近的安徽、鲁南、河南、山西、陕西、内蒙古南部和长江中上游的江西、湖北、四川等省的部分地区以及浙江省的部分地区。江苏长江港口直接经济腹地是沿江八市，间接经济腹地是长江沿线的安徽、江西、湖北、湖南、四川、重庆等省市。

江苏省内河港口是全国和长三角地区综合交通运输体系的重要组成部分,是江苏策应"一带一路"倡议和长江经济带发展等国家战略,接受沿江沿海地区辐射,发展江海河联运的重要环节,是大运河文化带江苏段建设的重要节点和窗口,是江苏实现区域协调发展和可持续发展的重要战略资源,是江苏沿河地区产业集聚发展和对外开放的重要平台;是江苏新型城镇化和城乡发展一体化的重要保障。江苏沿江港口是江苏省经济社会发展的重要基础和临港产业布局的重要依托,是长江中上游地区大宗物资转运和对外交往的重要门户,是构建长江三角洲地区综合运输体系的重要载体,是上海国际航运中心建设的重要组成部分。

(三)港口发展成就

十一届三中全会以后,江苏港口进入恢复建设、探索开放阶段,相继开辟了南京新生圩、镇江大港、张家港、南通狼山等新港区,建成了南京仪征原油中转码头、新生圩一期工程、南通狼山一期工程、张家港海轮码头、镇江谏壁深水煤码头、大港一期工程等项目,一批万吨级以上海轮泊位及原油、煤炭等大宗货物专业化泊位相继问世,最大靠泊等级达到35000吨级。同时国家对京杭运河苏北段进行了第二次大规模整治,续建和扩建了万寨、双楼、邳州等港口,新增运煤能力1000万吨。随着苏南无锡等地区经济的发展,煤炭、矿建材料等原材料的需求急剧增加,1982年无锡下甸桥货场建成泊位41个,1988年新港区货场建成10个500吨级泊位。省内其他各地纷纷建设内河公用港口,以缓解陆路运输的压力。20世纪90年代,江苏多个市县实施"以港兴市"的发展方针,全省港口进入加快建设、集聚产业的发展阶段。沿江新开辟了常熟、太仓、常州等港口、港区,新建、扩建了一批公用码头和企业、商贸专用海轮泊位;苏南运河208千米航道开展了系统整治工程,达到了四级航道标准,能够满足500吨级船舶的全线通航;一批规模较大、现代化程度较高的公用码头相继建成投产,部分企业为满足自身运输需求,也开始投资建设企业专用码头。进入21世纪,我国对外开放格局进一步深化。加入WTO以及国际产业的大规模转移,使江苏发展成为全球重要的制造业基地。长江口深水航道整治工程分别于2002年和2005年完成一、二期工程并通过国家验收,10.5米航道上延至南京,使长江南京以下航道成为30000吨级海轮常年通航、50000吨级海轮乘潮通航的深水航道,为沿江港口规模化发展创造了必要条件。相继建成南京龙潭一期、新生圩滚装码头、太仓集装箱一期和二期等一批以集装箱专业化泊位为重点的码头项目。随着城市化进程进一步加快,对港口运输需求继续保持较高的增速,推动了内河港口整体规模的持续扩大和发展方式的转变。江苏省内河港口发展步伐加快,规模化、专业化和集约化趋势逐渐明显。"十一五"期,开展了江苏省内河港口发展战略研究,确定了"内河港口标准化、集中化、机械化"发展方针。

"十二五"期，围绕建设"港口强省"的主题，以转变发展方式为主线，以发展港口现代物流为方向，以大型深水航道和集装箱干线港建设为突破口，长江南京以下12.5米深水航道一期工程完成护底工程，苏州港太仓港区华能煤炭码头、镇江港大港港区四期、南京港龙潭港区四期、西坝作业区三期等一批深水化、专业化码头工程相继建成。同时推进内河港口规模化发展，相继建成了徐州港顺堤河作业区一期、戴圩作业区码头一期、邳州作业区搬迁工程、无锡内河港胡埭作业区、新安大桥作业区一期工程、下甸桥作业区、宜兴城西作业区、藕塘作业区等一批规模化作业区。

江苏港口主动作为，克难奋进，整体发展水平显著提升。至2015年底，江苏沿江港口共有生产性泊位1146个，码头总延长154.6千米。其中，万吨级及以上泊位397个。专业化泊位方面，煤炭泊位70个，金属矿石泊位17个，集装箱泊位33个。江苏省内河港口共有生产性泊位5975个，码头总延长294.3千米。其中，千吨级及以上泊位245个，综合通过能力9954万吨。专业化泊位方面，散装粮食泊位67个，散装水泥泊位55个，煤炭泊位216个，成品油泊位52个，集装箱专业化泊位4个。

全省沿江港口共有锚地34处，总面积64.34平方公里，主要分布于南京、镇江、泰州、南通、苏州五港。

2015年，江苏沿江港口完成货物吞吐量14.9亿吨，其中外贸吞吐量2.8亿吨，集装箱吞吐量1070万TEU。江苏省内河港口完成货物吞吐量5.4亿吨，其中外贸吞吐量24.2万吨，内河港口完成的吞吐量占全省港口吞吐量比重为23.3%。完成集装箱吞吐量16.94万TEU。2015年共有淮安港、宿迁港、无锡港3个港口开展集装箱业务，全省内河有3条稳定运行的集装箱航线，分别为淮安至太仓等沿江港口航线、宜兴至上海航线、无锡至上海航线。

全省港口在积极推进港口能力建设的同时，更加注重集疏运体系的建设和完善。疏港公路方面，全省13个地级市实现了高速公路全覆盖，基本实现了相邻地级市之间的直接连通，高速公路对10万人以上城镇覆盖度达到94%，高速公路与一级公路协同对省级以上开发区、服务业集聚区、特色产业基地的连通率分别达到98.5%、96.8%、98.3%，基本能够满足港口辐射和服务经济腹地发展的需求。疏港铁路方面，徐州港、无锡内河港、苏州内河港、淮安港4个内河港口有铁路专用线。近年来建成徐州港丰乐作业区铁路专用线等一批疏港铁路工程，加快推进徐州港顺堤河作业区铁路专用线、邳州港区邳州作业区搬迁工程铁路专用线等一批疏港铁路项目建设。内河航道建设方面，连申线、芜申线等多条干线航道都已整治达到规划等级，全省干线航道网架构正在逐步完善，江苏省内水网地区港口的联动发展通道逐渐畅通。

江苏省长江港口基本情况见表9-3-1。江苏省内河港口基本情况见表9-3-2。

表 9-3-1

江苏省长江江港口基本情况表

序号	港口名称	港口岸线		2015年港口生产性泊位				其中:1978—2015年建成的生产性泊位				货物吞吐量	2015年港口货物和旅客吞吐量						
		港口规划岸线	其中:2015年前已建成岸线	生产性泊位数	其中:万吨级及以上	生产性泊位总长	其中:万吨级及以上	生产性泊位数	其中:万吨级及以上	生产性泊位总长	其中:万吨级及以上		其中:外贸货物吞吐量	集装箱	滚装载车辆		旅客	其中:国际旅客
															数量	质量		
		千米	千米	个	个	米	米	个	个	米	米	万吨	万吨	万TEU	万辆	万吨	万人	万人
1	南京港	93.5	31.15	277	57	31151	11792	64	23	8803	5019	21454.29	2251.07	294.01	2.59	25.94	0	0
2	镇江港	130.27	22.07	207	44	22067	10279	41	20	6542	3802	13010.1	2274.40	40.71	1.44	35.07	0	0
3	苏州港	86.91	43.96	289	128	43963	29782	197	111	34104	25805	53989.99	14091.15	510.19	0	0	0	0
4	南通港	91.9	16.06	103	45	16058	10468	88	45	15678	10468	20296.71	4987.4	75.85	0	0	0	0
5	常州港	8.5	3.49	28	8	3488	1818	27	8	3458	1818	3619.37	409.38	21.69	0	0	0	0
6	江阴港	23.4	15.46	70	31	12462	7839	58	26	10330	6370	12227.52	1536.43	45.74	0	0	0	0
7	扬州港	46.21	8.03	49	25	8029	6197	15	9	2995	2219	7344.81	798.82	61.04	0	0	0	0
8	泰州港	71.07	17.42	123	59	17416	13036	32	20	5204	4154	16803.43	1491.57	21.17	0	0	0	0
	合计	551.76	157.64	1146	397	154634	91211	522	262	87114	59655	148746.22	27840	1070.4	4.03	61.01	0	0

规模以上港口

表 9-3-2

江苏省内河港口基本情况表

规模	序号	港口名称	港口岸线 港口规划岸线 (千米)	其中:2015年前已建成岸线 (千米)	2015年港口生产性泊位 生产性泊位数 (个)	其中:千吨级及以上 (个)	生产性泊位总长 (米)	其中:千吨级及以上 (米)	其中:1978—2015年建成的生产性泊位 生产性泊位数 (个)	其中:千吨级及以上 (个)	生产性泊位总长 (米)	其中:千吨级及以上 (米)	2015年港口货物和旅客吞吐量 货物吞吐量 (万吨)	其中:外贸货物吞吐量 (万吨)	集装箱 (万TEU)	滚装车辆 数量 (万辆)	质量 (万吨)	旅客 (万人)	其中:国际旅客 (万人)
规模以上	1	徐州港	65.63	22.25	329	120	22247	10603	294	115	19996	10128	9030.26	0	0.22	0	0	0	0
	2	无锡港	23.22	41.33	808	7	41329	448	510	7	29612	448	7636.73	24.16	2.85	0	0	0	0
	3	宿迁港	85.51	7.79	161	31	7790	2238	106	29	5935	2138	1467.91	0	0.39	0	0	0	0
	4	淮安港	97.11	24.95	447	48	24948	3476	397	43	22162	3176	8003.67	0	13.48	0	0	0	0
	5	扬州内河港	29.72	12.05	251	9	12052	948	78	8	4644	883	2610.59	0	0	0	0	0	0
	6	镇江内河港	51.3	8.52	153	6	8519	440	110	4	6474	320	1778.09	0	0	0	0	0	0
	7	连云港内河港	50.7	5.59	127	6	5589	330	95	6	3744	330	833.70	0	0	0	0	0	0
规模以下	8	盐城内河港	124.4	19.72	472	0	19720	0	157	0	10749	0	3050.29	0	0	0	0	0	0
	9	苏州内河港	93.16	52.17	1176	5	52166	360	943	5	43727	360	7101.68	0	0	0	0	0	0
	10	常州内河港	63.60	36.13	773	12	36127	1166	269	12	15294	1166	5203.87	0	0	0	0	0	0
	11	泰州内河港	84.28	25.99	632	0	25986	0	174	0	9731	0	2422.83	0	0	0	0	0	0
	12	南通内河港	185.51	35.15	596	1	35148	160	379	1	25402	160	4458.53	0	0	0	0	0	0
	13	南京内河港	11.51	2.63	50	0	2633	0	45	0	2443	0	763.43	0	0	0	0	0	0
合计			965.65	294.27	5975	245	294254	20169	3557	230	199913	19109	54361.58	24.16	16.94	0	0	0	0

二、南京港

(一)港口概况

1. 港口综述

南京港位于长江下游,江苏省省会南京市。地理坐标:北纬 32°05′44″,东经 118°43′50″。受南京长江大桥净空限制,南京港成为江海大船转运的终点,集长江、沿海及内河运输于一体,干线铁路、公路、管道汇集,是我国内陆最大的综合运输枢纽。

水路距长江入海口 437 千米,内联长江及众多支流和京杭运河;铁路通过津浦、沪宁、宁芜铁路与全国铁路网沟通;公路有沪宁、机场、宁芜、宁高、雍六等高速公路和 G104、G205、G312、G328 四条国道及九条省级公路与全国公路网相连;鲁宁输油管线、甬沪宁管线在此交会。良好的交通环境为南京港提供了便捷的集疏运条件。

新中国成立后,南京港前后经历了三次大的发展时期,由我国最大的长江转运港口逐步发展成为集江海转运、长江转运、铁水联运、管水联运为一体的综合运输枢纽。

改革开放以前,南京港一直以长江、内河物资运输为主,是最大的长江转运港口。南京港由新中国成立初期的恢复、调整,逐步到加快基础设施建设和推行机械化运输,港口实现稳步发展,1972 年港口吞吐量达 1384 万吨。随着南京等中上游沿江炼油厂陆续建成,南京港原油吞吐量迅速增长。1978 年南京港仪征港区原油中转码头建成投产,成为长江中转原油的重要枢纽,逐步开展了江海、外贸物资转运服务。1978 年煤炭、原油两大货类占吞吐量比重为 75%。随着对外贸易的迅速扩大,1977 年南京港开始接卸了部分上海港分流的远洋外贸货船,为南京港向外贸综合性海港发展带来了机遇。"六五""七五"期,新生圩外贸港区的建成,标志着南京港实现了由长江转运港口向集沿海、长江、内河运输为一体的综合性枢纽的功能拓展。21 世纪以来江苏省抓住国际资本和产业向长江三角洲转移的重大机遇,提出了沿江产业带开发战略,南京港进入新一轮建设时期。2002 年底,商品汽车滚装泊位投入使用,2004 年龙潭港区集装箱码头一期工程投产;进入"十一五"期。西坝、铜井、马渡及七坝港区建设起步,龙潭港区建设提速。

南京港已初步形成公用、工业港区相结合,"一江两岸、大桥上下"各具特色的总体格局。其中,南京长江大桥下游港区以服务海进江物资运输及江海转运为主,重点建设万吨级以上泊位;大桥上游码头主要为南京及周边地区物资运输及长江转运服务,码头数量少,多为 5000 吨级以下泊位。

2015 年底,南京港共有生产性泊位 270 个;南京港万吨级以上泊位 58 个,公用码头 141 个。

南京长江港口共有公用锚地 9 处,自上而下分别为梅中锚地、梅子洲锚地、上元门锚地、新生圩锚地、栖霞危险品待泊锚地、乌鱼洲锚地、仪化锚地、仪征油轮锚地和南京港联检锚地。

2. 港口水文气象

南京地区受长江径流与潮汐双重影响,主要受长江径流控制,一般每年5月至10月为汛期,11月至次年4月为枯季,水位每日两涨两落,为非正规半日型潮型,涨潮历时3个多小时,落潮历时8个多小时,水位年内变幅较大。历年最高高潮位9.31米,最低低潮位0.37米,平均高潮位4.61米,汛期最大潮差1.31米,枯季最大潮差1.56米,平均涨潮历时3.9小时,平均落潮历时8.5小时。多年平均气温15.4摄氏度,极端最高气温43.0摄氏度(1934年7月13日),极端最低气温-14.0摄氏度(1955年1月6日)。

多年平均降水量为1015毫米,历年最大降水量1621.3毫米,历年最小降水量567.6毫米,年平均降雨天数120天,年平均日降水量≥25毫米的天数9.8天。春夏季盛行ES风,秋冬季多EN风和NNE向风。根据1951—2000年资料统计:年平均风速3.2米/秒,瞬时极大风速39.9米/秒,风向NW。常风向NE,频率9%,强风向NE向,最大风速16米/秒。以平流雾为主,雾日多出现在秋冬季节,雾时较短。多年平均雾日数(能见度小于1千米)31.9天,年最多雾日数69天,年最少雾日数12天。年平均相对湿度为77%。

长江连续出现几次较大洪水,均未超过1954年的流量极值。根据多年流量资料统计,年内最小流量一般出现在1月份,4月份开始涨水,在7月至8月出现年内流量最大值。10月份以后流量开始回落,5月至10月的汛期径流量约占全年径流量的71.2%。大通水文站的来水来沙量主要集中在汛期,沙量约占全年的87.41%。沙峰一般滞后于洪峰。该区地震基本烈度为7度,地震动峰值加速度0.1g。

3. 发展成就

随着区域经济发展形势变化、南京城市总体规划调整以及长江12.5米深水航道向上延伸工程的实施等,南京市城市规划和产业布局深入调整,港口发展环境不断变化。随着龙潭等下游深水泊位的建设,和沿江燃煤电厂、冶金等产业的快速发展,煤炭、金属矿石、矿建材料等大宗货物接卸及中转量增长迅猛,带动全港吞吐量增速回升。2011—2015年港口货物吞吐量分别为17333万吨、19197万吨、20201万吨、21001万吨、21454万吨。

南京港港区分布如图9-3-1所示。南京港基本情况见表9-3-3。

(二)新生圩港区

1. 港区综述

(1)港区建设和运营情况

南京港新生圩港区地处长江下游,距吴淞口350千米,位于鲁宁输油管道的终端,是全国江海、江河运输,水陆联运,水水中转的主要枢纽之一。

图 9-3-1　南京港港区分布图

表 9-3-3

南京港基本情况表

序号	港区名称	港区岸线 规划岸线 千米	其中:2015年前已建成岸线 千米	2015年港口生产性泊位 生产性泊位数 个	其中:万吨级及以上 个	生产性泊位总长 米	其中:万吨级及以上 米	其中:1978—2015年建成的生产性泊位 生产性泊位数 个	其中:万吨级及以上 个	生产性泊位总长 米	其中:万吨级及以上 米	2015年港口货物和旅客吞吐量 货物吞吐量 万吨	其中:外贸货物吞吐量 万吨	集装箱 万TEU	滚装车辆 数量 万辆	质量 万吨	旅客 万人	其中:国际旅客 万人
1	板桥港区	7.3	3.41	35	2	3413	350	8	0	789	0	—	—	—	—	—	—	—
2	大厂港区	12.7	5.03	54	6	5026	710	8	0	703	0	—	—	—	—	—	—	—
3	龙潭港区	10.1	5.97	42	15	5966	3912	9	5	1635	1286	—	—	—	—	—	—	—
4	马渡港区	7.6	0.51	3	1	510	270	0	0	0	0	—	—	—	—	—	—	—
5	浦口港区	2	1.76	16	0	1758	0	3	0	198	0	—	—	—	—	—	—	—
6	七坝港区	14.2	0.58	5	0	582	0	0	0	0	0	—	—	—	—	—	—	—
7	栖霞港区	3.1	2.45	33	8	2447	901	5	2	560	308	—	—	—	—	—	—	—
8	上元门港区	2.8	0.38	4	0	380	0	0	0	0	0	—	—	—	—	—	—	—
9	铜井港区	7.1	1.61	13	0	1610	0	0	0	0	0	—	—	—	—	—	—	—
10	西坝港区	7.2	2.68	17	8	2681	1928	4	2	701	493	—	—	—	—	—	—	—

续上表

序号	港区名称	港区岸线		2015年港口生产性泊位				其中:1978—2015年建成的生产性泊位				2015年港口货物和旅客吞吐量						
		港区规划岸线	其中:2015年前已建成岸线	生产性泊位数	其中:万吨级及以上	生产性泊位总长	其中:万吨级及以上	生产性泊位数	其中:万吨级及以上	生产性泊位总长	其中:万吨级及以上	货物吞吐量	其中:外贸货物吞吐量	集装箱	滚装车辆		旅客	其中:国际旅客
															数量	质量		
		千米	千米	个	个	米	米	个	个	米	米	万吨	万吨	万TEU	万辆	万吨	万人	万人
11	下关港区	2	0.13	2	0	130	0	0	0	0	0	—	—	—	—	—	—	—
12	新生圩港区	7.8	4.13	36	11	4130	2149	22	10	3133	1923	—	—	—	—	—	—	—
13	仪征港区	9.6	2.52	17	6	2518	1572	5	4	1084	1009	—	—	—	—	—	—	—
	合计	93.5	31.16	277	57	31151	11792	64	23	8803	5019	2454.29	2251.07	294.01	—	—	—	—

港区自上向下依次规划为通用泊位区、集装箱泊位区、滚装泊位区，形成码头岸线3170米，可布置50000吨级及以下泊位15个，其中集装箱通过能力240万TEU，滚装码头通过能力40万辆。陆域纵深300～500米，陆域面积137万平方米。

南京港新生圩港区自20世纪80年代初开工兴建，至90年代初期，历经近十年的建设，已建成件杂货、散货、集装箱等专业泊位共16个（0～15号），其中，件杂货泊位12个、散货泊位2个、集装箱泊位2个；码头为顺岸式布置，码头总长为2384米。项目主要有：新生圩港区一期项目，位于南京新生圩外贸港区，是长江中下游重要的外贸件杂货通用码头，于1985年竣工投产，1986年对外开放，主要从事粮油、化工、钢铁、设备、散货、铁路运输等内外贸货物的港口装卸仓储运输业务；新生圩港区二期项目有新生圩港区汽车滚装码头项目、新生圩港区液体化工码头项目。新生圩港区2011—2015年完成的港口货物吞吐量分别为15230万吨、16836万吨、17736万吨、17821万吨、17209万吨。

（2）港区地理条件和集疏运概况

南京港新生圩港区位于长江南岸栖霞区燕子矶，八卦洲右汊，距南京市区15千米。新生圩港区水路距上海吴淞口约335千米。地理坐标概位118°50′E，32°09′N。

南京新生圩港区岸线资源丰富，陆域广阔，水陆交通便利，港内铁路与华东最大的尧化门列车编组站相连接，并与沪宁、津浦、皖赣和宁西四条干线铁路相通。两条疏港公路直通市区，并与沪宁高速公路、二桥高速公路相连，是长江中下游地区进出口货物最理想的中转港。

新生圩港区集疏运主要通过太新路、铁路接城北环线铁路。八卦洲作业区主要由港区道路接长江二桥进行集疏运。

2. 港区工程项目

（1）新生圩港区一期

项目于1981年12月开工，1985年9月竣工。

项目建设依据：1981年2月，交通部《关于南京港新生圩外贸深水泊位初步设计的批复》（交基字〔1981〕252号）；1977年，江苏省南京市革命委员会《征（拨）用土地批准通知书》。

项目建设3个15000吨级通用杂货码头泊位。码头岸线总长546米。采用引桥式布置、高桩式码头结构。堆场面积4.29万平方米。仓库面积1.32万平方米。主要装卸设备146台件，其中门式起重机2台、轮胎式起重机17台。项目总投资8120万元。项目陆域用地10.47万平方米。

项目建设单位为南京港（集团）有限公司第四港务公司；设计单位为中交第三航务工程勘察设计院；施工单位为交通部第三航务工程局第三工程处、中国建筑第八工程局三公司、中国人民解放军97389部队等。

新生圩外贸港区一期工程投产后,到 1985 年底共作业海轮 59 艘次,完成吞吐量 117.8 万吨,已超过设计能力。随着港区不断的发展和扩建,货物中转量不断提高。

(2)新生圩港区二期

项目于 1986 年 7 月开工,1989 年 11 月试运行,1990 年 12 月竣工。

项目建设依据:1984 年 1 月,交通部《转发国家计委〈关于南京港新生圩港区二期工程设计任务书的批复〉》(交计字〔1984〕111 号);1984 年 12 月,交通部《关于南京港新生圩港区二期工程初步设计的批复》(交基字〔1984〕2256 号);1988 年 8 月 24 日,江苏省环境保护局《关于南京港新生圩港区二期工程环境影响报告书的批复》(苏环管〔1988〕39 号);1982 年 7 月,江苏省基本建设委员会《征用地批准通知书》(苏建土字〔1982〕第 57 号)。

项目建设 6 个 15000 吨级码头泊位,7 个 1000～2000 吨级码头泊位(码头水工建筑允许靠泊能力 2.5 万吨)。码头岸线总长 1838 米。采用引桥式布置、高桩式码头结构。堆场面积 32.82 万平方米。仓库面积 2.6 万平方米。主要装卸设备 340 台。项目总投资 3.95 亿元。项目陆域用地 40.53 万平方米。

项目建设单位为南京港口建设指挥部;设计单位为中交第三航务工程勘察设计院;施工单位为交通部第二航务工程局、交通部第三航务工程局第三工程处、中国建筑第八工程局三公司等。

新生圩港区二期工程的建成对扩大内外贸易,沟通江海联运,繁荣长江沿岸的经济,促进南京市的对外开放和经济腾飞起到了重要作用。二期工程 2011—2015 年货物吞吐量分别为 2043 万吨、1961 万吨、1923 万吨、2291 万吨、2132 万吨。

(3)新生圩港区汽车滚装码头

项目于 2001 年 1 月开工,2002 年 3 月试运行,2002 年 12 月竣工。

项目建设依据:1995 年 5 月,交通部《关于南京港新生圩港区商品汽车滚装泊位工程项目建议书的批复》(交计发〔1995〕418 号);1996 年 11 月,交通部《关于南京港新生圩港区商品汽车滚装泊位工程可行性研究报告的批复》(交计发〔1996〕1029 号);1999 年 9 月,交通部《关于南京港新生圩港区商品汽车滚装泊位工程初步设计的批复》(交水发〔1999〕472 号);1995 年 4 月,南京市环境保护局《关于南京港新生圩港区商品汽车滚装泊位工程环境影响报告书审批意见的复函》(宁环开〔1995〕字 41 号);1986 年 11 月,南京市城乡建设委员会《征用土地批准通知书》(宁城土〔1986〕第 169 号、苏建土〔1986〕第 184 号);2000 年 8 月,水利部长江水利委员会《关于南京新生圩汽车滚装码头工程使用长江岸线水域的批复》(长江务〔2000〕337 号);1999 年 11 月,长江南京航道局《关于南京港新生圩港区汽车滚装泊位工程建设有关航道问题的批复》(宁道航〔1999〕174 号)。

项目建设 1 个 10000 吨级载车海船滚装泊位,1 个 1000 吨级内河载车驳船滚装泊位。码头岸线总长 345 米。采用浮式趸船形式。堆场面积 6.2 万平方米。项目总投资 7995

万元,其中交通水运建设资金2138万元,银行贷款4700万元,企业自筹1156万元。项目陆域用地79.53万平方米。

项目建设单位为南京港口建设指挥部;设计单位为中交第三航务工程勘察设计院;质监单位为长江航务工程质量监督中心站。

2002年4月10日千吨级泊位首次接卸武汉汽车物流"0706"驳神龙轿车27辆;2002年4月19日万吨级泊位首次接卸外籍轮"幸运一号"进口挖掘机21台。投产一年主要装卸量为:汽车装卸量3150辆(内贸);挖掘机1921辆(外贸);装卸货物吞吐量47878.4吨。

(4)新生圩港区液体化工码头

项目于2008年1月开工,2009年6月试运行,2010年10月竣工。

项目建设依据:2007年6月,江苏省发展和改革委员会《关于核准南京港新生圩液体化工码头储运工程项目的批复》(苏发改交能发〔2007〕659号);2007年12月,江苏省交通厅《关于南京港新生圩液体化工码头储运工程初步设计的批复》(苏交港〔2007〕95号);2007年6月,江苏省环保厅《关于南京港新生圩液体化工码头储运工程环境影响报告书的批复》(苏环管〔2007〕140号);2007年9月,水利部长江水利委员会《关于南京港新生圩港区液体化工码头储运工程涉河建设方案的批复》(长许可〔2007〕130号);2003年9月,交通部《关于南京港股份有限公司新生圩液体化工码头储运工程使用岸线的批复》(交规划发〔2003〕361号)。

项目建设1个30000吨级化学品码头泊位(码头水工建筑允许靠泊能力5万吨)。码头岸线总长226米。采用引桥式布置、高桩式码头结构,码头前沿水深13.7米。共有储罐10座,总容积2.4万立方米。主要装卸设备有3台装卸臂、8台装车鹤管、10台机泵。项目总投资6000万元,其中业主自有资金3000万元,银行贷款3000万元。项目陆域用地2.93万平方米。

项目建设单位为南京港股份有限公司;设计单位为中交第三航务工程勘察设计院有限公司;施工单位为中交三航局第三工程有限公司、江苏宏马有限公司、南京港务工程公司等;监理单位为南京公正工程监理有限公司;质监单位为南京市交通工程质量监督站。

2009年6月码头投入试运行以来,创造了良好的经济效益与社会效益。码头与金翔石化罐区配套,成品油运输覆盖湖南、江西、安徽、江苏等省市,为当地的经济建设作出了贡献。

(三)龙潭港区

1.港区综述

(1)港区建设和运营情况

龙潭港区是南京港重点规划建设的江海转运港区,港区自上游往下分为散货泊位区、集装箱泊位区、通用泊位区和中小泊位区。龙潭港区以集装箱和大宗散货运输功能为主,服务于后方开发区及长江中上游地区。龙潭港区位于长江南岸,是南京港长江大桥以下较好的深水港址,岸线顺直,水深好(前沿线水深 10 ~ 15 米),陆域宽阔。港区范围由七乡河口至西气东输管道上游,自然岸线 10.6 千米,其中龙潭港区一期工程 910 米,陆域形成面积 93 万平方米,场地面积 60 余万平方米,拥有 25000 吨级泊位 3 个,千吨级泊位 2 个(全部水工结构按靠泊 50000 吨级集装箱船设计);龙潭港区四期工程码头岸线长 1400 米,拥有 5 个 30000 吨级泊位,后方陆域形成面积达 151 万平方米,已建成道路堆场面积 68 万平方米。港区配套服务功能设施齐全,除集装箱码头装卸、堆存主功能外,还具备 CFS 装拆箱、冷藏箱、危险品箱和修洗箱作业功能。

港区始发近洋航线每周 7 班,其中日本线 3 班,韩国线 4 班。外贸内支线(上海洋山、上海外高桥、宁波)每周 55 班。内贸干线每周 3 ~ 4 班,其中华南线 1 班,华北线 2 班;内贸支线每周数班;中转航线每天数班。

龙潭港区 2011—2015 年吞吐量分别为 2461 万吨、2784 万吨、3049 万吨、3023 万吨、3195 万吨。

(2)港区地理条件和集疏运概况

龙潭港区位于长江南京河段八卦洲下游的南岸,地处南京市和句容市交界地带,处于南京、镇江、扬州中心区域。港区南侧现有 G312 国道及沪宁高速公路,疏港大道通过绕城公路将其与南京主城区紧密衔接。

港区所在河段属长江下游潮区界,潮型为非正规半日浅海潮,潮水位每日两涨两落,涨、落潮时明显不等,落潮历时大于涨潮历时;平均涨潮历时 3 个多小时,平均落潮历时 8 个多小时;潮差小而全年水位差较大,多年平均潮差 0.66 米,最大水位差为 7.0 米。洪季处在潮区界内,枯季处在潮流界边缘,水流既受长江径流控制,又受天文潮潮汐影响。中洪水期表现为单向流,枯水期为双向流。

2. 港区工程项目

(1)龙潭港区一期(集装箱一期)码头工程

项目于 2001 年 9 月开工,2004 年 3 月试运行,2006 年 6 月竣工。

项目建设依据:1998 年 6 月,国家发展计划委员会《印发国家发展计划委员会关于南京港龙潭港区一期工程项目建议书的请示的通知》(交计能〔1998〕1038 号);1996 年 6 月,交通部《关于印发南京港龙潭港区一期工程预可行性研究报告审查意见的函》(交函计〔1996〕237 号);2001 年 4 月,江苏省发展计划委员会《关于转发〈国家计委关于审批南京港龙潭港区一期工程可行性研究报告的请示的通知〉的通知》(苏基础计发〔2001〕346 号);2001 年 4 月,国家发展计划委员会《南京港龙潭港区一期工程可行性研究报告》(计基础〔2001〕577 号);2001 年 7 月,交通部《关于南京港龙潭港区一期工程初步设计的批复》（交水发〔2001〕336 号）；1997 年 3 月，国家环境保护局《关于南京港龙潭港区一期工程环境影响评价大纲审查意见的复函》（环监建〔1997〕060 号）；2001 年 7 月，长江南京航道局《关于南京港龙潭港区集装箱泊位建设有关航道问题的批复》（宁道航〔2001〕119号）；1999 年 3 月，水利部长江水利委员会《关于南京港龙潭港区一期工程占用岸线水域的批复》（长江务〔1999〕72 号）。

项目建设 3 个 25000 吨级和 2 个 1000 吨级集装箱专用泊位（码头水工建筑允许靠泊能力 3.5 万吨）。码头岸线总长 910 米。码头平面采用栈桥式布置、高桩梁板结构，码头前沿水深 12.0 米。项目总投资 10.86 亿元，竣工决算为 8.24 亿元，其中资本金 2.37亿元，银行贷款 5.87 亿元。项目陆域用地 93 万平方米。

项目建设单位为南京港龙潭集装箱有限公司；设计单位为中交第三航务工程勘察设计院；施工单位为中港第三航务工程局第三工程公司、南京市第六建筑安装工程有限公司、南京港港务工程公司等；监理单位为上海东华建设监理所；质监单位为交通部长江航务工程质量监督中心站。

2006 年 12 月 30 日，江苏省人民政府批准南京港龙潭港区一期集装箱码头对外籍船舶开放。2007 年 11 月 19 日，南京港龙潭集装箱有限公司获得 2005—2006 年度全国外经贸储运企业"最佳五优企业"称号；12 月 19 日，南京港集装箱吞吐量突破 100 万 TEU，跨入全国百万 TEU 大港行列。2012 年 12 月 25 日，南京港集装箱吞吐量突破 200 万 TEU；12 月 28 日，南京港龙潭集装箱有限公司获得"新世纪魅力南京：十佳城市建设项目"称号。2015 年 4 月 10 日，南京区域港口群（南京港、合肥港、马鞍山港、淮安港）、唐山港与宜宾港战略合作签约仪式暨"宜宾—南京—唐山（环渤海湾）""宜宾—南京—日本、韩国"集装箱班轮航线开通仪式在南京港龙潭集装箱港区隆重举行；6 月 10 日，"南京—太仓—日本"集装箱航线开通；11 月 17 日，"泸—宁—日"集装箱航线首航。截至 2015 年底，港口集装箱吞吐量已突破 260 万 TEU。2011—2015 年货物吞吐量分别为 160.05万吨、203.5 万吨、240.04 万吨、249.56 万吨、263.72 万吨。

（2）龙潭港区二期通用泊位工程

项目于 2005 年 11 月开工，2007 年 11 月试运行，2009 年 10 月竣工。

项目建设依据：2003 年 12 月，江苏省发展计划委员会《关于南京港龙潭港区二期通用泊位工程项目建议书的批复》（苏计基础发〔2003〕1332 号）；2005 年，江苏省发展改革委员会《关于南京港龙潭港区二期通用泊位工程可行性研究报告的批复》（苏发改交能发〔2005〕526 号）；2005 年 7 月，南京市发展和改革委员会《关于南京港龙潭港区二期通用泊位工程初步设计的批复》（宁发改交能发〔2005〕421 号）；2004 年 7 月，南京市环境保护局《关于"南京龙潭港区二期通用泊位工程环境影响报告书（报批稿）"批复》（宁环建〔2004〕65 号）；2005 年 12 月，江苏省国土资源厅《关于批准南京港龙潭港区二期通用泊位工程建设用地的通知》(苏国土资地函〔2005〕309号);2005年5月,交通部《关于南京港龙潭港区二期通用泊位使用岸线的批复》(交规划发〔2005〕192号);2005年3月,水利部长江水利委员会《关于南京港龙潭港区二期通用泊位建设涉及河道管理有关问题的批复》(长江务〔2005〕101号);2007年1月,江苏海事局《关于南京港龙潭港区二期工程有关通行问题的审核意见》(苏海通航〔2007〕40号)。

项目建设1个40000吨级、1个30000吨级、1个5000吨级杂货码头泊位(码头设计靠泊能力5万吨,码头水工建筑允许靠泊能力7万吨)。码头岸线总长580米。采用引桥式布置、板桩式结构,码头前沿水深13.0米。堆场面积39万平方米。主要装卸设备为8台最大起重量40吨的门式起重机。项目总投资5.64亿元,其中62%为企业自筹,38%为银行贷款。项目陆域用地51.3万平方米。

项目建设单位为南京港龙潭天宇码头有限公司;设计单位为中交第三航务工程勘察设计院、南京市水利规划设计院有限责任公司;施工单位为中交第三航务工程局南京分公司、南京市水利建筑工程总公司、南京市第六建筑安装工程有限公司等;监理单位为南京港湾工程建设监理事务所有限公司、上海东华建设监理所、南京公正工程监理有限公司;质监单位为江苏省交通厅工程质量监督站。

2011—2015年完成吞吐量分别为423.2万吨、406.7万吨、514.5万吨、391.5万吨、386.3万吨。

(3)龙潭港区三期散货泊位工程

项目于2005年11月开工,2008年6月试运行,2008年12月竣工。

项目建设依据:2005年,江苏省发展和改革委员会《关于南京港龙潭港区三期散货泊位工程项目的核准通知》(苏发改交能发〔2005〕776号);2005年5月,国家环境保护总局《关于南京港龙潭港区三期散货泊位工程环境影响报告书审查意见的复函》(环审〔2005〕470号);2006年3月,江苏省国土资源厅《关于批准南京港龙潭港区三期散货泊位工程项目建设用地的通知》(苏国土资地函〔2005〕506号);2005年4月,水利部长江水利委员会《关于南京港龙潭港区三期散货泊位工程涉及河道管理有关问题的批复》(长江务〔2005〕208号);2005年8月,交通部《关于南京港龙潭港区三期散货泊位工程使用港口岸线的批复》(交规划发〔2005〕343号)。

项目建设1个50000吨级、1个35000吨级通用散货码头泊位。码头岸线总长480米。采用栈桥式布置,高桩梁板码头结构,码头前沿水深13.5米。堆场面积11.2万平方米,堆存能力67.7万吨。主要装卸设备包括2台1800吨/小时门座抓斗卸船机、2台1800吨/小时装船机、3台斗轮堆取料机。项目总投资66827万元,资金来源:资本金25027万元(约占工程总投资的37.5%)由企业自有资金解决,其余申请银行贷款。项目陆域用地33万平方米。

项目建设单位为南京港龙潭天辰码头有限公司;设计单位为中交第三航务工程勘察设计院、南京市水利规划设计院有限责任公司;施工单位为中交第三航务工程局南京分公司、南京市水利建筑工程总公司、南京市第六建筑安装工程有限公司等;监理单位为南京港湾工程建设监理事务所有限公司、上海东华建设监理所、南京公正工程监理有限公司;质监单位为江苏省交通厅工程质量监督站。

2011—2015年完成货物吞吐量分别为674万吨、646.3万吨、503.2万吨、508.2万吨、541.9万吨。

(4)龙潭港区四期(集装箱二期)码头工程

项目于2008年8月开工,2016年8月试运行,2017年8月竣工。

项目建设依据:2007年12月,国家发展和改革委员会《关于南京港龙潭港区四期工程项目核准的批复》(发改交运〔2007〕3387号);2006年1月,交通部能源管理办公室《关于南京港龙潭港区四期工程工程可行性研究节能评估报告审查结果的通知》(交能办函〔2006〕7号);2008年2月,交通部《南京港龙潭港区四期工程初步设计的批复》(交水发〔2008〕97号);2006年10月,国家环境保护总局《关于南京港龙潭港区四期工程(集装箱二期)环境影响报告书的批复》(环审〔2006〕543号);2010年12月,国土资源部《关于南京港龙潭港区四期工程建设用地的批复》(国土资函〔2010〕1081号);2006年8月,南京市水利局《关于对南京龙潭港四期工程使用长江岸线水域的初审意见》(宁水管〔2006〕193号)。

项目建设5个30000吨级集装箱专用码头泊位(码头水工建筑允许靠泊能力5万吨)。码头岸线总长1400米。码头呈一字形布置,高桩梁板码头结构,码头前沿水深13.0米。堆场面积52.59万平方米。主要装卸设备有8台集装箱装卸桥、14台轨道式门式起重机。项目总投资21.72.54亿元,其中业主资本金7.72亿元。项目陆域用地158万平方米。

项目建设单位为南京港龙潭集装箱有限公司;设计单位为中交第三航务工程勘察设计院有限公司;施工单位为中交第三航务工程局有限公司、上海港务工程公司、南京港港务工程公司;监理单位为上海东华建设管理有限公司;质监单位为江苏省交通厅工程质量监督站。

项目于2016年6月主体完工,同年8月10日取得试运行经营许可证,并投入试运行。试运行期间,南京港龙潭集装箱有限公司在最短时间内形成了较强的生产业务操作能力,装卸设备、环保、劳动安全卫生、消防设施等均满足生产需要且运转正常。具备昼夜持续生产作业能力,集装箱昼夜吞吐量最高达到3850TEU,已基本接近龙潭一期集装箱码头装卸效率。截至2017年2月10日,半年时间内二期集装箱码头共完成船舶靠离泊5754艘次,累计完成集装箱吞吐量约52.89万TEU,达到设计吞吐量的86%。

(5)南京港龙潭港区江海集团通用码头工程

项目于 2008 年 12 月开工,2010 年 11 月试运行,2012 年 3 月竣工。

项目建设依据:2008 年 12 月,江苏省交通厅《南京港龙潭港区江海集团通用码头工程初步设计》(苏交港〔2008〕97 号);2007 年,江苏省环境保护厅《关于对南京港龙潭港区江海集团通用码头工程环境影响报告书的批复》(苏环管〔2007〕189 号);2007 年,江苏省国土资源厅《关于南京港龙潭港区江海集团通用散杂货码头项目用地的预审意见》(苏国土资函〔2007〕44 号);2008 年,交通部《关于南京港龙潭港区江海集团通用码头使用港口岸线的批复》(交规划发〔2008〕86 号)。

项目建设 4 个 50000 吨级通用散货码头泊位。码头岸线总长 700 米。重力式码头结构,码头前沿水深 13.8 米。堆场面积 22.41 万平方米,堆存能力 150 万吨。仓库面积 0.66 万平方米。主要装卸设备包括 1 台移动式装船机、2 台桥式抓斗卸船机、3 台门座起重机、2 台斗轮堆取料机、1 台轨道式起重机、8 条皮带输送线。项目总投资 10.51 亿元。项目陆域用地 61.04 万平方米。

项目建设单位为南京明州码头有限公司;设计单位为中交第三航务工程勘察设计院有限公司、南京师范大学设计院;施工单位为中交第三航务工程局有限公司、通州建总集团有限公司;监理单位为宁波港工程项目管理有限公司;质监单位为江苏省交通厅工程质量监督站。

南京港龙潭港区江海集团通用码头工程自 2010 年 10 月交工,11 月开始试运营,主营散货、件杂货装卸业务。码头配备了国内一流的装卸设备及设施,堆场全部经过严格处理,用水泥混凝土联锁块铺成,已建成堆场面积为 22.41 万平方米,可形成一次性 150 万吨的散货堆存能力。

(四)仪征港区

1. 港区综述

港区建设和运营情况

仪征港区地处南京、镇江、扬州几何中心,处在"长江三角洲"区域经济中心北端,承接区域内经济能量,辐射中西部等广大地区。拥有便捷的交通和现代化运输网络,同时拥有水路、公路、管道、空运、铁路五种联运方式,技术条件优越,发展物流产业具有得天独厚的优势。已与五大洲数十个国家的国际口岸通航往来。

仪征港区岸线 27 千米,具有长江深水泊位 16 座,生产码头 13 座,万吨级以上六座。每座生产性码头都配备有生产、装卸、消防、环保、防护、通信等配套设施。是国内内河泊位数较多、靠泊等级较高、吞吐最大的港口企业。公司港区具有科学完善的油品、散化分装系统,装车、装桶、计量等手段完善,疏通条件良好,辐射区域广阔。公司将以港口为主要环节的一体化供应链,创建以能源产品(石油化工产品和煤炭)为主要货种的现代港口物流体系,使仪征港区成为长江干线最重要的能源枢纽港口。

截至 2015 年 12 月底,仪征港口吞吐量达 413.5 万吨。这是仪征建港以来吞吐量首次突破 400 万吨,其中石油化工类吞吐量 253.3 万吨,外贸吞吐量 41.2 万吨。

经过历年发展,仪征港区目前共有港口企业 13 家,泊位 20 个,其中万吨级泊位 3 个。仪征港区 2011—2015 年完成的港口货物吞吐量分别为 992 万吨、975 万吨、851 万吨、1015 万吨、935 万吨。

2. 港区工程项目

仪征港区油港石化码头扩建项目

项目于 1984 年 12 月开工,1986 年 4 月竣工。

项目建设依据:1996 年 6 月,交通部《关于转呈南京港仪征油港石油化工码头扩建工程初步设计的报告》(交基发〔1996〕654 号);1995 年 12 月,江苏省环境保护局《关于南京港仪征油港石油化工码头扩建工程环境影响报告书的批复》(苏环管〔1995〕144 号)。

项目建设 1 个 35000 吨级原油泊位、1 个 10000 吨级化学品泊位、1 个 5000 吨级原油驳船泊位。项目总投资 6975.93 万元。

项目建设单位为南京港务管理局;设计单位为交通部二航设计院、长江船舶设计院、南京市勘察设计院等;施工单位为交通部三航局第三工程处、江苏省丹阳蒋墅建筑站、江苏省工业设备安装公司等;质监单位为交通部长江航务工程质量监督中心站。

扩建工程能较好地满足长江沿线石油化工企业对石油产品的需求,并以此为起步,形成一个石油化工液货集散中转基础,更好地为国民经济服务,增加港口通过能力和港口收入,提高装卸效率和经济效益。

(五)西坝港区

1. 港区综述

港区建设和运营情况

西坝港区是南京港的重要组成部分。改革开放以来,特别是进入 21 世纪,西坝港区货物吞吐量快速增长。1995 年交通部、江苏省人民政府联合批复了《南京港总体布局规划》,对西坝港区持续、健康发展发挥了重要的指导作用。

2. 港区工程项目

(1)南京港西坝港区西坝作业区起步工程

项目于 2005 年 4 月开工,2008 年 12 月试运行,2012 年 9 月竣工。

项目建设依据:2005 年,江苏省发展和改革委员会《关于南京化学工业园西坝港区起步工程可行性研究报告的批复》(苏发改交能发〔2005〕94号);2012年,江苏省交通运输厅《南京港西坝港区西坝作业区起步工程初步设计》(苏交港〔2012〕19号);2005年,江苏省环境保护厅《关于对南京化学工业园西坝港区起步工程环境影响报告书的批复》(苏环管〔2005〕251号);2005年,交通部《关于南京化学工业园区西坝港区起步工程使用港口岸线的批复》(交规划发〔2005〕286号)。

项目建设3个30000吨级化学品码头泊位(码头水工建筑允许靠泊能力40000吨)。码头岸线总长229米。采用引桥式布置、高桩式码头结构,码头前沿水深13.5米。主要装卸设备有4座输油臂、软管起重机3台等。项目总投资7517万元,其中本金4000万元,贷款3517万元。

项目建设单位为欧德油储(南京)有限责任公司;设计单位为中交第二航务工程勘察设计院有限公司;施工单位为中交第三航务工程局有限公司;监理单位为南京公正工程监理有限公司;质监单位为南京市交通工程质量监督站。

南京港西坝港区是南京化学工业园区重点工程,可满足南京化学工业园区内大宗原材料及产成品水运运输需要,充分发挥园区紧邻长江的区位优势,进一步改善投资环境,增强化工园区整体竞争力,促进南京化工园建设发展和江北地区化工产业的规模扩张及产业聚集,从而使港口的竞争能力提高到一个新的水平。南京港西坝港区起步工程3个泊位,2014—2018年货物吞吐量分别为26.22万吨、57.07万吨、44.11万吨、23.76万吨、9.26万吨。

(2)南京港西坝港区西坝作业区三期液体化工码头

项目于2011年12月开工,2013年9月试运行,2015年5月竣工。

项目建设依据:2011年,江苏省发展和改革委员会《关于南京港西坝港区西坝作业区三期液体化工码头项目的批复》(苏发改基础发〔2011〕1800号);2012年,江苏省交通运输厅《南京港西坝港区西坝作业区三期液体化工码头初步设计》(苏交港〔2012〕10号);2010年,江苏省环境保护厅《关于对西坝港区二期工程(5万吨级液体化工码头工程)环境影响报告书的批复》(苏环审〔2010〕187号);2010年,交通运输部《关于南京港西坝港区西坝作业区三期液体化工码头使用港口岸线的批复》(交规划发〔2010〕658号)。

项目建设3个30000吨级化学品码头泊位(码头水工建筑允许靠泊能力50000吨)。码头岸线总长293米。采用引桥式布置、高桩式结构,码头前沿水深12.5米。主要装卸设备有4座输油臂、软管起重机3台等。项目总投资1.07亿元,其中本金3200万元,其余为贷款。项目陆域用地28.8万平方米。

项目建设单位为欧德油储(南京)有限责任公司;设计单位为中交第二航务工程勘察设计院有限公司;施工单位为中交第三航务工程局有限公司;监理单位为南京公正工程监理有限公司;质监单位为南京市交通工程质量监督站。

南京港西坝港区西坝作业区三期液体化工码头是南京化学工业园区重点工程,可满足南京化学工业园区开发建设需要,满足腹地不断增长的液体化工品公共水运需求,促进地区经济发展。南京港西坝港区西坝作业区三期液体化工码头工程 3 个泊位,2014—2018 年货物吞吐量分别为 53.12 万吨、45.4 万吨、33.41 万吨、61.02 万吨、34.52 万吨。

(3)南京港西坝港区西坝作业区四期工程

项目于 2012 年 7 月开工,2013 年 2 月试运行,2014 年 6 月竣工。

项目建设依据:2010 年 7 月,《南京港西坝港区西坝作业区四期码头工程可行性研究报告》;2012 年 5 月,江苏省交通运输厅《关于南京港西坝港区西坝作业区四期码头工程初步设计的批复》(苏交港〔2012〕50 号);2011 年 9 月,江苏省环境保护厅《关于南京港西坝港区西坝作业区四期工程(2 座 3 万吨级液体化工码头)环境影响报告书的批复》(苏环审〔2011〕170 号);2011 年 8 月,江苏省国土资源厅《关于南京港西坝港区西坝作业区四期液体化工码头工程项目用地的预审意见》(苏国土资预〔2011〕95 号);2011 年 6 月,交通运输部《关于南京港西坝港区西坝作业区四期液体化工码头工程使用港口岸线的批复》(交规划发〔2011〕312 号)。

项目建设 2 个 30000 吨级石化泊位(码头水工建筑允许靠泊能力 5 万吨)。码头岸线总长 466 米。采用引桥式布置、高桩式码头结构,码头前沿水深 13.3 米。主要装卸设备包括阀门共计 357 台,其中质量流量计 15 台。项目总投资 1.08 亿元,资金来源为自有资金和银行贷款。

项目建设单位为南京港清江码头有限公司;设计单位为长江航运规划设计院;施工单位为中交二航局第三工程有限公司、南京南化建设有限公司、南京友成电力工程有限公司等;监理单位为江苏科兴工程建设监理有限公司。

南京港西坝港区是南京港区中重要的深水港区,地处长江南京北岸,基础设施和集疏运条件优越,依托南京化学工业园区,是客户资源丰富、货运保障能力强的港区。西坝作业区四期工程是南京市重点工程,自 2013 年 2 月工程建成投产后,努力开拓市场,走出去、请进来,了解客户的需求,争取到新货主和新货种来港中转,为中国石化沿江的炼厂提供柴油出口和原料进口中转,并为中国化工集团昌邑石化、中海油、壳牌、SK 等国内、国际石化巨头提供仓储和码头中转服务,加强与亨斯迈、梅赛尼斯等公司的紧密联系,吞吐量逐年大幅增加。

(六)栖霞港区

1. 港区综述

(1)港区建设和运营情况

栖霞港区是南京港的重要组成部分,改革开放以来,特别是进入 21 世纪,栖霞港区货物吞吐量快速增长。截至 2014 年底，栖霞港区码头泊位长度 2447 米，共有 33 个泊位，其中万吨级以上 8 个，设计年通过能力 1326 万吨，2014 年完成吞吐量 1705 万吨。

（2）港区地理条件和集疏运概况

栖霞港区位于南京市主城北部，地处中纬度，属北亚热带湿润气候带和季风环流的海洋性气候区，季风显著，冬冷夏热，四季分明，日照充足，水资源充沛。地质构造属宁镇褶皱带。常年气温平均为 15.3℃，一年中日最低气温 ≤ −10℃ 的日数平均为 1 天，日最高气温 ≥30℃ 的日数平均 75 天，日最高气温 ≥35℃ 的日数平均 16 天。年降水量 1000 毫米左右，降水日数年平均在 110 天左右，以降液态的雨水为主，占全年降水的 90% 以上，间有少量的雪、冰雹等固态水降落。栖霞港区集疏运条件优越，有沪宁高速公路、宁杭公路、宁镇公路、312 国道、南京绕城高速公路等。

2. 港区工程项目

江南—小野田水泥有限公司散装水泥出口码头

项目于 1994 年 5 月开工，1995 年 4 月竣工。

项目建设依据：1992 年 10 月，国家计划委员会《关于中外合资江南—小野田水泥有限公司项目可行性研究报告的批复》（计原材〔1992〕1795 号）。

项目建设 1 个 50000 吨级泊位。码头岸线总长 257.5 米。采用引桥式布置、高桩式码头结构，码头前沿水深 10.5 米。主要装卸设备有输送设备 3 台、其他机械设备 3 台。项目总投资 1.10 亿元。项目陆域用地 0.45 万平方米。

项目建设单位为江南—小野田水泥有限公司；设计单位为交通部第二航务工程勘察设计院；施工单位为交通部第二航务工程局第三工程公司。

江南—小野田水泥有限公司散装水泥出口码头建成投产于 1996 年，是专门用于散装水泥装船的散杂货码头，位于栖霞港区。码头靠泊能力为 50000 吨级，年吞吐量 150 万吨。据统计，1996—2016 年，码头共安全接靠船舶 3800 艘次（其中国际航行船舶 500 艘次），货物吞吐量达 2150 万吨（其中外贸货物吞吐量 1520 万吨）。

2011—2015 年货物吞吐量分别为 85.81 万吨、71.91 万吨、84.31 万吨、84.44 万吨、105.68 万吨。

三、镇江港

（一）港口概况

1. 港口综述

镇江港地处长江三角洲下游，长江与京杭运河十字交汇处，地理位置优越。南京以下长江河段 10 米深水航道可常年通航 30000 吨级海轮，是长江中上游地区大宗物资江海中转效益最佳区段,具有江海直达和海江河转运的区位优势。镇江港与京沪铁路、沪宁高速公路和 G312 国道等连接,港区内有润扬长江大桥、泰州长江大桥和金山、大港轮渡等具有铁公水联运的综合优势。集疏运条件畅通便捷,是多种运输方式骨干线网交汇的中转枢纽。

镇江港发展历史悠久,以东吴孙权移治京口作为开端,镇江建港迄今已有 1800 多年历史。南北大运河的沟通,奠定和提高了处于两大水系交汇点的镇江港在全国水运干线的重要地位和作用,镇江港逐步发展成为全国重要的港口,有著名的"银码头"美誉。第二次鸦片战争以后,镇江港被辟为对外通商口岸,1861 年正式开埠,成为长江下游的第一个通商口岸、由海入江的第一个商埠,期间洋行林立,外轮角逐,设栈建码头,繁华一时。新时期,镇江港发展不断加快。改革开放以来镇江港实现了三次发展飞跃:第一次是由封闭型港口向开放型港口的转变,1986 年 12 月国务院批准镇江港对外国籍船舶开放,镇江港由单纯服务国内航运市场转向了同时服务国内和国外两个航运市场;第二次是由中转型港口向枢纽型港口的转变,1993 年 11 月国家将镇江港列入全国 43 个主枢纽港之一,镇江港由货物中转服务发展成为国家水运枢纽的多功能综合性服务;第三次是由内河港向海港的转变,2004 年 10 月国家确定镇江港为我国沿海 25 个主要港口之一,镇江港由过去的内河港口提升到了沿海国际港口,创立了镇江港参与国际港口业市场分工、带动城市和区域经济发展的战略格局。

经过多年的建设和发展,镇江港基础设施规模不断扩大。镇江港现由高资、龙门、谏壁、大港、高桥、扬中、新民洲等七大港区组成,已建成生产性码头泊位 173 个,其中万吨级以上泊位 55 个。镇江市拥有长江自然岸线 270 千米,占全省长江岸线总长的 24%。镇江港规划港口岸线 126 千米,其中深水岸线 75 千米,已开发利用港口深水岸线 32 千米,尚未开发的港口深水岸线有 43 千米。

2. 港口水文气象

镇江港属于长江下游感潮河段,潮型为非正规半日浅海潮,潮水位每日两涨两落,涨、落潮历时明显不等,落潮历时大于涨潮历时。洪季处在潮区界内,枯季处在潮流界边缘,水流既受长江径流控制,又受天文潮潮汐影响,汛期时影响较小,枯季时影响相对较大。最大涨潮潮差 2.32 米,最大落潮潮差 2.20 米,多年平均潮差 0.96 米;7 级以上 EN 风时,风口江面最大浪高 1.5 米左右。

据水利部长江水利委员会办公室南实站的实测资料,镇扬河段悬移质泥沙含量,最大含沙量 1.00 千克/立方米,最小含沙量 0.05 千克/立方米,平均含沙量 0.30 千克/立方米;地震基本烈度为 7 度,地震动峰值加速度 0.10g。

多年平均气温为 15.7 摄氏度,历史最高气温 40.9 摄氏度,历史最低气温 −12 摄氏度;累年年平均降水量 1081.9 毫米,累年年最大降水量 1919.9 毫米;累年年最多雾日数 37.0 天(1986

年），累年年最少雾日数 13.0 天（1988 年），累年年平均雾日数 25.6 天（1985—2001 年）。

3. 发展成就

镇江港生产保持高速增长。镇江港吞吐量 1988 年突破千万吨，2000 年越过 2000 万吨，2003 年突破 3000 万吨，以后每年新增近 1000 万吨。2010 年，镇江港货物吞吐量突破 1 亿吨，跻身全国亿吨大港行列。2016 年，镇江港完成货物吞吐量 1.49 亿吨，其中外贸货物吞吐量 2749 万吨，集装箱吞吐量 37.3 万 TEU。

镇江港对外运输业务发展迅速。镇江港是国家一类开放口岸，目前共有 46 个泊位对外开放，其中万吨级以上码头泊位 33 个，镇江港已和世界上 71 个国家和地区的 288 个港口建立了外贸运输业务。

镇江港涉外机构齐全，服务配套。镇江港口岸为外贸进出口运输服务的港口涉及装卸、运输代理、检查检验、供应保障等有 17 个单位，提供从船货代理、引水靠泊、检查检验到货物装卸、货物储存、货物中转的一条龙优质、高效服务。

镇江港功能不断拓展提升，已能承担包括煤炭、金属矿石、石油、天然气及制品、矿建材料、集装箱等多个货种的装卸运输，形成了水运、公路、铁路等较为齐全的集疏运方式。已成为具有江海河和铁公水联运的多功能综合性港口、全国沿海主要港口、上海国际航运中心集装箱支线港、海进江铁矿石中转港。

长期以来，镇江坚持"以港兴市"发展战略，将港口建设和临港经济发展有机结合，推动了全市经济持续快速发展。镇江港作为镇江市发展临江产业和现代物流的重要依托，在区域经济发展中的集聚、辐射、拉动作用日益凸显，形成了港区建设与沿江开发互相促进、城市与港口互为依托、港城一体化发展的良好态势。镇江市沿江地区集聚了 2 个国家级、2 个省级经济技术开发区，集中了全市 75% 以上的经济总量和 80% 以上的外资企业，重点发展培育了一批龙头企业和优势产品，形成了新能源、装备制造、特种船舶、粮油加工、精细化工等主导临港产业，港口已成为促进产业升级和结构调整的重要支撑，成为镇江最大的品牌和优势之一。

镇江港港区分布如图 9-3-2 所示。镇江港基本情况见表 9-3-4。

（二）高资港区

1. 港区综述

（1）港区建设和运营情况

高资港区共有泊位 48 个。高资港区万吨级以上泊位 11 个，万吨级以下泊位 37 个。公用泊位 11 个，货主泊位 37 个。

2015 年，完成吞吐量 2052 万吨。

图9-3-2　镇江港港区分布图

(2)港区地理条件和集疏运概况

高资港区主要承担煤炭、水泥等散货及石油、液体化工运输,为临港工业开发服务的港区。高资港区岸线:从大道河口至马步桥河口,自然岸线长8306米,均为深水岸线,现已建有水泥、煤炭、石油化工等码头,使用港口岸线5190米。

高资港区位于大道河以东,西起大道河口,东至马步桥河口,南到桥头农场、庙湾村,北至码头岸线,港口岸线长8306米,陆域纵深1000米,规划用地面积8.31平方公里。

高资港区沿江地形平坦,地貌属长江河漫滩,地基土层为第四系全新统近代河流冲积层。第四系全新统近代河流冲积层呈二元相结构,具有很好的序粒层特征。上部为河漫滩相淤积质黏性土及一般黏性土,下部为河床相中密状粉细砂,渐次为粗砾砂层, –25米左右以下为风化岩,标准贯入击数一般大于50击,可作为建筑物的良好持力层。

2.港区工程项目

(1)镇江港高资港区苏润码头改扩建工程

项目于2010年3月开工,2011年3月试运行,2011年12月竣工。

镇 江 港 基 本 情 况 表

表 9-3-4

序号	港区名称	港区岸线		2015年港口生产性泊位				其中:1978—2015年建成的生产性泊位				2015年港口货物和旅客吞吐量						
		港区规划岸线 千米	其中:2015年前已建成岸线 千米	生产性泊位数 个	其中:万吨级及以上 个	生产性泊位总长 米	其中:万吨级及以上 米	生产性泊位数 个	其中:万吨级及以上 个	生产性泊位总长 米	其中:万吨级及以上 米	货物吞吐量 万吨	其中:外贸货物吞吐量 万吨	集装箱 万TEU	滚装车辆 数量 万辆	滚装车辆 质量 万吨	旅客 万人	其中:国际旅客 万人
1	大港港区	6.84	5.69	31	18	5692	3930	20	11	3363	1959	—	—	—	0	0	—	—
2	高桥港区	10.45	0.3	1	0	300	0	0	0	0	0	—	—	—	0	0	—	—
3	高资港区	8.31	6.30	37	12	6304	2990	6	3	1062	723	—	—	—	0	0	—	—
4	谏壁港区	5.9	2.06	22	6	2061	1103	5	4	691	582	—	—	—	0	0	—	—
5	龙门港区	6.45	1.90	16	3	1902	893	6	2	870	538	—	—	—	0	0	—	—
6	新民洲港区	3.2	0.53	2	2	528	528	0	0	0	0	—	—	—	0	0	—	—
7	扬中港区	40.76	5.28	98	3	5280	835	4	0	556	0	—	—	—	0	0	—	—
8	其他	48.36	0	0	0	0	0	0	0	0	0	—	—	—	0	0	—	—
	合计	130.27	22.06	207	44	22067	10279	41	20	6542	3802	13010.1	2274.40	40.71	0	0	—	—

项目建设依据:2010 年 3 月,江苏省发展和改革委员会《关于核准镇江港高资港区苏润码头改扩建工程项目的通知》(苏发改基础发〔2010〕342 号);2010 年 7 月,江苏省交通运输厅《关于对镇江港高资港区苏润码头改扩建工程初步设计的批复》(苏交港〔2010〕49 号);2009 年 9 月,江苏省环境保护厅《关于镇江港高资港区江苏苏润公用码头改扩建项目环境影响报告书的批复》(苏环审〔2009〕165 号);2010 年 1 月,交通运输部《关于镇江港高资港区苏润码头改扩建工程使用港口岸线的批复》(交规划发〔2010〕32 号),2009 年 8 月,江苏海事局《关于江苏苏润公用码头改扩建工程通航水域岸线安全使用的行政许可决定》(苏海许可〔2009〕10 号)。

项目建设 1 个 35000 吨级通用码头泊位(码头水工建筑允许靠泊能力 5 万吨),岸线总长 210 米。码头采用引桥式布局、高桩式结构。码头前沿水深 13 米。项目后方堆场面积 3.3 万平方米,堆存能力 20 万吨。主要装卸设备包括门座起重机 4 台等。项目总投资 2.01 亿元,资金来源为企业自筹、银行贷款。用地面积 4.67 万平方米。

项目建设单位为江苏苏润港务物流有限公司;设计单位为南京水利科学研究院勘测设计院;施工单位为中交二航局第三工程有限公司;监理单位为镇江市兴华工程建设监理有限责任公司;质监单位为镇江市港口建设工程质量监督站。

(2)江苏华电句容发电有限公司一期(2×1000 兆瓦)工程码头工程

项目于 2012 年 8 月开工,2013 年 5 月试运行,2016 年 3 月竣工。

项目建设依据:2011 年 7 月,国家发展和改革委员会《关于江苏华电句容电厂"上大压小"新建工程项目核准的批复》(发改能源〔2011〕1454 号);2011 年 11 月,交通运输部《关于江苏华电句容电厂"上大压小"新建工程配套码头工程初步设计的批复》(交水〔2011〕691 号);2010 年 10 月,环境保护部《关于江苏华电句容"上大压小"新建项目环境影响报告书的批复》(环审〔2010〕425 号);2005 年 10 月,镇江市口岸和港口管理局《关于中国华电集团江苏分公司使用长江港口岸线的函》。

项目建设 1 个 50000 吨级煤炭接卸码头泊位和 1 个 1500 吨级重件泊位,岸线总长 375 米。码头采用顺岸式布局、高桩式结构。码头前沿水深 15 米。项目后方堆场面积 2.3 万平方米,堆存能力 40 万吨。主要装卸设备包括 2 台 1500 吨/小时的桥式抓斗卸船机;选用 4 台 D6 系列的推耙机作为清仓机械。项目总投资 2.83 亿元,由建设单位自筹。用地面积 59 万平方米。

项目建设单位为江苏华电句容发电有限公司;设计单位为中交第二航务工程勘察设计院有限公司;施工单位为中交第二航务工程局有限公司;监理单位为镇江市兴华工程建设监理有限责任公司;质监单位为镇江市港口建设工程质量监督站。

(三)龙门港区

1. 港区综述

(1)港区建设和运营情况

龙门港区共有泊位18个。龙门港区万吨级以上泊位4个,万吨级以下泊位14个。公用泊位14个,货主泊位4个。

2015年,完成吞吐量1012万吨。

(2)港区地理条件和集疏运概况

龙门港区是主要承担集装箱、钢材、木材和杂货运输的综合性港区。龙门港区岸线:从马步桥河口至镇扬汽渡,自然岸线长7740米,现已建有客、货运码头和船厂、汽渡等,已使用港口岸线3288米。规划港口岸线长6450米。

龙门港区包括龙门西作业区和龙门东作业区。

龙门西作业区西起马步桥河口,东至润扬大桥以西500米,南至沪宁铁路,北至码头岸线,港口岸线长4630米,陆域纵深1270~1500米,规划用地面积6.41平方公里。

龙门东作业区位于镇扬汽渡口上游,西起润扬大桥以东500米,东至镇扬汽渡,南到福字圩、南柳城,北至码头岸线,港口岸线长1820米,陆域纵深1000米,规划用地面积1.82平方公里。

龙门港区属于第四系近代河流冲积层。上部为亚黏土混碎石层,厚度10厘米至3米不等;中部为淤泥黏土及亚黏土层,层厚较厚,分布在高程-30米以上;下部为粉细砂及中粗砾砂层,层厚均匀,高程在-42~-28米之间,底部为花岗岩基岩,高程在-42米以下。

2. 港区工程项目

镇江港龙门港区船港物流码头工程

项目于2013年1月开工,2014年5月试运行,2015年8月竣工。

项目建设依据:2012年6月,江苏省发展和改革委员会《关于核准镇江港龙门港区船港物流码头工程项目的通知》(苏发改基础发〔2012〕822号);2012年10月,江苏省交通运输厅《关于镇江港龙门港区船港物流码头工程初步设计的批复》(苏交港〔2012〕108号);2011年10月,交通运输部《关于镇江港龙门港区船港物流码头工程使用港口岸线的批复》(交规划发〔2011〕555号)。

项目建设1个50000吨级通用码头泊位(码头水工建筑允许靠泊能力7万吨),岸线总长355米。码头采用引桥式布局、高桩式结构。码头前沿水深12~15米。项目后方堆场面积16712平方米,堆存能力30万吨。主要装卸设备配置1台1000吨/小时散货装船机,1台2000吨/小时散货装船机,1台800吨/小时桥式抓斗卸船机,2台40吨、33米门座起重机。项目总投资6.73亿元,由江苏鹤林水泥有限公司和江苏船山矿业股份有限公司共同出资。

项目建设单位为江苏船港物流有限公司;设计单位为中交第二航务工程勘察设计院有限公司、中材国际工程股份有限公司;施工单位为中交第二航务工程局有限公司、江苏中海基础工程有限公司、镇江建工建设集团有限公司;监理单位为镇江市兴华工程建设监理有限责任公司、湖北时代工程监理有限责任公司;质监单位为镇江市港口建设工程质量监督站、镇江市丹徒区建筑工程质量监督站。

(四)谏壁港区

1.港区综述

(1)港区建设和运营情况

谏壁港区共有泊位26个。谏壁港区万吨级以上泊位7个,万吨级以下泊位19个;公用泊位3个,货主泊位23个。

2015年,完成吞吐量2937万吨。

(2)港区地理条件和集疏运概况

谏壁港区是主要承担煤炭、石油化工、粮食等物资运输,为临港工业开发服务的港区,是重点发展电力、粮油加工、精细化工、燃油储运等服务的专业化码头。

谏壁港区西作业区(京杭运河口以西),陆域南至镇澄路以北,陆域纵深200~700米,规划用地面积153.52万平方米。谏壁港区东作业区(京杭运河口以东),陆域南至镇澄路、临江路,陆域纵深200~500米,规划用地面积91.09万平方米。港区陆路集疏运道路:与镇澄路、临江路、沿江线相接。

从丹徒河口到孩溪河口,自然岸线长6590米,规划港口岸线长5900米,主要开发滨江精细化工、电力、成品油、粮油等大型工业码头。其中,丹徒河口至京杭运河口上保护区界(500米)的2900米岸线,保留粮库、海事、砖瓦厂、索普集团、谏壁船厂码头;京杭运河口下游修船厂至孩溪河口的3000米岸线,保留修船厂、谏壁电厂、中盛粮油、谏壁油库、新区化工、中交二航局第三工程有限公司等码头。

根据勘探土层的现有资料,上部是淤泥质粉质黏土、粉质黏土,分布在高程-26米以上;中部为砂质粉土、黏土和粉质黏土,分布在-34~-25米之间;下部为黏性土混粗砾砂和强风化层,分布在-34米以下。

2.港区工程项目

(1)镇江港谏壁港区中储粮油码头工程1号、2号泊位

1号泊位:2005年9月开工,2010年4月试运行,2010年12月竣工。2号泊位:2011年3月开工,2012年2月试运行,2012年8月竣工。

项目建设依据:2003年12月,江苏省发展计划委员会《关于中盛现代储运(镇江)有

限公司粮油码头工程项目建议书的批复》(苏计基础发〔2003〕1565号);2004年12月,江苏省发展和改革委员会《关于中盛现代储运(镇江)有限公司粮油码头工程可行性研究报告的批复》(苏发改交能发〔2004〕1006号);2010年2月,江苏省交通运输厅《关于中盛现代储运(镇江)有限公司粮油码头工程初步设计的批复》(苏交港〔2010〕20号);2004年9月,镇江市环境保护局《关于对中盛现代储运(镇江)有限公司码头工程项目环境影响报告书的批复》(镇环字〔2004〕182号);2004年7月,镇江市国土资源局《关于同意中盛现代储运(镇江)有限公司办理国有土地使用权出让手续的批复》(镇国土资协〔2004〕京56号);2003年6月,镇江发展计划委员会《关于同意中盛科技产业园区粮油码头使用岸线的批复》(镇计规发〔2003〕289号)。

项目建设50000吨级散杂货泊位2个及相关配套设施(内港池设置500～1000吨级泊位若干)。码头采用顺岸式布置,泊位长度为520米,码头平台长度为520米,1号、2号泊位平台宽度分别为36米、30米;码头通过2座引桥与后方陆域连接,码头主要采用高桩梁板结构;1号泊位主要采用"埋刮板卸船机、皮带输送机"进行装卸作业,2号泊位主要采用"门座起重机、牵引平板车"进行装卸作业。中盛现代储运(镇江)有限公司粮油码头工程总概算为26452万元。

项目建设单位为中盛现代储运(镇江)有限公司;设计单位为中交第三航务工程勘察设计院有限公司、中交第二航务工程勘察设计院有限公司;施工单位为中交第二航务工程局有限公司;监理单位为镇江市兴华工程建设监理有限责任公司;质监单位为镇江市港口建设工程质量监督站。

(2)镇江港谏壁港区谏壁发电厂5万吨级煤码头工程

项目于2011年6月开工,2015年2月试运行,2016年6月竣工。

项目建设依据:2014年5月,江苏省发展和改革委员会《关于核准镇江港谏壁港区谏壁发电厂5万吨级煤码头工程项目的通知》(苏发改基础发〔2014〕540号);2014年12月18日,江苏省交通运输厅《关于镇江港谏壁港区谏壁发电厂5万吨级煤码头工程初步设计的批复》(苏交港〔2014〕60号);2013年2月,环境保护部《关于国电谏壁发电厂5万吨级煤码头工程环境影响报告书的批复》(环审〔2013〕53号);2012年3月,江苏省国土资源厅《关于镇江港谏壁港区国电谏壁发电厂5万吨级煤码头工程项目压覆矿产资源情况的复函》(苏国土资矿审〔2012〕64号);2014年3月7日,交通运输部《关于镇江港谏壁港区谏壁发电厂配套5万吨级散货码头工程使用港口岸线的批复》(交函规划〔2014〕140号);2010年5月,江苏海事局关于《镇江港国电谏壁发电厂5万吨级通用码头工程通航水域岸线安全使用的行政许可决定》(苏海许可〔2010〕27号)。

项目建设1个50000吨级煤码头泊位(码头水工建筑允许靠泊能力7万吨),岸线总长310米。码头采用引桥式布局、高桩梁板式结构。码头前沿水深5米。主要装卸设备包括2

台 1500 吨/小时桥式抓斗卸船机、5 台 180 马力❶清舱机。项目总投资 2.51 亿元,资金来源 30% 由谏壁发电厂自有资金解决,其余资金申请银行贷款。用地面积 17.83 万平方米。

项目建设单位为中国国电集团公司谏壁发电厂;设计单位为中交第三航务工程勘察设计院;施工单位为中交二航局第三工程有限公司;监理单位为江苏科兴工程建设监理有限公司;质监单位为镇江市港口建设工程质量监督站。

(五)大港港区

1.港区综述

(1)港区建设和运营情况

大港港区共有泊位 38 个。大港港区万吨级以上泊位 16 个,万吨级以下泊位 21 个。公用泊位 31 个,货主泊位 7 个。

2015 年,完成吞吐量 5811 万吨。

(2)港区地理条件和集疏运概况

大港港区是主要承担集装箱、金属矿石及其他散杂货运输的综合性港区,并为镇江新区临港工业开发服务。

大港港区岸线从孩溪河口至捆山河口,自然岸线长 1.16 万米,现已使用港口岸线 6220 米。规划港口岸线长 6840 米,均为深水岸线。大港港区包括西作业区和东作业区。

西作业区西起青龙山矿码头,东至镇江储运公司石化码头,南到临江路及其以南 500 米,北至码头岸线,港口岸线长 4845 米。其中,青龙山矿码头至港务公司 1 号散货泊位陆域纵深为 1000 米,港务公司 1 号散货泊位至镇江储运公司石化码头陆域纵深 308 ~ 480 米,规划用地面积 3.58 平方公里。

东作业区西起镇江储运公司石化码头,东至五峰山脚,南到港韩路、韩峰路,北至码头岸线,港口岸线长 1995 米,陆域纵深 220 ~ 350 米,规划用地面积 0.47 平方公里。

大港港区水域上部为厚层河滩漫相淤泥质黏性土,其下为晚更新统老黏土层,－35 米左右以下为风化岩。陆域下卧的老黏土层可作为主要建筑物的持力层。

2.港区工程项目

(1)镇江港大港港区三期工程

项目于 2005 年 3 月开工,2008 年 5 月试运行,2009 年 4 月竣工。

项目建设依据:工程可行性研究报告批复(发改交运〔2004〕3070 号);初步设计批复(交水发〔2005〕472 号);环评批复(环审〔2004〕190 号);用地批复(国土资函〔2006〕148 号);岸线批复(镇计规发〔2003〕245 号)。12 号泊位改扩建工程项目备案

---

❶ 1 马力 = 735.499 瓦。

(镇发改基础发〔2017〕378 号)。

项目建设 1 个 50000 吨级集装箱码头泊位,1 个 30000 吨级多用途泊位(码头水工建筑允许靠泊能力 50000 吨),1 个 70000 吨级散货卸船专用泊位,2 个 5000 吨级江船装船泊位(码头水工建筑允许靠泊能力 70000 吨)。2017 年将原 12 号泊位及紧邻的 13 号泊位 84 米结构改造为 150000 吨级散货船减载泊位。岸线总长 1128 米。码头采用一直线式布局、高桩梁板式结构。码头前沿水深 14~15 米。项目后方堆场面积 70.7 万平方米,堆存能力 450 万吨。主要装卸设备包括桥式抓斗卸船机(1250 吨/小时)2 台、移动装船机(1250 吨/小时)2 台、斗轮堆取料机(2500 吨/小时)2 台。项目总投资 13.44 亿元,资金来源:借款 9 亿元,其余为自筹。用地面积 163.82 万平方米。

项目建设单位为国投镇江港有限公司;设计单位为中交第三航务工程勘察设计院;施工单位为中国港湾工程总承包公司、泰州华夏集团公司、中交第四航务工程局;监理单位为上海东华建设监理所;质监单位为镇江市港口建设工程质量监督站。

(2)镇江港大港港区四期工程

项目于 2011 年 8 月开工,2013 年 5 月试运行,2015 年 5 月竣工。

项目建设依据:2010 年 12 月,国家发展和改革委员会《关于镇江港大港港区四期工程项目核准的批复》(发改基础〔2010〕2901 号);2011 年 6 月,交通运输部《关于镇江港大港港区四期工程初步设计的批复》(交水发〔2011〕272 号);环评批复(环审〔2009〕388 号);用地批复(国土资函〔2012〕300 号);岸线批复(发改基础〔2010〕2901 号)。

项目建设 2 个 50000 吨级集装箱码头泊位,岸线总长 707 米。码头采用引桥式布局、高桩式结构。码头前沿水深 13~15 米。项目后方堆场面积 26.13 万平方米,堆存能力 160 万吨。主要装卸设备包括岸边集装箱起重机(ZP65T-40M)2 台、电动轮胎式集装箱门式起重机(QGLT40.5-5/6)6 台、集装箱正面吊运机(SRSC45C30)1 台、集装箱空箱堆高机(SDCY90K7C)2 台。项目总投资 9.77 亿元,资金来源为股东投入注册资金 35000 万元,银行借款 77560 万元。用地面积 45.34 万平方米。

项目建设单位为镇江港国际集装箱码头有限公司;设计单位为中交第三航务工程勘察设计院有限公司;施工单位为中海工程建设总局、中交第二航务工程局有限公司;监理单位为镇江市兴华工程建设监理有限责任公司;质监单位为镇江市港口建设工程质量监督站。

(六)扬中港区

1.港区综述

(1)港区建设和运营情况

扬中港区共有泊位 37 个。扬中港区万吨级以上泊位 11 个,万吨级以下泊位 26 个。

公用泊位 20 个,货主泊位 17 个。

2015 年,完成吞吐量 1198 万吨。

(2)港区地理条件和集疏运概况

长江南岸扬中港区位于太平洲(扬中)左汊的右岸,从太平洲头至炮子洲尾,自然岸线长 4.75 万米,已利用 6.97 千米;规划港口岸线长 4.08 万米,其中深水岸线 2.72 万米。扬中夹江岸线位于太平洲西汊,两岸自然岸线长 8.17 万米,已利用 3.44 千米;规划港口岸线长 2.97 万米。

扬中港区主要包括兴隆作业区、西来桥作业区和预留发展作业区。

兴隆作业区北起石城村河口,南至得胜港河口,西到扁家埭及季家埭,东至码头岸线,港口岸线长 5800 米,陆域纵深 1000 米,规划用地面积 5.80 平方公里。西来桥作业区位于西来桥镇,北起北胜,南至南阳,西到曙光、南旺桥,东至码头岸线,港口岸线长 3500 米,陆域纵深 1000 米,规划用地面积 3.50 平方公里。预留发展作业区从德胜港至七圩,港口岸线长 8000 米,陆域纵深按 1000 米控制。

2.港区工程项目

(1)镇江兴隆港务有限公司码头一期工程

项目于 2007 年 1 月开工,2009 年 6 月试运行,2009 年 11 月竣工。

项目建设依据:2006 年 9 月,江苏省发展和改革委员会《关于核准镇江港扬中港区兴隆作业区码头一期工程项目的批复》(苏发改交能发〔2006〕1048 号);2006 年 11 月,江苏省交通厅《关于镇江兴隆港一期工程初步设计的批复》(苏交港〔2006〕61 号);2006 年 11 月,镇江市环境保护局《关于对镇江兴隆港务有限公司镇江港扬中港区兴隆作业区码头一期工程环境影响报告书(报批稿)的批复》(镇环〔2006〕12 号);中华人民共和国建设用地规划许可证(扬规地〔2006〕015 号);2006 年 8 月,交通部《关于镇江港扬中港区兴隆作业区码头一期工程使用港口岸线的批复》(交规划发〔2006〕412 号)。

项目建设 1 个 35000 吨级杂货码头泊位(码头水工建筑允许靠泊能力 50000 吨)、1 个 30000 吨级散货泊位(码头水工建筑允许靠泊能力 50000 吨),岸线总长 470 米。码头采用引桥式布局、高桩式结构。码头前沿水深 13 米。项目后方堆场面积 22 万平方米,堆存能力 180 万吨。主要装卸设备包括 40 吨门座起重机 1 台、25 吨门座起重机 3 台、16 吨门座起重机 4 台、推耙机 2 台、3 立方米装载机 12 台、5 立方米装载机 5 台、6 立方米装载机 2 台、ZX240-3 型挖掘机 3 台、清扫车 4 台、洒水车 4 台、雾炮机 2 台、喷淋设施 32 套、粉尘在线监控系统 5 套、20 吨 MG 双主梁门式起重机 2 台、100 吨地磅 2 台、80 吨地磅 1 台,以及牵引车、叉车、平板车、自卸车等配套设备若干。项目总投资 3.99 亿元,资金来源为股东投资。

项目建设单位为镇江兴隆港务有限公司;设计单位为中交第三航务工程勘察设计院有限公司;施工单位为江苏省交通工程集团有限公司、上海港湾软地基处理工程有限公司、中交三航局第三工程有限公司;监理单位为镇江市兴华工程建设监理有限责任公司;质监单位为镇江市港口建设工程质量监督站。

(2)镇江港扬中港区西来桥作业区润华物流通用码头工程

项目于2013年3月开工,2014年11月试运行,2015年12月竣工。

项目建设依据:2012年7月,江苏省发展和改革委员会《关于核准镇江港扬中港区西来桥作业区润华物流通用码头工程项目的通知》(苏发改基础发〔2012〕976号);2012年12月,江苏省交通运输厅《关于镇江港扬中港区西来桥作业区润华物流通用码头工程初步设计的批复》(苏交港〔2012〕128号);2014年8月,江苏省环境保护厅《关于对镇江港扬中港区西来桥作业区润华物流通用码头工程环境影响修编报告书的批复》(苏环便管〔2014〕74号);2012年5月,江苏省国土资源厅《关于镇江港扬中港区西来桥作业区江苏润华物流有限公司码头项目用地的预审意见》(苏国土资预〔2012〕86号);2012年2月,交通运输部《关于镇江港扬中港区西来桥作业区润华物流通用码头工程使用港口岸线的批复》(交规划发〔2012〕68号);2011年5月,江苏海事局《关于镇江港扬中港区润华物流通用码头工程通航水域岸线安全使用的行政许可决定》(苏海许可〔2011〕32号)。

项目建设70000吨级散货码头泊位、70000吨级通用泊位各1个(码头水工建筑允许靠泊能力10万吨),采用引桥式布局、高桩式结构。8个内港池建设1000吨级泊位,采用引桥式布局、板桩式结构。岸线总长615米。码头前沿水深2米。项目后方建设18.2万吨散粮筒仓、1.08万平方米平房仓,堆场面积11.15万平方米,堆存能力20万吨。项目总投资7.92亿元,资金分别来源于银行贷款和企业自筹。用地面积49.29万平方米。

项目建设单位为江苏润华物流有限公司;设计单位为南京瑞迪建设科技有限公司、江苏省水文地质工程地质勘察院;施工单位为中交第二航务工程局第三工程有限公司、镇江建工建设集团有限公司、南京港机厂;监理单位为镇江市兴华工程建设监理有限责任公司;质监单位为镇江市港口建设工程质量监督站、扬中市建设工程质量监督站。

(七)新民洲港区

1.港区综述

(1)港区建设和运营情况

新民洲港区有4个50000吨级公用泊位。2015年,未能形成吞吐能力。

(2)港区地理条件和集疏运概况

位于新民洲沙头河口下游,自然岸线长1.14万米,目前尚未开发利用。规划港口岸线长 3200 米(主江),均为深水岸线。

2. 港区工程项目

(1)镇江港新民洲港区新宇国际码头一期工程

项目于 2011 年 5 月开工,2013 年 7 月试运行,2018 年 2 月竣工。

项目建设依据:2010 年 3 月,江苏省发展和改革委员会《关于核准镇江港新民洲港区新宇国际码头一期工程项目的通知》(苏发改交通发〔2010〕258 号);2010 年 8 月,江苏省交通运输厅《关于镇江港新民洲港区新宇国际码头一期工程初步设计的批复》(苏交港〔2010〕66 号);2008 年 2 月,江苏省环境保护厅《关于对新宇国际(镇江)港务有限公司新民洲码头一期工程环境影响报告书的批复》(苏环管〔2008〕28 号);2011 年 8 月,江苏省环境保护厅《关于新宇国际(镇江)港务有限公司新民洲码头一期工程环境影响补充报告的复函》(苏环便管〔2011〕58 号);2010 年 1 月,交通运输部《关于镇江港新民洲港区新宇国际码头一期工程使用港口岸线的批复》(交规划发〔2010〕22 号)。

项目建设 1 个 50000 吨级通用码头泊位、1 个 50000 吨级多用途泊位(码头水工建筑允许靠泊能力 70000 吨)。岸线总长 528.5 米。码头采用引桥式布局、高桩式结构。码头前沿水深 15 米。项目后方堆场面积 12.67 万平方米,堆存能力 120 万吨。项目总投资 4.01 亿元,资金自筹。用地面积 75 万平方米。

项目建设单位为江苏新民洲港务有限公司;设计单位为中交第二航务工程勘察设计院有限公司;施工单位为上海三航奔腾建设工程有限公司、上海通特建设工程有限公司;监理单位为镇江市兴华工程建设监理有限责任公司;质监单位为镇江市交通工程质量监督站。

(2)镇江港新民洲港区码头二期工程

项目于 2015 年 1 月开工,2016 年 8 月试运行,2018 年 2 月竣工。

项目建设依据:2013 年 8 月,江苏省发展和改革委员会《关于核准镇江港新民洲港区码头二期工程项目的通知》(苏发改基础发〔2013〕1222 号);2013 年 12 月,江苏省交通运输厅《关于镇江港新民洲港区码头二期工程初步设计的批复》(苏交港〔2013〕87 号);2013 年 7 月,江苏省环境保护厅《关于对镇江港新民洲港区码头二期工程环境影响报告书的批复》(苏环审〔2013〕130 号);2013 年 6 月,江苏省国土资源厅《关于镇江港新民洲港区码头二期工程项目用地的预审意见》(苏国土资发〔2013〕97 号);2012 年 12 月,交通运输部《关于镇江港新民洲港区码头二期工程使用港口岸线的批复》(交规划发〔2012〕719 号)。

项目上游建设 2 个 50000 吨级和 1 个 40000 吨级通用码头泊位(码头水工建筑允许靠泊能力 10 万吨),下游建设 1 个 50000 吨级通用散货泊位(码头水工建筑允许靠泊能力

70000 吨)。内港池建设 1000 吨级和 2000 吨级通用散货泊位各一个(码头水工建筑允许靠泊能力 10000 吨)。岸线总长 1000 米。码头采用连片式布局、高桩梁板式结构。码头前沿水深 15 米。项目后方堆场面积 36 万平方米,堆存能力 360 万吨。主要装卸设备配置包括 40 吨、40 米的多用途门式起重机 5 台和 25 吨、35 米的门式起重机 7 台。项目总投资 10.44 亿元,资金自筹。用地面积 45 万平方米。

项目建设单位为江苏新民洲港务有限公司;设计单位为中交第二航务工程勘察设计院有限公司;施工单位为中国铁建港航局集团有限公司;监理单位为上海凯悦建设咨询监理有限公司;质监单位为镇江市交通工程质量监督站。

四、苏州港

(一)港口概况

1. 港口综述

苏州港是由原国家一类开放口岸太仓港、常熟港、张家港港三港合一组建而成的国家沿海主要港口。2002 年 6 月,苏州市委、市政府结合国家港口体制改革,按照"一城一港一政"的原则,作出了"将原太仓港、常熟港、张家港港三港合一建立苏州港"的决策,对外推出苏州港品牌,原三个港口分别更名为苏州港太仓港区、苏州港常熟港区和苏州港张家港港区。苏州市交通运输局增挂苏州港口管理局牌子,对全市港口实施统一的行政和行业管理。在沿江三市设立三个港口管理分支机构:江苏太仓港口管理委员会,常熟市港口管理局与常熟市口岸管理委员会合署办公,张家港市港口管理局与张家港市口岸委员会合署办公。

张家港港于 1968 年建港,原隶属于上海港,当时是上海港的战备港和分流港。1982 年 11 月经全国五届人大第二十五次常委会议批准对外国籍船舶开放,是长江内河流域第一批对外开放的国家一类口岸。

1992 年,常熟市委市政府审时度势,提出了"以港兴市"战略;1996 年 11 月 16 日,伴随着"润发"号外轮嘹亮的汽笛声,国家一类口岸——常熟港正式对外开放,开启了常熟通江达海的新时代。

太仓港古称浏家港,现代建港始于 20 世纪 90 年代。1992 年长江石化码头动工兴建,标志着太仓港区开发建设正式启动。1996 年中央作出了建设上海国际航运中心的决定,太仓港区利用毗邻上海的优势开始了集装箱码头建设。同年 11 月 8 日,交通部发布决定,太仓港为国家一类口岸,正式对外开放。

2. 港口水文气象

苏州港属于典型的副亚热带温润性季风海洋性气候,气候温和,四季分明,雨量充沛。

多年平均气温15.7摄氏度;受季风影响,降水量在年内分布极不均匀,每年4~6月是梅雨季节,7~9月多台风暴雨,4~9月降水量占全年的70%~80%;常年主导风为ES风和E风,多年平均风速为3.4米/秒,最大风速达22.9米/秒(ES风);多年平均雾日天数为25天,年平均下霜天数43天,年平均降雪天数为7天,但基本不影响通航。

长江苏州河段属于感潮河段,潮汐类型为非正规半日潮,通常一日内两涨两落,日潮不等现象较明显。在径流与河床边界的阻滞下,潮波变形明显,涨落潮历时不对称,涨潮历时短,落潮历时长。年最高潮位通常出现在台风、天文潮和大径流三者或两者遭遇之时,其中台风影响较大。由于受夏季台风和冬季寒潮的影响,该段水域江面将产生风成浪。

水体多年平均含沙量为0.47千克/立方米,多年平均输沙量为4.32亿立方米,历年最大输沙量为6.78亿吨,历年最小输沙量为2.06亿吨。其中1、2月份来沙量最小,仅为0.03亿吨。

3.发展成就

2013年10月,《苏州港总体规划(2013—2030年)》获交通运输部、江苏省人民政府联合批复,规划明确了苏州港是我国主要沿海港口和综合运输体系的重要枢纽,是上海国际航运中心的重要组成部分,是江苏省、苏州市经济社会发展和促进苏州南现代化建设的重要依托,是长江三角洲及长江沿线地区经济社会发展和扩大对外开放的重要支撑。苏州港形成“一港三区、十四个作业区”的发展格局,并对张家港、常熟、太仓三个港区主要功能进行明确定位。与此同时,各港区总体规划和控制性详细规划相继编制,初步建成在《苏州港总体规划(2013—2030年)》框架下的港口规划体系,有效指导各港区的建设和发展,优化提高了岸线资源使用的效率和效能。

经过数十年的发展,至2015年底,苏州港共有码头泊位290个,万吨级以上泊位130个,其中集装箱泊位(含多用途泊位)16个,基本形成了以20万吨级为龙头、30000~50000吨级为骨干、万吨级以上泊位为主体的,适应12.5米深水航道建设的高等级码头群。

2011—2015年完成的港口货物吞吐量分别为38006万吨、42801万吨、45435万吨、47792万吨、53990万吨。

苏州港港区分布如图9-3-3所示。苏州港基本情况见表9-3-5。

(二)张家港港区

1.港区综述

(1)港区建设和运营情况

张家港港区作为苏州港的重要组成部分,是长江三角洲及长江沿线地区重要物资接卸、转运的重要枢纽之一,是苏州市经济发展和临港工业开发的重要支撑。早在1968年,交通部就在福姜沙水道南岸、张家港河上游筹建了张家港港,作为上海港的战备港和分流港。

1982 年 11 月 19 日,国家批准张家港港对外国籍船舶开放,成为长江流域最早开放的国家一类口岸。自 1986 年张家港市实施"以港兴市,以市促港"的发展战略后,张家港港快速发展。目前,张家港港区已形成综合性公用码头、货主码头和商贸码头共同发展的局面。经过多年发展,张家港港区已经成为我国木材海运进口第一港、东南亚进口矿石中转基地、华东地区贸易煤炭集散基地、长江重要的钢材出口基地、长江下游集装箱主要中转港、江苏省首个汽车整车进出口基地,是长三角地区对外开放的重要门户和长江流域最大的国际商贸港。

图 9-3-3　苏州港港区分布图

张家港港区共有六个作业区,分别为长山作业区、张家港作业区、化学工业园作业区、段山港作业区、冶金工业园作业区和东沙作业区。据统计,至 2015 年,张家港口岸共建有泊位 132 个,其中万吨级以上泊位为 69 个;拥有对外开放泊位 74 个,其中万吨级对外开放泊位 62 个。

表 9-3-5

苏 州 港 基 本 情 况 表

序号	港区名称	港区岸线		2015年港口生产性泊位				其中:1978—2015年建成的生产性泊位				2015年港口货物和旅客吞吐量						
		规划岸线	其中:2015年前已建成岸线	生产性泊位数	其中:万吨级及以上	生产性泊位总长	其中:万吨级及以上	生产性泊位数	其中:万吨级及以上	生产性泊位总长	其中:万吨级及以上	货物吞吐量	其中:外贸货物吞吐量	集装箱	滚装车辆 数量	滚装车辆 质量	旅客	其中:国际旅客
		千米	千米	个	个	米	米	个	个	米	米	万吨	万吨	万TEU	万辆	万吨	万人	万人
1	常熟港区	18.64	7.86	51	22	7862	4703	27	17	4730	3654	8507.08	1480.64	38.98	—	—	—	—
2	太仓港区	28.2	13.15	76	34	13148	8950	55	28	9973	7258	20397.74	6629.98	370.61	—	—	—	—
3	张家港港区	40.07	22.95	162	71	22953	16009	115	66	19401	14893	25085.17	5980.52	100.60	—	—	—	—
	合计	86.91	43.96	289	127	43963	29662	197	111	34104	25805	53989.99	14091.14	510.19	—	—	—	—

1978—2015年,张家港港区实施了码头、航道、疏港道路等一大批重点建设工程,主要工程项目包括久盛舾装码头、圣汇舾装码头、锦隆重件及件杂货码头、上海港机码头、港务集团码头、永嘉集装箱码头、江海粮油粮食码头、保税港务集装箱码头、长江国际码头、东海粮油码头、陶氏化工码头、孚宝仓储码头、东华能源化工码头和LPG码头、双狮物流码头、执法基地码头、港新重装码头、华达码头、中油泰富油品码头、永恒码头、辻产业码头、海螺水泥码头、浦项码头、海力码头、沙洲电厂码头、中东石化码头、越洋码头、宏泰物流码头、盛泰码头。

截至2015年底,张家港港区开通的班轮航线44条。

2011—2015年完成的港口货物吞吐量分别为22051.1万吨、25000.1万吨、25230.3万吨、27014.5万吨、28005.1万吨。

（2）港区地理条件和集疏运概况

张家港市境介于北纬31°43′~32°02′与东经120°22′~120°51′之间。苏州港张家港港区位于苏州市张家港市境内,地处长江下游澄通河段南岸、我国长江经济带与东部沿海经济带T形交汇处,区位优势十分明显。张家港市东邻常熟,南接无锡、苏州,西接江阴,北濒长江黄金水道,与南通、靖江隔江相望。

张家港港区地层主要是第四纪长江河口三角洲堆积的地层,沉积成因为湖海沉积和河流冲积,分布较为均匀。有关勘探资料表明,港区土层主要划分为11个单元土体:淤泥、淤泥质土、亚黏土及黏土、粉砂、细砂、亚黏土夹砂、淤泥质土夹砂、亚黏土、角砾、圆砾、粉砂岩。澄通河段位于长江三角洲新构造运动沉降区内,河床及岸坡多为第四纪疏松沉积物所覆盖,除长山、狼山、龙爪岩等处基岩临江外,基岩埋深一般在200~400米以下,陆域地貌属于长江冲积平原区的新三角洲,地势低平,地形西高东低,自西向东略有倾斜。

张家港被古长江岸线分为南北两部分,南部属于老长江三角洲的古代沙嘴区,散落着零星山丘;北部属于新长江三角洲,由数十个沙洲积涨连接而成。地貌单元属于长江入海口现代三角洲河漫滩地貌。全境地势平坦,河港纵横,是典型的江南水乡。

长江南京以下12.5米深水航道已经于2016年7月实现初通。除此以外,张家港港区还开辟了大新、东沙（又名永联专用航道）2条进港航道。

长江主航道主要建设历程:2005年长江口10.5米深水航道上延至南京,2010年底长江口12.5米深水航道上延至太仓荡茜闸。2012年8月,长江南京以下12.5米深水航道工程开工建设,一期工程自太仓荡茜闸至南通天生港区,于2014年7月交工验收。长江南京以下12.5米深水航道二期工程从南通天生港区至南京,已于2016年7月实现初通。另外,福南水道12.5米进港航道于2017年12月开工建设,并于2018年5月通过交工验收,航道总长12.45千米,航宽200米,维护水深为12.5米。

大新航道位于浏海沙水道右侧,航道总长6.5千米,航宽200米,华达至浦项码头之间维护水深为 10.0 米,浦项码头至老海坝间维护水深仅为 10.5 米。东沙航道位于通州沙东水道右侧,由通州沙东水道 19 号左右通航浮至七干河口段,航道全长 13.5 千米,航道宽度在 150～260 米之间,维护水深为 10.5 米,目前主要为张家港港区永钢码头服务。

张家港港区后方拥有由张家港疏港高速公路、沿江高速公路、沪宁高速公路、京杭运河等通道构成的便捷的集疏运体系,集疏运方式主要包括水路、公路和管道等。

公路:经过多年的发展,张家港市基本形成了"五纵五横一环一高一连"的公路主骨架。公路运输与南京—上海(沪宁)高速公路、江阴长江大桥相连,距苏州、无锡、常州、南通、扬州等地的车程在一小时范围内。沿江地区主要有沿江高速公路横贯东西,南北方向主要有中华路、江海路、杨新公路、杨锦公路等。沿江高速公路贯穿全境,到上海的行车时间不到 2 小时。G204(烟台—上海)从张家港境内通过。S338(张扬公路)、S340 省道(澄鹿道路)、S228 省道(沙锡道路)为全市交通主干道。张家港疏港高速公路直接服务于张家港港区,作为张家港疏港大动脉已于 2016 年建成通车。

水路:张家港港区水路距长江口 125 千米,通过长江与长江中上游、国内沿海、苏北等地区连接;经申张线(张家港运河)、京杭运河等航道与长江三角洲内河水网相连。

2. 港区工程项目

(1)张家港港 6 号、7 号泊位新建项目

项目于 1983 年 8 月开工,1985 年 7 月试运行,1985 年 12 月竣工。

项目建设依据:1982 年 7 月,交通部《关于上海港张家港港六、七泊位初步设计的批复》(〔82〕交基字 1476 号)。

项目建设 2 个万吨级件杂货码头泊位,码头岸线总长 360 米。码头采用顺岸式布局、高桩式码头结构,码头前沿水深 10.5 米。堆场面积 5 万平方米,堆存能力 37.5 万吨。主要装卸设备配置 M5-30 和 M10-30 门座起重机各 2 台、轮胎式起重机 3 台、电动机重机 2 台、叉车 13 台、门式起重机 2 台。项目总投资 3737 万元,业主自有资金。项目用地面积为 163 亩。

项目建设单位为交通部张家港港务管理局;设计单位为交通部第三航务工程勘察设计院;施工单位为交通部第三航务工程局第三工程公司。

1984 年 10 月,《关于张家港调整 6、7 泊位工程总概算的批复》(〔86〕交基字 2033 号),总概算核定为 3537.43 万元;1986 年 5 月,《关于调整张家港 6、7 泊位工程总概算的批复》(〔86〕交基字 360 号),总概算核定为 3737 万元。

项目的建成投产,有效减轻了当时上海港的压力,发挥了上海港"分流港"的作用,提升了港口在区域经济发展中地位,取得了较好的经济效益和社会效益。

(2)张家港粮油中转库一期码头项目

项目于 1985 年 8 月开工,1987 年 9 月试运行,2015 年 4 月竣工。

项目建设依据:1985年5月23日,江苏省计划经济委员会批复编制的《张家港粮油中转库工程可行性研究报告》;1985年11月8日,江苏省粮食局《批复编制的张家港粮油中转库工程第一期工程初步设计》(苏粮基储财〔85〕82号);1985年2月,沙洲县人民政府张家港办事处批复沙洲县粮食局编制的征用土地报告。

项目将1个20000吨级散粮码头改造为50000吨级码头。码头岸线总长210米。码头采用引桥式布置、高桩式码头结构,码头前沿水深12.6米。堆场面积25万平方米,堆存能力4万吨,仓库面积21204平方米,堆存能力17万吨,筒仓容量22万吨。主要装卸设备有2个10吨门式起重机。项目总投资910万元,全部由地方投资。项目用地面积为6.86万平方米。

项目建设单位为沙洲县粮食局张家港粮油中转库;设计单位为交通部第三航务工程局设计所;施工单位为交通部第三航务工程局三公司。

2011年10月17日,江苏省交通运输厅《关于苏州港张家港港区江海粮油码头1号~4号泊位结构加固改造工程方案的批复》(苏交港〔2011〕90号),项目总投资3260万元,项目将一期项目20000吨级散粮码头改造为50000吨级码头。

2014年4月10日开工,2015年5月20日交工验收,2015年6月试运行。

码头改造工程建设单位为江苏省江海粮油集团有限公司;设计单位为中交上海港湾工程设计研究院有限公司;监理单位镇江市兴华工程建设监理有限责任公司;质监单位苏州市交通工程质量监督站;施工单位为中海工程建设总局。

(3)张家港港二期工程

项目于1989年12月开工,1992年10月试运行,1994年11月竣工。

项目建设依据:1987年6月,交通部《转发国家计委关于张家港港二期工程设计任务书的批复的通知》(〔87〕交计字412号);1988年2月,原交通部转发了国家计划委员会《关于张家港港二期工程初步设计的批复》(〔88〕交函基字111号);1986年12月,部环保办公室《关于张家港港二期工程环境影响报告书的审查意见》(〔86〕环办字169号);1986年12月,江苏省环保局《关于张家港港二期工程环境影响报告书的批复》(苏环管〔86〕47号)。

项目建设5个长江泊位和1个内河港池,8号泊位为25000吨级通用散货码头,岸线长度203米;9号泊位为20000吨级通用散货码头,岸线长度185米;10号泊位为25000吨级化工码头,岸线长度196米;14号泊位为13000吨级多用途码头,岸线长度195米;15号泊位为25000吨级集装箱码头,岸线长度255米。岸线总长838米。码头采用顺岸式布置、高桩式结构形式。码头前沿水深10.5米。堆场面积17.25万平方米,仓库面积9623平方米,筒仓面积1317.2立方米。主要装卸设备包括集装箱装卸桥1台、带斗门式起重机2台、堆取料机2台、10吨门式起重机3台、皮带输送机13台、轮胎式起重机7台、

30吨集装箱场地门式起重机2台、集装箱牵引车4台、叉车19台、牵引车9台、平板车44台、清仓机4台、装载机6台、给料机4台。项目总投资3.59亿元，建设资金为业主自有资金。项目陆域用地面积1498亩。

项目建设单位为交通部张家港港务局；设计单位为交通部第三航务工程勘察设计院、上海航道局、江苏省建筑设计院等；施工单位为交通部第二航务工程局四公司、交通部第三航务工程局三公司、铁道部第四工程局等；监理单位为张家港港建港指挥部；质监单位为张家港港建港指挥部质监站。

1996年国家计划委员会《关于张家港二期工程中十泊位有关问题的函》（计交能〔1996〕1687号），同意十泊位变更为化工码头。

张家港港二期工程是国家"八五"时期重点工程之一，项目的建成投产，加快了张家港港的发展速度，是发展成为开放型、综合型、多功能港口的重要支撑，已成为区域经济发展和对外贸易往来的重要门户。2013—2017年该项目完成货物吞吐量近1.5亿吨。

（4）张家港港二期工程东港区泊位工程

项目于1990年4月开工，1992年11月竣工。

项目建设依据：1986年5月，国家计划委员会《关于张家港港二期工程项目建议书的复函》（计交〔1986〕714号）；1987年6月，国家计划委员会《关于张家港港二期工程设计任务书的批复》（计交〔1987〕884号）；1988年1月，国家计划委员会《关于张家港港二期工程初步设计的批复》；1989年11月，交通部《关于同意张家港港二期工程开工的批复》；1987年6月，国家计划委员会《关于张家港港二期工程设计任务书的批复》（计交〔1987〕884号）；1990年12月，国家土地管理局《关于张家港港口二期工程建设征拨用地的复函》（国土函字〔1990〕154号）。

项目建设1个25000吨级的集装箱码头泊位。码头岸线总长255米。码头采用引桥式布置、高桩式码头结构，码头前沿水深10米。码头堆场面积5.09万平方米，堆存能力20万吨，拆装箱库8478平方米。主要装卸设备包括岸边集装箱起重机1台、轮胎式、门式起重机2台、内燃叉车5台、集装箱牵引车4台、底盘车9台。项目总投资1.17亿元。项目用地面积为1497.91亩。

项目建设单位为张家港港务局；设计单位为交通部第三航务工程勘察设计院；施工单位为交通部第二航务工程局四公司；监理单位为张家港港建港指挥部；质监单位为张家港港建港指挥部质监站。

张家港港二期工程东港区泊位工程15号泊位于1992年11月建成投入运行，进一步增强了张家港永嘉集装箱码头有限公司的综合竞争实力，提高了经济效益。

（5）张家港粮油储运部二期码头项目

项目于1990年9月开工，1992年6月竣工。

项目建设依据:1990 年 7 月,江苏省计划经济委员会《关于张家港粮油储运部二期工程可行性研究报告的批复》(计经基〔90〕516 号);1986 年 12 月,江苏省粮食局《关于张家港粮油中转库工程第二期工程初步设计的批复》(苏粮基储〔86〕78 号);1985 年 2 月,沙洲县人民政府张家港办事处批复沙洲县粮食局编制的征用土地报告;1990 年 9 月,张家港港务局《关于张家港储运部建造二号泊位需要岸线报告的批复》(张港计字〔90〕第 169 号)。

项目将 1 个 30000 吨级码头改造为 70000 吨级散粮码头码头。码头岸线总长 200 米。码头采用引桥式布置、高桩式码头结构,码头前沿水深 14 米,主要装卸设备为 2 个 10 吨门式起重机。项目总投资 1200 万元,地方投资。项目用地面积为 6.86 万平方米。

项目建设单位为江苏省江海粮油贸易联运公司张家港储运部;设计单位为交通部第三航务工程局设计所;施工单位为交通部第三航务工程局三公司;质监单位为张家港市质监站。

(6)张家港市化工杂货码头项目(长江国际 1 号泊位)

项目于 1992 年 7 月开工,1993 年 6 月竣工。

项目建设依据:1992 年 11 月,江苏省计划经济委员会《关于同意张家港市开展兴建化工杂货货主码头前期工作的函》(苏计经基〔1992〕1964 号);1993 年 4 月,《关于张家港市港务局化工码头及化学品罐区扩建工程环境影响报告书的批复》(张环字〔2001〕26 号);1993 年 4 月,张家港市口岸管理委员会《关于同意张家港市港务局化工码头停靠外籍船舶的批复》(张口委字〔1993〕7 号)。

项目建设 1 个 5000 吨级化工码头和 1 个 25000 吨级杂货码头。码头岸线总长 180 米。码头采用引桥式布置、高桩式码头结构,码头前沿水深 7.25 米。项目总投资 750 万元,为企业自有资金。项目用地面积为 500 亩。

项目建设单位为张家港市长江城市建设综合开发公司;设计单位为交通部第三航务工程勘察设计院;施工单位为交通部第二航务工程局四公司。

2013—2017 年,码头分别接卸船舶 415 艘次、506 艘次、563 艘次、496 艘次和 556 艘次,货物接卸总量分别为 236 万吨、297 万吨、308 万吨、289 万吨和 335 万吨,码头吞吐量分别为 255 万吨、333 万吨、334 万吨、323 万吨和 384 万吨。

(7)张家港港 1 号、2 号泊位改造项目

项目于 1992 年 7 月开工,1994 年 9 月竣工。

项目建设依据:1993 年 5 月,交通部《关于张家港港 1、2 泊位改造工程可行性研究报告的批复》(交计发〔1993〕517 号);1992 年 9 月,交通部《关于张家港一、二泊位改造工程项目建议书的批复》(交计发〔1992〕745 号)。

项目建设 2 个 13000 吨级杂货码头。码头岸线总长 370 米。码头采用顺岸式布置、

高桩式码头结构,码头前沿水深 7.25 米。码头堆场面积 53.14 万平方米,堆存能力 38.5 万吨,仓库面积 2.02 万平方米,堆存能力 8 万吨。主要装卸设备包括 1 台门座起重机、10 台牵引车、6 台叉车。项目总投资 2800 万元,为企业自有资金。

项目建设单位为张家港港务局;设计单位为交通部第三航务工程勘察设计院;施工单位为交通部第三航务工程公司四公司;监理单位为张家港港建港指挥部;质监单位为张家港港口建设工程质量监督站。

项目升级改造后,提升了码头能力,2013—2017 年该项目完成货物吞吐量 1307 万吨。

(8)苏州张家港东海粮油码头 1 号泊位结构加强改造工程

项目于 1993 年 8 月开工,1994 年 10 月竣工。

项目建设依据:1994 年 11 月,交通部张家港长江港航监督局《关于张家港保税区东海粮油工业有限公司建设三万五千吨级码头的批复》(张长督监〔94〕字第 03 号);《关于苏州张家港东海粮油码头 1#泊位结构加强改造工程方案的批复》(苏交港〔2011〕81 号);2012 年 12 月,苏州市港口管理局《关于苏州港张家港港区东海粮油码头 1#、2#、3#泊位结构加固改造工程施工图设计的批复》(苏港管〔2012〕81 号);1994 年 1 月,交通部张家港长江港航监督局《关于张家港保税区东海粮油工业有限公司建设三万五千吨级码头的批复》(张长督监〔94〕字第 03 号);1994 年 6 月,张家港市环境保护局《批复年苏州市环境科学研究所编制码头工程项目环境报告书》(张环字〔94〕52 号);2001 年 5 月,《关于东海粮油工业(张家港)有限公司申请使用(占用)长江岸线水域的批复》(苏水管〔2001〕255 号)。

项目建设 1 个 70000 吨级杂货码头。码头岸线总长 284 米。码头采用引桥式布置、高桩式码头结构,码头前沿水深 11.2 米。主要装卸设备包括 2 台 16 吨、2 台 25 吨门式起重机。项目总投资 8000 万元,为企业自有资金。项目用地面积为 14.06 亩。

项目建设单位为中粮东海粮油工业(张家港)有限公司;设计单位南京瑞迪建设科技有限公司;施工单位交通部第二航务工程局第三工程有限公司;监理单位苏州市路达工程监理咨询有限公司;质监单位苏州市交通工程质量监督站。

(9)江海粮油贸易联运公司张家港储运部三期码头项目

项目于 1994 年 6 月开工,1994 年 12 月竣工。

项目建设依据:1993 年 7 月,江苏省计划经济委员会《批复编制的江海粮油贸易联运公司张家港储运部三期码头工程可行性研究报告》(苏计经商〔1993〕910 号);1993 年 9 月,张家港港务局《关于江苏省江海粮油贸易联运公司张家港储运部征用岸线的批复》(张港综字〔93〕第 169 号);1994 年 12 月,水利部长江水利委员会《关于江苏省江海粮油贸易联运公司张家港储运部码头续建及使用岸线的批复》(长江务〔1994〕659 号)。

项目将 1 个 35000 吨级杂货码头改造为 70000 吨级的散粮码头泊位。码头岸线总长

210 米。码头采用引桥式布置、高桩式码头结构,码头前沿水深 14 米。主要装卸设备 2 台 25 吨门式起重机。项目总投资 2100 万元,企业自有资金。项目用地面积为 60 亩。

项目建设单位为江苏省江海粮油贸易联运公司张家港储运部;设计单位为交通部第三航务工程局设计所;施工单位为交通部第三航务工程局三公司;质监单位为张家港市质监站。

2011 年 10 月 17 日,江苏省交通运输厅《关于苏州港张家港港区江海粮油码头 1 号~4 号泊位结构加固改造工程方案的批复》(苏交港〔2011〕90 号),项目总投资 3260 万元。项目将三期项目 35000 吨级散粮码头改造为 70000 吨级码头,2013 年 2 月 22 日开工,2013 年 5 月 20 日交工验收,2013 年 6 月试运行。

码头结构加固改造工程建设单位为江苏省江海粮油集团有限公司;设计单位为中交上海港湾工程设计研究院有限公司;监理单位镇江市兴华工程建设监理有限责任公司;质监单位苏州市交通工程质量监督站;施工单位为中海工程建设总局。

(10)张家港港 16 号泊位集装箱码头工程

项目于 1994 年 9 月开工,1995 年 12 月竣工。

项目建设依据:1993 年 10 月,交通部《关于〈张家港港十六号泊位集装箱码头工程可行性研究报告〉的批复》(交计发〔1993〕1077 号);1994 年 1 月,国家交通投资公司《关于张家港港十六号泊位集装箱码头工程初步设计的批复》(交投水〔1994〕3 号);1993 年 12 月,张家港港务局《关于呈送"张家港港十六号泊位集装箱码头工程初步设计中环保、消防、职业安全卫生专题审查会会议纪要"》(张港建字〔93〕第 226 号);1995 年 12 月,张家港市土地管理局《关于张家港港务局征、拨用土地的批复》(张土征〔1995〕第 174 号)。

项目建设 1 个 25000 吨级码头泊位。码头岸线总长 250 米。码头采用引桥式布置、高桩式码头结构,码头前沿水深 10 米。码头堆场面积 5.25 万平方米,堆存能力空箱 9525TEU,重箱 10492TEU。主要装卸设备包括岸边集装箱起重机 1 台、轮胎式门式起重机 3 台、内燃叉车 10 台、空箱堆高机 2 台、集装箱牵引车 8 台、底盘车 12 台。项目总投资 1.07 亿元,中央投资 5000 万元,业主自有资金 5700 万元。项目用地面积为 135 亩。

项目建设单位为张家港港务局;设计单位为交通部第三航务工程勘察设计院;施工单位为交通部第二航务工程局四公司;监理单位为张家港港 16 号泊位工程项目经理部;质监单位为张家港港口建设工程质量监督站。

工程于 1995 年 12 月建成投入运行,进一步增强了张家港永嘉集装箱码头有限公司的综合竞争实力,缓解了因码头岸线不足而给现有码头接卸能力不足带来的巨大压力,进一步提高了经济效益,确保了未来的可持续发展。

(11)上海振华重工(集团)张家港港机有限公司总装码头项目

项目于 1996 年 11 月开工,1997 年 12 月竣工。

项目建设依据:1995 年 7 月,《张家港环保局关于环境影响报告书的批复报告》(张环字〔95〕89 号)。

项目建设 1 个 32000 吨级杂货码头。码头岸线总长 370 米。码头采用顺岸透空突堤式布置、高桩式码头结构,码头前沿水深 10 米。码头堆场面积 10 万平方米。主要装卸设备配置 320 吨、80 吨门座起重机 1 台。项目总投资 2 亿元,为企业自有资金。项目用地面积为 300 亩。

项目建设单位为交通部上海港口机械制造厂;设计单位为交通部第三航务工程勘察设计院;施工单位为交通部第三航务工程局第三工程公司第二分公司。

(12)苏州张家港东海粮油码头 2 号、3 号泊位结构加强改造工程项目(2 号泊位)

项目于 1997 年 2 月开工,1997 年 7 月竣工。

项目建设依据:1994 年 6 月,张家港市环境保护局《关于张家港保税区东海粮油工业有限公司码头工程项目环境影响报告书的批复》(张环字〔94〕52 号)。用地批复;1997 年 3 月,交通部张家港长江港航监督局《关于张家东海粮油工业有限公司建造五千吨级码头的批复》(张长督监〔1997〕23 号);2001 年 5 月,《关于东海粮油工业(张家港)有限公司申请使用(占用)长江岸线水域的批复》(苏水管〔2001〕55 号)。

项目建设 1 个 5000 吨级杂货码头。码头岸线总长 96 米。码头采用引桥式布置、高桩式码头结构,码头前沿水深 9.5 米。主要装卸设备有 1 台 5 吨门式起重机。项目总投资 3000 万元,为企业自有资金。项目用地面积为 4.75 亩。

项目建设单位为中粮东海粮油工业(张家港)有限公司;设计单位为南京瑞迪建设科技有限公司;施工单位为中交二航局第三工程有限公司;监理单位为苏州市路达工程监理咨询有限公司;质监单位为苏州市交通工程质量监督站。

(13)张家港越洋实业有限公司化工码头项目

项目于 1997 年 6 月开工,1999 年 5 月试运行,1998 年 7 月竣工。

项目建设依据:1997 年 3 月,张家港市外经贸委《张家港越洋实业有限公司项目建设书暨可行性研究报告审批表》(张外经资〔97〕16 号);1996 年 12 月,张家港市环保局《关于张家港越洋化工实业有限公司建设项目环境影响报告书的批复》(张环字〔96〕112 号);1997 年 3 月,张家港国土资源局《关于转让越洋实业有限公司受让土地中部分地块的复函》(张土发〔1997〕第 15 号);1997 年 6 月,水利部长江水利委员会《关于张家港越洋实业有限公司使用长江岸线水域滩地的批复》(长江务〔1997〕406 号)。

项目建设 3 个泊位:A 泊位 20000 吨级(兼靠 35000 吨级海轮)、B 泊位 5000 吨级、C 泊位 300 吨级液体散化码头(码头水工允许靠泊能力为 35000 吨级)。码头岸线总长 450 米。码头采用引桥式布置、高桩式码头结构,码头前沿水深分别为 13.7 米、10.1 米、4 米。

码头储罐容量 15.35 万平方米。主要装卸设备输油臂两台、码头管道 50 根。项目总投资 5090 万元,企业自有资金。项目用地面积为 1.14 万平方米。

项目建设单位为张家港越洋实业有限公司;设计单位为南京金陵化工设计院、中交第三航务勘察设计有限公司;施工单位为中国化学工程第十四建设公司、交通部第二航务工程局三公司;监理单位为中北港湾监理所。

重大事项:依据交通运输部《关于沿海港口码头结构加固改造有关事宜的通告》的文件精神,以及航运市场的发展变化,结合企业的发展需要,对码头结构加固改造,主要内容有:张家港越洋实业有限公司 A 码头原设计停靠 20000 吨级化学品船(兼靠 35000 吨级海轮),B 码头原设计停靠 5000 吨级化学品船(兼靠 10000 吨级海轮),将 A 泊位按满载 30 万吨级、B 泊位按满载 10000 吨级化学品船进行结构加固改造,C 泊位原有 300 吨级泊位保持不变。现有码头结构满足加固改造船型靠泊要求。

张家港越洋实业有限公司码头自 1999 年投入使用至今,取得了良好的经济社会效益,为周边化学品工厂提供了物流基础。

(14)原料码头 1 号泊位工程项目

项目于 1999 年 2 月开工。

项目建设依据:1999 年 2 月,江苏省计划经济委员会《批复关于原料码头 1 号泊位工程可行性研究报告》(苏计经交发〔1999〕167 号);2000 年 5 月,江苏省环境保护局同意原料 1 号泊位投入生产(苏环便然字〔2000〕第 1 号)。

项目建设 1 个 30000 吨级散货码头(兼顾 10000 ~ 50000 吨级船舶靠泊)。码头岸线总长 230 米。码头采用引桥式布置、高桩式码头结构,码头前沿水深 12.5 米。码头堆场面积 2 万平方米,堆存能力 50 万吨。主要装卸设备 300 吨/小时、500 吨/小时桥式起重机各 1 台。项目总投资 7460 万元。

项目建设单位为江苏沙钢集团有限公司;设计单位为交通部第二航务工程勘察设计院;施工单位为第三航务工程局第三工程公司;监理单位为南通兴港工程咨询监理有限公司;质监单位为南通市港口工程质量监督站。

2013—2015 年完成货物吞吐量分别为 359 万吨、448 万吨、493 万吨。

(15)沙钢海力 2 号码头项目

项目于 1999 年 9 月开工,2000 年 1 月竣工。

项目建设 2 个 50000 吨级码头泊位(水工允许靠泊能力为 70000 吨级)。码头岸线总长 275 米。码头采用引桥式布置、高桩式码头结构,码头前沿水深 12.5 米。码头堆场面积 3 万平方米,堆存能力 60 万吨。主要装卸设备 1 台 16 吨门式起重机、2 台 25 吨门式起重机,1 台 40 吨门式起重机。项目总投资 5600 万元,为企业自有资金。

项目建设单位为江苏沙钢集团有限公司;设计单位为交通部第二航务工程勘察设计

院;施工单位为交通部第三航务工程局三公司江阴分公司;质监单位为张家港港口质量监督站。

(16)陶氏化学(张家港)有限公司化工码头项目

项目于2000年1月开工,2002年1月试运行,2002年7月竣工。

项目建设依据:1998年11月,江苏省计划经济委员会《关于外商独资张家港陶氏化工码头工程可行性研究报告的批复》(苏计经交发〔1998〕2225号);1999年12月,江苏省建设委员会《关于张家港陶氏化工码头工程初步设计的批复》(苏建重〔1999〕479号);1998年10月,张家港市环境保护局《关于张家港陶氏化工码头工程环境影响报告书的批复》(张环字〔98〕63号);《张家港市国有土地使用权出让合同》(张土让合〔1998〕第5号);1999年3月,水利部长江水利委员会《关于张家港陶氏化工码头工程使用长江岸线水域的批复》(长江务〔1999〕50号)。

项目建设2个25000吨级化学品码头(码头水工允许靠泊能力为40000吨级),兼顾40000吨级。码头岸线总长748米。码头采用引桥式布置、高桩式码头结构,码头前沿水深11.5米。主要装卸设备为两台输油臂。项目总投资4872.5万元,由外企投资。项目用地面积450亩。

项目建设单位为陶氏转运中心(张家港)有限公司;设计单位为交通部第三航务工程勘察设计院;施工单位为第三航务工程局第二工程公司、中国化学工程第三建设公司;监理单位为上海东华建设监理所;质监单位为张家港港口建设工程质量监督站。

(17)张家港港4号、5号泊位改扩建项目

项目于2000年8月开工,2001年8月竣工。

项目建设依据:2000年12月,交通部《关于张家港港4#、5#泊位改扩建工程可行性研究报告的批复》(交规划发〔2000〕684号);2001年7月,交通部《关于张家港港4#、5#泊位改扩建工程初步设计的批复》(交水发〔2001〕335号);2004年9月,苏州市环境保护局《关于对张家港港务集团有限公司张家港4#、5#泊位改扩建项目竣工环境保护验收申请表的审核意见》(苏环验〔2004〕60号)。

项目建设2个30000吨级多用途码头(水工允许靠泊能力为50000吨级)。码头岸线总长581米。码头采用顺岸式布置、高桩式码头结构,码头前沿水深10.5米。码头堆场面积10.68万平方米,堆存能力57.4万吨,仓库面积0.68万平方米,堆存能力2万吨。主要装卸设备2台门座起重机、10台牵引车、2台装载机、轮胎式起重机5台、叉车5台。项目总投资8587万元,为企业自有资金。

项目建设单位为张家港港务局;设计单位为中交第三航务工程勘察设计院;施工单位为中交第三航务工程有限公司;监理单位为张家港江东监理有限公司;质监单位为张家港

港口质量监督站。

项目改造后,有效提升了码头通过能力和岸线利用率。2013—2017 年完成货物吞吐量 4356 万吨。

(18)原料码头 2 号泊位工程项目

项目于 2000 年 12 月开工,2001 年 5 月试运行,2001 年 7 月竣工。

项目建设依据:2000 年 11 月,江苏省发展计划委员会《批复原料 2 号泊位工程可行性研究报告》(苏计交发〔2000〕496 号);2001 年 10 月,苏州市环境保护局《原料 2 号泊位试运行的批复》(苏环〔2001〕301 号);2001 年 3 月,水利部长江水利委员会《同意原料 2 号泊位使(占)用长江岸线的批复》(长江务〔2001〕93 号)。

项目建设 1 个 50000 吨级散货码头。码头岸线总长 221 米。码头采用引桥式布置、高桩式码头结构,码头前沿水深 12.5 米。码头堆场面积 2.5 万平方米,堆存能力 55 万吨。主要装卸设备 800 吨/小时桥式起重机 1 台。项目总投资 1238 万元,为企业自有资金。

项目建设单位为江苏沙钢集团有限公司;设计单位为交通部第二航务工程勘察设计院;施工单位为第三航务工程局第三工程公司;监理单位为南通兴港工程咨询监理有限公司;质监单位为南通市港口工程质量监督站。

2013—2017 年完成的货物吞吐量分别为 359 万吨、248 万吨、293 万吨、257 万吨、334 万吨。

(19)张家港港 13 号泊位改建项目

项目于 2001 年 11 月开工,2002 年 6 月竣工。

项目建设依据:2001 年 9 月,张家港港务局《张家港港 13#泊位改建工程工可、施工图方案评审意见》(张港建发〔2001〕137 号);2001 年 7 月,张家港港务局《关于张家港港 13#泊位改建工程可行性研究报告的审查意见》。

项目建设 1 个万吨级多用途码头(码头水工允许靠泊能力为 30000 吨级)。码头岸线总长 180 米。码头采用顺岸式布置、高桩式码头结构,码头前沿水深 10.5 米。码头堆场面积 4.7 万平方米,堆存能力 15 万吨,仓库面积 7000 平方米,堆存能力 2 万吨。主要装卸设备新增门式起重机 1 台。项目总投资 1200 万元,为企业自有资金。

项目建设单位为张家港港务局;设计单位为中交第三航务工程勘察设计院有限公司;施工单位为中交第三航务工程有限公司;监理单位为张家港江东港口工程监理有限公司;质监单位为苏州市交通工程质量监督站。

(20)张家港保税区长江国际码头工程(长江国际 2 号泊位)项目

项目于 2001 年 12 月开工,2002 年 5 月试运行,2002 年 8 月竣工。

项目建设依据:2001 年 2 月 20 日江苏省张家港保税区管理委员会,《关于同意"张家港保税区长江国际仓储工程"的立项批复》(张保经〔2001〕23 号);2001 年 2 月 20 日江苏省张家港保税区管理委员会《关于同意"张家港保税区长江国际码头工程"的立项批复》(张保经〔2001〕24 号);2001 年 4 月,江苏省张家港保税区管理委员会《关于"同意保税区长江国际码头工程"可行性研究报告的批复》(张保经〔2001〕31 号);2001 年 4 月,江苏省张家港保税区管理委员会《关于同意"张家港保税区长江国际仓储工程"可行性研究报告的批复》(张保经〔2001〕32 号);2001 年 7 月,江苏省张家港保税区管理委员会《关于同意"张家港保税区长江国际码头及仓储工程"初步设计的批复》(张保经〔2001〕41 号);2001 年 10 月,张家港市环境保护局《关于对〈张家港保税区长江国际码头及仓储工程环境影响报告书〉的批复》(张环字〔2001〕108 号)。用地批复:建设用地规划许可证(2001—006)。2002 年 9 月,江苏省口岸办公室《关于同意张家港长江国际码头对外开放的通知》(苏口办字〔2002〕29 号)。

项目建设 1 个 50000 吨级化学品码头。码头岸线总长 208 米。码头采用引桥式布置,高桩式码头结构,码头前沿水深 14.45 米。总容量为 106000 立方米储罐。主要装卸设备 3 台软管起重机 YQ2T-14 米。项目总投资 4500 万元,业主自有资金。项目用地面积为158.1 亩。

项目建设单位为张家港保税区长江国际港务有限公司;设计单位为交通部第二航务工程勘察设计院;施工单位为交通部第二航务工程勘察设计院;监理单位为南京港湾工程建设监理事务所;质监单位为苏州市交通工程质量监督站。

2013—2017 年码头吞吐量分别为 255 万吨、333 万吨、334 万吨、323 万吨、384 万吨。

(21)1 号码头(海力钢铁码头 4 号泊位)项目

项目于 2002 年 4 月开工,2002 年 12 月试运行,2003 年 1 月竣工。

项目建设依据:2002 年 5 月,江苏省发展计划委员会《关于沙钢海力钢铁码头 4 号泊位建设项目可行性研究报告的批复》(苏设基础发〔2002〕551 号);2003 年 8 月,江苏省环境保护厅《关于沙钢海力原料码头 3 号、4 号泊位和钢铁码头 3 号、4 号泊位工程环境影响报告书的批复》(苏环建〔2003〕152 号);2003 年 2 月,水利部长江水利委员会《关于海力钢铁码头 4 号泊位占用长江岸线、水域的批复》(长江务〔2003〕63 号)。

项目建设 2 个 30000 吨级散货码头(码头水工允许靠泊能力为 50000 吨级)。码头岸线总长 230 米。码头采用引桥式布置、高桩式码头结构,码头前沿水深 12.5 米。码头堆场面积 3 万平方米,堆存能力 60 万吨。主要装卸设备包括 2 台 60 吨门式起重机、2 台 40 吨门式起重机。项目总投资 1478.5 万元,为业主自有资金。

项目建设单位为江苏沙钢集团有限公司;设计单位为交通部第二航务工程勘察设计院;施工单位为中港第三航务工程局南京分公司;监理单位为南通兴港工程咨询监理公司;质监单位为南通市港口工程质量监督站。

2013—2015 年完成吞吐量分别为 311.89 万吨、366.09 万吨、418.50 万吨。

(22)海力原料码头 3 号、4 号泊位工程项目

项目于 2002 年 4 月开工，2002 年 11 月试运行，2003 年 1 月竣工。

项目建设依据：2002 年 3 月，江苏省发展计划委员会《关于张家港沙钢海力原料码头 3 号、4 号泊位工程可行性研究报告（含项目建议书）批复》（苏计基础发〔2002〕220 号）；2003 年 8 月，江苏省环境保护厅《关于沙钢海力原料码头 3 号、4 号泊位和钢铁码头 3 号、4 号泊位工程环境影响报告书的批复》（苏环建〔2003〕152 号）；2003 年 2 月，水利部长江水利委员会《关于沙钢集团海力原料码头 3 号、4 号泊位工程占用长江岸线、水域的批复》（长江务〔2003〕62 号）。

项目建设 1 个万吨级散货码头（码头水工允许靠泊能力为 50000 吨级）。码头岸线总长 313.5 米。码头采用引桥式布置、高桩式码头结构，码头前沿水深 12.5 米。码头堆场面积 9 万平方米，堆存能力 120 万吨。主要装卸设备包括 2 台 1000 吨/小时桥式抓斗卸船机和 1 台 800 吨/小时桥式抓斗卸船机。项目总投资 1423.31 万元，为业主自有资金。

项目建设单位为江苏沙钢集团有限公司；设计单位为交通部第二航务工程勘察设计院；施工单位为中港第三航务工程局三公司；监理单位为南通兴港工程咨询监理有限公司；质监单位为南通市港口工程质量监督站。

2013—2015 年完成吞吐量分别为 526 万吨、493 万吨、379 万吨。

(23)江苏永恒钢铁实业有限公司专用码头工程项目

项目于 2002 年 10 月开工，2003 年 6 月竣工。

项目建设依据：2002 年 8 月，江苏省发展计划委员会《关于江苏永恒钢铁实业有限公司专用码头工程可行性研究报告的批复》（苏计基础发〔2002〕842 号）；2002 年 10 月，江苏省发展计划委员会《关于江苏永恒钢铁实业有限公司专用码头工程初步设计的批复》（苏计基础发〔2002〕1119 号）；2002 年 11 月，苏州市环境保护局《关于对张家港永恒钢铁有限公司专用码头项目环境影响报告书的审批意见》；水利部长江水利委员会《关于江苏永恒钢铁实业有限公司申请使用长江岸线、滩地和水域的批复》（长江务〔2002〕461 号）。

项目建设 2 个 5000 吨级散货码头（水工结构靠泊能力为 50000 吨级）。码头岸线总长 420 米。码头采用引桥式布置、高桩式码头结构，码头前沿水深 11.8 米。码头堆场面积 22 万平方米，堆存能力 165 万吨；仓库面积 19 万平方米，堆存能力 142.5 万吨。主要装卸设备包括 3 台 25 吨、2 台 16 吨、1 台 40 吨门式起重机、装载机 15 台、叉车 13 部。项目总投资 6970 万元，业主自有资金 3000 万元，银行贷款 3970 万元。项目用地面积为 35.73 万平方米。

项目建设单位为张家港永恒码头有限公司；设计单位为中交第二航务工程勘察设计院有限公司；施工单位为中港第二航务工程局第三工程公司；监理单位为江苏科兴工程建

设监理有限公司;质监单位为长航质监中心站。

开港之初,作为专业的废钢作业码头,其后方陆域逐步形成废钢铁贸易、加工集散基地,为钢铁行业的资源循环利用,行业的规模化、标准化发展起到了良好的示范作用。现已逐步转型为专业的散杂货装卸码头,为区域经济的发展、为一带一路的建设发挥应有的作用。开港以来,累计上缴税收上亿元,创造直接就业岗位500多个,间接就业岗位近千个,取得了较好的经济效益和社会效益。

(24)东海粮油工业(张家港)有限公司扩建码头工程项目(4号泊位)

项目于2002年12月开工,2003年7月试运行,2004年10月竣工。

项目建设依据:2001年8月,江苏省水利厅《关东海粮油(张家港)有限公司申请使(占)用长江岸线水域》(苏水管〔2001〕95号);2003年4月,张家港市环境保护局《关于东海粮油工业(张家港)有限公司矿建码头工程环境影响报告书》(张环字〔2003〕44号);岸线批复水利部长江水利委员会《关于东海粮油工业(张家港)有限公司码头扩建工程使用长江岸线、水域的批复》(长江务〔2002〕701号)。

项目建设1个50000吨级码头泊位(码头水工允许靠泊能力为70000吨级)。码头岸线总长290米。码头采用引桥式布置、高桩式码头结构,码头前沿水深12.5米。主要装卸设备为4台16吨门式起重机。项目用地面积为14.36亩。项目总投资9000万元,为企业自有资金。

项目建设单位为中粮东海粮油工业(张家港)有限公司;设计单位为中交第二航务工程局有限公司;施工单位为中港第二航港务工程局;监理单位为江苏科兴工程建设监理有限公司;质监单位为江苏省张家港保税区建设工程质量监督站。

(25)海力钢铁码头3号泊位工程项目

项目于2003年1月开工,2003年7月竣工。

项目建设依据:2003年8月,江苏省环境保护厅《关于沙钢海力原料码头3号、4号泊位和钢铁码头3号、4号泊位工程环境影响报告书的批复》(苏环建〔2003〕152号);2003年4月,水利部长江水利委员会《关于钢铁码头3号泊位占用长江岸线、水域的批复》(长江务〔2003〕218号)。

项目建设1个30000吨级杂货码头(码头水工允许靠泊能力为50000吨级)。码头岸线总长230米。码头采用顺岸式布置、高桩式码头结构,码头前沿水深12.5米。码头堆场面积2万平方米,堆存能力50万吨。主要装卸设备包括1台16吨~25吨门式起重机、4台300吨/小时桥式起重机。项目总投资1889万元,为企业自有资金。

项目建设单位为江苏沙钢集团有限公司;设计单位为中交第二航务工程勘察设计院;施工单位为第三航务工程局第三工程公司;监理单位为南通兴港工程咨询监理有限公司;质监单位为南通市港口工程质量监督站。

2013—2015 年完成货物吞吐量分别为 137.87 万吨、226.54 万吨、237.57 万吨。

(26)双狮(张家港)物流有限公司码头工程项目

项目于 2003 年 1 月开工,2004 年 12 月竣工。

项目建设依据:2004 年 9 月,江苏省发展和改革委员会《双狮(张家港)物流有限公司码头工程可行性研究报告的批复》(苏发改基础发〔2004〕567 号)。2004 年 9 月,江苏省环境保护厅《双狮(张家港)物流有限公司码头工程环境影响报告书的批复》(苏环管〔2004〕180 号)。用地批复:宗地号 320582008003GB00101。2004 年 6 月,水利部长江水利委员会《双狮(张家港)物流有限公司码头工程申请使用长江岸线、滩地及水域的批复》(长江务〔2004〕344 号)。

项目建设 1 个 50000 吨级液体化学品码头泊位、1 个 70000 吨级散货码头泊位和 5 个 500 吨级液体化学品码头泊位。码头岸线总长 800 米。码头采用引桥式布置、高桩式码头结构,码头前沿水深 15 米。码头堆场面积 8 万平方米,堆存能力 10 万吨;仓库面积 2 平方米,堆存能力 9 万吨。主要装卸设备有 1 台 D65 装载机、2 台 ZQS600 桥式抓斗卸船机,1 套皮带输送机(宽 1200 毫米、长 912 米)。项目用地面积为 3.5 万平方米。项目总投资 2.04 亿元,40% 企业自有资金,60% 银行贷款。

项目建设单位为双狮(张家港)物流有限公司;设计单位为中交第二航务工程勘察设计院;施工单位为中交第二航务工程勘察设计院(总承包);监理单位为镇江市兴华工程建设监理有限公司;质监单位为交通部长江航务工程质量监督中心站。

(27)宏昌钢板原料码头工程项目

项目于 2003 年 5 月开工,2004 年 8 月试运行,2004 年 10 月竣工。

项目建设依据:2003 年 2 月,江苏省计划发展委员会《关于同意宏昌钢板原料码头工程预可研报告(兼项目建议书)的批复》(苏计基础发〔2003〕101 号);2004 年 7 月,江苏省环境保护厅《关于宏昌钢板原料码头 1#2#泊位工程环境影响报告书的批复》(苏环管〔2004〕120 号);2004 年 3 月,水利部长江水利委员会《同意宏昌钢板有限公司建设焦炭和原料码头泊位使(占)用长江岸线、水域和岸线的批复》(长江务〔2004〕130 号)。

项目建设 1 个 30000 吨级和 1 个 50000 吨级散货码头。码头岸线总长 388 米。码头采用引桥式布置、高桩式码头结构,码头前沿水深 12.5 米。码头堆场面积 2 万平方米,堆存能力 60 万吨。主要装卸设备包括 1 台 1000 吨/小时桥式卸船机和 1 台 500 吨/小时桥式卸船机。项目总投资 1.2 亿元,为企业自有资金。

项目建设单位为江苏沙钢集团有限公司;设计单位为交通部第二航务工程勘察设计院;施工单位为第三航务工程局第三工程公司;监理单位为南通兴港工程咨询监理有限公司;质监单位为南通市港口工程质量监督站。

2013—2015 年完成吞吐量分别为 723 万吨、692 万吨、758 万吨。

(28)宏昌钢板煤炭码头1号、2号泊位工程项目

项目于2003年6月开工,2003年12月试运行,2004年1月竣工。

项目建设依据:2003年2月,江苏省发展计划委员会《关于宏昌钢板煤炭码头1号、2号泊位工程预可行性研究报告(兼工程项目建议书)》(苏计基础发〔2003〕100号);2004年7月,江苏省环境保护厅《关于对张家港宏昌钢板有限公司煤炭码头1号、2号泊位工程环境影响报告书的批复》;2004年3月,水利部长江水利委员会《关于张家港宏昌钢板有限公司建设煤炭和原料码头泊位申请占用长江岸线、水域和滩地的批复》(长江务〔2004〕130号)。

项目建设1个50000吨级和1个5000吨级散货码头。码头岸线总长486米。码头采用引桥式布置、高桩式码头结构,码头前沿水深12.5米。码头堆场面积12万平方米,堆存能力250万吨。主要装卸设备有2台800吨/小时桥式卸船机和1台500吨/小时桥式卸船机,码头前沿设置2条皮带运输机。项目总投资1.75亿元,企业自有资金。

项目建设单位为江苏沙钢集团有限公司;设计单位为交通部第二航务工程勘察设计院;施工单位为中港第三航务工程局三公司;监理单位为南通兴港工程咨询监理有限公司;质监单位为南通市港口工程质量监督站。

2013—2017年完成吞吐量分别为745万吨、741万吨、725万吨、722万吨、680万吨。

(29)张家港港17号泊位工程

项目于2003年8月开工,2008年12月竣工。

项目建设依据:2004年9月,江苏省发展和改革委员会《关于张家港港17号泊位工程可行性研究报告的批复》(苏发改基础发〔2004〕554号);2009年11月,江苏省交通厅《关于张家港港17#泊位工程初步设计的批复》(苏交港〔2009〕97号);2003年8月,苏州市环保局《关于对张家港港17#泊位工程建设项目环境影响报告表的审批意见》(苏环建〔2003〕277号);江苏省国土资源厅《关于张家港港17#泊位工程用地的预审意见》(苏国土资函〔2004〕446号);2004年6月22日,水利部长江水利委员会《关于张家港港务集团有限公司建设17#泊位使用长江岸线、滩地及水域的批复》(长江务〔2004〕347号)。

项目建设1个30000吨级多用途码头泊位(码头水工允许靠泊能力为50000吨级)。码头岸线总长217米。码头岸线总长217米,采用引桥式布置、高桩式码头结构,码头前沿水深14.9米。码头堆场面积14.92万平方米,堆存能力空箱12107TEU,重箱7327TEU,集装箱堆场面积8.33平方米,堆存能力8万吨,木材堆场面积6.59万平方米。主要装卸设备包括岸边集装箱起重机1台、轮胎式门式起重机2台、内燃叉车5台、木材装载机8台、集装箱牵引车4台。项目总投资19532万元。项目用地面积17.52万平方米。

建设单位为张家港永嘉集装箱码头有限公司;设计单位为中交第三航务工程勘察设

计院;施工单位为中交第三航务工程公司南京分公司;监理单位为张家港江东港口工程监理有限公司;质监单位为苏州港口工程质量监督站。

项目于2009年4月建成投入试运行,进一步增强了张家港永嘉集装箱码头有限公司的综合竞争实力,缓解了因码头岸线不足而给现有码头接卸能力不足带来的巨大压力,进一步提高了经济效益。

2009—2011年完成货物(集装箱)吞吐量318.38万TEU。

(30)沙钢集团哈德码头改造工程项目

项目于2003年12月开工,2004年12月竣工。

项目建设依据:《关于同意沙钢集团哈德码头改造的批复》(张计社〔2003〕6号);2004年11月,苏州市环境保护局《关于对沙钢集团有限公司哈德码头改造工程建设项目环境影响报告表的审批意见》(苏环建〔2004〕1289号);岸线批复:《关于九龙港上游建设哈德石化码头使用岸线水域的批复》(通长督〔94〕第81号)。

项目建设1个10万吨级散货码头(码头水工允许靠泊能力为15万吨级)。码头岸线总长408米。码头采用引桥式布置、高桩式码头结构,码头前沿水深12.5米。码头堆场面积10万平方米,堆存能力150万吨。主要装卸设备包括1台1000吨/小时桥式卸船机(轴距16米)、2台1500吨/小时桥式抓斗卸船机。项目总投资9030万元,为业主自有资金。

项目建设单位为江苏沙钢集团有限公司;设计单位为上海港湾工程设计研究院;施工单位为中港第三航务工程局三公司;监理单位为南通兴港工程咨询监理有限公司;质监单位为南通市港口工程质量监督站。

2013—2017年完成吞吐量分别为1436万吨、1565万吨、1340万吨、1242万吨、1323万吨。

(31)张家港海螺水泥有限公司专用码头二期工程项目

项目于2004年2月开工,2005年1月试运行,2005年3月竣工。

项目建设依据:2004年8月,江苏省发展和改革委员会《关于张家港海螺水泥有限公司码头二期工程可行性研究报告的批复》(苏发改基础发〔2004〕480号);2004年5月,苏州市环境保护局《关于对张家港海螺水泥有限公司专用码头二期建设项目环境影响报告书的批复》(苏环建〔2004〕460号);2001年7月,水利部长江水利委员会《关于张家港海螺水泥有限公司申请使(占)用长江岸线、滩地和水域的批复》(长江务〔2001〕293号);2004年4月,水利部长江水利委员会《关于张家港海螺水泥有限公司申请使用长江岸线、水域建设专用码头二期工程的批复》(长江务〔2004〕178号)。

项目建设1个20000吨级海轮出口泊位和1个2000吨级驳船综合泊位。码头岸线总长312米。码头采用引桥式布置、高桩式码头结构,码头前沿水深11.65米。主要装卸设备包括 2 台 16 吨门座起重机、1 台 600 吨/时的直线摆动式水泥装船机。项目总投资 5321 万元,企业自行筹措 2321 万元,其余申请银行贷款。项目用地面积 150 亩。

项目建设单位为张家港海螺水泥有限公司;设计单位为长江航运规划设计院;施工单位为中港第二航务工程局;监理单位为张家港江东港口工程监理公司;质监单位为苏州港口建设工程质量监督站。

2013—2017 年,张家港海螺水泥有限公司累计水泥产销量为 1572 万吨,年均 300 万吨以上;入库税金达 1.66 亿元;码头吞吐量年均 380 万吨,较好发挥了原材料进厂及水泥发运作用。

(32)张家港永钢矿石码头一号、二号泊位工程项目

项目于 2004 年 3 月开工,2005 年 5 月竣工。

项目建设依据:2004 年 1 月,江苏省交通厅《关于张家港永钢码头工程可行性研究报告审查意见》(苏交计〔2004〕1 号);2004 年 8 月,江苏省环境保护厅《关于对江苏永钢集团有限公司矿石码头环境影响报告书的批复》(苏环管〔2004〕144 号);2013 年 7 月,张家港市国土资源局《颁发江苏联峰实业股份有限公司〈中华人民共和国国有土地使用证〉》(张国用〔2013〕第 0610006 号);2004 年 6 月,水利部长江水利委员会《关于江苏永钢集团有限公司申请使用长江岸线、水域建设矿石码头一号、二号泊位工程的批复》(长江务〔2004〕313 号)。

项目建设 2 个万吨级矿石散货码头。码头岸线总长 356 米。码头采用引桥式布置、高桩式码头结构,码头前沿水深 14.9 米。码头堆场面积 29.9 万平方米,堆存能力 150 万吨。主要装卸设备包括 4 台 20 吨、27 米桥式抓斗卸船机。项目总投资 1.98 亿元,由企业投资。项目用地面积 541 亩。

项目建设单位为江苏永钢集团有限公司;设计单位为中交第二航务工程勘察设计院有限公司;施工单位为中港第一航务工程局一公司、靖江大地工程咨询有限公司;监理单位为张家港江东港口工程监理有限公司;质监单位为南通市港口工程质量监督站。

永钢矿石码头工程建设,解决了永钢集团货物运输的成本问题,为促进张家港东部地区物流发展奠定了良好基础。

(33)张家港保税区集装箱码头工程

项目于 2004 年 5 月开工,2006 年 12 月试运行,2007 年 5 月竣工。

项目建设依据:2009 年 9 月,交通运输部《批复中交第二航务工程勘察设计院编制的张家港保税区集装箱码头工程初步设计》(交水发〔2009〕176 号);2005 年 5 月,国家环境保护总局《张家港保税区苏润国际多用途码头工程环境影响报告书》(环审〔2005〕415 号);2005 年 11 月,国土资源部《批复关于张家港保税区苏润国际贸易有限公司码头工程建设用地预算意见的复函》(国土资预审字〔2005〕473 号);2005 年 11 月,水利部长江水

利委员会《批复关于张家港保税区苏润国际贸易有限公司码头工程涉及河道管理的有关问题》(长许可〔2005〕34号)。

项目建设1个30000吨级集装箱泊位和1个万吨级多用途泊位(码头水工允许靠泊能力为50000吨级)。码头岸线总长470.4米。码头采用引桥式布置、高桩式码头结构,码头前沿水深12.4米。码头堆场面积25万平方米,堆存能力100万吨;仓库面积15万平方米,堆存能力60万吨。项目总投资5.75亿元,银行贷款2亿元,其余为企业自有资金。项目用地面积825亩。

项目建设单位为张家港保税区苏润国际贸易有限公司;设计单位为中交第二航务工程勘察设计院;施工单位为中港第一航务工程局一公司;监理单位为镇江兴华建设监理有限责任公司;质监单位为交通部长江航务工程质量监督中心站。

项目建成投产后,码头历经多次股权变更,后由张家港保税港区港务有限公司(简称保税港务)负责运营管理,拥有2个万吨级的泊位,最大可停靠50000吨级的船舶,码头使用深水岸线总长470.4米,靠船装卸平台长432米,陆域面积55万平方米,其中堆场面积17.5万平方米,仓库面积5万平方米。业务范围涵盖整车进出口、集装箱(进口冻品)、散杂货、油脂及港内拆装箱、保税仓储、"一日游"报关代理等业务。2014—2017年码头完成吞吐量:2014年散杂货吞吐量135.56万吨,集装箱吞吐量15.94万TEU;2015年散杂货吞吐量192.12万吨,集装箱吞吐量16.57万TEU;2016年散杂货吞吐量183.27万吨,集装箱吞吐量18.40万TEU;2017年散杂货吞吐量148.68万吨,集装箱吞吐量21.4万TEU。

2012年11月,张家港保税港区汽车整车进口口岸经国务院批准设立,是全国第十一家、江苏省唯一的汽车整车进口口岸。保税港务码头具体负责整车进口口岸的业务运作。口岸规划汽车堆场10万平方米,可一次性堆放5000台汽车。

张家港保税区汽车整车进口口岸经过五年时间的建设发展,形成了较为完备的基础设施、政策功能、营销网络和服务团队,吸引了包括日本马自达在内的一大批知名车企前来发展事业,已经成为国内比较优势非常明显、商业影响较为显著、营运模式日趋成熟的新兴汽车进口口岸。2017年11月23日上午,日本马自达中规车进口滚装航线在保税港务码头成功首航,该航线不仅是2013年张家港口岸运营以来开通的首条中规车进口滚装航线,而且使保税区汽车整车进口口岸成为全国新批口岸中率先开通中规车进口的汽车口岸。

(34)江苏沙洲电厂一期工程煤码头工程项目

项目于2004年9月开工,2005年3月试运行,2005年9月竣工。

项目建设依据:2005年5月,国家发展和改革委员会《批复电规总院单位编制的〈关于江苏沙洲电厂一期工程初步设计的审查意见〉》;2003年12月,国家环境保护总局《批复江苏沙洲电厂单位编制的〈关于江苏沙洲电厂工程环境影响报告书〉审查意见的复函》

（环审〔2003〕370号）；2003年12月，水利部长江水利委员会《批复江苏沙洲电厂单位编制的〈关于江苏沙洲电厂一期项目涉水工程建设申请使用长江岸线、水域〉的批复》（长江务〔2003〕842号）。

项目建设1个35000吨级散货码头（码头水工允许靠泊能力为50000吨级，2016年1月20日完成50000吨级升等）。码头岸线总长275米。码头采用引桥式布置、高桩式码头结构，码头前沿水深7.25米。码头堆场面积3.5万平方米，堆存能力20万吨。主要装卸设备包括2台卸船机、4台清耙机。项目总投资2.15亿元，为业主自有资金。项目用地面积135亩。

项目建设单位为江苏沙洲电厂；设计单位为中交第二航务工程勘察设计院有限公司；施工单位为广东省航盛工程有限公司；监理单位为上海东华建设监理所；质监单位为苏州市交通工程质量监督站。

（35）苏州张家港东海粮油码头2号、3号泊位结构加强改造工程项目（3号泊位）

项目于2004年10月开工，2005年1月竣工。

项目建设依据：2004年4月，江苏省张家港保税区管委会《关于同意东海粮油工业（张家港）有限公司扩建码头工程的立项批复》；2004年4月，张家港市环境保护局批复《关于东海粮油工业（张家港）有限公司码头二期扩建项目（3000吨级）环境影响报告书》（张环字〔2004〕59号）；2001年7月，苏州市水利局《关于东海粮油工业有限公司要求使用（占）用长江岸线水域的批复》（苏市水〔2001〕252号）。

项目建设1个3000吨级码头泊位（码头水工允许靠泊能力为万吨级）。码头岸线总长120米。码头采用引桥式布置、高桩式码头结构，码头前沿水深5米。主要装卸设备配置有5台移动电动机重机。项目总投资4000万元，由企业投资。项目用地面积5.94亩。

项目建设单位为中粮东海粮油工业（张家港）有限公司；设计单位南京瑞迪建设科技有限公司；施工单位中交第二航务工程局第三工程有限公司；监理单位苏州市路达工程监理咨询有限公司；质监单位苏州市交通工程质量监督站。

（36）0号码头（兴荣原料1号泊位）项目

项目于2005年1月开工，2005年10月试运行，2005年12月竣工。

项目建设依据：江苏省发展计划委员会《关于张家港兴荣钢板有限公司原料1号泊位工程项目建议书的批复》（苏计基础发〔2003〕1657号）；2005年9月，苏州市环境保护局《关于对江苏沙钢集团有限公司新建兴荣钢板原料码头1号泊位工程项目环境影响报告书的审批意见》（苏环建〔2005〕1139号）。《关于兴荣钢板原料1号泊位工程涉及河道管理有关问题的批复》（长许可〔2005〕11号）。

项目建设2个50000吨级散货码头（码头水工允许靠泊能力为70000吨级）。码头岸线总长289米。码头采用引桥式布置、高桩式码头结构，码头前沿水深12.5米。码头堆场面积9万平方米,堆存能力60万吨。主要装卸设备为1台1800吨/小时卸船机。项目总投资1.96亿元,为业主自有资金。

项目建设单位为江苏沙钢集团有限公司;设计单位为上海港湾设计研究院设计二所;施工单位为中交三航局第三工程有限公司;监理单位为南通兴港工程咨询监理公司;质监单位为南通市港口工程质量监督站。

2013—2017年完成吞吐量分别为516.34万吨、500.21万吨、461.70万吨、471.44万吨、457.75万吨。

(37)张家港浦项不锈钢码头项目

项目于2005年2月开工,2006年7月试运行,2007年7月竣工。

项目建设依据:2005年,江苏省发展和改革委员会《关于苏州港张家港港区浦项码头工程项目的核准批复》(苏发改交能发〔2005〕1230号);2005年6月,苏州市水利局《批复中交第二航务工程勘察设计院和张家港市天源水利设计院有限公司编制的项目涉水工程施工图设计》(苏市水〔2005〕121号);2005年,江苏省环境保护厅《批复河海大学环境水利研究所编制码头工程环境影响报告书》(苏环管〔2005〕44号);江苏省河道工程占用证;2005年10月,交通部《关于苏州港张家港港区浦项码头使用港口岸线的批复》(交规划发〔2005〕455号)。

项目建设1个35000吨级废钢泊位、1个万吨级废钢泊位和1个万吨级成品钢泊位(码头水工允许靠泊能力为50000吨级)。码头岸线总长548米。码头采用引桥式布置、高桩式码头结构,码头前沿水深15米。码头堆场面积7万平方米,堆存能力20万吨;仓库面积6000平方米,堆存能力1万吨。主要装卸设备包括40吨门式起重机2台、10吨门式起重机2台、25吨叉车2台、15吨叉车1台、5吨叉车1台、挖掘机2台、装载机1台、平板运输车6台、自卸车4台。项目总投资2.47亿元,为业主自有资金。项目用地面积10万平方米。

项目建设单位为张家港浦项不锈钢有限公司;设计单位为中交第二航务工程勘察设计院、张家港市天源水利设计院有限公司;施工单位为中港第三航务工程局;监理单位为江苏河海工程建设监理有限公司、江苏科兴工程建设监理有限公司;质监单位为苏州市水利建设工程质量监督站、苏州市交通工程质量监督站;检测单位为苏州市水利工程质量检测中心、苏州市交通工程质量检测中心。

2013—2017年码头吞吐量分别为163万吨、171万吨、205万吨、145万吨、177万吨。

(38)宏昌钢板码头3号、4号泊位工程项目

项目于2005年7月开工,2006年4月试运行,2006年6月竣工。

项目建设依据:江苏省发展计划委员会《关于张家港宏昌钢板有限公司码头3号、4号泊位工程项目建议书的批复》(苏计基础发〔2003〕1662号);2006年2月,苏州市环境

保护局《关于对张家港宏昌钢板有限公司钢板码头 3 号、4 号泊位工程环境影响报告书的批复》(苏环建〔2006〕144 号)。岸线批复《关于张家港宏昌钢板有限公司 3 号、4 号泊位工程建设涉及河道管理有关事宜的批复》(长许可〔2006〕71 号)。

项目建设 2 个 40000 吨级杂货码头。码头岸线总长 370 米。码头采用引桥式布置、高桩式码头结构,码头前沿水深 12.5 米。码头堆场面积 12 万平方米,堆存能力 250 万吨。主要装卸设备包括 4 台 45/75 桥式卸船机和 3 台 60 吨门座起重机。项目总投资 1.53 亿元,为业主自有资金。

项目建设单位为江苏沙钢集团有限公司;设计单位为上海港湾工程设计研究院;施工单位为中港第三航务工程局三公司;监理单位为南通兴港工程咨询监理有限公司;质监单位为南通市港口工程质量监督站。

2013—2017 年完成货物吞吐量分别为 332 万吨、350 万吨、353 万吨、342 万吨、354 万吨。

(39)江苏省江海粮油贸易公司张家港储运部码头扩建项目

项目于 2005 年 9 月开工,2006 年 6 月竣工。

项目建设依据:2005 年 3 月,江苏省发展和改革委员会《批复江苏省江海粮油贸易公司张家港储运部码头扩建项目可行性研究报告》(苏发改交能发〔2005〕158 号);2004 年 8 月,张家港市环境保护局《关于江苏省江海粮油贸易公司〈扩建 3 万吨级粮油专用码头 (4#码头)项目环境影响报告书〉的批复》(张环字〔2004〕140 号);2005 年 8 月,交通部《关于苏州港张家港港区粮食码头使用港口岸线的批复》(交规划发〔2005〕359 号)。

项目将 1 个 35000 吨级散粮码头(码头水工允许靠泊能力为 50000 吨级)改造为 1 个 70000 吨级散粮码头泊位。码头岸线总长 199.1 米。码头采用引桥式布置、高桩式码头结构,码头前沿水深 14 米。主要装卸设备为 2 台 25 吨门式起重机。项目总投资 4300 万元,业主自有资金。项目用地面积 5.2 万平方米。

项目建设单位为江苏省江海粮油贸易公司;设计单位为上海港湾工程研究设计院;施工单位为中港第三航务工程局;监理单位为张家港江东港口工程监理有限公司;质监单位为苏州交通工程质量监督站。

2011 年 10 月 17 日,江苏省交通运输厅《关于苏州港张家港港区江海粮油码头 1#—4# 泊位结构加固改造工程方案的批复》(苏交港〔2011〕90 号),项目总投资 3260 万元,项目将四期扩建项目 35000 吨级散粮码头改造为 70000 吨级码头,2013 年 2 月 22 日开工,2013 年 5 月 20 日交工验收,2013 年 6 月试运行。

码头结构加固改造工程建设单位为江苏省江海粮油集团有限公司;设计单位为中交上海港湾工程设计研究院有限公司;监理单位镇江市兴华工程建设监理有限责任公司;质监单位苏州市交通工程质量监督站;施工单位为中海工程建设总局。

(40)苏州港张家港港区孚宝仓储码头一期

项目于 2006 年 3 月开工,2007 年 5 月竣工。

项目建设依据:2006 年 6 月,江苏省张家港保税区管委会《批复中交中交第三航务工程勘察设计院编制的〈张家港孚宝仓储有限公司罐区一期工程初步设计〉》[张保(土)发〔2006〕2 号];2004 年 12 月,江苏省环境保护厅《关于对张家港孚宝仓储有限公司化工仓储、码头项目环境影响报告书的批复》(苏环管〔2004〕283 号);2006 年 1 月,江苏省交通厅《关于苏州张家港港区孚宝仓储码头一期工程使用岸线的批复》(交规划发〔2006〕18 号)。

项目建设 1 个 30000 吨级码头泊位和 1 个万吨级码头泊位(码头水工允许靠泊能力为 50000 吨级)。码头岸线总长 461 米。码头采用引桥式布置、高桩式码头结构,码头前沿水深均大于 12 米。化工品储罐 88 个,总容量为约 46.38 万立方米;装车站台两座,可同时容纳 28 辆槽罐车。项目总投资 3.54 亿元,由企业自筹。项目用地面积 706.73 亩。

项目建设单位为张家港孚宝仓储有限公司;设计单位为中交第三航务工程勘察设计院;施工单位为中交第二航务工程局;监理单位为上海海科工程监理所;质监单位为苏州市交通工程质量监督站。

2007 年 1 月,码头工程通过苏州市交通工程质量监督站交工质量鉴定,同月张家港孚宝公司组织通过码头工程交工验收会。2007 年 5 月,码头工程通过江苏海事局主持的竣工验收。

张家港孚宝仓储有限公司二期工程(含内河港池)项目于 2008 年 12 月获得江苏省环保厅批复,环评批复文号为苏环管〔2008〕370 号。2013 年 4 月开工建设,2014 年 3 月工程竣工,2014 年 4 月投入试生产,2015 年 6 月通过江苏省环境保护厅的项目竣工环境保护验收。2013—2017 年吞吐量分别为 144.59 万吨、134.76 万吨、131.56 万吨、136.93 万吨、149.71 万吨。

(41)张家港华达码头工程项目

项目于 2006 年 5 月开工,2007 年 5 月竣工。

项目建设依据:2004 年 12 月,苏州市环境保护局《关于张家港华达码头有限公司件杂码头工程建设项目环境影响报告书的审批意见》(苏环建〔2004〕1397 号);2005 年 9 月,江苏省国土资源厅《关于张家港华达码头有限公司件杂码头工程用地的预审意见》(苏国土资函〔2005〕631 号);2005 年 12 月,交通部《关于苏州张家港港区华达杂货码头工程使用港口岸线的批复》(交规划发〔2005〕643 号)。

项目建设 2 个万吨级、3 个 20000 吨级散杂货码头泊位(码头水工允许靠泊能力为 30000 吨级)。码头岸线总长 908 米。码头采用顺岸式布置、高桩式码头结构,码头前沿水深 16.3 米。码头堆场面积 37 万平方米,堆存能力 600 万吨。主要装卸设备 25 吨、33

米门座起重机 4 台,40 吨、33 米门座起重机 6 台,10 吨平板车 6 台,25 吨平板车 6 台,Q45 牵引车 6 台,30 吨叉车 3 辆,5 吨叉车 2 辆,150 吨叉车 2 辆,25 吨叉车 2 辆,5 吨装载机 5 辆,7 吨装载机 7 辆。项目总投资 3.45 亿元,为业主自有资金。项目用地面积 9.21 万平方米。

2013—2015 年货物吞吐量分别为 871.32 万吨、865.75 万吨、669.50 万吨。

项目建设单位为中港第二航务工程局;设计单位为中交第二航务工程勘察设计院有限公司;施工单位为中交第二航务工程局、常州先达路桥工程有限公司张家港保税区天云市政建筑工程有限公司等;监理单位为武汉华通工程监理所、张家港市华泰工程建设咨询监理有限公司;质监单位为苏州市交通工程质量监督站。

(42)苏州港张家港港区中油泰富公用油品码头改建工程

项目于 2007 年 1 月开工,2008 年 8 月试运行,2009 年 12 月竣工。

项目建设依据:2008 年 5 月,张家港市港口管理局《批复南京水利科学研究院勘察设计院编制的苏州港张家港港区中油泰富石油集团公司码头改建工程初步设计》(张港管〔2008〕22 号);2008 年 1 月,江苏省发展和改革委员会《关于核准苏州港张家港港区中油泰富公用油品码头扩建工程项目的批复》(苏发改交通发〔2008〕94 号);2008 年 5 月,江苏省交通厅《关于苏州港张家港港区中油泰富公用油品码头扩建工程初步设计的批复》(苏交港〔2008〕37 号);2008 年 8 月,苏州市港口管理局《关于苏州港张家港港区中油泰富公用油品码头扩建工程施工图设计的批复》(苏港管〔2008〕24 号);2005 年 3 月,江苏省环保厅批复上海市环境科学研究院编制的《张家港保税区中油泰富石油有限公司年装卸、仓储汽柴油、重油 190 万吨码头仓储改扩建项目环境影响报告书》(苏环管〔2005〕66 号);2005 年 4 月,水利部长江水利委员会《关于张家港保税区中油泰富石油有限公司码头改扩建工程涉及河道管理有关问题的批复》(长江务〔2005〕235 号);2006 年 8 月,水利部长江水利委员会《关于张家港保税区中油泰富仓储码头改(扩)建工程建设方案涉河及河道管理有关事宜的批复》(长许可〔2006〕79 号)。

项目建设对原有 5000 吨级浮码头进行改扩建,项目内容包括 1 个万吨级泊位(码头水工允许靠泊能力为 20000 吨级)和 1 个 20000 吨级泊位(码头水工允许靠泊能力为 30000 吨级)。码头岸线总长 466 米。码头采用顺岸式布置、高桩式码头结构,码头前沿水深 9.5 米。储罐总容量 19.5 万立方米项目总投资 5082.93 万元,为业主自有资金。项目新增用地面积为 5115.1 平方米。

项目建设单位为江苏省中油泰富石油集团有限公司;设计单位为南京水利科学研究院勘察设计院;施工单位为中交二航局第三工程有限公司;监理单位为张家港江东港口工程监理有限公司;质监单位为苏州市交通工程质量监督站。

2008 年 12 月,南京水利科学研究院勘察设计院编制的苏州港张家港港区中油泰富石油集团公司码头改建工程施工图设计变更,在码头装卸平台后档增加小吨位(≤500吨)靠泊能力。

项目消除了原5000吨级趸船码头因使用年代久、设施陈旧落后而存在的严重安全隐患,解决了油库码头靠泊紧张的矛盾,充分发挥有限深水岸资源最大效益,确保了码头安全作业。

(43)苏州港张家港港区东沙作业区宏泰通用码头工程项目

项目于2007年7月开工,2009年1月试运行,2009年9月竣工。

项目建设依据:2008年1月,江苏省交通厅《关于苏州港张家港港区东沙作业区宏泰通用码头工程初步设计的批复》(苏交港〔2008〕3号);2007年3月,江苏省环境保护厅《关于对张家港宏泰码头有限公司通用码头、仓储设施建设工程环境影响报告书的批复》;2008年11月,张家港市国土资源局"中华人民共和国国有土地使用证"(张国用〔2008〕第610003号);2007年6月,交通部《关于苏州港张家港港区东沙作业区宏泰码头工程使用港口岸线的批复》(交规划发〔2007〕323号)。

项目建设2个35000吨级通用码头(码头水工允许靠泊能力为50000吨级)。码头岸线总长464米。码头采用引桥式布置、高桩式码头结构,码头前沿水深11.9米。码头堆场面积4.08万平方米,堆存能力46万吨;仓库面积0.71平方米,堆存能力4万吨。主要装卸设备包括2台32吨桥式卸船机,2台25吨、35米门座起重机和1台40吨、35米门座起重机。堆场配备了4台25吨、35米轨道式门式起重机和2台40吨、35米轨道式门式起重机。项目总投资5.73亿元,企业投资1.9亿元,银行贷款3.83亿元。项目用地面积330亩。

项目建设单位为张家港宏泰码头有限公司;设计单位为中交第二航务工程勘察设计院有限公司;施工单位为中交二航局第三工程有限公司;监理单位为张家港江东港口工程监理有限公司;质监单位为苏州市交通工程质量监督站。

宏泰通用码头工程建设,缓解张家港港区杂货码头通过能力不足。工程服务对象主要为张家港东部地区的无码头企业及自有码头吞吐能力不足的企业。2011—2015年码头吞吐量分别为850.25万吨、661.17万吨、568.52万吨、493.75万吨、524.06万吨。

(44)张家港港务集团13号、14号泊位改造项目

项目于2009年4月开工,2009年7月竣工。

项目建设依据:2008年,张家港市发展与改革委员会《关于同意张家港港务集团13#、14#泊位码头改造方案的批复》(张发改基〔2008〕7号);2008年11月,苏州市港口局《关于苏州港张家港港区张家港港务集团有限公司13#、14#泊位码头技术改造工程施工图设计的批复》(苏港管字〔2008〕44号)。

项目将 13 号、14 号泊位分别改建为 30000 吨级和 40000 吨级件杂货码头。码头岸线总长 375 米。码头采用栈桥式布置、高桩梁板式码头结构,码头前沿水深 10.5 米。码头堆场面积 8.9 万平方米,堆存能力 25 万吨;仓库面积 7000 平方米,堆存能力 2 万吨。主要装卸设备有门式起重机 5 台。项目总投资 1236 万元,为业主自有资金。项目用地面积为 263 亩。

项目建设单位为张家港港务集团有限公司;设计单位为中交第三航务工程勘察设计院有限公司;施工单位为中交第三航务工程有限公司;监理单位为张家港江东港口工程监理有限公司;质监单位为苏州市交通工程质量监督站。

项目升级改造后,提升了码头能力,2013—2017 年项目完成货物吞吐量 868 万吨。

(45)苏州张家港港区化学工业园液体化工码头项目

项目于 2010 年 5 月开工,2011 年 2 月试运行,2012 年 6 月竣工。

项目建设依据:2009 年 11 月,江苏省发展和改革委员会《关于核准苏州港张家港港区化学工业园作业区液体化工码头工程项目的通知》(苏发改交通发〔2009〕1587 号);2009 年 12 月,江苏省交通厅《关于苏州张家港港区化学工业园作业区液体化工码头工程初步设计》(苏交港〔2009〕117 号);2008 年 8 月,江苏省环境保护厅《张家港东华能源股份有限公司新建 2 万吨石化码头项目环境影响报告书》(苏环管〔2008〕198 号);张家港市规划局"中华人民共和国建设用地规划许可证"(张保 2007-039,2007-016);2009 年 9 月,交通运输部《关于苏州张家港港区化学工业园作业区液体化工码头工程使用港口岸线的批复》(交规划发〔2009〕514 号)。

项目建设 1 个 20000 吨级化学品码头,岸线总长 254.5 米。码头采用顺岸式布局、高桩式结构。码头前沿水深 12.5 米。项目后方堆场面积 18.6 万平方米,化工品罐区。主要装卸设备包括 7 根 8 英寸化工管线、1 根 10 英寸化工管线。项目总投资 8412 万元,由企业自筹。陆域用地面积 16.26 万平方米。

项目建设单位为东华能源股份有限公司;设计单位为中交第二航务工程勘察设计院有限公司;施工单位为中交第三航务工程局有限公司;监理单位为江苏镇江兴华工程建设监理有限公司;质监单位为苏州市交通工程质量监督站。

项目于 2011 年 2 月投入试运行,此项目充分利用宝贵的岸线资源,更好地服务于区域经济的建设,配套扩建 18.6 万立方米的化工仓储项目,码头装卸的物料以液体化工品为主,液体化工品集疏运输方式为大船从国外或我国沿海运抵本码头,然后通过罐车运输至扬子江国际化工园内各工厂及周边地区或通过小船运输至长江中下游地区。

(46)苏州张家港港区化学工业园 5.4 万吨 LPG 码头重建项目

项目于 2011 年 5 月开工,2012 年 6 月试运行,2013 年 6 月竣工。

项目建设依据:1997 年 4 月,江苏省张家港保税区管委会《张家港东华优尼科能源有限公司石油液化气码头工程、消防取泵站工程可行性研究报告》（张保经〔97〕第 27 号）；2011 年 12 月，苏州市港口管理局《苏州港张家港港区化学工业园作业区 5.4 万吨 LPG 码头重建工程初步设计》（苏港管字〔2011〕10 号）；2011 年 12 月，张家港市环境保护局《东华能源股份有限公司 5.4 万吨级 LPG 码头重建项目环境影响报告书》（张环发〔2011〕282 号）；1997 年 9 月，水利部长江水利委员会《关于张家港东华优尼科能源有限公司使用长江岸线滩地建设码头和贮气罐区的请示》（长汛〔1997〕557 号）；2011 年 1 月，水利部长江水利委员会《关于东华能源股份有限公司 54000 吨 LPG 码头修复工程涉河建设方案的批复》（长许可〔2011〕21 号）。

项目建设 1 个 54000 吨级液化气码头，岸线总长 500 米。码头采用顺岸式布局、高桩式结构。码头前沿水深 12.5 米。项目后方堆场面积 31000 立方米低温常压液化气储罐 2 个，1000 立方米液化气压力球罐 2 个。主要装卸设备为 2 根 10 寸低温输油臂。项目总投资 9794 万元，由企业自筹。陆域用地面积 16.26 万平方米。

项目建设单位为东华能源股份有限公司；设计单位为中交第二航务工程勘察设计院有限公司；施工单位为中交第三航务工程局有限公司；监理单位为镇江兴华工程建设监理有限公司；质监单位为苏州市交通工程质量监督站。

项目于 2012 年 6 月投入试运行，项目充分利用岸线资源，更好地服务于区域经济的建设，进一步增强了东华能源股份有限公司的综合竞争实力，提高库区的 LPG 吞吐量，并为后期东华能源股份有限公司 PDH 新项目投产提供可靠的物流保障。

（47）苏州港张家港港区东沙作业区盛泰通用码头工程项目

项目于 2012 年 2 月开工，2013 年 10 月试运行，2015 年 2 月竣工。

项目建设依据：2011 年 7 月，江苏省发展和改革委员会《苏州港张家港港区东沙作业区盛泰通用码头工程可行性研究报告》审核意见；2011 年 10 月，江苏省交通运输厅《苏州港张家港港区东沙作业区盛泰通用码头工程初步设计》（苏交港〔2011〕91 号）；2011 年 8 月，江苏省环境保护厅《关于对苏州港张家港港区东沙作业区盛泰通用码头工程环境影响报告书的批复》（〔2011〕160 号）；2012 年 4 月，张家港市国土资源局"中华人民共和国国有土地使用证"（张国用〔2012〕第 0610007 号）；2011 年 6 月，交通运输部对苏州港张家港港区东沙作业区盛泰通用码头工程使用港口岸线 808 米的批复（交规划发〔2011〕274）。

项目建设 1 个 40000 吨级杂货泊位、1 个 50000 吨级散货泊位及 1 个 50000 吨级通用泊位（码头水工允许靠泊能力为 10 万吨级），岸线总长 808 米。码头采用顺岸式布局、高桩式结构。码头前沿水深 15 米。项目后方堆场面积 16.9 万平方米，堆存能力 150 万吨。主要装卸设备包括桥式抓斗卸船机（1600 吨/小时）2 台，装船机（1500 吨/小时）1 台，门座起重机 4 台。项目总投资 13.80 亿元，由企业自筹。陆域用地面积 33 万平方米。

项目建设单位为张家港市盛泰港务有限公司;设计单位为中交第二航务工程勘察设计院有限公司;施工单位为中交二航局第三工程有限公司(码头水工)、张家港市市政工程有限公司(陆域工程);监理单位为苏州市路达工程监理咨询有限公司;质监单位为苏州市交通工程质量监督站。

盛泰通用码头工程建设,不仅可解决永钢集团现有码头吞吐能力不足的问题,还可有效缓解张家港港区货物的运营压力,降低东沙地区原料和产品的运输成本,对于永钢集团调整产业结构,加快发展现代物流业,提高综合竞争实力,促进可持续发展都将产生积极而深远的影响。

2013—2015 年码头吞吐量分别为52.41 万吨、650.67 万吨、790.55 万吨。

(48)张家港港务集团1 号、2 号泊位码头结构加固改造工程项目

项目于 2012 年 2 月开工,2013 年 6 月竣工。

项目建设依据:2011 年 7 月,苏州市交通路管局,《关于苏州港张家港港务集团有限1#、2#泊位码头结构加固改造方案的批复》(苏交港〔2011〕61 号)。

项目在原码头新建 7 个系靠墩,改造后码头靠泊能力为 50000 吨级,岸线总长 951 米。码头采用顺岸式式布局、高桩式结构。码头前沿水深 10.5 米。项目后方堆场面积 15.52 万平方米,堆存能力 38.5 万吨。仓库面积 2.02 万平方米,堆存能力 8 万吨。主要装卸设备有门式起重机 6 台。项目总投资 3837 万元,由企业自筹。

项目建设单位为张家港港务集团有限公司;设计单位为中交第三航务工程勘察设计院有限公司;施工单位为中交第三航务工程局有限公司;监理单位为张家港江东港口工程监理有限公司;质监单位为苏州市交通工程质量监督站。

项目升级改造后,提升了码头能力,2013—2017 年该项目完成货物吞吐量 1307 万吨。

(49)苏州港张家港港区中油泰富油品码头 1 号、2 号泊位结构加固改造工程项目

项目于 2012 年 6 月开工,2013 年 4 月试运行,2014 年 12 月竣工。

项目建设依据:2011 年 6 月,江苏省交通运输厅《关于苏州港张家港港区中油泰富油品码头(1#、2#泊位)结构加固改造设计方案的批复》(苏交港〔2011〕55 号);2005 年 3 月,江苏省环境保护厅《批复上海市环境科学研究院编制的〈张家港保税区中油泰富石油有限公司年装卸、仓储汽柴油、重油 190 万吨码头仓储改扩建项目环境影响报告书〉》(苏环管〔2005〕66 号);2006 年 12 月,交通部《关于苏州港张家港港区中油泰富公用码头扩建工程使用港口岸线的批复》(交规划发〔2006〕708 号)。

项目建设对原有 1 个 10000 吨级泊位(码头水工允许靠泊能力为 20000 吨级)和 1 个 20000 吨级泊位(码头水工允许靠泊能力为 30000 吨级),在不改变码头泊位总长度、码头前沿线位置及原有码头总体布局形式的前提下,通过定点结构加固改造,码头水工结构升

级到 50000 吨级,满足 1 艘 50000 吨级船舶油船和 1 艘 2000 吨级油船同时靠泊,或 1 艘 20000 吨级船舶油船和 1 艘 10000 吨级油船同时靠泊。码头岸线总长 466 米。码头采用顺岸式布置、高桩梁板式码头结构,码头前沿水深 9.5 米。项目总投资 1579.56 万元,为业主自有资金。

项目建设单位为江苏省中油泰富石油集团有限公司;设计单位为南京水利科学研究院勘察设计院;施工单位为中交二航局第三工程有限公司;监理单位为江苏科兴工程建设监理有限公司;质监单位为苏州市交通工程质量监督站。

项目适应了船舶大型化发展的需要,提高了码头靠泊等级,提升了码头结构强度,确保了码头靠泊作业安全,解决了码头船只靠泊紧张的矛盾,充分发挥了有限深水岸线资源使用效益。

(50)张家港港务集团 8 号、9 号泊位码头结构加固改造工程项目

项目于 2012 年 10 月开工,2013 年 12 月竣工。

项目建设依据:2012 年,交通运输部《关于苏州港张家港港区张家港港务集团有限公司 8#、9#泊位码头结构加固改造方案的批复》(厅水便〔2012〕10 号);2012 年,苏州市港口管理局《关于苏州港张家港港区张家港港务集团 8#、9#泊位码头结构加固改造工程施工图设计的批复》(苏港管字〔2012〕25 号)。

项目在原码头新建 4 个系靠墩,4 个墩台共布置 41 根钢管桩,岸线总长 388 米。码头采用连片式布局、嵌入式系靠墩式结构。码头前沿水深 10.5 米。项目后方堆场面积 9.7 万平方米,堆存能力 30 万吨。仓库面积 1.15 万平方米,堆存能力 3 万吨。主要装卸设备包括门式起重机 8 台。项目总投资 2808 万元,由企业自筹。

项目建设单位为张家港港务集团有限公司;设计单位为中交第三航务工程勘察设计院有限公司;施工单位为中交第三航务工程局有限公司;监理单位为张家港江东港口工程监理有限公司;质监单位为苏州市交通工程质量监督站。

(51)苏州港张家港港区长江国际码头结构加固改造工程项目

项目于 2012 年 11 月开工,2014 年 5 月试运行,2015 年 11 月竣工。

项目建设依据:2011 年 11 月,张家港海事局《张家港辖区码头结构加固改造有关事宜通知》(张海事函〔2011〕148 号);2011 年 12 月,江苏省交通运输厅《关于苏州港张家港港区长江国际码头结构加固改造工程方案的批复》(苏交港〔2011〕108 号);2012 年 5 月,江苏海事局《关于张家港保税区长江国际码头结构加固改造工程有关通航安全问题的复函》(苏海事函〔2012〕131 号);2012 年 10 月,江苏省交通运输厅《开工备案表》。2018 年 8 月,苏州市港口管理局《关于苏州港张家港港区长江国际码头结构加固改造工程施工图设计的批复》(苏港管字〔2012〕45 号);2016 年 7 月,江苏省交通运输厅发放《港口工程竣工验收证书》(苏交港验证字〔2016〕20 号);2013 年 8 月,江苏海事局《关于江苏港张家港

港区长江国际码头结构加固改造工程的通航安全核准意见》(苏海事函〔2013〕304号);
2012年8月,报张家港市环境保护局《关于张家港保税科技股份有限公司子公司长江国际码头加固改造项目的情况报告》(保税科技〔2012〕5号)。

码头结构加固改造项目,苏州港张家港港区长江国际码头1号泊位原为5000吨级泊位、2号泊位原为25000吨级(水工结构兼顾50000吨级)泊位,现将1号泊位(利用3号泊位部分长度)按满载靠泊30000吨级化学品船进行加固改造,2号泊位按满载靠泊50000吨级化学品船进行加固改造。项目建设1个30000吨级及1个50000吨级化学品码头,岸线总长506.3米。码头采用引桥式布局、高桩式结构。码头前沿水深14.07米。项目后方配套设施有142台储罐,仓储库容63.97万立方米。项目总投资7705.97万元,由企业自筹。陆域用地面积32.80万平方米(492亩)。

项目建设单位为张家港保税区长江国际港务有限公司;设计单位为中交第二航务工程勘察设计院有限公司;施工单位为中交二航局第三工程有限公司;监理单位为中交二航院工程咨询监理有限公司;质监单位为苏州市交通工程质量监督站。

主要设计变更:根据现场施工情况,1号泊位由于建设年代较久,混凝土结构老化严重,其横梁拆除中混凝土破损松动,且靠近3号和4号系船墩的桩基偏位较大。故分别在3号和4号系船墩处增设1根ϕ800钻孔灌注桩加固原码头横梁,同时相应调整3号、4号系靠船墩墩台缺口尺寸。

2013年6月14日,苏州港张家港港区长江国际码头结构加固改造工程交工验收会议在张家港保税区长江国际港务有限公司召开,参加会议的有苏州市交通工程质量监督站、张家港市港口管理局、张家港海事局、中交第二航务工程勘察设计院有限公司、中交二航院工程咨询监理有限公司、中交二航局第三工程有限公司等单位的领导有代表;验收组一致同意苏州市交通工程质量监督站对该工程质量的评定意见,工程质量为合格。

(52)辻产业重机(江苏)有限公司码头扩建10000吨级码头工程项目

项目于2014年3月开工,2018年2月试运行,2020年12月竣工。

项目建设依据:2012年1月,江苏省发展和改革委员会《关于核准苏州港张家港港区辻产业重机码头扩建工程项目的通知》(苏发改基础发〔2002〕1号);2013年6月,江苏省交通运输厅《关于苏州港张家港港区辻产业重机码头扩建工程初步设计的批复》(苏交通〔2013〕37号);2008年,苏州市环境保护局《关于对辻产业重机(江苏)有限公司码头扩建工程环境影响报告书的审批意见》(苏环建〔2008〕329号)。

项目建设1个万吨级重件码头(码头水工允许靠泊能力为30000吨级),岸线总长450米。码头采用引桥式布局、高桩式结构。码头前沿水深11.8米。项目后方堆场面积6万平方米,堆存能力45万吨。仓库面积5万平方米,堆存能力35万吨。主要装卸设备包括 1 台 45 吨门式起重机、100 吨平台车、装载机、叉车等。项目总投资 4138 万元,由企业自筹。陆域用地面积 11 万平方米。

项目建设单位为辻产业重机(江苏)有限公司;设计单位为中船第九设计研究院工程有限公司;施工单位为中交二航局第三工程有限公司;监理单位为中交二航院工程咨询有限公司;质监单位为苏州市交通工程质量监督站。

项目于 2014 年底建成后,由于各种原因始终未投入生产。在 2017 年苏州港口集团收购原丰立集团港口板块资产(包括永恒码头、辻产业),由永恒码头对辻产业进行运营管理,永恒码头纳入苏州港散杂货一体化运营以来,在上级主管部门的大力支持和协调下,辻产业扩建码头于 2018 年 2 月开始试运营。

(53)张家港港务集团 4 号、5 号泊位码头结构加固改造工程项目

项目于 2014 年 11 月开工,2015 年 6 月竣工。

项目建设依据:2012 年,交通运输部《关于苏州港张家港港区张家港港务集团有限公司 4#、5#泊位码头结构加固改造方案的批复》;2012 年,苏州市港口管理局《关于苏州港张家港港区张家港港务集团 4#、5#泊位码头结构加固改造工程施工图设计的批复》(苏港管字〔2012〕26 号)。

项目建设 2 个系靠墩和 8 个靠船点,岸线总长 581.38 米。码头采用栈桥式布局、高桩梁板式结构。码头前沿水深 10.5 米。项目后方堆场面积 10.68 万平方米,堆存能力 30 万吨。仓库面积 6800 平方米,堆存能力 2 万吨。主要装卸设备配置多用途门座起重机。项目总投资 3368 万元,由企业自筹。

项目建设单位为张家港港务集团有限公司;设计单位为中交第三航务工程勘察设计院有限公司;施工单位为中交第三航务工程局有限公司;监理单位为张家港江东港口工程监理有限公司;质监单位为苏州市交通工程质量监督站。

项目升级改造后,提升了码头能力,2013—2017 年该项目完成货物吞吐量 4356 万吨。

(54)江苏沙洲电厂二期"上大压小"扩建项目配套码头工程项目

项目于 2016 年 1 月开工,2016 年 10 月完工,2016 年 11 月交工验收。

项目建设依据:2015 年 7 月,江苏省发展和改革委员会《批复〈关于苏州港张家港港区冶金工业园作业区沙洲电厂二期"上大压小"扩建项目配套码头工程项目核准的批复〉》(苏发改基础发〔2015〕686 号);2015 年 2 月,国家环境保护总局《批复江苏沙洲电厂单位编制的〈关于江苏沙洲电厂二期"上大压小"扩建工程环境影响报告书的批复〉》(环审〔2015〕48 号);2013 年 5 月,水利部长江水利委员会《批复江苏沙洲电厂单位编制的〈关于江苏沙洲电厂二期"上大压小"扩建项目码头工程涉河工程建设方案的批复〉》(长江务〔2013〕123 号)。

项目建设 1 个 10 万吨级散货码头。码头岸线总长 325 米。码头采用引桥式布置、高桩式码头结构,码头前沿水深 18 米。码头堆场面积 2.3 万平方米,堆存能力 34 万吨。主要装卸设备有 2 台卸船机、4 台推耙机。项目总投资 2.64 亿元,为业主自有资金。

项目建设单位为江苏沙洲电厂;EPC 总承包单位为中交第二航务工程勘察设计院有限公司;施工单位为中交二航局第三工程有限公司;监理单位为江苏科兴项目管理有限公司;质监单位为苏州市交通工程质量监督站。

(三)常熟港区

1.港区综述

(1)港区建设和运营情况

常熟港位于沿江开发和沿海开放带的两条主轴线 T 字结构的交汇处,是长江经济带和 21 世纪海上丝绸之路上重要的国家一类口岸。常熟港是常熟市经济发展和临港工业开发的重要支撑,临近上海自贸区,是长江黄金水道的重要一环,主要为长江沿线及周边地区经济发展和对外物资交流服务。

常熟港自 1996 年 11 月 16 日正式对外开放以来,始终坚持“以港兴市”发展战略,不断加快港口建设步伐,加大揽货开线力度,加强口岸港口管理,经过多年发展,港口设施日臻完善,港口货物吞吐量持续攀升,行业管理逐步规范,口岸环境日益优化,口岸和港口发展影响力不断提升。截至 2015 年,常熟港共建成生产性泊位 53 个,其中万吨级以上泊位 24 个,最大靠泊等级 10 万吨级(减载靠泊),对外开放码头泊位 25 个。常熟港主要进出口货种有钢材、纸浆及制品、木材、化工品、煤炭、集装箱等,其中钢材、纸浆及制品、原木、液体化工品已经成为特色外贸货种。

2011—2015 年吞吐量分别为 5701.67 万吨、6311.75 万吨、7202.12 万吨、8050.21 万吨、8507.08 万吨。

(2)港区地理条件和集疏运概况

常熟市位于长江下游南岸沿江开发带,处于上海经济圈中心,东邻太仓,南连昆山、苏州,西邻无锡、江阴,北枕长江与南通隔江相望,西北与张家港接壤,地理位置十分优越。

常熟港区位于常熟市境内,水路距长江口 70 千米,沿长江上溯沟通长江中上游沿线地区,经申张线、望虞河、常浒河、白茆塘等航道与长江三角洲内河水网相连;高等级公路有 G15 沈梅高速公路、G15W 常台高速公路(原苏嘉杭高速)、S38 常合高速公路(原沿江高速公路)、S48 常嘉高速公路,以及 G204、S227、S338 等,分别通往张家港、太仓、南通、无锡、苏州、上海等周边地区,并依托苏通大桥连接长江南北两岸,通往苏中、苏北广大地区。

随着长江南京以下 12.5 米深水航道建设工程的建设,到 2015 年,实现了 12.5 米深水航道由太仓上延至南通的建设目标,第三、第四代集装箱船和 50000 吨级船舶满载直达常熟港。其中,常熟港进港航道位于常浒河口至白茆河口区域,白茆小沙夹槽内,航道里程 16.5 千米,一期工程设标宽度金泾塘以上 250 米,金泾塘以下 135 米,维护水深 8 米,代表船型为 5000 吨级,兼顾 10000 吨级杂货船单向通航,二期工程建设标准满足 10000 吨级代表船型,兼顾 20000 吨级杂货船双向通航需求,金泾塘以下航道宽度由 135 米拓宽至 250 米,维护水深为 8.5 米。

港区内集输运主要通过水水中转及水陆中转,2015 年,水水中转共计 5323.8 万吨,水陆中转 70.3 万吨。

2.港区工程项目

(1)常熟兴华港口一期起步工程

项目于 1995 年 5 月开工,1996 年 6 月竣工。

项目建设依据:1993 年 12 月,江苏省计划经济委员会、江苏省对外经济贸易委员会《中外合资建设常熟兴华长江码头工程可行性研究报告》(苏计经投〔1993〕1705 号);1996 年 10 月,常熟市环境保护局《常熟港兴华港区起步工程环境影响报告书》(常环发〔1996〕139 号);1994 年 4 月,水利部长江水利委员会《对占用长江常熟野猫口段岸线水域合资建设两座万吨级码头的批复》(长防汛〔1994〕177 号)。

项目建设 2 个万吨级多用途泊位(可兼靠一艘 30000 吨级船舶),岸线总长 500 米。码头采用高桩式布局、引桥式结构。码头前沿水深 13.3 米。项目后方堆场面积 3.9 万平方米,堆存能力 120 万吨。仓库面积 13.2 万平方米,堆存能力 130 万吨。主要装卸设备有 2 台岸桥。项目总投资 2.02 亿元,由企业自筹。陆域用地面积 46.66 平方米。

项目建设单位为常熟兴华港口有限公司;设计单位为交通部第二航务工程勘察设计院有限公司;施工单位为交通部第三航务工程局第三工程公司;监理单位为武汉华通水运工程监理所;质监单位为镇江港口建设工程质量监督站。

该项目建设投产后,填补了常熟没有公用码头的空白,吸引了更多的大型基础工业企业到长江沿岸进行投资建设,改变了长江三角洲的经济结构和工业布局,减轻了沪宁线的压力,并间接推动了杭嘉湖地区的经济发展,奠定了常熟在长三角的经济枢纽的地位。

(2)常熟兴华港口二期工程

项目于 2002 年 2 月开工,2003 年 6 月竣工。

项目建设依据:2002 年 12 月,江苏省发展计划委员会批复《关于常熟港兴华港区二期工程可行性研究报告》(苏计基础发〔2002〕1435 号);2001 年 9 月,常熟市计划委员会《常熟港兴华港区二期工程可行性研究报告》(常计管〔2001〕068 号);2001 年 11 月,江苏省环境保护厅《关于对中新合资常熟港兴华港区二期工程环境影响报告书》(苏环管

〔2001〕150 号);2002 年 4 月,水利部长江水利委员会《关于常熟港兴华港区二期工程使(占)用长江岸线水域的批复》(苏市水〔2002〕87 号)。

项目建设 1 个 50000 吨级深水泊位及 1 个万吨级(兼顾 30000 吨级船舶)深水泊位,岸线总长 423.2 米。码头采用高桩式布局、引桥式结构。码头前沿水深 13～15 米。项目后方堆场面积 81352.2 平方米,堆存能力 240 万吨。仓库面积 4.9 万平方米,堆存能力 120 万吨。主要装卸设备为 2 台门座起重机。项目总投资 1.41 亿元,由企业自筹。陆域用地面积 25 万平方米。

项目建设单位为常熟兴华港口有限公司;设计单位为交通部第二航务工程勘察设计院有限公司;施工单位为交通部第三航务工程局第三工程公司;监理单位为上海东华建设监理所;质监单位为交通部长江航务工程质量监督中心站。

工程的建设既满足了腹地集装箱运输的需要,又满足了腹地钢铁、木材、纸浆等货物运输的需要,对今后港区的发展、货种的变化和功能调整适应性较强,并和一期工程装卸设备,便于统一调配使用。同时,有效缓解了一期工程建成以后吞吐量增长迅速而超负荷的运营状态,有力支持了港口生产和发展。

(3)常熟兴华港口三期工程

项目于 2004 年 10 月开工,2005 年 5 月交工,2005 年 9 月试运行。

项目建设依据:2003 年 12 月,江苏省发展计划委员会《关于常熟兴华港区三期工程可行性研究报告》(苏计基础发〔2003〕1548 号);2004 年 10 月,江苏省发展计划委员会《关于常熟兴华港区三期工程初步设计的批复》(苏计基础发〔2004〕61 号);2003 年 10 月,江苏省环境保护厅《关于对常熟兴华港区三期工程环境影响报告书》(苏环管〔2003〕183 号);2003 年 12 月,水利部长江水利委员会《关于常熟兴华港口有限公司申请占用长江岸线、水域建设三期码头工程的批复》(长江务〔2003〕841 号)。

项目建设 1 个 50000 吨级泊位及 2 个 35000 吨级泊位,岸线总长 642.4 米。码头采用高桩式布局、引桥式结构。码头前沿水深 13～15 米。项目后方堆场面积 20 万平方米,堆存能力 500 万吨。主要装卸设备为 4 台门座起重机。项目总投资 3.28 亿元,由企业自筹。

项目建设单位为常熟兴华港口有限公司;设计单位为交通部第二航务工程勘察设计院有限公司;施工单位为交通部第三航务工程局第三工程公司;监理单位为上海东华建设监理所;质监单位为交通部长江航务工程质量监督中心站。

工程的建设满足了腹地钢铁运输的需要,更为常熟经济开发区内钢铁企业原材料的运输增加了最经济的运输通道。同时,有效地缓解了常熟兴华公用港区码头通过能力不足与吞吐量快速增长之间的矛盾,适应港口生产和发展的需要,促进港口规模效应形成,推动了地区经济发展。

（4）理文造纸有限公司码头工程

项目于2005年6月开工，2006年2月竣工。

项目建设依据：2003年12月，江苏省发展计划委员会《关于江苏理文造纸有限公司码头工程项目建设书的批复》（苏计基础发〔2003〕1660号）；2004年11月，江苏省发展和改革委员会《关于江苏理文造纸有限公司码头工程可行性研究报告的批复》（苏发改交能发〔2004〕840号）；2004年11月，常熟市发展计划委员《关于江苏理文造纸有限公司码头工程初步设计的批复》（常计〔2004〕437号）；2004年9月，江苏省交通厅《关于江苏理文造纸有限公司码头工程可行性研究报告的审核意见》（苏交计〔2004〕163号）；2006年，江苏省环境保护厅《关于对江苏理文造纸有限公司码头工程（一期）建设项目竣工环境保护验收申请报告的审核意见》（苏环验〔2006〕289号）；2004年，水利部长江水利委员会《关于江苏理文造纸有限公司建设专用码头工程涉及河道管理有关问题的批复》（长江务〔2004〕647号）。

项目建设2个万吨级泊位及1个5000吨级泊位，岸线总长465米。码头采用高桩式布局、引桥式结构。码头前沿水深10.6米。项目后方堆场面积3.37平方米，堆存能力2.88万吨。主要装卸设备为2台门座起重机。项目总投资7217.97万元，由企业自筹。陆域用地面积3.37万平方米。

项目建设单位为江苏理文造纸有限公司；设计单位为中交第二航务工程勘察设计院、常熟市水利勘察设计院；施工单位为江苏海宏建设工程有限公司、常熟市水利第三工程队、苏州建设（集团）有限责任公司欣诚分公司；监理单位为镇江市兴华工程建设监理有限责任公司；质监单位为苏州市交通工程质量监督站。

（5）汇海石化码头工程

项目于2007年2月开工，2009年7月试运行，2011年10月竣工。

项目建设依据：2007年8月，江苏省交通厅《关于苏州港常熟港区汇海石化码头工程初步设计审查的请示》（苏交港〔2007〕44号）；2006年11月，江苏省环境保护厅《关于对常熟汇海置业有限公司码头工程项目环境影响报告书的批复》（苏环管〔2006〕203号）；2006年7月，交通部《关于苏州港常熟港区汇海石化码头工程使用港口岸线的批复》（交规划发〔2006〕760号）。

项目建设1个20000吨级（兼顾2个1000吨级泊位）泊位，内档建设500吨级和300吨级石化泊位各一个，岸线总长210米。码头采用高桩式布局、引桥式结构。码头前沿水深14～16米。项目后方堆场面积24.05万平方米，堆存能力29万吨；仓库面积1.53万平方米，堆存能力1.03万吨。主要装卸设备配置软管起重机、输送管道、输送软管及其他安全设施。项目总投资8635.86万元，由企业自筹。陆域用地面积24.05万平方米。

项目建设单位为常熟汇海置业有限公司；设计单位为中交第二航务工程勘察设计院；

施工单位为中交三航局第三工程有限公司、江苏神禹建设有限公司;监理单位为张家港江东港口工程监理有限公司、江苏南华工程监理咨询有限公司;质监单位为苏州市交通工程质量监督站。

自 2009 年 7 月试运行以来,2010 年吞吐量为 76.19 万吨,2011 年吞吐量为 64.76 万吨。大大提高了常熟汇海置业有限公司的吞吐量,进一步开拓了石油化工市场,提升了常熟经济的区域竞争力,扩大沿江开发效应。

(6)华润化工码头改造工程项目

项目于 2009 年 8 月开工,2011 年 5 月试运行,2012 年 11 月竣工。

项目建设依据:2009 年 12 月,常熟发展和改革委员会《关于常熟华润化工有限公司码头改造工程项目核准批复》(常发改〔2009〕415 号);2009 年 9 月,苏州市港口管理局《关于苏州港常熟港区华润石油化工码头改造工程初步设计的批复》(苏港管字〔2009〕39 号);2009 年 7 月,常熟市环境保护局《关于常熟华润化工有限公司常熟华润码头升等技术改造项目环境影响报告书的批复》(常环计〔2009〕104 号);1996 年 12 月,上海航道处《关于常熟华润油库一期工程建设五千吨级石油化工码头占用长江岸线的批复》(申道〔96 字〕第 019 号)。

项目建设 1 个 20000 吨级液体化工泊位,兼顾 2 个 2000 吨级液体化工船靠泊,内档保留 1 个 500 吨级泊位。岸线总长 264 米。码头采用高桩式布局、引桥式结构。码头前沿水深 8.1 米。主要装卸设备为油臂及输油管线。项目总投资 2184.19 万元,由企业自筹。陆域用地面积 12.6 万平方米。

项目建设单位为常熟华润化工有限公司;设计单位为中交第二航务工程勘察设计院;施工单位为中交三航局第三工程有限公司、哈尔滨市安装公司常熟分公司、苏州中杰消防工程有限公司;监理单位为苏州市路达工程监理咨询有限公司;质监单位为苏州市交通工程质量监督站。

2011 年 5 月试运行期间内,码头共靠泊船舶 439 艘次,码头总吞吐量为 60.1 万吨。

(7)江苏常熟发电有限公司煤码头扩建工程

项目于 2010 年 3 月开工,2012 年 10 月试运行,2017 年 2 月竣工。

项目建设依据:2015 年 11 月,江苏省交通运输厅《关于江苏常熟发电有限公司煤码头扩建工程初步设计的批复》(苏交港〔2015〕45 号);2016 年 1 月,《苏州市港口管理局关于江苏常熟发电有限公司煤码头扩建工程施工图设计的批复》(苏港管〔2016〕2 号);国家环境保护总局《关于江苏常熟发电有限公司扩建工程(2×1000 兆瓦燃煤发电机组)环境影响报告书的批复》(环审〔2006〕265 号);2015 年,交通运输部《关于江苏常熟发电有限公司煤码头扩建工程使用港口岸线的批复》(交规划函〔2015〕322 号)。

项目建设1个35000吨级散货泊位。岸线总长266米。码头采用高桩式布局、引桥式结构。码头前沿水深13.2米(85国家高程)。项目后方堆场面积6.7万平方米,堆存能力22万吨。主要装卸设备为2台1500吨/时桥式卸船机。项目总投资约3亿元,由企业自筹。陆域用地面积41.5万平方米。

项目建设单位为江苏常熟发电有限公司;设计单位为中交第三航务工程勘察设计院有限公司;施工单位为中交三航局第三工程有限公司;监理单位为上海东华建设管理有限公司;质监单位为苏州市交通工程质量监督站。

投产运营后满足2台100万千瓦机组发电用煤需要。

(8)兴华作业区件杂货码头工程项目

项目于2010年12月开工,2013年10月试运行,2015年2月竣工。

项目建设依据:2009年3月,江苏省发展和改革委员会《关于申请核准苏州港常熟港区兴华作业区鸿洋码头工程项目的请示》(苏发改交通发〔2009〕337号);2010年8月,江苏省交通运输厅《关于苏州港常熟港区兴华作业区件杂货码头工程初步设计的批复》(苏交港〔2010〕72号);2007年11月,江苏省环境保护厅《关于对常熟鸿洋环球仓储有限公司码头工程环境影响报告书的批复》(苏环管〔2007〕263号);2008年12月,交通运输部《关于苏州港常熟港区兴华作业区件杂货码头工程使用港口岸线的批复》(交规划〔2008〕260号)。

项目建设1个30000吨级及1个500吨级件杂货泊位,2个3000吨级件杂货泊位和4个2000吨级件杂货泊位。岸线总长435米。码头采用高桩式布局、引桥式结构。码头前沿水深8~15米。项目后方堆场面积180000平方米,堆存能力300万吨。仓库面积6万平方米,堆存能力270万吨。主要装卸设备配置6台四连杆门式起重机。项目总投资7.67亿元,由企业自筹。陆域用地面积35万平方米。

项目建设单位为长江港务有限公司;设计单位为交通部第二航务工程勘察设计院有限公司;施工单位为广东金东海集团有限公司、上海三航奔腾建设工程有限公司;监理单位为中交二航院工程咨询监理有限公司;质监单位为苏州市交通工程质量监督站。

码头的建成投产大大减轻了兴华作业区共用杂货码头的压力,缓解了常熟港杂货码头通过能力与吞吐量之间的矛盾,尤其是共用杂货码头能力的不足;同时对常熟港小型泊位严重不足的现状起到了很好的弥补作用。

(9)长春化工码头改扩建工程

项目于2012年1月开工,2013年5月试运行,2015年4月竣工。

项目建设依据:2012年,江苏省发展改革委《关于核准苏州港常熟港区金泾塘作业区长春化工码头改扩建工程项目的通知》(苏发改基础发〔2012〕75号);2012年5月,江苏省交通运输厅《关于苏州港常熟港区金泾塘作业区长春化工码头改扩建工程初步设计的批复》(苏交港〔2012〕47号);2011年10月,《关于对苏州港常熟港区金泾塘作业区长春化工(江苏)有限公用码头改造项目环境影响报告书的批复》(苏环审〔2011〕202号);2011年12月,交通运输部《关于苏州港常熟港区金泾塘作业区长春化工码头改扩建工程使用港口岸线的批复》(交规划〔2011〕735号)。

项目建设1个万吨级煤炭泊位和1个20000吨级的化工泊位。岸线总长484.5米。码头采用高桩式布局、引桥式结构。码头前沿水深10~11米。项目后方堆场面积8400平方米,堆存能力5万吨。主要装卸设备有1台抓斗卸船机、带式输送机。项目总投资4890万元,由企业自筹。陆域用地面积8400平方米。

项目建设单位为长春化工(江苏)有限公司;设计单位为中交第二航务工程勘察设计院有限公司;施工单位为中交三航局第二工程局有限公司、华东工业设备安装股份有限公司、南通通博设备安装工程有限公司;监理单位为南通兴港工程咨询监理有限公司;质监单位为苏州市交通工程质量监督站。

2013年5月试运行期间内,煤炭码头共靠泊船舶104艘次,码头总吞吐量为40.04万吨;化工码头共靠泊船舶406艘次,码头总吞吐量为81.4万吨。

(10)常熟港区金泾塘作业区东港化工公用码头工程

项目于2012年10月开工,2014年1月试运行,2015年6月竣工。

项目建设依据:2012年3月,《苏州港常熟港区金泾塘作业区东港化工公用码头工程可行性研究报告》;2012年8月,江苏省交通运输厅《关于苏州港常熟港区金泾塘作业区东港化工公用码头工程初步设计的批复》(苏交港〔2012〕88号);2011年10月,《关于对苏州港常熟港区金泾塘作业区东港化工公用码头工程环境影响报告书的批复》(苏环审〔2011〕201号);2012年2月,交通运输部《关于苏州港常熟港区金泾塘作业区东港化工公用码头工程使用港口岸线的批复》(交规划〔2012〕70号)。

项目建设2个20000吨级(水工结构按照30000吨级)液体化工泊位和4个500吨级的液体化工泊位。岸线总长400米。码头采用高桩式布局、引桥式结构。码头前沿水深9~10米。主要装卸设备包括软管起重机9台、输油臂2台。项目总投资1.58亿元,由企业自筹。陆域用地面积1.41万平方米。

项目建设单位为常熟东港置业有限公司;设计单位为中交第二航务工程勘察设计院有限公司;施工单位为中交三航局第二工程局有限公司、华东工业设备安装股份有限公司、南通通博设备安装工程有限公司;监理单位为中交二航院工程咨询监理有限公司、浙江华建工程监理有限公司、南京华源工程管理有限公司;质监单位为苏州市交通工程质量监督站。

项目2014年1月建成投入试运行,有效缓解常熟港区液体散货运输需求与通过能力之间矛盾,保障常熟化工企业生产与销售,满足常熟及周边地区液体化工品及油品水运运输的要求。

(11)苏州港常熟电厂煤码头结构加固改造工程

项目于2013年9月开工,2014年1月竣工。

项目建设依据:2013年,交通运输部《苏州港常熟电厂煤码头结构加固改造工程方案的批复》(厅水便〔2013〕42号);2012年,苏州市港口管理局《关于苏州港常熟电厂煤码头结构加固改造工程施工图设计的批复》(苏港管〔2013〕62号)。

项目建设一个35000吨级泊位升级为一个50000吨级泊位,相应的码头结构按满载靠泊50000吨级散货船进行加固改造,原码头规模和功能保持不变。岸线总长272.24米。码头采用高桩式布局、引桥式结构。码头前沿水深13.34米。项目后方堆场面积5300平方米,堆存能力16万吨;主要装卸设备有2台1500吨/小时桥式卸船机。项目总投资2277.16万元,由企业自筹。陆域用地面积92万平方米。

项目建设单位为江苏常熟发电有限公司;设计单位为中交第三航务工程勘察设计院有限公司;施工单位为中交第三航务工程局有限公司;监理单位为中交二航院工程咨询监理有限公司;质监单位为苏州市交通工程质量监督站。

投产运营后满足4台33万千瓦机组发电用煤需要。

(12)江苏理文造纸有限公司码头结构加固改造工程

项目于2013年10月开工,2013年12月竣工。

项目建设依据:2009年,交通运输部《关于沿海港口码头结构加固改造有关事宜的通知》;2009年,江苏省港口管理局《关于沿海港口码头结构加固改造有关事宜的通知》(苏港务〔2009〕16号);2012年,江苏海事局《关于江苏理文造纸游戏那公司码头加固改造工程有关通航安全问题的复函》(苏海事函〔2012〕470号);2013年,江苏省交通运输厅《关于江苏理文造纸有限公司码头结构加固改造工程方案的批复》(苏交港〔2013〕11号);2013年,苏州市港口管理局《关于江苏理文造纸有限公司码头结构加固改造工程施工图设计的批复》(苏港管〔2013〕71号)。

项目建设对码头泊位进行加固改造,使码头改造后可同时靠泊2个20000吨级船舶。岸线总长465米。码头采用高桩式布局、引桥式结构。码头前沿水深10.6米。项目后方堆场面积33726平方米,堆存能力2.88万吨。主要装卸设备包括门座起重机4台、桥式起重机2台。项目总投资329.17万元,由企业自筹。陆域用地面积33.72万平方米。

项目建设单位为江苏理文造纸有限公司;设计单位为中交第二航务工程勘察设计院有限公司;施工单位为江苏海宏建设工程有限公司;监理单位为中交二航院工程咨询监理有限公司;质监单位为苏州市交通工程质量监督站。

(四)太仓港区

1.港区综述

(1)港区建设和运营情况

太仓港,古称刘家港,始兴于隋唐时期。元朝,政府实施漕粮北运,在刘家港沿线建大型码头泊位,建立海运仓储和海事机构,自此长江中下游地区、浙江温台等沿海地区,以及日本、琉球、高丽、安南等国的商船都集结于刘家港,刘家港成为"六国码头""天下第一码头"。明朝,刘家港作为郑和七下西洋起锚地,发展达到鼎盛,成为当时世界上重要的枢纽港。明代以后,由于种种原因,港口逐渐沉寂。改革开放以来,特别是进入21世纪以来,随着国家长江口深水航道治理工程竣工验收,为了保障长三角和江苏开放型经济的发展,国家和江苏省高度重视太仓港,国家将太仓港定位为上海国际航运中心重要组成部分、集装箱干线港、江海联运中转枢纽港,江苏省委省政府要求将太仓港建成江苏沿江集装箱运输的内贸转运枢纽、近洋直达集散中心、远洋中转基地,以及"江苏第一外贸大港"。

太仓港拥有长江岸线38.8千米,其中可建万吨级以上泊位的优良深水岸线28.2千米,已建成集装箱、件杂货、干散货、液体化工、装备制造5大作业区、90个码头泊位,其中集装箱泊位10个。全港总设计年吞吐能力达1.48亿吨、2017年完成集装箱吞吐量451万TEU、货物吞吐量2.5亿吨,分列全国第11位和第14位。太仓港已成为世界集装箱运输前35位的港口和长江集装箱运输第一大港,同时也是长江沿线第一外贸大港、全国木材进口第一大港和长江进口铁矿石第一大港。

太仓港综合保税区,规划面积2.07平方公里,已建成保税仓库10万平方米,堆场2万平方米,综合保税区二期正在建5万平方米仓库、3万平方米的堆场,年可操作集装箱货物50万TEU、件杂货1000万吨;太仓港公用危险品堆场,距离码头2千米,堆场面积11万平方米、仓库面积1万平方米,年通过能力8万TEU;太仓港集中查验中心规划面积6.6万平方米、监管仓库0.2万平方米,查验站台68个,每小时可以查验200TEU;公共锚地,面积7.84平方公里,其中海轮锚地6.92平方公里,危险品锚地0.92平方公里,共分为31个锚位点,拥有万吨级及以上锚位12个,每天抛锚船舶数量大约占长江江苏段抛锚船舶的40%。

随着港口生产规模的扩大,太仓港服务区域经济发展成效也越加明显,在太仓港进出口的外贸企业近3000家,覆盖29个省(市),据估算每年可为江苏及长江沿线企业节省集装箱物流成本达8亿元;在太仓港区注册和经营的港航物流及港口依存企业超过400家,年上缴税款总额超过40亿元。苏州地区三星、佳能、明基、旭硝子等苏州知名企业均在太仓港开展业务。2015年完成货物吞吐量20397.7万吨、370.6万TEU。

(2)港区地理条件和集疏运概况

太仓港地处苏州的东南部、长江经济带和海上丝绸之路的交会点,距离苏州市区80千米,距离上海外高桥港区17海里,距离长江入海口引航锚地68海里,具有通江达海的独特区位优势。

太仓港目前进出港通航水深达12.5米,具有与上海外高桥港区相同的通航条件,海港化的功能突出。陆路和水路集疏运体系也较为完善,陆路可通过疏港高速公路(S80)、苏昆太高速公路(S48)、沿江高速公路(G15)、338省道、339省道等快速转运至长三角地区,水路也可依托长江辐射长江流域。

太仓港拥有集装箱航线195条,其中外贸近洋航线25条,直挂日本、韩国、越南、泰国、俄罗斯和中国台湾地区21个主要港口;内贸航线49条,辐射沿海所有主要港口;外贸内支线40条,实现定时、定航班的"公交化"运营;长江(内河)航线81条,长江(内河)50个港口集装箱喂给太仓港。

2. 港区工程项目

(1)江苏长江石油化工有限公司1号泊位工程

项目于1992年10月开工,1993年8月竣工。

项目建设依据:1992年8月,太仓县对外经济贸易委员会、太仓县计划委员会、太仓县经济委员会《关于合资经营液体石油化工专用码头项目可行性研究报告的批复》(太外资〔1992〕字第597号);1992年10月,交通部南通港航监督局的《关于建设太仓石油化工码头的批复》(通长督监字〔92〕第84号);1992年11月,苏州市环境保护局《关于江苏长江石油化工有限公司合资项目环境影响报告书的批复》(苏环〔1992〕第240号);1992年12月,《对〈关于转呈太仓石油化工公司设立化工专用码头使用长江岸线的请示〉的批复》(长江务〔1992〕901号)。

项目建设1个10000吨级泊位,岸线总长500米。码头采用高桩式布局、顺岸式结构。码头前沿水深10.5米。项目总投资1.92亿元,由企业自筹。陆域用地面积26万平方米。

项目建设单位为江苏长江石油化工有限公司;设计单位为中交第三航务工程勘察设计院有限公司;施工单位为第三航务工程局第三工程公司;监理单位为上海东华港湾工程监理所;质监单位为南通港口建设工程质量监督站。

江苏长江石油化工有限公司1号泊位工程于1992年10月28日开工,1993年8月28日完工,库区配套工程于1994年11月完工,整体工程于1995年5月5日进行了试运行;1号泊位升级3万吨项目于1997年5月15日开工,于1997年8月15日完成竣工验收并投入使用。

1号泊位2014—2017年完成货物吞吐量分别为127万吨、125万吨、148万吨、137

万吨。

（2）太仓美孚石油化工码头工程

项目于 1996 年 1 月开工,1997 年 2 月竣工。

项目建设依据:1996 年 3 月,江苏省计划经济委员会《关于太仓美孚石化码头工程可行性研究报告的批复》(苏计经交〔1996〕309 号);1996 年 05 月,水利部长江水利委员会《关于太仓美孚石化码头初步设计的批复》(长江务〔1996〕330 号);1995 年 12 月,江苏省环境保护局《关于对太仓美孚石油化工码头工程环境影响报告书的批复》(苏环管〔1995〕130 号);1996 年 7 月,太仓市城乡建设局《建设用地规划许可》(太城规〔1996〕第 085 号);1995 年 7 月,水利部长江水利委员会《关于江苏太仓市使用长江岸线、水域建设太仓美孚石化码头的批复》(长江务〔1995〕594 号)。

项目建设 1 个外侧 25000 吨泊位和 1 个内侧 5000 吨泊位,主要用于液体散装石油化工品的接收,岸线总长 409 米。码头采用高桩式布局、引桥式结构。码头前沿水深 12 米。项目后方堆场面积 11000 平方米,堆存能力 5 万吨;仓库面积 38000 平方米,堆存能力 5 万吨。主要装卸设备为 2 台岸桥。项目总投资 6.64 亿元,由企业自筹。陆域用地面积 28 万平方米。

项目建设单位为埃克森美孚(太仓)石油有限公司;设计单位为交通部第三航务工程勘察设计院;施工单位为交通部第三航务工程局第三工程公司;监理单位为上海华东港湾工程建设监理所;质监单位为太仓市建筑工程质量监督站、交通部南通港口建设质量监督站。

2013—2017 年的接收量分别为 20.8 万吨、18.0 万吨、16.7 万吨、16.5 万吨、18.1 万吨。

（3）中远国际城起步工程

项目于 1997 年 3 月开工,1998 年 12 月竣工。

项目建设依据:1997 年 2 月,江苏省计划经济委员会《起步工程陆域围堤吹填工程可行性研究报告的批复》(苏计经交发〔1997〕170 号);1997 年 10 月,江苏省计划经济委员会《起步工程码头项目可行性研究报告的批复》(苏计经交发〔1997〕1141 号);1997 年 7 月,江苏省计划经济委员会《起步工程港内陆上配套项目可行性研究报告的批复》(苏计经交发〔1997〕1142 号);1997 年 2 月,交通部基建管理司《围堤吹弹工程初步设计的批复》(基港字〔1997〕23 号);1997 年 8 月,交通部基建管理司《起步工程码头工程初步设计的批复》(基港字〔1997〕194 号);1997 年 8 月,交通部基建管理司《起步工程陆域围堤吹填(延伸)工程初步设计的批复》(基港字〔1997〕208 号)。

项目建设 1 个外侧 25000 吨级多用途泊位(可靠 50000 吨级集装箱船),岸线总长 270 米。码头顺岸布局,采用高桩梁板式结构。码头前沿水深 12 米。项目后方堆场面积

20 万平方米,堆存能力 10 万吨。仓库面积约 1.2 万平方米,堆存能力 1 万吨。主要装卸设备包括门式起重机 1 台、集装箱装卸桥 1 台。项目总投资 5.04 亿元,由企业自筹。陆域用地面积 38 万平方米。

项目建设单位为中远国际城开发有限公司;设计单位为交通部第三航务工程勘测设计院;围堰吹填施工单位为交通部上海航道局,码头及陆域配套工程施工方为交通部第三航务工程局;监理单位为上海东华监理所、北京京华监理所、天津中北监理所;质监单位为交通部南通港口建设工程质量监督站。

受交通部委派,江苏省建委于 1998 年 12 月 4 日组织进行了太仓中远国际城港区起步工程竣工验收会议,项目通过了验收,综合评定工程质量为优良。围堰吹填工程被交通部评为部优良工程。

(4)苏州工业园区华能发电厂一期煤码头工程

项目于 1998 年 5 月开工,1999 年 10 月试运行,2000 年 4 月竣工。

项目建设依据:1996 年 11 月,电力工业部电力规划设计总院《关于发送苏州工业园区华能发电厂工程可行性研究报告审查会议纪要的通知》(电规发〔1996〕203 号);1996 年 12 月,电力工业部电力规划设计总院《关于苏州工业园区华能发电厂工程可行性研究报告审查意见的通知》(电规发〔1996〕223 号);1997 年 12 月,国家计划委员会《关于审批江苏苏州工业园区华能发电厂工程可行性研究报告的请示的通知》(计交能〔1997〕2614 号);1997 年 5 月,交通部第三航务工程勘察设计院《苏州工业园区华能发电厂一期煤码头工程初步设计》;1996 年 12 月,国家环境保护局《关于江苏苏州工业园区华能发电厂一期工程环境影响报告书审批意见的复函》(环监〔1996〕989 号);1998 年 12 月,江苏省国土管理局《关于苏州工业园区发电有限公司用地通知》(苏地管〔98〕字第 477 号);1996 年 10 月,交通部南通长江港航监督局《关于苏州工业园区华能发电厂工程使用长江岸线水域有关问题的批复》(通长督字〔96〕第 97 号)。

项目建设 1 个 50000 吨级煤码头泊位,岸线总长 260 米。码头采用高桩式布局、高桩梁板式结构。码头前沿水深 13 米。项目后方堆场面积 4 万平方米,堆存能力 24 万吨;仓库面积 40000 平方米,堆存能力 24 万吨。主要装卸设备配置 1500 吨/小时桥式抓斗卸船机 2 台。项目总投资 5628 万元,由企业自筹。陆域用地面积 10463.7 万平方米。

项目建设单位为华能(苏州工业园区)发电有限责任公司;设计单位为交通部第三航务工程勘察设计院;施工单位为中港第三航务工程局三公司;监理单位为上海东华建设监理所;质监单位南通港口建设工程质量监督站。

华能太仓电厂地处江苏省太仓市境内,东邻上海,南望苏州,西接常熟,北依长江,地理位置优越。华能太仓电厂码头位于长江下游南支河段上段白茆沙南水道南岸。隔江相望上海崇明岛。码头前沿江面宽阔,水流平缓,深槽稳定。港址距下游吴淞口约 45 千米。

华能(苏州工业园区)发电有限公司一期煤码头为电厂自备码头。燃料成本是电厂主要的生产成本,占电厂总生产成本的75%左右。华能太仓电厂所有的煤炭均由海进江水运到码头。

2013—2015年运量分别为180万吨、196万吨、159万吨。

(5)苏州港太仓港区一期工程

一期工程即2号、3号、4号泊位,项目于1998年7月开工,1999年8月试运行,2003年9月竣工。

项目建设依据:1998年2月,江苏省计划经济委员会《关于太仓港中远国际城港区起步工程码头续建项目可行性研究报告(含项目建议书)的批复》(苏计经交发〔1998〕743、744号);1998年7月,交通部基建司《关于中远国际城港区起步工程码头和陆域配套续建工程初步设计的批复》(基港字147号)。

项目建设1个30000吨级集装箱泊位、2个20000吨级多用途泊位,以及相应配套设施(码头结构均按停靠50000吨级集装箱船舶设计),岸线总长660米,设计年吞吐能力为集装箱50万TEU,件杂货18万吨。国家发展和改革委员会《关于苏州港太仓港区一期工程项目可行性研究报告的批复》(发改交运〔2005〕1451号),码头采用顺岸式式布局、高桩梁板式结构。码头前沿水深12米。项目后方堆场面积52万平方米,堆存能力30万吨。主要装卸设备包括桥式起重机、门式起重机。项目总投资10.92亿元,由企业自筹。陆域用地面积91万平方米。

续建码头工程(2号泊位)项目建设单位为中远国际城开发有限公司;设计单位为交通部第三航务工程勘测设计院;施工单位为交通部第三航务工程局;监理单位为北京京华监理所;质监单位交通部南通港口建设工程质量监督站。

一期工程(3号、4号泊位)设计单位为交通部第三航务工程勘测设计院,施工单位为中交三航局,监理单位为张家港江东港口工程监理有限公司,质量监督单位为苏州港港口工程质量监督站。

经江苏省计划与经济委员会批准(苏计经交发〔1998〕1195号),续建码头工程(2号泊位)于1998年7月8日开工。

由中远国际城开发有限公司牵头,交通部水运司、太仓市计委、太仓市港区管委会等相关单位参与,于1999年7月31日组织进行了续建工程竣工验收会议,项目通过了验收(预),综合评定工程质量为优良。

经江苏省发展计划委员会批准(苏计基础发〔2002〕1046号,苏计投资发〔2002〕1075号),一期工程(3号、4号泊位)于2002年9月10日开工。

由中远国际城开发有限公司牵头,江苏省交通厅、江苏海事局、苏州市计委、苏州市港口局、太仓市计委、太仓市港区管委会、太仓港口局等相关单位参与,于2003年9月26日组织进行了一期工程竣工验收会议,项目通过了验收(预),综合评定工程质量为优良。

件杂货业务中,比较突出的是木材业务。从 2000 年底接卸第一条原木进口船开始,至 2006 年即突破 100 万立方米。2008 年进口木材检验检疫处理区投入运营后,木材吞吐量继续稳步上升,2011 年突破 300 万立方米,后稳定在 350 万立方米左右。

(6)太仓港协鑫发电有限公司码头工程

项目于 2002 年 4 月开工,2003 年 4 月竣工。

项目建设依据:2001 年 1 月 30 日,江苏省发展计划委员会《关于太仓协鑫热电厂扩建 2×135 兆瓦机组工程可行性研究报告的批复》(苏计基础发〔2001〕1285 号)。2002 年 4 月 12 日,江苏省发展计划委员会《关于太仓协鑫热电厂扩建 2 台 135 兆瓦机组初步设计的批复》(苏计基础发〔2002〕377 号),批复同意作为配套工程建设一座 35000 吨级专用码头 1 号泊位;2002 年 5 月,江苏省环境保护局《关于太仓协鑫热电厂扩建 2×135 兆瓦机组工程环境影响报告书的批复》(苏环管〔2002〕34 号);已取得国有土地使用证(国用〔2002〕字第 05042006 号);2002 年 2 月,水利部长江水利委员会《关于太仓港区热电厂煤码头工程使用长江岸线、水域的批复》(长江务〔2002〕53 号)。

项目建设 2 个 35000 吨级煤炭码头,岸线总长 730 米。码头采用引桥式布局、高桩式结构。码头前沿水深 11.8 米。项目后方堆场面积 3.6 万平方米,堆存能力 12 万吨。主要装卸设备为 2 台卸船机。项目总投资 5568 万元,由企业自筹。陆域用地面积 133.33 万平方米。

项目建设单位为太仓港环保发电有限公司;设计单位为中交第三航务工程勘察设计院有限公司;施工单位为中港第二航务工程局;监理单位为南京建设监理所(广州);质监单位为南通市港口工程质量监督站。

2007 年 5 月,太仓港环保发电有限公司经太仓工商局批准,更名为太仓港协鑫发电有限公司。

(7)江苏长江石油化工有限公司 6 号/7 号泊位码头工程(80000 吨级/5000 吨级泊位)

项目于 2002 年 10 月开工,2003 年 12 月试运行,2004 年 10 月竣工。

项目建设依据:2002 年 1 月,江苏省发展计划委员会《关于同意江苏长江石油化工有限公司码头扩建工程可行性研究报告的批复》(苏计基础发〔2002〕5 号);2002 年 10 月,江苏省发展计划委员会《关于江苏长江石油化工有限公司码头工程初步设计的批复》(苏计基础发〔2002〕1211 号);2003 年 3 月,苏州市环境保护局《关于对江苏长江石油化工有限公司 3 万/5 千吨级码头扩建工程建设项目环境影响报告书的审核意见》(苏环建〔2003〕52 号);2003 年 4 月,江苏省环境保护厅《关于对江苏长江石油化工有限公司 3 万吨级/5 千吨级码头扩建工程环境影响报告书的批复》(苏环管〔2003〕70 号);2001 年 10 月,苏州市水利局《关于转呈江苏长江石油化工有限公司码头扩建工程使(占)用长江岸线水域的请示》（苏市水〔2001〕287号）。2002年3月，水利部长江水利委员会《关于江苏长江石油化工有限公司码头扩建工程使用长江岸线、水域的批复》（长江务〔2002〕119号）；2003年1月，江苏海事局《关于江苏长江石油化工有限公司码头扩建工程有关通航问题的批复》（苏海通航〔2003〕11号）。

项目建设1个30000吨级（水工兼靠50000吨）及1个5000吨级化学品码头，岸线总长693米。码头采用顺岸式布局、高桩梁板式结构。码头前沿水深13.5米。主要装卸设备配置设8根DN200～DN300的装卸软管。项目总投资6000万元，由企业自筹。陆域用地面积26万平方米。

项目建设单位为江苏长江石油化工有限公司；设计单位为中交第三航务工程勘察设计院有限公司；施工单位为第三航务工程局第三工程公司；质监单位为南通港口建设工程质量监督站。

江苏长江石油化工有限公司30000吨级（水工兼靠50000吨）泊位及5000吨级泊位工程于2002年10月28日开工，2003年12月试运行，2004年10月竣工。6号泊位升级80000吨级码头于2016年3月16日开工，2016年5月18日完工，2016年6月19日进行试运行，到2016年12月19日项目竣工验收。6号泊位2013—2017年的吞吐量分别为144万吨、116万吨、141万吨、145万吨、205万吨；7号泊位2013—2017年的吞吐量分别为34万吨、32万吨、22万吨、21万吨、29万吨。

（8）太仓港协鑫发电有限公司码头扩建工程

项目于2003年6月开工，2004年3月竣工。

项目建设依据：2005年12月，电力规划设计总院《关于太仓港环保发电有限公司三期2×300兆瓦机组扩建工程可行性研究报告的审查意见》（电规发电〔2005〕523号）。2006年10月，国家发展和改革委员会《关于太仓协鑫发电厂扩建工程项目核准的批复》（发改能源〔2006〕2175号），批复同意作为配套工程建设一座35000吨级专用码头2号泊位，水工结构50000吨级；2004年12月，国家环境保护总局《关于太仓港环保发电有限公司三期2×300兆瓦机组工程环境影响报告书审查意见的复函》（环审〔2004〕496号）；已取得国有土地使用证（国用〔2003〕字第05041011号、国用〔2003〕字第05041012号、国用〔2003〕字第05042004-2号）；2004年9月，水利部长江水利委员会《关于太仓港环保发电有限公司申请扩建3.5万吨级煤码头及建设大件码头工程的批复》（长江务〔2004〕554号）。

项目利用长江岸线730米，建有一座长1621米的引桥及一座双泊位煤炭专用码头。1号泊位为35000吨级，长250米，设2台卸船机，额定能力为800吨/小时；2号泊位为35000吨级，水工结构按50000吨级船型设计，码头长280米，设2台卸船机，额定能力为1500吨/小时。码头采用引桥式布局、高桩梁板式结构。码头前沿水深11.8米。项目后方堆场面积 4.86 万平方米,堆存能力 18 万吨。项目总投资 8000 万元,由企业自筹。陆域用地面积 133.33 万平方米。

项目建设单位为太仓港协鑫发电有限公司;设计单位为中交第三航务工程勘察设计院有限公司;施工单位为中交第三航务工程勘察设计院有限公司;监理单位为南京建设监理所(广州);质监单位为南通市港口工程质量监督站。

2007 年 5 月太仓港协鑫发电有限公司经太仓工商局批准,更名为太仓港协鑫发电有限公司。

公司码头以煤炭进港为主,2013—2017 年 1 号泊位接卸煤炭总量为 1011 万吨,年均接卸煤炭 202.2 万吨;2013—2017 年 2 号泊位接卸煤炭总量为 2405 万吨,年均接卸煤炭 481 万吨。

(9)苏州港太仓港区二期工程

项目于 2003 年 9 月开工,2008 年 1 月试运行,2008 年 8 月竣工。

项目建设依据:2003 年 8 月,江苏省发展计划委员会《关于苏州港太仓港区二期 5#、6#泊位工程可行性研究报告(含项目建议书)的批复》(苏计基础发〔2003〕1002 号);2003 年 8 月,江苏省发展计划委员会《关于苏州港太仓港区二期 7#、8#泊位工程可行性研究(含项目建议书)的批复》(苏计基础发〔2003〕1014 号);2003 年 11 月,江苏省发展计划委员会《关于苏州港太仓港区二期 5#、6#泊位工程初步设计的批复》(苏计基础发〔2003〕1354 号);2003 年 11 月,江苏省发展计划委员会《关于苏州港太仓港区二期 7#、8#泊位工程初步设计的批复》(苏计基础发〔2003〕1357 号);2005 年 4 月,国家环境保护总局《关于苏州港太仓港区工程环境影响报告审查意见的复函》(环审〔2005〕312 号);2008 年 2 月,国家环境保护总局《关于同意苏州港太仓港区二期工程调整和部分内容变更环境影响补充分析报告的函》(环审变办字〔2008〕4 号);2005 年,江苏省国土资源厅《关于苏州港太仓港区二期工程项目建设用地预审意见的复函》(苏国土资预审字〔2005〕176 号);2003 年,水利部长江水利委员会《关于苏州港太仓港区二期工程建设 4 个万吨级码头泊位使用长江岸线、水域批复》(长江务〔2003〕698 号)。

项目建设 2 个 50000 吨级及 2 个 20000 吨级集装箱泊位(码头水工允许靠泊能力为 70000 吨级),岸线总长 1100 米。码头采用引桥式布局、高桩梁板式结构。码头前沿水深 12.5 米。项目后方堆场面积 86.83 万平方米,堆存能力 7.14 万吨;仓库面积 3430.70 平方米。主要装卸设备包括设岸桥 12 台、场桥 40 台。项目总投资 22.27 亿元,由企业自筹。陆域用地面积 113.18 万平方米。

项目建设单位为苏州现代货箱码头有限公司;设计单位为中交第三航务工程勘察设计院、江苏省纺织工业设计院;施工单位为中交第三航务工程局、陕西机械工程施工公司、中交第一航务工程局等;监理单位为上海东华建设监理所、江苏省交通科学研究院有限公司、江苏省华厦工程项目管理有限公司;质监单位为苏州市交通工程质量监督站。

重大事项:

①2007 年,太仓港集装箱吞吐量突破 100 万 TEU。

②2007 年,交通水运安全评审中心对危险货物集装箱堆场进行安全预评价。同年 8 月,该中心组织专家论证审核,并以《关于苏州现代货箱码头有限公司增设危险货物集装箱堆场工程安全预评价报告通过备案审核的函》(交水安评审核函〔2007〕035 号)予以批准。

③2009 年,江苏太仓港口管理委员会下发《关于集装箱二期工程增设危险品堆场设计批复》(苏太港规〔2009〕3 号)予以批准。

2009 年 1 月,太仓市环保局以《关于同意苏州港太仓港区二期工程增设危险品箱堆场设计变更的函》(太环函〔2009〕1 号)予以批复。

④2009 年,开展市电场桥改装计划。

⑤2014 年,码头升级项目已完成。这标志着苏州现代货箱码头可靠泊 70000 吨级集装箱船舶。

苏州港太仓港区二期工程于 2005 年 7 月 28 日码头通过交工验收;2007 年 11 月 12 日二期工程 4 座泊位正式通过开放验收,江苏太仓港口管委会以《关于同意苏州港太仓港区二期工程试运行》(苏太港规〔2008〕2 号)批复,试运行期自 2008 年 1 月 8 日起,该工程的投资营运主体为苏州现代货箱码头有限公司。

码头营运系统包括作业处理系统、船舶配载系统、船舶计划系统、电子数据交换系统、船舶监控系统、堆场监控系统、费收管理系统、统计分析系统、客户服务系统、无线传输系统、集卡调度系统、智能闸口系统共 12 个子系统。

集装箱吞吐量至 2007 年实现 100 万 TEU。二期码头自投产运行以来,着力拓展内外贸集装箱干线和喂给上海洋山深水港的外贸内支线业务,2016 年起,在苏南、苏北、浙北及长江延伸段积极开拓内驳点港口对接及区间精品专线业务,经过多年的培育与发展,逐步形成了外贸近洋航线覆盖日本、韩国、越南、泰国、俄罗斯东方港等各主要港口,内贸航线覆盖广州、南沙、深圳、珠海、海口、泉州、宁波、连云港、营口、锦州等沿海各主要港口,支线衔接洋山、宁波港远洋干线,并延伸至长江沿线港口及内河支流港口的中转枢纽中心。集装箱吞吐量也稳步增长。

2012—2017 年,完成集装箱吞吐量分别为 109 万 TEU、106 万 TEU、140 万 TEU、171 万 TEU、174 万 TEU、208 万 TEU。

(10)苏州工业园区华能发电厂二期煤码头扩建工程

项目于 2003 年 12 月开工,2004 年 9 月试运行,2004 年 11 月竣工。

项目建设依据:2003 年 2 月,国家电力公司规划设计总院《关于印发苏州工业园区华能发电厂二期工程可行性研究报告预审查会议纪要的通知》(电规总土水〔2003〕8 号);2003 年 10 月,国家电力公司电力规划设计总院《关于印发苏州工业园区华能发电厂二期(2×600 兆瓦)工程初步设计预审查会议纪要的通知》(电规总〔2003〕52 号);2003 年 12 月,国家环境保护总局《关于苏州工业园区华能发电有限公司二期工程(2×600 兆瓦)环境影响报告书审查意见的复函》(环审〔2003〕371 号);2001 年 10 月,太仓市国土管理局《关于苏州工业园区华能发电有限责任公司二期工程项目用地的预审意见》(太土预〔2001〕字第 2 号);2003 年 3 月,水利部长江水利委员会《关于苏州工业园区华能发电有限公司利用长江岸线、水域建设专用码头及取排水建筑物工程预申请的批复》(长江务〔2003〕135 号)。

项目建设 1 个 35000 吨级煤炭泊位(码头水工允许靠泊能力为 50000 吨级)后 2014 年加固改造工程码头升等为 50000 吨级泊位,岸线总长 1100 米。码头采用引桥式布局、高桩式结构。码头前沿水深 13 米。项目后方堆场面积 3.75 万平方米,堆存能力 12 万吨;仓库面积 20000 平方米,堆存能力 12 万吨。主要装卸设备为 1500 吨/小时桥式抓斗卸船机 2 台。项目总投资 6539 万元,由企业自筹。陆域用地面积 11111.7 万平方米。

项目建设单位为苏州工业园区华能发电厂;设计单位为中交第二航务工程勘察设计院;施工单位为中港第三航务工程局;监理单位为上海东华建设监理所;质监单位为南通市港口工程质量监督站。

华能太仓发电有限公司二期煤码头为电厂自备码头。燃料成本是电厂主要的生产成本,占电厂总生产成本的 75% 左右。华能太仓电厂所有的煤炭均由海进江水运到码头。

2011—2015 年运量分别为 220 万吨、290 万吨、267 万吨、238 万吨、267 万吨。

(11)玖龙纸业(太仓)有限公司码头工程(35000 吨级煤炭泊位)

项目于 2004 年 10 月开工,2005 年 10 月试运行,2012 年 3 月竣工。

项目建设依据:2003 年 8 月,江苏省发展计划委员会《玖龙纸业(太仓)有限公司码头工程可行性研究报告》(苏计基础发〔2003〕892 号)。2003 年 4 月,江苏省环境保护厅《玖龙纸业(太仓)有限公司年产 50 万吨箱纸板(牛卡纸)、自备热电站、企业自用码头工程项目环境影响报告书》(苏环管〔2003〕77 号);厂内土地证范围内自有土地;2003 年 8 月,水利部长江水利委员会《关于转呈玖龙纸业(太仓)有限公司申请使用长江岸线、水域建设码头工程的请示》(长江务〔2003〕521 号)。

项目建设 1 个 35000 吨级煤炭泊位(码头水工允许靠泊能力为 50000 吨级),岸线总长 261 米。码头采用顺岸式布局、高桩式结构。码头前沿水深 13.4 米。仓库面积 2.07 万平方米,堆存能力 18.9 万吨。主要装卸设备为 2 台 20 吨、22 米卸船机。项目总投资

1.64 亿元,由企业自筹。陆域用地面积 2.07 万平方米。

项目建设单位为玖龙纸业(太仓)有限公司;设计单位为中交第二航务工程勘察设计院;施工单位为中港第二航务工程局、中港第三航务工程局;监理单位为上海凯悦建设咨询监理有限公司;质监单位为南通市港口工程质量监督站。

2013—2017 年完成吞吐量分别为 148.25 万吨、147.79 万吨、127.05 万吨、136.40万吨、127.46 万吨。

(12)苏州港太仓港区万方国际码头工程

项目于 2006 年 10 月开工,2010 年 3 月试运行,2011 年 12 月竣工。

项目建设依据:2006 年 9 月,江苏省发展和改革委员会《苏州港太仓港区万方(国际)码头工程可行性研究报告》(苏发改交能发〔2006〕923 号);2006 年 10 月,江苏省交通厅《苏州港太仓港区万方(国际)码头工程初步设计》(苏交港〔2006〕59 号);2005 年 12 月,国家环境保护总局批复交通部天津水运工程科学研究所编制的环境影响报告书(环审〔2005〕976 号);2005 年 12 月,江苏省国土资源厅批复建设用地预审意见的复函(苏国土资预函〔2005〕876 号);2006 年 7 月,交通部批复使用港口岸线(交规划发〔2006〕383 号)。

项目建设 1 个 40000 吨级木材泊位、1 个 15000 吨级、1 个 20000 吨级钢材泊位及 1 个万吨级杂货泊位(4 个泊位水工结构均按靠泊 70000 吨级船舶预留)。2012 年 11 月,江苏省交通运输厅批准靠泊船舶升等至 70000 吨,岸线总长 791 米。码头采用顺岸式布局、高桩梁板结构。码头前沿泥面高程 -14.2 米。项目后方堆场面积 32.97 万平方米,堆存能力192.48 万吨;仓库面积 1.48 万平方米,堆存能力 9.05 万吨。主要装卸设备包括 25 吨门座起重机 4 台、40 吨门座起重机 1 台及轨道式门式起重机 3 台。项目总投资 9.82 亿元,由企业自筹。陆域用地面积 50.25 万平方米。

项目建设单位为万方(太仓)建设开发有限公司;设计单位为中交第三航务工程勘察设计院有限公司;施工单位为中交第三航务工程局有限公司;监理单位为天津天科工程监理咨询事务所、山东省建设科技中心监理公司、中交第二航务工程勘察设计院有限公司;质监单位为苏州市交通工程质量监督站。

2009 年 1 月 22 日,宁波港股份有限公司完成对万方(太仓)开发建设有限公司 100%股权收购,2009 年 2 月 15 日复工。

考虑到长江上游截流、太仓港区海水倒灌趋势增强的因素,该工程在太仓港区附近区域首次采用耐海水防腐涂料对混凝土表面进行涂层防腐处理,取得了较好的抗氯离子腐蚀的效果。该项技术在太仓港区后续工程建设中进行了广泛的推广使用。

(13)苏州港太仓港区阳鸿液体化工公用码头工程

项目于 2006 年 10 月开工,2009 年 4 月试运行,2012 年 3 月竣工。

项目建设依据:2006年8月,江苏省发展和改革委员会组织召开工程可行性研究报告审核会,会后完成《太仓阳鸿码头工程可行性研究报告》(报批稿);2005年11月,江苏省环境保护厅《关于对太仓阳鸿石化有限公司储运工程环境影响报告书的批复》(苏环管〔2005〕307号);2006年6月,交通部《关于苏州港太仓港区阳鸿液体化工公用码头工程使用港口岸线的批复》(交规划发〔2006〕268号)。

项目建设液体化工公用码头一座,包括1个30000吨级及1个万吨级液体化工品泊位(码头水工允许靠泊能力为80000吨级),并在码头内侧建设1个3000吨级及1000吨级液体化工品泊位,岸线总长791米。码头采用反L式布局、高桩板梁式结构。码头前沿水深11.4米。项目总投资5.13亿元,由企业自筹。陆域用地面积18.7万平方米。

项目建设单位为太仓阳鸿石化有限公司;设计单位为中交第三航务工程勘察设计院有限公司;施工单位为中港第二航务工程局三公司;监理单位为上海源深工程建设监理有限公司;质监单位为苏州市交通工程质量监督站。

(14)苏州港太仓港区武港码头工程项目

项目于2007年9月开工,2009年2月试运行,2011年10月竣工。

项目建设依据:2007年11月,国家发展和改革委员会《关于苏州港太仓港区武港码头工程项目的批复》(发改交运〔2007〕3159号);2008年2月,交通部《关于苏州港太仓港区武港码头工程初步设计的批复》(交水发〔2008〕56号);2006年7月,国家环境保护局《关于苏州港太仓港区武港码头工程环境影响报告书的批复》(环审〔2006〕321号);2006年8月,国土资源部《关于苏州港太仓港区武港码头工程建设用地预审意见的复函》(国土资预审字〔2006〕190号);2010年4月,水利部长江水利委员会《关于苏州港太仓港区武港码头工程涉河建设方案的批复》(长许可〔2010〕50号)。

项目建设1个15万吨级及1个20万吨级矿石卸船泊位,2个5000吨级长江分节驳装船泊位和2个5000吨级长江分节驳待装泊位,岸线总长1095米。码头采用顺岸式布局、高桩式结构。码头前沿水深20米。项目后方堆场面积25.59万平方米,堆存能力421.7万吨。仓库面积1万平方米,堆存能力3.5万吨。主要装卸设备包括6台卸船机、3台装船机。项目总投资27.3亿元,由企业自筹。陆域用地面积84.7万平方米。

项目建设单位为太仓武港码头有限公司;设计单位为中交第三航务工程勘察设计院有限公司;施工单位为中交第三航务工程局有限公司、上海振华重工(集团)股份有限公司;监理单位为宁波港工程项目管理有限公司;质监单位为江苏省交通运输厅工程质量监督站、苏州市交通质量监督站。

所获奖项汇总见表9-3-6。

所获奖项汇总   表 9-3-6

奖项分类	奖项级别	奖项名称	获奖日期	颁奖机构
工程咨询	国家	全国优秀工程咨询成果三等奖	2009-06-01	中国工程咨询协会
工程咨询	省部	优秀水运工程咨询成果二等奖	2009-08-01	交通运输部
工程设计	国家	水运交通优秀设计一等奖	2012-08-01	中国水运建设行业协会
工程质量	省部	2010 年度江苏省扬子杯优质工程奖	2011-01-01	江苏省建设厅
工程质量	国家	2013—2014 年度国家优质工程奖	2014-12-01	中国施工企业管理协会

太仓武港码头有限公司积极推进太仓大型船舶锚地的建设和船舶大型化的进程，码头靠泊外轮吃水目前已达到 12.3 米，提高了船舶矿石配载，大幅度降低了钢厂、贸易商的矿石物流成本。凭借得天独厚的长江下游最优越的深水岸线、先进的装卸设施、个性化的服务，满足了长三角地区日益增长的进口铁矿石需求，缓解长江沿线的运输压力，进一步完善了长江沿线外贸进口铁矿石运输系统。

太仓武港码头有限公司注重绿色节能，严把能耗指标，不断分析改进，先后进行皮带输送机节能模式改造、流程顺停改造、智能照明控制改造等多项节能改造；在生产设备上采用新型材料抓斗、滚筒、耐磨板，来减少设备损耗；生产上合理运用卸船机高效节能操作法，利用较少的资源服务社会。

(15) 苏州港太仓港区三期工程 11、12 号泊位项目

项目于 2008 年 11 月开工，2010 年 12 月试运行，2013 年 7 月竣工。

项目建设依据：2008 年 6 月，国家发展和改革委员会《关于苏州港太仓港区三期工程项目核准的批复》（发改交运〔2008〕1344 号）；2008 年 9 月，交通运输部《关于苏州港太仓港区三期工程初步设计的批复》（交水发〔2008〕342 号）；2007 年 4 月，国家环境保护总局《关于苏州港太仓港区三期工程环境影响报告书的批复》（环审〔2007〕164 号）；2007 年 6 月，国土资源部《关于苏州港太仓港区三期工程建设用地预审意见的复函》（国土资预审字〔2007〕155 号）；2009 年 4 月，太仓市桂花建设局"中华人民共和国建设用地许可证"（太港规〔2009〕地字 007 号）。

项目建设 2 个 50000 吨级集装箱泊位（码头水工允许靠泊能力为 10 万吨级），岸线总长 664 米。码头采用顺岸式布局、高桩式结构。码头前沿水深 15.5 米。项目后方堆场面积 28.1 万平方米。主要装卸设备配置岸边集装箱装卸桥 6 台，电动轮胎式门式起重机 15 台。项目总投资 13.99 亿元，由企业自筹。陆域用地面积 50.67 万平方米。

项目建设单位为太仓港口投资发展有限公司；设计单位为中交第三航务工程勘察设计院有限公司；施工单位为中交第三航务工程局有限公司；监理单位为上海东华建设管理有限公司；质监单位为江苏省交通厅质量监督站；检测单位为江苏交通科学研究院有限

公司。

2011年11月，在江苏省交通运输厅开展的江苏省交通建设工程混凝土质量通病治理和"两创三比"活动中，项目被评为江苏省"精细典型工程"项目；2012年，项目获得江苏省住房和城乡建设厅"扬子杯"优质工程奖。

苏州港太仓港区南三期工程于2010年12月投产试运营，运营初期主要以沿海内贸干线和长江内贸支线业务为主，2011年10月正式引进近洋外贸干线，进一步提高了太仓港的外贸集装箱吞吐量。2014年1月29日，由太仓港集团和上港集团共同投资成立新的合资公司运营苏州港太仓港区南三期工程，由上海港负责码头的全面运营管理。新公司成立后，原有业务结构重新调整，保留外贸干线业务，又先后引进"上海海华"和"新海丰"两家外贸干线公司，近洋航线进一步加密，航线覆盖日本、中国台湾及东南亚，太仓港已发展成为真正意义上的长江外贸第一大港。同时积极开展洋山中转业务，引进"太仓快航"平台。

太仓快航是太仓港和上海港紧密合作的产物，在建设长江经济带和发挥长江黄金水道作用的国家战略下，承接了重要的作用。太仓快航共计8条江海直达船，船舶箱位为200～250TEU，船长82～121米；实现每周21班，每8小时一班，"定点、定时、定线、定航次、定泊位"的五定优势，承接长江中上游地区外贸集装箱去往洋山的中转集拼业务，帮助长江中上游地区货主降低成本、节省时间。长久以来，长江沿线地区的远洋货物都通过长江水运至上海外高桥地区，再转运至洋山港进出口，这使得外高桥港区压力重重，太仓快航的开通有效缓解了上海外高桥码头的压力。从箱量数据来看，太仓快航每年为太仓港贡献超60万TEU吞吐量，同时对太仓港更好地融入上海国际航运中心，发挥海上丝绸经济带、长江经济带的纽带作用，以及推进苏南、长江中下游货主改变物流运输模式，降低物流成本，实现"绿色运输"具有重要的现实意义。

（16）州港太仓港区三期工程9、10号泊位

项目于2008年11月开工，2010年8月竣工。

项目建设依据：2008年10月，交通运输部《苏州港太仓港区三期工程初步设计的批复》（交水发〔2008〕342号）；2007年5月，国家环境保护总局《苏州港太仓港区三期工程环境影响报告书的批复》（环审〔2007〕164号）；2007年6月，国土资源部《苏州港太仓港区三期工程建设用地预审意见的复函》（国土预审字〔2007〕155号）。

项目建设2个50000吨级集装箱泊位（码头水工允许靠泊能力为10万吨级），岸线总长564米。码头采用引桥式布局、高桩式结构。码头前沿水深15.5米。项目后方堆场面积29.5万平方米，堆存能力4.5万吨；仓库面积0.2万平方米。主要装卸设备包括岸边集装箱起重机6台、轮胎式集装箱门式起重机15台。项目总投资14.59亿元，由企业自筹。陆域用地面积58万平方米。

项目建设单位为太仓港口投资发展有限公司;设计单位为中交第三航务工程勘察设计院有限公司、上海振华重工股份有限公司;施工单位为中交第三航务工程局有限公司、上海振华重工股份有限公司、苏州苏农园艺景观有限公司;监理单位为上海东华建设管理有限公司;质监单位为江苏省交通运输厅工程质量监督局。

2011 年 11 月,项目获评江苏省住房和城乡建设厅精细典型工程;2012 年 1 月,项目获评江苏省住房和城乡建设厅扬子杯优质工程奖;2015 年 1 月,项目获评中国建筑业协会鲁班奖。

(17)苏州港太仓港区美锦汇风码头工程项目

项目于 2011 年 1 月开工,2012 年 12 月试运行,2014 年 7 月竣工。

项目建设依据:2010 年 12 月,江苏省交通运输厅《苏州港太仓港区美锦码头工程初步设计》(苏交港〔2010〕103 号);2007 年 8 月,江苏省环境保护厅《苏州港太仓港区美锦汇风公司码头工程环境报告书》(苏环管〔2007〕182 号)。

项目建设前沿设计 50000 吨级件杂货码头,3 号泊位后沿布置 3 个 1000 吨级泊位(码头水工允许靠泊能力为 10 万吨级),岸线总长 775 米。码头采用引桥式布局、高桩式结构。码头前沿水深 15.5 米。项目后方堆场面积 25.6 万平方米,堆存能力 36.8 万吨;仓库面积 1.49 万平方米,堆存能力 1.61 万吨。主要装卸设备包括 8 座门座起重机、1 座固定式起重机、12 台叉车、8 台装载机、6 台轮胎式起重机、8 台牵引车。项目总投资 15.90 亿元,由企业自筹。陆域用地面积 50.3 万平方米。

项目建设单位为苏州美锦汇风能源投资有限公司;设计单位为中交第三航务工程勘察设计院有限公司;施工单位为中交第三航务工程局有限公司;监理单位为中交二航院工程咨询监理有限公司;质监单位为江苏省交通科学研究院有限公司。

2015 年 12 月,项目获评中国水运建设行业协会 2014 年度水运交通优质工程奖;2014 年 4 月,项目获评江苏省住房和城乡建设厅 2013 年度江苏省"扬子杯"优质工程奖;2014 年 6 月,项目获评江苏省交通运输厅 2013 年度"江苏省交通建设优质工程"。2012 年 4 月,"易于沉桩的预应力混凝土管桩"取得实用新型专利,专利号为 ZL201220168713.5。

(18)苏州港太仓港区煤炭码头工程

项目于 2011 年 9 月开工,2013 年 12 月试运行,2014 年 6 月竣工。

项目建设依据:2009 年,江苏省交通运输厅《关于对苏州港太仓港荡茜作业区华能煤炭储运中心码头工程可行性研究报告的行业预审意见》(苏交港〔2009〕22 号);2011 年 7 月,交通运输部《关于苏州港太仓港区华能煤炭码头工程初步设计的批复》(交水发〔2011〕352 号);2008 年 11 月,环境保护部《关于华能太仓港煤炭储运中心工程环境影响报告书的批复》(环审〔2008〕480 号);江苏省建设厅《华能太仓港煤炭储运中心工程选址意见》(苏建规选字第 32000200800074);《华能太仓港煤炭储运中心工程涉河建设方案的批复》(长许可〔2009〕90 号)。

项目建设 1 个 10 万吨级及 1 个 50000 吨级卸煤泊位(码头水工允许靠泊能力为 15 万吨级),1 个 5000 吨级装装船码头一座,布置 5000 吨级驳船泊位 4 个;建设 1000 吨级驳船装船码头一座,布置 1000 吨级驳船泊位 6 个。岸线总长 480 米。码头采用引桥式布局、高桩式结构。码头前沿水深 12 米。项目后方堆场面积 31.18 万平方米,堆存能力 120.75 万吨;仓库面积 1.49 万平方米,堆存能力 1.61 万吨。主要装卸设备有卸船机 4 台、装船机 4 台、堆取料机 5 台。项目总投资 21.93 亿元,由企业自筹。陆域用地面积 75.47 万平方米。

项目建设单位为华能股份公司;设计单位为中交第三航务工程勘察设计院有限公司;施工单位为中交三航局第三工程有限公司、中交二航局第三工程有限公司、中铁十四局集团有限公司等;监理单位为上海东华建设管理有限公司;质监单位为苏州市交通工程质量监督站。

2015 年 9 月,项目获得交通运输部"平安工程"冠名。2019 年,项目荣获"江苏交通优质工程"称号。

项目投产后,码头所属公司充分利用太仓港得天独厚的区位和水运条件优势,积极为社会各方用户提供煤炭中转、储运、配送等公共服务。码头吞吐量不断创新高。

(19)苏州港太仓港区协鑫码头工程

项目于 2014 年 1 月开工,2016 年 6 月竣工。

项目建设依据:2012 年 11 月,交通运输部《关于苏州港太仓港区协鑫码头工程初步设计的批复》(交水发〔2012〕581 号);2006 年 9 月,国家环境保护总局《关于太仓协鑫煤炭码头工程环境影响报告书》(环审〔2006〕486 号);2006 年 6 月,交通部《关于对太仓协鑫煤炭码头工程环境影响报告书预审意见的函》(交环函〔2006〕78 号);2006 年 7 月,国土资源部《关于太仓协鑫煤炭码头工程项目建设用地预审意见的复函》(国土资预审字〔2006〕168 号);2010 年 5 月,国土资源部《关于同意延长仓协鑫煤炭码头工程项目建设用地预审意见有效期的函》(国土资预审字〔2010〕96 号);2006 年 4 月,江苏省交通厅《关于同意苏州港太仓港区协鑫煤炭公用码头工程岸线利用开展前期工作的批复》(苏交港〔2006〕22 号)。

项目建设 1 个 50000 吨级散杂货接卸泊位和 4 个 500 吨级装船泊位(码头水工允许靠泊能力为 10 万吨级),岸线总长 310 米。码头采用引桥式布局、高桩式结构。码头前沿水深 16 米。项目后方堆场面积 8.9 万平方米,堆存能力 46 万吨;仓库面积 0.2 万平方米。主要装卸设备包括 1 台装卸两用机(UL 型 1600 吨/小时)、2 台卸船机(UL 型 1600 吨/小时)、2 台装船机(3000 吨/小时)、3 台斗轮机(4800 吨/小时、3000 吨/小时)、23 台固定式皮带输送机〔DTⅡ(A)〕、11 台流动皮带输送机(DTⅡ)、8 台装载机(WA380Z-6、

WA470-6)。项目总投资 9.12 亿元,由企业自筹。陆域用地面积 26.08 万平方米。

项目建设单位为太仓鑫海港口开发有限公司;设计单位为中交第三航务工程勘察设计院有限公司;施工单位为中交第三航务工程局有限公司;监理单位为中交二航院工程咨询监理有限公司、天津天科工程监理咨询事务所;质监单位为江苏省交通运输厅工程质量监督局。

(20)苏州港太仓港区新泾作业区润禾码头工程(一期)

项目于 2015 年 9 月开工,2016 年 11 月试运行,2017 年 9 月竣工。

项目建设依据:2015 年 2 月,苏州市港口管理局《苏州市港口管理局关于苏州港太仓港区新泾作业区润禾码头工程初步设计的批复》(苏港管〔2015〕10 号);2014 年 11 月,太仓市环境保护局《关于对太仓润禾码头有限公司建设苏州港太仓港区新泾作业区润禾码头工程项目环境影响报告书的审批意见》(太环建〔2014〕634 号)。用地批复:润禾码头陆域部分是"润邦卡哥特科工业有限公司",所有土地由该公司赎买,润禾码头没有用地批复,岸线批复见下文。2012 年 12 月,江苏海事局《关于苏州港太仓港区润禾杂货(重件)码头工程通航水域岸线安全使用的行政许可决定》(苏海许可〔2012〕53 号);2013 年 9 月,交通运输部《关于苏州港太仓港区新泾作业区润禾码头工程使用港口岸线的批复》(交规划发〔2013〕530 号)。

项目建设 1 个 50000 吨级通用型泊位,岸线总长 361 米。码头采用引桥式布局、高桩式结构。码头前沿水深 14.3 米。项目后方堆场面积 3 万平方米,堆存能力 24 万吨;仓库面积 450 平方米,堆存能力 0.36 万吨。主要装卸设备包括 60 吨门座起重机 2 台、16 吨叉车 1 台。项目总投资 3.10 亿元,由企业自筹。陆域用地面积 50 亩。

项目建设单位为太仓润禾码头有限公司;设计单位为中设设计集团股份有限公司;施工单位为中交第三航务工程局有限公司;监理单位为苏州市路达工程监理咨询有限公司;质监单位为苏州市交通工程质量监督站。

润禾码头为以重载发运为特色的通用码头,为港区各企业提供了优秀的重大件转运方案,发运大型化工设备、"一带一路"工程机械、风电类超大设备、港口整机设备等。

五、南通港

(一)港口概况

1. 港口综述

南通港地处长江下游河口段北岸,其地理坐标为东经 120°48′54″,北纬 32°45″。距入海口 195.5 千米,距吴淞口 102 千米,距南京 264 千米。港口处在海、江、河的交汇处,是海轮进江后长江北岸第一个可停靠的港口,是水上中转的重要枢纽。从长江口出海可达我国沿海和世界各港;上溯长江,可通往苏、皖、赣、鄂、湘、川六省及滇、黔、陕、豫等省,位于沿海和长江两条经济轴线的交会处,对内对外的经济辐射都极为有利。内河运输通过长江、引河与通扬、通吕等苏北水系和京杭大运河相贯通。疏港公路与国道、苏北公路网衔接,民航已通航,铁路已接轨,水陆交通均十分方便。

南通集"黄金水道"与"黄金海岸"于一身,拥有 166 千米长江岸线,216 千米黄海岸线。规划有 12 个港区,其中沿江有如皋、天生、南通、任港、狼山、富民、江海、通海、启海 9 个港区,沿海有洋口、吕四、通州湾 3 个港区。关于沿海的洋口港区和吕四港区综述介绍以及项目建设情况列入本节,不在江苏省沿海港口单独表述。

长江上第一座万吨级、50000 吨级、10 万吨级码头均首先在南通港建成。

南通港拥有沿海航道和沿江航道各 4 条。沿海航道包括洋口港区烂沙洋北水道 10 万吨级航道、南水道 70000 吨级航道,吕四港区 50000 吨级进港航道,吕四港区进港航道一期上延航道。沿江航道按照行政级别分为 2 条国家航道和 2 条地方航道:国家航道包括长江主航道南通段、长江口北支航道,由长江航道局养护,其中,长江主航道南通段是长江上通航条件最好的航段,每年船舶通过量约 56 万艘次;地方航道包括营船港专用航道、天生港专用航道,由南通市港口管理局养护。长江南京以下 12.5 米深水航道已贯通至南通沿江所有港区。

南通港有长江锚地 5 处,面积 17.69 平方公里,占全省的 27.5%,最大锚泊能力 15 万吨。

2. 港口水文气象

南通市属于北亚热带湿润季风气候区,气候条件较好。南通市年平均气温为 15.1 摄氏度,多年平均降雨量 1083.7 毫米,多年平均雾日数 30 天。南通、吕四和如东的常风向分别为 E、ESE、SE,多年平均风速分别为 3.4 米/秒、6.5 米/秒和 5.5 米/秒。本地区受台风影响平均每年 2.24 次,南通市沿岸,如东长沙港以北地震基本烈度为 7 度,其余均为 6 度。

南通长江岸段潮汐属于非正规半日潮,落潮历时大于涨潮历时,每日两涨两落,日潮不等现象非常显著。沿海岸段主要受东海前进波的控制,潮波进入浅水区后,形成驻波,属于正规半日潮。潮位特征值的起算面天生港和海门港为吴淞基面,吕四和如东西太阳沙为各自的理论最低潮面,天生港、海门(青龙港)、吕四、如东平均潮差分别为 1.93 米、2.69 米、3.71 米、4.61 米。

3. 发展成就

改革开放以后,随着狼山港区一、二期工程海轮泊位的建设,南通港由单纯的内河运输拓展为江海物资转运。随着天生电厂、华能电厂、中远船厂等沿江工业的发展,形成了一些工业港区。进入 20 世纪 90 年代,一些企业、公司等沿江建设码头也参与到港口建设和经营上来,相应形成了一些零散码头和作业区。截至 2015 年底,全港共有生产性泊位 203 个(沿江 194 个、沿海 9 个)。其中,万吨级以上 64 个(沿江 55 个,沿海 9 个),50000 吨级以上 48 个(其中沿江 41 个,沿海 7 个),占全省 25%,10 万吨及以上 7 个(其中沿江 4 个,沿海 3 个),占全省 30%,最高靠泊等级 20 万吨级(长江沿线最高等级),主要承担铁矿石等大宗散货的江海联运。完成吞吐量 2.18 亿吨,其中外贸吞吐量 5152 万吨,集装箱吞吐量 75.9 万 TEU。

2011—2015 年吞吐量分别为 1.73 万吨、1.85 万吨、2.05 万吨、2.16 万吨、2.18 万吨。

南通港港区分布如图 9-3-4 所示。南通港基本情况见表 9-3-7。

图 9-3-4 南通港港区分布图

(二)如皋港区

1. 港区综述

(1)港区建设和运营情况

如皋港是江苏省沿江开发的新兴港口,拥有 1 条国家级长江主航道,是联结长江南北岸、中下游的重要水运枢纽。

表 9-3-7

南 通 港 基 本 情 况 表

序号	港区名称	港区岸线 港区规划岸线（千米）	其中：2015年前已建成岸线（千米）	2015年港口生产性泊位 生产性泊位数（个）	其中：万吨级及以上（个）	生产性泊位总长（米）	其中：万吨级及以上（米）	其中：1978—2015年建成的生产性泊位 生产性泊位数（个）	其中：万吨级及以上（个）	生产性泊位总长（米）	其中：万吨级及以上（米）	货物吞吐量（万吨）	2015年港口货物和旅客吞吐量 外贸货物吞吐量（万吨）	集装箱（万TEU）	滚装车辆 数量（万辆）	质量（万吨）	旅客（万人）	其中：国际旅客（万人）
1	富民港区	4.5	1.13	8	3	1129	621	8	3	1129	621	—	—	—	—	—	—	—
2	江海港区	6.7	3.88	21	10	3877	2273	17	10	3597	2273	—	—	—	—	—	—	—
3	狼山港区	2.7	3.27	21	11	3266	2347	21	11	3266	2347	—	—	—	—	—	—	—
4	南通港区	1.6	0.96	15	5	958	958	5	5	958	958	—	—	—	—	—	—	—
5	任港港区	2.7	0.46	3	1	458	238	2	1	358	238	—	—	—	—	—	—	—
6	如皋港区	7.4	2.94	11	10	2935	2870	11	10	2935	2870	—	—	—	—	—	—	—
7	天生港区	7.5	2.27	15	4	2269	990	15	4	2269	990	—	—	—	—	—	—	—
8	通海港区	20.3	1.17	9	1	1166	171	9	1	1166	171	—	—	—	—	—	—	—
9	洋口港区	29.5	0.61	2	2	610	610	2	2	610	610	—	—	—	—	—	—	—
10	吕四港区	9	0.87	4	4	872	872	4	4	872	872	—	—	—	—	—	—	—
	合计	91.9	17.56	109	51	17540	11950	94	51	17160	11950	21827.38	5151.53	75.85	—	—	—	—

如皋港沿江资源丰厚，拥有长江岸线 48 千米，其中深水岸线 18.6 千米，且岸线深水逼岸，微冲不淤，河势相对稳定，可建万吨级码头 30 多座。至 2015 年末，如皋港长江岸线利用 14.8 千米，建成各类泊位 75 个，其中物流泊位 50 个、造船与海工泊位 25 个。预留友谊沙发展岸线 5.7 千米，长青沙水资源保护区 2 千米，北汊岸线 5 千米。

2011—2015 年港区货物吞吐量分别为 3200 万吨、2855 万吨、3096 万吨、2900 万吨、3967 万吨。

（2）港区地理条件和集疏运概况

如皋港区地处南通港最上游、如皋市的最南端，西邻靖江、东接通州、南与张家港隔江相望，地理坐标为东经 120°31′10″，北纬 32°04′20″。

如皋港区成陆较晚，根据南通港务局起步码头及东方石化码头钻探资料，沿江地表下 50 米内土层自上而下大致可分为四层：第一层为亚黏土夹粉砂；第二层为粉细砂；第三层为亚黏土；第四层为粉细砂。

港区内集疏运主要通过水水中转及水陆中转。陆路运输通过如皋港与如城的交通通道（如港一级公路）、沿江（距主江堤 1.5 ~ 2.0 千米）高等级公路、新 204 国道运出港外。进港铁路支线工程可行性研究报告已完成，线路走向基本确定，工程即将开工建设。水路运输主要通过连申线、如海运河、如皋港引河连接苏北河网系运出如皋港外。

2. 港区工程项目

（1）南通东方石油化工港储有限公司码头工程

项目于 1998 年 5 月开工，1999 年 3 月试运行，1999 年 9 月竣工，2015 年 9 月升级改造，2016 年 3 月竣工。

项目建设依据：1998 年 1 月，如皋市计划经济委员会《关于同意中艺华海进出口有限公司如皋市港重油库工程项目可行性研究报告的批复》（皋计经〔1998〕18 号）；1998 年 8 月，如皋市计划经济委员会《关于同意南通东方石油化工港储有限公司如皋港重油库工程初步设计的批复》（皋计经〔1998〕132 号）；2013 年 4 月，如皋市环境保护局《关于南通东方石油化工港储有限公司 15.4 万立方米储罐扩建项目环评的批复》（皋环发〔2013〕23 号）；交通部南通长江港航监督局《关于南通东方石油化工港储有限公司使用长江岸线水域构筑 3 万吨级重油码头的批复》（通长督〔1998〕109 号）。

项目建设 1 个 50000 吨级重油码头泊位，2015 年改造升级为 50000 吨级石化码头。码头岸线总长 260 米。采用引桥式布置、高桩式码头结构，码头前沿水深 14 米。项目总投资 1650 万元，其中业主自有资金 850 万元，银行贷款 800 万元。项目陆域用地 15.18 万平方米。

项目建设单位为南通东方石油化工港储有限公司；设计单位为交通部第三航务工程勘察设计院、上海化工设计院、南京金凌石化工程设计院有限公司、南京瑞迪建设科技有限公司;施工单位为交通部第三航务工程局第三工程公司、中国化学工程十二建设公司、南通海润水利建设有限公司;监理单位为上海东华建设监理所、上海申峰建设监理有限公司;质监单位为南通港口建设工程质量监督站。

江苏如皋港重油码头工程自建成以来,持续稳定发展,2013—2018年的吞吐量如下:2013年84万吨;2014年66.6万吨;2015年87.3万吨;2016年163万吨;2017年166万吨;2018年137万吨。该项目为如皋港第一家落户的石化码头企业,为周边地区提供了稳定的就业机会,带动并推动了地方经济的发展。

(2)南通阳鸿石化储运有限公司油品及化工物料储运项目

项目于2003年12月开工,2004年10月竣工。

项目建设依据:2002年11月,如皋市发展计划与经济贸易委员会《关于南通阳鸿石化储运工程可行性研究审查报告的批复》(皋计经贸〔2002〕227号);2003年1月,如皋市发展计划与经济贸易委员会《关于南通阳鸿石化储运工程初步设计的批复》(皋计经贸〔2003〕13号);2003年9月,江苏省环境保护厅《关于南通阳鸿石化储运有限公司油品及化工物料储运项目环境影响报告书的批复》(苏环管〔2003〕177号);用地批复(皋国用〔2013〕第824010205号)。2002年5月,如皋市发展计划与经济贸易委员会《关于同意香港"阳鸿有限公司"等单位合资建设石油类产品仓储及其制品工程项目使用如皋港经济开发区中心河下游岸线的批复》(皋计经贸〔2002〕88号)。

项目建设1个50000吨级、1个30000吨级化学品码头泊位。码头岸线总长600米。采用引桥式布置、高桩式码头结构,码头前沿水深16～20米。项目总投资1.73亿元。项目陆域用地23.11万平方米。

项目建设单位为南通阳鸿石化储运有限公司;设计单位为中交第三航务工程勘察设计院、金陵石化设计院;施工单位为中港第二航务工程局、中国石油天然气第一建设公司;监理单位为南通兴港工程咨询监理有限公司;质监单位为南通市港口工程质量监督站。

(3)南通焯晟石化码头项目

项目于2004年4月开工,2005年8月试运行,2008年5月竣工。

项目建设依据:2003年12月,如皋市发展计划与经济贸易委员会《关于南通焯晟石油化工有限公司5万吨级专用码头工程可行性研究报告评审意见的批复》(皋计经贸〔2003〕382号);2004年4月,如皋市发展计划与经济贸易委员会《关于南通焯晟石油化工有限公司码头工程初步设计专家审查意见》(皋计经贸〔2004〕150号);2004年10月,江苏省环境保护厅《关于对南通焯晟石油化工有限公司150万吨重油深加工工程项目环境影响报告书的批复》(苏环管〔2004〕217号);2003年,如皋市人民政府《南通焯晟石油化工有限公司的土地使用》(皋国用〔2003〕第783号);2003年,水利部长江水利委员会《关于南通焯晟石油化工有限公司占用长江岸线、水域建设专用码头工程的批复》(长江务〔2003〕652 号）。

项目建设 1 个 50000 吨级和 3000 吨级油品装卸泊位 2 个，岸侧设 500 吨级泊位 1 个。码头岸线总长 418.31 米。采用引桥式布置、高桩式码头结构，码头前沿水深 14 米。主要装卸设备输油臂 2 个，软管 15 根。项目总投资 6500 万元，全部为业主自有资金。项目陆域用地 41.21 万平方米。

项目建设单位为南通焯晟石油化工有限公司；设计单位为中交第三航务工程勘察设计院；施工单位为海军华东工程局等；监理单位为上海华申建设监理咨询有限公司；质监单位为南通市港口工程质量监督站。

（4）南通诚晖石油化工有限公司石化码头、港储工程项目

项目于 2005 年 11 月开工，2007 年 1 月试运行，2008 年 5 月竣工。

项目建设依据：2003 年 12 月，如皋市发展计划与经济贸易委员会《关于南通诚晖石油化工有限公司石化码头、港储工程可行性报告（代项目建议书）》（皋计经贸〔2003〕365 号）；2005 年 3 月，如皋市发展和改革委员会《关于南通诚晖石油化工有限公司三万吨级码头工程可行性研究报告专家评审意见的批复》；2005 年 8 月，如皋市发展和改革委员会《关于南通诚晖石油化工有限公司"石化港储一期工程及码头工程初步设计"评审意见的批复》；2004 年 11 月，南通市环境保护局《关于南通诚晖石油化工有限公司 5 万吨级石化码头、40 万立方米港储工程项目环境影响报告书的批复》（通环管〔2004〕62 号）；2009 年 9 月如皋市环境保护局《关于南通诚晖石油化工有限公司 60 万立方米罐区扩建项目环境影响报告书的批复》（皋环发〔2009〕59 号）；2012 年 11 月如皋市环境保护局《关于南通诚晖石油化工有限公司新增 58 万方库容项目环境影响报告书审批意见》（皋环发〔2012〕76 号）；《关于南通诚晖石油化工有限公司在长江如皋中汊建设码头工程涉及河道管理有关问题的批复》（长江务 355 号）。

项目建设 1 个 30000 吨级化学品码头泊位（码头水工建筑允许靠泊能力 50000 吨级）。码头岸线总长 286 米。采用碟形布置，水工结构为高桩梁板码头结构，码头前沿水深 13 米。厂区面积 44 万平方米，储存能力 63.1 万立方米。主要装卸设备储罐、管线、泵机。项目总投资 44.8 亿元，资金来源自筹。项目陆域用地 44 万平方米。

项目建设单位为南通诚晖石油化工有限公司；设计单位为中交第三航务工程勘察设计院有限公司、化工部第二设计院宁波设计有限公司；施工单位为中港第四航务工程局、中国化学工程第十四建设公司；监理单位为南通兴港工程咨询监理有限公司、连云港昊达工程建设监理有限公司；质监单位为南通市港口工程质量监督站。

自该项目年均吞吐量均在 230 万吨。

（5）南通港如皋港区通用码头项目 1 号、2 号泊位工程

项目于 2006 年 1 月开工，2008 年 8 月试运行，2011 年 3 月竣工。

项目建设依据：2007年9月，江苏省发展和改革委员会《关于核准南通港如皋港区通用码头工程项目的批复》（苏发改交能发〔2007〕973号）；2007年11月，江苏省交通厅《关于南通港如皋港区通用码头工程项目初步设计的批复》（苏交港〔2007〕74号）；2006年10月，江苏省环境保护厅《关于如皋港务集团有限公司公用码头工程项目环境影响报告书的批复》（苏环管〔2006〕178号）；2006年，江苏省国土资源厅《关于公用码头建设项目用地预审报告》（苏国土资源〔2006〕447号）；2007年6月，交通部《关于南通港如皋港区通用码头工程使用港口岸线的批复》（交规划发〔2007〕324号）。

项目建设2个50000吨级通用散货码头和杂货码头泊位（码头水工建筑允许靠泊能力10万吨）。码头岸线总长557.32米。采用引桥式布置、高桩式码头结构，码头前沿水深14.4米。堆场面积21.33万平方米。主要装卸设备包括门式起重机、自卸车、装载机、挖掘机。项目总投资6.74亿元，业主自有资金2.36亿元，其他银行贷款4.38亿元。

项目建设单位为如皋港务集团有限公司；设计单位为中交四航局港湾工程设计院有限公司；施工单位为上海三航奔腾建设工程有限公司、上海通特建设工程有限公司；监理单位为上海源深工程建设监理有限公司、黑龙江黑航工程建设监理有限公司、南通市建设监理有限责任公司等；质监单位为南通市港口工程质量监督站。

（6）华大石化（南通）有限公司"50000吨级专用码头"项目

项目于2006年4月开工，2014年4月试运行，2015年8月竣工。

项目建设依据：2003年11月，如皋市发展计划与经济贸易委员会《关于华大石化（南通）有限公司可行性研究报告的批复》（皋计经贸〔2003〕319号）；2004年4月，如皋市发展计划与经济贸易委员会《关于召开南通华大石油化工有限公司"5万吨级专用码头工程可行性研究报告"评审意见的批复》（皋计经贸委〔2004〕105号）；2004年11月，如皋市发展计划与经济贸易委员会《关于华大石化（南通）有限公司"如皋石化基地重油深加工工程可行性研究报告"评审意见的批复》（皋计经贸〔2004〕276号）；2005年10月，如皋市发展和改革委员会《关于华大石化（南通）有限公司"5万吨级专用码头初步设计"评审意见的批复》（发改委〔2005〕199号）；2005年6月，南通市环境保护局《关于华大石化（南通）有限公司如皋石化基地150万吨重油深加工项目环境影响报告书的批复》（通环管〔2005〕29号）；2004年5月，如皋市国土资源局《土地使用权登记证》（皋国用〔2004〕第447号）；2003年12月，如皋市发展计划与经济贸易委员会《关于南通华大石化有限公司"150万吨燃料油加工项目码头建设岸线使用"的批复》（皋计经贸〔2003〕351号）。

项目建设1个50000吨级化学品码头泊位。码头岸线总长280米。采用引桥式布置、高桩式码头结构，码头前沿水深14.3米。仓库面积5.4万平方米。主要装卸设备包括流体装卸臂4台、输油管道8根、金属软管（复合软管）9条。项目总投资3亿元，为外企投资。

项目建设单位为华大石化(南通)有限公司;设计单位为中交第三航务工程勘察设计院;施工单位为中港第二航务工程局;监理单位为武汉四达工程咨询监理有限公司;质监单位为武汉港湾工程质量检测有限公司。

华大石化5万吨级专用码头,自2015年8月通过竣工验收投产后,提供给南通诚晖石油化工有限公司和南通远邦石油有限公司从事液体石化制品的装卸船租赁作业,码头每年吞吐量在80万吨左右。

(7)南通港如皋港区通用码头项目3号、4号泊位工程

项目于2008年10月开工,2012年4月试运行,2013年12月竣工。

项目建设依据:2007年9月,江苏省发展和改革委员会《关于核准南通港如皋港区通用码头工程项目的批复》(苏发改交能发〔2007〕973号);2010年4月,江苏省发展和改革委员会《关于核准南通港如皋港区通用码头4号泊位工程项目的通知》(苏发改交能发〔2010〕458号);2007年11月,江苏省交通厅《关于南通港如皋港区通用码头工程项目初步设计的批复》(苏交港〔2007〕74号);2010年8月,江苏省交通运输厅《关于南通港如皋港区通用码头4号泊位工程项目初步设计的批复》(苏交港〔2010〕60号);2006年10月,江苏省环境保护厅《关于如皋港务集团有限公司公用码头工程项目环境影响报告书的批复》(苏环管〔2006〕178号);2006年,江苏省国土资源厅《关于公用码头建设项目用地预审报告》(苏国土资源〔2006〕447号);2007年6月,交通部《关于南通港如皋港区通用码头工程使用港口岸线的批复》(交规划发〔2007〕324号);2010年1月,交通运输部《关于南通港如皋港区通用码头4号泊位工程使用港口深水岸线的批复》(交规划发〔2010〕64号)。

项目建设2个50000吨级通用散货码头和杂货码头码头泊位。码头岸线总长467.68米。采用引桥式布置、高桩式码头结构,码头前沿水深14.6米。堆场面积22.46万平方米。主要装卸设备包括门式起重机、自卸车、装载机、挖掘机。项目总投资4.31亿元,业主自有资金1.51亿元,其他银行贷款2.80亿元。

项目建设单位为如皋港务集团有限公司;设计单位为中交四航局港湾工程设计院有限公司、南京瑞迪建设科技有限公司;施工单位为上海三航奔腾建设工程有限公司、上海通特建设工程有限公司;监理单位为黑龙江黑航工程建设监理有限公司、武汉长航科达监理有限公司;质监单位为南通市港口工程质量监督站。

由于无单个泊位吞吐量原始统计,故吞吐量与3号、4号泊位吞吐量合计计算:2013—2017年完成吞吐量分别为2333万吨、2296万吨、2136万吨、2714万吨、2816万吨。

(8)森松(江苏)重工有限公司码头及港池工程项目

项目于2009年6月开工,2015年11月试运行,2016年12月竣工。

项目建设依据:2012年3月,如皋市长江镇人民政府《关于森松(江苏)重工有限公司罐类重型工程设备项目的核准通知》(皋江发改投资〔2012〕007-01号);2015年10月,如

皋市港口管理局"准予港口行政许可决定书"(皋港许字〔2015〕1001);2011 年 3 月,如皋市环境保护局《关于森松(江苏)重工有限公司配套港池及 10000 吨级码头项目环境影响报告书的批复》(皋环发〔2011〕22 号);2009 年 2 月,如皋市建设局的用地批复(地字第镇320682200900038 号);2015 年 9 月,江苏省交通运输厅《关于南通港如皋港区泓北沙作业区森松(江苏)重工有限公司码头工程岸线申请的行政许可》(JS0000-20150909161923)。

项目建设 1 个 10000 吨级、1000 吨级杂货码头泊位(码头水工建筑允许靠泊能力20000 吨及 3000 吨)。码头岸线总长 400 米。采用顺岸式布局、板桩式码头结构,码头前沿水深 9 米。堆场面积 6.6 万平方米,堆存能力 2 万吨。主要装卸设备包括 4 台 250 吨行车、2 台 100 吨门式起重机、2 台 150 吨门式起重机、1 台 50 吨门式起重机。项目总投资9990 万美元,资金来源于业主自有资金和外企资金。项目陆域用地 928 亩。

项目建设单位为森松(江苏)重工有限公司;设计单位为南通港口规划设计院有限公司;施工单位为上海交通建设总承包有限公司;监理单位为南通兴港工程咨询监理有限公司;质监单位为南通市港口工程质量监督站。

(三)南通港区

1. 港区综述

(1)港区建设和运营情况

截至 2015 年,拥有生产性泊位数 15 个,泊位总长度 958 米。2015 年吞吐量合计1981. 35 万吨,其中外贸吞吐量 774. 23 万吨。

(2)港区地理条件和集疏运概况

地势低平,自西向东、自北向南略有倾斜,高程一般小于 5 米(吴淞基面),沿岸有沙洲滩地。

地质构造上属于扬子准地台与江南古陆的交接部。第四系地层厚 300~400 米,为河流相、海相和过渡相沉积。地表下 50 米内土层自上而下依次为:灰黄色粉质黏土(厚 2米)、灰色粉细砂(厚 30 米左右)、淤泥质粉质黏土(厚 10~20 米)和灰色粉砂(容许承载力 185 千帕)。河床底质为粉砂和极细砂。

2. 港区工程项目

(1)南通港区 201 号、202 号泊位工程

项目于 1987 年 6 月开工,1988 年 7 月竣工。

项目建设依据:1986 年 11 月,《关于南通港 3 号~4 号码头改建的批复》(交通部〔86〕交计字 862 号);1986 年 12 月《关于南通港三、四号码头改建工程初步设计的批复》(交通部〔86〕交基字 971 号)。

项目改造三、四号泊位为万吨级泊位,码头岸线总长 232 米。采用引桥式布置、高桩式码头结构,码头前沿泥面高程 10.5 米(吴淞)。堆场面积 67009 平方米。主要装卸设备门座起重机。项目总投资 610 万元,资金来源国家安排基建经营性基金。

项目建设单位为南通港务局;设计单位为交通部第三航务工程局设计所、南通港务局设计室;施工单位为交通部第三航务工程局第三工程公司、江苏省海洋工程公司;质监单位为南通市港口工程质量监督站。

南通港区 201 号、202 号泊位工程属于南通港口集团有限公司通州港务分公司,通州港务分公司陆域用地面积 174789 平方米。2015—2018 年,通州港务分公司全年完成吞吐量分别为 1623 万吨、1794 万吨、1829 万吨、979 万吨。

(2)南通港区 203 号泊位工程

项目于 2002 年 5 月开工,2005 年 5 月竣工。

项目建设依据:2001 年 9 月,南通市经济贸易委员会《关于南通港通州港区改扩建工程可行性研究报告的批复》(通经贸投资〔2001〕22 号);2002 年 4 月,南通市经济贸易委员会《关于南通港通州港区改扩建工程初步设计的批复》(通经贸投资〔2002〕35 号)。2004 年 2 月,南通市发展计划委员会《关于南通港区改扩建工程二期工程可行性研究报告的批复》(通计固〔2004〕84 号);2004 年 12 月,南通市发展计划委员会《关于南通港区改扩建工程二期工程初步设计的批复》(通计固〔2004〕662 号)。

项目除原 203、204 客运泊位,在改扩建一期工程下游建设 30000 吨级(水工结构按 50000 吨级设计)通用泊位 1 个,码头总长 336 米。采用顺岸式布置,高桩式码头结构,码头前沿水深码头前沿泥面高程 –12.87 米(吴淞)。堆场面积 36500 平方米。主要装卸设备有门座起重机。项目总投资 1.16 亿元,均由企业自筹。

项目建设单位为南通港口集团有限公司;设计单位为中交第三航务工程勘察设计院;施工单位为中交第三航务工程局有限公司;监理单位为上海东华建设管理有限公司;质监单位为南通市港口工程质量监督站。

南通港区 203 号泊位工程属于南通港口集团有限公司通州港务分公司,通州港务分公司陆域用地面积 174789 平方米。2015—2018 年,通州港务分公司全年完成吞吐量分别为 1623 万吨、1794 万吨、1829 万吨、979 万吨。

(四)天生港区

1. 港区综述

(1)港区建设和运营情况

天生港区共有 4 个作业区,分别是横港沙作业区、天生作业区、小李港作业区、如皋北汊作业区。现有生产性泊位 19 个,码头岸线总长 21 千米,其中深水泊位 7 个。

(2)港区地理条件和集疏运概况

南通天生港区位于南通市西部长江北岸,地跨港闸区、通州区和如皋市三个行政区,西接靖江、东连南通、南与张家港隔江相望。

澄通河段位于长江三角洲新构造运动沉降区内,河床及岸坡多为第四纪疏松沉积物所覆盖,除黄山、肖山、长山、狼山、龙爪岩等处基岩临江外,基岩埋深一般在 200～400 米以下,陆域地貌属于长江冲积平原的新三角洲,地势低平,地形西高东低,自西向东略有倾斜。

澄通河段地层一半上部为粗黏质粉砂,中部以细淤泥质亚黏土及粉砂质亚黏土为主,下部为较粗的粉细砂及黏质粉砂,其中粉质黏土层工程性质一般,粉细砂层是桩基良好的持力层。

水路距长江口约 90 千米,沿长江上溯沟通长江中上游沿线地区,经通吕运河沟通黄海,经通扬运河与长江三角洲内河水网相连。公路主要有横贯东西的沿江高等级公路、宁启高速公路,以及纵贯南北的 G204 国道等,分别通往泰州、南通、张家港等周边地区。铁路有宁启铁路南通站,向西可与新长铁路相接。

澄通河段上起江阴鹅鼻嘴,下至徐六泾,全长约 96.8 千米,由姜沙水道、如皋沙群水道、通州沙水道及狼山沙水道组成。

2.港区工程项目

南通港天生港区横港沙作业区新世界通用码头项目

项目于 2012 年 7 月开工,2016 年 8 月试运行,2016 年 9 月竣工。

项目建设依据:2014 年 10 月,南通市通州区发展改革委"企业投资项目备案通知书"(通发改登记备案〔2014〕105 号);2015 年 7 月,南通市通州区港口管理局《准予港口行政许可决定书》(通州交港许〔2015〕0003 号);2015 年 11 月,南通市通州区港口管理局《准予港口行政许可决定书》(通州交港许〔2015〕0005 号);2014 年 7 月,江苏省环保厅《关于对南通港天生港区横港沙作业区新世界通用码头工程环境影响报告书的批复》(苏环审〔2014〕80 号);2014 年 7 月 9 日,交通运输部、江苏省人民政府《关于南通港天生港区规划方案的批复》(交规划发〔2013〕389 号);2012 年 9 月 29 日,江苏海事局《关于南通市通州港区新世界开发建设有限公司通用码头通航水域岸线安全使用的行政许可决定》(苏海许可〔2012〕40 号);2013 年 11 月,交通运输部《关于南通港天生港区横港沙作业区新世界通用码头工程使用港口岸线的批复》(交规划发〔2013〕663 号)。

项目建设 2 个 50000 吨级、2 个 30000 吨级通用散货泊位(码头水工建筑允许靠泊能力 7 万吨)。码头岸线总长 945 米。采用引桥式布置、高桩式码头结构,码头前沿水深 14.8 米。堆场面积 4.38 万平方米,堆存能力 800 万吨。主要装卸设备包括门座起重机 6 台、牵引车 8 部、平板车 10 部、30 台叉车、8 部自卸车。项目总投资 16.61 亿元,由地方政府国资企业资金自筹。项目陆域用地 63.8 万平方米。

项目建设单位为南通市通州港区新世界开发建设有限公司;设计单位为中交第三航务工程勘察设计院有限公司、长江勘测规划设计研究有限责任公司;施工单位为中建港务建设有限公司、通州建总集团有限公司;监理单位为上海东华建设管理有限公司;质监单位为南通市港口工程质量监督站。

项目获得 2013 年全国工程建设优秀质量管理小组二等奖。

项目的建设,是南通市实现可持续发展的需要,是充分发挥长江水运优势的需要,也是通州滨江新区新建企业发展的需要。其中 1 号、2 号泊位是世界 500 强恒力集团南通产业园区的重要配套设施,为企业落户发展提供重要保障,给地方造就了较大的税源与劳动力就业市场。

（五）任港港区

1.港区综述

（1）港区建设和运营情况

截至 2015 年,港区拥有生产性泊位数 3 个,泊位总长度 458 米。2015 年完成吞吐量 139.3 万吨,其中外贸吞吐量 17.13 万吨。

（2）港区地理条件和集疏运概况

地势低平,自西向东、自北向南略有倾斜,高程一般小于 5 米(吴淞基面),沿岸有沙洲滩地。

地质构造上属于扬子准地台与江南古陆的交接部。第四系地层厚 300～400 米,为河流相、海相和过渡相沉积。地表下 50 米内土层自上而下依次为灰黄色粉质黏土(厚 2 米)、灰色粉细砂(厚 30 米左右)、淤泥质粉质黏土(厚 10～20 米)和灰色粉砂(容许承载力 185 千帕)。河床底质为粉砂和极细砂。

2.港区工程项目

（1）南通港姚港油库码头工程

项目于 1976 年 6 月开工,1978 年 1 月试运行,1978 年 8 月竣工。

项目建设 1 个 25000 吨级成品油泊位。码头岸线总长 238 米。码头前沿水深 2.5 米。项目陆域用地 10.54 万平方米。

项目建设单位为中国石油化工股份有限公司江苏南通石油分公司;设计单位为河海大学设计院、中交第四航务工程勘察设计院;施工单位为交通部上海三航局。

姚港油库自投入运行后,运行情况良好。2015 年全年吞吐量 213.4 万吨,2016 年吞吐量为 246.4 万吨,截至 2017 年底,吞吐量达到 247.5 万吨,为南通油品市场供应提供了有力保障,取得了良好的社会效益和经济效益。

(2)中国华粮物流集团南通粮油接运有限责任公司码头工程

项目于 1986 年 10 月开工,1988 年 9 月试运行,1988 年 9 月竣工。

项目建设依据:1986 年 7 月,商业部《关于南通港粮食中转库深水码头工程初步设计的批复》(部发〔1986〕基字第 137 号);1986 年 10 月,江苏省粮食局《关于南通港粮食中转库码头引桥施工图的批复》(苏粮基〔1986〕61 号);1986 年 9 月,南通港务监督局《关于申请长江水域的批复》(通港监〔1986〕字第 63 号)。

项目建设 2 个 25000 吨级粮食专用泊位(码头水工建筑允许靠泊能力 70000 吨级)。码头岸线总长 391.9 米。采用引桥式布置、高桩梁板码头结构,码头前沿水深 14 米。堆场面积 2 万吨,堆存能力 43 万吨。主要装卸设备包括门式起重机、输送机。

项目建设单位为中国华粮物流集团南通粮油接运有限责任公司;设计单位为南京水利科学研究院、中交第三航务工程勘察设计院有限公司、中交第二航务工程勘察设计院有限公司;施工单位为江苏海宏建设工程有限公司;监理单位为苏州路达工程监理咨询有限公司;质监单位为南通市港口工程质量监督站。

(六)通海港区

1. 港区综述

(1)港区建设和运营情况

截至 2015 年,已建成岸线长度 1.17 千米。拥有生产性泊位数 9 个,泊位总长度 1166米,其中万吨级及以上泊位 1 个,泊位总长度 171 米。

(2)港区地理条件和集疏运概况

地势低平,自西向东、自北向南略有倾斜,高程一般小于 5 米(吴淞基面),沿岸有沙洲滩地。

地质构造上属于扬子准地台与江南古陆的交接部。第四系地层厚 300~400 米,为河流相、海相和过渡相沉积。地表下 50 米内土层自上而下依次为灰黄色粉质黏土(厚 2米)、灰色粉细砂(厚 30 米左右)、淤泥质粉质黏土(厚 10~20 米)和灰色粉砂(容许承载力 185 千帕)。河床底质为粉砂和极细砂。

2. 港区工程项目

南通港通海港区南通中远重工杂货码头工程

项目于 2013 年 7 月开工,2015 年 3 月试运行,2016 年 5 月竣工。

项目建设依据:2013 年,江苏省发展和改革委员会《关于核准南通港通海港区中远重工杂货码头工程项目的通知》(苏发改基础发〔2013〕276 号);2013 年 4 月,江苏省交通运输厅《关于南通港通海港区中远重工杂货码头工程初步设计的批复》(苏交港〔2013〕22号);2013年1月,江苏省环境保护厅《关于南通港通海港区中远重工杂货码头工程环境影响报告书的批复》(苏环审〔2013〕23号);用地批复"中华人民共和国建设项目选址意见书"(选字第320684201340002号);2013年1月,交通运输部《关于南通港通海港区南通中远重工杂货码头工程使用港口岸线的批复》(交规划发〔2013〕14号)。

工程的建设规模为码头前沿设置20000吨级和10000吨级杂货泊位各一个,码头后沿设置5000吨级杂货泊位和2000吨级杂货泊位各一个,码头平台长370米,宽25米,引桥一座长638米、宽度18米。工程建设单位根据企业发展的实际需要,将工程分两期建设,首先建设下游泊位。经南通市港口管理局对施工图的行政许可决定(通港许字〔2013〕0061号),该下游泊位码头工程前沿布置10000吨级杂货泊位一个,后沿布置2000吨级杂货泊位一个。该下游泊位建设码头长180米、宽25米,引桥长638米、宽18米。概算总投资为1.06亿元。码头采用反"L"形布局、高桩式结构。码头前沿水深10米。项目后方堆场面积1万平方米。主要装卸设备包括型号为6075的门式起重机1台、载重能力为150吨的液压平板车1台、载重能力为100吨的液压平板车1台。

项目建设单位为南通中远重工有限公司;设计单位为中交四航局港湾工程设计院有限公司、丰海技术咨询服务有限公司;施工单位为江苏海宏建设工程有限公司;监理单位为上海海科工程咨询有限公司;质监单位为南通市港口工程质量监督站。

(七)狼山港区

1.港区综述

(1)港区建设和运营情况

截至2015年,已建成岸线长度3.27千米。拥有生产性泊位数21个,泊位总长度3266米,其中万吨级及以上泊位11个、泊位总长度2347米。

(2)港区地理条件和集疏运概况

地势低平,自西向东、自北向南略有倾斜,高程一般小于5米(吴淞基面),沿岸有沙洲滩地。

地质构造上属于扬子准地台与江南古陆的交接部。第四系地层厚300~400米,为河流相、海相和过渡相沉积。地表下50米内土层自上而下依次为灰黄色粉质黏土(厚2米)、灰色粉细砂(厚30米左右)、淤泥质粉质黏土(厚10~20米)和灰色粉砂(容许承载力185千帕)。河床底质为粉砂和极细砂。

2.港区工程项目

(1)南通港狼山港区408号、409号泊位工程

项目于1976年5月开工,1980年12月竣工。

项目建设依据:1975 年 10 月,国家计划委员会《关于扩建镇江港、南通港、汕头港的复文》(〔75〕计计字 461 号);交通部《关于南通狼山港区一、二号泊位工程初步设计的批复》(交水基字〔76〕47 号);水利水电部长江流域规划办公室《关于对南通狼山港二期工程利用江岸新建码头问题的函复》(〔87〕长规字第 56 号)。

项目建设 1 个 20000 吨级通用散货泊位、1 个 20000 吨级杂货码头泊位。码头岸线总长 360.5 米。采用顺岸式布置、高桩梁板式码头结构,码头前沿水深 12.5 米。堆场面积 33000 平方米。主要装卸设备有门座起重机。项目总投资 2999 万元,资金来源为国家安排基建经营性基金。项目陆域用地 353 亩。

项目建设单位为南通港务局;设计单位为交通部第三航务工程勘察设计院;施工单位为交通部第三航务工程局第三工程公司等;质监单位为南通市港口工程质量监督站。

狼山港区 408 号、409 号泊位工程属于南通港口集团有限公司狼山港务分公司。2015—2018 年,狼山港务分公司全年完成吞吐量分别为 984 万吨、987 万吨、965 万吨、884 万吨。

(2)南通港狼山港区 410 号泊位工程

项目于 1982 年 3 月开工,1984 年 5 月试运行,1985 年 3 月竣工。

项目建设依据:1980 年 7 月,交通部《关于南通狼山港区续建第三泊位计划任务书的批复》(〔80〕交计字 1548 号)。交通部《关于对狼山港区第三泊位初步设计的批复》;水利水电部长江流域规划办公室《关于对南通狼山港二期工程利用江岸新建码头问题的函复》(〔87〕长规字第 56 号)。

项目建设 1 个 25000 吨级通用码头泊位。码头岸线总长 187 米。采用顺岸布置、高桩式码头结构,码头前沿水深 12.5 米。堆场面积 1.5 万平方米。主要装卸设备有门座起重机。项目总投资 900 万元,资金来源为国家安排基建经营性基金。

项目建设单位为南通港务局;设计单位为交通部第三航务工程勘察设计院;施工单位为交通部第三航务工程局第三工程公司等;质监单位为南通市港口工程质量监督站。

(3)狼山港区二期工程(南通港长江港池 801 号、802 号、803 号、804 号、805 号、806 号泊位工程、狼山港区 405 号、406 号、407 号泊位工程)

项目于 1989 年 11 月开工,1993 年 10 月竣工。

项目建设依据:1988 年 5 月,国家计划委员会《关于南通港狼山港区二期工程设计任务书的批复》(计交〔1988〕691 号);1988 年 9 月,交通部《关于南通港狼山港区二期工程初步设计的批复》(〔88〕交基字 569 号);水利水电部长江流域规划办公室《关于对南通狼山港二期工程利用江岸新建码头问题的函复》(〔87〕长规字第 56 号)。

项目建设 1 个 25000 吨级散货码头泊位、2 个 13000 吨级通用泊位,码头岸线总长

560 米;长江港池一个,内设 2 个 2000 吨级、2 个 1500 吨级驳船泊位、工作船泊位 2 个,码头岸线总长 518 米;内河港池一个,按 100 吨级内河船设计。采用顺岸布置、高桩梁板式码头结构,码头前沿水深 12.5 米。堆场面积 12.54 万平方米。主要装卸设备包括 3 台额定生产率小于 500 吨/小时的带斗门座起重机、2 台额定生产率 1000～3000 吨/小时的斗轮堆取料机。项目总投资 2.1 亿元,资金来源为南通港、交通部自筹以及由国家安排基建经营性基金。项目陆域用地 387 亩。

项目建设单位为南通港务局;设计单位为交通部第三航务工程勘察设计院;施工单位为交通部第三航务工程局第三工程公司等;质监单位为南通市港口工程质量监督站。

(4)南通港狼山港区 411 号、412 号泊位工程

项目于 1993 年 11 月开工,1997 年 5 月试运行,1997 年 12 月竣工。

项目建设依据:1992 年,国家计划委员会《关于南通港狼山港区二期工程多用途和集装箱码头工程可行性研究报告的批复》(交函计〔1992〕430 号);1992 年 11 月,国家交通投资公司《关于南通港狼山港区二期工程集装箱多用途泊位初步设计的批复》(交投水〔1992〕182 号);1991 年,南通市人民政府《关于同意拨用狼山港下游畜牧场国有土地的批复》(通政复〔1991〕13 号);1987 年,水利水电部长江流域规划办公室《关于对南通狼山港二期工程利用江岸新建码头问题的函复》(〔87〕长规字第 56 号)。

项目建设 1 个 25000 级集装箱泊位、项目建设 1 个 15000 级多用途泊位。码头岸线总长 440 米。采用顺岸式布置、高桩梁板式码头结构,码头前沿泥面高程 -10.5 米(吴淞)。堆场面积 62115 平方米。主要装卸设备包括 2 台集装箱岸边起重机(轨距 16 米)、2 台轮胎式门式起重机。项目总投资 3.03 亿元,由国家安排基建经营性基金和银行贷款解决。项目陆域用地 22.04 万平方米。

项目建设单位为南通港口集团有限公司集装箱分公司;设计单位为交通部第三航务工程勘察设计院;施工单位为交通部第三航务工程局第三工程公司等;监理单位为南通兴港咨询监理有限公司;质监单位为南通港口建设工程质量监督站。

(5)南通港狼山港区 413 号泊位工程

项目于 2002 年 5 月开工,2010 年 2 月试运行,2011 年 3 月竣工。

项目建设依据:2002 年 4 月,交通部《关于南通港狼山港区三期工程集装箱泊位可行性研究报告的批复》(交规划发〔2002〕124 号);2002 年 10 月,交通部《关于南通港狼山港区三期工程集装箱泊位初步设计的批复》(交水发〔2002〕478 号);2003 年,国家环境保护总局《关于南通港狼山港区三期工程集装箱泊位和通用泊位环境影响报告书》(环审〔2003〕43 号);1987 年,水利水电部长江流域规划办公室《关于对南通狼山港二期工程利用江岸新建码头问题的函复》(〔87〕长规字第 56 号)。

项目建设 1 个 35000 吨级集装箱泊位(码头水工建筑允许靠泊能力 50000 吨级)。码头岸线总长 330 米(实际建成 200 米)。采用引桥式布置、高桩梁板式码头结构,码头前沿泥面高程 –13 米(吴淞)。堆场面积 11.7 万平方米。主要装卸设备包括 1 台起重量 40.5 吨的集装箱装卸桥、3 台轮胎式门式起重机。项目总投资 29583.95 万元,由企业自筹。项目陆域用地 125906 平方米。

项目建设单位为南通港口集团有限公司;设计单位为中交第三航务工程勘察设计院;施工单位为中交第三航务工程局有限公司、中交上海航道局有限公司等;监理单位为上海东华建设管理有限公司;质监单位为南通市港口工程质量监督站。

(6)南通港狼山港区 402 号、403 号、404 号泊位工程、长江港池 807 号、808 号、809 号泊位工程

项目于 2003 年 7 月开工,2006 年 8 月试运行,2007 年 5 月竣工。

项目建设依据:2003 年,江苏省发展计划委员会《关于南通港狼山港区三期工程散货泊位项目可行性研究报告的批复》(苏计基础发〔2003〕489 号);2003 年,江苏省发展计划委员会《关于南通港狼山港区三期工程散货泊位项目初步设计的批复》(苏计基础发〔2003〕1487 号);2002 年 4 月,交通部《关于南通港狼山港区三期工程通用泊位可行性研究报告的批复》(交规划发〔2002〕123 号)。2002 年 10 月,交通部《关于南通港狼山港区三期工程通用泊位初步设计报告的批复》(交水发〔2002〕479 号),交通部《关于南通港狼山港区三期工程部分工艺调整的批复》(厅水字〔2006〕239 号);2003 年,国家环境保护总局《关于南通港狼山港区三期工程集装箱泊位和通用泊位环境影响报告书审查意见的复函》(环审〔2003〕43 号);2003 年,江苏省环境保护厅《关于对南通港狼山港区三期工程散货泊位环境影响报告书的批复》(苏环管〔2003〕184 号)。2003 年,南通市《征用土地批准情况通知书》(通地征〔2003〕56 号);1987 年,水利水电部长江流域规划办公室《关于对南通狼山港二期工程利用江岸新建码头问题的函复》(〔87〕长规字第 56 号)。

项目建设 1 个 50000 吨级通用泊位、1 个 70000 吨级散货泊位、1 个 5000 吨级长江疏运泊位(码头水工建筑允许靠泊能力 10 万吨),码头岸线总长 710 米;长江港池内 2 个 3000 吨级疏运泊位、1 个 3000 吨级待泊泊位,码头岸线总长 286 米。采用引桥式布置、高桩式码头结构,码头前沿泥面高程 16 米(吴淞)。堆场面积 10.9 万平方米,堆存能力 140 万吨。主要装卸设备包括 2 台 2100 吨/小时桥式抓斗卸船机、1 台 3000 吨/小时移动式装船机、1 台 4200 吨/小时移动式装船机、2 台斗轮堆取料机。项目总投资 9.12 亿元,由企业自筹。项目陆域用地 35.67 万平方米。

项目建设单位为南通港口集团有限公司;设计单位为中交第三航务工程勘察设计院有限公司;施工单位为中国交通建设股份有限公司、中交第三航务工程局有限公司、中交上海航道局有限公司等;监理单位为上海东华建设管理有限公司、北京清源发电机设备工

程监理有限公司等;质监单位为南通市港口工程质量监督站。

南通港狼山港区402号、403号、404号泊位工程、长江港池807、808、809泊位工程属于南通港口集团有限公司江海分公司。2015—2018年,江海分公司全年完成吞吐量分别为3306万吨、3102万吨、3386万吨、2852万吨。

(八)江海港区

1.港区综述

(1)港区建设和运营情况

截至2015年,已建成岸线长度3.88千米。拥有生产性泊位数21个,泊位总长度3877米,其中万吨级及以上泊位10个、泊位总长度2273米。

(2)港区地理条件和集疏运概况

地势低平,自西向东、自北向南略有倾斜,高程一般小于5米(吴淞基面),沿岸有沙洲滩地。

地质构造上属于扬子准地台与江南古陆的交接部,是1720年以后淤积经围垦成陆的。第四系地层厚300~400米,为河流相、海相和过渡相沉积。沿江地表下50米内土层自上而下依次为灰黄色粉质黏土(厚2米)、灰色粉细砂(厚30米左右)、淤泥质粉质黏土(厚10~20米)和灰色粉砂(容许承载力185千帕)。河床底质为粉砂和极细砂。

2.港区工程项目

(1)王子码头

项目于2008年3月开工,2010年12月竣工。

项目建设依据:2004年10月,南通市发展计划委员会《关于王子制纸(南通)有限公司码头工程可行性研究报告的批复》(通计固〔2004〕550号);2006年5月,南通市发展和改革委员会《关于王子制纸(南通)有限公司码头及航道工程初步设计的批复》(通发改交〔2006〕190号);2010年12月,江苏省环境保护厅《关于江苏王子制纸有限公司码头工程竣工环境保护验收意见的函》(苏环验〔2010〕2号);2007年12月,南通市规划管理局《中华人民共和国建设用地规划许可证》(规土许〔2007〕3020号);2003年8月,南通市发展计划委员会《关于同意王子制纸有限公司利用长江岸线的批复》(通计固〔2003〕473号)。

项目建设1个50000吨级散杂货、1个20000吨级散杂货泊位(水工结构兼顾50000吨级)、1个1000吨级杂货泊位、1个工作船泊位。码头岸线总长500米。采用引桥式布置,码头平台为高桩梁板式结构,码头前沿水深16米(85高程)。主要装卸设备为2台带斗门座起重机和2条皮带输送机。项目总投资1.88亿元,由企业自筹。项目陆域用地15000平方米。

项目建设单位为王子制纸（南通）有限公司；设计单位为丰海技术咨询服务（上海）有限公司、浙江省交通规划设计研究院；施工单位为上海港务工程公司；监理单位为上海海科工程监理所；质监单位为南通市港口工程质量监督站。

码头为厂区建设期间的大件资材转运和生产需要的原材料进厂提供了保障，装卸工艺合理高效，运行安全畅通，达到了预期效益。截至 2018 年 6 月底，2018 年停靠散杂货船 75 船次，吞吐量约 70 万吨。

（2）南通港江海港区海油碧路码头工程

项目于 2009 年 3 月开工，2010 年 7 月试运行，2013 年 7 月竣工。

项目建设依据：2009 年 12 月，江苏省发展和改革委员会《关于核准南通港江海港区海油碧路码头工程项目的通知》（苏发改交通发〔2009〕1749 号）；2010 年 1 月，江苏省交通运输厅《关于南通港江海港区海油碧路码头工程初步设计的批复》（苏交港〔2010〕19 号）；2008 年 9 月，南通市环境保护局《南通碧路生物能源蛋白饲料有限公司 10000 吨级码头建设项目环境影响报告书的批复》（通环管〔2008〕93 号）；2006 年 1 月，南通国土资源局开发区分局《国有土地使用证》（通开国用〔2006〕第 10310117 号）。2009 年 12 月，交通运输部《关于南通港江海港区海油碧路码头工程使用港口深水岸线的批复》（交规划发〔2009〕313 号）。

项目建设 1 个 10000 吨级通用码头泊位，岸线总长 215 米。码头采用引桥式布局、高桩式结构。码头前沿水深 10.5 米。主要装卸设备包括门座起重机 2 台、轮胎式起重机 3 台、牵引车 7 台、1.5 吨装载机 2 台、7 吨叉车 2 台、平板车 15 台。项目总投资 9800 万元。用地面积 20000 平方米。

项目建设单位为南通海陆港务有限公司；设计单位为中交第三航务工程勘察设计院有限公司；施工单位为渤海石油航务建筑工程有限责任公司；监理单位为上海东华建设管理有限公司；质监单位为南通市港口工程质量监督站。

海油碧路码头 2010 年 7 月至 2011 年 7 月试运行中，停靠大小船舶 204 条，装卸作业量 41.70 万吨。2012 年停靠大小船舶 318 条，装卸作业量 36.91 万吨。2013 年停靠大小船舶 293 条，装卸作业量 41.79 万吨。2014 年停靠大小船舶 46 条，装卸作业量 4.75 万吨。2015 年停靠大小船舶 50 条，装卸作业量 8.09 万吨。

（3）南通江海港区嘉民千红 30000 吨级石油化工码头工程

项目于 2013 年 6 月开工，2014 年 10 月试运行，2018 年 3 月竣工。

项目建设依据：2011 年 6 月，南通市发展和改革委员会《关于南通港江海港区嘉民千红石油化工码头改扩建工程项目核准的批复》（通发改能交〔2011〕271 号）；2012 年 1 月，南通市港口管理局（通港许字〔2012〕004 号）；2018 年 3 月，南通市环保局《关于南通千红石化港储有限公司南通嘉民千红石油码头扩建工程项目竣工环境保护噪声、固体废物专项验收意见》(通开环验〔2018〕001号);2012年7月,江苏海事局《关于南通嘉民千红码头改扩建工程通航水域岸线安全使用的行政许可决定》(苏海许可〔2012〕25号);2005年6月南通市沿江开发江海联动工作领导小组办公室《关于南通嘉民千红码头改扩建工程使用长江岸线的意见》(通江海办〔2005〕25号)。

项目建设1个30000吨级油船码头泊位(水工结构兼顾50000吨级,兼顾同时靠泊2个5000吨级或1个3000吨级和1个10000吨级泊位),上游内档布置300吨级石化泊位一个,下游内档布置500吨级石化泊位一个。岸线总长295.88米。码头采用引桥式布局、高桩式结构。码头前沿水深13.65米。主要装卸设备包括悬挂吊1台。项目总投资2072.04万元,由企业自筹。

项目建设单位为南通嘉民港储有限公司与南通千红石化港储有限公司;设计单位为中交上海港湾工程设计研究院有限公司;施工单位为中交第三航务工程局有限公司;监理单位为南通兴港工程监理咨询有限公司;质监单位为南通市港口工程质量监督站。

码头位于南通开发区江海港区内,为石油化工码头,主要为南通嘉民港储有限公司与南通千红石化港储有限公司从事石油化工品的装卸服务。

(九)富民港区

1.港区综述

(1)港区建设和运营情况

截至2015年,已建成岸线长度1.13千米。拥有生产性泊位数8个,泊位总长度1129米,其中万吨级及以上泊位3个、泊位总长度621米。

(2)港区地理条件和集疏运概况

地势低平,自西向东、自北向南略有倾斜,高程一般小于5米(吴淞基面),沿岸有沙洲滩地。

地质构造上属于扬子准地台与江南古陆的交接部。第四系地层厚300～400米,为河流相、海相和过渡相沉积。地表下50米内土层自上而下依次为灰黄色粉质黏土(厚2米)、灰色粉细砂(厚30米左右)、淤泥质粉质黏土(厚10～20米)和灰色粉砂(容许承载力185千帕)。河床底质为粉砂和极细砂。

2.港区工程项目

(1)申华化学工业有限公司5000吨级液体化工码头工程

项目于1997年6月开工,1998年4月试运行,1998年9月竣工。

项目建设依据:1996年11月,南通市建设委员会《关于申华化学工业有限公司专用码头初步设计批复》(通建委基〔1996〕91号);1995年11月,中国台通化工有限公司丁苯橡胶专用码头环境影响报告表经南通市环境保护局审批通过；1996 年 1 月水利部长江水利委员会《关于中国台通化工有限公司使用长江岸线建设专用码头的批复》（长江务〔1996〕47 号）；1998 年 9 月南通市人民政府《关于同意申华化学工业有限公司 5000 吨级自备化工码头对外开放的批复》（通政发〔1998〕34 号）。

项目建设 1 个 5000 吨级化工码头泊位，岸线总长 139 米。码头采用 T 字形布局、桩基板梁式结构。码头前沿水深 7 米。项目总投资 1400 万元。

项目建设单位为申华化学工业有限公司；设计单位为海军东海工程设计院；施工单位为交通部第三航务工程管理局第三工程公司；质监单位为交通部南通港口建设工程质量监督站。

申华码头属于企业自备码头，接卸原料主要是为企业生产服务，主要装卸品种为丁二烯、苯乙烯、橡胶填充油等。因关联企业南通市千象仓储有限公司的要求，申华码头为其接转化工品；2017 年申华码头共靠泊作业船舶 351 艘次，货物吞吐量为 46.5 万吨。

（2）南通富民港区中天海缆码头改扩建工程

项目于 2004 年 10 月开工，2015 年 8 月试运行，2015 年 11 月竣工。

项目建设依据：2012 年 9 月，南通市发展和改革委员会《关于核准中天科技海缆有限公司码头改扩建工程项目的通知》（通发改行审〔2013〕43 号）；2013 年 8 月，南通市港口管理局准予港口行政许可决定书（通港许字〔2013〕第 0090 号）；2013 年 3 月，南通市环境保护局《关于中天科技海缆有限公司码头改扩建项目环境影响报告书的批复》（通环管〔2013〕031 号）；2006 年 9 月，南通市国土资源局开发区分局土地证（通开国用〔2006〕第 0310096 号、通开国用〔2006〕第 0310114 号及通开国用〔2006〕第 0310115 号）；2012 年 4 月，南通市沿江开发江海联动工作领导小组办公室《关于中天科技海缆有限公司码头改扩建工程项目使用长江岸线的意见》（通江海办〔2012〕4 号）；2012 年 7 月，江苏海事局《关于中天科技海缆有限公司改扩建工程通航水域岸线安全使用的行政许可决定》（苏海许可〔2012〕29 号）。

工程位于长江下游通州沙水道北岸、新开沙夹槽上口，水路距下游吴淞口的航道里程约 83 千米。该工程在保持原 68 米×14 米码头前沿线位置、码头平台长度、宽度及顶面高程不变，仅对船舶系靠泊位置进行改扩建。在原 1 号系缆墩右侧和原 2 号系缆墩左侧各布置 1 个系缆墩，在原码头平台两侧各布置 1 个靠船墩，在码头平台中部改造 4 个靠泊点。码头面设计高程 7.0 米（吴淞基面，下同），前沿设计泥面高程为 -8.3 米。项目总投资 1029.82 万元。

项目建设单位为中天科技海缆有限公司；设计单位为中交武汉港湾工程设计研究院有限公司；施工单位为中交二航局第三工程有限公司；监理单位为黑龙江黑航工程监理咨询有限公司；质监单位为南通市港口工程质量监督站。

码头位于长江下游通州沙水道北岸、新开沙夹槽上口,水路距下游吴淞口的航道里程约 83 千米。2016—2018 完成的吞吐量分别为 21 万吨、30 万吨、17 万吨。

(3)南通港富民港区南通中集码头工程

项目于 2013 年 1 月开工,2014 年 5 月试运行,2016 年 9 月竣工。

项目建设依据:2012 年 10 月,南通市发展和改革委员会《关于核准南通港富民港区南通中集码头改扩建工程项目的通知》(通发改行审〔2012〕126 号);2013 年 1 月,南通市港口管理局《准予港口行政许可决定书》(通港许字〔2013〕0001 号);2012 年 9 月,南通市环境保护局《关于〈南通中集大型储罐有限公司码头改扩建项目环境影响报告书〉的批复》(通环管〔2012〕081 号);南通市规划管理局《建设用地规划许可证》;2011 年 12 月江苏海事局《关于南通港富民港区南通中集码头改扩建工程通航水域岸线安全使用的行政许可决定》(苏海许可〔2011〕78 号),后根据南通市人民政府和南通市发展和改革委员会的核准批复项目进行了等级的调整:2013 年 8 月,江苏海事局《关于南通中集大罐项目配套码头改扩建工程通航水域岸线安全使用的行政许可决定》(苏海许可〔2013〕37 号)。

项目的水工工程主要包括:①一期码头水工结构不变,更换码头附属设施中现有橡胶护舷,满足 15000 吨级船舶的靠泊要求;②新建二期码头水工结构、引桥、水电配套设施等。项目总投资 5332.35 万元。

项目建设单位为南通中集大型储罐有限公司;设计单位为南京瑞迪建设科技有限公司;施工单位为中交二航局第三工程有限公司;监理单位为上海凯悦建设咨询监理有限公司;质监单位为南通市港口工程质量监督站。

码头位于南通经济技术开发区内,地处长江下游南通河段的新开沙夹槽北岸,为公用散杂货码头,主要为当地和周边企业提供散杂货的装卸、转驳及其他配套服务。2017—2018 年吞吐量分别为 255 万吨、200 万吨。

(十)启海港区

1.港区综述

(1)港区建设和运营情况

启海港区历史上就有通航,最早可上溯到清朝光绪年间开通的青龙港到上海的大达码头(后改称十六铺码头)的青申线,全程 104 千米,光绪十四年(1888 年),英商祥茂公司的木壳轮船首航。光绪二十六年(1900 年)有江宁、海宁、大生三艘轮船行驶,著名实业家张謇大办轻工业后又增加了轮船班次。后来由于江岸崩塌,码头几经搬迁。1954 年进行抛石沉排护岸工程后,1956 年建设了固定码头。平时有两班客轮行驶,节假日有加班船,航行时间一般为 6 小时。

青龙港到太仓市浏河港的青浏线,全程 66.5 千米。1970 年由江苏 908 木质客轮首航,每日一班。1984年后改为钢质的双体客轮投入运营,每日四班,每班航行时间3~4小时。青龙港到宝钢码头的青宝线全程84千米,每天有一班高速客轮来回,1990—1997年运行。因此在20世纪90年代中期之前青龙港是南通东部地区的海门、启东、通州、如东等地与上海市和苏南地区联系的主要港口,素有"南通东大门"之称,最多的1990年进出客运量达334万人次,货运量84万吨。

启东在1968—1986年开通了启东港至上海十六铺码头的客轮。随着后方陆域交通的迅速发展,铁路、公路运输网逐步完善,与此同时长江口北支不断萎缩淤浅,客轮需候潮通航。至1995年建成海门市立新闸至太仓市钱泾口的海太汽渡,客货汽车可以随时过江,时间一般为3小时,使青龙港的客运量逐年减少,到1999年客运正式停航。2002年冬,崇海汽渡也因牛棚港码头淤积改为海太汽渡到崇明县新建河口的新航线。自此,在北支通航百年的长江客轮停航,航标也随之撤销。

(2)港区地理条件和集疏运概况

南通港启海港区地处长江出海口崇明北汊,其地理坐标为东经121°08′07″~121°58′37″,北纬31°46′50″~31°35′41″。北岸地属南通市的海门、启东两市,南岸大部分地属于上海市的崇明区。港口位于长江、黄海、东海三水交汇处,岸线起于海门市海门港闸,止于启东市连兴港下游3.5千米圆陀角围垦区,北岸长约86.5千米,南岸约25.6千米,全长约112.1千米。

启东、海门两市为长江三角洲平原的一部分,地形平坦,地表无基岩出露,均为第四纪松散堆积物。市域内地势平坦,沟壑纵横,属于沿海低平地区。而微域地形略有起伏,由西北向东南微倾,倾斜度南北约1/30000米,东西倾斜度为1/43500米,境内河沟纵横,水域面积约占土地面积20%。

北支岸线所在的海门、启东两市属于北亚热带湿润气候区,受季风环流和海洋水体影响,具有四季分明、光照充足、雨热同季、季风明显等海洋性气候特点。降水主要集中在6月至10月,平均降水1060.75毫米,一年中降水大于25毫米的天数有11.25天。本地区雾多出现在晚春和初冬,夏季多ES风,冬季多WN风。

长江口是中等强度潮汐河口,口外属于正规半日潮,口内为非正规半日浅海潮,一日两涨两落,一涨一落平均历时12小时25分,日潮不等现象明显。长江口南、北支进口段地区潮流量大小随天文潮和上游径流大小而变化,洪季大潮进潮量20亿~50亿立方米,小潮进潮量5亿~17亿立方米;枯季进潮量约为12亿立方米。2007年7月实测北支崇头断面净泄量分流比为3%。

长江口北支河段悬沙主要由黏粒粉砂和砂粒组成。长江北支上游来沙较小,泥沙主要来自海域,北支泥沙主要特点:一是大、中潮期涨潮平均含沙量一般大于落潮期,涨潮期带入泥沙不能完全随落潮流带出;二是由于北支含沙量远高于南支,以及北支涨潮期含沙量高于落潮期,为此北支常有泥沙倒灌南支现象。根据2001年7月6日大潮实测资料,本区域头兴港涨潮平均含沙量为 5.03 千克／立方米。

2. 港区工程项目

南通港启海港区南通中集太平洋海洋工程有限公司（初始注册名称为南通联合重工）LPG 液罐项目码头工程

项目于 2007 年 11 月开工，2009 年 5 月交工验收，2011 年 5 月投入试运行。

2007 年 5 月，启东市发展和改革委员会《关于南通联合重工科技有限公司 LPG 液罐工程一期项目开展前期工作的意见》（启发改投〔2007〕91 号）；2007 年 12 月，启东市发展和改革委员会《关于核准南通联合重工科技有限公司 LPG 液罐工程二期增资项目的通知》（启发改〔2007〕259 号）；2009 年 12 月，南通市港务管理局《南通港启海港区联合重工 LPG 液罐项目码头工程初步设计准予港口行政许可决定书》；2008 年 5 月，江苏省环境保护厅《关于南通联合重工科技有限公司 LPG 液罐工程项目码头工程环境影响报告书的批复》（苏环管〔2008〕107 号）；2008 年 10 月，长江上海航道管理处《关于南通联合重工科技有限公司 LPG 液罐工程项目码头工程建设与航道有关问题审查意见的复函》（申道〔2008〕65 号）；2009 年 9 月，江苏省交通运输厅《关于南通港启海港区南通联合重工 LPG 液罐项目码头工程使用港口岸线的批复》（苏交港〔2009〕75 号）；2009 年 8 月，水利部长江水利委员会《关于南通联合重工 LPG 液罐工程项目涉河建设方案的批复》（长许可〔2009〕141 号）。

项目建设 5000 吨级重大件吊装泊位 1 个、5000 吨级舾装泊位 3 个（水工结构兼顾 2 万吨级）、2000 吨级材料泊位 1 个及相关配套设施，年生产 8400 立方米 LPG 液罐 5 船套，使用港口岸线总长 747.5 米。码头采用引桥式布局，码头结构采用高桩梁板和高桩墩台两种结构相结合形式。码头前沿设计河底泥面高程 −9.5 米。码头平台与后方陆域用 2 座引桥相连，呈 Ⅱ 形，引桥长度均约 192 米、宽 12 米，主要装卸设备包括 900 吨桥式起重机 1 台、32 吨门座起重机 3 台，项目总投资 20162.18 万元，用地面积（含滩涂）504.6 亩。

项目建设单位为南通中集太平洋海洋工程有限公司；设计单位为中船第九设计研究院工程有限公司；施工单位为上海三航奔腾建设工程有限公司；监理单位为上海同济工程项目管理咨询有限公司；质监单位为南通市港口工程质量监督站。

项目自 2011 年 6 月投入试运行后，截至 2019 年 11 月底，顺利完成船舶舾装及出运 30 余艘，同时取得了良好的社会效益和经济效益。

（十一）洋口港区

1. 港区综述

（1）港区建设和运营情况

洋口港区属于南通港的沿海港区之一，港区划分为长沙作业区和环港作业区，其中长沙作业区划分为西太阳沙码头区和金牛岛码头区。主要开发长沙作业区西太阳沙码头区。

截至2015年底,已建成并投入使用的码头泊位2座,分别是10万吨级LNG泊位、万吨级重件码头泊位。正在建设的泊位有10万吨级石化泊位以及和5000吨级液化码头泊位。10万吨级LNG泊位于2011年5月投入使用,至2015年底,洋口港区共成功靠泊LNG船舶111艘,LNG吞吐量共达1039万吨。

(2)港区地理条件和集疏运概况

洋口港区陆路距南通市约60千米,水路南距上海港约150海里、北距连云港约230海里。西太阳沙码头区是洋口港区的重要组成部分,地处如东县海岸外辐射沙洲潮汐通道黄沙洋主槽与烂沙洋深槽汇合处,通过围填外海西太阳沙形成人工岛。最显著的地貌特征是坡度极平缓的潮间带和浅海辐射沙洲。海域海洋动力复杂,滩槽冲淤变化活跃。

周边公路、铁路、内河相继建成,促进了洋口港区集疏运系统的完善。通洋高速公路一期工程已直达县城,县城连接洋口港的洋口大道(省道334)、港城大道已投入使用,临海高等级公路(国道328)贯穿港区。洋口运河作为连接如泰运河与洋口港的重要河道,航道控制线按照三级控制、五级实施的原则进行,已全线贯通并完成桥梁建设,有效解决洋口港水路运输和如东东北部地区的灌排问题。海洋铁路已正式通车,初步形成了洋口港区快进快出的大交通格局。西太阳沙码头区主要集疏运通道为黄海大桥、管线桥,均已建成并投入使用。

西太阳沙码头区有南北两条航道,南航道70000吨级,有效宽度300米,设计通航水深10.25米,于2008年通航。北航道为西太阳沙北码头区公用双向通航航道,航道有效宽度450米,设计通航水深17.1米,满足10万吨级船舶乘潮双向通航,同时满足26.7万立方米、20万立方米LNG船乘潮单向通航。该航道于2011年4月通过海事部门验收,投入使用。2011年,拟通过浚深将该航道提升为15万吨级航道。该项目于2013年9月5日取得了江苏省发改委工程可行性研究报告批复,2013年10月22日取得了江苏省交通运输厅初步设计批复;2014年1月3日取得了交通运输部补助资金函。

2. 港区工程项目

(1)江苏LNG项目大重件码头工程

项目于2008年3月开工,2015年3月试运行,2015年7月竣工。

项目建设依据:2007年2月,国家发展和改革委员会《关于江苏LNG项目一期工程的核准的批复》(发改能源〔2007〕434号);2007年10月,国家发展和改革委员会《关于同意江苏LNG项目码头调整方案的复函》(发改办能源〔2007〕2429号);2008年4月,交通运输部《关于江苏LNG项目工作船及大重件码头工程初步设计的批复》(交水发〔2008〕

25 号）;2006 年 1 月,国家海洋局《关于江苏 LNG 项目海洋工程环境影响报告书核准意见的函》（国海环字〔2006〕31 号）;2008 年 7 月,国家海洋局《关于江苏 LNG 项目一期工程用海的批复》（国海管字〔2008〕419 号）;2009 年 3 月,国家海洋局《关于江苏 LNG 项目一期工程用海有关问题的批复》（国海管字〔2009〕134 号）。

项目建设 1 个 10000 吨级大重件泊位（兼作 10000 吨级通用散杂货泊位）、3 个工作船泊位。码头岸线总长 180 米。采用引桥式布置、高桩式码头结构,码头前沿水深 9.5 米。主要装卸设备 1 台门座起重机（40 吨、33 米）、自卸汽车、叉车等。项目总投资 33655.49 万元,由企业自筹。

项目建设单位为中石油江苏液化天然气有限公司;设计单位为中交第一航务工程勘察设计院有限公司;施工单位为中交第二航务工程局有限公司;监理单位为上海东华建设管理有限公司;质监单位为江苏省交通运输厅工程质量监督局。

码头交工以后,主要服务于人工岛工程施工期接卸建筑材料及大重件设备,为港口建设发挥重要作用。该项目于 2015 年 3 月投入试运行后,成功装卸石材荒料、钢板、机械装备、集装箱等散杂货,吞吐量累计 5100 吨,集装箱 40TEU。

（2）南通港洋口港区烂沙洋南水道航道工程

项目于 2008 年 9 月开工,2008 年 10 月竣工。

项目建设依据:2008 年 4 月,南通市发展和改革委员会《关于南通港洋口港区烂沙洋南水道航道工程项目的批复》（通发改交能〔2008〕150 号）;2008 年 9 月,南通市发展和改革委员会《关于同意调整南通港洋口港区烂沙洋南水道进港航道工程项目建设内容及估算投资的批复》（通发改交能〔2008〕502 号）;2008 年 10 月,江苏省交通厅《关于南通港洋口港区烂沙洋南水道进港航道工程初步设计的批复》（苏交港〔2008〕83 号）;2008 年 9 月,上海海事局《关于南通港洋口港区烂沙洋南水道航道一期工程航标初步设计的批复》（沪海航标〔2008〕597 号）;2008 年 9 月,江苏海事局《关于划定南通港洋口港区烂沙洋南水道一期航道和配套锚地的批复》（苏海通航〔2008〕416 号）。

航道全长约 24.8 千米,航道有效宽度 300 米,设计宽度为 400 米。S1 灯浮（航道口门）至 S16 灯浮（金牛岛作业区）的航道设计底高程 −11.1 米、S16 灯浮至 S19 灯浮（西太阳沙南码头区）航道设计底高程 −9.2 米,基准面为当地理论最低潮面。满足 10000 吨级杂货船全潮双向通航,兼顾 70000 吨级散货船到规划金牛作业区乘潮双向通航。航道利用天然水深。项目总投资 1207.3 万元,由政府出资。

项目建设单位为南通市港口管理局和江苏省洋口港经济开发区管理委员会;设计单位为中交上海航道勘察设计研究院有限公司;施工单位为连云港苏海航标工程有限公司。

（3）江苏 LNG 项目一期工程码头工程

项目于 2009 年 4 月开工,2011 年 5 月试运行,2015 年 7 月竣工。

项目建设依据:2007 年 2 月,国家发展和改革委员会《关于江苏 LNG 项目一期工程的核准的批复》(发改能源〔2007〕434 号);2007 年 10 月,国家发展和改革委员会《关于同意江苏 LNG 项目码头调整方案的复函》(发改办能源〔2007〕2429 号);2009 年 11 月,国家发展和改革委员会《关于江苏 LNG 项目码头和接收站工程方案调整的复函》(发改办能源〔2009〕2364 号);2010 年 4 月,交通运输部《关于江苏 LNG 项目一期工程码头工程初步设计的批复》(交水发〔2010〕174 号);2006 年 1 月,国家海洋局《关于江苏 LNG 项目海洋工程环境影响报告书核准意见的函》(国海环字〔2006〕31 号);2008 年 7 月,国家海洋局《关于江苏 LNG 项目一期工程用海的批复》(国海管字〔2008〕419 号);2009 年 3 月,国家海洋局《关于江苏 LNG 项目一期工程用海有关问题的批复》(国海管字〔2009〕134 号);2005 年 10 月,江苏省港口管理局《关于同意江苏如东 LNG 项目使用港口岸线开展前期工作的意见》(苏港规〔2005〕2 号)。

项目建设 1 个 12.5 万 ~26.7 万立方米 LNG 船舶接卸泊位及相关配套设施。码头岸线总长 430 米。采用引桥式布置、高桩式码头结构,码头前沿水深 14.4 米。项目总投资 10.14 亿元,由企业自筹。

项目建设单位为中石油江苏液化天然气有限公司;设计单位为中交第一航务工程勘察设计院有限公司;施工单位为中交第二航务工程局有限公司;监理单位为广州南华工程管理有限公司;质监单位为江苏省交通运输厅工程质量监督局。

该工程先后获得"二航局优质工程"奖、"江苏省青年先锋号"奖、2013 年度江苏省"扬子杯"优质工程奖、2013 年度江苏省交通建设优质工程项目。

项目于 2011 年 5 月投入试运行,主要接收、存储和气化来自海外的 LNG,通过外输管道与冀宁联络线和西气东输一线联网,为江苏省用户和西气东输管道沿线供气,同时进行 LNG 槽车充装外运。其建成投产极大改变江苏省能源匮乏现状,对解决江苏省能源短缺、优化能源结构、改善大气环境质量起到重要作用,同时也是对江苏省境内现有天然气供给的有效补充。至 2015 年底,共成功靠泊 LNG 船舶 111 艘,LNG 吞吐量共达 1039 万吨。

(4)南通港洋口港区长沙作业区 5000 吨级液体化工码头工程

项目于 2010 年 11 月开工,2015 年 7 月试运行,2016 年 9 月竣工。

项目建设依据:2012 年 9 月,江苏省发展和改革委员会《关于核准南通港洋口港区长沙作业区 5000 吨级液体化工码头工程项目的通知》(苏发改基础发〔2012〕1347 号);2013 年 7 月,江苏省交通运输厅《关于南通港洋口港区长沙作业区 5000 吨级液体化工码头工程初步设计的批复》(苏交港〔2013〕49 号);2012 年 7 月,江苏省海洋与渔业局《关于南通港洋口港区 5000 吨级液体化工码头工程海洋环境影响报告书的核准意见》(苏海环〔2012〕28 号);2013 年 4 月,江苏省海洋与渔业局《关于南通港洋口港区长沙作业区 5000

吨级液体化工码头工程项目用海的批复》(苏海域〔2013〕15 号);2011 年 4 月,江苏省交通运输厅《准予交通行政许可决定书》(港口岸线使用许可 0000008107)。

项目建设 1 个 5000 吨级液体化工泊位(按兼顾 10000 吨级化学品船减载靠泊设计)及相关配套设施(不含陆域罐区)。码头岸线总长 179.2 米。采用引桥式布置、高桩式码头结构,码头前沿水深 9.0 米。主要装卸设备包括 DN200 输油臂 2 台、0.95 吨软管起重机 1 台、物料管道 5 根。项目总投资 2.07 亿元,由企业自筹。

项目建设单位为江苏洋口港股份有限公司;设计单位为中交第一航务工程勘察设计院有限公司;施工单位为中交二航局第三工程有限公司、江苏神龙海洋工程有限公司;监理单位为天津中北港湾工程建设监理有限公司;质监单位为南通市港口工程质量监督站。

码头位于洋口港经济开发区阳光岛南侧,为公用液体化工码头,主要为当地和周边企业提供液体化工品的装卸、转驳及其他配套服务,是南通沿海首个液体化工码头。码头于 2016 年 9 月竣工验收投入使用,2016 年 12 月 29 日正式对外开放。2016 年停靠化学品船 30 船次,吞吐量约 7.8 万吨。2017 年停靠化学品船 45 船次,其中外贸船 11 船次,吞吐量约 11 万吨。截至 2018 年 6 月底,2018 年停靠化学品船 41 船次,吞吐量约 9.6 万吨。

(5)南通港洋口港区烂沙洋北水道一期航道工程

项目于 2010 年 12 月开工,2011 年 6 月试运行,2011 年 5 月竣工。

项目建设依据:2010 年 10 月,南通市发展和改革委员会《关于南通港洋口港区烂沙洋北水道一期航道工程可行性研究报告的批复》(通发改交能〔2010〕545 号);2011 年 1 月,南通市海洋与渔业局《关于市港口局南通港洋口港区烂沙洋北水道一期外航道工程用海的批复》(通海渔发〔2011〕17 号);2010 年 10 月,江苏海事局《关于南通港洋口港区烂沙洋北水道一期航道工程的行政许可决定》(苏海许可〔2010〕61 号);2010 年 11 月,上海海事局《关于批复南通港洋口港区烂沙洋北水道一期航道工程航标设置的函》(沪海航标〔2010〕636 号)。

北航道为阳光岛北码头区公用双向通航航道,航道总长约 18.6 千米,通航有效宽度 450 米,设计通航水深 14.5 米,满足 10 万吨级船舶乘潮双向通航,同时满足 26.7 万立方米 LNG 船乘潮单向通航。项目总投资 1871.71 万元,由政府投资。

项目建设单位为南通市港口管理局、江苏省洋口港经济开发区管委会;设计单位为中交上海航道勘察设计研究院有限公司;施工单位为连云港苏海航标工程有限公司;扫海测量单位为上海海事局海测大队。

(6)南通港洋口港区 10 万吨级石化码头工程

项目于 2012 年 4 月开工,2014 年 12 月试运行,2015 年 6 月竣工。

项目建设 2 个 10 万吨级液体化工泊位。码头岸线总长 310 米。采用引桥式布置、高桩式码头结构。

项目建设单位为如东洋口港液化品码头有限公司;设计单位为中交第四航务工程勘察设计院有限公司;施工单位为中交二航局第三工程有限公司;监理单位为天津中北港湾工程建设监理有限公司;质监单位为江苏省交通运输厅工程质量监督局。

(十二)吕四港区

1. 港区综述

(1)港区建设和运营情况

截至 2015 年,已建成岸线长度 0.87 千米。拥有生产性泊位数 4 个,泊位总长度 872 米,其中万吨级及以上泊位 4 个、泊位总长度 872 米。

(2)港区地理条件和集疏运概况

地势低平,自西向东、自北向南略有倾斜,高程一般小于 5 米(吴淞基面),沿岸有沙洲滩地。

地质构造上属于扬子准地台与江南古陆的交接部。第四系地层厚 300~400 米,为河流相、海相和过渡相沉积。地表下 50 米内土层自上而下依次为灰黄色粉质黏土(厚 2 米)、灰色粉细砂(厚 30 米左右)、淤泥质粉质黏土(厚 10~20 米)和灰色粉砂(容许承载力 185 千帕)。河床底质为粉砂和极细砂。

2. 港区工程项目

(1)南通港吕四港区大唐吕四港发电公司专用煤码头工程

项目于 2006 年 11 月开工,2011 年 6 月试运行,2013 年 5 月竣工。

项目建设依据:2009 年 12 月,国家发展和改革委员会《关于江苏大唐吕四港电厂"上大压小"新建工程项目的批复》(发改能源〔2009〕3305 号);2011 年 12 月,交通运输部《关于江苏大唐吕四港电厂"上大压小"新建工程专用煤码头工程初步设计的批复》(交水发〔2011〕171 号);2004 年 8 月,国家海洋局《关于对〈关于江苏大唐吕四港电厂一期(4×600 兆瓦)海洋环境影响报告书〉审查意见的函》(国海环字〔2004〕352 号),2004 年 12 月,国家环境保护总局《关于江苏大唐吕四港电厂一期工程(4×600 兆瓦)环境影响报告书审查意见的复函》(环审〔2004〕505 号)。2015 年,取得国家海洋局批复的海域使用权证(国海证 2015A320681000510 号),批复填海造地面积 416.69 公顷;码头海域使用权证(国海证 2015A0320681000536 号),批复码头宗海面积 45.68 公顷。2003 年 11 月,国家海洋局《关于江苏大唐吕四港电厂一期工程海域使用论证报告的批复》(国海管字〔2003〕387 号);2005 年 3 月,交通部办公厅《关于江苏大唐吕四电厂码头使用岸线问题的复函》(厅规划字〔2005〕106 号)。

项目建设 2 个 35000 吨级卸煤专用码头泊位（码头水工建筑允许靠泊能力 50000 吨级），岸线总长 480 米。码头采用引桥式布局、高桩式结构。码头前沿水深 15.4 米。项目后方堆场面积 4.03 万平方米，堆存能力 37.8 万吨。主要装卸设备包括 1500 吨的桥式抓斗卸船机 3 台。项目总投资 6.87 亿元。用地面积 5.88 万平方米。

项目建设单位为江苏大唐国际吕四港发电公司；设计单位为中交水运规划设计院有限公司；施工单位为中交第二航务工程局有限公司、中交第三航务工程局有限公司、中交第三航务工程局安装公司；监理单位为江苏科兴监理公司；质监单位为南通市港口工程质量监督站。

项目被评为中国电力建设企业协会 2009 年中国电力建设科学技术成果二等奖。

项目自 2011 年 6 月投入试运行后，截至 2018 年 6 月底，顺利接卸运煤船舶 1396 船，接卸煤 4962 万吨，为华东电网及南通地区电力供应提供了有力保障，取得了良好的社会效益和经济效益。

（2）南通港吕四港区东灶港作业区 20000 吨级通用码头一期工程

项目于 2010 年 6 月开工，2016 年 1 月试运行，2018 年 12 月竣工。

项目建设依据：2010 年 10 月，江苏省发展和改革委员会《关于核准南通港吕四港区东灶港作业区通用码头工程项目的通知》（苏发改基础发〔2010〕1439 号）；2010 年 12 月，江苏省交通运输厅《关于南通港吕四港区东灶港作业区通用码头工程初步设计的批复》（苏交港〔2010〕104 号）；2009 年 12 月江苏省海洋与渔业局《关于南通港吕四港区东灶港作业区 2 万吨级通用码头工程海洋环境影响报告书的核准意见》（苏海环〔2009〕21 号）；2015 年 6 月，江苏省海洋与渔业局《关于南通港吕四港区东灶港作业区 2 万吨级码头工程变更海洋环境影响报告书的核准意见》（苏海域函〔2015〕58 号）；2012 年，《中华人民共和国国有建设用地划拨决定书》（海交指发〔2012〕79 号）；2010 年 2 月，江苏省海洋与渔业局《关于南通港吕四港区东灶港作业区 2 万吨级通用码头工程项目用海的批复》（苏海域〔2010〕4 号）；2015 年 10 月，江苏省海洋与渔业局《关于南通港吕四港区东灶港作业区 2 万吨级通用码头工程——引桥、码头、港池项目用海变更的批复》（苏海域函〔2015〕125 号）；2010 年 7 月，交通运输部《关于南通港吕四港区东灶港作业区通用码头工程使用港口深水岸线的批复》（交规划发〔2010〕314 号）。

项目建设 2 个 20000 吨级通用码头泊位（码头水工建筑允许靠泊能力 50000 吨级），岸线总长 392 米。码头采用顺岸式布局、高桩梁板结构。码头前沿水深 12 米。后方陆域总面积 20 万平方米，堆场面积 10 万平方米，仓库面积 1 万平方米，堆存能力 21 万吨。主要装卸设备包括额定起重量为 10～25 吨的港口门座起重机 2 台、额定起重量为大于 25 吨的港口门座起重机 2 台。项目总投资 11.66 亿元，其中企业投资 6618.41 万元，银行贷款 9.78 亿元，地方债务 1.22 亿元。用地面积 59.3 万平方米。

项目建设单位为海门市港口发展有限责任公司;设计单位为中交第四航务工程勘察设计院有限公司;施工单位为中交三航局第三工程有限公司;监理单位为江苏科兴工程建设监理有限公司;质监单位为南通市港口工程质量监督站。

建设期间的重大事项:2010年1月15日江苏省港口局组织了岸线利用评估会,由江苏省港口局向交通运输部规划司转报岸线申请。交通运输部水运规划处提出要为码头西侧预留足够宽度的航道,同时考虑码头施工和运营期的安全因素,要求对码头平面布置进行调整。

2010年3月17日,码头建设指挥部召开码头建设对中心渔港进出船舶通航安全影响研讨会,会议指出交通运输部在审批过程中提出该工程占用部分航道、夹角偏小,需要对该问题专题研究,会议一致认为交通运输部意见十分中肯,应该专题研究,并拿出可行性方案。会后,中交四航院就码头对航道影响等问题进行了论证,编制了报告。

(3)南通港吕四港区吕四作业区环抱式港池进港航道一期工程

项目于2013年5月开工,2014年4月试运行,2015年3月竣工。

项目建设依据:2013年10月,江苏省发展和改革委员会《关于南通港吕四港区吕四作业区环抱式港池进港航道一期工程可行性研究报告的批复》(苏发改基础发〔2013〕1608号);2014年5月,江苏省交通运输厅《关于南通港吕四港区吕四作业区环抱式港池进港航道一期工程初步设计的批复》(苏交港〔2014〕22号)。2013年7月,江苏省海洋与渔业局《关于南通港吕四港区吕四作业区环抱式港池进港航道一期工程海洋环境影响报告书的核准意见》(苏海环〔2013〕27号);2013年7月江苏海事局《关于南通港吕四港区吕四作业区环抱式港池进港航道一期工程的批复》(苏海许可〔2013〕27号);2014年3月,江苏省海洋与渔业局《关于南通港吕四港区吕四作业区环抱式港池进港航道一期工程项目用海的批复》(苏海域函〔2014〕30号)。

南通港吕四港区吕四作业区环抱式港池进港航道一期工程位于江苏启东市吕四港镇大唐电厂西侧,该工程进港航道全长9419米,航道按50000吨级散货船舶乘潮单向通航(乘潮历时4小时、通航保证率90%)标准建设。导流堤由北堤和南堤两部分组成,轴线间距750米,总长8002米,北堤4279米,南堤3723米。疏浚土方吹至吕四港围海区域。项目总投资12.37亿元。

项目建设单位为江苏启东吕四港经济开发区管理委员会;设计单位为中交第一航务工程勘察设计院有限公司;施工单位为长江宜昌航道工程局、江苏海中港建设工程有限公司;监理单位为天津中北港湾工程建设监理有限公司;质监单位为南通市港口工程质量监督站。

(4)南通港吕四港东灶港作业区燕达(海门)重型装备制造有限公司配套码头工程

项目于2014年11月开工,2017年4月试运行,2017年8月竣工。

项目建设依据:2014年3月,江苏省发展和改革委员会《关于核准南通港吕四港区东灶港作业区燕达重型装备制造有限公司配套码头工程项目的通知》(苏发改基础发〔2014〕215号);2014年7月,江苏省交通运输厅《南通港吕四港东灶港作业区燕达(海门)重型装备制造有限公司配套码头工程初步设计》(苏交港〔2014〕38号);2017年4月,南通市海洋与渔业局《关于燕达(海门)重型装备制造有限公司配套码头工程海洋环境保护设施竣工验收意见的函》(通海渔发〔2017〕47号);2012年6月,江苏省海洋与渔业局《关于燕达(海门)重型装备制造有限公司配套码头工程用海的批复》(苏海域〔2012〕31号);2014年1月,交通运输部《关于南通港吕四港区东灶作业区燕达重型装备制造有限公司配套码头工程使用港口岸线的批复》(交规划〔2014〕31号)。

项目建设1个10000吨级件杂货码头泊位(码头水工建筑允许靠泊能力20000吨级)及1个20000吨级半潜驳码头泊位(码头水工建筑允许靠泊能力50000吨级),岸线总长360米。码头采用引桥式布局、高桩墩台结构。码头前沿水深12.2米。项目总投资1.67亿元。建设填海造地(码头、堆场)4.32公顷。

项目建设单位为燕达(海门)重型装备制造有限公司;设计单位为中交上海港湾工程设计研究院有限公司;施工单位为中交二航局第三工程有限公司;监理单位为江苏科兴工程建设监理有限公司;质监单位为南通市港口工程质量监督站。

(5)吕四港区通州作业区一期工程项目

项目于2014年12月开工,2016年4月竣工。

项目建设依据:2014年5月,南通滨海园区经济发展局《企业投资项目备案通知书》(通滨海经发备〔2014〕9号)。2014年9月,南通滨海园区规划建设环保局《关于南通港吕四港区通州作业区一期工程初步设计的批复》(通滨海建〔2014〕208号);2014年5月,江苏省海洋与渔业局《南通港吕四港区通州作业区一期工程海洋环境影响报告书的核准意见》(苏海环函〔2014〕55号);2016年,国家海洋局印制南通港吕四港区通州作业区一期工程海域使用权证书(国海证2016B32068303044号);2013年12月,交通运输部《关于南通港吕四港区通州作业区一期码头工程使用港口岸线的批复》(交规划发〔2013〕765号)。

项目建设2个20000吨级通用码头泊位(码头水工建筑允许靠泊能力50000吨级),岸线总长392米。码头采用引桥式布局、高桩梁板结构。码头前沿水深11.5米。项目后方堆场面积26.78万平方米。主要装卸设备包括额定起重量为10~25吨的港口门座起重机6台。项目总投资2.63亿元。

项目建设单位为南通通州湾开发建设有限公司;设计单位为中交第三航务工程勘察设计院有限公司;施工单位为中交第三航务工程局有限公司;监理单位为天津天科工程监

理咨询事务所;质监单位为南通市港口工程质量监督站。

(6)南通港吕四港区广汇能源 LNG 分销转运站码头工程

项目于 2014 年 12 月开工,2017 年 4 月试运行,2018 年 4 月竣工。

项目建设依据:2014 年 7 月,江苏省交通运输厅《关于南通港吕四港区广汇能源 LNG 分销转运站(码头水工部分)初步设计的批复》(苏交港〔2014〕30 号);2013 年 9 月,江苏省海洋与渔业局《关于南通港吕四港区广汇能源 LNG 分销转运站工程环境影响报告书的核准意见》(苏海环函〔2013〕109 号);2013 年 4 月,江苏省国土资源厅《关于南通港吕四港区广汇能源 LNG 工程项目用地的预审意见》(苏国土资预〔2013〕71 号);2014 年 5 月,江苏省海洋与渔业局《关于南通港吕四港区广汇能源 LNG 分销转运站工程项目用海的预审意见》(苏海域函〔2014〕93 号);2014 年 2 月,交通运输部《关于南通港吕四港区广汇能源启东液化天然气分销转运站码头工程使用港口岸线的批复》(交函规划〔2014〕84 号)。

项目建设 1 个 80000 吨级(15.09 万立方米)液化气码头泊位,岸线总长 431 米。码头采用引桥式布局、高桩墩台结构。码头前沿水深 13.8 米。主要装卸设备包括码头卸料臂 4 台及配套工艺设施。项目总投资 4.99 亿元,其中企业投入 1.50 亿元,银行贷款 3.49 亿元。用地面积 50.21 万平方米。

项目建设单位为中交第一航务工程勘察设计研究院有限公司;设计单位为中交第三航务工程局有限公司和长江宜昌航道工程局;施工单位为中交第三航务工程局有限公司;监理单位为上海振南工程咨询监理有限公司;质监单位为工业工程质量监督总站和南通市港口工程质量监督站。

项目自 2017 年 4 月投入试运行后,截至 2018 年 5 月底,顺利接卸 LNG 船舶 18 船,接卸 LNG70 万吨,实现销售收入 32 亿元,利税 8.1 亿元,为江苏省及周边地区天然气供应提供了有力保障,取得了良好的社会效益和经济效益。

六、常州港

(一)港口概况

1.港口综述

常州港位于江苏省常州市新北区,东临江阴港,西靠镇江港,北与泰兴市隔江相望,处在苏南经济发达的"苏、锡、常"地区,腹地广阔,交通便利,基础条件优越,是国家一类开放口岸和江苏省地区性重要港口,是常州地区重要的出海门户。

常州港由录安洲港区、圩塘港区和夹江港区组成。其中,录安洲港区为江苏省重点港区,以海上直达运输为主,重点发展集装箱及通用杂货运输;圩塘港区主要承担通用散货与化工品运输;夹江港区主要承担长江转运功能,服务临港产业及腹地物资中转。常州港毗邻泰兴水道,水道顺直、水深槽宽,自然水深达到15米以上。长江干流码头前方航道宽度800~960米,航道中心水域距离码头前沿约500米。

常州港现有锚地2个,临时停泊区1个,分别分布于泰兴水道长江75号黑浮左侧、长江76号黑浮左侧、长江77号黑浮至T1号黑浮北侧,锚地和临时停泊区面积合计5.2平方公里。

2.港口水文气象

常州地处中纬度,距海较近,属于北亚热带季风性湿润气候区,气候温和湿润,雨量丰沛,日照充足,无霜期长,四季分明。常年主导风向东南偏东,年平均风速2.9米/秒,年平均雾日29.9天。

长江常州河段属于扬中河段,该河段的潮位变化为非正规半日潮混合型,半潮周期为12小时25分,涨潮历时约3.7小时,落潮历时约8.8小时,历年平均潮位为1.33米,历年平均潮差为1.67米。该河段不受外海波浪的影响,7级以上EN风时,江面最高波浪在1.5米左右,其他风向波浪较小。

长江潮流界随径流强弱和潮差大小等因素的变化而变动,多在江阴附近,枯季潮流界可上溯到镇江附近,洪季潮流界则下移至西界港附近。潮流流向基本与河道走向一致,在柯氏力作用下,涨潮流向偏北,落潮流向偏南。

河段内除来自长江的径流、泥沙外,在太平洲左汊左岸的三江营有淮河汇入长江。长江水沙来量丰沛,年平均径流量达9120亿立方米,输沙量达4.71亿吨,占本河段水沙来量98%以上,因而长江干流水沙输移特性决定了该河段的水沙特性。

3.发展成就

1997年12月,常州港万吨级通用泊位工程竣工并试生产,常州港从此拥有第一座万吨级公用深水码头。该工程由1个20000吨级海轮泊位和3个集疏运300吨级内河泊位组成,设计年吞吐量248万吨。2001年4月25日,常州港经国务院批准为对外开放的一类口岸。此后,常州港石化码头工程、国电常州发电有限公司一期煤码头工程等项目相继建成。

2003年3月,《常州港总体布局规划》通过专家审查,规划于2005年8月获江苏省人民政府批复,常州港由此拉开录安洲港区开发序幕。按照"总体规划、分期实施"的思路,常州市启动录安洲港区起步工程——录安洲港区码头一期工程和石化码头工程,这两项工程分别于2008年10月和2013年2月通过竣工验收。此后,录安洲港区相建成夹江码头一期工程和1号泊位工程。2015年,录安洲长江码头有限公司开始建设常州港录安洲港区 4 号泊位暨夹江码头二期工程,该项目于 2017 年 7 月通过竣工验收。目前,录安洲港区开发格局基本成型,初步形成了大中小泊位并举、多用途泊位与专业化泊位结合的发展局面。

常州港已实现稳定快速发展,录安洲、圩塘和夹江三个港区的港口岸线资源开发规模和港口体量不断扩大,港口的地位和作用不断增强,进入新的发展阶段。至 2015 年,全港共有生产性泊位 28 个,其中万吨级以上泊位 9 个,完成港口货物吞吐量 3619 万吨。

2011—2015 年完成吞吐量分别为 2768.7 万吨、2640 万吨、3067.2 万吨、3314 万吨、3619 万吨。

常州港港区分布如图 9-3-5 所示,常州港基本情况见表 9-3-8。

图 9-3-5　常州港港区分布图

表 9-3-8

常 州 港 基 本 情 况 表

序号	港区名称	港区岸线		2015年港口生产性泊位				其中:1978—2015年建成的生产性泊位				2015年港口货物和旅客吞吐量						
		港区规划岸线	其中:2015年前已建成岸线	生产性泊位数	其中:万吨级及以上	生产性泊位总长	其中:万吨级及以上	生产性泊位数	其中:万吨级及以上	生产性泊位总长	其中:万吨级及以上	货物吞吐量	其中:外贸货物吞吐量	集装箱	滚装车辆		旅客	其中:国际旅客
															数量	质量		
		千米	千米	个	个	米	米	个	个	米	米	万吨	万吨	万TEU	万辆	万吨	万人	万人
1	夹江港区	4.5	0.49	4	0	490	0	4	0	490	0	—	—	—	0	0	—	—
2	录安洲港区	2	1.89	14	5	1891	1141	14	5	1891	1141	—	—	—	0	0	—	—
3	圩塘港区	2	1.11	10	3	1107	677	9	3	1077	677	—	—	—	0	0	—	—
	合计	8.5	3.49	28	8	3488	1818	27	8	3458	1818	3619.37	409.38	21.69	0	0	0	0

(二)圩塘港区

1. 港区综述

(1)港区建设和运营情况

圩塘港区位于藻江河至桃花港之间,是常州港最早开发的港区。

1996年9月,常州港口万吨级通用泊位工程开工,1997年12月竣工。此后,常州港石化码头工程、国电常州发电有限公司一期煤码头工程等项目相继建成。圩塘港区目前已建成泊位7个,其中万吨级泊位4个。常州新长江港口有限公司建成70000吨级、20000吨级泊位和5000吨级通用散货泊位,国电常州发电有限公司建成70000吨级煤炭泊位,建滔(常州)石化码头有限公司建成25000吨级、2个300吨级液体散货泊位。港区已形成通用泊位区和石化泊位区两大功能区,主要承担通用货种、化工、电厂燃料(煤)等货物的中转、仓储作业。

2011—2015年完成吞吐量分别为1235.9万吨、1227.4万吨、1246.4万吨、1398.8万吨、1423.8万吨。

(2)港区地理条件和集疏运概况

圩塘港区范围包括藻江河至桃花港之间的长江岸线以及后方陆域,港区地形属于长江冲积三角洲平原地区,地势平坦。港区工程地质条件优良,区内第1层由亚黏土为主组成的素填土,其厚度较稳定,承载力较好,该层普遍与下伏的黏性土硬土层直接衔接,构成极为优良的天然地基持力层,其深部为承载力较好的粉细砂层,可作为桩基持力层。区内地貌类型属于高沙平原,长江堤外有滩涂、岸线,较为稳定。

港区所处长江主航道为单一顺直微弯形河段,河床高程一般在−20~−10米之间。港区集疏运主要通过水水中转和水路中转,陆上主要通过港区南侧省道308实现对外集疏运,水路主要依托德胜河、藻江河等通江航道进行集疏运。

2. 港区工程项目

(1)常州港万吨级通用泊位工程项目

项目于1996年1月开工,1997年12月竣工。

项目建设依据:1996年5月,江苏省计划委员会《关于常州港万吨级通用泊位工程可行性研究报告的批复》(苏交计〔1996〕96号);1996年11月,江苏省建设厅《常州港万吨级通用泊位工程初步设计》(苏建重〔1996〕537号);1996年4月,常州市环境保护局《关于常州港万吨级通用码头工程环境影响报告书的批复》(常环管〔1996〕第19号);1996年2月,水利部长江水利委员会《关于常州澡港河口至桃花港长江岸线和水域利用的请示》(长江务〔1996〕83号)。

项目建设 1 个 20000 吨级通用散货码头泊位(码头水工建筑允许靠泊能力 35000 吨)。码头岸线总长 205 米。采用引桥式布置、高桩式码头结构,码头前沿水深 11.9 米。堆场面积 2.7 万平方米。主要装卸设备配置包括 2 台额定起重量 10 ~ 25 吨的港口门座起重机、1 台斗轮堆取料机。项目总投资 1.97 亿元,包括地方政府投资、业主自有资金、其他国企资金、政策性银行贷款。项目陆域用地 54.74 万平方米。

项目建设单位为常州港工程建设指挥部;设计单位为长江航运规划设计院;施工单位为中港第二航务工程局第五工程公司;监理单位为上海东华建设监理所;质监单位为江苏省交通厅工程质量监督站。

常州港万吨级通用码头投产后,吞吐量逐年增长,货物种类不断增加,业务辐射区域不断扩大,外籍船舶不断增多。港口物流是其重要的经营内容,主要为客户提供铁矿砂、煤炭、钢材、木材、机器配件等 40 多个货种的装卸、仓储、运输、配送等物流服务。

(2)常州港石化码头工程

项目于 2000 年 11 月开工,2001 年 12 月试运行,2003 年 3 月竣工。

项目建设依据:1997 年 3 月,江苏省计划委员会《关于常州港石化码头工程可行性研究报告的批复》(苏计基础发〔1997〕362 号);2000 年 10 月,江苏省建设厅《关于常州港石化码头工程初步设计的批复》(苏建重〔2000〕346 号);2000 年 4 月,江苏省环境保护厅《关于常州石化码头工程环境影响报告书的批复》(苏环控〔2000〕63 号);2000 年 4 月,江苏省水利厅《关于常州港兴建石化码头工程使用岸线水域的批复》(苏水计〔2000〕54 号)。

项目建设 1 个 8500 吨级液体散货码头泊位(码头水工建筑允许靠泊能力 25000 吨)。码头岸线总长 226 米。采用引桥式布置、高桩式码头结构,码头前沿水深 11.9 米。项目总投资 8029.29 万元,均为企业自筹。

项目建设单位为常州港工程建设指挥部;设计单位为交通部第三航务工程勘察设计院;施工单位为中港第二航务工程局;监理单位为常州市交通建设监理咨询有限公司;质监单位为常州市交通工程质量监督站。

建滔码头除装卸本库区货物以外,还承接新华储运、双志储运、东昊化工、华润包装储罐货物装卸,为周边化工厂提供优质快捷服务。2011—2015 年完成的吞吐量分别为137.3 万吨、102.8 万吨、73 万吨、57.6 万吨、59.6 万吨。

(3)常州港万吨级通用码头二期扩建工程项目

项目于 2003 年 11 月开工,2004 年 10 月试运行,2004 年 11 月竣工。

项目建设依据:2003 年 10 月,江苏省发展计划委员会《关于常州港万吨级通用码头二期扩建工程可行性研究报告的批复》(苏计基础发〔2003〕1179 号);2003 年 4 月,常州市环境保护局《建设项目环境影响申报表》;2003 年 11 月,水利部长江水利委员会《关于常州新长江港口有限公司申请占用长江岸线、水域建设通用码头二期工程的批复》(长江务〔2003〕748号)。

项目建设1个20000吨级通用散货码头泊位(码头水工建筑允许靠泊能力35000吨)。码头岸线总长182米。采用引桥式布置、高桩式码头结构,码头前沿水深11.9米。堆场面积2.73万平方米。仓库面积0.52万平方米。主要装卸设备门座起重机2台、汽车2台、起重电磁铁2台。项目总投资4443万元,其中业主自有资金1777.2万元,其他银行贷款2665.8万元。

项目建设单位为常州新长江港口有限公司;设计单位为交通部第三航务工程勘察设计院;施工单位为中港第二航务工程局;监理单位为常州市交通建设监理咨询有限公司;质监单位为常州市交通工程质量监督站。

常州港万吨级通用码头二期扩建工程投产后,有效释放了港口生产能力,吞吐量逐年增长,货物种类不断增加,业务辐射区域不断扩大,外籍船舶不断增多。

(4)国电常州发电有限公司一期煤码头工程

项目于2004年4月开工,2006年5月试运行,2010年9月竣工。

项目建设依据:2005年3月,国家发展和改革委员会《江苏常州电厂一期工程可行性研究报告》(发改能源〔2005〕347号);2003年12月,国家电力公司电力规划设计总院《关于国电常州电厂一期工程初步设计的评审意见》(电规总机〔2003〕61号);2009年,建设项目环境影响报告表审批意见(常新环管〔2009〕078号);2003年9月,水利部长江水利委员会《国电常州电厂一期工程2×600兆瓦机组关于国电常州发电有限公司申请占用长江岸线、水域建设码头工程的批复》(长江务〔2003〕595号)。

项目建设1个35000吨级煤炭码头泊位(码头水工建筑允许靠泊能力50000吨)。码头岸线总长290米。采用引桥式布置、高桩式码头结构,码头前沿水深11.9米。堆场面积6万平方米,堆存能力20万吨。主要装卸设备包括2台额定1600吨/小时的桥式抓斗卸船机、5台带式输送机。项目总投资2.23亿元,均由企业自筹。

项目建设单位为国电常州发电有限公司;设计单位为中交第三航务工程勘察设计院有限公司;施工单位为中交第二航务工程有限公司;监理单位为镇江市兴华工程建设监理有限责任公司;质监单位为镇江港口建设工程质量监督站。

(三)录安洲港区

1. 港区综述

(1)港区建设和运营情况

录安洲港区是全省规划的重点港区。录安洲左汊为长江主航道,右汊为夹江,港区依托长江主航道深水岸线资源以及夹江水水中转优势,规划万吨级以上码头泊位,可减载靠泊 10 万~15 万吨级船舶,承担常州港海上直达运输,重点发展集装箱及通用杂货运输。

按照"总体规划、分期实施"的思路,常州市启动录安洲港区起步工程——录安洲港区码头一期工程和石化码头工程。码头一期工程在录安洲主江侧建设 2 个 50000 吨级通用泊位,在夹江北岸建设 6 个千吨级泊位及相关配套设施;石化码头工程在录安洲北岸建设 50000 吨级、10000 吨级、1000 吨级化工泊位各 1 个,在夹江南岸 2 个千吨级化工泊位,同时建设夹江管道桥一座,作为连接后方储罐区和长江泊位的主通道。

2015 年,录安洲港区已建 3 个 40000~70000 吨级(1 号~3 号)多用途泊位,1 个 50000 吨级、1 个 10000 吨级和 1 个 1000 吨级化工品泊位,1 个 10 万吨级(4 号)通用泊位。港区已初步形成了大中小泊位并举、多用途泊位与专业化泊位结合的发展局面。

2011—2015 年完成吞吐量分别为 860.2 万吨、1274.6 万吨、1627.3 万吨、1724.7 万吨、1965.4 万吨。

(2)港区地理条件和集疏运概况

录安洲港区范围包括录安洲洲岛长江岸线和夹江岸线以及陆域地形较陡。地貌单元属于长江漫滩冲积平原,为近代河谷地貌,录安洲四周设围堤,码头区陆域地形较平坦。港区内地层层位相对较稳定,物理力学性质一般,但分布有厚度较大的液化土层,场地液化等级轻微,宜选用适宜的地基抗液化措施,经处理后,地基稳定性较好,适宜建筑。自 1986 年以后,由于录安洲左缘护岸工程的实施,洲体崩退基本得到扼制,主流南移现象锐减,河槽渐趋稳定。

港区所处长江主航道为单一顺直型河段,河床高程一般在 −20~−10 米之间。港区集疏运主要通过水水中转、水路中转和管道运输,陆上主要通过夹江大桥和港区南侧省道 308 实现对外集疏运,水路主要依托德胜河、藻江河等通江航道进行集疏运。管道主要通过夹江管架桥与储罐区进行集疏运。

2. 港区工程项目

(1)常州港录安洲港区码头一期工程项目

项目于 2000 年 12 月开工,2008 年 3 月试运行,2008 年 10 月竣工。

项目建设依据:2006 年 11 月,江苏省发展和改革委员会《关于常州港录安洲港区码头一期工程可行性研究报告的批复》(苏发改交能发〔2006〕1286 号);2006 年 12 月,江苏省交通厅《关于常州港录安洲港区码头一期工程初步设计的批复》(苏交港〔2006〕78 号);2003 年 10 月,江苏省环境保护厅《常州港录安洲港区码头一期工程及配套夹江大桥环境影响申报(登记)表》;2006 年 11 月,江苏省国土资源厅《关于常州港录安洲港区码头一期工程和石化码头工程项目用地的预审意见》(苏国土资函〔2006〕916 号);2010 年 3 月,国土资源部"土地证:春江镇录安洲经二路东,纬四路北"(常国用〔2010〕第 0374432 号);2004 年 7 月,水利部长江水利委员会《关于常州录安洲开发有限公司申请占用长江岸线水域建设常州港录安洲港区工程的批复》(长江务〔2004〕412 号);2006 年 10 月,交通部《关于常州港录安洲港区码头一期工程使用港口岸线的批复》(交规划发〔2006〕539 号)。

项目建设 2 个 5000 吨级多用途码头泊位(码头水工建筑允许靠泊能力 5 万吨)。码头岸线总长 454 米。采用引桥式布置、高桩式码头结构,码头前沿水深 13.3 米。堆场面积 5.3 万平方米;仓库面积 0.37 万平方米。项目总投资 3.78 亿元,均由企业自筹。项目陆域用地 21.29 万平方米。

项目建设单位为常州港工程建设指挥部;设计单位为长江航运规划设计院;施工单位为中交第二航务工程局、常州东南交通建设工程有限公司、常州市通达公路养护工程有限公司等;监理单位为常州市交通建设监理咨询有限公司;质监单位为常州市交通工程质量监督站。

录安洲码头一期工程主要为一座集装箱作业泊位与一座散杂货作业泊位,集装箱泊位的正式投用开辟了常州港集装箱业务的新起点,作为常州港唯一的集装箱码头,开港第一年完成 1.7 万 TEU,2009 年完成 6.3 万 TEU,2010 年度已突破 10 万 TEU,常州港知名度逐步提升,企业更多倾向于选择常州口岸进出口。散货泊位主要围绕常州周边企业的大宗散货、件杂货装卸开展业务,主要货种为进口铁矿石、煤炭、钢材制品、进出口设备等。到港船舶的快速装卸、及时靠离泊有效保障了企业大宗物资的收发货时效,大幅降低了物料供应的物流成本,外贸货物到港量逐年增长,作为一座公共性、万吨级码头综合物流效应不断提升,为本地经济发展奠定了良好的基础。

(2)常州港录安洲港区化工码头工程

项目于 2008 年 2 月开工,2012 年 7 月试运行,2013 年 1 月竣工。

项目建设依据:2007 年 9 月,江苏省发展和改革委员会《关于核准常州港录安洲港区化工码头工程项目的批复》(苏发改交能发〔2007〕988 号);2008 年 1 月,江苏省交通厅《关于常州港录安洲港区化工码头工程初步设计的批复》(苏交港〔2008〕7 号);2009 年 10 月,常州市港务管理局《关于常州港录安洲港区化工管线桥工程初步设计的批复》(常港发〔2009〕3 号);2006 年 10 月,江苏省环境保护厅《关于常州港录安洲港区化工码头及储罐工程环境影响报告书的批复》(苏环管〔2006〕197 号);2006 年 10 月,江苏省国土资源厅《关于常州港录安洲港区化工码头工程建设项目用地的预审意见》(苏国土资函〔2006〕1073 号);2007 年 6 月,交通部《关于常州港录安洲港区化工码头工程使用港口岸线的批复》(交规划发〔2006〕334 号);2010 年 3 月,交通运输部《关于常州港录安洲港区化工码头工程港口岸线使用人变更的批复》(交规划发〔2010〕147 号);2010 年 5 月,江苏省发展和改革委员会《关于常州港录安洲港区化工码头工程港口岸线使用人变更的批复》(苏发改基础发〔2010〕608 号)。

项目建设 1 个 50000 吨级、1 个 10000 吨级、1 个 5000 吨级、2 个 1000 吨级通用化学品码头泊位。码头岸线总长 730 米。采用引桥式布置、高桩式结构,码头前沿水深 13.3 米。化工品常压储罐 54 万立方米、球罐 3 万立方米。主要装卸设备码头 5 个泊位,化工品 80 个装卸车位、液态烃 10 套装卸车位。项目总投资 12.05 亿元,其中地方投资 1080 万元,业主自有资金 11.94 亿元。项目陆域用地 43.1 万平方米。

项目建设单位为常州华润化工仓储有限公司(曾用名:常州新润石化仓储有限公司);设计单位为中交第二航务工程勘测设计院有限公司、中交第三航务工程勘察设计院有限公司;施工单位为中交二航局第三工程有限公司、中交二航局有限公司、江苏天目建设集团有限公司等;监理单位为江苏科兴工程建设监理有限责任公司、江苏南华工程监理咨询有限公司;质监单位为常州市交通工程质量监督站(码头水工、桥梁)、江苏省特种设备安全监督检验研究院常州分院(储罐、球罐等特种设备,以及管道)。

项目建成投产以后,按照原建设意愿,最大程度减少了周边企业(新阳、朗盛、华润包装等)物流成本,同时因船货进储罐后采用管道输送,减少了大量汽车运输产生的环保污染及道路运输安全风险。

2013—2017 年总吞吐量分别为 66.63 万吨、135.27 万吨、152.03 万吨、279.96 万吨、230.82 万吨。

(3)常州港录安洲港区 1 号泊位工程

项目于 2010 年 4 月开工,2011 年 1 月试运行,2013 年 12 月竣工。

项目建设依据:2011 年 1 月,江苏省发展和改革委员会《关于核准常州港录安洲港区码头 1 号泊位工程项目的通知》(苏发改基础发〔2011〕1 号);2011 年 7 月,江苏省交通运输厅《常州港录安洲港区码头 1 号泊位工程初步设计的批复》(苏交港〔2011〕66 号);2010 年 9 月,江苏省环境保护厅《关于常州港录安洲港区码头 1 号泊位工程环境影响报告书的批复》(苏环审〔2010〕217 号);2011 年 9 月,江苏省国土资源厅《关于常州港录安洲港区 1 号泊位工程项目用地批复》(苏政地〔2011〕431 号);2010 年 1 月,交通运输部《关于常州港录安洲港区 1 号泊位工程使用港口岸线的批复》(交规划发〔2010〕63 号)。

项目建设 1 个 40000 吨级多用途码头泊位(码头水工建筑允许靠泊能力 50000 吨)。码头岸线总长 219 米。采用引桥式布置、高桩式码头结构,码头前沿水深 13.3 米。堆场面积 3.71 万平方米。项目总投资 2.11 亿元,均由企业自筹。项目陆域用地 7.20 万平方米。

项目建设单位为常州录安洲长江码头有限公司;设计单位为长江航运规划设计院;施工单位为中交第二航务工程局第三工程有限公司、江苏亚隆路桥工程有限公司;监理单位为常州市交通建设监理咨询有限公司、山东东泰工程咨询有限公司;质监单位为常州市交通工程质量监督站。

该项目建成投产后常州港集装箱业务得到了全面发展。1 号泊位及后方陆域作为集装箱专用作业区,码头前沿配置了2台集装箱桥式起重机,堆场配置7台场地起重机,码头前沿可满足2条船舶同时作业,装卸效率明显提升,平均达26箱/小时,船舶待港作业时间明显缩短,以前经常出现的船舶积压现象得到有效改善,确保了到港船舶的及时靠离泊。通过机械化新堆场的合理布局,场地利用率明显提高,堆存量大幅度增加,场内堆存量提升70%,堆存量可达1.5万TEU。场地翻箱率明显下降,集装箱作业成本大幅度下降,收提箱效率得到明显提高。

(4)常州港录安洲港区4号泊位暨夹江码头二期工程

项目于2014年4月开工,2016年1月试运行,2017年7月竣工。

项目建设依据:2014年12月,常州市发展和改革委员会《关于常州港录安洲港区4号泊位暨夹江码头二期工程项目备案的通知》(常发改行服备〔2014〕70号);2014年12月,常州市交通运输局《关于常州港录安洲港区4号泊位暨夹江码头二期工程初步设计的批复》(常交港〔2014〕19号);2015年11月,常州市环境保护局《关于常州港录安洲港区4号泊位工程暨夹江码头二期工程环境影响报告书的批复》(常环审〔2015〕84号);2015年12月,江苏省人民政府《关于常州港录安洲港区4号泊位暨夹江码头二期工程建设用地的批复》(苏政地〔2015〕736号);2014年9月,交通运输部《关于常州港录安洲港区4号泊位和夹江二期码头工程使用港口岸线的批复》(交规划函〔2014〕730号)。

项目建设1个10万吨级、3个3000吨级通用散货码头泊位。码头岸线总长646米。采用引桥式布置、高桩式码头结构,码头前沿水深13.3米。堆场面积21.2万平方米;仓库面积2.3万平方米。项目总投资7.27亿元,均由企业自筹。项目陆域用地27.34万平方米。

项目建设单位为常州录安洲长江码头有限公司;设计单位为中设设计集团股份有限公司;施工单位为中交二航局第三工程公司、江苏亚隆路桥工程有限公司、常州佳程建筑工程有限公司等;监理单位为江苏科兴工程建设监理有限公司、山东东泰工程咨询有限公司、江苏苏科建设项目管理有限公司;质监单位为常州市交通工程质量监督站。

项目投产后,4号泊位合计完成吞吐量1478.6万吨,到港外贸货物约350万吨,夹江二期完成吞吐量760.9万吨,大船卸船效率达2000吨/小时。

七、江阴港

(一)港口概况

1.港口综述

无锡(江阴)港位于长江下游江苏省无锡市长江南岸的江阴市境内。市境介于北纬31°40′~31°57′与东经119°59′~120°34′之间,北枕长江,南邻无锡市区,西通常州、南京,东接张家港、苏州、上海。

无锡（江阴）港东距上海吴淞口 162 千米，西距南京 201 千米，处于长江 A、B 级航区的分界点，素有"江尾海头、江海门户"的美誉。江阴市的对外交通十分发达，公路有京沪高速公路、常合高速公路、锡通高速公路、沪蓉高速公路、锡澄公路、镇澄公路、澄张公路等，分别通往无锡、常州、镇江、南京、张家港、苏州、上海等方向；铁路可经新长线和沪宁线与全国铁路联网相通；内河可通过锡澄运河、京杭运河、连申线等高等级航道直达长江三角洲的其他地区。良好的交通环境为无锡（江阴）港提供了便捷的集疏运条件。

经过多年建设和发展，无锡（江阴）港已形成"一港四区"的总体发展格局，沿江自上而下分别为石利港区、申夏港区、黄田港港区和长山港区。

石利港区以企业专用码头为主，包括石庄和利港两个作业区。石庄作业区主要依托后方石庄化学工业园区和无锡、常州等地的化工园区，以液体散货运输为主，已建奥德费尔嘉盛、阿尔法、澄利、南荣、华西等化工码头。利港作业区以煤炭和液体散货运输为主，已建利港电厂码头和利士德、丽天、三房巷等化工码头。申夏港区以综合性公用码头为主，公用码头有中信、江阴港口集团、长达国际、苏南国际、长宏国际、主要从事以煤炭、金属矿石、集装箱、钢铁运输。企业专用码头主要是联合铁钢和苏龙电厂码头。黄田港港区建有江阴港口集团、江阴港集装箱公司、中金金属码头，正在按城市发展需要，逐步搬迁调整。长山港区以企业专用码头为主，主要依托振华港机、中粮麦芽、中粮粮油、兴澄特钢、中石化、中石油等临港工业，以油品、铁矿石、钢铁、煤炭、粮食运输为主。

江阴河段深水航道包含江阴水道和福姜沙水道。江阴水道上起连成洲，下讫鹅鼻嘴，为单一水道，深槽稳定，航道条件较好，最小维护水深 11.5 米（中洪水季 12.5 米），维护宽度 500 米。其下游的福姜沙水道为分汊型河道，是南京以下重点碍航水道之一，目前福中水道已开通为 12.5 米深水航道初通航道，维护宽度最小 260 米；福北水道深水航道仍在建设中。福南水道仍按原标准维护，常年最小维护水深 10.5 米，维护航宽为最小 200 米。

"十二五"初，交通运输部、江苏省人民政府共同启动实施长江南京以下 12.5 米深水航道建设工程。工程范围从南京至太仓全长 283 千米，按照"整体规划、分期实施、自下而上、先通后畅"的思路分期实施。一期工程从太仓上延至南通，2012 年 8 月开工，2014 年 7 月交工验收并试运营，2015 年 12 月正式投入运营；二期工程从南通上延至南京，2015 年 6 月开工，2016 年 7 月实现阶段性初通，初通航道维护水深以江阴大桥为界，江阴大桥以下维护理论最低潮面下水深，每年 12 月至次年 3 月维护水深 11.5 米、4～11 月维护水深 12.5 米；江阴大桥以上全年维护航基面下水深 11.5 米，其中 4～11 月利用自然水深维护航道 12.5 米，维护宽度 200～500 米，满足 30000～50000 吨级海轮常年通航。

无锡（江阴）港现有锚地 3 个，临时停泊区 2 个，以供到港船舶与过往船舶停泊、作业。

2.港口水文气象

江阴河段潮汐属于非正规半日潮,一个太阳日24小时50分有两涨两落,且日潮不等现象明显,肖山站涨潮历时为3小时30分,落潮历时为8小时55分。潮位年内变幅较大,最高高潮位出现在7月至9月,多在台风、天文大潮和洪水遭遇之时;最低低潮位一般出现在12月至次年4月。肖山站最大潮差达3.39米,最小潮差在为0米。河段涨潮流流速一般在0.5米/秒以下。落潮流流速较大,洪、中水期分别为1.5米/秒和1.0米/秒左右,枯水期的落潮流流速一般在0.5米/秒左右。据1951—2012年大通站实测年径流资料统计,多年平均流量为28300立方米/秒,多年平均径流量约8963亿立方米,5月至10月的径流量占全年的70.6%;多年平均输沙量为4.33亿吨,5月至10月输沙量占全年输沙量的87%,7月最大为1.02亿吨,12月至次年3月来沙较小,1月至2月来沙量仅为0.03亿吨。三峡水库蓄水前后大通站径流量变化小,输沙量变化大。

(1)三峡水库蓄水前

据1951—2002年大通站观测资料统计,多年平均径流量9051亿立方米,多年平均流量为28700立方米/秒,多年平均洪峰流量为5.68万立方米/秒,最大洪峰流量为9.26万立方米/秒,历年最小枯水流量4620立方米/秒。20世纪90年代中后期,长江连续几年出现大洪水,年最大流量在7.5万~8.4万立方米/秒,年平均流量约3.2万立方米/秒。

1951—2002年大通站多年平均输沙量为4.32亿立方米,历年最大输沙量为6.78亿吨,历年最小输沙量为1.47亿吨,其中1951—1985年平均年输沙量为4.7亿吨,1986—2002年平均年输沙量为3.4亿吨。长江年输沙量自20世纪80年代中后期开始减少,这与流域水土保持和梯级开发拦蓄泥沙有关。

(2)三峡水库蓄水后

2003—2012年大通站实测径流量为8370亿立方米,与长系列多年平均径流量相比,年径流量略有减少。2003年后,长江连续几年出现枯水年份,除2003年、2005年和2010年、2012年为平水年和丰水年外,其他年份均为枯水年,其中2011年为1950年以来的特枯水年,年径流量为6668亿立方米。

2003年三峡蓄水后,拦截了大部分下泄泥沙。2003—2012年大通站多年平均年输沙量为1.45亿吨,年输沙量显著减小,减少幅度均超过50%;2011年输沙量为0.71亿吨,减幅达到84%。

多年平均气温15.2摄氏度,历年极端最高气温41.3摄氏度,历年极端最低气温–14.4摄氏度,年内七月气温最高平均27.8摄氏度,年内一月气温最低平均2.3摄氏度;多年平均降水量1002.6毫米,历年最大降水量1342.5毫米,历年最小降水量583.9毫米,历年平均降水天数124天,年平均降水量大于25毫米天数20天;区域冬季盛行WN

风和 EN 风，夏季以 ES 方向的海洋季风为主，春、秋季以偏 E 风为主。常风向 ENE，频率 14.2%；强风向 SSE 向，频率 11%；多年平均风速 2.9 米/秒，多年最大风速 27 米/秒，瞬时极大风速 29.6 米/秒，风向 ENE。6 级以上大风天数年平均 15 天，历年最多 49 天；8 级以上大风天数年平均 8 天，历年最多天数 26 天；本地雾日相对较多，一般发生在冬、春季的清晨及夜间，上午 10 时以后消散。多年平均雾日数（能见度小于 1 千米）为 29.6 天，年最多雾日数 56 天，年最少雾日数 17 天。

3. 发展成就

十一届三中全会以后，随着无锡经济的快速发展，煤、电、矿建材料以及工农业生产和生活必需品需求量大大增加，无锡（江阴）港也进入了一个新的快速发展时期，江阴港务局对公用码头进行了大规模的改建和扩建，不少企业也相继建设了一批以机械化为标识的 2000～5000 吨级的码头泊位，货物装卸的机械化水平得到了较大提升。1984 年，国务院口岸领导小组批准开辟江阴国轮外贸装卸点，标志着无锡（江阴）港从长江和内河运输开始走向沿海运输。自 1992 年江阴港获批为一类水运开放口岸后，一些钢铁、石化、电力等大型企业依港建厂，先后建成了一批 20000～35000 吨级的海轮泊位，无锡（江阴）港也成为长江三角洲地区最大的外贸钢材转运中心和江苏省石化产品集散中心之一。"十一五"期以来，无锡（江阴）港又迎来了新的建设和发展高潮，申夏港区建设了 3 号集装箱码头、4 号、5 号通用码头、中信通用码头等一大批公用码头，石利港区新建了奥德菲尔—嘉盛化工码头、阿尔法化工码头、三房巷化工码头等大型企业码头，形成了公用码头和企业专用码头共同发展、内外贸并举的综合性港口，在煤炭、钢铁、石油及化工原料、集装箱、外贸运输中发挥了重要作用，有力支撑和促进了沿江产业带形成以及无锡经济的快速发展。

至 2015 年底，无锡（江阴）港共有生产用码头泊位 117 个；其中万吨级以上泊位 42 个。

2015 年无锡（江阴）港完成货物吞吐量为 1.22 亿吨，其中外贸货物 1536 万吨；完成主要货物吞吐量煤炭 5478 万吨、石油及制品 729 万吨、金属矿石 3049 万吨、钢铁 796 万吨、化工原料 1057 万吨、集装箱 46 万 TEU；公用码头和企业专用码头分别完成 8803 万吨和 3425 万吨。开通内外贸航线 58 条，其中外贸航线 32 条，外贸件杂货航线可直达韩国平泽港、黎巴嫩、塞浦路斯、东南亚（马来西亚）、欧基港（英国、芬兰）、韩国仁川港、新加坡、美洲（多米尼加、加拿大）、菲律宾、日本、埃及、缅甸仰光、埃塞俄比亚等国家和地区。

2015 年无锡（江阴）港到港运输船舶 6743 艘、1.1 亿载重吨。无锡（江阴）港到港运输船舶呈现以下特点：2010 年以前到港船舶艘数迅猛增长，2010 年以后到港船舶艘数有所下降；到港船舶总载重吨持续增长；到港船舶大型化趋势明显；到港船型以散货、杂货船为主，集装箱船较少。

江阴港港区分布如图 9-3-6 所示，江阴港基本情况见表 9-3-9。

图 9-3-6　江阴港港区分布图

(二)申夏港区

1.港区综述

(1)港区建设和运营情况

申夏港区以综合性公用码头为主,公用码头有中信、江阴港口集团、长达国际、苏南国际,长宏国际,主要从事以煤炭、金属矿石、集装箱、钢铁运输。企业专用码头主要是联合铁钢码头和苏龙电厂码头。自 1993 年初启动建设港区第一个万吨级码头——苏龙电厂1 号码头伊始,前后累计完成各类投资 50 多亿元,实施港区码头建设工程,至 2015 年底,申夏港区共有泊位数 53 个,其中万吨级以上 18 个。

表 9-3-9

江 阴 港 基 本 情 况 表

序号	港区名称	港区岸线		2015 年港口生产性泊位				其中:1978—2015 年建成的生产性泊位				2015 年港口货物和旅客吞吐量						
		港区规划岸线	其中:2015年前已建成岸线	生产性泊位数	其中:万吨级及以上	生产性泊位总长	其中:万吨级及以上	生产性泊位数	其中:万吨级及以上	生产性泊位总长	其中:万吨级及以上	货物吞吐量	其中:外贸货物吞吐量	集装箱	滚装车辆		旅客	其中:国际旅客
															数量	质量		
		千米	千米	个	个	米	米	个	个	米	米	万吨	万吨	万TEU	万辆	万吨	万人	万人
1	黄田港区	3.63	1.64	9	5	1644	1054	8	4	1504	1054	—	—	—	0	0	—	—
2	申夏港区	7.4	5.05	53	18	5054	2630	29	11	4904	2630	—	—	—	0	0	—	—
3	石利港区	8.01	5.99	32	13	5988	2650	7	5	1321	1181	—	—	—	0	0	—	—
4	长山港区	4.36	2.78	23	6	2776	1505	14	6	2601	1505	—	—	—	0	0	—	—
	合计	23.4	15.46	117	42	15462	7839	58	26	10330	6370	12227.52	1536.43	45.74	0	0	0	0

（2）港区地理条件和集疏运概况

申夏港区陆域西起芦埠港，东至老夏港河，南至江港堤路，北至码头岸线。水域港界从芦埠港河口至老夏港河口段，岸线自然长度约 8.61 千米，均为优良深水岸线，处于长江干线江阴段的江阴水道。

申夏港区的集疏运公路主要有滨江路、芙蓉大道、海港大道、泰常高速公路和 S232 省道；内河主要通过新改线的锡澄运河；铁路规划有疏港铁路支线接新长铁路，由月城货运站引出，向北跨越江阴大道、芙蓉大道、滨江路后直达申夏港区。

2. 港区工程项目

（1）苏龙热电 1 号码头

项目于 1994 年 5 月开工，1995 年 4 月竣工。

项目建设依据：1993 年 5 月，江苏省电力工业局以苏电计字〔1993〕606 号文件出具工程可行性研究报告批复；1994 年 5 月，江苏省建设委员会以苏建重〔1994〕074 号文件出具初步设计批复；1993 年 2 月，江苏省环境保护局《江阴热电厂（2×125 兆瓦）机组环境影响评估大纲》（苏环管〔93〕19 号）；1992 年 12 月，水利部长江水利委员会批复《关于江阴市热电厂要求使用长江岸线及占用江滩地建造码头和灰场的请求》（长江务〔1992〕936 号）。

项目建设 1 个 25000 吨级煤炭码头泊位（码头水工建筑允许靠泊能力 35000 吨）。码头岸线总长 191 米。采用引桥式布置，高桩式码头结构，码头前沿水深 13 米。堆场面积 22600 平方米，堆存能力 68000 吨。主要装卸设备 3 台 350 吨/小时卸船机。项目总投资 2631.54 万元，其中政府投资 4 家单位：雄亚（维尔京）投资有限公司、龙源电力集团公司、江苏电力发展股份有限公司、江阴能源开发实业总公司。项目陆域用地 62.87 万平方米。

项目建设单位为江阴热电厂建设指挥部；设计单位为江苏省电力设计院、中交三航局上海港湾工程设计院；施工单位为中交三航局第三工程公司。

2013—2017 年接卸能力分别为 194 万吨、196 万吨、265 万吨、192 万吨、123 万吨。

（2）苏龙热电 2 号码头

项目于 2003 年 8 月开工，2004 年 11 月竣工。

项目建设依据：2003 年 9 月，江苏省发展计划委员会以苏计基础发〔2003〕1126 号文件出具工程可行性研究报告批复；2003 年 12 月，江苏省发展计划委员会以苏建基础发〔2003〕1666 号文出具初步设计批复；2003 年 1 月，江苏省环境保护局以澄环管〔2003〕1 号文件出具环评批复；1993 年 10 月，江阴市人民政府，建设用地规划许可证土地使用许可证（审批文号：93074）；2003 年 8 月，水利部长江水利委员会《关于江阴苏龙发电有限公司使用长江岸线、水域建设码头和取水口工程的批复》（长江务〔2003〕522 号）。

项目建设 1 个 50000 吨级煤炭码头泊位。码头岸线总长 285 米。采用引桥式布置、高桩式码头结构,码头前沿水深 14 米。堆场面积 77000 平方米,堆存能力 56 万吨。主要装卸设备 3 台 1250 吨/小时卸船机。项目总投资 1.18 亿元。投资单位有 4 家:雄亚(维尔京)投资有限公司、龙源电力集团公司、江苏电力发展股份有限公司、江阴能源开发实业总公司。银行贷款为 8850 万元,注册资本为 2950 万元。项目陆域用地 942.99 亩。

项目建设单位为江阴苏龙发电有限公司;设计单位为山东电力工程咨询院、上海港湾工程设计研究院、上海港湾工程设计研究院;施工单位为中港第三航务工程局;监理单位为江苏兴源电力建设监理有限公司;质监单位为武汉港湾工程质量检测中心。

2013—2017 年接卸能力分别为 573 万吨、569 万吨、418 万吨、528 万吨、585 万吨。

(3)无锡(江阴)港申夏港区 2 号码头

项目于 2003 年 12 月开工,2004 年 12 月试运行,2005 年 3 月竣工。

项目建设依据:2004 年,江苏省发展计划委员会《江阴市长江港埠有限公司万吨级码头工程可行性研究报告的批复》(苏计基础发〔2004〕98 号);2003 年,江苏省发展计划委员会《关于江阴市长江港埠有限公司万吨级码头工程项目建设书的批复》(苏计基础发〔2003〕1049 号);2004 年,江苏省环境保护厅《关于对江苏新长江集团江阴市长江港埠有限公司新建 3.5 万吨级码头项目环境影响报告书的批复》(苏环管〔2004〕146 号);2004 年,水利部长江水利委员会《关于江阴经济开发区夏港园区使用长江岸线、滩地、水域建设港口工程的批复》(长江务〔2004〕5 号)。

项目建设 1 个 30000 吨级通用散货码头泊位、1 个 20000 吨级杂货码头泊位。码头岸线总长 476 米。采用引桥式布置、高桩式码头结构。堆场面积 2 万平方米;仓库面积 2 万平方米。主要装卸设备有 7 台 MQ2533 型门式起重机。项目总投资 1 亿元,均由企业自筹。

项目建设单位为江苏新长江集团江阴市长江港埠有限公司;设计单位为长江航运规划设计院;施工单位为中港第二航务工程局第三工程公司;监理单位为上海海科工程监理所;质监单位为交通部长江航务工程质量监督中心站。

(4)江阴临港新城 3 号码头工程

项目于 2005 年 1 月开工,2006 年 10 月试运行,2009 年 3 月竣工。

项目建设依据:2006 年 7 月,江苏省发展和改革委员会《关于核准江阴港夏港港区 3 号码头工程项目的批复》(苏发改交能发〔2006〕779 号);2008 年 12 月,江苏省交通厅《关于江阴港夏港港区 3 号码头工程初步设计的批复》(苏交港〔2008〕96 号);2005 年 3 月,无锡市环境保护局《关于江阴长江港埠有限公司 3 万吨级码头项目环境影响报告书的审批意见》(环评锡环管〔2005〕12 号);2005 年 3 月,水利部长江水利委员会《关于江阴长江港口综合物流 B 区 3 号码头工程建设涉及河道管理有关问题的批复》(长江务〔2005〕129

号);2006 年 5 月,交通部《关于江阴港夏港港区 3 号码头工程使用港口岸线的批复》(交规划发〔2006〕201 号);2007 年 12 月,交通部《关于江阴港夏港港区 3 号码头工程港口岸线使用人变更的批复》(交规划发〔2007〕717 号)。

项目建设 1 个 10000 吨级、1 个 20000 吨级、1 个 30000 吨级的海轮泊位(码头水工建筑允许靠泊能力 50000 吨)。码头岸线总长 589 米。采用分区布置、顺岸高桩梁板直立式码头结构,码头前沿水深 11.7 米。堆场面积 50 万平方米,堆存能力 100 万吨。主要装卸设备包括 4 台岸边集装箱起重机、4 台门座起重机、12 台轨道式集装箱门座起重机。项目总投资 4.83 亿元,为自筹资金。

项目建设单位为江阴临港新城开发建设有限公司;设计单位为长江航运规划设计院、上海中交水运设计研究有限公司;施工单位为中海工程建设总局宁波分局、江阴新德建设工程有限公司、江阴新城城建投资有限公司;监理单位为武汉四达工程建设咨询监理有限公司、江阴市澄宁项目管理咨询有限公司、江苏河海工程建设监理有限公司;质监单位为长江航务工程质量监督中心站、江阴市建设工程质量监督站。

(5)无锡(江阴)港申夏港区 4 号码头

项目于 2006 年 2 月开工,2007 年 12 月竣工。

项目建设依据:2012 年,江苏发展和改革委员会《关于核准无锡(江阴)港申夏港港区 4 号码头工程项目的通知》(苏发改基础发〔2012〕1343 号);2017 年,无锡市交通运输局《关于无锡(江阴)港申夏港区 4 号码头工程初步设计的批复》(锡交港发〔2017〕13 号);2006 年,江苏省环境保护厅《关于对江苏长宏国际港口有限公司扩建 4 号(2 万吨级、3 万吨级泊位各一个)码头工程环境影响报告书的批复》(苏环管〔2006〕209 号);2007 年,交通部《关于江阴港夏港港区 4 号码头工程使用港口岸线的批复》(交规划发〔2007〕163 号)。

项目建设 1 个 30000 吨级、20000 吨级泊位。码头岸线总长 407 米。采用引桥式布置、高桩式码头结构。堆场面积 35 万平方米。主要装卸设备包括 4 台 MQ2533 型门式起重机。项目总投资 1.48 亿元,其中业主自有资金 1 亿元。

项目建设单位为江苏新长江集团江苏长宏国际港口有限公司;设计单位为长江航运规划设计院;施工单位为中交第二航务工程局第三工程公司;监理单位为张家港江东工程监理有限公司;质监单位为交通部长江航务工程质量监督中心站。

(6)无锡(江阴)港申夏港区件杂货码头工程

项目于 2010 年 3 月开工,2011 年 11 月试运行,2012 年 6 月竣工。

项目建设依据:2010 年 1 月,江苏省发展和改革委员会《关于核准无锡(江阴)港申夏港区件杂货码头工程项目的通知》(苏发改交通发〔2010〕114 号);2010 年 5 月,江苏省交通运输厅《关于无锡(江阴)港申夏港区件杂货码头工程初步设计的批复》(苏交港〔2010〕37 号);2008 年 4 月,江苏省环境保护厅《关于对江阴港通用码头工程环境影响报告书的批复》（苏环管〔2008〕64号）;2012年1月,江苏省环境保护厅《关于对江阴港通用码头工程环境影响修编报告书的批复》（苏环审〔2012〕10号）;2009年4月,江阴市规划局"建设用地规划许可证"（地字第320281200900149号）;2010年1月,交通运输部《关于无锡（江阴）港申夏港区件杂货码头工程使用港口岸线的批复》（交规划发〔2012〕30号）;2009年11月,江苏海事局《关于无锡（江阴）港申夏港区多用途码头工程通航水域岸线安全使用的行政许可决定》（苏海许可〔2009〕28号）。

项目建设2个40000吨级件杂货码头泊位（码头水工建筑允许靠泊能力10万吨）。码头岸线总长535米。采用引桥式布置、高桩式码头结构,码头前沿水深13.5米。堆场面积33万平方米,件杂货堆存能力6吨/平方米,散货堆存能力12吨/平方米。主要装卸设备包括5台25吨、40米门座起重机,3台40吨、40米门座起重机,牵引平板车,汽车等。项目总投资2.78亿元,其中业主自有资金8348.05万元,银行贷款1.95亿元。项目陆域用地71.20万平方米。

项目建设单位为江苏江阴港港口集团股份有限公司;设计单位为长江勘测规划设计研究有限责任公司;施工单位为中交二航局第一工程有限公司、南京港港务工程有限公司、南京港口机械厂;监理单位为武汉长航科达监理有限公司;质监单位为无锡市交通工程质量监督站、江苏省特种设备安全监督检验研究院。

（7）无锡（江阴）港申夏港区6号码头一期工程

项目于2011年12月开工,2014年6月试运行,2015年1月竣工。

项目建设依据:2011年12月,江苏省发展和改革委员会《无锡（江阴）港申夏港区6号码头一期工程可行性研究报告》（苏发改基础发〔2011〕2114号）;2012年2月,江苏省交通运输厅《无锡（江阴）港申夏港区6号码头一期工程初步设计》（苏交港〔2012〕21号）;2010年10月,江苏省环境保护厅《无锡（江阴）港申夏港区6号码头一期工程环境影响报告书》（苏环审〔2010〕245号）;2014年5月,江苏省环境保护厅《无锡（江阴）港申夏港区6号码头一期工程环境影响修编报告》（苏环便管〔2014〕55号）;2011年9月,江苏省国土资源厅《关于无锡（江阴）港申夏港区6号码头一期工程项目用地的预审意见》（苏国土资〔2011〕131号）;2011年2月,交通运输部《无锡（江阴）港申夏港区6号码头一期工程使用港口岸线的请示》（交规划发〔2011〕63号）。

项目建设2个50000吨级、1个5000吨级、3个1000吨级的通用散货码头泊位（码头水工建筑允许靠泊能力10万吨）。码头岸线总长655.5米。采用引桥式布置、高桩式码头结构,码头前沿水深15.8米。堆场面积64.79万平方米,堆存能力99.2万吨。主要装卸设备包括2台1800吨/小时桥式抓斗卸船机、4台直线行走装船机（1台3600吨/小时、1台3000吨/小时、2台1500吨/小时）、42条带式输送机（包括进出港、筛分、校验皮带输送机）及配套动力设施等。项目总投资14.8亿元,其中业主自有资金11.76亿元,其余资金申请银行贷款。项目陆域用地45.48万平方米。

项目建设单位为中信(江阴)码头有限公司;设计单位为长江航运规划设计院;施工单位为上海三航奔腾建设工程有限公司、上海交通建设总承包有限公司、华电重工股份有限公司等;监理单位为上海振南工程咨询监理有限责任公司;质监单位为无锡市交通工程质量监督站。

2013—2017年吞吐量分别为325万吨、893万吨、1120万吨、1197万吨、1197万吨。

(8)无锡(江阴)港申夏港区5号码头二期工程

项目于2012年10月开工,2014年2月试运行,2017年11月竣工。

项目建设依据:2013年,江苏省环境保护厅《关于无锡(江阴)港申夏港区5号码头二期工程环境影响报告书的批复》(苏环审〔2013〕82号);2013年,江苏省国土资源厅《关于无锡(江阴)港申夏港区5号码头二期工程项目用地的预审意见》(苏国土资预〔2013〕173号);2011年,江苏海事局《关于无锡(江阴)港申夏港区5号码头二期工程通航水域岸线安全使用的行政许可决定》(苏海许可〔2011〕3号);2012年,交通运输部《关于无锡(江阴)港申夏港区5号码头二期工程使用港口岸线的批复》(交规划发〔2012〕735号)。

项目建设2个40000吨级多用途泊位、2个1500吨级泊位(码头水工建筑允许靠泊能力7万吨)。码头岸线总长503米。采用引桥式布置、高桩式码头结构。堆场面积53.36万平方米;仓库面积1万平方米。主要装卸设备包括6台40吨、40米多用途门座起重机。项目总投资1.29亿美元,全部为外企资金。项目陆域用地22万平方米。

项目建设单位为江苏长达国际物流有限公司;设计单位为长江航运规划设计院;施工单位为中交第三航务工程勘察设计院有限公司;监理单位为武汉四达工程建设咨询监理有限公司;质监单位为南京水利科学研究院实验中心、江苏省交通工程集团百润工程检测有限公司。

(9)无锡(江阴)港申夏港区5号码头二期工程(中金)

项目于2013年1月开工,2016年5月试运行,2017年12月竣工。

项目建设依据:2013年,江苏省国土资源厅《关于无锡(江阴)港申夏港区5号码头二期工程项目用地的预审意见》(苏国土资预〔2013〕173号);2012年,交通运输部《关于无锡(江阴)港申夏港区5号码头二期工程使用港口岸线的批复》(交规划发〔2012〕735号)。

项目建设1个40000吨级多用途泊位(码头水工建筑允许靠泊能力7万吨)。码头岸线总长230米。采用引桥式布置、高桩式码头结构。堆场面积12万平方米;仓库面积1万平方米。主要装卸设备4台25~40吨多用途门座起重机。项目总投资3.26亿元,均由企业自筹。项目陆域用地18.07万平方米。

项目建设单位为江苏江阴港集装箱有限公司;设计单位为长江航运规划设计院;施工单位为中交二航局第一工程有限公司;监理单位为武汉四达工程建设咨询监理有限公司;

质监单位为江苏省交通规划设计院股份有限公司工程质量检测中心、江苏省交通工程集团百润工程检测有限公司。

(10)无锡(江阴)港申夏港区港口集团通用码头工程

项目于 2014 年 1 月开工,2015 年 2 月试运行,2015 年 11 月竣工。

项目建设依据:2013 年 8 月,江苏省发展和改革委员会《关于核准无锡(江阴)港申夏港区港口集团通用码头工程项目的通知》(苏发改基础发〔2013〕1280 号);2013 年 11 月,江苏省交通运输厅《关于无锡(江阴)港申夏港区港口集团通用码头工程初步设计的批复》(苏交港〔2013〕74 号);2013 年 7 月,江苏省环境保护厅《关于对江苏江阴港港口集团股份有限公司无锡(江阴)港申夏港区港口集团通用码头工程环境影响报告书的批复》(苏环审〔2013〕140 号);2013 年 5 月,江苏省国土资源厅《关于无锡(江阴)港申夏港区港口集团通用码头项目用地的预审意见》(苏国土资预〔2013〕67 号);2013 年 8 月,江苏省国土资源厅《关于无锡(江阴)港申夏港区港口集团通用码头项目用地的预审意见》(苏国土资预〔2013〕139 号);2013 年 7 月,江阴市规划局"建设用地规划许可证"(地字第 320281201300153 号);2014 年 2 月,江阴市规划局"建设用地规划许可证"(地字第 320281201400040 号);2013 年 4 月,交通运输部《关于无锡(江阴)港申夏港区港口集团通用码头工程使用港口岸线的批复》(交规划发〔2013〕264 号)。

项目建设 1 个 10 万吨级散货泊位、1 个 10 万吨级通用泊位(码头水工建筑允许靠泊能力 15 万吨)。码头岸线总长 590 米。采用引桥式布置、高桩式码头结构,码头前沿水深 13.5 米。堆场面积 31.5 万平方米,件杂货堆存能力 4 吨/平方米,散货堆存能力 15 吨/平方米。主要装卸设备包括 2100 吨/小时桥式抓斗卸船机 2 台、4200 吨/小时装船机 1 台、40 吨门座起重机 3 台、皮带输送机、牵引平板车、汽车等。项目总投资 13.48 亿元,其中业主自有资金 4.72 亿元,银行贷款 8.76 亿元。项目陆域用地 47.28 万平方米。

项目建设单位为江苏江阴港港口集团股份有限公司;设计单位为中交第二航务工程勘察设计院有限公司;施工单位为中交二航局第一工程有限公司、南京港港务工程有限公司、大连华锐重工集团股份有限公司等;监理单位为南京公正工程监理有限公司、武汉长航科达监理有限公司、山东港通工程管理咨询有限公司;质监单位为无锡市交通工程质量监督站、武汉港湾工程质量检测有限公司、江苏省交通规划设计院股份有限公司等。

项目的投产提高了无锡(江阴)港现有码头设计年通过能力,缓解无锡(江阴)港超负荷运转的状态。利用良好的岸线进行大型深水公用码头的建设,不仅符合"深水深用"的基本岸线利用原则,同时建设 10 万吨级码头也适应船舶大型化发展要求,提高了江阴港码头靠泊等级及货物通过能力,降低了社会物流成本,节约了资源。另外,该工程的投产有助于江阴市退城搬迁,改善城区生活环境,为建设滨江花园城市作出贡献;同时能够改善江阴市投资环境,推动江阴市沿江开发和产业结构调整。

(11)无锡(江阴)港申夏港区联合铁钢码头改扩建工程(3号码头二期工程)

项目于2015年1月开工,2016年9月试运行,2018年6月竣工。

项目建设依据:2014年,江阴市港口管理局《关于无锡(江阴)港申夏港区联合铁钢码头改扩建工程初步设计的批复》(澄港发〔2014〕31号);2014年,无锡市交通运输局《关于无锡(江阴)港申夏港区联合铁钢码头改扩建工程初步设计的批复》(锡港发〔2014〕38号);2014年,江苏省环境保护厅《关于对无锡(江阴)港申夏港区联合铁钢码头改扩建工程(3号码头二期工程)环境影响报告书的批复》(苏环审〔2014〕68号);2013年,交通运输部《关于无锡(江阴)港申夏港区联合铁钢码头改扩建工程使用港口岸线的批复》(交规划发〔2013〕522号)。

项目建设1个20000吨级杂货码头泊位(码头水工建筑允许靠泊能力50000吨)。码头岸线总长202米。采用引桥式布置、高桩式码头结构。主要装卸设备包括2台MQ40-38门座起重机。项目总投资1.3亿元,均由业主自筹。

项目建设单位为联合物流(江阴)有限公司;设计单位为长江航运规划设计院;施工单位为中海工程建设总局;监理单位为武汉四达工程建设咨询监理有限公司;质监单位为无锡市交通工程质量监督站。

(三)石利港区

1. 港区综述

(1)港区建设和运营情况

石利港区以企业专用码头为主,包括石庄和利港两个作业区:石庄作业区主要依托后方石庄化学工业园区和无锡、常州等地的化工园区,以液体散货运输为主,已建奥德费尔嘉盛、阿尔法、澄利、南荣、华西等化工码头;利港作业区以煤炭和液体散货运输为主,已建利港电厂码头和利士德、丽天、三房巷等化工码头。从1989年3月开工建设港区第一个码头——江苏利港电力有限公司一、二期4×350兆瓦级机组工程的配套专业卸煤码头开始(江苏利港电力有限公司1号煤码头),累计完成各类投资13余亿元,实施港区码头建设工程。至2015年底,石利港区共有泊位数32个,其中万吨级以上13个。

(2)港区地理条件和集疏运概况

石利港区包括石庄和利港两个作业区。石庄作业区陆域西起老桃花港,东至新桃花港,南至滨江公路,北至码头岸线;利港作业区西起利港电厂煤码头,东至芦埠港口,南至滨江公路以北,北至码头岸线。水域港界从上游老桃花港至下游芦埠港河口段,岸线自然长度约10.82千米,为深水岸线,处于长江干线江阴段的江阴水道。

石利港区的液体散货集疏运主要通过管道、滨江路和扬子江路;电厂的煤炭运输主要采用皮带输送机;其他货物运输主要通过滨江路。

2. 港区工程项目

(1)江苏利港电力有限公司1号煤码头

项目于1989年3月开工,1990年1月试运行,1990年11月竣工。

项目建设依据:1988年,国家计划委员会批复江苏利港电厂工程可行性研究报告书(计燃〔1988〕368号);1989年,能源部批复江苏利港电厂工程初步设计(能源电规〔1989〕1008号);1990年,江苏省环境保护局批复江苏利港电厂环境影响报告书(苏环管〔1990〕22号);1987—1990年,江阴市人民政府分多批次批准了利港电厂用地(澄土〔1987〕264号、澄土管〔1988〕177号、澄土管〔1989〕26号、澄土管〔1990〕2号、澄土管〔1990〕110号、澄土管〔1990〕104号、澄土管〔1990〕40号、澄土管〔1990〕105号等);1989年,水利部长江流域规划办公室《批准同意利港电厂征用岸线并在江岸兴建煤码头等设施》(长规字〔1989〕第296号)。

项目建设1个35000吨级煤炭码头泊位。码头岸线总长265.3米。采用引桥式布置、高桩式码头结构。堆场面积6.2万平方米,堆存能力42万吨。主要装卸设备包括2台1200吨/小时的桥式抓斗卸船机、2台带式输送机。项目总投资1998万元,资金来源有业主自有资金、银行贷款、政府外资。项目陆域用地109.13万平方米。

项目建设单位为江苏利港电力有限公司;设计单位为水利电力部华东电力设计院、上海东港水运工程咨询公司、交通部第三航务工程勘察设计院;施工单位为江苏省电力建设公司利港分公司、交通部第三航务工程局第二工程公司、交通部第三航务工程局第三工程公司;质监单位为江苏电力局质监中心站。

利港电厂一、二期工程合用1号煤码头,1号煤码头设计年吞吐能力450万吨。1号煤码头运行平稳,很好地保障了电厂正常的用煤需求。2013—2017年期间的年卸载量分别为276万吨、232万吨、165万吨,235万吨和231万吨。

(2)南荣国际港石化码头项目

项目于1993年3月开工,1998年3月试运行,1998年6月竣工。

项目建设依据:1992年7月,无锡市利用外资管理委员会批复同意该项目可行性方案报告(锡外管委字〔1992〕第401号);1993年6月,无锡市建设委员会批复初步设计(锡建初审〔1993〕第27号),1996年12月,无锡市建设委员会同意南荣公司调整后的初步设计(锡建初审〔1996〕第48号);2008年7月,无锡市环保局《新增二甲醚、戊烷、1-丁烯、1,3-丁二烯、环氧丙烷仓储项目环境影响报告表的批复》(锡环表复〔2008〕146号);1993年8月,水利部长江水利委员会《"关于南荣公司使用长江岸线建万吨级专用码头的请示"的批复》(长江务〔1993〕423号)。

项目建设1个25000吨级液化气码头泊位。码头岸线总长210米。高桩式码头结构,码头前沿水深12米。建有球罐19台,总罐容3.3万立方米。码头配置4套工艺管线,配置 9 车位装车台。项目总投资 2300 万元,业主自有资金 1800 万元,国企资金 500 万元。项目陆域用地 180 亩。

项目建设单位为南荣石油化学有限公司;设计单位为中国市政工程华北设计院珠海分院、交通部第二航务工程勘察设计院设计;施工单位为交通部第二航务工程局四零三工程处、江苏兴业建筑集团公司;质监单位为无锡市特种设备监督检验研究院、江阴市特种设备监督检验研究院、江阴市劳动安全卫生检测检验站等。

(3)江阴润华化工码头工程

项目于 2003 年 2 月开工,2005 年 1 月试运行,2005 年 4 月竣工。

项目建设依据:2003 年 1 月,江苏省发展计划委员会《关于江阴润华化工码头工程可行性研究报告的批复》(苏计基础发〔2003〕37 号);2003 年 4 月,江苏省发展计划委员会《关于江阴润华化工码头工程初步设计的批复》(苏计基础发〔2003〕433 号);2003 年 2 月,江阴市环境保护局《关于江阴润华化工储运有限公司新建 3 万吨液体化工码头和 12 万立方米仓储能力储罐区项目环境影响报告书的批复》(澄环管〔2003〕9 号);2003 年 1 月,水利部长江水利委员会《关于江阴润华化工储运有限公司申请使用长江岸线、水域建设码头的批复》。

项目建设 1 个 50000 吨级化学品码头泊位。主要装卸设备包括 5 台装卸臂及配套的化工管线。项目总投资 4253 万元,全部为企业自有资金。

项目建设单位为江阴润华化工储运有限公司;设计单位为中交第二航务工程勘察设计院;施工单位为中港第二航务工程局;监理单位为武汉四达工程建设咨询监理有限公司;质监单位为交通部长江航务工程质量监督中心站。

项目 2005 年 1 月试生产至 2005 年 4 月停产期间,码头靠船 28 艘,共计装卸化工物料 4.26 万吨。

(4)澄利散装化工码头项目

项目于 2003 年 3 月开工,2003 年 12 月竣工。

项目建设依据:2003 年 3 月,江苏省发展计划委员会《关于江阴澄星化工码头工程可行性研究报告的批复》(苏计基础发〔2003〕213 号);2015 年,长江南京航道局《关于江阴澄利散装化工有限公司江阴澄星化工码头改扩建工程涉及航道有关意见的函》(宁道航函字〔2015〕101 号);2003 年,无锡市环境保护局《关于江阴澄星实业集团有限公司化工码头工程环境影响报告书的批复》(锡环管〔2003〕10 号);2003 年,水利部长江水利委员会《关于江阴澄星实业集团有限公司使用长江岸线、水域建设化工专用码头的批复》(长江务〔2003〕81 号)。

项目建设 1 个 20000 吨级化学品码头泊位(码头水工建筑允许靠泊能力 50000 吨)。码头岸线总长 240 米。该工程固定资产投资中 3000 万为银行贷款,其余为自有资金。

项目建设单位为江阴澄利散装化工有限公司;设计单位为中交第二航务工程勘察设计院;施工单位为中港第三航务工程局;监理单位为张家港江东港口工程监理有限公司;质监单位为苏州港口建设工程质量监测站。

2013—2017 年完成的吞吐量分别为 80 万吨、100 万吨、120 万吨、150 万吨、220 万吨。

(5)江阴华西化工码头工程

项目于 2003 年 4 月开工,2003 年 8 月试运行,2003 年 10 月竣工。

项目建设依据:2003 年 3 月,江苏省发展计划委员会《关于江阴华西化工码头工程可行性研究报告的批复》(苏计基础发〔2003〕214 号);2003 年 4 月,江苏省发展计划委员会《关于江阴华西化工码头工程初步设计的批复》(苏计基础发〔2003〕490 号);2003 年 12 月,无锡市环境保护局《关于江苏华西集团有限公司化工码头工程环境影响报告书的批复》(锡环管〔2003〕12 号);建设用地许可证(编号:2002061);2003 年 3 月,水利部长江水利委员会《关于江阴诚信储运有限公司使用长江岸线、水域建设化工专用码头的批复》(长江务〔2003〕138 号)。

项目建设 1 个 20000 吨级泊位(码头水工建筑允许靠泊能力 50000 吨)。码头岸线总长 260 米。采用引桥式布置、高桩式码头结构,码头前沿水深 13 米。主要装卸设备化工品专用管线。项目总投资 2600 万美元,全部来自业主自有资金。项目陆域用地 14400 平方米。

项目建设单位为江阴华西化工码头有限公司;设计单位为交通部第二航务工程勘察设计院;施工单位为中港第三航务工程局南京分公司;监理单位为张家港江东港口监理有限公司;质监单位为苏州港口建设工程质量监督站。

重大事项:①2006 年进行第一次技术改造,在原卸货平台的上下游分别增设卸货平台 37.5 米、51 米,同时码头的长度增加至 308 米,使现有 20000 载重吨码头改造成既能停靠 20000 吨级液体化工船,又能同时安全停靠二艘 5000 载重吨以下的中小型船舶,并能顺利进行液体化工船的装卸作业。②2008 年进行第二次技术改造,在原装卸平台的内侧增设 70 米两侧靠船千吨级的液体化工专用卸货平台一座,以满足大量千吨级内河液体化工船来港需求,缓解码头泊位紧张,码头平面上出现"大码头停小船"的不合理现象。

2013—2017 年完成货物吞吐量分别为 112.66 万吨、103.68 万吨、124.25 万吨、164.2 万吨、192.17 万吨。

(6)江阴利港发电股份有限公司 3 号煤码头

项目于 2003 年 11 月开工,2006 年 10 月试运行,2009 年 1 月竣工。

项目建设依据:2004 年,国家发展和改革委员会批复《江苏利港电厂三期工程可行性研究报告》(发改能源〔2004〕1982 号);2005 年,电力规划总院批复《江苏利港电厂三期工程初步设计》(电规发电〔2005〕115 号);2003 年,国家环境保护总局批复《利港电厂三期工程环境影响报告书》(环审〔2003〕275 号);2004 年,水利部长江水利委员会批复同意占用长江岸线滩地、水域建设利港电厂三期码头、取排水工程及灰场(长江务〔2004〕13 号)。

项目建设 1 个 35000 吨级煤炭码头泊位(码头水工建筑允许靠泊能力 50000 吨)。码头岸线总长 273 米。采用引桥式布置、高桩式码头结构堆存能力 30 万吨。主要装卸设备包括 2 台 1800 吨/小时的桥式抓斗卸船机、1 台 2150 吨/小时的带式输送机。项目总投资 2.27 亿元,业主自有资金 7176 万元,其他银行贷款 1.55 亿元。项目陆域用地 7 万平方米。

项目建设单位为江阴利港发电股份有限公司;设计单位为中国电力工程顾问集团东北电力设计院、中交第三航务工程勘察设计院有限公司;施工单位为江苏省电力建设第三工程公司、上海三航奔腾建设工程有限公司、上海华电工程(集团)有限公司等;监理单位为中国电力建设工程咨询公司、上海东华建设管理有限公司、上海振南工程咨询监理有限责任公司;质监单位为江苏省电力基本建设质量监督中心站、南通市港口工程质量监督站、无锡市交通工程质量监督站。

随着船舶的大型化,3 号煤码头靠泊能力不足问题日益明显。2013—2014 年对 3 号码头进行了升等改造,码头从 35000 吨级提升到 70000 吨级。2013—2017 年 3 号码头年卸载量分别为 798 万吨、731 万吨、610 万吨、689 万吨和 685 万吨。

(7)江苏利士德化工有限公司化工码头工程

项目于 2004 年 1 月开工,2006 年 4 月试运行,2008 年 3 月竣工。

项目建设依据:2004 年 2 月,江苏省发展计划委员会《关于江苏双良集团有限公司化工码头工程可行性研究报告的批复》(苏计基础发〔2004〕97 号);2005 年 5 月,江苏省环境保护厅《关于对江苏利士德化工有限公司年产 21 万吨苯乙烯项目、年产 5 万吨苯胺项目、3 万吨(兼 5 万吨)级码头及 5 万立方米储罐项目环境影响报告书的批复》(苏环管〔2005〕137 号);2003 年 11 月,水利部长江水利委员会《关于江苏双良集团有限公司申请使用长江岸线、滩地及水域建设化工码头工程的批复》(长江务〔2003〕746 号);2005 年 5 月,江苏海事局《关于江苏双良集团有限公司码头工程有关通航问题的审核意见》(苏海通航〔2005〕92 号)。

项目建设 1 个 30000 吨级化学品码头泊位(码头水工建筑允许靠泊能力 50000 吨)。码头岸线总长 265 米。采用引桥式布置、高桩式码头结构,码头前沿水深 13.2 米。主要装卸设备有输油臂。项目总投资 3462.96 万元,全部为业主自有资金。

项目建设单位为江苏利士德化工有限公司;设计单位为长江航运规划设计院;施工单位为中交第二航务工程局有限公司;监理单位为武汉四达工程建设咨询监理有限公司;质监单位为无锡市交通工程质量监督站、交通部长江航务工程质量监督中心站。

码头 2013—2017 年实现吞吐量分别为 93.04 万吨、73.01 万吨、68.19 万吨、77.89

万吨、127.84 万吨。

（8）奥德费尔嘉盛液体化学品码头一期项目

项目于 2005 年 10 月开工，2007 年 4 月竣工。

项目建设依据：2005 年 4 月，《关于江阴奥德费尔嘉盛化工码头工程预可行性研究报告的批复》；2005 年，江苏省环境保护厅《关于对江阴奥德费尔嘉盛化工仓储有限公司液体化学品码头一期项目环境影响报告书的批复》（苏环管〔2005〕64 号）；2005 年 8 月，交通部《关于江阴港液体化工码头工程使用岸线的批复》（交规划发〔2005〕386 号）。

项目建设 2 个 50000 吨级泊位、3 个 10000 吨级泊位、2 个 5000 吨级泊位。采用引桥式布置、高桩式码头结构。项目总投资 2.05 亿元，企业投资 3040 万元，银行贷款 1.2 亿元，利用外资 5462 万元。

项目建设单位为江阴奥德费尔嘉盛码头有限公司；设计单位为中交第二航务工程勘察设计院；施工单位为中港第二航务工程局第三工程公司、中国轻工建设工程总公司、天津开发区华胜建设工程有限公司等；监理单位为上海海科工程监理所；质监单位为无锡市交通工程质量监督站。

2006 年 7 月，无锡市江阴工商行政管理局外商投资企业变更核准通知书，对公司名称及经营范围进行变更，变更后的名称为江阴奥德费尔嘉盛码头有限公司，经营范围为从事液体化工码头相关的配套设施的建设经营及配套服务，核准机关单位为无锡市江阴工商行政管理局。

码头项目投产后有助于合理配置资源，降低物流成本，优化区域产业结构和交通运输结构，促进区域经济发展，提高物流效率和效益。

（9）江苏三房巷国际贸易有限公司化工码头工程 3 号泊位

项目于 2006 年 3 月开工，2014 年 8 月试运行，2018 年 8 月竣工。

项目建设依据：2004 年 10 月，江苏省发展和改革委员会《关于江苏三房巷国际贸易有限公司建设万吨级码头工程可行性研究报告的批复》（苏发改交能发〔2004〕774 号）；2017 年 11 月，无锡交通运输局《关于无锡（江阴）港石利港区江苏三房巷国际贸易有限公司化工码头工程 3#泊位初步设计的批复》（锡交港发〔2017〕15 号）；2004 年 9 月，江苏省环境保护厅《关于江苏三房巷化工码头工程环境影响报告书的批复》（苏环管〔2004〕168 号）；2013 年 1 月，江苏省环境保护厅《关于江苏三房巷化工码头工程修编环境影响报告的批复》（苏环审〔2013〕30 号）；2006 年 6 月，江阴市规划局，建设用地规划许可证（〔2006〕开 191 号）；2004 年 5 月，水利部长江水利委员会《关于江苏三房巷国际贸易有限公司申请使用长江岸线、滩地及水域建设 3 万吨级化工码头的批复》（长江务〔2004〕235 号）。

项目建设 1 个 30000 吨级化学品泊位（码头水工建筑允许靠泊能力 50000 吨）。码头岸线总长 304 米。采用引桥式布置、高桩式码头结构,码头前沿水深 14 米。后方储罐区总罐容 39.86 万立方米.主要装卸设备包括主泊位 3 台装卸臂,两侧 2 个辅助泊位各设一台软管起重机。项目总投资 7521.09 万元,全部为业主自有资金。项目陆域用地 304 亩。

项目建设单位为江苏三房巷国际贸易有限公司;设计单位为中交第二航务工程勘察设计院有限公司;施工单位为中港第三航务工程局、中国化学工程第三建设公司;监理单位为江苏科兴工程建设监理有限公司、中国纺建工程咨询监理中心;质监单位为长江航务工程质量监督中心站。

2014—2017 年吞吐量分别为 15 万吨、84 万吨、102 万吨、112 万吨。

(10)江阴阿尔法石油化工码头有限公司石油化工码头工程

项目于 2006 年 3 月开工,2007 年 4 月试运行,2008 年 1 月竣工。

项目建设依据:2005 年,江阴市利用外资管理委员会《关于同意可研报告建议书的批复》(澄外管〔2005〕22 号);2005 年,江苏省环境保护厅《对阿尔法公司油品码头和仓储项目环境影响报告书的批复》(苏环管〔2005〕195 号);2006 年,交通部《关于江阴港滨江区石油化工码头工程使用港口岸线的批复》(交规划发〔2006〕25 号);2006 年,水利部长江水利委员会"调整使用长江岸线的批复"(长许可〔2006〕80 号)。

项目建设 1 个 30000 吨级散货泊位(码头水工建筑允许靠泊能力 5 万吨)。码头岸线总长 280 米。采用引桥式布置、高桩式码头结构。项目总投资 2.02 亿元,其中业主自有资金 3500 万元,银行贷款 9780 万元,利用外资 6957 万元。项目陆域用地 17.87 万平方米。

项目建设单位为江阴阿尔法石油化工码头有限公司;设计单位为中交第二航务工程勘察设计院有限公司;施工单位为中港第二航务工程局第三工程公司;监理单位为镇江市兴华工程建设监理有限责任公司;质监单位为无锡市交通工程质量监督站。

项目投产后发挥了较大的经济效益,2013—2017 年吞吐量分别为 157 万吨、189 万吨、250 万吨、184 万吨、220 万吨。

(11)无锡(江阴)港石利港区江苏三房巷国际贸易有限公司化工码头工程(1 号泊位)

项目于 2006 年 3 月开工,2010 年 8 月试运行,2016 年 9 月竣工。

项目建设依据:2004 年 10 月,江苏省发展和改革委员会《关于江苏三房巷国际贸易有限公司建设万吨级码头工程可行性研究报告的批复》(苏发改交能发〔2004〕774 号);2016 年,无锡市交通运输局《关于无锡(江阴)港石利港区江苏三房巷国际贸易有限公司化工码头工程 1#泊位初步设计的批复》(锡交港发〔2016〕10 号);2004 年 9 月,江苏省环境保护厅《关于江苏三房巷化工码头工程环境影响报告书的批复》(苏环管〔2004〕168 号);2006 年 6 月,江阴市规划局《建设用地规划许可证》(〔2006〕开 191 号);2004 年 5

月,水利部长江水利委员会《关于江苏三房巷国际贸易有限公司申请使用长江岸线、滩地及水域建设 3 万吨级化工码头的批复》(长江务〔2004〕235 号)。

项目建设 1 个 30000 吨级化学品码头泊位(码头水工建筑允许靠泊能力 40000 吨)。码头岸线总长 238 米。采用引桥式布置、高桩式码头结构,码头前沿水深 14 米。主要装卸设备有 4 台液体装卸臂。项目总投资 8485.5 万元,全部为业主自有资金。

项目建设单位为江苏三房巷国际贸易有限公司;设计单位为中交第二航务工程勘察设计院有限公司;施工单位为中港第三航务工程局、中国水产广州建港工程公司、江苏华能建设工程集团有限公司;监理单位为江苏科兴工程建设监理有限公司;质监单位为长江航务工程质量监督中心站。

项目 2013—2015 年吞吐量分别为 139 万吨、152 万吨、132 万吨。

(12)无锡(江阴)港石利港区丽天石化码头改扩建工程

项目于 2014 年 6 月开工,2017 年 1 月试运行,2018 年 1 月竣工。

项目建设依据:2014 年 1 月,江苏省交通运输厅《关于无锡(江阴)港石利港区丽天石化码头改扩建工程初步设计的批复》(苏交港〔2014〕2 号);2013 年 6 月,江苏省环境保护厅《关于对江苏丽天石化码头改扩建工程环境影响报告书的批复》(苏环审〔2013〕15 号);2012 年 6 月,交通运输部《关于江阴港石利港区丽天石化码头改扩建工程使用港口岸线的批复》(交规划发〔2012〕299 号)。

项目建设 1 个 20000 吨级液体化工泊位、1 个 50000 吨级液体化工泊位、3 个 500 吨级液体化工泊位。码头岸线总长 445 米。采用引桥式布置、高桩式码头结构,码头前沿水深 15 米。主要装卸设备包括装卸臂 7 台、金属(复合)软管 18 根、软管起重机 2 台。项目总投资 6980.77 万元,全部为企业自有资金。

项目建设单位为江苏丽天石化码头有限公司;设计单位为中交第二航务工程勘察设计院有限公司、长江航运规划设计院、无锡市恒禾工程咨询设计有限公司;施工单位为上海三航奔腾建设工程有限公司、南京南化建设有限公司、江苏稳强海洋工程有限公司;监理单位为南京公正工程监理有限公司、江苏润环环境科技有限公司;质监单位为无锡市交通工程质量监督站。

项目从 2008 年 12 月恢复生产至码头改扩建工程对外开放通过后,码头靠泊作业船舶共计 3560 艘,装卸化工物料 814.5 万吨,其中卸船 626.4 万吨,装船 188.1 万吨。

(四)长山港区

1.港区综述

(1)港区建设和运营情况

长山港区以企业专用码头为主,主要依托振华港机、中粮麦芽、中粮粮油、兴澄特钢、中石化、中石油等临港工业，以油品、铁矿石、钢铁、煤炭、粮食运输为主。长山港区在原中石化长山油库及滨江油库码头的基础上，1992年又投产了港区第一个50000吨级码头——中石油江苏燃料沥青公司的中油油库1号码头，至此临港多家央企及一些大型企业兴起港区码头改扩建高潮，至2015年底，长山港区共有泊位数23个，其中万吨级以上6个。

（2）港区地理条件和集疏运概况

长山港区陆域西起振华港机3号码头，东至江阴辖区界限，南至滨江公路和澄张路，北至码头岸线。水域港界从江阴长江大桥至江阴与张家港界，处于长江干线江阴段的福姜沙水道。该段岸线自然长度约9.26千米，岸线稳定，深槽近岸，水深良好，长山以上岸段后方陆域广阔，建港条件优良。

长山港区的液体散货主要通过管道和滨江路，散杂货主要通过滨江路、芙蓉大道、科技大道和世纪大道。

2.港区工程项目

（1）中国石化燃料油销售有限公司江苏分公司滨江油库码头改建工程

项目于1993年10月开工，1994年8月竣工。

项目建设依据：1993年，江阴市计划委员会《关于石化储运工程码头初步设计的批复》（澄计基〔1993〕第461号）；2015年，无锡市交通运输局《关于无锡（江阴）港长山港区中国石化江苏滨江油库码头改扩建工程初步设计的批复》（锡交港发〔2015〕7号）；江阴市环境保护局《建设项目环境影响报告书批复》；交通运输部《关于无锡（江阴）港长山港区中国石化江苏滨江油库码头改扩建工程使用港口岸线的批复》。

项目建设1个25000吨级成品油码头泊位，2015年码头改扩建为50000吨级成品油码头泊位。码头岸线总长279米。采用引桥式布置、高桩式码头结构，码头前沿水深13米。主要装卸设备包括输油臂、皮龙、管道、计量装置、阀门等。项目总投资2771万元。

项目建设单位为中国石化燃料油销售有限公司江苏分公司（原江阴石油化工总公司）；设计单位为南京水利科学研究院勘测设计院、南京瑞迪建设科技有限公司；施工单位为交通部第二航务工程局三公司、中交第二航务工程局有限公司；监理单位为镇江市兴华工程建设监理有限责任公司；质监单位为无锡市交通工程质量监督站。

滨江油库始建于1993年，现隶属于中国石化燃料油销售有限公司江苏分公司。油库位于长江下游江阴段，处于苏锡常经济发达地区，业务辐射整个华东大市场，主要经营燃料油、润滑油。2015—2017年吞吐量分别为139.00万吨、159.33万吨、228.58万吨。

（2）中石油江苏燃料沥青有限责任公司码头工程（码头1期工程、码头扩建工程、码头结构加固改造工程）

项目于1994年1月开工，1994年6月试运行，1994年6月竣工。

项目建设依据:1994 年,江阴市计划委员会《关于中油江阴石油储运有限公司 2.5 万吨级码头可行性研究报告的批复》(澄计投〔1994〕29 号);江阴市发展计划局 2001 年,《关于中油销售江苏有限公司江阴油库油品专用码头扩建工程可行性研究报告的批复》(澄计投〔2001〕100 号);2012 年,《关于中油江阴油库码头结构加固改造设计方案的批复》(苏交港〔2012〕44 号);2001 年,江阴市环境保护局《关于中油销售江苏有限公司江阴油库油品专用码头扩建工程建设项目环境影响报告书的批复》(澄环管〔2001〕23 号);2001 年,水利部长江水利委员会《关于中油江阴石油储运有限公司要求占用长江岸线、江滩建设 2.5 万吨级码头的批复》(长江务〔2001〕769 号);2001 年,水利部长江水利委员会《关于中油销售江阴有限公司申请使用长江岸线和水域的批复》(长江务〔2001〕417 号)。

项目建设 1 个 50000 吨级石油码头泊位。码头岸线总长 306 米。采用引桥式布置、高桩式码头结构。主要装卸设备包括输油臂、装卸油阀组及软管等。其中国企资金 7000 万元。

项目建设单位为中石油江苏燃料沥青有限责任公司;设计单位为交通部第三航务工程局设计所、上海港湾工程设计研究院、南京瑞迪科技建设有限公司;施工单位为交通部三航局三公司、中港第三航务工程局三公司、中交二航局第一工程有限公司;监理单位为辽河辽宁石油工程建设监理有限公司、镇江市兴华工程建设监理有限责任公司;质监单位为无锡市交通工程质量监督站。

项目平均吞吐量在 350 万吨以上,保证了苏南片区成品油的中转供应,同时为所属公司 60 万吨沥青生产装置原油的进库、产品的销发提供了基础设施保障。

(3)江苏省石油公司长山分公司建造 2.5 万级码头和长山油库码头结构加固升等改造项目

项目于 1994 年 2 月开工,1994 年 12 月竣工,加固升等改造工程于 2016 年 6 月竣工。

项目建设依据:2012 年,江苏省交通运输厅《关于中石化江苏江阴石油分公司长山油库 2.5 万吨级码头结构加固改造工程方案的批复》(苏交港〔2012〕129 号);1993 年 12 月,江阴市环境监测站、江阴市环境保护局批复《长山油库 2#码头扩建工程建设项目环境影响报告表》。

项目原建设 1 个 25000 吨级,2014 年结构加固升等改造为 30000 吨级的化学品码头泊位。码头岸线总长 800 米。采用引桥式布置、高桩式码头结构,码头前沿水深 13 米。主要装卸设备包括输油臂、管道、质流计、控制阀门等。项目总投资 1500 万元。

项目建设单位为中国石化销售有限公司江苏江阴石油分公司(1993 年为江苏省石油公司长山分公司,2013 年为中国石油化工股份有限公司江苏江阴石油分公司);设计单位为中交上海港湾工程设计研究院有限公司;施工单位为交通部第三航务工程局第三工程公司、中海工程建设总局;监理单位为黑龙江黑航工程监理咨询有限公司;质监单位为无锡市交通工程质量监督站。

长山油库始建于 1974 年，隶属于中国石油化工股份有限公司江苏江阴分公司，也是中国石油化工股份有限公司江苏分公司的一级配送中心库。油库位于"亚洲第一、世界第四"的江阴大桥所在的江阴市，扼长山咽喉、临黄金水道，背靠苏锡常经济发达地区，辐射整个华东大市场，凭借"黄金水道""黄金地段"得天独厚的区位优势，享誉长江中下游几十个市县。主要经营的品种有柴油、汽油、燃料油、甲苯、二甲苯、苯乙烯、甲醇、乙二醇、苯酚、邻二甲苯、醋酸乙烯等，年吞吐量 250 万吨。油库拥有一座 30000 吨级长江深水码头，码头总长为 237.7 米，码头平台宽 15 米，由码头平台、钢联桥和 2 个 5 米×5 米桥墩组成，码头通过 1 座引桥与岸连接，引桥长 800 米、宽 5 米。码头结构为二层系缆平台结构，有梯子通往二层平台，码头与后方水域库区有长江大堤相隔。码头外档前沿水深 12～13 米，可停靠 1 艘 30000 吨船舶，或同时停靠 2 艘 3000 吨的船舶，码头里档可停靠 2 艘 500 吨江船或海船。码头作业平台布设输油软管、输油臂、消防设施和码头值班室、低压配电室等设备设施。

长山油库码头为对外开放码头，已取得《港口经营许可证》《港口设施保安符合证书》《危险货物港口作业认可证》等经营资质。自 1995 年码头竣工投用至今安全运营；2013—2017 年油库码头吞吐量逐年增加，分别为 37.31 万吨、49.08 万吨、48.24 万吨、106.50 万吨、107.81 万吨。

（4）江阴兴澄特种钢铁有限公司码头工程

项目于 2001 年 6 月开工，2002 年 7 月试运行，2003 年 6 月竣工，结构加固改造工程于 2014 年 11 月竣工。

项目建设依据：2001 年，江苏省发展计划委员会《江阴兴澄特种钢铁有限公司码头工程可行性研究报告的批复》（苏计基础发〔2001〕794 号）；2001 年，无锡市环境保护局《关于江阴市兴澄特种钢铁有限公司码头工程建设项目环境影响报告书的批复》；2001 年，水利部长江水利委员会《关于江阴兴澄特种钢铁有限公司申请（占）用长江岸线、滩地和水域的批复》（长江务〔2001〕224 号）。

项目建设 1 个 50000 吨级通用散货码头泊位。码头岸线总长 280 米。采用引桥式布置、高桩式码头结构。主要装卸设备包括 25 吨门式起重机 1 台、600 桥式起重机 1 台、800 桥式起重机 1 台、输送机等。项目总投资 3638.6 万元，全部为业主自有资金。

项目建设单位为江阴兴澄特种钢铁有限公司；设计单位为中交第二航务工程勘查设计院有限公司；施工单位为中交三航局第三工程有限公司；监理单位为上海东华建设管理有限公司；质监单位为交通部长江航务工程质量监督中心站。

2013—2017 年码头实现吞吐量分别为 520.65 万吨、556.04 万吨、536.25 万吨、641.53 万吨、684.72 万吨。

(5)中粮麦芽卸粮码头工程

项目于 2005 年 2 月开工,2006 年 7 月试运行,2009 年 11 月竣工。

项目建设依据:2003 年 11 月,江苏省发展计划委员会《关于中粮麦芽(江阴)有限公司码头工程可行性研究报告的批复》(苏计基础发〔2003〕1488 号);2005 年 1 月,江苏省发展和改革委员会《关于中粮麦芽(江阴)有限公司码头工程初步设计的批复》(苏发改交能发〔2005〕12 号);2004 年 11 月,江苏省环境保护厅《关于中粮麦芽(江阴)有限公司码头项目环境影响报告的批复》(苏环便管〔2004〕193 号);2004 年 7 月,水利部长江水利委员会《关于调整原中邦粮油仓储(江阴)有限公司所申请岸线、水域建设单位的批复》(长江务〔2004〕407 号)。

项目建设 1 个 50000 吨级散粮泊位(码头水工建筑允许靠泊能力 70000 吨)。码头岸线总长 204 米。采用引桥式布置、高桩式码头结构。主要装卸设备包括 25 吨门式起重机 1 台、16 吨门式起重机 1 台、单气垫皮带输送机 3 台、5 吨桥式起重机 4 台。项目总投资 8711.53 万元,其中 50% 业主为自有资金,50% 为贷款。

项目建设单位为中粮(麦芽)江阴有限公司;设计单位为中交第二航务工程勘察设计院;施工单位为中港第二航务工程局;监理单位为镇江市兴华工程建设监理有限责任公司;质监单位为镇江港口建设工程质量监督站。

江阴是中粮现代粮食物流体系发展战略的关键物流节点,也是长三角地区的主要物流节点。码头项目的建设,进一步完善了江阴物流节点的港口设施建设,有效提升了江阴的物流综合服务能力,成为东北、华北地区粮食主产区和长江走廊主销区之间的粮食流通快速中转平台,实现了粮食物流通道的无缝连接,以物流促销售,销售保规模,充分发挥了江阴在长江走廊中的龙头作用,打造长三角地区重要的粮食集散地。经过多年经营与发展,江阴仓储营业收入连年增长。

八、扬州港

(一)港口概况

1. 港口综述

扬州港地处长江下游北岸,江苏省中部的扬州市境内,位于长江与京杭运河两条我国内河运输最繁忙、地位最重要水运主通道的交汇处,北倚广袤的苏北大平原,南邻长江,与镇江隔江相望,西通南京,东接泰州,地理位置十分优越,是江苏省沿江地区的重要港口。扬州港 1985 年开港,现为国家一类开放港,是我国沿海地区重要港口。

扬州港以能源、原材料、木材和液体化工品运输为主,加快发展集装箱喂给运输,积极发展现代物流和临港产业,大力打造江河联运枢纽,逐步发展成为现代化、多功能的综合性港口。扬州港口建设已初具规模,全港拥有各类码头泊位 39 个,其中万吨级码头泊位 13 个,千吨级码头泊位 17 个。

截至 2018 年底,扬州港已初步形成以公用码头为主,公用码头与依托临港工业的企业专用码头共同发展的格局。到 2017 年底,扬州港共有生产性泊位 91 个,年通过能力 9683 万吨(不含集装箱,下同)、32 万 TEU,其中万吨级以上泊位 33 个,年通过能力 7494 万吨。2017 年扬州港完成货物吞吐量 10610 万吨,其中外贸 1132 万吨,集装箱吞吐量 50.2 万 TEU。扬州港由江都港区、扬州港区、仪征港区三个港区构成,2017 年三港区分别完成吞吐量 5916 万吨、2952 万吨和 1741 万吨,分别占全港的 56%、28% 和 16%。

2. 港口水文气象

长江扬州河段属于感潮河段,水文特征受径流和潮流的双重影响。潮汐类型为非正规半日混合潮,潮水位每日两涨两落,半潮周期为 12 小时 25 分,多年平均潮位 2.52 米,多年平均高潮位 2.86 米,多年平均低潮位 1.92 米。多年平均流量为 2.87 万立方米/秒,多年平均洪峰流量为 5.68 万立方米/秒,最大洪峰流量为 9.26 万立方米/秒(1954 年),历年最小枯水流量 4620 立方米/秒(1979 年)。泥沙年内分配不均匀,汛期 5~10 月输沙量为 3.82 亿吨,占全年输沙量的 87.7%,其中 7 月最大,为 1.02 亿吨,占全年输沙量的 23.7%。自 20 世纪 90 年代以来,长江来沙量总体减少,2004 年输沙量仅为 1.47 亿吨。

扬州市位于长江三角洲地区,属于亚热带季风气候区,气候温和、四季分明。多年平均气温 15.4 摄氏度,多年平均降水量 1030.0 毫米、历年最大降水量 1645.1 毫米、历年最小降水量 440.6 毫米。多年平均雾日数(能见度小于 1 千米)为 41 天。多常风向 E,频率 12.5%;强风向 NNE,最大风速 17.6 米/秒。多年平均相对湿度为 79%,多年平均雷暴日数为 31 天。

3. 发展成就

1985 年,扬州市开始在六圩江滩上建设长江港口,开创了扬州港发展的新局面。进入 90 年代,扬州港也进入快速发展阶段,先后建设了一批万吨级以上海轮泊位。与此同时,依托扬州二电厂、仪征化纤等临港产业,相应建设了一批企业专用码头。进入 21 世纪,扬州港相继建成投产了万吨级件杂货泊位、集装箱泊位等公用码头和木业物流中心一期工程,其中在木材运输中,扬州港成为仅次于苏州港的全国第二大海运木材中转港。2003 年,随着江都兴港公路快车道建成通车、35000 吨级件杂货码头等工程的建成投产,使得江都港区成为扬州港建设和发展的新阵地。2006 年,长江口深水航道治理二期工程完工并向上延伸至南京港,促进了扬州港 50000 吨级及以上的码头设施的建设,2010 年后建成了一批 50000 吨级液体散货和通用散货泊位 12 个,其中远扬国际 5 号散货泊位为 70000 吨级。

2015 年扬州港完成货物吞吐量 8339.6 万吨,集装箱吞吐量 62 万 TEU,从港口主要装卸货种来看,煤炭、矿建材料、石油及制品、金属矿石、水泥、钢材、木材等是港口主要作业货种。其中煤炭吞吐量 4051.3 万吨,矿建材料吞吐量 1014.3 万吨,石油及制品吞吐量 638.9 万吨,金属矿石吞吐量 629.8 万吨。扬州港由江都港区、扬州港区、仪征港区 3 个港区构成,2015 年 3 个港区分别完成吞吐量 4667 万吨、2193 万吨和 1480 万吨,分别占全港的 56%、26% 和 18%。随着扬州港货物吞吐量的快速增长,进出货运船舶总艘次及船舶载重吨位亦呈现增长趋势。2015 年进出货运船舶已达到了 2961 艘次、4144 万载重吨。

扬州港港区分布如图 9-3-7 所示,扬州港基本情况见表 9-3-10。

图 9-3-7　扬州港港区分布图

扬 州 港 基 本 情 况 表

表 9-3-10

序号	港区名称	港区岸线		2015年港口生产性泊位				其中:1978—2015年建成的生产性泊位				2015年港口货物和旅客吞吐量								
		港区规划岸线	其中:2015年前已建成岸线	生产性泊位数	其中:万吨级及以上	生产性泊位总长	其中:万吨级及以上	生产性泊位数	其中:万吨级及以上	生产性泊位总长	其中:万吨级及以上	货物吞吐量	其中:外贸货物吞吐量	集装箱	滚装车辆		旅客	其中:国际旅客
															数量	质量		
		千米	千米	个	个	米	米	个	个	米	米	万吨	万吨	万TEU	万辆	万吨	万人	万人
1	江都港区	15.17	3.97	18	14	3974	3563	3	1	576	275	—	—	—	0	0	—	—
2	扬州港区	12.84	2.61	17	8	2608	1878	8	6	1708	1428	—	—	—	0	0	—	—
3	仪征港区	18.2	1.45	14	3	1447	756	4	2	906	756	413.84	45.49	—	0	0	—	—
合计		46.21	8.03	49	25	8029	6197	15	9	3190	2459	7344.81	798.82	61.04	0	0	0	0

(二)仪征港区

1.港区综述

(1)港区建设和运营情况

清代,仪征十二圩镇就因濒临夹江,水流平缓,江岸土质坚实,加之仪扬河与运河相通,河道宽深,驳运方便而成为全国最大盐运中转集散地,盐储运量占全国第一,江边码头林立,船旗飘扬,一眼望不到边,最兴旺时期停泊在十二圩江面上的盐船达2000余艘,分别运往湖南、湖北、江西各口岸,成为扬州港转运淮盐的中心;淮盐盐务总栈也由瓜洲移此,当时号称"盐都""小上海"。镇内的商业、盐工、船民、服务行业星罗棋布,发电厂、船厂、米厂、钱庄及商业性行业达100多家,四方八镇的商贩纷纷来此做生意,出现了百货纷呈、琳琅满目、兴旺发达的大好局面。可惜那时先受国民党当局颁布"新盐法"而遭到挫折,后遭日寇侵华炮火的轰击受沦陷之苦,使经历六十多年兴盛之"盐都"毁于一旦。

新中国成立初期仪征港口基本都是自然形成的滩头泊位,1962年开挖了泗源沟港河,才有了正常的栈桥码头,年吞吐量达到10万吨左右;1967年泗源沟港口建立了第一座简易永久式货场装卸码头;1975年建设了第一座钢筋混凝土栈桥式码头;1979年秋,在石桥沟河西岸建立了占地2873.15平方米的砂石中转码头。在加紧码头建设的同时,港口机械也在不断革新发展,港口陆续添置了各类装卸机械,至1985年底,泗源沟港拥有起重机4台,输送机4台,抓斗机4台,汽车起重机1辆,浮式起重机1艘。

20世纪70年代,南京港务局看中了这块黄金水岸,在仪征胥浦长江段建设了南京港务管理局第六作业区,即仪征作业区,建有11个囤船浮式泊位,泊位总长度1430米,最大靠泊能力2.4万吨,年综合中转通过能力1500万吨。随着近30年来的发展,南京港已成为全国内河最大的中转储存石油和液体化工货物的港口企业,仪征作业区也成为地区石油化工产品中转物流中心,现已拥有15个泊位,总长度达1950米,最大靠泊能力8万吨,万吨级泊位6个,年综合中转通过能力达3500万吨,港区的原油、成品油和化工品储罐群种类齐全,最大罐容5万立方米,总容积达30万立方米,而且具有完善的生产辅助能力和支持保障系统,2005年在深交所成功上市,南京港仪征作业区取得了显著的经济效益和社会效益。

20世纪80年代,仪征化纤公司在南京港仪征作业区上游建设了仪化港,泊位总长度314米,占地2.5万平方米,泊位4个,共有起重机械设备8台,最大起重能力40吨,最大靠泊能力3000吨级,主要承担仪征化纤公司产品和原辅材料的装卸运输,货源稳定,并随着仪征化纤公司不断发展而持续增长,目前年吞吐量已突破250万吨。

同期,仪征化工厂、无纺布厂、南京江海公司仪征轮船站、苏北油库也在长江边建有浮船式码头,大多是企业自备的货主码头,靠泊能力小、吞吐量低,没有充分发挥港口优势作用。

20世纪80年代中期至2000年,仪征沿江岸线的开放开发基本处于停滞状态,市政府在泗源沟口上游修建了1千米长的江边大堤,种植花草树木,供市民休闲、阅江,黄金岸线得予保护没有被破坏。

2000年过后,仪征沿江开发进入了一个高潮,特别是十二圩临江一带,吊塔林立,新船密布,人来车往,一派繁忙景象。原来受国际金融风暴的影响,造船业开始向低成本、劳动密集型地区转移。江苏金陵船厂、舜天船厂、国裕船厂等几家大型造船企业率先在仪征抢滩成功,带动了大批造船厂跟进,高峰时沿江船厂共有35家,协作单位200多家,年总产值一度攀升到250亿元。但好景不长,2006年后造船业超理性发展,出现了无序扩张的势头,特别金融危机后船市供大于求的形势下,仍然上马新项目,出现严重亏损现象;另外,配套水平未能同步提升,船舶生产服务业严重滞后,产品结构过于趋同等因素都制约了造船业的发展。2011年后,沿江造船业除了3家大型船厂外,其余大部分处于停产或半停产状态,其中有3家即将破产,造船业一派萧条。但造船厂却占用了12千米的优良港口岸线,严重制约了港口物流业发展。

2004年,朴席镇通过招商在长江土桥段建设2家危化品仓储企业,扬州润仪油品有限公司和扬州锦程新能源有限公司,各拥有一个3000吨级和500吨级泊位;2006年,扬州化学工业园通过招商引进珠海恒基达鑫、实友化工等大公司,在长江胥浦段建设了扬州恒基达鑫国际化工仓储有限公司,占用岸线390米,拥有1个40000吨级和1个5000吨级液体化工泊位,2015年又在其上游建设了拥有2个50000吨级扬州华泰石化码头。

同期仪扬河上港口建设也如火如荼,先是仪征超微公司在新城段建成了4个泊位的公用件杂货码头,后是新城铁荣、新城万庄、新城振兴、朴席大桥、朴席茂林等一批小砂石码头相继建成,仪征内河码头一度达到11个。仪征港口至此有了质的飞跃。

仪征港区沿江分布化学工业园作业区和泗源沟作业区;共有泊位31个,其中南京港仪征作业区和扬州恒基达鑫国际化工仓储有限公司都是对外开放码头;内河主要为仪扬河作业区,为六级航道100吨级。

(2)港区地理条件和集疏运概况

仪征位于江苏省中西部,地处长江三角洲的顶端,是南京、镇江、扬州"银三角"地区的几何中心;长江、运河两条大动脉以及贯穿市区北部的宁通高速公路,组成了四通八达的水陆交通网。润扬大桥和宁启铁路的开通,使得仪征与上海、南京、扬州、镇江、连云港等大中城市的距离近在咫尺。仪征具有独特的地理优势,是江苏省五大重点经济发展带之一。

被称为"黄金水岸"的仪征长江岸线,岸线长27.1千米,直顺稳定,深泓临岸,不淤不冻,地质基础优良,是长江下游少有河势长期基本稳定的河道之一,一百多年来平面形态变化很小,是江苏境内长江水岸除南通港外建港条件最好的岸线。

2.港区工程项目

(1)扬州港仪征港区液体化工码头一期工程项目

项目于 2007 年 1 月开工,2008 年 6 月试运行,2011 年 4 月竣工。

项目建设依据:2006 年 11 月,江苏省发展和改革委员会《关于核准扬州港仪征港区液体化工码头一期工程的批复》(苏发改交能发〔2006〕1288 号);2007 年 2 月,江苏省交通厅《关于对扬州港仪征港区液体化工码头一期工程初步设计的批复》(苏交港〔2007〕6号);2006 年 9 月,江苏省环境保护厅《关于对扬州港仪征港区公共液体化工专用码头一期工程环境影响报告书的批复》(苏环管〔2006〕165 号);2008 年 9 月,仪征市国土资源局(仪国用〔2008〕第 0647 号);2006 年 8 月,交通部《关于扬州港仪征港区液体化工码头一期工程使用港口岸线的批复》(交规划发〔2006〕429 号)。

项目建设 1 个 40000 吨级液体化工码头泊位及 1 个 5000 吨级化工码头泊位。岸线总长 390 米。码头采用引桥式布局、板桩结构。码头前沿水深为 14.4 米。项目后方库区容量 27.6 万立方米。主要装卸设备包括装卸臂 6 台,软管起重机 7 台。项目总投资 3.9亿元,自有资金 1.2 亿元,政策性银行贷款 2.7 亿元。用地面积 12.6 万平方米。

项目建设单位为扬州恒基达鑫国际化工仓储有限公司;设计单位为中交第二航务工程勘察设计院、江苏省化工设计院有限公司设计;施工单位为中交第一航务工程局、中国化学工程第十三建设公司、上海市安装工程有限公司;监理单位为镇江市兴华工程建设监理有限责任公司、天津辰达工程监理公司;质监单位为扬州市交通工程质量监督。

(2)扬州港仪征港区液体化工码头二期工程项目

项目于 2012 年 6 月开工,2014 年 12 月竣工。

项目建设依据:2009 年 11 月,水利部长江水利委员会《关于对扬州港仪征港区液体化工码头二期工程项目建设方案的批复》(长许可〔2009〕171 号);2011 年 7 月,江苏省交通运输厅《关于对扬州港仪征港区公共液体化工码头二期工程水工初步设计的批复》(苏交港〔2011〕65 号);2016 年 7 月,扬州市交通运输局《关于对扬州港仪征港区公共液体化工码头二期工程(配套仓储罐区)初步设计的批复》(扬交港〔2016〕10 号);2011 年 2 月,江苏省环境保护厅《关于扬州港仪征港区公共液体化工码头二期工程及配套仓储罐区项目环境影响报告书的批复》(苏环审〔2011〕39 号);2010 年 11 月,交通运输部《关于对扬州港仪征港区公共液体化工码头二期工程使用港口岸线的批复》(交规划发〔2010〕632 号)。

项目建设 2 个 50000 吨级液体化工码头泊位。岸线总长 516 米。码头采用引桥式布局、高桩结构。码头前沿水深为 15 米。项目后方库区总库容 13.85 万立方米。主要装卸设备包括输油臂、软管起重机、输油管道等。项目总投资 3.5 亿元,其中业主自有资金1.2 亿元,政策性银行贷款 2.3 亿元。用地面积 8.5 万平方米。

项目建设单位为扬州化工产业投资发展有限公司;设计单位为中交第二航务工程勘

察设计院有限公司、南京金凌石化工程设计有限公司;施工单位为上海港务工程有限公司、中建安装工程有限公司;监理单位为江苏科兴工程建设监理有限公司、天津市特种设备工程建设监理公司;质监单位为扬州市交通工程安全质量监督站。

(三)江都港区

1.港区综述

(1)港区建设和运营情况

江都港原名三江营港,1983 年经江苏省交通厅批准建设,1993 年江都市提出了"依江建港以港兴市"的发展战略开始规模建设江都港,1999 年扬州市人民政府以扬政发〔1999〕31 文件批复同意将江都港作为扬州港江都港区,2008 年江都市港口管理局成立与江都口岸管理委员会合署办公,主要担负全区港口(包括沿江港区和内河港区)行政管理的重要职责。

江都港区是扬州港重要的综合性港区,以大宗散货、件杂货运输为主,为江都区经济发展和临港产业开发服务,划分为白塔、圣容、嘶马和前进四个作业区。其中,白塔作业区位于夹江大桥至白塔河口,规划为装备制造业及码头区,主要为后方的船舶制造业服务,已建成 50000 吨级和 70000 吨级舾装泊位各 4 个,2000 吨级和 3000 吨级材料泊位各 1 个;圣容作业区岸线包括夹江和主江两段,主要是以杂货运输为主的公用化作业区,已建成 70000 吨级散货泊位 1 个,50000 吨级散货泊位 2 个,35000、40000、50000 吨级件杂货泊位各 1 个,5000 吨级散货泊位 1 个,3000 吨级液化气泊位 1 个,500 吨级件杂货泊位 2 个,其中扬州远扬 5000 吨级散货、35000 吨级件杂货和泰富 2 个 50000 吨级散货泊位为一类开放泊位;嘶马作业区自圣容港至科进船厂,主要为后方的临港工业服务;已建成万吨级舾装泊位 7 个,千吨级舾装泊位 3 个;前进作业区自科进船厂至扬泰交界处,以公用化的散货运输为主,已建成 50000 吨级散货泊位 6 个,千吨级散货泊位 7 个,其中海螺 1、2 泊位为一类开放泊位。2011—2015 年货物吞吐量分别为 1363.45 万吨、2111.59 万吨、3184.62 万吨、4963.37 万吨、4754.68 万吨。

(2)港区地理条件和集疏运概况

江都港区位于长江下游扬中河段太平洲左汊嘶马弯道左岸,地处扬州东部江都区境内,南濒长江,西傍扬州市区和邗江区,东与姜堰区、泰州市海陵区、高港区接壤,北与高邮市、兴化市毗连。江都港区位于长江下游扬中河段的太平洲左汊,左岸为宽阔的冲积堆积平原,其主要物质为全新统松散的河流沉积物,上层为河漫滩相,下层为河床相。地层岩性为第四世纪河相沉积物,由长江所带下的河床质冲积形成,属于近代河流沉积物。港区土层从上而下岩性为淤泥、淤泥质亚黏土夹砂、粉砂夹薄层淤泥质亚黏土、淤泥质亚黏土夹砂、亚黏土夹砂。

境内地势平坦,河湖交织,通扬运河横穿东西,京杭大运河纵贯南北,G328、宁通高速公路、京沪高速公路和宁启铁路在境内交会,已初步形成公、铁、水三大"十字型"枢纽,港区对外集疏运条件较为便捷。

2.港区工程项目

(1)扬州港江都港区件杂货码头工程

项目于 2006 年 4 月开工,2007 年 9 月试运行,2008 年 6 月竣工。

项目建设依据:2006 年 2 月,江苏省发展和改革委员会《扬州港江都港区件杂码头工程可行性研究报告》(苏发改交能发〔2006〕114 号);2005 年 3 月,扬州市环境保护局《关于对江都市宏图交通产业有限公司扬州港江都港区件杂码头工程环境影响报告书的批复》(扬环管〔2005〕12 号);2005 年 11 月,江苏省国土资源厅《关于扬州港江都港区件杂码头工程项目用地的预审意见》(苏国土资函〔2005〕775 号);2005 年 7 月,交通部《关于扬州港江都港区件杂码头工程使用港口岸线的批复》(交规划发〔2005〕504 号)。

项目建设 1 个 35000 吨级件杂货码头泊位。岸线总长 275 米。码头采用顺岸式布局、高桩式结构。码头前沿水深 13.1 米。码头面高程 6.5 米,设计底面高程 13.1 米。项目后方堆场面积 7 万平方米,堆存能力 20 万吨。主要装卸设备包括额定起重量为 10~25 吨的港口门座起重机 3 台。项目总投资 1.86 亿元,其中业主自有资金 8552 万元,其他银行贷款 1 亿元。用地面积 218 亩。

项目建设单位为扬州远扬国际码头有限公司;设计单位为中交第二航务工程勘察设计院;施工单位为中港第三航务工程局第三工程有限公司、九江第一建筑公司、江苏江都建设工程有限公司;监理单位为镇江市兴华建设工程监理有限责任公司;质监单位为扬州市交通工程质量监督站。

2009 年 1 月 23 日,项目获得由中国勘察设计协会颁发的工程总承包钥匙奖。

(2)扬州港江都港区海昌码头工程项目

项目于 2009 年 11 月开工,2011 年 1 月试运行,2015 年 6 月竣工。

项目建设依据:2009 年 9 月,江苏省发展和改革委员会《关于核准扬州港江都港区海昌码头工程项目的通知》(苏发改交通发〔2009〕1246 号);2009 年 10 月,江苏省交通厅《关于扬州港江都港区海昌码头工程初步设计的批复》(苏交港〔2009〕87 号);2008 年 11 月,江苏省环境保护厅《关于对江都海昌港务实业有限公司 2000 万吨社会公用码头及 150 万吨超细矿渣粉磨生产线项目环境影响报告书的批复》(苏环管〔2008〕295 号);2009 年 3 月,江苏省国土资源厅《关于扬州港江都港区海昌码头工程项目用地的预审意见》(苏国土资预〔2009〕21 号);2009 年 2 月,交通运输部办公厅《关于扬州港江都港区海昌码头工程使用港口岸线的批复》(交规划发〔2009〕38 号)。

项目建设 3 个 50000 吨级通用散货泊位。岸线总长 795 米。码头采用顺岸式布局、高桩式结构。码头前沿水深 14.6 米。项目后方堆场面积 20 万平方米,堆存能力 100 万吨。主要装卸设备包括额定起重量为 10～25 吨的港口门座起重机 1 台、额定起重量大于 25 吨的港口门座起重机 5 台、额定生产率为 1000～3000 吨/小时的散货装船机 1 台、额定生产率为 1000～2000 吨/小时的连续装船机 2 台。项目总投资 6.49 亿元,资金来源有业主自有资金和银行贷款。用地面积 50 万平方米。

项目建设单位为原江都海昌港务实业有限责任公司,现更名为扬州海昌港务实业有限责任公司;设计单位为中交第二航务工程勘察设计院;施工单位为上海三航奔腾建设工程有限公司,中国水产广州建港工程公司;监理单位为镇江市兴华建设工程监理有限责任公司;质监单位为扬州市交通工程质量监督局。

2015—2017 年吞吐量分别为 2231.9 万吨、2837 万吨、3214 万吨。

(3)江都港区前进作业区海螺水泥码头工程项目

项目于 2010 年 10 月开工,2012 年 10 月试运行,2013 年 12 月竣工。

项目建设依据:2010 年 4 月,江苏省发展和改革委员会《关于核准扬州港江都港区前进作业区海螺水泥码头工程项目的通知》(苏发改基础发〔2010〕466 号);2010 年 10 月,江苏省交通运输厅《关于扬州港江都港区前进作业区海螺水泥码头工程初步设计的批复》(苏交港〔2010〕84 号);2007 年 9 月,江苏省环境保护厅《关于对江都海螺水泥有限责任公司年产 600 万吨水泥粉磨生产线及配套码头建设项目环境影响报告书的批复》(苏环管〔2007〕201 号);2010 年 2 月,交通运输部《关于扬州港江都区前进作业区海螺水泥码头工程使用港口岸线的批复》(交规划发〔2010〕85 号)。

项目建设 2 个 50000 吨级散货码头泊位、1 个 50000 吨级通用码头泊位(码头水工建筑允许靠泊能力 70000 吨级)。岸线总长 828 米。码头采用顺岸式布局、高桩梁板式结构。码头前沿水深 14.8 米。主要装卸设备包括额定起重量为 10～25 吨的港口门座起重机 2 台、额定生产率为 1000～3000 吨/小时的散货装船机 2 台、额定生产率为 500～1000 吨/小时的连续装船机 2 台。项目总投资 6.63 亿元,资金来源有项目资本金、基建投资借款和自有资金。

项目建设单位为扬州海螺水泥有限责任公司;设计单位为中交第二航务工程勘察设计院;施工单位为中交第二航务工程局有限公司;监理单位为中交二航工程咨询监理有限公司;质监单位为扬州市交通工程质量监督站。

码头项目属于扬州海螺 600 万吨级水泥粉磨站项目的配套工程,该项目的建成为扬州海螺产能发挥奠定了扎实基础,2013—2017 年该项目顺利完成了约 7831 万吨吞吐量。2013—2017 年完成吞吐量分别为 1269 万吨、1750 万吨、1711 万吨、1503 万吨、1599 万吨。

(4)江都泰富码头项目

项目于 2011 年 4 月开工,2013 年 10 月试运行,2015 年 12 月竣工。

项目建设依据:2011 年 8 月,江苏省发展和改革委员会《关于核准扬州港江都港区圣容作业区江都泰富码头工程项目的通知》(苏发改基础发〔2011〕1215 号);2011 年 9 月,江苏省交通运输厅《关于扬州港江都港区圣容作业区江都泰富码头工程初步设计的批复》(苏交港〔2011〕88 号);2011 年 7 月,江苏省环境保护厅《关于扬州港江都港区圣容作业区江都泰富码头工程环境影响报告书的批复》(苏环审〔2011〕118 号);2011 年 6 月,江苏省国土资源厅《关于扬州港江都港区圣容作业区江都泰富码头工程项目用地的预审意见》(苏国土资预〔2011〕71 号);2011 年 3 月,交通运输部批复《关于报批扬州港江都港区圣容作业区江都泰富码头工程使用港口岸线的请示》(交规划发〔2011〕83 号)。

项目建设 2 个 50000 吨级码头泊位(码头水工建筑允许靠泊能力 10 万吨级)。岸线总长 573 米。码头采用顺岸式布局、高桩式结构。码头前沿水深 15 米。项目后方堆场面积 30 万平方米,堆存能力 200 万吨。主要装卸设备包括额定生产率 1000～3000 吨/小时的散货装船机 2 台、额定生产率 1000～2000 吨/小时的连续装船机 2 台、皮带输送机 2 台。项目总投资 7.88 亿元,其中项目资本金 3.33 亿元,股东借款 3.22 亿元,自筹资金 1.33 亿元。用地面积 43 万平方米。

项目建设单位为扬州泰富港务有限公司;设计单位为中交第二航务工程勘察设计院有限公司、中冶京诚工程技术有限公司、中冶集团武汉勘察研究院有限公司;施工单位为中交第二航务工程勘察设计院有限公司、五冶集团上海有限公司;监理单位为上海东华建设管理有限公司、北京赛瑞斯国际工程咨询有限公司;质监单位为扬州市交通工程安全质量监督站。

重大设计变更:为充分利用现有岸线,将码头引桥长度进行了调整。①上游 1 号引桥长度由 190.10 米缩短至 100.93 米,下游 2 号引桥长度由 203.31 米缩短至 129.35 米。2012 年 12 月,江苏省交通运输厅《关于扬州港江都港区圣容作业区江都泰富码头工程引桥设计变更的意见》。②为充分利用现有场地,将原料场南移约 69 米,东扩约 229 米。扬州市交通运输局《关于补办扬州港江都港区圣容作业区江都泰富码头工程陆域部分施工图设计的批复》(扬交港〔2015〕26 号)。

概算调整:根据初步设计批复(苏交港〔2011〕88 号),项目投资概算总额 85837.29 万元,变更后的工程总投资概算为 85235.54 万元。

自码头项目试运行以来,截至 2015 年,共停靠货船 2619 艘次,其中外贸 84 艘次,内、外贸船均能正常安全靠离泊。完成港口吞吐量约 1411 万吨,其中进港 762 万吨,出港 649 万吨。

(5)扬州港江都港区圣容作业区 3 至 5 号通用泊位工程

项目于 2012 年 3 月开工,2014 年 6 月试运行。

项目建设依据:2011 年 12 月,江苏省发展和改革委员会《关于核准扬州港江都港区圣容作业区3至5号通用泊位工程项目的通知》(苏发改基础发〔2011〕2020号);2012年1月,江苏省交通运输厅《关于扬州港江都港区圣容作业区3至5号通用泊位工程初步设计的批复》(苏交港〔2012〕12号)。2011年11月,江苏省环境保护厅文件《关于对扬州港江都港区圣容作业区3#、4#、5#通用泊位工程环境影响报告书的批复》(苏环审〔2011〕216号);2011年7月,江苏省国土资源厅《关于扬州港江都港区圣容作业区3至5号通用泊位工程项目用地的预审意见》(苏国土资预〔2011〕113号);2011年7月,交通运输部《关于扬州港江都港区圣容作业区3至5号通用泊位工程使用港口岸线的批复》(交规划发〔2011〕375号)。

项目建设1个40000吨级件杂货泊位(即3号泊位,码头水工建筑允许靠泊能力70000吨级)、1个50000吨级散杂货泊位(即4号泊位,码头水工建筑允许靠泊能力70000吨级)、1个70000吨级散杂货泊位(即5号泊位,码头水工建筑允许靠泊能力10万吨级)。岸线总长720米。码头采用顺岸式布局、高桩式结构。码头前沿水深14.8米。项目后方堆场面积6.37平方米,堆存能力60万吨。主要装卸设备包括额定起重量大于25吨的港口门座起重机3台。项目总投资7.5亿元,其中业主自有资金2.5亿元,其他银行贷款5亿元。用地面积1339亩。

项目建设单位为扬州远扬国际码头有限公司;设计单位为南京水利科学研究院勘察设计院;施工单位为中港第三航务工程局第三工程有限公司、江苏省邗江交通建设工程有限公司;监理单位为上海东华建设管理有限公司;质监单位为扬州市交通工程质量监督站。

(四)扬州港区

1. 港区综述

(1)港区建设和运营情况

扬州港区是以大宗散货、件杂货和集装箱运输为主的综合性港区,主要为扬州市及周边地区经济发展、江海物资中转和临港工业开发服务。货类运输以煤炭、集装箱、矿建材料、钢铁为主,2015年吞吐量为2193万吨,比2010年下降了20%。由此,预测扬州港区2020年、2030年的年吞吐量分别为2700万吨、3500万吨,集装箱吞吐量分别为100万TEU、150万TEU。

扬州港区以集装箱、煤炭、木材和金属矿石等运输为主,码头主要包括扬州港务集团码头、扬州二电厂码头等。到2017年底,扬州港区共有生产性泊位29个,通过能力1678万吨和28万TEU。

(2)港区地理条件和集疏运概况

扬州港区位于长江镇扬河段中部,地貌为长江河漫滩相,后方陆域地势平坦,局部有人工开挖的沟塘及堤坎。港区地层为第四纪全新世河流相沉积物。土层自上而下岩性为亚黏土、极细砂与淤泥质亚黏土互层、轻亚黏土、细砂、极细砂等。

根据扬州港区货物吞吐量发展水平及流量流向,港口有水运、公路和其他(主要是皮带输送机)三种集疏运方式。水运是最主要的集疏运方式,主要集疏煤炭、矿石等货类;公路主要承担直接腹地的件杂货和集装箱的运输任务;皮带输送机主要集疏煤炭和金属矿石。

2.港区工程项目

(1)扬州港万吨级件杂货浮码头项目

项目于1991年2月开工,1991年12月建成,1992年1月试运行。

项目建设依据:1987年4月,江苏省人民政府批复利用扬州港现有客运码头改造成万吨级过驳浮码头(苏政函字〔87〕5号);1987年8月,扬州市计划委员会《关于扬州港过驳码头改造工程初步设计的批复》(扬计〔87〕字第300号);1991年1月,江苏省计划经济委员会《关于扬州港万吨级件杂货浮码头项目建议书的批复》(计经基〔91〕34号)。

项目建设1个10000吨级通用散货码头泊位。岸线总长150米。码头采用引桥式布局、过驳码头结构。码头前沿水深12米。项目总投资2660万元。用地面积50亩。

项目建设单位为江苏省扬州港务集团有限公司;设计单位为上海港务设计事务所。

(2)扬州港30000吨级件杂货码头工程

项目于2002年9月开工,2003年11月试运行,2004年5月竣工。

项目建设依据:2002年6月,江苏省发展计划委员会《关于扬州港万吨级码头3号泊位工程可行性研究报告的批复》(苏计基础发〔2002〕590号);2002年8月8日,江苏省环境保护厅《关于对扬州港万吨级码头3#泊位工程环境影响报告书的批复》(苏环管〔2002〕83号);2002年8月,水利部长江水利委员会《关于扬州市港务有限公司码头占用长江岸线、水域的批复》(长江务〔2002〕431号)。

项目建设1个30000吨级件杂货码头泊位。岸线总长261米。码头采用引桥式布局、高桩式结构。码头前沿水深12.3米。项目后方堆场面积10.1万平方米。主要装卸设备包括门座起重机4台。项目总投资1.12亿元,为银行贷款和地方自筹。用地面积12.83万平方米。

项目建设单位为扬州市港务有限公司;设计单位为中交第二航务工程勘察设计院;施工单位为中交第二航务工程局有限公司;监理单位为南京公正工程监理有限公司;质监单位为扬州市交通工程质量监督站。

(3)扬州港4号泊位工程

项目于2004年9月开工,2008年11月试运行,2010年1月竣工。

项目建设依据:2005年1月,江苏省发展和改革委员会《关于扬州港4#泊位工程可行性研究报告的批复》(苏发改交能发〔2005〕38号);2004年9月,江苏省环境保护厅《扬州港4#泊位环评报告表审批意见》;2004年4月,扬州市国土资源局《关于扬州远扬国际码头有限公司供地批复》(扬国土资〔2004〕开字 48 号);2004 年 6 月,水利部长江水利委员会《关于扬州远扬国际码头有限公司申请占用长江岸线、水域建设扬州港 4#泊位的批复》(长江务〔2004〕279 号)。

项目建设 1 个 30000 吨级多用途码头泊位(码头水工建筑允许靠泊能力 50000 吨级)。岸线总长 300 米。码头采用高桩梁板式布局。码头前沿水深 12.5 米。项目后方堆场面积 15 万平方米。主要装卸设备包括 41 吨集装箱岸桥 2 台。项目总投资 1.20 亿元,全部为业主自有资金。用地面积 22.8 万平方米。

项目建设单位为扬州远扬国际码头有限公司;设计单位为中交第三航务工程勘察设计院;施工单位为中港第二航务工程局第三工程有限公司、南京大地建设集团(股份)有限公司;监理单位为上海华申工程建设监理咨询有限公司;质监单位为镇江港口建设工程质量监督站。

码头项目建成后,运行良好,为地方经济发展作出重要贡献,2013—2017 年码头吞吐量为:44.98 万 TEU、45.05 万 TEU、47.81 万 TEU、45.41 万 TEU、48.91 万 TEU。

(4)扬州港扬州港区六圩作业区 5 号多用途泊位工程

项目于 2009 年 12 月开工,截至 2015 年该项目未竣工。

项目建设依据:2009 年 7 月,江苏省发展和改革委员会《关于核准扬州港扬州港区六圩作业区 5 号泊位工程项目的通知》(苏发改交通发〔2009〕1019 号);2009 年 10 月,江苏省交通厅《关于扬州港扬州港区六圩作业区 5 号泊位工程初步设计的批复》(苏交港〔2009〕86 号)。2008 年 2 月,交通部《关于扬州港扬州港区六圩作业区 5 号泊位工程使用港口岸线的批复》(交规划发〔2008〕523 号)。

项目建设 1 个 30000 吨级多用途码头泊位(码头水工建筑允许靠泊能力 50000 吨级)。岸线总长 300 米。码头采用高桩梁板式结构。码头前沿水深 12.5 米。项目后方堆场面积 18 万平方米。项目总投资3.15 亿元,全部为业主自有资金。用地面积 20.33 万平方米。

项目建设单位为扬州远扬国际码头有限公司;设计单位为中交第三航务工程勘察设计院有限公司;施工单位为中港第三航务工程局第三工程有限公司、南京港港务工程公司;监理单位为上海东华建设管理有限公司;质监单位为扬州市交通工程质量监督站。

(5)扬州港扬州港区万吨级多用途码头(2 号泊位)结构加固改造工程

项目于 2012 年 12 月开工,2013 年 7 月试运行,2014 年 6 月竣工。

项目建设依据:2012 年 7 月,江苏省交通运输厅《关于扬州港扬州港区万吨级多用途码头(2#泊位)结构加固改造工程设计方案的批复》(苏交港〔2012〕63 号);2012 年 12 月,扬州市交通运输局《关于扬州港扬州港区万吨级多用途码头(2#泊位)结构加固改造工程施工图设计的批复》(扬交港〔2012〕28 号)。

项目建设 1 个 50000 吨级多用途码头泊位。岸线总长 200 米。码头采用顺岸式布局、高桩式结构。码头前沿水深 10.8 米。项目后方堆场面积 3.4 万平方米。主要装卸设备包括门座起重机 3 台。项目总投资 1698.62 万元，为企业自筹。用地面积 11.25 万平方米（含 1 号、2 号泊位）。

项目建设单位为扬州远扬国际码头有限公司；设计单位为中交第三航务工程勘察设计院有限公司；施工单位为中交第三航务工程局有限公司；监理单位为上海东华建设管理有限公司；质监单位为扬州市交通工程质量监督站。

九、泰州港

（一）港口概况

1. 港口综述

泰州港地处长江下游北岸、我国沿海经济带与沿江经济带 T 形交汇处的江苏省泰州市境内，是江苏省地区性重要港口。泰州港主要从事集装箱中转、件杂货中转、煤炭中转、船舶服务、木材中转、大宗散货中转、油品中转。其中，高港港区是为地区经济社会发展服务的综合性港区，以干散货和集装箱运输为主；泰兴港区主要为泰兴地方经济和沿江开发服务，以液体化工品和临港工业发展所需的散杂货运输为主；靖江港区是发展现代物流业和规模化临港工业的综合性港区，以件杂货和临港产业所需的能源、原材料运输为主。

20 世纪 50 年代中期，港口西迁高港（村级地名），遂称高港港。之后，不断建设，至 1985 年，高港港已初具规模。1988 年 5 月，高港港获交通部基础建设合格证书。1995 年，港口引入集装箱业务。1996 年，高港港规划建新作业区，当年开工建设杨湾作业区。1997 年，高港港更名泰州港。2002 年，港域范围扩大，包括高港区、泰兴市、靖江市三地的沿江港口。

泰州港航道北起江都界，经口岸直水道、泰兴水道、江阴水道和福姜沙水道，东至靖如交界。随着南京至长江出海口的 12.5 米深水航道全线贯通，50000 吨级海轮可直达南京港，10 万吨级海轮也可减载趁潮抵达。

截至 2018 年底，泰州港有供船舶联检、过驳、待泊的锚地 6 个。其中，高港港区锚地 1 个、泰兴港区锚地 2 个、靖江港区锚地 4 个，分别为泰州海轮锚地、常州海轮锚地、常州危险品锚地、江阴锚地、福中锚地还建的 CJJS23-1 号锚地、12 号海轮锚地还建的 CJJS21 号锚地。其中，常州海轮锚地、常州危险品锚地、江阴锚地、CJJS23-1 号锚地、CJJS21 号锚地为泰州港与其他港共用。

泰州港周边公路、铁路、水路交通齐全，公路有京沪高速公路、宁通高速公路、宁靖盐高速公路、泰镇高速公路和沿江高等级公路等，铁路有宁启铁路和新长铁路，内河水路有省干线航道通扬线、泰东线、盐邵线、姜十线、兴东线等，已初步形成快捷畅达的综合疏港体系。

2. 港口水文气象

泰州港所在江段处于长江下游潮流界附近,汛期大部时间处于潮区界范围,多呈单向流,在枯水期和小水年的汛期为双向流。长江潮流界枯季可上溯到镇江附近,洪季潮流界在西界港附近。一般情况下,主槽落潮流速大于涨潮流速,支汉和滩面上涨潮流速大于落潮流速。涨潮流流速一般在 0.5 米/秒以下;落潮流流速洪、中水期分别为 1.5 米/秒和 1.0 米/秒左右。洪、中、枯水期断面平均最大流速分别为 2.0 米/秒、1.0 米/秒和 0.5 米/秒。

泰州港气候温和湿润,四季分明,雨量充沛。年平均气温 15 摄氏度,历史最高气温 40.9 摄氏度,最低气温 –19.2 摄氏度。年平均降水量为 1025.6 毫米,最大年降水量 1635.8 毫米,常风向为 E、ESE 向,多年平均风速 3.5 米/秒,最大风速 26.3 米/秒,年平均雾日为 6.5 天,年最多为 11 天。据大通水文站的实测资料统计,多年平均流量 28700 立方米/秒,多年最大流量 92600 立方米/秒;多年平均径流量 9050×10^8 立方米,多年最大径流量 13590×10^8 立方米。

3. 发展成就

从推进"以港兴市"到实施"港口名城"战略,以"打造长江中下游江海联运中心港"为目标,实现了从千万吨级港向亿吨大港的跃升,泰州港面貌发生了历史性变化,成为泰州市经济发展新的重要增长极。

2011 年沿江港口货物吞吐量突破 1 亿吨,连续多年吞吐量增幅在长三角 16 个城市中名列第一。泰州港跃升为江苏第 7 个、全国第 23 个亿吨大港。2014 年 11 月 22 日,"世纪神话"号豪华游轮抵达泰州港高港港区集装箱码头,这是首艘停靠泰州市的长江顶级豪华游轮,标志着泰州旅游从"潮河时代"驶入"长江时代"。2011—2015 年无锡内河港货物吞吐量分别为 12038 万吨、13210 万吨、15425 万吨、15822 万吨、16803 万吨。

泰州港港区分布如图 9-3-8 所示。泰州港基本情况见表 9-3-11。

(二)泰兴港区

1. 港区综述

(1)港区建设和运营情况

泰兴港区建设起步于 20 世纪 90 年代,经历了一个长期缓慢发展的过程,一直到 2010 年,沿江港口仅有新浦化学、过船港务等 4 个主要为企业生产服务的货主码头,港口货物吞吐量不足 700 万吨。

泰兴港区由过船作业区、天星洲作业区和七圩作业区组成。其中,过船作业区重点为经济开发区服务,以液体化工品运输为主,兼顾煤炭、油脂和其他原辅材料及成品运输;天星洲作业区是未来重点开发建设的区域,规划为后方临港产业服务,兼顾长江中上游地区物资中转，以散杂货和临港产业所需的原材料运输为主；七圩作业区主要为虹桥工业园区服务，以高端装备及部件运输、矿石煤炭和散杂货运输为主，依托七圩作业区公用码头群、虹桥仓储、宏锦物流、裕兴港务等项目，力争打造成全省乃至长江中下游重要的物流节点。

图9-3-8　泰州港港区分布图

2019年，泰兴港区建成投运码头11座、生产性泊位21个。其中，万吨级以上泊位12个、50000吨级以上泊位5个、对外开放泊位10个。2011—2015年货物吞吐量分别为1014万吨、1521万吨、2061万吨、2818万吨、3024万吨。

（2）港区地理条件和集疏运概况

泰兴港区长江岸线北起东夹江，南至靖泰界河，自然岸线长24.2千米（不含天星洲）。其中，港口岸线14.25千米，生态岸线8.45千米，生活岸线0.5千米，河口占用1千米。

表 9-3-11

泰 州 港 基 本 情 况 表

序号	港区名称	港区岸线		2015年港口生产性泊位				其中:1978—2015年建成的生产性泊位				2015年港口货物和旅客吞吐量							
		港区规划岸线	其中:2015年前已建成岸线	生产性泊位数	其中:万吨级及以上	生产性泊位总长	其中:万吨级及以上	生产性泊位数	其中:万吨级及以上	生产性泊位总长	其中:万吨级及以上	货物吞吐量	其中:外贸货物吞吐量	集装箱	滚装车辆		旅客	其中:国际旅客
															数量	质量		
		千米	千米	个	个	米	米	个	个	米	米	万吨	万吨	万TEU	辆	万吨	万人	万人
1	高港港区	10.87	5.07	28	19	5074	4293	17	12	2698	2314	—	—	—	0	0	—	—
2	靖江港区	40.1	10.15	82	32	10154	6992	7	2	955	555	—	—	—	0	0	—	—
3	泰兴港区	20.1	2.19	13	8	2188	1751	8	6	1551	1285	—	—	—	0	0	—	—
	合计	71.07	17.41	123	59	17416	13036	32	20	5204	4154	16803.43	1491.57	21.17	0	0	—	—

泰兴港区所在位置地层主要由第四系全新统河流相冲积成因的黏性土和砂组成,主要为淤泥质黏性土、粉质黏土及粉细砂组成,大部分呈互层状。港区水域近岸处坡度较大,局部呈陡坡,码头前沿处水深一般在14.0~17.0米,岸坡较陡,坡比约1:3。

过船作业区的液体散货主要通过管道运输,其他货种主要通过公路运输。公路疏港主要通过横向沿江高等级公路、江平公路及京沪高速公路,纵向S334如泰公路;内河水运主要通过如泰运河(规划六级航道)与江北水网相连。七圩作业区地理位置与靖江港区夹港作业区相接,主要通过公路运输,公路疏港主要通过沿江高等级公路、江平公路及公新公路。

2.港区工程项目

(1)泰州港过船港区二期工程

项目于2004年12月开工,2008年4月试运行,2010年3月竣工。

项目建设依据:2004年8月,江苏省发展和改革委员会《关于泰州港过船港区二期工程可行性研究报告的批复》(苏发改基础发〔2004〕482号);2004年12月,泰兴市发展计划局《关于泰州港过船港区二期工程初步设计的批复》(泰计投〔2004〕200号)。2008年4月,泰州海事处《关于同意江苏三木物流有限公司化工码头开通使用的批复》(泰海政务〔2008〕28号);2004年6月,泰州市环境保护局《关于泰州港过船港区二期工程环境影响报告书的批复》(泰环计〔2004〕12号);2004年5月13日水利部长江水利委员会批复江苏省水利厅编制的《关于转报泰州港过船港区二期工程建设申请使用长江岸线、水域的请示》(苏水管〔2004〕40号),审批文号为长江务〔2004〕232号。

项目建设1个20000吨级液体化工码头泊位(码头水工建筑允许靠泊能力50000吨级)、1个500吨级化工码头泊位、1个35000吨级通用泊位(码头水工建筑允许靠泊能力50000吨级)。岸线总长519米。码头采用引桥式布局、高桩梁板结构。码头前沿水深分别为14.8、12.95米。项目后方堆场面积6.67万平方米,堆存能力20万吨。主要装卸设备包括16吨、35米的门式起重机2台。项目总投资1.17亿元,均为业主自有资金。用地面积7万平方米。

项目建设单位为江苏三木物流有限公司;设计单位为中交第二航务工程勘察设计院;施工单位为广东省航盛工程有限公司;监理单位为江苏科兴工程建设监理有限公司;质监单位为镇江市港口建设工程质量监督站。

工程是江苏三木物流有限公司发展的重要运输线,对泰兴经济开发区提升公用设施配套功能、促进经济全面协调可持续发展产生积极影响。2017年化工码头年吞吐量为52.5万吨。

(2)泰州港泰兴港区过船作业区联成液体化工码头项目

项目于2010年3月开工,2011年5月竣工。

项目建设依据:2010 年 3 月,江苏省发展和改革委员会《关于核准泰州港泰兴港区过船作业区联成液体化工码头工程项目的通知》(苏发改基础发〔2010〕341 号);2010 年 6 月,江苏省交通运输厅《关于泰州港泰兴港区过船作业区联成液体化工码头工程初步设计的批复》(苏交港〔2010〕43 号)。2008 年 8 月,江苏省环境保护厅《关于对泰州港泰兴港区泰州联成仓储有限公司液体化工公用码头工程环境影响报告书的批复》(苏环管〔2008〕201 号);2009 年 12 月,江苏省国土资源厅《关于泰州联成仓储有限公司液体化工公用码头项目用地的预审意见》(苏国土资源〔2009〕196 号);2009 年 9 月,交通运输部《关于泰州港泰兴港区过船作业区联成液体化工码头工程使用港口岸线的批复》(交规划发〔2009〕476 号)

项目建设 1 个 20000 吨级液体化工码头泊位(码头水工建筑允许靠泊能力 50000 吨级),可同时靠泊 2 艘 2000 吨级液体化工船舶。岸线总长 223 米。码头采用顺岸式布局,高桩梁板结构。码头前沿水深为 11.8 米。主要装卸设备包括氯乙烯输油臂 1 座,长度为 1700 米的工艺管道 10 根,复合软管 10 根,软管起重机 4 台。项目总投资 1.24 亿元,均为业主自有资金。用地面积 6.4 万平方米。

项目建设单位为泰州联成仓储有限公司;设计单位为南京水利科学研究院;施工单位为中交二航局第三工程有限公司;监理单位为江苏润通交通工程监理咨询有限公司;质监单位为泰兴市交通工程质量监督站。

工程投产后一方面为泰州联成化学工业有限公司苯酐生产线和泰州联成塑胶工业有限公司聚氯乙烯生产线提供原料运输,另一方面为开发区化工企业提供一个物流平台,为部分化工企业提供原料经卸船和产品的装船提供服务,保障企业生产,促进企业发展,促进园区的发展。2012—2015 年吞吐量分别为 14 万吨、31.41 万吨、30.42 万吨、31.13 万吨。

(3)泰兴太平洋液化气码头改扩建项目

项目于 2011 年 2 月开工,2012 年 4 月试运行,2015 年 1 月竣工。

项目建设依据:2011 年 2 月,江苏省发展和改革委员会《关于核准泰州港泰兴港区过船作业区太平洋液体化工码头改扩建工程项目的通知》(苏发改基础发〔2011〕193 号);2011 年 5 月,江苏省交通运输厅《关于泰州港泰兴港区过船作业区太平洋液体化工码头改扩建工程(水域部分)初步设计的批复》(苏交港〔2011〕44 号)。2009 年 1 月,江苏省环境保护厅《关于泰兴太平洋液化气码头改扩建项目环境影响报告书的批复》(苏环审〔2009〕36 号);2011 年 4 月,江苏省国土资源厅《关于泰州港泰兴港区液体化工码头改扩建工程项目用地预审意见》(苏国土资预〔2010〕206 号);2009 年 5 月,交通运输部《关于泰州港泰兴港区泰兴太平洋液化气有限公司液体化工公用码头改扩建工程使用港口岸线的批复》(交规划发〔2010〕418 号)。

项目改扩建1个20000吨级液体化工码头泊位(码头水工建筑允许靠泊能力50000吨级),1个2000吨级液体化工品码头泊位。岸线总长275米,年吞吐量155.4万吨。码头采用引桥式布局、高桩梁板结构。码头前沿水深为12~13米。主要装卸设备包括液动装卸臂、液动双管装卸臂、软管起重机。项目总投资5410万元,均为业主自有资金。用地面积1.77平方米。

项目建设单位为泰兴太平洋液化气有限公司;设计单位为中交第二航务工程勘察设计院有限公司;施工单位为中交二航局第三工程有限公司;监理单位为江苏科兴工程建设监理有限公司,江苏华东工业设备安装股份有限公司;质监单位为中国船级社质量认证公司。

码头主要为泰兴经济开发区多家生产和仓储物流企业以及中外商贸用户提供液体化学品码头接卸服务。后方配套罐区一个,罐区位于码头引桥后方。2018年1月取得了港口经营许可证和港口危险作业附证。码头于2015年5月对外开放,2013—2017年吞吐量分别约为48万吨、52万吨、76万吨、85万吨。

(4)泰州港泰兴港区泰州市过船港务有限公司通用码头改扩建工程项目

项目于2011年3月开工,2012年3月竣工。

项目建设依据:2010年5月,江苏省发展和改革委员会《关于核准泰州港泰兴港区泰州市过船港务公司通用码头改扩建工程项目的通知》(苏发改基础发〔2011〕794号);2010年6月,江苏省交通运输厅《关于泰州港泰兴港区泰州市过船港务有限公司万吨级通用码头改扩建工程初步设计的批复》(苏交港〔2011〕92号)。2010年7月,江苏省环境保护厅《关于泰州市过船港务有限公司万吨级通用码头改扩建工程环境影响报告书的批复》(苏环审〔2010〕183号);2011年2月,交通运输部《关于泰州港泰兴港区泰州市过船港务有限公司万吨级通用码头改扩建工程使用港口岸线的批复》(交规划发〔2011〕72号)。

项目建设1个50000吨级通用码头泊位。岸线总长273米。码头采用引桥式布局、高桩梁板结构。码头前沿水深为15米。项目后方堆场面积6.5万平方米,堆存能力10万吨。主要装卸设备包括额定起重量为25吨、运距为35米的门式起重机1台,额定起重量为10吨、运距为30米的门式起重机3台。项目总投资1亿元,均为业主自有资金。用地面积4.61万平方米。

项目建设单位为泰州市过船港务有限公司;设计单位为中交第二航务工程勘察设计院有限公司;施工单位为中交二航局第三工程有限公司;监理单位为镇江市兴华工程建设监理有限责任公司;质监单位为泰州市交通工程质量监督站。

2018年,靠泊船只390艘,其中外贸180艘,内贸210艘,完成总吞吐量400万吨。2017年完成吞吐量450万吨,2016年完成吞吐量350万吨。

（5）泰州港泰兴港区新浦化学（泰兴）有限公司化工码头结构加固改造工程项目

项目于2012年11月开工，2013年9月试运行，2014年5月竣工。

项目建设依据：2012年8月，江苏省交通运输厅《关于泰州港泰兴港区新浦化学（泰兴）有限公司化工码头结构加固改造工程方案的批复》（苏交港〔2012〕82号）。2003年2月，泰兴市环境保护局《关于新浦化学工业（泰兴）有限公司化工码头改扩建项目环境影响报告书的批复》（泰环计复〔2003〕4号）；1997年7月，泰州市水利局《关于同意对过船港老客运码头实施改造的批复（顺岸线长110米）》（泰水〔1997〕104号）。

项目扩建成1个5000吨级化工码头泊位（码头水工建筑允许靠泊能力10000吨级）。岸线总长134米。码头采用顺岸式布局、高桩结构。码头前沿水深为14米。主要装卸设备包括金属软管。项目资金均为业主自筹。用地面积1.99万平方米。

项目建设单位为新浦化学（泰兴）有限公司；设计单位为南京瑞迪建设科技有限公司；施工单位为中交二航局第三工程有限公司；监理单位为中交武汉港湾工程设计研究院有限公司；质监单位为泰州交通工程质量监督站。

2015—2017年完成的吞吐量分别为169.52万吨、143.46万吨、168.79万吨。

（6）泰州港泰兴港区液体化工码头结构加固改造工程

项目于2012年11月开工，2013年9月试运行，2014年5月竣工。

项目建设依据：2012年8月，江苏省交通运输厅《关于泰州港泰兴港区液体化工码头结构加固改造工程方案的批复》（苏交港〔2012〕83号）。2008年4月，江苏省环境保护厅《关于对泰州港泰兴港区液体化工码头项目环境影响报告书的批复》（苏环管〔2008〕78号）；2008年3月，泰兴市规划局《关于同意泰州港泰兴港区液体化工码头项目选址的意见》（泰规划选〔2008〕1003号）；2007年11月，交通部《关于泰州港泰兴港区液体化工码头工程使用港口岸线的批复》（交规划发〔2007〕622号）。

项目改建为1个50000吨级液体化工码头泊位，可同时靠泊2艘1000吨级液体化工船舶。岸线总长234米。码头采用顺岸式布局、高桩墩式结构。码头前沿水深为15米。主要装卸设备包括装卸臂8台。项目总投资2025.94万元，均为业主自有资金。用地面积2.19万平方米。

项目建设单位为新浦化学（泰兴）有限公司；设计单位为南京瑞迪建设科技有限公司；施工单位为中交二航局第二工程有限公司；监理单位为中交武汉港湾工程设计研究院有限公司；质监单位为泰州市交通工程质量监督站。

2016年吞吐量128.69万吨，2017年吞吐量123.31万吨。

（7）泰州港泰兴港区联成液体化工扩建工程项目

项目于2014年1月开工，2017年11月试运行，2018年3月竣工。

项目建设依据：2014年4月，江苏省发展和改革委员会《关于核准泰州港泰兴港区联成液体化工码头扩建工程项目的通知》（苏发改基础发〔2014〕406号）；2014年9月，江苏省交通运输厅《关于泰州港泰兴港区联成液体化工码头扩建工程（码头水域部分）初步设计批复》（苏交港〔2014〕46号）；2014年1月，江苏省环境保护厅《关于对阿尔贝尔化工仓储（泰兴）有限公司泰州港泰兴港区泰州联成仓储液体化工公用码头扩建工程环境影响报告书的批复》（苏环审〔2014〕13号）；2016年10月18日，泰兴市国土资源局不动产登记证（苏〔2016〕泰兴市不动产权第0010071号）；2013年11月，交通运输部《关于泰州港泰兴港区联成液体化工码头扩建工程使用港口岸线的批复》（交规划发〔2013〕647号）。

项目改扩建为1个50000吨级液体化工码头泊位（原建码头），2个20000吨级化学品码头泊位及1个500吨级液体化工码头泊位。岸线总长413米。码头采用引桥式布局、高桩梁板结构。码头前沿水深为11.8米。主要装卸设备包括装卸臂、软管起重机、工艺管道、软管、辅助管道。项目总投资1.73亿元，均为业主自有资金。用地面积1.77平方米。

项目建设单位为阿尔贝尔化工仓储（泰兴）有限公司；设计单位为中交第二航务工程勘察设计院有限公司、南京瑞迪建设科技有限公司、中交第二航务工程勘察设计院有限公司；施工单位为中交二航局第三工程有限公司、中建安装工程有限公司；监理单位为江苏科兴工程建设监理有限公司、江苏华东工业设备安装股份有限公司；质监单位为泰兴市港口局。

2018年3月16日取得港口经营许可证和港口危险作业附证，该码头正式运行。截至2018年5月30日，码头装卸货物苯乙烯7万吨，苯7.8万吨，为所属公司节约成本1440万元。该码头是阿贝尔化学（江苏）有限公司的配套工程，乙烯是该公司必备进口原料，年外贸进口量21.6万吨。码头在未对外开放前，租用有资质单位储罐存储，然后通过汽运运输。一旦实现对外开放，通过核算可节约成本7344万元/年，而且消除运输带来的安全隐患。

（8）泰州港泰兴港区七圩作业区虹桥码头工程

项目于2014年12月开工，2017年12月试运行，2018年6月竣工。

项目建设依据：2014年6月，泰兴市发展和改革委员会《泰州港泰兴港区七圩作业区虹桥码头项目备案通知书》（泰发改投〔2014〕234号）；2015年1月，泰兴市港口管理局《关于泰州港泰兴港区七圩作业区虹桥码头工程初步设计的批复》（泰港发〔2015〕5号）。2014年8月，泰兴市环境保护局，工程环境影响报告书的批复（泰环字〔2014〕68号）；2013年9月，泰兴市人民政府土地使用证（泰国用〔2013〕9450号和泰国用〔2013〕9454号）；2012年8月，水利部长江水利委员会《关于泰州港泰兴港区七圩作业区虹桥码头工程涉河建设方案的批复》（长许可〔2012〕198号）；2013年9月，交通运输部《关于泰州港泰兴港区七圩作业区虹桥码头工程使用港口岸线的批复》（交规划发〔2013〕545 号文）。

项目建设 1 个 5000 吨级杂货码头泊位、2 个 10000 吨级杂货码头泊位（码头水工结构容许靠泊能力 30000 吨级），内港池内建设 4 个 1000 吨级散货泊位。岸线总长 764 米。码头采用引桥式布局、板桩结构。码头前沿水深为 13.5 米。项目后方堆场面积 15.16 万平方米，堆存能力 200 万吨。主要装卸设备包括 25 吨、35 米的门座起重机 4 台，40 吨、40 米的门座起重机 2 台，50 吨的牵引平板车 4 台，叉车 2 台。项目总投资 4.38 亿元，均为业主自有资金。用地面积 15.16 万平方米。

项目建设单位为泰兴市虹桥仓储有限公司；设计单位为中交第二航务工程勘察设计院有限公司；施工单位为上海三航奔腾建设工程有限公司、江苏享海交通工程有限公司；监理单位为江苏科兴项目管理有限公司、江苏泰康工程咨询监理有限公司；质监单位为泰兴市港口管理局。

工艺设备变更：

原设计 5000 吨级件杂货泊位配置 2 台 16 吨、33 米门座起重机；10000 吨级件杂货泊位配置 1 台 25 吨、33 米门座起重机，1 台 16 吨、33 米门座起重机。建设单位根据码头实际运营和未来船舶大型化发展的需要，要求将工艺设备型号调整为：5000 吨级件杂货泊位配置 2 台 25 吨、35 米门座起重机；10000 吨级件杂货泊位配置 2 台 25 吨、35 米门座起重机。水工专业做了调整后的结构复核，原结构满足要求，其他相关专业相应做了设计变更。

变更后设备型号调整为：5000 吨级件杂货泊位配置 2 台 25 吨、35 米门座起重机；10000 吨级件杂货泊位配置 2 台 25 吨、35 米门座起重机。

对原设计中的路网布局进行了调整。

其中：件杂货堆场面积变更为 8.57 万平方米，预留（散货）堆场面积变更为 4.68 万平方米；预留堆场（未铺砌）面积为 8700 平方米，均满足工程货物堆存需求。港区已建道路面积为 2.28 万平方米；新建道路面积为 2.95 万平方米。进港主干道两侧绿化区面积 7200 平方米。

2017 年 6 月 9 日至 2017 年 12 月 31 日完成吞吐量 8.28 万吨，2018 年 1 月 1 日完成吞吐量 12.22 万吨，累计完成吞吐量约 20.50 万吨。

（三）靖江港区

1.港区综述

（1）港区建设和运营情况

1978—1992 年为靖江港口发展起步阶段。1980 年靖江县物资局在夹港建浮式起重机散装码头 1 座，至 1987 年靖江境内长江岸线上建有 3 处汽渡码头，港口经营以客运为主。1993—2001 年为港口发展联动阶段。一是港城联动,市经济技术开发区通过开展各种招商引资活动,引进了一大批重大项目,促进了港口码头建设和港口产业的发展;二是跨江联动,江阴、靖江跨江联动开发启动后,实施两地项目对接,当年江阴企业投资靖江域内项目 10 个,投资额超 10 亿元。2002—2017 年为港口发展快速阶段。实施"以港兴城,港城相依"的战略,港口地位明显提升,港口功能明显增强。建成生产性泊位 116 个,万吨级以上泊位 36 个,形成年通过能力 7159 万吨。2012 年泰州港靖江港区被国务院正式批准为国家一类开放口岸,2015 年靖江港区年货物吞吐量突破亿吨大关,是全省长江干线第五个过亿吨的县级港,也是长江北岸首个县级亿吨港。

靖江港区岸线资源和土地资源相对丰富,以江阴—靖江工业园区和新港工业园区为载体,打造以电力、钢铁、船舶修造、化工、粮食加工等轻重工业结合、加工制造业和现代物流业为主体的综合性临港产业带,建有船舶工业、化工、钢铁、物流中转公司、汽渡等多家单位。

（2）港区地理条件和集疏运概况

靖江港区距南京约 190 千米、上海约 100 千米。靖江港区土层由上至下依次为淤泥质亚黏土混粉砂、粉细砂—亚黏土、灰绿色亚黏土、褐黄色亚黏土、粉细砂和细砂,其中,后三层均为良好的地质持力层。

靖江港分为夹港、新港、八圩三个作业区。夹港作业区公路疏港主要通过沿江高等级公路、江平公路及公新公路;八圩作业区主要通过横向沿江高等级公路、江平公路及公新公路,纵向广靖高速公路、姜八公路疏港。内河水运主要通过姜十线（规划四级航道）与江北水网相连。新港作业区公路集疏运主要通过沿江高等级公路、江平公路及宁通高速公路、广靖高速公路、姜八公路。铁路主要通过新长铁路靖江开发区新港工业园支线疏港。内河水运主要通过夏仕港河（规划六级航道）、连申线苏北段（规划三级航道）与江北水网相连。

2. 港区工程项目

（1）中燃油品销售储运基地

项目于 2002 年 3 月开工,2003 年 9 月竣工。

项目建设依据:2001 年 10 月,靖江市发展计划委员会《关于江阴中燃公司建设油品储运销售基地项目可行性研究报告的批复》(靖计基〔2001〕142 号);2002 年 2 月,靖江市发展计划局《关于江阴(靖江)油品销售储运工程初步设计的批复》(靖计基〔2002〕10 号);2002 年 2 月,泰州市环境保护局《关于江阴中燃(靖江)油品销售储运有限公司江阴中燃(靖江)油品销售储运基地项目环境影响报告书的批复》(泰环计〔2002〕2 号);2004 年 6 月,水利部长江水利委员会《关于江阴中燃(靖江)油品销售储运公司码头工程使用长江岸线、水域的批复》(长江务〔2004〕265 号)。

项目建设1个30000吨级成品油码头泊位(码头水工结构容许靠泊能力40000吨级)。岸线总长500米。码头采用引桥式布局、高桩式结构。码头前沿水深13米。项目后方储罐容量5.8万立方米。主要装卸设备包括输油臂2台。项目总投资6950万元。用地面积4万平方米。

项目建设单位为江苏中燃油品储运有限公司;设计单位为交通部第二航务工程勘察设计院;施工单位为中港第二航务工程局水工工程分公司,宜兴市交通建设集团有限公司;监理单位为武汉四达工程建设咨询监理有限公司;质监单位为交通部长江航务工程质量监督中心站。

(2)江苏长强钢铁有限公司码头一期工程

项目于2004年12月开工,2010年3月试运行,2012年1月竣工。

项目建设依据:2003年12月,江苏省发展计划委员会《关于江阴长强钢铁有限公司码头一期工程项目建议书的批复》(苏计基础发〔2003〕1654号);2005年7月,靖江市发改委《企业投资项目备案通知书》(靖发改投〔2005〕字第12号);2009年11月,泰州市环境保护局江阴—靖江工业园区分局"环评审批意见"(环验〔09〕003号);2004年12月,靖江市国土资源局《关于靖江市江阴长强钢铁有限公司码头一期工程项目用地预审意见》(靖国土资函〔2004〕146号),靖江市人民政府同意出让土地(靖国用〔2010〕第2070号);2004年7月,水利部长江水利委员会《关于江阴长强钢铁有限公司申请使用长江岸线水域建设码头一期工程的批复》(长江务〔2004〕399号)。

项目建设1个35000吨级散货海轮码头泊位及1个20000吨级杂货海轮码头泊位。岸线总长440米。码头采用顺岸式布局、高桩式结构。码头前沿水深14米。项目后方堆场面积17万平方米。项目总投资1.09亿元,均为业主自有资金。用地面积24.88万平方米。

项目建设单位为江苏长强钢铁有限公司;设计单位为长江航运规划设计院;施工单位为上海三航奔腾建设有限公司;监理单位为武汉四达工程建设咨询监理有限公司;质监单位为交通部长江航务工程质量监督中心站。

项目建成后,为所属公司生产经营提供了原燃料的进场和产品的销售装卸场地,成为物资进出重要通道,年吞吐量达330万吨。

(3)泰州港靖江港区新港作业区江苏中油长江石化有限公司靖江化工码头工程

项目于2005年3月开工,2006年8月试运行,2008年12月竣工。

项目建设依据:2006年7月,江苏省发展和改革委员会《关于核准泰州港靖江港区新港作业区江苏中油长江石化有限公司靖江化工码头工程项目的通知》(苏发改交能发〔2006〕732号);2004年12月,泰州市环境保护局《关于泰州中油长江石化有限公司新建3万吨级化工码头工程环境影响报告书的批复》(泰环计〔2004〕35号);2006年5月,靖江市国土资源局《关于泰州中油长江石化有限公司受让国有土地使用权的通知》(靖国土〔2006〕地出字69号);2005年11月,交通部《关于泰州港靖江液体化工码头工程使用港口岸线的批复》(苏交规划发〔2005〕514号)。

项目建设1个30000吨级液体化工码头泊位(码头水工结构容许靠泊能力50000吨级)及1个1000吨级液体化工码头泊位。岸线总长280米。码头采用引桥式布局、高桩式结构。码头前沿水深12.5米。主要装卸设备包括输油臂及工艺管线。项目总投资4500万元,其中业主自有资金1800万元,其他银行贷款2700万元。用地面积9.6万平方米。

项目建设单位为江苏中油长江石化有限公司;设计单位为中交上海港湾工程设计研究院有限公司;施工单位为上海港务工程公司;监理单位为镇江市兴华工程建设监理有限责任公司;质监单位为泰州市交通工程质量监督站。

因碍航12.5米深水航道,2017年1月10日属地港口管理部门对企业下发《关于江苏中燃公司不予换发港口经营许可证的函》要求企业码头立即停止一切生产经营活动,关停到位。2018年5月码头拆除工作正式启动,7月底码头拆除完毕。

(4)江苏东方能源有限公司码头

项目于2007年4月开工,2008年3月试运行,2014年10月竣工。

项目建设依据:2007年2月,江阴经济开发区靖江园区管委会《关于江苏东方能源有限公司码头工程项目立项的批复》(澄靖园管〔2007〕41号);2007年3月,取得靖江市水利局关于项目占用建造批复(靖水审〔2007〕02号);2007年11月,靖江市港口局《关于同意江苏东方能源有限公司使用内港池岸线建设码头工程的批复》(靖港发〔2007〕34号)。

项目建设1个1000吨级油品码头泊位。岸线总长76.5米。码头采用顺岸式布局、高桩式结构。码头前沿水深4.5米。项目后方无堆场。主要装卸设备包括通过管道直接到罐区。项目总投资1300万元,均为业主自有资金。用地面积1.2万平方米。

项目建设单位为江苏东方能源有限公司;设计单位为江苏省水利勘测设计研究院有限公司;施工单位为江苏神龙建设工程有限公司;监理单位为长航科达建设工程监理有限公司(九江分公司);质监单位为泰州市辉通交通工程检测有限公司。

(5)泰州港靖江港区新港作业区一期工程项目

项目于2007年9月开工,2009年6月试运行,2010年11月竣工。

项目建设依据:2006年6月,江苏省发展和改革委员会《关于核准泰州港靖江港区新港作业区一期工程项目的通知》(苏发改交能发〔2006〕650号);2008年5月,江苏省交通厅《关于泰州港靖江港区新港作业区一期工程初步设计的批复》(苏交港〔2008〕41号)。2008年9月,泰州市港口管理局《关于泰州港靖江港区新港作业区一期工程施工图设计的批复》(泰港发〔2008〕31号);2005年5月,江苏省环境保护厅《关于对江苏省靖江经济技术开发区新港园区公用码头项目环境影响报告书的批复》(苏环管〔2005〕249号);2005年12月,江苏省国土资源厅《关于靖江经济技术开发区新港园区公用码头一期工程用地预审的意见》(苏国土资函〔2005〕871号);2006年4月,交通部《关于泰州港靖江港区新港作业区一期工程使用港口岸线的批复》(交规划发〔2006〕184号)。

项目建设2个50000吨级通用码头泊位及1个10000吨级通用码头泊位(码头水工结构容许靠泊能力50000吨级)。岸线总长686米。码头采用引桥式布局、高桩式结构。码头前沿水深15米。项目后方堆场面积34万平方米。主要装卸设备包括40吨、35米门座式起重机8台,移动轮胎式装船机2台,桥式抓斗卸船机,履带式抓钢机,自卸车。项目总投资7.15亿元。用地面积34万平方米。

项目建设单位为江苏扬子江港务有限公司;设计单位为中交第二航务工程勘察设计院有限公司;施工单位为中交三航局第三工程有限公司;监理单位为武汉四达工程咨询监理有限公司;质监单位为泰州市交通工程质量监督站。

江苏扬子江港务有限公司自2009年投产以来,经营业务为废钢、件杂货,从2010年后,主要装卸煤炭、铁矿粉,每年吞吐量保持20%的增长幅度,进一步提高装卸能力,加大对环保设施的投入,打造绿色环保港口,为靖江港成为亿吨大港作出更大贡献。

(6)泰州港靖江港区八圩作业区长博多用途码头一期工程

项目于2007年11月开工,2010年1月试运行,截至2015年项目未竣工。

项目建设依据:2006年4月,江苏省发展改革委《关于同意开展长博多用途码头工程前期工作的通知》(苏发改交能发〔2006〕439号);2009年4月,江苏省交通厅《关于泰州港靖江港区八圩作业区长博多用途码头初步设计的批复》(苏交港〔2009〕24号)。2009年4月,泰州市港口管理局《关于泰州港靖江港区八圩作业区长博多用途码头工程施工图设计的批复》(泰港发〔2009〕17号);2006年7月,江苏省环境保护厅《关于对长博多用途码头项目环境影响报告的批复》(苏环管〔2006〕162号);2008年4月,江苏省国土资源局《关于江苏省江阴经济开发区靖江园区码头二期工程项目用地的预审意见》(苏国土资预〔2008〕97号);2007年10月,交通部《关于长博多用途码头使用港口岸线的批复》(交规划发〔2007〕561号)。

项目建设2个15000吨级多用途码头泊位(30000吨级空载靠泊)(码头设计靠泊能力50000吨级、码头水工结构容许靠泊能力50000吨级)。岸线总长400米。码头采用顺岸式布局、高桩式结构。码头前沿水深8米。项目后方堆场面积29万平方米。主要装卸设备包括DM4050型门座起重机1台、MAN16-33/25-22A5S门座起重机1台。项目总投资3.02亿元,其中业主自有资金1.2亿元,其他银行贷款1.82亿元。用地面积16.74万平方米。

项目建设单位为江苏新扬子造船有限公司;设计单位为长江航运规划设计院;施工单

位为中交二航局有限公司;监理单位为武汉长航科达工程监理有限公司;质监单位为泰州市交通工程质量监督站。

项目建成后,为所属公司舾装船舶提供了舾装场地,年造船能力30万载重吨。

(7)泰州港靖江港区八圩作业区恒德通用码头工程(一期)

项目于2008年6月开工,2009年8月试运行,2015年8月竣工。

项目建设依据:2006年1月,江苏省发展改革委《关于同意开展江苏省江阴经济开发区靖江园区码头一期工程项目前期工作的通知》(苏发改交能发〔2006〕9号);2009年5月,江苏省交通厅《关于泰州港靖江港区八圩作业区恒德通用码头工程初步设计的批复》(苏交港〔2009〕30号)。2009年10月,泰州市港口局《关于泰州港靖江港区八圩作业区恒德通用码头工程施工图设计的批复》(泰港发〔2009〕38号);2006年5月,江苏省环境保护厅《关于对江苏恒德港口发展有限公司新建2万吨级码头项目环境影响报告书的批复》(苏环管〔2006〕70号);2008年6月,江苏省国土资源厅《江苏恒德港口发展有限公司通用码头工程项目用地的预审意见》(苏国土资预〔2008〕47号);2007年11月,交通部《关于泰州港靖江港区八圩作业区恒德通用码头工程使用港口岸线的批复》(交规划发〔2007〕631号)。

项目建设1个20000吨级通用码头泊位(码头水工结构容许靠泊能力50000级)。岸线总长200米。码头采用引桥式布局、高桩式结构。码头前沿水深10米。项目后方堆场面积4.99万平方米。项目总投资5000万元,均为业主自有资金。用地面积4.99平方米。

项目建设单位为江苏恒德港口发展有限公司;设计单位为长江航运规划设计院;施工单位为中交一航局第二工程有限公司;监理单位为广州海荣建设监理有限公司;质监单位为泰州市交通工程质量监督站。

码头对外开放有力地促进了所属公司对外经济贸易的发展,为所属公司及江阴—靖江园区的迅猛发展提供了物流保障。码头投入使用后为所属公司生产的风力发电设备、港口起重机械和大型钢结构件产品的发运和园区内其他单位产品的发运、采购物品的装卸提供了便利。2013—2017年完成的吞吐量分别为3.20万吨、4.82万吨、1.37万吨、3.05万吨、4.27万吨。

(8)泰州港靖江港区新港作业区江苏国信靖江电厂一期专用码头工程

项目于2008年12月开工,2009年11月试运行,2016年11月竣工。

项目建设依据:2015年10月,江苏省发展和改革委员会《泰州港靖江港区新港作业区江苏国信靖江电厂一期专用码头工程项目核准的批复》(苏发改基础发〔2015〕1224号);2015年11月,江苏省交通运输厅《泰州港靖江港区新港作业区江苏国信靖江电厂一期专用码头工程初步设计的批复》(苏交港〔2015〕47号)。2016年1月,泰州市港口管理局《泰州港靖江港区新港作业区江苏国信靖江电厂一期专用码头工程施工图设计的批复》（泰港发〔2016〕6号）；2006年1月，国家环境保护总局《关于江苏国信靖江发电厂一期2600兆瓦机组工程环境影响报告书的批复》（环审〔2006〕31号）；2006年3月，《江苏省国信靖江发电有限公司一期2600兆瓦机组用地预审的初审意见》（苏国土资函〔2006〕147号）；2015年10月，交通运输部《泰州港靖江港区新港作业区江苏国信靖江电厂一期专用码头工程使用港口岸线的批复》（交规划发函〔2015〕698号）。

项目建设1个50000吨级煤炭码头泊位及1个3000吨级重件码头泊位。岸线总长372米。码头采用引桥式布局、高桩式结构。码头前沿水深15米。项目后方堆场面积90万平方米。主要装卸设备包括额定起重量为40吨、行距为25米的港口门座起重机1台，额定生产率为1600吨/小时的桥式抓斗卸船机。项目总投资3.1亿元，均为业主自有资金。用地面积90万平方米。

项目建设单位为江苏国信靖江发电有限公司；设计单位为中交第二航务工程勘察设计院有限公司；施工单位为中交第二航务工程局有限公司；监理单位为镇江市兴华工程建设监理有限责任公司；质监单位为泰州市交通工程质量监督站。

2017年项目完成煤炭总吞吐量713万吨，其中国信靖江电厂自用煤280万吨。

（9）泰州港靖江港区新港作业区二期工程项目

项目于2009年3月开工，2009年8月试运行，2010年4月竣工。

项目建设依据：2007年8月，江苏省发展和改革委员会《关于核准泰州港靖江港区新港作业区二期工程项目项目的通知》（苏发改交能发〔2007〕854号）；2008年4月，江苏省交通厅《关于泰州港靖江港区新港作业区二期工程初步设计的批复》（苏交港〔2008〕23号）。2008年9月，泰州市港口管理局《关于泰州港靖江港区新港作业区二期工程施工图设计的批复》（泰港发〔2008〕32号）；2005年12月，泰州市环境保护局《关于泰州港靖江港区新港作业区二期工程项目环境影响报告书的批复》（泰环计〔2005〕50号）；2008年2月，靖江市国土资源局《关于泰州港靖江港区新港作业区二期工程项目受让国有建设用地使用权的通知》（靖国土〔2008〕地出字12号）；2007年1月，交通部《关于泰州港靖江港区新港作业区二期工程使用港口岸线的批复》（交规划发〔2007〕28号）。

项目建设1个30000吨级多用途码头泊位、1个30000吨级件杂货码头泊位、1个10000吨级件杂货码头泊位（码头水工结构容许靠泊能力50000级）。岸线总长587米。码头采用引桥式布局、高桩式结构。码头前沿水深12.5米。项目后方堆场面积24.58万平方米。主要装卸设备包括25吨、35米门式起重机2台，45吨、35米门式起重机4台。项目总投资7.41亿元，资金来源分别是中业主自有资金和银行贷款。用地面积34.98万平方米。

项目建设单位为靖江盈利港务有限公司；设计单位为中交第二航务工程设计院有限

公司;施工单位为中交三航局第三工程有限公司;监理单位为上海东华建设管理有限公司;质监单位为泰州市交通工程质量监督站。

靖江盈利港务有限公司拥有大吨位门式起重机 17 台,重型装载机 33 台,其他各类机械 200 余台;建有木材仓储货场、钢材期货交割库和散货堆场,可以满足大批量木材、钢材等件散杂货的装卸、仓储作业需要。

(10)江苏长强钢铁有限公司码头一期工程

项目于 2009 年 4 月开工,2010 年 10 月试运行,2013 年 7 月竣工。

项目建设依据:2009 年 7 月,江苏省发展和改革委员会《关于核准泰州港靖江港区新港作业区粮食物流中心码头工程项目的通知》(苏发改交通发〔2009〕1035 号);2009 年 1 月,江苏省交通厅《关于泰州港靖江港区新港作业区粮食物流中心码头工程(不含后方陆域)初步设计的批复》(苏交港〔2009〕98 号)。2009 年 12 月,泰州市港口管理局批复《关于泰州港靖江港区新港作业区粮食物流中心码头工程施工图设计的批复》(泰港发〔2009〕43 号);2008 年 10 月,江苏省环境保护厅《关于对泰州港靖江港区新港作业区粮食物流中心码头工程环境影响报告书的批复复》(苏环管〔2008〕281 号);2010 年 6 月,靖江市国土资源局《关于泰州港靖江港区新港作业区粮食物流中心码头工程受让国有土地使用权的通知》(靖国土〔2010〕地出字 53 号);2009 年 2 月,交通运输部《关于泰州港靖江港区新港作业区粮食物流中心码头工程使用港口岸线的批复》(交规划发〔2009〕58 号)。

项目建设 1 个 35000 吨级散粮码头泊位、1 个 50000 吨级散粮码头泊位及 1 个 50000 吨级食用油码头泊位(码头水工结构均按靠泊 70000 吨级船舶设计)。岸线总长 771 米。码头采用引桥式布局、高桩式结构。码头前沿水深 15 米。项目后方堆场面积 13.7 万平方米。主要装卸设备包括 16 吨、35 米门座起重机 2 台、25 吨、35 米门座起重机 4 台,装船机 1 台,散油料秤 4 套。项目总投资 4.44 亿元,均为业主自有资金。用地面积 13.7 万平方米。

项目建设单位为靖江龙威粮油港务有限公司;设计单位为中交第二航务工程勘察设计院有限公司;施工单位为广东金东海集团有限公司;监理单位为天津天科工程监理咨询事务所;质监单位为泰州市交通工程质量监督站。

码头以粮油加工、储存、中转和贸易为主,业务范围覆盖全国、辐射亚太,在国内外粮油行业颇具影响。2013—2015 年吞吐量分别为 236 万吨、331 万吨、375 万吨。

(11)泰州港靖江港区八圩作业区恒德通用码头工程(二期)

项目于 2009 年 10 月开工,2011 年 10 月试运行。

项目建设依据:2008 年 11 月,江苏省发展和改革委员会《关于核准泰州港靖江港区八圩作业区恒德通用码头工程的通知》(苏发改交通发〔2008〕1410 号);2009 年 5 月,江苏省交通厅《关于泰州港靖江港区八圩作业区恒德通用码头工程初步设计的批复》(苏交港〔2009〕30 号);2009 年 10 月,泰州市港口局《关于泰州港靖江港区八圩作业区恒德通用码头工程施工图设计的批复》(泰港发〔2009〕38 号);2006 年 5 月,江苏省环境保护厅《关于对江苏恒德港口发展有限公司新建 2 万吨级码头项目环境影响报告书的批复》(苏环管〔2006〕70 号);2008 年 6 月,江苏省国土资源厅《江苏恒德港口发展有限公司通用码头工程项目用地的预审意见》(苏国土资预〔2008〕47 号);2007 年 11 月,交通部《关于泰州港靖江港区八圩作业区恒德通用码头工程使用港口岸线的批复》(交规划发〔2007〕631 号)。

项目建设 3 个 20000 吨级通用码头泊位(码头水工结构容许靠泊能力 50000 吨级)。岸线总长 564 米。码头采用引桥式布局、高桩式结构。码头前沿水深 10 米。项目后方堆场面积 24.42 万平方米。主要装卸设备包括额定起重量为 40 吨的起重机 2 台。项目总投资 4.56 亿元,均为其他国企资金。用地面积 24.42 万平方米。

项目建设单位为江苏恒德港口发展有限公司;设计单位为长江航运规划设计院;施工单位为中铁港航工程局有限公司;监理单位为江苏科兴工程建设监理有限公司;质监单位为泰州市交通工程质量监督站。

项目前期审批手续完备,并严格按照港口建设管理条例进行各项手续审批,但在施工过程中,因公司业务调整,码头建设发生设计变更,未能及时办理相关变更备案及申报。2009 年 7 月,将 2 号泊位码头宽度由 32 米变更为 35 米,并增设电缆沟一条。2010 年 12 月,码头建设完工后,恢复通用码头功能,仍作为公共码头使用,并将电缆沟用铁板覆盖。该项设计变更未进行施工图设计备案。2010 年 5 月,将原长 764 米调整为 737 米,减少了 27 米,4 座引桥调整为 3 座,该项变更与初步设计批复不符,未及时办理变更备案手续。

2 号泊位租赁给江苏大通国际港务有限公司经营,主要经营种类为件杂货,2013—2017 年吞吐量为 8.19 万吨、46.1 万吨、97.99 万吨、84 万吨、168 万吨。3 号、4 号泊位转让给新扬子造船有限公司。

(12)泰州港靖江港区新港作业区公用码头(三期)工程

项目于 2010 年 3 月开工,2011 年 7 月试运行,2017 年 11 月竣工。

项目建设依据:2010 年 2 月,江苏省发展和改革委员会《关于核准泰州港靖江港区新港作业区公用码头(三期)工程项目的通知》(苏发改交通发〔2010〕112 号);2010 年 6 月,江苏省交通运输厅《关于泰州港靖江港区新港作业区公用码头(三期)工程初步设计的批复》(苏交港〔2010〕42 号)。2010 年 12 月,泰州市港口管理局《关于泰州港靖江港区新港作业区公用码头(三期)工程施工图设计的批复》(泰港发〔2010〕46 号);2008 年 7 月,江苏省环境保护厅《关于泰州港靖江港区新港作业区公用码头(三期)工程项目环境影响报告书的批复》(苏环管〔2008〕157 号);2010 年 1 月,靖江国土局土地使用证(靖国用

〔2010〕第 118 号);2009 年 8 月,交通运输部《关于泰州港靖江港区新港作业区公用码头(三期)工程使用港口岸线的批复》(交规划发〔2009〕448 号)。

项目建设 2 个 50000 吨级件杂货码头泊位、1 个 40000 吨级多用途码头泊位。岸线总长 745 米。码头采用引桥式布局、高桩式结构。码头前沿水深 16.5 米。项目后方堆场面积 16.4 万平方米。项目总投资 7.53 亿元,资金来源为业主自有资金和银行贷款。用地面积 40.73 万平方米。

项目建设单位为靖江新华港务有限公司;设计单位为中交第四航务工程勘察设计院有限公司;施工单位为中交第二航务工程局有限公司;监理单位为镇江市兴华工程建设监理有限责任公司;质监单位为泰州市交通工程质量监督站。

2013 年 8 月 23 日通过对外开放国家级验收,目前已发展成长江下游地区最大的内贸粮食中转基地。码头所属公司目前主要货种为粮食、化肥、矿石、集装箱等,年吞吐量达 1000 万吨,其中粮食吞吐量达 900 万吨,运营状况良好。

(13)泰州港靖江港区新港作业区双江液体化工品码头工程

项目于 2010 年 3 月开工,2012 年 12 月试运行,2013 年 7 月竣工。

项目建设依据:2006 年 7 月,江苏省发展和改革委员会《关于泰州港靖江港区新港作业区双江液体化工品码头工程项目核准的通知》(苏发改交能发〔2006〕669 号);2009 年 1 月,江苏省交通厅《关于泰州港靖江港区新港作业区双江液体化工品码头工程初步设计的批复》(苏交港〔2009〕7 号)。2009 年 2 月,泰州市港口管理局《关于泰州港靖江港区新港作业区双江液体化工品码头工程施工图设计的批复》(泰港发〔2009〕5 号);2005 年 12 月,泰州市环境保护局《关于泰州港靖江港区新港作业区双江液体化工品码头工程环境影响报告书的批复》(泰环计〔2005〕49 号);2008 年 9 月,江苏省国土资源厅《关于泰州港靖江港区新港作业区双江液体化工品码头工程用地预审的意见》(苏国土资预〔2008〕111 号);2008 年 3 月,交通部《关于泰州港靖江港区新港作业区双江液体化工品码头工程使用港口岸线的批复》(交规划发〔2008〕116 号)。

项目建设 2 个 30000 吨级液体化工码头泊位(码头水工结构容许靠泊能力 50000 吨级)。岸线总长 460 米。码头采用顺岸引桥式布局、高桩式结构。码头前沿水深 14.5 米。项目后方无堆场。主要装卸设备包括装卸臂 6 套及工艺管线。项目总投资 1.27 亿元,均为业主自有资金。用地面积 2.6 万平方米。

项目建设单位为靖江双江港务有限公司;设计单位为长江航运规划设计院有限公司;施工单位为上海三航奔腾建设有限公司;监理单位为江苏华宁交通工程监理有限公司;质监单位为泰州市交通工程质量监督站。

2015 年吞吐量 190.80 万吨,其中液化气体吞吐量为 18.53 万吨。主要经营品种有醋酸乙酯、冰醋酸、甲醇、醋酸丁酯、丁醇、燃料油、混合芳烃、基础油等。2016 年"4.22"安全事故发生后,公司一直处于停业整改状态。

（14）泰州港靖江港区新港作业区公用码头五期工程

项目于 2011 年 1 月开工,2012 年 5 月试运行,2017 年 1 月竣工。

项目建设依据:2010 年 11 月,江苏省发展和改革委员《关于核准泰州港靖江港区新港作业区公用码头五期工程项目的通知》（苏发改基础发〔2010〕1477 号）;2011 年 3 月,江苏省交通运输厅《关于泰州港靖江港区新港作业区公用码头五期工程初步设计的批复》（苏交港〔2011〕22 号）。2011 年 3 月,泰州市港口管理局,《关于泰州港靖江港区新港作业区公用码头五期工程施工图设计（水工部分）的批复》（泰港发〔2011〕22 号）;2008 年 8 月,江苏省环境保护厅《关于泰州港靖江港区新港作业区公用码头五期工程环境影响报告书的批复》（苏环管〔2008〕184 号）;2010 年 9 月,江苏省国土资源厅《关于泰州港靖江港区新港作业区公用码头五期工程用地预审的意见》（苏国土资预〔2010〕146 号）;2010 年 4 月,交通运输部《关于泰州港靖江港区新港作业区公用码头五期工程使用港口岸线的批复》（交规划发〔2010〕200 号）。

项目建设 1 个 10000 吨级杂货码头泊位及 1 个 20000 吨级杂货码头泊位（码头水工结构容许靠泊能力 50000 吨级）。岸线总长 367 米。码头采用顺岸式布局、高桩式结构。码头前沿水深 11.6 米。项目后方堆场面积 28.45 万平方米。主要装卸设备包括门座起重机、轨道式门式起重机、轮胎式起重机、单梁桥式起重机、牵引车、平板车。装卸设备:MQ40-40、MQ40-35、MQ25-35 共 6 台。项目总投资 5.28 亿元,其中业主自有资金 2.11 亿元,其他银行贷款 3.17 亿元。用地面积 35 万平方米。

项目建设单位为靖江太和港务有限公司;设计单位为中交上海港湾工程设计研究院有限公司;施工单位为上海港务工程公司;监理单位为镇江市兴华工程建设监理有限责任公司;质监单位为泰州市交通工程质量监督站。

（15）泰州港靖江港区新港作业区三峰码头工程项目

项目于 2011 年 2 月开工,2013 年 1 月竣工。

项目建设依据:2011 年 12 月,江苏省发展和改革委员会《关于核准泰州港靖江港区新港作业区三峰码头工程项目的通知》（苏发改基础发〔2011〕2043 号）;2012 年 7 月,江苏省交通运输厅《关于泰州港靖江港区新港作业区三峰码头工程初步设计的批复》（苏交港〔2012〕70 号）。2012 年 8 月,泰州市港口管理局《关于泰州港靖江港区新港作业区三峰码头工程施工图设计（水工部分）的批复》（泰港发〔2012〕30 号）;2011 年 11 月,江苏省环境保护厅《关于泰州港靖江港区新港作业区三峰码头工程项目环境影响报告书的批复》（苏环审〔2011〕212 号）;2011 年 3 月,靖江市国土资源局《关于三峰靖江港务物流有限责任公司受让国有建设用地使用权的通知》（靖国土〔2011〕地出字 20 号）;2011 年 9 月 27 日,取得交通运输部关于该码头 1 号~3 号泊位的岸线批复（交规划发〔2011〕535 号）;

2011年5月13日,取得江苏省交通运输厅关于该码头项目4号~7号泊位的岸线批复（案号:0000008427）。

项目建设1个70000吨级通用散杂货码头泊位、1个40000吨级件杂货码头泊位、1个20000吨级件杂货码头泊位（码头水工结构容许靠泊能力10万吨级）、2个5000吨级杂货码头泊位、1个5000吨级散货码头泊位和1个3000吨级件杂货码头泊位（码头水工结构容许靠泊能力5000吨级）。码头采用引桥式布局、高桩式结构。1号~3号泊位码头平台长度为684米,码头前沿水深14.5米;4号~7号泊位码头平台长度为525米,码头前沿水深6米。项目后方堆场面积21.07万平方米。主要装卸设备包括40吨、30米门式起重机5台,40吨、35米门式起重机4台,1800吨/小时桥式抓斗卸船机3台,皮带输送机、装船机、斗轮堆取料机。项目总投资10.89亿元,其中业主自有资金3.27万亿元,其他银行贷款7.62亿元。用地面积28.71平方米。

项目建设单位为三峰靖江港务物流有限责任公司;设计单位为长江航运规划设计院;施工单位为上海港务工程公司和上海三航奔腾建设工程有限公司;监理单位为南京公正工程监理有限公司;质监单位为泰州市交通工程质量监督站。

试运行期间,由于受经济大环境的影响,加之环保验收一直横亘企业的正常运营,企业一直处于不良状况,远未能达到设计产能。2015年6月码头1号泊位被海事海轮撞损,直接影响了工程综合竣工验收的推进,2016年4月因严重欠债被迫停止生产运行。2017年10月新股东进入后,启动生产经营,重启了港口综合竣工验收程序,并于2018年2月通过了港口工程竣工验收,取得了港口经营许可证书。

（16）泰州港靖江港区新港作业区联合安能液体化工码头

项目于2011年11月开工,2016年1月试运行,2017年9月竣工。

项目建设依据:2011年12月,江苏省发展和改革委员会《关于核准泰州港靖江港区新港作业区联合安能液体化工码头项目的通知》（苏发改基础发〔2011〕2086号）;2012年2月,江苏省交通运输厅《关于泰州港靖江港区新港作业区联合安能液体化工码头初步设计的批复》（苏交港〔2012〕20号）。2012年4月,泰州市港口管理局《关于泰州港靖江港区新港作业区联合安能液体化工码头施工图设计（水工部分）的批复》（泰港发〔2012〕12号）;2011年1月,江苏省环境保护厅《关于对泰州港靖江港区新港作业区联合安能液体石化码头及配套设施工程环境影响报告书的批复》（苏环审〔2011〕22号）;2013年6月,靖江市国土资源局土地使用证（靖国用〔2013〕第139号）;2011年9月,交通运输部《关于泰州港靖江港区新港作业区联合安能液体化工码头工程使用港口岸线的批复》（交规划发〔2011〕484号）。

项目建设2个30000吨级液体化工品码头泊位（码头水工结构容许靠泊能力50000吨级）。岸线总长460米。码头采用引桥式布局、高桩式结构。码头前沿水深14.5米。

主要装卸设备包括装卸臂 6 台、软管、工艺管线。项目总投资约 1.52 亿元,资金来源为业主自有资金和银行贷款。用地面积 23.8 万平方米。

项目建设单位为联合安能石化有限公司;设计单位为中交第三航务工程局勘察设计院有限公司;施工单位为中交第二航务工程局有限公司;监理单位为武汉中澳工程项目管理有限责任公司;质监单位为泰州市交通工程质量监督站。

主要装卸货种有甲醇、乙醇、燃料油、汽油和柴油 5 个品种,运营状况良好。

(17)泰州港靖江港区新港作业区码头工程(六期)

项目于 2011 年 11 月开工,2012 年 8 月试运行。

项目建设依据:2010 年 5 月,江苏省发展和改革委员会《关于核准泰州港靖江港区新港作业区码头工程(六期)项目的通知》(苏发改基础发〔2010〕532 号);2010 年 9 月,江苏省交通运输厅《关于泰州港靖江港区新港作业区码头工程(六期)初步设计的批复》(苏交港〔2010〕80 号)。2011 年 2 月,泰州市港口管理局《关于泰州港靖江港区新港作业区码头工程(六期)施工图设计(水工部分)的批复》(泰港发〔2011〕8 号);2012 年 6 月,泰州市港口管理局《关于泰州港靖江港区新港作业区码头工程(六期)施工图设计(道路堆场部分)的批复》(泰港发〔2012〕19 号);2008 年 5 月,靖江市环境保护局《关于泰州港靖江港区新港作业区码头工程(六期)环境影响报告书的批复》(靖环审〔2008〕18 号);2011 年 5 月,靖江市国土资源局《关于靖江市苏通港务有限公司受让国有建设用地使用权的通知》(靖国土〔2011〕地出字 35 号);2010 年 2 月,江苏省交通运输厅《关于泰州港靖江港区新港作业区码头工程(六期)使用港口岸线的批复》(苏交港〔2010〕8 号)。

项目建设 2 个 5000 吨级件杂货码头泊位(码头水工结构容许靠泊能力 10000 吨级)。岸线总长 293 米。码头采用顺岸式布局、高桩式结构。码头前沿水深 8.8 米。项目后方堆场面积 10.4 万平方米。主要装卸设备包括门座起重机、轨道式门式起重机、轮胎式起重机、单梁桥式起重机、牵引车、平板车。项目总投资 3.21 亿元,其中业主自有资金 1.28 亿元,其他银行贷款 1.93 亿元。用地面积 18.05 万平方米。

项目建设单位为靖江苏通港务有限公司;设计单位为武汉港湾设计院有限公司;施工单位为中交第三航务工程局有限公司;监理单位为武汉中澳工程项目管理有限责任公司;质监单位为泰州市交通工程质量监督站。

该码头已停止运营,2019 年被收购。

(四)高港港区

1. 港区综述

(1)港区建设和运营情况

1995 年 8 月,泰州港集装箱内支线运输业务正式开通。1996 年,高港港在老港区上游 6 千米毗邻引江河上游河口处开工建设杨湾作业区。1999 年 1 月,杨湾作业区一期工程竣工投产。2005 年 10 月,在高港作业区下游约 5 千米处的永安洲镇古马干河上游河口开工建设永安作业区一期工程,2006 年 11 月 29 日,工程完工并试运行。至 2008 年,泰州港高港港区拥有高港、杨湾、永安三大作业区,总面积达 81.4 万平方米,是新中国成立初港区面积的 12 倍。至 2015 年底,高港港区共有泊位 37 个,万吨级以上泊位 18 个。

泰州港集装箱运输全部集中在高港港区,主要为本地集装箱提供内支线和内贸运输服务。2011 年泰州港集装箱吞吐量 11 万 TEU。未来随着泰州港大型专业化集装箱泊位建设、后方集疏运网络的不断完善,泰州港的区位优势将逐渐得到显现,集装箱集聚效应也将不断增强,在逐步增加对泰州本市货源吸引力的同时,将逐步扩大对苏北、苏中地区的辐射能力。2012—2015 年货物吞吐量分别为 5559 万吨、4351 万吨、3853 万吨、3135 万吨。

(2)港区地理条件和集疏运概况

在引江河以上的杨湾作业区范围内主要为全新世冲海相堆积物(含砾细砂、砾砂等)。地层分为三层依次为:沙层有淤泥或淤泥质亚黏土、亚黏土及粉细砂,厚度在 1～3 米;黏土层由亚黏土、亚砂土及粉细砂组成,厚度为 1～20 米;含砾细砂层,含砾细砂和砾砂,厚度一般为 8 米左右。引江河以下的其他作业区属于长江下游河漫滩地貌,沉积 40～50 米厚的第四纪全新统冲积层,上部以粉细砂为主,具有明显二元结构。

高港港区长江岸线范围上起江都界,下至东夹江,沿江自然岸线全长约 20 千米。从高港港区溯江而上,距南京 145 千米。港区对外交通便利,可通过宁通高速公路、沿江高等级公路、新长铁路及宁启铁路与外界相连,通过江阴大桥、泰州大桥与沪宁高速相连。港区具备通江达海的有利地势,上游水道可到长江水道,与其他内河分支相接,往下长江口入东海、黄海,可到达我国沿海各地。

2.港区工程项目

(1)泰州港高港港区杨湾作业区一期工程项目

项目于 1996 年 4 月开工,1999 年 4 月试运行,2002 年 12 月竣工。

项目建设依据:1994 年 11 月,交通部《关于高港港杨湾港区一期工程可行性研究报告的批复》(交计发〔1994〕1233 号);1995 年 6 月交通部《关于高港港杨湾港区一期工程初步设计的批复》(交基发〔1995〕536 号);1994 年 4 月,交通部长江航务管理局环保办《关于审批的函》(航环〔1994〕11 号);1993 年 12 月,泰兴市人民政府《关于同意高港港万吨级泊位建设使用陆域的批复》(泰政复〔1993〕720 号);1995 年 10 月,水利部长江水利委员会《关于江苏省高港港务局使用江滩水域建设杨湾港区一期工程的请示的批复》(长江务〔1995〕740 号)。

高港港杨湾港区一期工程原建设 1 个 15000 吨级杂货码头、4 个 100 吨级多用途内河泊位,共5个泊位。改扩建时将4个内河泊位加宽至30米,与15000吨级码头前沿顺齐,建成1个10000吨级通用码头泊位,最终形成1个15000吨级多用途码头泊位及1个10000吨级通用码头泊位(码头水工结构兼顾50000吨级)。岸线总长360米。码头采用顺岸式布局、高桩式结构。码头前沿水深18.5米。项目后方堆场面积12万平方米,堆存能力60万吨。主要装卸设备包括额定起重量为10～25吨的港口门座起重机4台、额定起重量大于25吨的港口门座起重机1台、轨距为35～50米的轨道式集装箱门式起重机1台。项目总投资2.29亿元,其中中央投资4014万元,地方投资8890万元,业主自有资金1088万元,政策性银行8890万元。用地面积21.08万平方米。

项目建设单位为泰州港务管理局(现为泰州港务集团有限公司);设计单位为中交第三航务工程勘察设计院有限公司;施工单位为中交第二航务工程局第四工程公司;监理单位为镇江市兴华工程建设监理有限责任公司;质监单位为长江航务工程质量监督中心站。

泰州港高港港区杨湾作业区一期工程地处长江北岸,南京至吴淞口间的中部,长江和引江河的交汇处,是苏北里下河地区入江出海的门户;以"三泰"地区为依托,腹地资源丰富,水路、公路集疏运条件好。

工程投产后,有效缩短了"三泰"和苏北里下河地区运输周期,降低了货损和运输费用,合理调整完善了长江下游两岸港口设施布局,加快发展苏北战略目标的实施。

工程作为泰州市第一座万吨级码头,完善了泰州的口岸环境,提升了泰州市的港口地位,加快了泰州港发展速度,提高了港口的综合能力,缓解了高港港区货场、泊位严重不足的状态,码头新购置的起重设备有效改善了该地区设备起重能力低、设备陈旧老化的现状。

2010年,泰州港高港港区杨湾作业区一期工程吞吐量930.82万吨,比2009年增长20.71%,占泰州港总吞吐量的33.17%。

(2)江苏泰州石化总厂泰州港油码头项目

项目于2001年3月开工,2003年2月试运行,2003年3月竣工。

项目建设依据:2001年5月,江苏省发展计划委员会《关于江苏泰州石化总厂泰州港油码头项目可行性研究报告的批复》(苏计基础发〔2001〕417号);2001年11月,江苏省发展计划委员会《关于江苏泰州石化总厂泰州港油码头项目建设建议书的批复》(苏计基础发〔2001〕126号)。2001年11月,江苏省发展计划委员会《关于江苏泰州石化总厂泰州港油码头项目工程初步设计的批复》(苏计基础发〔2001〕1165号)。2014年,江苏海事局《关于泰州海泰油品装卸有限公司码头结构加固改造工程的通航安全核准意见》(苏海事函〔2014〕130号);原1个20000吨级油品码头(兼30000吨级)通过结构加固改造,将码头改造成一个50000吨级油品码头。2001年3月,泰州市环保局以泰环计(2001)3号文件出具环评批复;2001年4月,水利部长江水利委员会《关于江苏泰州石油化工总厂泰州港油码头工程使（占）用长江岸线水域的批复》（长江务〔2001〕144号）。

项目原计划建设为1个20000吨级原油码头泊位、1个500吨级成品油码头泊位；后升级为1个50000吨级原油码头泊位、1个500吨级成品油码头泊位。岸线总长275米。码头采用引桥式布局、高桩式结构。码头前沿水深14.5米。项目后方堆场面积2.59万平方米，堆存能力21万吨。主要装卸设备包括输油臂5套。项目总投资4629万元，其中业主自有资金1388.7万元，其他银行贷款3240.3万元。用地面积8044平方米。

项目建设单位为泰州石化总厂（泰州海泰油品装卸有限公司）；设计单位为交通部第三航务工程勘察设计院；施工单位为中海工程建设总局宁波工程建设局；监理单位为镇江市兴华工程建设监理公司；质监单位为长江航务工程质量监督中心站。

2011—2015年吞吐量分别为108.73万吨、162.90万吨、267.20万吨、275.10万吨、391.20万吨。

（3）泰州杨湾海螺水泥有限责任公司专用码头项目

项目于2003年3月开工，2003年12月试运行，2004年2月竣工。

项目建设依据：2002年10月，江苏省发展计划委员会《关于泰州杨湾海螺水泥有限公司专用码头工程可行性研究报告的批复》（苏计基础发〔2002〕1177号）；2003年1月，江苏省发展计划委员会《关于泰州杨湾海螺水泥有限公司专用码头工程初步设计的批复》（苏计基础发〔2003〕39号）。2002年9月，泰州市环境保护局《关于泰州杨湾海螺水泥有限公司专用码头工程项目环境影响报告书的批复》（泰环计〔2002〕12号）；2003年1月，土地使用证（泰州国用〔2003〕字第0041号）；2002年11月，水利部长江水利委员会《关于泰州杨湾海螺水泥有限责任公司专用码头占用长江岸线、水域的批复》（长江务〔2002〕607号）。

项目建设1个30000吨级水泥出口码头泊位及1个3000吨级原料进口码头泊位（码头水工结构容许靠泊能力50000吨级）。岸线总长318米。码头采用引桥式布局、高桩式结构。码头前沿水深11米。主要装卸设备包括：出口泊位，效率为1500吨/小时的直线轨道式散货装船机，带宽为1.4米的皮带输送机；进口泊位，平衡式起重机1台，带宽为1.4米的皮带输送机。项目总投资5233.19万元，均为业主自有资金。用地面积19万平方米。

项目建设单位为泰州杨湾海螺水泥有限责任公司；设计单位为长江航运规划设计院；施工单位为中港第二航务工程局；监理单位为镇江市新华工程建设监理公司；质监单位为镇江港口建设工程质量监督站。

（4）泰州港高港港区永安作业区一期工程

项目于2004年12月开工，2006年11月试运行，2007年11月竣工。

项目建设依据：2006年9月，江苏省发展和改革委员会《关于核准泰州港高港港区永安作业区码头一期工程项目的批复》（苏发改交能发〔2006〕1049 号）；2005 年 7 月，泰州市环境保护局《关于泰州港永安港区一期工程环境影响报告书的批复》（泰环发〔2005〕15 号）；2006 年 3 月，江苏省国土资源厅《关于泰州港务有限公司永安港区一期工程用地的预审意见》（苏国土资函〔2006〕176 号）；2006 年 7 月，交通部《关于泰州港高港港区永安作业区一期工程使用港口岸线的批复》（交规划发〔2006〕337 号）。

项目建设 1 个 50000 吨级装卸散货件杂货的通用泊位，内档建设 1000 吨级散货过驳泊位 1 个、1000 吨级散货出口泊位 1 个。岸线总长 270 米。码头采用顺岸式布局、高桩式结构。码头前沿水深 15 米。项目后方堆场面积 9.4 万平方米，堆存能力 30 万吨。主要装卸设备包括额定起重量为 10～25 吨的港口门座起重机 3 台、额定生产率小于 1000 吨/小时的散货装船机 1 台。项目总投资 1.2 亿元，均为业主自有资金。用地面积 6.5 万平方米。

项目建设单位为原为泰州港务有限公司，后变更为泰州永安港务有限公司；设计单位为中交第二航务工程勘察设计院有限公司；施工单位为中海工程建设总局宁波分局、泰兴市政工程有限公司、南京港港务工程公司等；监理单位为江苏科兴工程建设监理有限公司；质监单位为镇江港口建设工程质量监督站和泰州市建设工程质量监督站。

工程投入运营后，为永安洲工业园区的正常生产提供了必要的运输条件，解决了泰州港务有限公司拥有的泊位和装卸设备不满足运输要求和多样化货物装卸的问题。

为满足生产需求 2013 年 3 月，通过对永安作业区一期工程水工结构加固改造，将 50000 吨级通用泊位升级为 70000 吨级通用泊位。

（5）国电泰州发电有限公司一期工程码头工程

项目于 2005 年 2 月开工，2007 年 8 月试运行，2009 年 11 月竣工。

项目建设依据：2005 年 3 月，国家发展和改革委员会《关于江苏国电泰州电厂一期工程核准的批复》（发改能源〔2005〕546 号）；2005 年 12 月，中国国电集团《关于江苏国电泰州电厂一期（2×1000 兆瓦）工程初步设计的批复》（国电集工〔2005〕451 号）；2005 年 1 月，国家环境保护总局《关于国电泰州电厂 2×1000 兆瓦机组工程环境影响报告书审查意见的复函》（环审〔2005〕83 号）；2006 年 1 月，泰州市人民政府国有土地使用证（泰州国用〔2006〕第 03018005 号）；2005 年 3 月，水利部《关于国电泰州发电有限公司一期项目涉水工程涉及河道管理有关问题的批复》（长江务〔2005〕109 号）。

项目建设 1 个 35000 吨级煤炭专用码头泊位（码头水工结构容许靠泊能力 50000 吨级）及 1 个 2000 吨级大件驳船码头泊位。岸线总长 370 米。码头采用顺岸式布局、高桩式结构。码头前沿水深 14.4 米。项目后方堆场面积 13.2 平方米，堆存能力 45 万吨。主要装卸设备包括桥式抓斗卸船机 2 台、带式输送机 2 台。项目总投资 2.94 亿元，均为业主自有资金。用地面积 14.1 万平方米。

项目建设单位为国电泰州发电有限公司;设计单位为中交第三航务工程勘察设计院有限公司;施工单位为中交第二航务工程局第四工程公司、中海工程建设总局宁波分局;监理单位为镇江市兴华工程建设监理有限责任公司、江苏科兴工程建设监理有限公司;质监单位为镇江市港口建设工程质量监督站。

2011—2015 年吞吐量分别为 542.33 吨、570.90 吨、587.93 吨、528.83 吨、525.62 吨。

(6)泰州港高港港区公用液体化工码头项目

项目于 2007 年 2 月开工,2008 年 10 月试运行,2011 年 9 月竣工。

项目建设依据:2007 年 9 月,江苏省发展和改革委员会《关于核准泰州港高港港区公用液体化工码头工程项目的批复》(苏发改交能发〔2007〕972 号);2007 年 11 月,江苏省交通厅《关于泰州港高港港区公用液体化工码头工程初步设计的批复》(苏交港〔2007〕70 号)。2007 年 11 月,泰州市港口管理局《关于泰州港高港港区公用液体化工码头工程施工图设计的批复》(泰港发〔2007〕11 号);2007 年 3 月,江苏省环境保护厅《关于对江苏海企港务有限公司化工码头工程环境影响报告书的批复》(苏环管〔2007〕62 号);2007 年 6 月,江苏省国土资源厅《关于江苏海企化工港务有限公司码头工程项目用地的预审意见》(苏国土资函〔2007〕444 号);2006 年 11 月,交通部《关于泰州港高港港区公用液体化工码头工程使用港口岸线的批复》(交规划发〔2006〕623 号)。

项目建设 1 个 40000 吨级化学品码头泊位、1 个 20000 吨级化学品码头泊位(码头水工结构容许靠泊能力 40000 吨级)及 3 个 500 吨级化学品码头泊位。岸线总长 436 米。码头采用引桥式布局、高桩式结构。码头前沿水深 13.8 米。项目后方储罐容量 30 万立方米。主要装卸设备包括化学品输送管线及配套的阀门。项目总投资 7412.84 万元,其中业主自有资金 3912.84 万元,其他银行贷款 3500 万元。用地面积 2196 平方米。

项目建设单位为江苏海企港务有限公司;设计单位为中交第二航务工程勘察设计院有限公司;施工单位为中交第一航务工程局有限公司、江苏龙海建工集团有限公司、江苏省消防工程有限公司等;监理单位为江苏科兴工程建设监理有限公司、南京金陵石化建设监理有限公司;质监单位为泰州市交通工程质量监督站,江苏省特种设备安全监督检验研究院泰州分院。

项目立足当地,服务苏中,为长江中上游、运河沿岸、东南和东海的大型生产性企业提供中转物流服务。2012—2015 年吞吐量分别为 75 万吨、51 万吨、147 万吨、139 万吨。

(7)泰州港高港港区作业区沥青码头改扩建工程项目

项目于 2008 年 5 月开工,2009 年 8 月竣工。

项目建设依据:2008 年 12 月,江苏省发展和改革委员会《关于核准泰州港高港港区高港作业区沥青码头改扩建工程项目的通知》(苏发改交通发〔2008〕1911号);2009年5月,江苏省交通厅《关于泰州高港港区高港作业区沥青码头改扩建工程初步设计的批复》(苏交港〔2009〕29号)。2009年9月,泰州市港口局《关于泰州高港港区高港作业区沥青码头改扩建工程施工图设计的批复》(泰港发〔2009〕34号);2008年10月,江苏省环境保护厅文件《关于对泰州市新滨江开发有限责任公司泰州港高港港区高港作业区沥青码头改扩建工程环境影响报告书的批复》(苏环管〔2008〕272号);2008年4月,土地使用证(泰州国用〔2008〕第3181号);2008年11月,交通运输部《关于泰州港高港港区高港作业区沥青码头改扩建工程使用港口岸线的批复》(交规划发〔2008〕470号)。

项目建设1个30000吨级原油码头泊位(码头水工结构容许靠泊能力50000吨级)、1个5000吨级原油码头泊位及4个500吨级原油码头泊位。岸线总长397米。码头采用引桥式布局、高桩式结构。码头前沿水深13.7米。项目后方无堆场。主要装卸设备包括液压装卸臂28台、流量计及工艺管线。项目总投资约1.58亿元,其中业主自有资金7600万元,其他银行贷款8242.76万元。用地面积1.23万平方米。

项目建设单位为泰州市通江油品装卸有限公司;设计单位为中交第二航务工程勘察设计院有限公司;施工单位为中交第二航局第三工程有限公司、江苏永安消防工程有限公司、常州工业设备安装有限公司;监理单位为上海科工程监理所;质监单位为泰州市交通工程质量监督站、江苏特种设备安全监督检验研究院泰州分院。

2014年码头吞吐量为205万吨,2015年码头吞吐量为141万吨。

(8)泰州港高港港区杨湾作业区海螺水泥码头二期工程

项目于2008年10月开工,2009年11月试运行,2010年11月竣工。

项目建设依据:2008年4月,江苏省发展和改革委员会《关于核准泰州港高港港区杨湾作业区海螺水泥码头二期工程项目的通知》(苏发改交通发〔2008〕435号);2008年6月,江苏省交通厅《关于泰州港高港港区杨湾作业区海螺水泥码头二期工程初步设计的批复》(苏交港〔2008〕50号)。2008年9月,泰州市港口管理局《关于泰州港高港港区杨湾作业区海螺水泥码头二期工程施工图的设计》(泰港发〔2008〕30号);2007年4月,江苏省环境保护厅《关于对泰州杨湾海螺水泥有限责任公司扩建年产300万吨水泥粉磨生产线及配套码头项目环境影响报告书的批复》(苏环管〔2007〕82号);2008年1月,泰州市人民政府土地使用证(泰州国用〔2008〕第171号);2008年3月,交通部《关于泰州港高港港区杨湾作业区海螺码头二期工程使用港口岸线的批复》(交规划发〔2008〕121号)。

项目改建为1个70000吨级散货码头泊位。岸线总长360米。码头采用引桥式布局、高桩式结构。码头前沿水深5米。主要装卸设备包括桥式卸船机一台、移动式装船机一台。项目总投资1亿元,均为业主自有资金。用地面积19万平方米。

项目建设单位为泰州杨湾海螺水泥有限责任公司;设计单位为长江航运规划设计院;

施工单位为中国水产广州建港工程公司;监理单位为江苏科兴工程建设监理有限公司;质监单位为泰州市交通工程质量监督站。

码头项目的建成为泰州杨湾海螺产能发挥奠定坚实的基础,2012—2017年港口完成吞吐量5056万吨。

(9)泰州港高港港区永安作业区二期工程项目

项目建设依据:2009年4月,江苏省发展和改革委员会《关于核准泰州高港港区永安作业区二期码头工程项目的通知》;2009年8月,江苏省交通运输厅《关于泰州港高港港区永安作业区二期码头工程初步设计的批复》(苏交港〔2009〕62号)。2008年8月,江苏省环境保护厅《关于对泰州港高港港区永安作业区二期工程环境影响报告书的批复》(苏环管〔2008〕170号);2009年3月,江苏省国土资源厅《关于泰州港高港港区永安作业区二期码头工程项目用地的预审意见》(苏国土资预〔2009〕18号);2008年12月,交通运输部《关于泰州港高港港区永安作业区二期码头工程使用港口岸线的批复》(交规划发〔2008〕489号)。

项目新建2个40000吨级杂货码头泊位。岸线总长435米。码头采用顺岸式布局、高桩式结构。码头前沿水深15米。项目后方堆场面积12.6万平方米,堆存能力45万吨。主要装卸设备包括型号为MQ2533的港口门座起重机6台、载重量为7吨的装载机7台、额定起重量为5吨的叉车8台、型号为现代225LC-7的挖掘机2台。项目总投资2.42亿元,其中业主自有资金9600万元,其他银行贷款1.46亿元。用地面积193亩,其中征用国有土地93亩,租赁益海(泰州)粮油工业有限公司100亩(2016年此地已经归还益海公司)。

2015年6月18日江苏省交通运输厅港口局批复同意永安作业区二期工程可减载靠泊70000吨级散货船。

(10)泰州港高港港区永安作业区三期工程项目

项目于2011年4月开工,2015年1月试运行,2017年3月竣工。

项目建设依据:2013年7月,江苏省发展和改革委员会《关于核准泰州港高港港区永安作业区三期工程项目的通知》(苏发改基础发〔2013〕1133号);2013年10月,江苏省交通运输厅《关于泰州港高港港区永安作业区三期工程初步设计的批复》(苏交港〔2013〕71号);2014年1月14日,江苏省交通运输厅同意初步设计变更;2012年7月,江苏省环境保护厅《关于对泰州港高港港区永安作业区三期工程环境影响报告书的批复》(苏环审〔2012〕156号);2013年5月,江苏省国土资源厅《关于泰州港高港港区永安作业区三期工程项目用地的预审意见》(苏国土资源〔2013〕76号);2011年8月,交通运输部批复《关于泰州港高港港区永安作业区三期工程使用港口岸线的批复》(交规划发〔2011〕426号)。

项目建设为 1 个 40000 吨级通用码头泊位(码头水工结构容许靠泊能力 50000 吨级)。岸线总长 235 米。码头采用引桥式布局、高桩式结构。码头前沿水深 13 米。项目后方堆场面积 11 万平方米,堆存能力 165 万吨。主要装卸设备包括集装箱正面吊 2 台、空箱堆高机 2 台。项目总投资 3.75 亿元,均为地方政府投资。用地面积 14.4 万平方米。

项目建设单位为泰州国际集装箱码头有限公司;设计单位为交通运输部第三航务工程勘察设计院有限公司;施工单位为中海工程建设总局、陕西建工机械施工集团有限公司、江苏享海交通工程有限公司;监理单位为镇江市兴华工程建设监理公司;质监单位为泰州市交通工程质量监督站。

2016 年完成集装箱箱量 25.32 万 TEU,总收入 6000 万元,同比增长 25.8%。2017 年完成集装箱吞吐量 33.03 万 TEU。

(11)泰州港高港港区永安作业区梅兰港务有限公司通用泊位工程

项目于 2013 年 7 月开工,2015 年 3 月竣工。

项目建设依据:2009 年 3 月,江苏省发展和改革委员会《关于核准泰州港高港港区永安作业区梅兰港务有限公司通用泊位工程项目的通知》(苏发改交通发〔2009〕315 号);2009 年 7 月,江苏省交通厅《关于泰州港高港港区永安作业区梅兰港务有限公司通用泊位工程初步设计的批复》(苏交港〔2009〕55 号)。2009 年 10 月,泰州市港口管理局《关于泰州港高港港区永安作业区梅兰港务有限公司通用泊位工程施工图设计的批复》(泰港发〔2009〕39 号);2007 年 9 月,江苏省环境保护厅《关于梅兰长江化工有限公司货运码头工程环境影响报告书的批复》(苏环管〔2007〕200 号);2019 年 7 月,国有建设用地使用权(不动产权第 0059931 号)(新办);2008 年 7 月,交通运输部《关于泰州港高港港区永安作业区梅兰港务有限公司通用泊位使用港口岸线的批复》(交规划发〔2008〕200 号)。

项目建设 1 个 35000 吨级通用码头泊位(码头水工结构容许靠泊能力 50000 吨级)。岸线总长 210 米。码头采用顺岸式布局、高桩式结构。码头前沿水深 13.1 米。项目后方堆场面积 7.24 万平方米,堆存能力 277 万吨。主要装卸设备包括门座起重机、皮带输送机、单悬臂堆料机、斗轮堆取料机、牵引车、平板车。项目总投资 3.09 亿元,其中业主自有资金 1.49 亿元,其他银行贷款 1.6 亿元。用地面积 32.21 万平方米。

项目建设单位为泰州梅兰港务有限公司;设计单位为中设设计集团股份有限公司;施工单位为中交二航局第三工程有限公司;监理单位为镇江市新华工程建设监理公司;质监单位为泰州市交通工程质量监督站。

2016 年泰州国际集装箱码头有限公司获得交通运输部《关于泰州港高港港区永安作业区梅兰港务有限公司通用泊位工程变更岸线使用人的批复》(交规划函〔2016〕112 号),项目处于停产状态。

（12）泰州港高港港区高港作业区通用泊位(4号、5号、6号泊位)改造工程项目

项目于2013年12月开工,2014年12月试运行,2015年12月竣工。

项目建设依据:2014年3月,泰州医药高新区发改委《关于核准泰州港务集团有限公司泰州港高港港区高港作业区通用泊位(4#、5#、6#泊位)改造项目的通知》(泰高新发改发〔2014〕31号);2014年6月,泰州市港口管理局《关于泰州港高港港区高港作业区4号至6号泊位改扩建工程初步设计的批复》(泰港发〔2014〕17号);2014年6月,泰州市环境保护局批复《关于对〈泰州港务集团有限公司泰州港高港港区高港作业区通用泊位(4#、5#、6#泊位)改造工程环境影响报告书〉的批复》(泰环高新〔2014〕67号);2016年12月,国有建设用地使用证(苏〔2016〕泰州不动产权第0036569号);2014年3月,交通运输部《关于泰州港高港港区高港作业区通用泊位(4#、5#、6#泊位)改造工程使用港口岸线的批复》(交函规划〔2014〕58号)。

项目将原有4号、5号、6号泊位进行改造,建设为1个10000吨级通用码头泊位(码头水工结构容许靠泊能力30000吨级)、2个10000吨级通用码头泊位、2个500吨级待泊码头泊位。岸线总长337米。码头采用引桥式布局、高桩式结构。码头前沿水深12.3米。项目后方堆场面积12万平方米,堆存能力60万吨。主要装卸设备包括5台25吨门式起重机及1台10吨门式起重机。项目总投资1.62亿元,资金来源业主自有资金。用地面积20万平方米。

项目建设单位为泰州港务集团有限公司;设计单位为中交第三航务工程勘察设计院;施工单位为中海工程建设总局;监理单位为镇江市兴华工程建设监理有限责任公司;质监单位为泰州市交通工程质量监督站。

泰州高港港务有限公司于2016年9月1日成立,泰州港高港港区高港作业区通用泊位(4号、5号、6号泊位)改造工程划归该公司,2017年,已加入江苏省港口集团。自投产后码头吞吐量稳步上升,2017码头总营业收入3906.4万元,货物吞吐量796万吨。

（13）国电泰州电厂二期工程项目配套煤炭码头工程

项目于2014年9月开工,2015年12月试运行,2017年7月竣工。

项目建设依据:2014年9月,国家发展和改革委员会《关于江苏国电泰州扩建"二次再热"示范工程项目核准的批复》(发改能源〔2014〕2020号);2015年1月,交通运输部《关于江苏国电泰州扩建"二次再热"示范工程配套煤炭码头工程初步设计的批复》(交水函〔2015〕58号)。2013年7月,环境保护部《关于江苏国电泰州电厂二期百万千瓦超超临界二次再热燃煤发电示范项目环境影响报告书的批复》(环审〔2013〕176号);2006年4月,泰州市水利局批复《关于同意国电泰州发电有限公司二期工程利用长江岸线的函》(泰水函〔2006〕10号)。

项目建设1个50000吨级煤炭专用码头泊位(码头水工结构容许靠泊能力70000吨

级)。岸线总长 290 米。码头采用引桥式布局、高桩式结构。码头前沿水深 14.4 米。项目后方堆场与国电泰州发电有限公司一期工程码头工程共用。项目总投资 3.06 亿元,均为业主自有资金。用地面积 8100 平方米。

项目建设单位为国电泰州发电有限公司;设计单位为中交第三航务工程勘察设计院有限公司;施工单位为中交第二航务工程局第四工程公司;监理单位为镇江市兴华工程建设监理有限责任公司;质监单位为江苏省交通运输厅工程质量监督局。

2015 年试运行当年吞吐量 525.62 万吨,2016 年吞吐量 988.54 万吨。

十、徐州港

(一)港口概况

1. 港口综述

徐州港位于江苏省西北部,地处苏、鲁、豫、皖四省交界,沿东陇海线发展带西部、沿运河发展带北部,处在我国东部沿海与中西部地区、长三角经济区与京津冀经济区结合部,在全国区域经济发展中具有承东启西、沟通南北、全方位开放的战略地位,是全国 28 个内河主要港口之一,是国家"北煤南运"大通道的铁水中转基地,是长江三角洲综合运输体系的重要物流节点,是徐州国家级综合运输枢纽的重要组成部分,被誉为"京杭运河第一港"。

新中国成立后,徐州市开展了大规模的航道建设,1958 年,国家为解决北煤南运问题,建设了京杭运河不牢河段,揭开了徐州港发展的新篇章。1976 年 4 月,徐州港务管理局成立,下辖万寨、孟家沟和双楼三个作业区。经过数年泊位的扩建和改造,到 1999 年底,徐州港务局已跻身于全国内河港口十强的行列。2001 年,徐州港务局与邳州港务局重组,合并成为徐州港务集团,为京杭运河上的大型港口企业,主要承担着北煤南运的中转任务。此后,由徐州各市县政府先后投资建设一定规模的港口码头,到 2007 年,徐州港完成吞吐量 5150 万吨,成为全国 28 个内河主要港口之一。徐州市基本形成以京杭运河、中运河、顺堤河为主骨架,房亭河、西泇河等为补充的干支相接的航道网络,为水运业和经济社会发展发挥了积极作用。

至 2015 年,徐州市共有航道 51 条,里程 1032.99 千米,约占全省航道总里程的 4.26%,等级航道 574.31 千米,占全市航道总里程的 55.6%。其中二级航道 123.76 千米,三级航道 35.4 千米,四级航道 43.63 千米,五级航道 93.48 千米,六级航道 123.94 千米,七级航道 154.1 千米。被誉为"黄金水道"的京杭运河斜贯徐州市区及沛县、邳州市、新沂市,在徐州市境内长 181.2 千米,是国家水运主通道,也是"南水北调"工程的输水通道,在徐州境内北接微山湖,南连骆马湖,规划为二级航道。目前,蔺家坝以下段京杭运河已达二级通航标准。

顺堤河待泊锚地是顺堤河作业区疏港航道的配套工程,在顺堤河作业区煤炭码头一期工程下游侧,根据地形条件和待泊需求,兼顾规划码头二期工程的发展可能性,锚地设置在航道右岸。锚地靠泊长度为 650 米,待泊锚地前沿线与航道中心线距离为 80 米,可在不影响航宽的前提下满足 1 列 2000 吨级和 1 列 1000 吨级船舶同时靠泊要求。疏港航道和锚地工程于 2012 年 1 月通过交工验收。

截至 2015 年,徐州港共有码头 128 座,泊位 331 个,码头总延长 22347 米,年综合通过能力 8456 万吨,2015 年全港完成吞吐量 9030 万吨,比"十二五"初增长了 35%,为徐州市经济社会发展以及全省能源运输提供了重要的支撑和保障。其中徐州港区拥有码头 40 座,泊位 112 个,年综合通过能力 4715 万吨,2015 年完成吞吐量 4271 万吨;邳州港区拥有码头 40 座、泊位 84 个,年综合通过能力 1372 万吨,2015 年完成吞吐量 2136 万吨;丰县港区拥有码头 6 座、泊位 34 个,年综合通过能力 95 万吨,2015 年完成吞吐量 503 万吨;沛县港区拥有码头 34 座、泊位 75 个,年综合通过能力 1489 万吨,2015 年完成吞吐量 1455 万吨;新沂港区拥有码头 7 座、泊位 22 个,年综合通过能力 645 万吨,2015 年完成吞吐量 453 万吨;睢宁港区拥有码头 1 座、泊位 4 个,年综合通过能力 140 万吨,2015 年完成吞吐量 213 万吨。

2. 港口水文气象

徐州港港域气候温和,四季分明,年均无霜期 200～220 天,多年平均气温 14.5 摄氏度,全年常风向以及四季常风向均为 ENE 向风,年平均风速 3.0 米/秒,多年平均大雾日数 26.4 天,历年平均相对湿度为 69%。多年平均降雨量 831.7 毫米,最高年降雨量 1297.0 毫米,最低年降雨量 595.2 毫米。主要气象灾害有旱、涝、风、霜、冻、冰雹等。

港域历年最大径流量与最小径流量年际变化也具有丰、枯年交替的特点,其丰枯比值为 21.48～83.52。丰、枯年的变化规律与降水量的丰枯变化基本一致,丰水年与枯水年交替出现,周期多为 2～5 年。径流量年内分配极不均匀,径流量主要集中在汛期 6～9 月,汛期径流量占全年径流量的 70%～90%,汛期径流量又集中在 7 月至 8 月,7 月至 8 月径流量占全年径流量的 50%～75%。最大径流量一般出现在 8 月,年内枯水期径流量很小,1 月至 4 月仅占年径流的 13.6%。

3. 发展成就

徐州港的发展为苏中、苏南及长三角地区提供了大量的煤炭及煤炭制品、钢铁、建材等物资,带动了徐州区域性煤炭集散中心的形成,为水泥等建材行业和农副产品加工业奠定了有力的基础,保障了徐州的城镇化建设。

"十一五"期间,港口基础设施建设投资累计达 9.19 亿元,新建(改造)生产性泊位 77 个,泊位长度 5820 米,新增综合通过能力 1940 万吨。至 2010 年底,徐州港共有生产性泊位 553 个,综合通过能力 5989 万吨。"十二五"港口基础设施完成总投资 23 亿元,新增 1000~2000 吨级泊位 29 个,300~500 吨级泊位 18 个,新增年吞吐能力近 2500 万吨,码头设施能力进一步提升。

2015 年完成货物吞吐量 9030 万吨,位居江苏省内河港口、淮海经济区港口之首,在淮海经济区 20 个地级市内河港口吞吐量的比重达 26% 以上。作为"北煤南运"重要的中转基地,徐州港煤炭铁水联运稳步发展,2015 年,徐州港的铁路专用线运输的货物全是煤炭,铁水联运量达 907 万吨,位居全省第二。集装箱运输方面,"十二五"期间,徐州港新开辟至张家港、太仓的集装箱航线,目前共有至南京、扬州、太仓和张家港的四条集装箱航线,徐州港逐步融入江苏省集装箱运输体系。

徐州港集装箱运输于 2009 年 12 月 28 日实现零突破,开通了徐州港至南京港航线;2010 年新开通了至扬州港的航线;2011 年新开通了至太仓、张家港的航线。

2011—2015 年全港吞吐量分别为:6662 万吨,集装箱 19311TEU;7208 万吨,集装箱 7003TEU;8226 万吨,集装箱 5123TEU;8202 万吨,集装箱 5468TEU;9030 万吨,集装箱 2160TEU。

徐州港港区分布如图 9-3-9 所示。徐州港基本情况见表 9-3-12。

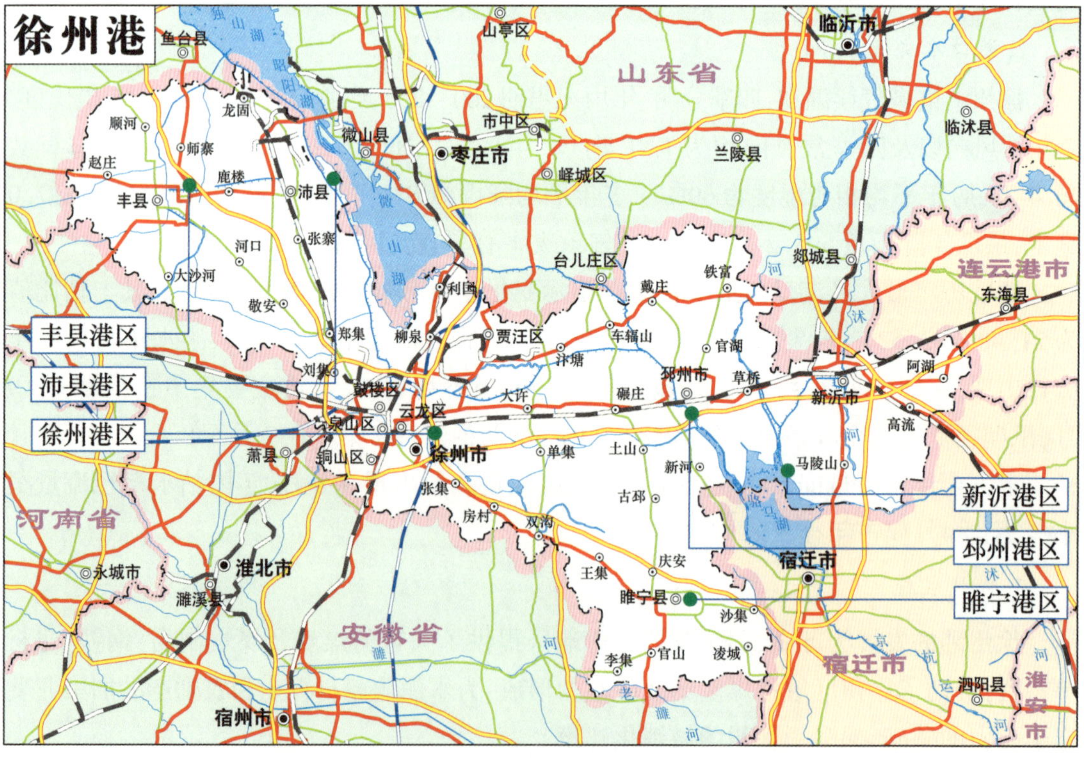

图 9-3-9 徐州港港区分布图

表 9-3-12

徐州港基本情况表

序号	港区名称	港区岸线		2015年港口生产性泊位				其中:1978—2015年建成的生产性泊位				2015年港口货物和旅客吞吐量						
		港区规划岸线	其中:2015年前已建成岸线	生产性泊位数	其中:千吨级及以上	生产性泊位总长	其中:千吨级及以上	生产性泊位数	其中:千吨级及以上	生产性泊位总长	其中:千吨级及以上	货物吞吐量	其中:外贸货物吞吐量	集装箱	滚装车辆		旅客	其中:国际旅客
															数量	质量		
		千米	千米	个	个	米	米	个	个	米	米	万吨	万吨	万TEU	万辆	万吨	万人	万人
1	丰县港区	—	1.15	34	0	1150	0	28	0	970	0	—	—	—	0	0	—	—
2	沛县港区	—	4.38	75	10	4378	870	75	10	4378	870	—	—	—	0	0	—	—
3	邳州港区	—	5.05	84	36	5052	2877	84	36	5052	2877	—	—	—	0	0	—	—
4	睢宁港区	—	0.2	4	0	200	0	0	0	0	0	—	—	—	0	0	—	—
5	新沂港区	—	1.57	22	5	1573	520	22	5	1573	520	—	—	—	0	0	—	—
6	徐州港区	—	9.89	110	69	9894	6336	85	64	8023	5861	—	—	—	0	0	—	—
合计		—	22.24	329	120	22247	10603	294	115	19996	10128	9030.26	0	0.22	0	0	—	—

(二)沛县港区

1.港区综述

(1)港区建设和运营情况

沛县港区主要包括丰乐作业区、沛城作业区、龙固作业区三个重要作业区,截至 2015 年底,拥有码头 34 个、泊位 75 个,泊位长度 4378 米,年吞吐能力 1489 万吨。1978—2015 年京杭运河干线航道上主要的工程项目有徐州港沛县港区丰乐作业区码头一期工程、徐州港沛县港区丰乐作业区码头二期工程。

"十二五"沛县港区 2011—2015 年完成吞吐量分别为 397 万吨、842 万吨、1277 万吨、1408 万吨、1455 万吨。

(2)港区地理条件和集疏运概况

沛县港区位于徐州市西北部,处于苏、鲁两省交界之地,东靠微山湖,西邻丰县,南接铜山区,北接山东省鱼台,处于华北平原的东南边缘和淮海经济区的西北部位。沛县港区地势西南高东北低,为典型的冲积平原形。沛县境内无山,全部为冲积平原,海拔由西南部的 41 米到东北部降至 31.5 米左右。

沛县港区是以干线公路、内河航道、铁路为骨架的集疏运系统,集运量以水路为主,铁路、公路占有重要地位,疏运量以公路为主,水路占有重要地位。沛县港区丰乐作业区进出港公路与 S321、S252 省道相连。拥有铁路专用线 10 千米。

2011 年集运量为水路 156 万吨、公路 261 万吨;疏运量为公路 166 万吨、水路 241 万吨。2012 年集运量为水路 360 万吨、公路 496 万吨;疏运量为公路 375 万吨、水路 482 万吨。2013 年集运量为水路 628 万吨、公路 626 万吨;疏运量为公路 646 万吨、水路 649 万吨。2014 年集运量为水路 717 万吨、公路 679 万吨;疏运量为公路 722 万吨、水路 691 万吨。2015 年集运量为水路 709 万吨、铁路 420 万吨、公路 349 吨;疏运量为公路 737 万吨、水路 746 万吨。

2.港区工程项目

(1)徐州港沛县港区丰乐作业区码头一期工程

项目于 2010 年 10 月开工,2013 年 12 月试运行,2014 年 10 月竣工。

项目建设依据:2010 年 8 月,江苏省发展和改革委员会批复了河海大学设计院编制的徐州港沛县港区丰乐作业区码头一期工程可行性研究报告(苏发改基础发〔2010〕1089 号);2010 年 10 月,江苏省交通运输厅《关于徐州港沛县港区丰乐作业区一期工程初步设计的批复》(苏交港〔2010〕90 号);2010 年 3 月,江苏省环境保护厅批复《徐州东方运销实业集团有限公司徐州港沛县港区丰乐作业区码头一期工程项目环境影响报告书》(苏环审〔2010〕40 号);2010 年 6 月,江苏省国土资源厅《关于徐州港沛县港区丰乐作业区码头一期工程项目用地的预审意见》(苏国土〔2010〕108 号);2010 年 5 月,交通运输部《关于徐州港沛县港区丰乐作业区码头一期工程使用岸线的批复》(交规划发〔2010〕242 号)。

项目建设 10 个 1000 吨级通用散货码头泊位(码头水工建筑允许靠泊能力 2000 吨级),岸线总长 870 米。码头采用顺岸式布局、重力式结构。码头前沿水深 4 米。项目后方堆场面积 14.32 万平方米,堆存能力 100 万吨。主要装卸设备配置包括装船机 3 台、2000 米皮带输送机、火车翻车机一部、装载机 6 台。项目总投资 4.54 亿元,均由企业自筹。用地面积 28.36 万平方米。

项目建设单位为徐州东方运销实业集团有限公司;设计单位为河海大学设计院;施工单位为上海东海华庆工程有限公司;监理单位为武汉中澳工程项目管理有限责任公司;质监单位为江苏省交通科学研究院股份有限公司。

项目的投产,增加了货物通过能力,加快了城市建设速度;将当地及周边地区煤炭出码头至苏南和浙江一带,扩大了周转及运输渠道;实现了公铁水联运,带动了工业及农业社会经济的快速发展;对振兴沛县物流业向优、向好发展提供了极大的保障作用。

2013—2015 年度吞吐量分别为 280 万吨、430 万吨、500 万吨。

(2)徐州港沛县港区丰乐作业区码头二期工程

项目于 2014 年 3 月开工,2013 年 12 月试运行,2014 年 10 月竣工。

项目建设依据:2015 年 2 月,水利部淮河水利委员会《关于徐州港沛县港区丰乐作业区二期工程建设方案的审查意见》(淮委许可〔2015〕11 号);2010 年 6 月,江苏省国土资源厅《关于徐州港沛县港区丰乐作业区码头一期工程项目用地的预审意见》(苏国土资〔2010〕108 号)。

项目建设 10 个 1000 吨级通用散货码头泊位(码头水工建筑允许靠泊能力 2000 吨级),岸线总长 1184 米,项目总设计年通过能力为 500 万吨。码头采用顺岸式布局、重力式结构。码头前沿水深 4 米。项目后方堆场面积 5.30 万平方米,堆存能力 50 万吨。主要装卸设备包括 16 吨固定式起重机 6 台。项目总投资 2.31 亿元,均由企业自筹。用地面积 28.37 万平方米。

项目建设单位为徐州东方运销实业集团有限公司;设计单位为河海大学设计院;施工单位为上海东海华庆工程有限公司;监理单位为武汉中澳工程项目管理有限责任公司;质监单位为江苏省交通科学研究院股份有限公司。

项目投产后,增加了建材货物通过能力,拉动了城市建设速度;促进当地及周边地区城市发展,扩大了物料运输渠道;实现了公铁水联运,带动了工业及农业社会经济的快速发展;对振兴沛县物流业向优、向好发展提供了重要的保障作用。2017 年度港口实现建材吞吐总量 300 万吨,总营业收入达 1.6 亿元,缴纳税款 500 万元。

(三)新沂港区

1.港区综述

(1)港区建设和运营情况

2009 年 11 月,《徐州港总体规划》获得交通运输部、江苏省人民政府的批复,同意将徐州港划分为徐州、邳州、丰县、沛县、新沂和睢宁 6 个港区,这是徐州港的第一个总体规划。根据《徐州港总体规划》,新沂港区以散货、杂货和集装箱运输为主,主要为新沂市及周边地区的城镇建设、经济产业发展服务。规划有港头作业区、新店作业区 2 大作业区,2015 年底拥有码头 7 个、泊位 22 个,泊位长度 1573 米,年吞吐能力 645 万吨。1978—2015 年京杭运河干线航道上主要的工程项目有徐州港新沂港区窑湾作业区一期工程、新沂市顺通港务有限公司窑湾货运码头。

"十二五"新沂港区各年的各货类吞吐量,2011—2015 年分别为 83 万吨、226 万吨、338 万吨、407 万吨、453 万吨。

(2)港区地理条件和集疏运概况

新沂港区位于徐州市东北部,地处黄淮平原中部,江苏省北部,苏、鲁两省交界处,北接山东郯城县,南隔沂河、骆马湖与宿迁市相望,西和邳州市相邻,东与东海、沭阳两县毗连。新沂港区地处鲁南丘陵与苏北平原过渡带。在地质上由于郯庐断裂晚第四期活动作用,构成一系列断凸和断凹,产生了西部骆马湖盆地——湖荡洼地,高程一般在 20 米以下。中部及东部为鲁中南低山丘陵的南延部分,丘陵起伏,海拔一般在 30 米以上,最高点为北马陵山海,拔 95.8 米。境内以平原坡地为主,既有广阔的冲积平原,也有起伏的剥蚀岗地和交错分布的湖荡洼地。地势大致为东北高、东南低,自高向低呈现丘陵—岗地—缓岗地—倾斜平原规律性分布。

新沂港区是以干线公路、内河航道为骨架的集疏运系统,集运量以水路为主,疏运量以公路为主。

2011 年集运量为水路 83 万吨,疏运量为公路 92 万吨。2012 年集运量为水路 226 万吨,疏运量为公路 219 万吨。2013 年集运量为水路 338 万吨,疏运量为公路 327 万吨。2014 年集运量为水路 407 万吨,疏运量为公路 421 万吨。2015 年集运量为水路 453 万吨,疏运量为公路 446 万吨。

2.港区工程项目

(1)新沂市顺通港务有限公司窑湾货运码头

项目于 2006 年 10 月开工,2008 年 12 月试运行,2009 年 3 月竣工。

项目建设依据:2006 年 7 月,新沂市发展和改革与经济贸易委员会批复了关于新沂市顺通港务有限公司新建货运码头工程项目的核准(新发改经贸投资核〔2016〕76号);2007年4月,新沂市环境保护局批复了关于新沂市顺通港务有限公司码头工程准予水行政许可决定书(淮委建管许准〔2007〕4号)。

项目建设1个1000吨级通用散货码头泊位(码头水工建筑允许靠泊能力2000吨级),岸线总长180米。码头采用顺岸布局、重力式结构。码头前沿水深4米。项目后方堆场面积0.58万平方米。主要装卸设备配置包括起重机及装卸机各4台。项目总投资1500万元,均由企业自筹。用地面积0.63万平方米。

项目建设单位为新沂市顺通港务有限公司;设计单位为淮安市水利勘测设计研究院有限公司;施工单位为新沂市河海建筑安装工程有限公司;质监单位为新沂市质量监督站。

(2)徐州港新沂港区窑湾作业区一期工程

项目于2009年5月开工,2014年3月试运行,2014年12月竣工。

项目建设依据:2007年12月,江苏省发展和改革委员会批复徐州港新沂港区窑湾作业区一期工程项目可行性研究报告(苏发改交能发〔2007〕1499号);2008年6月,江苏省交通厅批复《关于报批徐州港新沂港区窑湾作业区一期工程初步设计的请示》(苏交港〔2008〕51号);2011年9月,徐州市交通运输局《关于徐州港新沂港区窑湾作业区码头工程变更的请示》(徐交工技〔2011〕193号);2006年7月,江苏省环境保护厅批复关于徐州港新沂港区窑湾作业区一期工程项目环境影响报告书(苏环管〔2006〕102号);2007年9月,江苏省国土资源厅批复《徐州港窑湾港区码头一期工程项目用地预审申请报告》(苏国土资函〔2007〕768号);2006年12月,交通部批复徐州港新沂港区窑湾作业区一期工程使用岸线的请示(交规划发〔2006〕757号)。

项目建设5个1000吨级通用散货码头泊位(码头水工建筑允许靠泊能力2000吨级),岸线总长398米。码头采用顺岸式布局、重力式结构。码头前沿水深4米。项目后方堆场面积1.2万平方米,堆场容量3.2万立方米。主要装卸设备配置包括2台5吨固定式起重机。项目总投资1738.65万元,其中地方投资550万元,业主自有资金1188.65万元。用地面积1.37万平方米。

项目建设单位为新沂市交通投资有限公司;设计单位为河海大学设计研究院有限公司;施工单位为广东金东海集团有限公司;监理单位为武汉长航科达工程监理咨询有限公司、苏州路达工程监理咨询有限公司;质监单位为徐州交通工程质量监督处。

新沂市政府调整城市布局规划后,窑湾镇就作为旅游景点来发展了,因此码头项目已弃用。

(四)徐州港区

1.港区综述

(1)港区建设和运营情况

根据《徐州港总体规划》,徐州港区是徐州港的核心港区,以煤炭、矿建、杂货运输为主,加快发展集装箱运输,主要为煤炭转运和徐州市经济发展、城市建设和临港工业服务。徐州港区的孟家沟港于 2009 年开通了集装箱运输业务,首次开通了徐州港至南京港航线;2010 年新开通了至扬州港的航线;2011 年新开通了至太仓、张家港的航线。自开通到2015 年底共完成集装箱吞吐量 17504TEU。

徐州港区主要包括顺堤河作业区、双楼作业区、万寨作业区、金山桥作业区、孟家沟作业区五个重要作业区,2015 年底拥有码头 40 个,泊位 112 个,泊位长度 9994 米,年吞吐能力 4715 万吨。1978—2015 年京杭运河干线航道上主要的工程项目有徐州港务集团万寨港续建工程、徐州港务集团万寨港扩建工程、徐州港徐州港区顺堤河作业区煤炭码头一期工程、徐州港务集团双楼港扩建工程、徐州港务集团双楼作业区通用码头改造工程、徐州港务集团孟家沟港重件码头、徐州港双楼作业区通用码头工程、贾汪区中联水泥港等。

2011—2015 年完成吞吐量分别为 3291 万吨、3727 万吨、3839 万吨、4405 万吨、4271万吨。

(2)港区地理条件和集疏运概况

徐州港区位于徐州市中心位置,为徐州市区、铜山区、贾汪区的经济发展、城市建设和临港工业服务。徐州市位于华北平原的东南部,域内除中部和东部存在少数丘岗外,大部分皆是平原。平原总地势由西北向东南降低,约占土地面积的90%。徐州市地处古淮河的支流沂、沭、泗诸水的下游,水网地带地质以黏土为主,易于开挖。徐州港区地质构造复杂,境内地层隶属"华北地层区—徐蚌地层分区"。区内各时代岩石地层单元发育较齐全,基本反映了华北陆台东南缘沉积类型面貌,地层的空间展开与区域性构造格局关系密切,断裂与褶皱致使岩层走向大多呈北北东—北东方向,并略向北西凸出,显弧形分布。

集疏运设施方面,"十二五"期完成投资 13 亿元,建成了徐州港区顺堤河作业区疏港航道、丰乐作业区铁路专用线及顺堤河、丰乐、马港、窑湾作业区等一批疏港公路项目,港口集疏运条件得到显著改善。

目前,徐州港区是以干线公路、内河航道、铁路为骨架的集疏运系统:集运量以水路为主,铁路、公路占有重要地位;疏运量以公路为主,水路占有重要地位。其中,顺堤河作业区疏港航道按二级航道标准整治,长度5.2 千米,2012 年 1 月交工验收。徐州港区拥有铁路专用线的有万寨作业区、双楼作业区。万寨作业区疏港铁路,里程 9.43 千米,工业企业一级,单线,1987 年开通。双楼作业区疏港铁路,利用前贾线徐矿专用线,里程 24.1

千米,工业企业一级,单线,1969年开通。

2013年集运量为水路2236万吨、铁路925万吨、公路755万吨;疏运量为公路2195万吨、水路1672万吨。2014年集运量为水路2966万吨、铁路907万吨、公路687万吨;疏运量为公路3106万吨、水路1329万吨。2015年集运量为水路2949万吨、铁路691万吨、公路667万吨;疏运量为公路2829万吨、水路1340万吨。

2.港区工程项目

(1)万寨港续建工程

项目于1984年11月开工,1988年9月试运行,1988年10月竣工。

项目建设依据:1984年,交通部《关于转发京杭运河续建工程徐州至扬州段总体设计审查意见的通知》(交基〔1984〕909号)。

项目建设扩建2个1000吨级装船码头泊位,顺岸式布局,重力式结构,修复1个2000吨级装船泊位,顺岸式布局,高桩梁板结构。岸线总长970米。码头前沿水深4.0米。项目后方堆场面积7.2万平方米,堆存能力23.8万吨。主要装卸设备包括4条斗轮堆取料机作业线、4台螺旋卸煤机。项目总投资5083万元,全部为中央政府投资。用地面积9.7万平方米。

项目建设单位为徐州市京杭运河续建工程指挥部;设计单位为交通部水运规划设计院;施工单位为徐州市水利工程处、徐州电业开发公司、徐州市邮电局电信工程队。

万寨港一期工程始建于1958年。随着国民经济的发展,北煤南运的任务日益繁重,为了充分发挥京杭运河水运优势,分担津浦铁路南段的运煤压力,经国务院批准,续建万寨港,建成年吞吐能力650万吨的京杭运河沿线上的最大煤港。有力分担津浦铁路的煤运分流任务,大大弥补京浦铁路运力的不足,缓解电厂用煤和工农业生产用煤的矛盾。

(2)徐州港务集团双楼港扩建工程

项目于1986年3月开工,1988年3月试运行,1988年5月竣工。

项目建设依据:1985年3月,江苏省京杭运河续建工程指挥部下达关于双楼港初步设计和概算的批复(苏运建港〔1985〕10号)。

项目建设4个泊位,包括1个1000吨级、1个500吨级、2个300吨级煤炭码头泊位,岸线总长957米。码头采用挖入式布局、高桩式结构。码头前沿水深3米。项目后方堆场面积5.20万平方米,堆存能力30万吨。主要装卸设备包括XD8015装船机3台、EG-82船机2台。项目总投资996.64万元,均由中央投资。用地面积584.3万平方米。

项目建设单位为江苏省京杭运河续建工程指挥部;设计单位为交通部第二航务工程勘察设计院;施工单位为徐州市水利工程队、铜山县建安总公司;质监单位为武汉第二航务设计院。

双楼港扩建工程项目投产后,堆场面积扩大,储煤量增加,工艺流程大有改进,机械化作业水平有所提高,减轻了部分体力劳动强度,除尘系统的设置为环境保护创造了条件,港口进入正常生产期。

2011—2015年吞吐量分别为63万吨、194万吨、161万吨、114万吨、165万吨。

(3)孟家沟港重件码头工程

项目于1994年4月开工,1994年10月竣工。

项目建设依据:1993年4月,江苏省交通厅批复《关于孟家沟港建设重件泊位》(苏交计〔1993〕59号);1993年11月,江苏省交通厅《关于孟家沟港重件泊位工程初步设计的批复》(苏交计〔1993〕04号);1994年4月,徐州市规划局发出建设用地规划许可证(徐市规地〔1994〕048号)。

项目建设1个1000吨级集装箱多用途码头泊位,岸线总长100米。码头采用顺岸式布局、顺岸式结构。码头前沿水深3.5米。项目后方堆场面积0.3万平方米,堆存能力250TEU。主要装卸设备包括1台36吨轨道式门式起重机。项目总投资177万元,均由企业自筹。用地面积1.3万平方米。

项目建设单位为江苏省徐州港务局;设计单位为江苏省徐州港务局、盐城市水利勘测设计院;施工单位为徐州金川航务工程公司、建湖县水利建筑总公司。

2014年件杂货吞吐量32.01万吨,集装箱5468TEU;2015年件杂货吞吐量5.34万吨,集装箱2160TEU。

(4)万寨港扩建工程

项目于1997年2月开工,1999年12月试运行,2000年1月竣工。

项目建设依据:1996年,江苏省交通厅《关于徐州港务局万寨港区扩建工程工可研报告的批复》(苏交计〔1996〕252号);1998年,江苏省交通厅《关于徐州港务局万寨港区扩建工程初步设计的批复》(苏交计〔1998〕5号);1996年,徐州市土地管理局,徐州市土地管理局用地计划通知书(徐土计字〔1996〕第118号)。

项目建设1个2000吨级的煤炭专用码头泊位,岸线总长140米。码头采用顺岸式布局、高桩式结构。码头前沿水深3米。项目后方堆场面积2.4万平方米,堆存能力7.2万吨,堆场容量55000立方米。主要装卸设备配置包括1台转船机、1台斗轮堆取料机。项目总投资4050万元,均由企业自筹。用地面积6.00万平方米。

项目建设单位为万寨港扩建工程指挥部;设计单位为中交水运规划设计院;施工单位为徐州水利工程处;监理单位为江苏盛华工程监理咨询有限公司。

港口改造完成后对腹地的经济支撑作用愈加明显,被交通部列为全国内河最大的煤炭输出港。港口2011—2015年完成吞吐量分别为741万吨、700万吨、712万吨、589万吨、606万吨。

（5）贾汪区中联水泥港

项目于 2004 年 2 月开工，2005 年 3 月试运行，2005 年 10 月竣工。

项目建设依据：2003 年 6 月，江苏省发展计划委员会批复《徐州海螺水泥有限责任公司 100 万吨专用码头建设工程项目》（苏计产业发〔2003〕710 号）；2005 年 4 月，徐州市环境保护局批复《徐州海螺有限责任公司 100 万吨专用码头建设工程环境影响报告书》（徐环〔2005〕80 号）。

项目建设 2 个 1000 吨级的通用散货码头泊位（码头水工建筑允许靠泊能力 1500 吨级），岸线总长 180 米。码头采用挖入式布局、重力式结构。码头前沿水深 4.5 米。项目后方堆场面积 0.3 万平方米，筒仓容量 0.7 万吨。主要装卸设备包括两套 350 吨/时圆弧轨道式熟料装船机、两座 3500 吨熟料库。项目总投资 3645 万元，均由企业自筹。用地面积 1.37 万平方米。

项目建设单位为徐州海螺水泥有限责任公司。

2005 年 10 月项目建成后，被徐州中联水泥有限公司收购，因公司业务发生变化，一直未启用港口。

（6）徐州港务集团双楼作业区通用码头改造工程

项目于 2010 年 3 月开工，2010 年 11 月试运行，2010 年 12 月竣工。

项目建设依据：2009 年 6 月，徐州市经济贸易委员会对徐州港双楼作业区通用码头改造工程予以备案（备案号：3203000902917）；2009 年 12 月，徐州市港口局批复徐州港双楼作业区通用码头改造工程初步设计（徐港规〔2009〕33 号）；2009 年 9 月，徐州市环境保护局批复徐州港双楼作业区通用码头改造工程环境影响报告书（徐环发〔2009〕124 号）。

项目建设 3 个泊位，包括 1 个 2000 吨级的件杂货泊位和 2 个 2000 吨级的通用散货码头泊位，岸线总长 326 米。码头采用挖入式布局、重力式结构。码头前沿水深 3.65 米。项目后方堆场面积 3.02 万平方米，堆存能力 10 万吨。主要装卸设备包括 MQ3022 门座起重机 1 台、Q350 桥式卸船机 1 台。项目总投资 3597 万元，均由企业自筹。用地面积 6.48 万平方米。

项目建设单位为徐州港务集团港口工程建设指挥部；设计单位为江苏省交通规划设计院；施工单位为中交第三航务工程局有限公司；监理单位为连云港科谊工程建设监理有限公司；质监单位为徐州市交通工程质量监督站。

项目充分考虑了码头作业特点，根据港口自然条件的地形地貌的特征，合理布置装卸设施，提高了装卸效率，加快车辆周转和货物的传送速度，2011—2015 年吞吐量分别为 26 万吨、35 万吨、41 万吨、40 万吨、20 万吨。项目投产运营后，围绕发展当地、周边产业和大宗物资交易，按照"前港后区"思路加快了港口升级改造和对外合作项目的步伐，为推动转型发展、发展大宗商品物流集散奠定了基础。港口依托良好的公路、铁路、水路联运的运输条件及周边产业基础,将主营业务转向建材、能源、钢铁、粮食、木材等大宗物资的周转和分销基地,打造开发集电商运营、仓储配送、综合配套等功能于一体的电商物流园区。

(7)徐州港徐州港区顺堤河作业区煤炭码头一期工程

项目于2011年4月开工,2013年11月试运行,2015年3月竣工。

项目建设依据:2011年4月,江苏省发展和改革委员会批复徐州港徐州港区顺堤河作业区煤炭码头一期工程可行性研究报告(苏发改基础发〔2011〕521号);2011年6月,江苏省交通运输厅批复徐州港徐州港区顺堤河作业区煤炭码头一期工程初步设计(苏交港〔2011〕45号);2011年3月,环境保护部批复徐州港徐州港区顺堤河作业区煤炭码头一期工程环境影响报告书(环审〔2011〕69号);2010年7月,铜山县国土资源局《关于徐州港徐州港区顺堤河作业区煤炭码头一期工程建设用地预审意见的函》(铜国土资预〔2010〕41号),2010年12月,国土资源部《关于徐州港徐州港区顺堤河作业区煤炭码头一期工程建设用地预审意见的复函》(国土资源审字〔2010〕354号)。

项目建设泊位12个,包括9个2000吨级泊位煤炭装船泊位和3个待泊码头泊位,岸线总长966米。码头采用顺岸式布局、高桩式结构。码头前沿水深4米。项目后方堆场面积66.2万平方米,堆存能力134.5万吨。主要装卸设备包括3台移动式装船机、3台移动式斗轮堆取料机。项目总投资12亿元,业主自有资金4亿元,政策性银行贷款8亿元。用地面积106.2万平方米。

项目建设单位为徐州高铁港务投资有限公司;设计单位为中交水运规划设计院有限公司;施工单位为中交第三航务工程局有限公司、中交上海航道局有限公司、江苏省淮海建设建设集团有限公司;监理单位为江苏科兴工程建设监理有限公司;质监单位为徐州市交通工程质量监督处。

顺堤河作业区从2013年11月18日投入试运营以来,每年以递增百万吨吞吐量速度快速发展。2013年实现港口吞吐量33.15万吨,2014年实现港口吞吐量215.24万吨,2015年实现港口吞吐量320.58万吨。顺堤河作业区的建设和发展对改善徐州整体环境,打造南水北调清水走廊,促进港口与城市协调发展,建设现代化生态文明城市,优化港区布局,集约化利用港口岸线和土地资源,提高徐州港煤炭运输集约化、专业化水平都具有重要意义,同时为更好服务地方经济和周边市场的需要,利用港口区位、交通优势,与周边方圆200千米范围内厂、矿企业的需求实现对接,开展钢材、建材、陶土、粮食等多元化经营业务,适应徐州城市发展功能乃至整个淮海经济区发展的需求。顺堤河作业区作为徐州市亿吨大港建设的核心港区和重要组成部分,承担北煤南运、西煤东输的重任,是江苏省和长江三角洲地区能源的重要集散地,对江苏省和长江三角洲地区的煤炭供应发挥重要作用,继而带动整个腹地经济社会发展。

（8）徐州港宏康物流双楼作业区通用码头工程

项目于 2015 年 1 月开工,2017 年 1 月试运行。

项目建设依据:2013 年 1 月,江苏省发展和改革委员会审批了州港双楼作业区通用码头工程项目工程可行性研究报告(苏发改基础发〔2013〕59 号);2013 年 1 月,江苏省交通运输厅《关于江苏省交通规划设计院股份有限公司编制的徐州港双楼作业区通用码头工程初步设计的批复》(苏交港〔2013〕28 号);2012 年江苏省环境保护厅《关于江苏省环境科学研究院编制的徐州港双楼作业区通用码头工程环境影响报告书的批复》(苏环审〔2012〕212 号);2015 年 2 月,国土地资源部《关于徐州港双楼作业区通用码头工程建设用地的批复》(国土资函〔2015〕99 号);2012 年 1 月,交通运输部《关于徐州港双楼作业区通用码头工程使用港口岸线的批复》(交规划发〔2012〕6 号),2014 年 3 月,运输部批复徐州港双楼作业区通用码头工程岸线使用证(交港河岸〔2014〕37 号)。

项目建设 11 个泊位,包括 6 个 2000 吨级的通用散货码头、3 个 2000 吨级的杂货码头、2 个 2000 吨级的多用途码头泊位,岸线总长 1682 米。码头采用半挖入式布局、重力式结构。码头前沿水深 3.7 米。项目后方堆场面积 32.2 万平方米,堆存能力 96.6 万吨,仓库面积 9 万平方米,堆存能力 27 万吨。主要装卸设备包括 40 吨、20 吨门式起重机,16 吨台架起重机,400 吨/小时、500 吨/小时装船机,40.5 吨、20 吨集装箱门式起重机,5 吨、10 吨电动行车等。项目总投资 11.39 亿元,其中地方投资 1700 万元,业主自有资金 11.22 亿元。用地面积 67 万平方米。

项目建设单位为宏康物流发展有限公司;设计单位为江苏省交通规划设计院股份有限公司;施工单位为中交一航局第二工程有限公司;监理单位为江苏科兴工程建设监理有限公司;质监单位为徐州市交通工程质量监督处。

（五）邳州港区

1. 港区综述

（1）港区建设和运营情况

根据《徐州港总体规划》,邳州港区是以煤炭、非金属矿石、件杂货、矿建材料运输为主,主要为煤炭转运、腹地资源开发和经济发展服务。主要功能定位是充分发挥陇海铁路优势,除为客户提供煤炭运输服务外,主要为邳州市产业提供集装箱、工业制成品运输及物流服务。邳州港区的东方港港于 2011 年开通了集装箱运输业务,首次开通了徐州港至张家港航线,自开通到 2015 年底共完成集装箱吞吐量 24574TEU。

邳州港规划有戴圩、邳州、河西、西伽河 4 大作业区,截至 2015 年底共拥有码头 40 个,泊位 84 个,泊位长度 5052 米,年吞吐能力 1372 万吨。1978—2015 年京杭运河干线航道上主要的工程项目有邳州港煤码头扩建工程、徐州港务集团邳州港老粮库码头扩建工程、徐州港务集团邳州港二区码头改造工程、徐州港邳州港区戴圩作业区码头一期工程、徐州港邳州港区徐塘电厂煤炭码头工程、邳州市索家港务站、邳州市李运河港、邳州市超强码头、邳州市得力港、邳州市华泰港、邳州市顺通货运港口、邳州市通华仓储有限公司通华港等。

邳州港区 2011—2015 年完成吞吐量分别为 2728 万吨、1869 万吨、2039 万吨、2214 万吨、2136 万吨。

（2）港区地理条件和集疏运概况

邳州港区位于徐州市东部、苏鲁交界处，东接新沂市，西连徐州市铜山区、贾汪区，南接睢宁县，北邻山东省兰陵县。邳州市在地貌单元上为沂沭丘陵平原区与徐淮黄泛平原区相接地带，属于沂河冲积平原，地势平坦。城区地势为西北高，东南低。境内无高山峻岭。西北部、西南部为石灰岩剥蚀丘陵。全境地貌分为平原洼地、坡地、山地和水域四种类型。其中平原洼地为邳州地形主体，占面积的 52%。

邳州港区是以干线公路、内河航道、港区铁路专业线为骨架的集疏运系统，集运量以水路为主，公路、铁路占有重要地位；疏运量以公路为主，水路占有重要地位。邳州戴圩作业区前方京杭运河为二级航道，规划疏港公路与 S250 省道相连，同时可与连徐高速公路相连通。老邳州作业区前方京杭运河为二级航道，该作业区有铁路专业用 6.02 千米与陇海铁路相连，另外规划疏港公路与 S323、S250、S251 省道相连。同时可与连徐高速公路相连通。

2011 年集运量为水路 646 万吨、铁路 381 万吨、公路 1777 万吨；疏运量为公路 616 万吨、水路 2082 万吨。2012 年集运量为水路 752 万吨、铁路 343 万吨、公路 804 万吨；疏运量为公路 726 万吨、水路 1106 万吨。2013 年集运量为水路 1473 万吨、铁路 339 万吨、公路 275 万吨；疏运量为公路 1452 万吨、水路 626 万吨。2014 年集运量为水路 1406 万吨、铁路 358 万吨、公路 528 万吨；疏运量为公路 1385 万吨、水路 857 万吨。2015 年集运量为水路 1132 万吨、铁路 274 万吨、公路 772 万吨；疏运量为公路 1098 万吨、水路 1077 万吨。

2. 港区工程项目

（1）邳州通华仓储有限公司通华港（原名称：邳州市光明码头）

项目于 1971 年 6 月开工，1971 年 8 月试运行，1992 年 12 月竣工。

项目建设 7 个 1000 吨级通用散货码头泊位，岸线总长 300 米。码头采用顺岸式布局、高桩式结构。码头前沿水深 4.5 米。项目后方堆场面积 4 万平方米，堆存容量为 10 万立方米。主要装卸设备包括 3 台门式起重机、3 辆装载机、10 辆运输车。项目总投资 2600 万元，均由企业自筹。用地面积 6 万平方米。

项目建设单位为邳州市光明居委会（原邳县徐塘乡冯家大队）；港口初建时由冯家大

队自行设计,港口承包后由港口自行设计;由光明居委会施工队承建;施工至结束由港口自行组织监理、验收。

重大事项:20 世纪 70—90 年代为试运营阶段,建设和验收单位为前期的冯家大队和后来的光明居委会。验收和注册为"光明码头"的时间为 1992 年 12 月 10 日。2005 年以后,在港口规模逐步扩大的过程中所有施工验收均由港口自行安排。港口名称在 2010 年 11 月 16 日进行了变更。

2005 年 4 月 1 日,港口规模逐步扩大,至 2010 年 5 月 27 日,由徐州市邳州工商管理局注册为邳州通华仓储有限公司,同年 11 月 16 日由邳州市港口管理处变更注册为"通华港"。

港口建设初期,依托地域优势,为邳州的几大企业的建设提供了物资上的保证,也取得了一定的经济效益。港口承包后,港口秉承社会效益高于经济效益的原则,解决了就业人口 30 人。

（2）邳州市李运河港

项目于 1979 年 3 月开工,1979 年 10 月试运行,1979 年 12 月竣工。

项目建设依据:1979 年 3 月,邳县计划经济委员会和戴庄乡人民政府批复了《邳县山头港口项目可行性报告》。

项目建设泊位数 4 个,其中 2 个 1000 吨级通用散货码头泊位（码头水工建筑允许靠泊能力 15000 吨级）,岸线总长 350 米。码头采用顺岸式布局、重力式结构。码头前沿水深 3.5 米。项目后方堆场面积 1.98 万平方米,堆存能力 2 万吨。主要装卸设备包括龙工 50 型装载机和自动化皮带输送机。项目总投资 1500 万元,其中地方投资 120 万元,业主自有资金 1180 万元,其他国企资金 200 万元。用地面积 2.67 万平方米。

项目建设单位为邳州戴庄乡运输站;设计单位为邳州市规划局设计室;施工单位为邳州市戴庄镇建筑站。

1979 年 2 月成立邳县戴庄乡山头港建设指挥部,完成项目用地、疏通码头航道、垫土平整货场等码头基础建设和设备的购置安装等工作,于 1979 年 10 月投产试运营,12 月正式竣工投产。1994 年由镇工业公司接管,镇政府出资对港口进行扩建。2015 年 10 月营业执照更名为邳州李运河港口,同年 11 月 3 日,港口经营许可证更名为邳州市李运河港口。

邳州李运河港口自 1979 年建港以来,经过 40 余年的建设与发展,现有泊位 4 个,其中 2000 吨级以上泊位 2 个,一次性堆存能力达 3 万余吨,在职员工最多时 40 多人,年吞吐能力达 75 万吨。特别是 1992—2012 年的 20 年间,每年平均装载石膏 50 万吨,有力推动了苏北、鲁南石膏产业的发展。由于石膏矿的安全生产停产整顿,港口主要从事沙子、石料、水泥熟料的装卸。建港 40 余年来,平均每年营业收入达 200 多万元、利税 50 多万元。

(3)京杭运河续建工程邳州港煤码头扩建工程

项目于1984年11月开工,1986年6月试运行,1987年3月竣工。

项目建设依据:1984年9月,江苏省京杭运河续建工程指挥部《关于邳县港初步设计概算的批复》(苏运建港〔1984〕4号)。

项目建设2个泊位,包括1个1000吨级的2号泊位和1个2000吨级的5号泊位,均为煤炭码头泊位,岸线总长680米。码头采用引桥式布局、高桩式结构。码头前沿水深4米。项目后方堆场面积6万平方米,堆存能力10万吨。主要装卸设备包括皮带输送机、螺旋卸车机、斗轮机、装船机2台。项目总投资1060万元,均为地方政府投资。用地面积7万平方米。

项目建设单位为邳县港务管理局;设计单位为交通部水运规划设计院;施工单位为徐州市水利工程队、邳县港务管理局港机厂、邳县官湖建筑队;监理单位为邳州建正监理公司;质监单位为徐州市建设工程检测中心。

扩建后,新增运量150万吨,年煤运能力可达320万吨左右,以机械化为主,自动化程度较高,劳动强度降低,劳动生产率大大提高,改善了工作条件,更为重要的是对省内外的经济建设、改善交通运输紧张状况,起到了积极作用,社会效益十分明显,对搞活邳州市商品流通,提高邳州港经济效益,提供了重要条件。

(4)邳州市顺通货运港口

项目于1985年12月开工,1986年3月试运行,1986年12月竣工。

项目建设依据:1985年12月,邳县经济委员会和车夫山人民政府批复《邳县岳台港务站项目可行性报告》。

项目建设7个2000吨级散货码头泊位,岸线总长400米。码头采用顺岸式布局、重力式结构。码头前沿水深4米。项目后方堆场面积1.5万平方米,堆存能力5万吨,堆存容量为3万立方米。主要装卸设备包括龙工50型装载机,起重机。项目总投资1000万元,其中地方投资150万元、业主自有资金850万元。用地面积2万平方米。

项目建设单位为邳县岳台港务站建设指挥部;设计单位为邳县规划局设计室;施工单位为车夫山工业公司、车夫山建筑管理站。

邳州市顺通货物运输港口有限公司自1985年成立以来,经过多年的建设和发展,拥有泊位7个。其中超2000吨的泊位3个。年吞吐量达100多万吨。有力促进了地方经济的健康发展,企业年利润500万元。

(5)徐州港务集团邳州港老粮库码头扩建工程

项目于1993年11月开工,1995年1月试运行,1995年3月竣工。

项目建设依据:1992年,完成了工程可行性研究报告批复(苏交计〔1992〕123号);

1993 年,完成了初步设计批复(苏交计〔1993〕80 号);1992 年 4 月,徐州市环境保护局批复邳州港煤码头扩建工程环境影响报告书(徐环发〔92〕第 52 号)。

项目建设 1 个 2000 吨级的煤炭码头泊位,岸线总长 73 米。码头采用引桥式布局、高桩式结构。码头前沿水深 4 米。项目后方堆场面积 1.5 万平方米,堆存能力 6 万吨。主要装卸设备包括斗轮机、装船机 1 台。项目总投资 1600 万元,其中地方投资 400 万元,业主自有资金 1200 万元。用地面积 1.5 万平方米。

项目建设单位为江苏省邳州港务管理局;设计单位为交通部水运规划设计院;施工单位为徐州水利工程处、铁道部第二工程局第二工程处、徐州铁路分局新浦工务段;监理单位为铁道部徐州铁路分局工程质量监督站、邳州港务局基建科。

通过此次扩建改造,煤码头接卸能力进一步提高,生产条件得到很大改善,具备东陇海铁路改造后一次接卸 55 ~ 60 节的能力。通过扩建改造新增堆煤场地 15000 平方米,从而使煤码头的堆存能力达到 50 万吨、年吞吐能力提高到 650 万吨左右,经过多次扩建改造,已发展成相当规模的现代化煤港,有力促进苏北和徐州地方经济的发展。

(6)邳州市索家港务站

项目于 1997 年 5 月开工,1998 年 10 月试运行,1998 年 12 月竣工。

项目建设依据:1996 年 10 月,邳州市计划委员会《关于邳州市索家港建设工程初步设计的批复》(邳计发〔1996〕132 号);1996 年 12 月,水利部淮委沂沭泗水利管理局《关于邳州市索家港工程设计及开工有关问题的批复》(沂局水管〔1996〕78 号);1998 年 6 月,邳州市城乡规划委员会,建设用地规划许可证(编号 97-006 号、97-009 号);1998 年,徐州市土地管理局用地批复(徐地管〔1998〕字第 95 号)。

项目建设 6 个 2500 吨级通用杂货码头泊位,岸线总长 300 米。码头采用顺岸式布局、高桩式结构。码头前沿水深 4.5 米。主要装卸设备包括台式固定式起重机 4 台。项目总投资 600 万元,均为地方投资。用地面积 3 万平方米。

项目建设单位为邳州市交通工程公司;设计单位为徐州市交通工程设计;施工单位为邳州市交通工程公司;质监单位为邳州市交通工程质量监督站。

工程投产后取得了较好的经济和社会效益,自投入使用以来,解决社会就业 50 多人,拉动船运、汽运相关物流运输业,企业年实现利润 500 多万元,为推动地方经济发展、稳定社会治安作出一定的贡献。

(7)邳州市得力港

项目于 2003 年 2 月开工,2008 年 2 月试运行,2015 年 12 月竣工。

港口初建时由王夫国负责建设,由王夫国自行设计;施工单位为邳州市戴庄施工队;施工至结束由港口自行组织监理、验收。

项目建设 3 个 3000 吨级通用散货码头泊位(码头水工建筑允许靠泊能力 10000 吨

级),岸线总长 140 米。码头采用顺岸式布局、高桩式结构。码头前沿水深 5 米。项目后方堆场面积 1.4 万平方米,堆存容量为 4 万立方米。主要装卸设备包括 1 台门式起重机、3 辆装载机、5 辆运输车、1 台 1400 重型传送带。项目总投资 1000 万元,均由企业自筹。用地面积 1.4 万平方米。

港口建设初期,依托地域优势,为邳州的几大企业的建设提供了物资上的保证,也取得了一定的经济效益。

(8)徐州港务集团邳州港二区码头改造工程

项目于 2003 年 5 月开工,2004 年 5 月试运行,2004 年 6 月竣工。

项目建设依据:1992 年 3 月,江苏省交通厅《关于印发邳县港一区改扩建工程可行性研究报告评审意见的函》(苏交计〔1992〕51 号);1994 年 9 月,邳州市城乡规划委员会批复《关于扩建件杂货码头的报告》(邳规办〔1994〕16 号);2003 年 5 月,徐州市环境保护局审批邳州港二区码头改造工程环境影响报告书(徐环然〔2003〕第 108 号)。

项目建设 4 个 2000 吨级通用散货、杂货码头泊位,岸线总长 520 米。码头采用引桥式布局、高桩式结构。码头前沿水深 4 米。项目后方堆场面积 1 万平方米,堆存能力 2.5 万吨。主要装卸设备包括皮带输送机、固定式起重机 4 台。项目总投资 1053 万元,均由企业自筹。用地面积 2.6 万平方米。

项目建设单位为邳州港有限公司扩建办公室;设计单位为徐州市水利建筑设计研究院;施工单位为徐州市水利工程处、徐州金川建筑工程有限公司;监理单位为邳州建正监理公司;质监单位为徐州市建设工程检测中心。

改造完成后,大幅提高了二区码头的机械化程度,减轻劳动强度。二区码头发挥了苏北百杂货集散中心的枢纽作用。

(9)邳州市华泰港

项目于 2004 年 9 月开工,2005 年 11 月试运行,2018 年 9 月竣工。

项目建设依据:2005 年 12 月,江苏省环境保护厅《关于对邳州市华泰港新建年吞吐量 70 万吨散货港口项目环境影响报告书的批复》(苏环管〔2005〕319 号);2006 年 5 月,邳州市海事处《关于同意兴建邳州市华泰港的批复》(邳地海事〔2006〕16 号);2006 年 9 月,徐州市交通局报江苏省港口局《关于邳州市华泰港使用非深水岸线的请示》(徐交计〔2006〕167 号)。

项目建设 5 个 1000 吨级通用散货码头泊位(码头水工建筑允许靠泊能力 3000 吨级),岸线总长 296 米。码头采用顺岸式布局、高桩式结构。码头前沿水深 4.5 米。项目后方堆场面积 0.4 万平方米,堆场容量 1.3 万立方米。主要装卸设备包括 5 台门式起重机、3 辆运输车。项目总投资 1000 万元,均由企业自筹。用地面积 1.3 万平方米。

项目建设单位为山东兰陵石膏集团;设计单位为徐州市交通局规划设计研究院;施工

单位为山东兰陵建筑安装工程公司;监理单位为山东兰陵石膏集团。

2006年试运营阶段,建设单位为山东兰陵建筑安装工程公司,验收单位为山东兰陵石膏集团,验收和注册为"华泰港口",在华泰港口296米的基础上,分给和源港口岸线100米,由和源港口自主经营。

港口建设初期依托地域优势,为江苏省建设及至浙江、安徽的水泥产业提供物资上的保证,取得了一定的经济效益和社会效益,港口兼承社会效益高于经济效益的原则,解决了当地就业人口30多人,拉动第三产业快速发展,2016年由于受山东台儿庄古城的影响,进港道路山东段被截断,至今受环保提档升级改造,一直未生产。

(10)邳州市超强码头

项目于2008年6月开工,2009年6月竣工。

超强港前身为邳县索家码头,中间曾更名为城关码头,2008年2月,更名为超强港口,进行了较大规模基础设施改造,并引进国内先进装载设备,建成了具有一定规模的比较现代化的港口。20世纪90年代为试运营阶段,建设和验收单位为前期的索家村和后来的城关社区。2008年2月验收和注册为"超强货运港口有限公司",在港口规模逐步扩大的过程中所有施工验收均由港口自行安排。

项目建设3个2000吨级通用散货码头泊位(码头水工建筑允许靠泊能力3000吨级),岸线总长260米。码头采用顺岸式布局、高桩式结构。码头前沿水深5.5米。项目后方堆场面积2万平方米,堆场容量4万立方米。主要装卸设备包括2台门式起重机、1辆装载机、16辆运输车、2台皮带输送机。项目总投资2900万元,均由企业自筹。用地面积4万平方米。

项目建设单位为邳州市超强货运港口有限公司;港口初建时由索家村自行设计,港口买断后由港口自行设计;施工单位为水利部门施工队;施工至结束由港口自行组织监理。

港口建设初期依托地域优势,为邳州的几大企业的建设提供了物资上的保证,取得了一定的经济效益,企业年利润400万元左右。港口秉承社会效益高于经济效益的原则,解决了就业人口32人。

(11)徐州港邳州港区徐塘电厂煤炭码头工程

项目于2009年4月开工,2010年2月试运行,2012年3月竣工。

项目建设依据:2010年7月,江苏省发展和改革委员会批复了中交第二航务工程勘察设计院有限公司编制的徐州港邳州港区徐塘电厂煤炭码头工程可行性研究报告(苏发改基础〔2010〕915号);2011年1月,江苏省交通运输厅批复了徐州港邳州港区徐塘电厂煤炭码头初步设计(苏交港〔2011〕14号);2010年8月,徐州市环保局对环评报告进行了批复(徐环项表〔2010〕79号);2009年12月,江苏省国土资源厅对项目用地进行了批复(苏国土资预〔2009〕195号);2009年8月,交通运输部批复了邳州市东盛煤炭有限公司建设徐州港邳州港区徐塘电厂煤炭码头使用港口岸线的申请(交规划发〔2009〕413号)。

项目建设2个1000吨级煤炭码头泊位(码头水工建筑允许靠泊能力2000吨级),岸线总长166米。码头采用挖入式布局、重力式结构。码头前沿水深4米。项目后方堆场面积1.2万平方米,堆存能力20万吨。主要装卸设备包括台式固定式起重机2台。项目总投资3000万元,均由企业自筹。用地面积2万平方米。

项目建设单位为邳州市东盛煤炭有限公司;设计单位为中交第二航务工程勘察设计院有限公司;施工单位为徐州市禹坤水利工程建设有限公司;监理单位为邳州市建正工程建设监理公司;质监单位为江苏省交通厅质量检测所。

项目的投产保证了公司电煤的供应,缓解了铁路、公路的运输压力,提高了企业的竞争力,对邳州市经济的发展提供了有力支撑。企业年均利润达600万元。港口2012—2015年吞吐量分别为78万吨、85万吨、98万吨、106万吨。

(12)徐州港邳州港区戴圩作业区码头一期工程

项目于2010年10月开工,2015年6月试运行,2017年4月竣工。

项目建设依据:2010年2月,江苏省发展和改革委员会批复徐州港邳州港区戴圩作业区码头工程可性研究报告(苏发改交通发〔2010〕183号);2010年6月,江苏省交通运输厅批复了徐州港邳州港区戴圩作业区码头工程初步设计(苏交港〔2010〕44号);2009年10月,江苏省环境保护厅对徐州港邳州港区戴圩作业区码头工程环境影响报告书进行了批复(苏环审〔2009〕167号);2009年11月,江苏省国土资源厅对徐州港邳州港区戴圩作业区码头工程用地进行了批复(苏国土资发〔2010〕109号);2009年3月,交通运输部对徐州港邳州港区戴圩作业区码头工程项目使用深水岸线进行了批复(交规划发交规划发〔2009〕152号)。

项目建设6个1000吨级通用散货码头泊位(码头水工建筑允许靠泊能力3000吨级),岸线总长740米。码头采用顺岸式布局、高桩式结构。码头前沿水深4米。项目后方堆场面积16万平方米,堆存能力64万吨,筒仓容积400吨。主要装卸设备包括装船机2台、螺旋卸船机1台、起重机3台。项目总投资2亿元,均由企业自筹。用地面积17.33万平方米。

项目建设单位为山东沂州集团;设计单位为江苏省交通规划设计院;施工单位为江苏省水利建设工程有限公司;监理单位为邳州市建正监理有限公司;质监单位为邳州市交通工程质量监督站。

项目为沂州科技公司建设的公用码头。自投入使用以来,年吞吐量在200万吨以上,解决社会就业100多人,拉动船运、汽运相关物流运输业,企业年实现利润1000多万元,为推动地方经济发展、稳定社会治安作出一定的贡献。

十一、无锡港

(一)港口概况

1.港口综述

无锡内河港是全国 28 个内河主要港口之一,港口所依托的无锡市经济基础雄厚,紧邻我国经济、金融、贸易和航运中心的上海市,综合交通发达,区位优势明显。经过多年的发展,无锡内河港规模不断扩大,目前已成为上海国际航运中心的喂给港、区域综合运输的换装港,内河港口对促进无锡市、江苏省乃至长江三角洲经济社会发展,完善区域综合运输体系起到了十分重要的作用。

无锡内河港位于我国长江三角洲北翼,江苏省东南部无锡市境内。市境介于北纬 31°7′~32°2′与东经 119°33′~120°38′之间,现市辖 7 个区(崇安、南长、北塘、锡山、惠山、滨湖、新区)和 2 个县级市(江阴、宜兴)。东邻苏州,距上海 128 千米;南濒太湖,与浙江省交界;西接常州,距南京 183 千米;北临长江,与泰州市所辖的靖江市隔江相望,区位优势明显。

无锡内河港地处江南水乡、长江三角洲江湖走廊地区,区内河道纵横交织,湖泊星罗棋布,发展内河航运条件十分优越。通过京杭运河、芜申线、锡澄运河、锡溧漕河、申张线、锡十一圩线、杭湖锡线等高等级航道,无锡内河港的货物可直达上海、杭州、湖州、苏北及周边等地区。铁路经沪宁铁路及新长铁路与全国铁路网沟通;公路经沪宁、锡澄、锡宜、宁杭、沿江等高速公路,G312 国道、S342 省道、S230 省道、S340 省道、S338 省道等与全国公路网相连,构成了无锡市便捷的"铁公水"对外交通体系。优越的地理位置和便利的集疏运条件,为无锡内河港的发展创造了良好的条件。

无锡内河港发展历史悠久,作为我国民族工商业和乡镇企业发祥地,内河港伴随经济的发展而逐步发展壮大,规模不断扩大,吞吐总量迅速增长。货种构成也发生了明显变化,从最初的零散物资运输,逐渐发展到煤炭、矿建、钢铁、粮食等大宗货物运输,随着无锡下甸桥二类口岸正式开放,内河集装箱运输亦开始起步。

总体上,无锡内河港口发展历程主要经历了以下几个阶段:

(1)萌芽阶段(新中国成立前)

新中国成立前,无锡大部分地区无固定码头停靠船舶,且客货混用,大多船舶依乡间货栈、米行而泊。该时期,船舶基本上依托一些天然河道船舶进行运输,船型均是一些小型船舶,运输能力小。

(2)初显规模阶段(新中国成立初期)

新中国成立初期,随着国民经济的逐步好转,城乡物资交流趋于频繁,旅客逐年增多,航运部门建设了一大批小型客运码头和货运码头,旅客上下、货物装卸的条件大为改善,此期间无锡内河港的运输业务主要以区间客运和城乡物资为主。许多工厂企业,由于生产需要,也自行修建了部分自备码头。

(3)发展壮大阶段(改革开放初期—20世纪90年代末)

改革开放初期,区域内客货交流明显加快,无锡市水上客运发展加速,为满足旅客运输量快速增长的需要,交通部门投资改造和新建一批规模较大的客运码头。与此同时随着腹地经济的快速发展,煤、电、油以及工农业生产和生活必需品需求量增大,交通部门也建设了一批规模较大、设施先进并具有"铁公水"转运功能的货运码头,以无锡港务一区—五区最为著名,确立了无锡内河主枢纽港的地位。此外不少工厂、企业相继沿河建设了仓库码头。到1990年,无锡内河港完成吞吐量4925.7万吨。

进入20世纪90年代后,随着无锡市经济的快速发展,区域基础设施建设加快,能源、矿建材料、水泥、砖瓦、钢铁等行业水上运输需求急剧加大,一大批货主和个体码头亦得到较快发展,而交通部门在这一时期的投入相对不足,影响了港口集约化的发展。此外随着区域陆路交通的迅速发展,无锡市水上客运逐步萎缩。

(4)内河集装箱运输起步阶段(2000年至今)

进入"十五"期间,内河集装箱运输开始起步,2001年9月,无锡下甸桥二类口岸正式开通至上海的集装箱内河支线,承担了无锡市部分外贸集装箱的喂给功能,实现了无锡内陆口岸零突破。无锡下甸桥二类口岸通过一期改扩建工程,已形成陆域面积63亩、岸线470米、内外贸功能明晰的口岸物流区域,2006年无锡下甸桥二类口岸完成集装箱运输超过4000TEU。随着城市化进程的加快和城市功能调整,少数规模化、等级化和集约化的现代化作业区开始出现,如宜兴城西作业区。

无锡内河港地处苏南水网地区,区内通航河流众多,根据2006年全省航道普查统计资料,无锡市境内共有航道203条,总里程为1674.11千米,通航里程1560.65千米,等级航道里程325.78千米,占总里程的19.5%。

无锡内河港现有生产性码头主要分布于京杭运河、芜申线、锡澄运河、锡溧漕河、申张线、锡十一圩线等高等级航道的两岸,其他的支线航道上也分布着一些简易码头。据统计,无锡内河港共规划港口岸线23.22千米,已利用港口岸线8.16千米,截至2017年5月底,无锡内河港口共有已建成泊位1077个,共计码头620个。

无锡内河港口现有城郊(含无锡市区、新吴区、滨湖区)、惠山、锡山、宜兴、江阴五个港区。

2. 港口水文气象

无锡素有"江南水乡"之称，境内湖荡众多、河网交错，蓄水能力较强，加之沿江河道兴建节制闸，使河、湖水位的涨速及涨幅变化较小。正常年份水位变幅 1 米左右，丰水年 3 米多；在水位的涨落变化中，涨水速度快、落水速度慢，河道内水位的涨落速度又快于湖荡水位。根据无锡市相关水文站统计资料分析，无锡多年平均水位为 3.13 米（吴淞高程，下同），历史最高水位 5.29 米（宜兴西氿站），历史最低水位 1.73 米（江阴青阳站）。

无锡市境内水域面积大，地势平坦，地表植被好，暴雨期由径流带入河道的泥沙较少，各河道流速较小，对河床冲刷较小，河道断面稳定。但在局部水浅、河窄、无护岸河段，船行波对河岸有一定冲刷，岸坡破损、塌岸等会使少量泥沙落淤航槽。根据内河港口运行经验，码头前沿港池因船舶停靠时螺旋桨的作用，港池内一般不会产生泥沙淤积现象。

多年平均气温 15.5℃，极端最高气温 39.4℃，极端最低气温 -14.4℃。多年平均降水量 1087.6 毫米，历年最大降水量 1914.4 毫米，历年最小降水量 581.8 毫米，年平均降雨天数 124 天，年平均日降水量大于或等于 25 毫米的天数 11 天。地区多年常风向为 E 风和 ES 风，夏季主导风向为 ES 向，秋冬季多 EN 和 WN 向风。常风向 ENE，频率 14.2%；强风向 SSE，频率 11%；6 级以上大风天数年平均 10 天。本地区的雾情以平流雾为主，雾日多出现在冬、春季节的清晨及夜间，雾的延时较短。

3. 发展成就

无锡内河港历史悠久，依托京杭运河等干线航道、京沪和新长铁路以及高等级公路网，集疏运十分便捷。

改革开放以来，无锡内河港有了快速发展，1982 年，在地处城郊下甸桥新老运河交汇处西侧，建成垂直式码头岸线长 977 米，栈桥式码头 5 座，泊位 41 个，最大靠泊能力为 500 吨级，货场面积 10150 平方米，仓库面积 2000 平方米，各类装卸机械 50 余台套，机械化程度达 91.87%，为城郊港区乃至整个无锡内河港的形成奠定了基础。2001 年 3 月，下甸桥港区被江苏省政府批准为国家二类口岸，同年 9 月正式开通无锡国际集装箱内河支线，"十一五"期间宜兴港区又被批准为国家二类口岸。根据《江苏省交通志·航运篇》统计，1985—2008 年无锡内河港口基础设施、设备有了长足发展。

2010 年 2 月，《无锡内河港总体规划》顺利通过交通运输部和江苏省人民政府的联合审批，把无锡内河港定位为区域运输的重要枢纽。无锡内河港是无锡社会经济发展的重要依托和临港、临河工业发展的重要支撑，是国际集装箱运输喂给港，为当地区域发展和工业园区原材料、产成品提供"门到门"运输服务。

无锡港港区分布如图 9-3-10 所示。无锡内河港口情况见表 9-3-13。

图 9-3-10 无锡港港区分布图

(二)江阴港区

港区综述

(1)港区建设和运营情况

江阴内河港口的发展伴着江阴经济的发展而变化。江阴是近代民族工商业和企业发祥地,随着江阴经济的发展,江阴内河港口经历了萌芽、雏形、发展、壮大等多个阶段。20世纪八九十年代至 21 世纪是初江阴市基础设施的大建设期,也是江阴内河港发展最为快速的阶段。发展至今,随着江阴经济的快速发展和民族工业的不断做大做强,江阴内河港临港工业发展已初具规模,内河港口规模不断扩大,吞吐总量迅速增长,货种构成也发生了明显变化,从最初的零散物资运输,逐渐发展到以煤炭、矿建、钢材、水泥等大宗散杂货运输为主。

表 9-3-13

无锡内河港基本情况表

序号	港区名称	港区岸线		2015年港口生产性泊位				其中:1978—2015年建成的生产性泊位				2015年港口货物和旅客吞吐量						
		港区规划岸线	其中:2015年前已建成岸线	生产性泊位数	其中:千吨级及以上	生产性泊位总长	其中:千吨级及以上	生产性泊位数	其中:千吨级及以上	生产性泊位总长	其中:千吨级及以上	货物吞吐量	其中:外贸货物吞吐量	集装箱	滚装车辆		旅客	其中:国际旅客
															数量	质量		
		千米	千米	个	个	米	米	个	个	米	米	万吨	万吨	万TEU	万辆	万吨	万人	万人
1	城郊港区	—	9.19	177	7	9193	448	110	7	6409	448	—	—	—	0	0	—	—
2	惠山港区	—	11.76	204	0	11757	0	169	0	10142	0	—	—	—	0	0	—	—
3	江阴港区	—	3.72	80	0	3724	0	53	0	2545	0	—	—	—	0	0	—	—
4	锡山港区	—	4.10	97	0	4095	0	93	0	3965	0	—	—	—	0	0	—	—
5	宜兴港区	—	12.56	250	0	12560	0	85	0	6551	0	—	—	—	0	0	—	—
	合计	—	41.33	808	7	41329	448	510	7	29612	448	7636.73	24.16	2.85	0	0	—	—

根据资料调查和现场勘察调研,江阴内河港共有港口码头 233 个、生产性泊位 433 个,等级航道和等级外航道码头数量大抵相当。其中七级以上等级航道共分布有码头 120 个、生产性泊位 246 个;等级外航道共分布有码头 113 个、生产性泊位 187 个。公用码头的数量多于货主码头,其中公用码头 131 个、生产性泊位 207 个;货主码头 102 个、生产性泊位 226 个。港口主要作业设备为码头固定式起重机和门式起重机。从现有港口功能上看,未来尚具有发展潜力和居于保留价值的港口码头较少。

从港口岸线分布来看,江阴内河港生产用码头泊位主要分布在锡澄运河、申张线、锡澄运河城区段、澄虞线、白屈港等的等级航道上,由于货物运输的需要,也有部分泊位分布在一些等级外航道上,如桃花港、利港河、环山河等。主要航道码头分布情况介绍如下。

①申张线:两岸分布码头 36 个、泊位 70 个,码头泊位总长度 3410 米,设计靠泊能力共 1260 万吨,2010 年完成吞吐量 1050 万吨。沿线港口吞吐量较大的企业有江阴市海豹水泥有限公司、江阴热电有限公司、江阴华西钢铁有限公司等。

②锡澄运河:两岸分布码头 33 个、泊位 63 个,码头泊位总长度 3021 米,设计靠泊能力共 945 万吨,2010 年完成吞吐量 882 万吨。沿线港口吞吐量较大的企业有江阴市华鼎混凝土有限公司、无锡市兆顺不锈钢中板有限公司等。

③锡十一圩:两岸分布码头 5 个、泊位 8 个,码头泊位总长度 349 米,设计靠泊能力共 80 万吨,2010 年完成吞吐量 81 万吨。

④锡澄运河城区段:两岸分布码头 22 个、泊位 38 个,码头泊位总长度 1823 米,设计靠泊能力共 570 万吨,2010 年完成吞吐量 565 万吨。

⑤青祝河:两岸分布码头 4 个、泊位 5 个,码头泊位总长度 197 米,设计靠泊能力共 30 万吨,2010 年完成吞吐量 24 万吨。

⑥锡华西线:两岸分布码头 5 个、泊位 6 个,码头泊位总长度 234 米,设计靠泊能力共 36 万吨,2010 年完成吞吐量 32 万吨。

⑦澄虞线:两岸分布码头 22 个、泊位 30 个,码头泊位总长度 1129 米,设计靠泊能力共 180 万吨,2010 年完成吞吐量 107 万吨。

⑧白屈港:两岸分布码头 32 个、泊位 38 个,码头泊位总长度 1544 米,设计靠泊能力共 228 万吨,2010 年完成吞吐量 264 万吨。沿线港口吞吐量较大的企业有华溢物流有限公司等。

⑨锡后西线:两岸分布码头 4 个、泊位 6 个,码头泊位总长度 251 米,设计靠泊能力共 36 万吨,2010 年完成吞吐量 23 万吨。

⑩新沟河:两岸分布码头 18 个、泊位 22 个,码头泊位总长度 763 米,设计靠泊能力共 132 万吨,2010 年完成吞吐量 126 万吨。

⑪西横河:两岸分布码头 4 个、泊位 5 个,码头泊位总长度 178 米,设计靠泊能力共 30

万吨,2010 年完成吞吐量 30 万吨。

⑫桃花港:两岸分布码头 27 个、泊位 35 个,码头泊位总长度 1108 米,设计靠泊能力共 175 万吨,2010 年完成吞吐量 173 万吨。

⑬利港河:两岸分布码头 14 个、泊位 18 个,码头泊位总长度 541 米,设计靠泊能力共 90 万吨,2010 年完成吞吐量 68 万吨。

⑭环山河:两岸分布码头 7 个、泊位 9 个,码头泊位总长度 285 米,设计靠泊能力共 45 万吨,2010 年完成吞吐量 41 万吨。

⑮其他航道:包括冯泾河、工农河等,两岸分布码头 16 个、泊位 19 个,码头泊位总长度 567 米,设计靠泊能力共 95 万吨,2010 年完成吞吐量 72 万吨。

(2)港区地理条件和集疏运概况

江阴市位于江苏省南部,长江三角洲太湖平原北端,北枕长江,与靖江市隔江相望,南近太湖与无锡市区相接,西邻常州市武进区,东接张家港市、常熟市。地处苏锡常"金三角"的几何中心,交通十分便捷,江阴长江大桥是京沪高速公路的重要组成部分,江阴港历来是大江南北的重要交通枢纽,江海联运、江河换装的天然良港。江阴市东西长 58.5 千米,南北宽 31 千米,总面积 987.5 平方公里,其中陆地面积 811.7 平方公里,水域面积 175.8 平方公里。

江阴境内南北自西横河至长江之间,东西自君山向西,经夏港、申港、西石桥、璜土、石庄为高地,地面高程均在 6.0 米(吴淞基面,下同)以上,长江沿江为洼地,是由长江水夹带泥沙沉积并经围垦而成的圩田,古称沙田,属于长江三角洲的边缘部分。西南为低洼圩区,属于太湖沼泽地区的一部分。全区地貌概况主要分为长江冲积平原、太湖水网平原及低山丘陵。长江冲积平原又分为河漫滩冲积平原、新三角洲冲积平原和老三角洲冲积平原。河漫滩冲积平原分布在老桃花港、大王庙、利港口及君山向东至长山一线外侧,高程 2~4 米,为细砂、粉砂、粉砂亚黏土,质地疏松。新三角洲冲积平原位于河漫滩内侧,长江古堤以外。主要分布在石庄、利港、夏港和澄江等地北部,东西长约 32 千米,南北宽0.1~0.2 千米,面积 30 多平方公里,高程 2.5~4.6 米。为砂夹黄土或黄土夹砂,砂性大,偏碱性,质地轻,宜棉麦生长。老三角洲冲积平原位于长江古堤内侧,横贯境内北部,主要分布在石庄、利港、夏港、申港、南闸、山观、澄江等镇,面积近 300 平方公里,高程在 3 米以上,为粉砂壤土、砂土、粉砂土、砂姜土、偏碱性,是稻棉混作区。

太湖水网平原分为圩区平原、漕河圩区平原、高亢平原。圩区平原主要分布在月城、青阳、峭岐、马镇等地,原是芙蓉湖一部分,面积 200 多平方公里,高程 1.5~2.0 米,其中月城为典型的湖相沉积圩区平原。属脱潜型水稻田,质地重,是麦稻两熟制地区。漕河圩区平原主要分布在张家港河的西岸,面积不足 20 平方公里,高程在 2 米以上,由冲积沉积而成,一部分地区质地中壤至重壤,另一部分可达重壤到轻黏,是麦稻三熟制地区。高亢平原主要分布在璜塘、祝塘、文林、长泾、新桥、北漍、顾山等地,面积约300平方公里,高程在5米以上,典型土种为黄白土和黄泥土。

江阴市境内河流密布,共有内河航道通航里程为394.55千米,等级航道通航里程为123.99千米,等级外航道270.56千米,拥有省干线航道锡澄运河、申张线,锡十一圩线以及青祝河、锡华西线、白屈港、澄虞线等市干线航道;沪宁高速公路、沿江高速公路、锡澄高速公路、澄张公路、澄杨公路、锡沙公路、锡澄公路等构成了江阴内河港公路集疏运通道的主骨架;新长铁路穿境而过,为江阴内河港开展公铁水联运创造了条件。

(三)宜兴港区

1.港区综述

(1)港区建设和运营情况

宜兴市地处沪宁杭三角洲地区中心,境内河流密布,干线航道芜申线和锡溧漕河横纵交叉,拥有独特的区位优势和水运发展优势。宜兴市社会经济和产业发展取得显著成绩,综合交通发展迅速,城市整体形象快速提升,已经发展成为宁杭城市带上实力强劲的中心城市之一。宜兴港区历史悠久,自古以来就是宜兴市物资集散的重要交通枢纽。宜兴港区是国家内河主要港口无锡港的重要组成部分,是宜兴市对外物资交流的重要口岸和地区综合运输的交通枢纽,是宜兴建设长江三角洲生态旅游城市的重要载体。随着腹地经济社会发展和港口功能的逐步拓展,其发展方向是以能源、原材料、工业产品、内外贸集装箱运输及旅游服务为主的多功能、综合性港口。

宜兴港区共有公用作业区12个,占地2131亩。其中,主要作业区5个,分别为宜兴新港作业区、长三角物流园作业区、徐舍作业区、和桥作业区和新庄作业区,主要为宜兴市提供综合性、大型专业化的水运物流服务,具备提供集散、中转、物流和辐射等区域性物流服务功能。一般作业区7个,分别为新建作业区、官林作业区、杨巷作业区、周铁作业区、鲸塘作业区、高塍作业区和开发区湛渎港作业区,主要为作业区所在乡镇及周边乡镇、工业集中区以及城镇产业发展提供运输服务。

宜兴市境内通航河流众多,码头泊位总量较多。截至2012年,宜兴市港口拥有生产性码头223个、泊位338个,泊位长度约19.3千米,2012总吞吐能力约4600万吨。宜兴市港口生产性码头泊位主要分布于芜申线、锡溧漕河、宜张线、锡滆线等等级航道的两侧,其他航道上也分布着一些简易码头。

宜兴市城区公用码头主要有旺达物流码头、宜港装卸码头和在建的长三角金属物流园码头,货主码头主要有协联热电码头等。在各乡镇,公用码头主要分布在城镇段,有港务公司、物流公司码头,例如张渚港务码头、丁蜀港务码头、诸桥物流公司码头等。货主码头主要服务于电厂、水泥厂、钢结构厂、化工厂,如天平水泥码头、鲸龙水泥码头、杨巷天音化工码头、恒来建材码头等。

主要港口企业为宜兴市旺达物流有限公司,位于宜兴经济开发区北环路,西邻 S342、S48,东临芜申运河和新长铁路,南邻 104 国道,北邻芜申运河改线段(宜红河)、S240,是由宜兴市资产经营公司投资组建,由宜兴市口岸办公室主管。占地 145 亩,建有综合服务楼 6680 平方米,堆场 4 万平方米,各类仓库 5000 平方米,500 吨级泊位 2 个,占用岸线 150 米。公司主要具备海关直通点的转关服务、二类水路口岸、旺达保税仓库的保税、出口监管仓库的出口监管的口岸四大功能。2014 年、2015 年吞吐量分别为 4222.32 万吨、4143.33 万吨。

(2)港区地理条件和集疏运概况

宜兴市地处江苏省南端,苏、宁、杭三角中心,市境界于北纬 31°07′ ~ 31°37′与东经 119°31′ ~ 120°03′之间。东濒太湖,东南邻浙江长兴,西南界安徽广德,西接溧阳,西北毗连金坛,北面与武进相傍,滆湖镶嵌其间。

宜兴地区山体均作东西向延伸,绝对高度 500 米以上,最高峰为黄塔顶,海拔 611.5 米。宜兴市南部、西南部为低山丘陵区,西部为低洼区,西北和中部为平原,东部为太湖。

宜兴市境内水网密布,主要航道有芜申运河、锡溧漕河、锡滏线、常溧线、宜丰线、宜张线、埝径河、烧香港、锡宜线、杨丰线、大浦港、陈塘河、伏溪河、青龙河、高塍河、殷村港、西渚新河、东下河归迳河和中干河。宜兴市境内共有航道 79 条,航道总里程为 610.5 千米,其中等级航道里程 284.5 千米,占航道总里程的 46.6%。全市拥有江苏省规划的干线航道有芜申运河和锡溧漕河,总计 66.9 千米,占航道总里程的 11.0%。

宜兴市港口地处太湖水网地区,所处区内的河流纵横交错,发展内河航运的条件十分优越。宜兴市港口的货物通过芜申运河、锡溧漕河等高等级航道,可直达上海、苏州等地。铁路经新长铁路与全国铁路网沟通,宁杭高铁正在建设;高速公路有长深(宁杭)高速公路(G25)、沪宜(锡宜)高速公路(S48),公路有宁杭公路(G104)、虞宜线(S342)、沪宜公路(S323)、宜金公路、宜广公路(S223)等与全国公路网相连,随着规划建设的泰宜城际铁路、宜长高速公路(S45)、常宜高速公路(S39)、宜马高速公路、兴扬公路等通道的逐步建成,宜兴市对外交通条件将进一步改善。优越的地理位置和便利的集疏运条件,为宜兴市港口的发展创造了良好的条件。

2.港区工程项目

无锡港宜兴港区多用途码头一期工程

项目于 2006 年 12 月开工,2007 年 7 月试运行,2008 年 9 月竣工。

项目建设依据:2006 年 8 月,江苏省发展和改革委员会《关于核准无锡港宜兴港区多用途码头一期工程的批复》(苏发改交能交〔2006〕851 号);2008 年,无锡市港口管理局《关于无锡港宜兴港区多用途码头一期工程施工图设计的补充批复》(锡港发〔2008〕16

号);2005年11月,无锡市环境保护局《关于对宜兴市旺达物流有限公司宜兴新港多用途码头工程项目环境影响报告书的批复》(锡环管〔2005〕67号);2005年,江苏省国土资源厅《关于宜兴市旺达物流有限公司新港多用途码头工程用地的预审意见》(苏国土资函〔2005〕808号);2006年3月,江苏省交通厅以苏交港〔2006〕15号文件出具岸线批复。

项目建设2个500吨级多用途码头泊位。岸线总长150米。码头采用顺岸挖入式布局、重力式结构。码头前沿水深2.6米。项目后方堆场面积约1.23万平方米,其中重箱堆场9970平方米,轻箱堆场2290平方米,堆存能力3.4万吨。主要装卸设备包括规格型号为MJ40.5-30的集装箱门式起重机1台。项目总投资7650万元,其中地方政府投资6150万元,业主自有资金1500万元。用地面积(含水域)2万平方米。

项目建设单位为宜兴市旺达物流有限公司;设计单位为江苏省智汇工程顾问有限公司;施工单位为宜兴市正兴航务工程有限公司,宜兴市交通建设集团有限公司;监理单位为江苏科兴工程建设监理有限公司、江苏润通工程监理有限公司;质监单位为无锡市交通工程质量监督站。

项目投产后,随着水运优势不断体现,集装箱量也逐步增加,为宜兴及周边地区企业降低了运输成本,带来了巨大的经济效益及社会效益。自从码头开通运行以来,年集装箱量由原来的几百几千箱,逐步增长到目前的一万多箱。码头船型也由最初的16吨改为目前的30吨,并已开通了宜兴—太仓、宜兴—上海、宜兴—江阴等航线,实现了"天天班"。

(四)城郊港区

1.港区综述

(1)港区建设和运营情况

城郊港区主要为无锡市全市范围的内河集装箱运输、大宗货物铁公水转运、散杂货集散服务,同时还承担无锡市的城市发展和工业园区的部分原材料、产成品提供运输服务,为环太湖水上旅游提供旅游客运服务。

城郊港区共有生产性泊位412个,泊位长度25.47千米,其中500吨级以上泊位22个,300~500吨级泊位61个,100~300吨级泊位226个,100吨级以下泊位103个,仓库面积24.36万平方米,堆场面积98.61万平方米,年综合通过能力4030万吨。

城郊港区的主要作业区如下。

①国家粮食储备库作业区:国家粮食储备库作业区是江苏无锡国家粮食储备库的专用港口作业区,南靠京杭运河,北靠沪宁铁路,东靠高浪路。内设粮食仓储区、铁路中转区、港池码头区、粮食加工区、现货交易区、信息服务区、科技研发区和生活服务区等8大功能区域,是无锡粮食科技物流中心。

②旺庄作业区:为无锡国家高新技术产业开发区及周边企业提供原材料、产成品运输服务,为整合新区附近京杭运河沿线码头提供集聚点,发展大宗货物铁公水联运。

③新安大桥作业区:发展形成以件杂货运输为主的公用作业区,重点解决京杭运河新区段航道拓宽整治后,沿线工业企业码头集中整合问题。

④硕放作业区:依托周边工业企业,发展形成以黄砂、石子、水泥等运输和建材加工公用作业区。重点解决京杭运河新区段航道拓宽整治后,沿线建材加工企业和货主码头集中整合问题。

⑤下甸桥作业区:以现有的港务四区、港务五区、南长物流配载有限公司、苏华集装箱公司为基础进行有机整合,统一组建为下甸桥作业区。服务范围重点是无锡市区、周边大型企业及辖区内各乡镇,属于国家二类口岸。港口功能定位:原有的下甸桥作业区及其对岸用地范围发展形成以集装箱、件杂货、散货等外贸为主的外贸作业区,逐步形成无锡市物流规划"两园一中心"重要的水陆口岸物流中心;港务四区、港务五区和南长物流配载公司成为散货与件杂货集散和原辅材料及成品的仓储、水陆中转、分拨、配送为一体的国际物流中心。

⑥滨湖旅游客运作业区:为环太湖景区水上旅游发展提供旅游客运服务,主要由吴营码头、梁山码头、灵湖码头、鼋头渚游船码头、鼋头渚渔人码头、仙岛(三山岛)码头、太湖山水游艇俱乐部码头、太湖渔家乐渔港游船码头、红沙湾农业生态园码头、梁溪河游船1号码头、梁溪河游船2号码头、梁溪河游船3号码头等12个旅游客运码头承担。

⑦胡埭作业区:胡埭作业区作为滨湖区唯一的货运作业区,将滨湖区境内的小码头逐步整合;该作业区还将服务于滨湖区特别是胡埭镇的经济产业发展和基础设施建设,为胡埭工业安置区内企业提供原材料和产成品运输服务。

2014年、2015年吞吐量分别为1780.95万吨、1427.02万吨。

(2)港区地理条件和集疏运概况

无锡内河港城郊港区现有的码头主要分布在市区周边的京杭运河、锡十一圩、直湖港、锡溧线、锡宜线等条件较好的航道两侧。此外,其他支线航道上还分布着一些中小码头。

2.港区工程项目

无锡内河港城郊港区新安大桥作业区码头二期工程

项目于2012年12月开工,2019年11月试运行。

项目建设依据:2012年3月,江苏省发展和改革委员会《关于核准无锡内河港城郊港区新安大桥作业区码头二期工程项目的通知》(苏发改基础发〔2012〕354号);2012年7月,江苏省交通运输厅《关于无锡内河港城郊港区新安大桥作业区码头二期工程初步设计的批复》(苏交港〔2012〕67号);2012年2月,江苏省环境保护厅《关于对无锡内河港城郊港区新安大桥作业区码头二期工程环境影响报告书的批复》(苏环审〔2012〕29号);2012年11月,江苏省人民政府《关于无锡内河港城郊港区新安大桥作业区码头二期工程建设用地的批复》(苏政地〔2012〕640号);2011年9月,江苏省交通运输厅《关于无锡内河港城郊港区新安大桥作业区码头二期工程使用港口岸线的批复》(交规划发〔2011〕482号)。

项目建设6个1000吨级件杂货码头泊位,2个1000吨级多用途码头泊位。岸线总长564米。码头采用挖入式布局、重力式结构。码头前沿水深6.2米。项目后方堆场面积1.6万平方米。主要装卸设备包括起重能力为32吨的通用门式起重机,起重能力为35.5吨、45吨的轨道式集装箱门式起重机2台,叉车3台。项目总投资3.89亿元,全部来自业主自有资金。用地面积508亩。

项目建设单位为无锡高新物流中心有限公司;设计单位为中交武汉港湾工程设计研究院有限公司、中交武汉港湾工程设计研究院有限公司、华仁建设集团有限公司;施工单位为江苏天舜交通工程有限公司、江苏润港工程集团有限公司、江苏省盐阜建设集团有限公司等;监理单位为镇江市兴华工程建设监理有限责任公司、上海同济工程项目管理咨询有限公司、江苏湖滨工程项目管理有限公司等;质监单位为无锡市交通工程质量监督站。

十二、宿迁港

(一)港口概况

1.港口综述

宿迁位于江苏省北部、地处长江三角洲地区,是长三角城市群成员城市,也是沿东陇海线经济带、沿海经济带、沿江经济带的交叉辐射区。宿迁交通十分便利,自古便有"北望齐鲁、南接江淮,居两水(黄河、长江)中道、扼二京(南京、北京)咽喉"之称。京杭大运河纵贯南北,京沪、宁宿徐、徐宿淮盐高速公路、宿新高速公路等联通成网,新长铁路、宿淮铁路穿境而过。此外,宿迁西距徐州观音国际机场60千米,北距连云港白塔埠机场100千米,东到淮安涟水机场130千米,空港优势非常明显。

宿迁港按照行政区划分为4个港区,分别为宿迁中心港区、沭阳港区、泗阳港区和泗洪港区,形成港口与区域发展相协调,各港区共同发展的总体格局。

宿迁市拥有洪泽湖、骆马湖以及京杭运河、徐洪河等重要湖泊、河道,水网密布,航道众多,共有航道35条,其中等级航道19条。目前,宿迁市航道总里程达到979.5千米,等级航道为822.3千米,占总里程的83.9%,其中六级及以上等级航道为596.6千米,占总里程的60.9%。

2.港口水文气象

宿迁处于北亚热带和暖温带交界处,属于暖温带半湿润季风气候,具有黄河流域到长江流域的过渡性气候特点。本地区春夏秋冬,四季分明,气候温和,具有较明显的季风性、过渡性和不稳定性的气候特点。

年平均气温 14.1 摄氏度,最高月平均气温 27.2 摄氏度,最低月平均气温 0.3 摄氏度。多年平均降雨量 899.0 毫米,多年平均降雨量天数 95.6 天。冬季盛行偏 N 风,夏季盛行偏 S 风,历年最多风向为 ES 风。历年平均雾日天数 12 天,其中持续 4 小时以上的 5 天。无霜期较长,平均为 211 天。年平均下雪天数为 8.9 天,历年最多降雪天数为 23 天。多年平均相对湿度 74%。

3.发展成就

自 2008 年以来,宿迁市对外贸易规模快速扩大,实现年均 41% 的增长。外向型经济发展提高了港口集装箱运输需求,2011 年宿迁港开通了集装箱运输业务,2015 年宿迁港完成集装箱吞吐量 4000TEU,成为宿迁市外贸物资运输的重要进出口通道,满足了宿迁市对外贸易对水路运输的发展需求。

2015 年,宿迁港完成煤炭、钢材、矿建材料吞吐量分别为 159.3 万吨、111.1 万吨和 919.0 万吨,为临港产业发展提供了原料及产成品运输服务,并成为宿迁市及周边地区城镇建筑材料中转运输的主要通道。

宿迁市初步建成了以宿迁港为节点的货运枢纽体系,布局和信物流等交通物流园区,并拓展了展示、贸易、加工等物流功能,发挥了大集聚、大中转的作用。

2011—2015 年货物吞吐量分别为 1727 万吨、1819 万吨、2116 万吨、2308.6 万吨、1467.9 万吨。

宿迁港港区分布如图 9-3-11 所示,宿迁内河港口情况见表 9-3-14。

(二)中心港区

1.港区综述

(1)港区建设和运营情况

中心港区是宿迁港的核心港区,以煤炭、件杂货、矿建材料、化工原料及制品、集装箱运输为主,发展成为宿迁港重要的综合性港区和铁路、公路、水路多式联运枢纽港区,为宿迁市经济发展、城市建设和临港产业发展服务。"十二五"期间,全市共实施港口项目 15个,投资约 6.3 亿元,其中 11 个项目基本按照规划进度有序进展或已经完成。经"十二五"港口设施建设后,宿迁市新增码头泊位 57 个,其中 2000 吨级泊位 5 个、1000 吨级泊位 13 个,集装箱泊位实现零的突破。中心港区拥有集装箱泊位 2 个,年吞吐能力将达 7 万 TEU。

图9-3-11　宿迁港港区分布图

中心作业区位于京杭运河右岸,新扬高速京杭运河大桥下游2500～5500米,共利用3000米岸线,可形成年通过能力1500万吨。目前作业区上游约700米和1400米分别已建成挖入式港池和顺岸式港池,挖入式港池两侧布置8个1000吨级泊位和4个2000吨级泊位,顺岸式港池布置12个2000吨级泊位,已形成能力1062万吨。剩余900米岸线规划顺岸式布置8～10个2000吨级泊位。可形成年通过能力400万～500万吨。后方陆域纵深控制200～900米,占地面积120万平方米。码头后方依次布置堆场、仓库和生产生活辅助区。

表 9-3-14

宿迁港基本情况表

序号	港区名称	港区岸线		2015年港口生产性泊位				其中:1978—2015年建成的生产性泊位				2015年港口货物和旅客各吞吐量						
		港区规划岸线	其中:2015年前已建成岸线	生产性泊位数	其中:千吨级及以上	生产性泊位总长	其中:千吨级及以上	生产性泊位数	其中:千吨级及以上	生产性泊位总长	其中:千吨级及以上	货物吞吐量	其中:外贸货物吞吐量	集装箱	滚装车辆		旅客	其中:国际旅客
															数量	质量		
		千米	千米	个	个	米	米	个	个	米	米	万吨	万吨	万TEU	万辆	万吨	万人	万人
1	中心港区	25.2	6.5	58	28	3605	1665	58	—	3605	1665	377.76	0	0	0	0	0	0
2	泗阳港区	11.2	2.96	14	3	1358	230	14	—	1358	230	399.23	0	0.39	0	0	0	0
3	沭阳港区	14.7	5.7	41	—	2866	—	41	—	2866	—	499.82	0	0	0	0	0	0
4	泗洪港区	25.1	1.48	29	—	1480	—	29	—	1480	—	191.10	0	0	0	0	0	0
	合计	76.2	16.64	142	—	9309	—	142	—	9309	—	1467.91	0	0.39	0	0	0	0

宿豫作业区位于京杭运河左岸,运河 3 号桥下游 1200～1800 米,共利用 600 米岸线,现已建设完成。共顺岸式布置 4 个 500 吨级泊位和 2 个 1000 吨级泊位,可形成年通过能力 180 万吨,陆域纵深 200～300 米左右,占地面积约 14 万平方米,从码头前沿依次布置堆场、仓库和生产生活辅助区。2015 年完成货物吞吐量 377.7 万吨。

(2)港区地理条件和集疏运概况

中心作业区的前方航道京杭运河按二级航道维护;疏港大道与 S325 连接;规划铁路专用线与宿淮铁路连接。

宿豫作业区位于宿迁市宿豫经济开发区附近,京杭运河宿迁段南二环大桥下游约 500 米处,京杭运河东岸,主要承担宿迁地区及附近工业园区危险品和化工原料的吞吐任务。前方航道京杭运河按二级航道维护;通过疏港公路与 S249、江山大道连接。

2. 港区工程项目

(1)宿迁港中心港区长江润发码头

项目于 2003 年 4 月开工,2004 年 8 月竣工。

项目建设 6 个 500 吨级通用散货码头泊位及杂货码头泊位,岸线总长 308.46 米。码头采用顺岸式布局、重力式结构。码头前沿水深 3.5 米。项目后方堆场面积 2000 平方米。主要装卸设备包括固定式起重机 5 台、门式起重机 1 台。项目总投资 5000 万元,全部为业主自有资金。用地面积 5.51 万平方米。

(2)宿迁港中心港区国电煤码头改扩建工程

项目于 2004 年 12 月开工,2015 年 12 月试运行,2018 年 7 月竣工。

项目建设依据:2016 年 4 月,江苏省发展和改革委员会《关于宿迁港中心港区国电煤码头改扩建工程核准批复》(苏发改基础〔2016〕372 号);2017 年,江苏省交通运输厅《关于宿迁港中心港区国电煤码头改扩建工程初步设计的批复》(苏交港〔2017〕37 号);2015 年 7 月,江苏省环境保护厅《关于对国电宿迁 2×660 兆瓦机组工程环境影响报告书的批复》;2015 年 6 月,江苏省水利厅《关于核准国电宿迁热电有限公司宿迁港中心港区国电煤码头改扩建工程涉河建设的行政许可决定》(苏水许可〔2015〕110 号);2015 年 3 月,江苏省厅港口局《关于宿迁港中心港区国电煤码头改扩建工程岸线评估合理性意见》(交规划函〔2015〕639 号)。

项目建设 4 个 2000 吨级煤炭码头泊位,岸线总长 324 米。码头采用挖入顺岸式布局、重力式结构。码头前沿水深 4 米。项目后方堆场面积 56000 平方米,堆存能力 22.4 万吨。主要装卸设备包括 2 台螺旋卸船机、2 台清仓起重机。项目总投资 1.75 亿元,全部为业主自有资金。用地面积 21.13 亩。

项目建设单位为国电宿迁热电有限公司;设计单位为中设设计集团股份有限公司

（原江苏省交通规划设计院）；施工单位为中交第一航局第四工程有限公司；监理单位为镇江兴华建设监理有限公司；质监单位为宿迁市交通工程质量监督站。

码头主要用于火电厂燃料（煤炭）的接卸、副产品粉煤灰的外运，通过 16 年来的热力、电力输出，为周边区域各家大中企业日常生产提供能源动力，为宿迁市地区经济发展作出突出贡献。

（3）宿迁港中心港区联发港务码头项目

项目于 2005 年 4 月开工，2007 年 5 月竣工。

项目建设 6 个 1000 吨级泊位（码头水工建筑允许靠泊能力 2000 吨级），岸线总长450 米。码头采用顺岸式布局、扶壁式结构。码头前沿水深 4 米。项目后方堆场面积 10万平方米。主要装卸设备包括最大起重能力为 10 吨的起重机 6 台。项目总投资 6400万元，资金为企业自筹。用地面积 10.17 万平方米。

项目建设单位为宿迁市联发港务运输有限公司。

（4）宿迁港中心港区中联水泥专用码头项目

项目于 2005 年 5 月开工，2005 年 12 月试运行，2006 年 12 月竣工。

项目建设依据：2005 年 5 月 27 日，江苏省交通厅批复中联巨龙（宿迁）有限公司的水泥熟料码头航道行政许可申请（苏交航许字〔2005〕第 10 号）；2007 年 3 月 30 日，宿迁市规划局批复中联巨龙（宿迁）有限公司的水泥熟料码头（配套码头）准予建设，批准文号为宿规工 2007093 号；2005 年 7 月 1 日，宿迁市建设局批复准予施工（与生产线合批）。

项目建设 1 个 1000 吨级水泥熟料码头泊位及 2 个 500 吨级水泥熟料码头泊位（码头水工建筑允许靠泊能力 2000 吨级），岸线总长 210 米。码头采用挖入式布局、扶壁式结构。码头前沿水深 3.6 米。项目后方堆场面积 3000 平方米，堆存能力 6000 万吨。主要装卸设备包括起重机 6 台、皮带输送机 1 套。项目总投资 2000 万元，资金均为企业自筹。用地面积 8000 平方米。

项目建设单位为淮海中联水泥有限公司宿迁分公司［原中联巨龙（宿迁）有限公司］；设计单位为江苏省交通规划设计院；施工单位为中港第三航务工程局；监理单位为北京中达腾工程监理有限责任公司；质监单位为宿迁市建设工程质量检测中心。

2018 年对码头进行提档升级改造，对熟料输送皮带进行全封闭，加装道路及下料口喷淋设施，项目总投入约 180 万元。

2014—2017 年完成的吞吐量分别为 75.22 万吨、45.78 万吨、68.84 万吨、52.80万吨。

（5）宿迁港中心港区果园作业区宿迁粮食物流中心码头

项目于 2007 年 7 月开工，2009 年 11 月试运行，2013 年 5 月竣工。

项目建设依据：2007年2月，江苏省发展和改革委员会《关于同意江苏宿迁粮食物流中心建设项目备案的通知》；2010年5月，江苏省交通运输厅《关于宿迁港中心港果园作业区粮食物流码头工程初步设计的批复》（苏交港〔2010〕36号）。2008年5月，《关于对江苏宿迁粮食物流中心暨粮食专用码头项目环境影响报告书的批复》（苏环管〔2008〕85号）；用地国有土地使用证（宿国用920070第0094号）；2009年3月，江苏省交通厅《关于宿迁港中心港区果园作业区粮食物流码头工程使用港口岸线的批复》（苏交港〔2009〕21号）。

项目建设4个500吨级泊位（码头水工建筑允许靠泊能力1000吨级），岸线总长280米。码头采用挖入式布局、重力式结构。码头前沿水深6.77米。项目后方堆场面积1.12万平方米。主要装卸设备包括无锡凯龙牌起重能力为5吨的固定回转式起重机2台、起重能力为12吨的起重机1台、面粉装船输送设备1套。项目总投资2022万元。用地面积13200平方米。

项目建设单位为江苏宿迁国家粮食储备库；设计单位为江苏省交通科学研究院股份有限公司；施工单位为江苏国港交通工程有限公司；监理单位为宿迁市水利工程建设监理部；质监单位为宿迁市交通工程质量监督站、宿迁市水利局基本建设工程质量监督站。

宿迁粮食物流中心处于京杭大运河、宁宿徐高速公路、徐淮盐高速公路、宿（州）宿（迁）淮（安）铁路四条交通线的道口之中，尤其是京杭大运河是粮食等大宗物资运输的黄金水道，在150千米辐射范围内的苏北、鲁南、皖北、豫东等地粮食均可通过宿迁中转流向苏南、上海、浙江等粮食主销区，还可以经水陆海联运外销到福建、广东等地。主要品种为小麦、稻谷、玉米等。常年粮食产量约330万吨，年商品粮200万吨左右。宿迁粮食物流中心具备储备、加工等功能，仓储容量为2亿斤，承担着国家和市级储备粮的储备任务。粮食物流中心日处理小麦2000吨，原粮及成品粮的运输主要是靠水运，每年从此地运进运出的粮食可以达到100万吨，日加工稻谷350吨，主要销往江苏中南部及上海、浙江等地，从而带动了宿迁及周边省市县的粮食贸易。该公司自有码头全长280米，4个千吨级泊位，采用挖入式港池，作业场地12000平方米，码头配备起重机3台，输送机3台，其中码头有86米岸线无偿提供给五得利面粉集团使用。

2013—2015年吞吐量分别为11万吨、6.1万吨、3.6万吨。

（6）宿迁港中心港区宿豫作业区港口二期工程（金通港口）

项目于2008年12月开工，2009年6月试运行，2009年6月竣工。

项目建设依据：2009年07月，江苏省环境保护厅《关于对宿迁港中心港区宿豫作业区港口二期环境影响报告书的批复》（苏环审〔2009〕127号）；《关于宿迁港中心港区宿豫作业区港口二期工程建设项目的行政许可决定》（苏水许可〔2009〕186号）。

项目建设 3 个 1000 吨级件杂货码头泊位,岸线总长 210 米。码头采用挖入顺岸式布局、斜坡式结构。码头前沿水深 3.5 米。主要装卸设备包括 2 台 16 吨、25 米门座起重机及 1 台 32 吨、25 米门座起重机,轨距 10.5 米。项目总投资 6442 万元,资金均为企业自筹。用地面积 3.92 万平方米。

项目建设单位为宿迁金通港口有限公司;设计单位为中交第二港务工程勘察设计院有限公司;施工单位为合肥市南亚建设有限公司;监理单位为江苏大阳工程建设监理有限公司;质监单位为江苏省交通规划设计院股份有限公司工程质量检测中心。

码头主要用于内部原料、产品转运,附带服务于周边企业装卸运输。

(7)宿迁港中心港区陆集作业区码头一期工程

项目于 2009 年 6 月开工,2011 年 10 月试运行,2016 年 11 月竣工。

项目建设依据:2010 年 11 月,江苏省发展和改革委员会《关于核准宿迁港中心港区陆集作业区码头一期工程项目的通知》(苏发改基础〔2010〕11151 号);2011 年 1 月,江苏省交通运输厅《关于宿迁港中心港区陆集作业区码头一期工程初步设计的批复》(苏交港〔2011〕1 号);2010 年,江苏省环境保护厅《关于宿迁港中心港区陆集作业区码头一期工程环境影响评价报告书的批复》(苏环审〔2010〕157 号);2010 年 2 月,江苏省交通运输厅《关于宿迁港中心港区陆集作业区码头一期工程使用港口岸线的批复》(苏交港〔2010〕12 号)。

项目建设 1 个 500 吨级化工件杂货泊位和 1 个 500 吨级液体化工品泊位(码头水工建筑允许靠泊能力 1000 吨级),岸线总长 137 米。码头采用顺岸式布局、扶壁式结构。码头前沿水深 5.13 米。项目后方堆场面积 4200 平方米。主要装卸设备包括化工件杂货泊位配备固定回转式 10 吨起重机。液体化工泊位采用装卸臂、工艺管线等进行装卸作业。项目总投资 4246 万元,资金来源为企业自筹。用地面积 2.21 万平方米。

项目建设单位为宿迁宏远港口有限公司;设计单位为中设设计集团股份有限公司(原江苏省交通规划设计院);施工单位为江苏国港交通工程有限公司;监理单位为江苏科兴工程建设监理有限公司。

码头装卸货种主要为硫酸、磷酸、硫黄、氢氧化钠等化工原材料及其产成品。

(8)宿迁港中心港区果园作业区二期工程

项目于 2011 年 9 月开工,2013 年 12 月试运行,2014 年 9 月竣工。

项目建设依据:2010 年,江苏省发展和改革委员会《关于核准宿迁港中心港区果园作业区码头二期工程项目的通知》(苏发改基础发〔2010〕459 号);2010 年 8 月,江苏省交通运输厅《关于宿迁港中心港区果园作业区二期工程初步设计的批复》(苏交港〔2010〕64 号);2010 年,江苏省环境保护厅《关于对宿迁港中心港区果园作业区码头二期工程环影响报告书的批复》(苏环审〔2010〕66号);2010年12月,江苏省国土资源厅《关于批准宿迁港中心港区果园作业区码头二期工程用地的通知》(苏政地〔2010〕1148号);2009年11月,交通运输部《关于宿迁港中心港区果园作业区码头二期工程使用港口岸线的批复》(交规划〔2009〕721号)。

项目建设12个码头泊位:北侧布置2个1000吨级泊位和4个2000吨级泊位,装卸货种主要为煤炭和矿建材料;南侧布置6个1000吨级泊位,其中4个为件杂货泊位,装卸货种为钢材、木材、水泥及其他一般件杂货,2个为集装箱泊位可装卸60TEU集装箱船。岸线总长898米。码头采用挖入式布局、扶壁式结构。码头前沿水深4米。项目后方堆场面积4.4万平方米。主要装卸设备包括:散货每个泊位配备一台10吨、25米带斗门式卸船机,装卸由带斗门式起重机与带式输送机配合进行;4个件杂货泊位共布置3台10吨、30米门式起重机,1台30吨、30米门式起重机;集装箱每个泊位配备一台起重量30.5吨的轨道式门式起重机;装箱堆场作业区配备3台30.5吨、60米轮胎式门式起重机(堆4过5)作业,空箱堆场配备1台空箱堆高机作业;拆装箱库配备2台3吨箱内叉车进行作业。项目总投资2.73亿元,资金来源为企业自筹。用地面积26.7万平方米。

项目建设单位为宿迁恒通港务有限公司;设计单位为苏交科集团股份有限公司;施工单位为中交第二港务工程局有限公司;监理单位为宿迁市水利工程监理咨询有限公司。

2013年底宿迁港中心港区果园作业区码头二期工程建成开港,大大提升了宿迁港的整体规模。新增了2000吨级泊位4个,1000吨级泊位8个(包括两个集装箱泊位)。围绕新建成的中心港,宿迁市设立了运河中心港产业园区,全力打造"运河中心港区、物流产业核心区、临港工业承载区、中心城市新的增长极",使港口、物流、产业、城市四位一体,联动发展,服务全市经济发展。

(9)宿迁港中心港区国邦石化码头工程

项目于2014年3月开工,2015年2月试运行。

项目建设依据:2013年11月,宿迁市宿豫区发展和改革局《关于宿迁港中心港区国邦石化码头工程核准的批复》(宿豫发改〔2013〕132号);2013年12月,宿迁市交通局《关于宿迁港中心港区国邦石化码头工程初步设计的批复》(宿交复〔2013〕10号)。2013年11月,江苏省环境保护厅《关于宿迁港中心港区国邦石化码头工程环境影响报告书的批复》(苏环审〔2013〕229号);2013年,江苏省水利厅《关于准予江苏国邦石油化工有限公司宿迁港中心港区国邦石化码头工程涉河建设的行政许可》(苏水许可〔2013〕36号);国有土地使用证(宿国用〔2015〕第22975号);2012年9月,江苏省交通运输厅《关于宿迁港中心港区国邦石化码头工程准予使用港口岸线的交通行政许可决定书》(案号:0000009339)。

项目建设3个500吨级石化码头泊位(码头水工建筑允许靠泊能力1000吨级)及1个500吨级油船待泊泊位,岸线总长333米。码头采用顺岸式布局、扶壁式结构。码头前沿水深5.6米。主要装卸设备包括型号为FB06H型的手动装卸臂3台。项目总投资2615.3万元。用地面积1.04万平方米。

项目建设单位为江苏国邦石油化工有限公司;设计单位为江苏省交通科学研究院股份有限公司;施工单位为江苏润港建设集团有限公司;监理单位为海军东海工程设计院监理部。

江苏国邦石化有限公司作为京杭运河苏北段成品油储存规模最大的基地,积极对接山东优质资源,为客户提供仓储物流服务。建成后码头吞吐量逐年上升,从2015年试运行期间的0.4万吨,提升到2016年的3万余吨、2017年4.2万吨。

(10)宿迁港中心港区洋北作业区码头工程

项目于2015年9月开工,2017年1月试运行。

项目建设依据:2015年5月,宿迁市发展和改革委员会《关于宿迁港中心港区洋北作业区码头(京杭运河枢纽扩容提升工程宿迁段)项目备案通知书》(宿发改基础发〔2015〕102号);2015年7月,宿迁市交通运输局《关于宿迁港中心港区洋北作业区码头工程初步设计的批复》(宿交复〔2015〕7号)。2015年8月,宿迁市环境保护局《关于宿迁港中心港区洋北作业区码头工程环境影响报告书的批复》(宿环建管〔2015〕34号);2015年10月,江苏省人民政府《关于京杭运河枢纽港扩容提升工程(宿迁洋河物流枢纽)建设用地的批复》(苏政地〔2015〕563号);2015年6月,交通运输部《关于宿迁港中心港区洋北作业区码头工程使用港口岸线的批复》(交规划函〔2015〕471号)。

项目建设5个2000吨级散货泊位、5个2000吨级件杂货泊位和2个2000吨级多用途泊位及相关配套设施,岸线总长1586米。码头采用顺岸挖入式布局、扶壁式结构。码头前沿水深4米。项目后方堆场面积13万平方米,堆存能力52万吨。主要装卸设备包括码头前沿装卸工散货泊位采用300吨/小时轻型桥式抓斗卸船机,件杂货泊位采用10吨、16吨的低架门座起重机,多用途泊位采用轨距40米轨道式门式起重机。项目总投资3.91亿元,为借入资金。用地面积35.2万平方米。

项目建设单位为宿迁市运河港区开发有限公司;设计单位为苏交科集团股份有限公司;施工单位为中电建建筑集团有限公司;监理单位为江苏科兴项目管理有限公司;质监单位为宿迁市交通工程质量监督站。

码头位于宿迁市区南郊,坐落在宿城区洋北镇,距离市区约10千米,处于宿迁经济技术开发区、宿城经济技术开发区、宿迁高新技术产业开发区、洋河新区、绿色建材产业园的五区交会处。该码头的运营单位宿迁市港口发展有限公司,力争把码头打造成宿迁市重点码头,使其成为宿迁市优质项目的承载区和产业发展的全新平台。码头占地 528.6 亩,总投资 3.4 亿元,岸线总长 1586 米,共有 12 个 2000 吨级泊位,设计集装箱吞吐量 10 万 TEU,货物周转量 1000 万吨。同时,依托集装箱泊位建设二类水路开放口岸,目前已向江苏省口岸办申报验收。公共智能仓储区占地 299 亩,总投资 3.5 亿元,建筑面积 12 万平方米,共有 7 座单体仓库。公共智能仓储区的使用,更加方便了港口货物周转、存储,也极大地解决了货物区域配送、城市配送等问题。

(三)沭阳港区

1.港区综述

(1)港区建设和运营情况

沭阳地处新沂、东海、宿迁、泗阳、灌南、灌云等市县的中心地域,历史上沭阳港是苏北的十大内河港之一,经济腹地辽阔,资源丰富,有蓝晶石、磷矿、砂矿等矿藏。另外,农副产品的原材料品种多、质量高,工业产品随着招商引资,发展较快,促进了港口事业发展。淮沭河复堤拆除了沭阳港的原有码头设施,新建新长铁路时又穿越老港区,损坏了原有码头设施,使原有码头设施基本报废。到 1992 年在环城河船闸中心线南侧 160 米处,淮沭河东偏泓上扩建新码头 200 米长,100 吨级泊位 2 个,50 吨级泊位 6 个,2008 年前,沭阳港区共有生产性泊位 104 个,泊位长度 3700 米,年综合通过能力约 750 万吨。港区中 300 ~ 500 吨级泊位 64 个,300 吨以下泊位 40 个。沭阳个体私营码头较多,共有 24 个码头,泊位数 53 个。

2013—2015 年沭阳港区货物吞吐量分别为 499.8 万吨、597.7 万吨、357.9 万吨。

(2)港区地理条件和集疏运概况

高墟作业区位于古泊河左岸,利用规划的高墟岸线 1000 米,具体位置为古泊河下曾大桥下游 200 ~ 1200 米。作业区顺岸式布置 11 个 500 ~ 1000 吨级泊位,形成年通过能力 380 万吨。陆域纵深 126 ~ 340 米,占地面积约 16.8 万平方米。码头后方依次布置堆场、仓库、生产生活辅助区。规划在该作业区上游部分岸线布置待泊泊位。高墟作业区前方宿连航道(古泊河)按三级航道维护;通过疏港公路与 S344 连接。

孙圩作业区位于淮沭新河右岸,S324 淮沭新河特大桥上游 1000 ~ 3200 米,岸线长度共计 2200 米。规划顺岸式布置 19 个 500 吨级泊位,形成年通过能力 550 万吨。作业区陆域纵深控制 300 米,占用土地面积约 62.5 万平方米。从码头前沿依次布置堆场、仓库、生产和生活辅助区。规划在作业区对岸布置待泊锚地。孙圩作业区前方淮沭新河航道按四级航道维护;规划通过疏港公路与 S324 连接。

2.港区工程项目

(1)沭阳港区沭城作业区码头二期

项目于 2009 年 1 月开工,2010 年 9 月试运行。

项目建设依据：2010 年 12 月，江苏省发展和改革委员会《关于核准宿迁港沭阳港区沭城作业区二期码头工程的通知》（苏发改基础发〔2010〕1531 号）；《关于宿迁港沭阳港区沭城作业区二期码头工程初步设计的批复》（苏交港〔2011〕68 号）；2010 年 7 月，江苏省环境保护厅《关于对宿迁港沭阳港区沭城作业区二期码头工程环境影响报告书的批复》（苏环审〔2010〕172 号）；2009 年 8 月，江苏省国土资源厅《关于宿迁港沭阳港区沭城作业区二期工程项目的预审意见》（苏国土预审〔2009〕110 号）；2009 年 4 月，江苏省交通厅《关于宿迁港沭阳港区沭城作业区二期码头工程使用港口岸线的批复》（苏交港〔2009〕23 号）。

项目建设 7 个 500 吨级码头泊位，其中 3 个件杂货泊位和 4 个散货泊位，4 个 300 吨级散货泊位。岸线总长 544 米。码头采用顺岸式布局、重力式结构。码头前沿水深 3.8 米。项目后方堆场面积 79920 平方米，堆存能力 200 万吨。主要装卸设备包括：散货 500 吨级以下的装卸采用 5 吨固定式起重机，500 吨级以上的散货泊位采用 5 吨、14 米的门座起重机进行作业，其他散货泊位采用小型移动式装船机和固定式皮带输送机进行作业。项目总投资 7700 万元，包括业主自有资金和政策性银行贷款。用地面积 11.20 平方米。

项目建设单位为沭阳远通港务有限公司；设计单位为江苏勘探局勘测设计研究院；施工单位为江苏国港交通工程有限公司；监理单位为湖南省三湘交通监理事务所；质监单位为沭阳县交通质监站。

2013—2017 年港口吞吐量分别为 95 万吨、87 万吨、91 万吨、75 万吨、36 万吨。

（2）宿迁港沭阳港区孙圩作业区泰捷兴钢材专用码头

项目于 2010 年 10 月开工。

项目建设依据：2009 年 2 月，沭阳县发展和改革局"企业投资项目备案通知书"（沭发改备案〔2009〕16 号）；2009 年，获得江苏省水利厅洪评批复；沭阳县环境保护局《沭阳泰捷信大运河物流有限公司"宿迁港沭阳港区孙圩作业区泰捷兴钢材专用码头项目"环评批复》（沭环审〔2010〕011 号）；2010 年 10 月，通过竣工环保验收；2009 年 12 月，宿迁市港口管理局《关于宿迁港沭阳港区孙圩作业区泰捷兴钢材专用码头使用岸线的批复》（宿港发〔2009〕27 号）。

项目建设 3 个 500 吨级钢材专用装卸码头泊位（码头水工建筑允许靠泊能力 900 吨级），岸线总长 200 米。码头采用顺岸式布局、重力式结构。项目后方堆场面积 1.1 万平方米。主要装卸设备包括起重能力为 10 吨的固定式起重机 2 台，起重能力为 15 吨的门式起重机 1 台。项目总投资 1800 万元，资金均为企业自筹。

项目建设单位为沭阳泰捷兴大运河物流有限公司；设计单位为无锡市交通规划设计研究院有限公司；施工单位为宿迁市昊通市政工程有限公司。

2013—2017 年吞吐量分别为 35 万吨、43 万吨、47 万吨、50 万吨、56 万吨。

(3)宿迁港沭阳港区沭城作业区三期码头工程(新动力码头)

项目于2013年1月开工,2014年1月试运行。

项目建设依据:2012年12月,沭阳县发展和改革局《关于核准江苏新动力(沭阳)中心港务有限公司宿迁港沭阳港区沭城作业区三期码头工程项目可行性研究报告的通知》(沭发基〔2012〕142号);2013年4月,沭阳县交通运输局《关于宿迁港沭阳港区沭城作业区三期码头工程初步设计的批复》(沭交复〔2013〕30号);《关于核准江苏新动力(沭阳)中心港务有限公司宿迁港沭阳港区沭城作业区三期码头工程项目环境影响报告书的批复》(沭环审〔2013〕40号);《关于宿迁港沭阳港区沭城作业区三期码头工程使用岸线的批复》(宿港发〔2012〕18号)。

项目建设2个500吨级杂货码头泊位,4个300吨级散货码头泊位。岸线总长272.16米。码头采用顺岸式布局、重力式结构。码头前沿水深3.8米。项目后方堆场面积1.2万平方米。主要装卸设备包括每个泊位配置5吨全程带载变幅起重机1台。项目总投资6749.9万元,为业主自有资金。用地面积13600平方米。

项目建设单位为江苏新动力(沭阳)中心港务有限公司;设计单位为中交第二航务工程勘察设计院有限公司;施工单位为江苏淮阴水利工程建设有限公司;监理单位为常州市交通建设监理咨询有限公司。

江苏新动力(沭阳)热电有限公司配套港口(码头)每年需承担热电厂货物中转量20万~30万吨,以保证热电厂正常运转,从而保证开发区企业正常用气的需求。

(四)泗阳港区

1.港区综述

(1)港区建设和运营情况

泗阳县的港口码头分布主要集中在京杭运河的泗阳段、淮沭河庄圩段及黄码河沿岸。2008年前,泗阳县共有码头40个、泊位62个,年综合通过能力228万吨。2008年吞吐量211.23万吨,其中,以京杭运河泗阳段沿岸码头分布最多,多数分布在泗阳城区段。淮沭河庄圩段、黄码河沿岸有零星码头作业点为季节性码头,生产方式落后。京杭运河泗阳段,两侧岸线总长约58千米,东起宿淮交界处,西至郑楼乡曹渡村,沿岸两侧共有码头34个、泊位56个。目前该航段上除东作业区码头外,其他多家个体码头均拆除或关停。其中泗阳县京杭港务有限公司共有作业码头18个、泊位36个,码头岸线长约1456米,年吞吐能力约189.1万吨。

2015—2018年泗阳港区散货吞吐量分别为30万吨、50万吨、75万吨、148万吨,集装箱吞吐量分别为5927 TEU、10088 TEU、12485 TEU、12746 TEU。

（2）港区地理条件和集疏运概况

东作业区位于泗阳三桥上游京杭运河左岸，主要承担散货、钢材、木材、水泥、件杂货等的装卸、运输、仓储、中转、物流服务及城市建设物资运输等功能。规划顺岸布置13个500～2000吨级泊位，共可形成年通过能力500万吨。作业区共占用岸线约1700米，陆域纵深450～650米，占地面积约89万平方米，从码头前沿依次布置堆场、仓库、生产生活辅助区。已建成8个泊位，在已建泊位的上、下游分别布置待泊锚地。

城东作业区前方京杭运河航道按二级航道维护；通过疏港公路与淮海东路、S325、S267连接。

2. 港区工程项目

宿迁港泗阳港区东作业区码头工程

项目于2009年7月开工，2011年10月试运行。

项目建设依据：2008年10月，江苏省发展和改革委员会《关于核准宿迁港泗阳港区东作业区码头工程通知》（苏发改交通发〔2008〕1319号）；2008年12月，江苏省交通厅《关于宿迁港泗阳港区东作业区码头工程初步设计的批复》（苏交计〔2008〕317号）。2008年8月，江苏省环境保护厅《关于对宿迁港泗阳港区东作业区码头工程环境影响报告书的批复》（苏环管〔2008〕200号）；2008年6月，江苏省国土资源厅《关于宿迁港泗阳港区东作业区码头工程用地的预审意见》（苏国土资源〔2008〕70号）；2008年3月，交通部《关于宿迁港泗阳港区东作业区码头工程使用港口岸线的批复》（交规划发〔2008〕140号）。

项目建设1个2000吨级散货码头泊位、2个1000吨级散杂货泊位、5个500吨级杂货泊位。岸线总长937米。码头采用顺岸挖入式布局、挂壁式结构。码头前沿水深4米。项目后方堆场面积3.33万平方米。主要装卸设备包括固定式起重机5台、门式起重机1台。项目总投资9847万元，由企业自筹。用地面积19.3万平方米。

项目建设单位为泗阳交运港务有限公司；设计单位为江苏省交通科学研究院股份有限公司；施工单位为南京水利建筑工程有限公司；监理单位为江苏淮源建设监理有限公司；质监单位为宿迁市交通工程质量监督站。

泗阳港东作业区码头位于京杭运河泗阳船闸下游4.5千米处，批复岸线937米，一期建成码头487米，8个2000吨级泊位，堆场30000平方米，设计年吞吐能力260万吨，主要为开发区企业提供配套服务，从事钢材、木材、管材、大件设备、粮食、煤炭以及公司工业原料装卸等业务。泗阳港作为宿迁市最早的集装箱装卸码头，与太仓港于2015年9月签订战略合作协议，通过太仓港可直达全国沿海、沿江其他主要港口，创新应用"沪太通"模式，实现一港两关、异地用箱，是宿迁地区连接上海洋山港外贸进出口的较佳物流通道。内贸业务可以利用太仓港的区位优势，通达沿海大小港口，南至广西钦州港，北至辽宁丹东港,更可溯江而上,远至四川宜宾港。港口贸易方面:与太仓港合作,可直达东南亚、港澳台,由太仓港中转至上海洋山港可到达欧美、澳洲等各港口。2015 年完成吞吐量 40 万吨、集装箱 6018TEU;2016 年完成吞吐量 58 万吨、集装箱 10088TEU;2017 年完成吞吐量 79 万吨、集装箱 2485TEU。

(五)泗洪港区

1. 港区综述

(1)港区建设和运营情况

2008 年前,泗洪县的码头共有大小码头 20 个,主要分布在濉河、徐洪河、淮河上。1990 年城区内濉河沿岸共 8 个码头。到 2000 年,城区内濉河沿岸共 4 个码头,分别位于北岸 2 个(港务处一号码头、天然园码头)、南岸 2 个(港务处二号码头、生资码头);乡镇范围内,濉河 2 个(东南联运公司码头、车路口南岸码头)。在 1990 年,乡镇范围内,徐洪河共 2 个码头(归仁码头、金镇码头),到 2000 年,乡镇范围内,徐洪河拥有 3 个码头(金镇码头、界集码头、朱湖码头);淮河拥有 2 个码头(双沟酒厂码头和水泥厂码头);另外汴河 2 个(木材公司码头、粮库码头),到 2000 年,汴河增加 2 个码头(石集码头、城头码头);安河拥有 1 个码头(半城码头)。

截至 2005 年底,泗洪港区共有生产性泊位 56 个,泊位长度 2478 米,年综合通过能力 215 万吨。港区中最大靠泊能力 500 吨级,300 ~ 500 吨级泊位 51 个,300 吨级以下泊位 5 个。

沿洪泽湖西线已形成青阳港 1 号、2 号等较大规模的码头,以及分布于濉河、窑河等其他航线不同规模的个体码头。其中 1 号码头为新码头,占地面积 5000 平方米,岸线长 300 米,靠泊能力 300 吨级;2 号码头为老码头,占地面积 1409 平方米,岸线长 100 米,靠泊能力 100 吨级。泗洪港区的装卸货物主要是粮食、建材、农贸产品等。2015—2017 年港区吞吐量分别为 191.1 万吨、249.34 万吨、207.3 万吨。

(2)港区地理条件和集疏运概况

泗洪港区共有航道里程 365.3 千米,其主要通航河流有徐洪河、洪泽湖西线、窑河、内淮河、老汴河等。

2. 港区工程项目

宿迁港泗洪港区城东作业区码头工程

项目于 2013 年 7 月开工,2014 年 10 月试运行。

项目建设依据:2014 年 7 月,泗洪县发展和改革局《关于宿迁港泗洪港区城东作业区码头工程项目可行性研究报告的批复》(洪发改审发〔2014〕137 号);2014 年 11 月,泗洪县发展和改革局《关于核准宿迁港泗洪港区城东作业区码头工程初步设计批复》(洪发改交通发〔2014〕173 号);2014 年 7 月,泗洪县环境保护局环评批复(洪环表复〔2014〕75 号);2014 年 1 月,宿迁市港口管理局《关于宿迁港泗洪港区城东作业区码头工程项目使用岸线批复》(宿港发〔2014〕2 号)。

项目建设 10 个 500 吨级通用散货码头泊位(码头水工建筑允许靠泊能力 800 吨级),岸线总长 937 米。码头采用挖入式布局、重力式结构。码头前沿水深 2.5 米。项目后方堆场面积 5.62 万平方米。主要装卸设备包括 10 吨固定式门座起重机 10 台、6 吨的轮式起重机 2 台、12 米的皮带输送机 6 台。项目总投资 1.31 亿元,全部为业主自有资金。用地面积 24.48 万平方米。

项目建设单位为泗洪县金路桥建设有限公司;设计单位为江苏省交通科学研究院股份有限公司;施工单位为江苏通源监理咨询有限公司;监理单位为江苏海通建设工程有限公司;质监单位为泗洪县交通工程质量检测站。

本码头主要服务于泗洪县工农业生产和城镇建设,并为过境物资中转提供服务,将成为泗洪港区的主作业区,主要货种为矿建材料、煤炭、化肥、粮食等。2014—2017 年完成的吞吐量分别为 113.7 万吨、132.8 万吨、101.7 万吨、170.3 万吨。

十三、淮安港

(一)港口概况

1. 港口综述

淮安港地处苏北腹地,位于苏北平原中部,淮河下游,在东经 118°12′ ~ 119°36′、北纬 32°43′ ~ 34°06′之间,东北接盐城市,偏南接扬州市,南邻安徽省,西连宿迁市。淮安与周围几个中心城市的空间距离分别是:南距上海市、南京市分别为 400 千米、190 千米,北离徐州、连云港分别为 210 千米和 120 千米,东到盐城市 110 千米。

淮安市地理位置优越,交通便利,素有"南船北马"的水陆中转中心之说,淮安处于江苏省"四沿战略"中的沿江、沿海、沿东陇海 3 个产业带的中心位置,可得"三向辐射"之惠。市域内京杭大运河、盐河、金宝航线和苏北灌溉总渠等水上通道网络贯通,洪泽湖、白马湖、高邮湖等湖泊密布,水运通达。京沪、宁淮、徐宿淮盐高速公路,宁连、宁徐等一级公路以及新长铁路贯穿市域,使淮安成为江苏省重要的交通枢纽之一。

淮安港是江苏省内河重要港口之一,现有港区 7 个、码头 122 座、岸线 28 千米、泊位 390 个,最大靠泊能力 2000 吨级。2015 年,淮安全市港口吞吐量超过 8003 万吨,在钢材、矿建材等大宗物资运输方面发挥重要作用。淮安港已拥有淮安新港、南港、盐化工码头等多个作业区,开通了至连云港、太仓、南京等地多条航线,集装箱年吞吐量超过13.47万TEU,位列江苏全省内河第一,约占江苏全省内河总量的70%。

2. 港口水文气象

淮安市地处淮河中下游,属于北亚热带和南暖温带的过渡气候带。具有冬干冷、夏湿热、春秋温和、四季分明的特点。

历年平均气温,历年平均降水量958.8毫米,年最大降水量1360.6毫米(1956年),年最小降水1480.4毫米(1966年)。全年常风向为东北向,出现频率为9%,全年平均风速为3.5米/秒,最大风速18米/秒(1956年9月5日)。历年大于17.0米/秒大风日数年平均为8.4天,最多年为22天。历年平均小于或等于1000米能见度的大雾日数为37.2天。历年平均相对湿度为77%,最大相对湿度84%,最小相对湿度72%。历年平均降雪初日为12月13日,终日为3月7日。历年平均降雪日数为7~9天。历年平均最早结冰日为11月18日,终冰日为3月25日,历年最大结冰厚度为20厘米。

3. 发展成就

2007年底,淮安市率先在苏北运河开通了港口集装箱运输,2011—2015年货物吞吐量分别为5029万吨、5697万吨、6597万吨、7100万吨、8003万吨。

淮安港港区分布如图9-3-12所示。淮安港基本情况见表9-3-15。

(二)淮安港区

1. 港区综述

(1)港区建设和运营情况

淮安港区码头主要分布于京杭运河上,货种为矿建材料、液体化工等。规模比较大的码头有楚州新港、井神盐业等码头。1973年该港区在里运河建设了港务处二区码头,长度156米,泊位3个;1989年建设了楚州新港一期码头,长度180米,泊位3个。1990年该港区拥有泊位17个,码头总长980米,吞吐量为91万吨;1995年该港区拥有泊位13个,长度898米,吞吐量为112万吨;2000年吞吐量为56万吨;2005年吞吐量为30万吨;2006年井神盐业公司建设了货主自备码头;2007年结合大运河三改二工程建设了楚州新港二期码头;2008年扩建了井神盐业码头。至2008年,淮安港区拥有码头12座,泊位37个,码头总长2218米,吞吐量为460万吨。

2010—2015年吞吐量分别为330万吨、865万吨、414万吨、508万吨、1079万吨、1268万吨。

图 9-3-12　淮安港港区分布图

（2）港区地理条件和集疏运概况

淮安港区地处北亚热带和暖温带过渡地带，季风气候显著，气候温和，四季分明，光照充足。淮安区地处淮河下游，江淮和黄淮两大平原交界处，地势平坦，由西向东南坡降，大小沟渠纵横成网。

淮安港基本情况表

表 9-3-15

序号	港区名称	港区岸线		2015年港口生产性泊位				其中:1978—2015年建成的生产性泊位				2015年港口货物和旅客吞吐量							
		港区规划岸线	其中:2015年前已建成岸线	生产性泊位数	其中:千吨级及以上	生产性泊位总长	其中:千吨级及以上	生产性泊位数	其中:千吨级及以上	生产性泊位总长	其中:千吨级及以上	货物吞吐量	其中:外贸货物吞吐量	集装箱	滚装车辆		旅客	其中:国际旅客
															数量	质量		
		千米	千米	个	个	米	米	个	个	米	米	万吨	万吨	万TEU	万辆	万吨	万人	万人
1	楚州港区	—	3.28	56	11	3281	714	49	11	2905	714	—	—	—	0	0	—	—
2	洪泽港区	—	3.83	60	0	3829	0	57	0	3615	0	—	—	—	0	0	—	—
3	淮阴港区	—	1.47	26	2	1469	136	26	2	1469	136	—	—	—	0	0	—	—
4	金湖港区	—	1.86	37	0	1855	0	28	0	1430	0	—	—	—	0	0	—	—
5	涟水港区	—	1.60	31	0	1598	0	31	0	1598	0	—	—	—	0	0	—	—
6	市区港区	—	5.89	88	35	5890	2626	68	30	4639	2326	—	—	—	0	0	—	—
7	盱眙港区	—	7.03	149	0	7026	0	138	0	6506	0	—	—	—	0	0	—	—
	合计	—	24.96	447	48	24948	3476	397	43	22162	3176	8003.67	0	13.48	0	0	—	—

2.港区工程项目

(1)淮安港楚州港区井神盐业专用码头工程

项目于2007年12月开工,2013年9月竣工。

项目建设依据:2007年,江苏省发展和改革委员会《关于核准淮安港楚州港区井神盐业专用码头工程项目的批复》(苏发改能交发〔2007〕704号);2007年,江苏省交通厅《关于淮安港楚州港区井神盐业码头工程初步设计的批复》(苏交港〔2007〕79号);2007年,江苏省环境保护厅《关于对江苏省井神盐业有限公司60万吨盐硝联产扩建工程配套码头环境影响报告书的批复》(苏环管〔2007〕78号);2007年,江苏省国土资源厅《关于淮安港区井神盐业码头工程项目用地的预审意见》(苏国土资函〔2007〕293号);2007年,江苏省交通厅《关于淮安港楚州港区井神盐业专用码头工程使用港口岸线的批复》(苏交〔2007〕12号)。

项目建设泊位7个500吨级(兼顾800吨级),码头总长度为392米,待泊区长度为200米。设计年吞吐量216万吨,概算总投资1730万元。码头面高程为11.2米(85国家高程),码头前沿设计底高程为5.33米;待泊区顶高程为10.8米,前沿设计底高程为5.33米。装卸设备主要包括门座起重机(HGQ8、BGQ5各1台,最大起重能力5吨)2台。码头前沿场地兼作港内道路,面积5100平方米,采用灰土垫层混凝土面层结构。

项目建设单位为江苏井神盐化股份有限公司;设计单位为江苏省交通规划设计院有限公司;施工单位为江苏省路港建设工程有限公司;监理单位为江苏省京杭运河交通工程咨询监理有限公司;质监单位为淮安市交通工程质量监督站。

(2)淮安港楚州港区海螺水泥码头工程

项目于2010年9月开工,2013年8试运行,2014年3月竣工。

项目建设依据:2010年1月,江苏省发展和改革委员会《关于核准淮安港楚州港区海螺水泥码头工程项目的通知》(苏发改交通发〔2010〕1号);2010年7月,江苏省交通运输厅《关于淮安港楚州港区海螺水泥码头工程初步设计的批复》(苏交港〔2010〕55号);2009年2月,江苏省环境保护厅《关于对淮安楚州海螺水泥有限责任公司年产400万吨水泥粉磨站及专用码头建设项目环境影响报告书的批复》(苏环审〔2009〕24号);2009年2月,淮安市规划局"建设项目选址意见书"(编号:选字第320803200900001号);2009年5月,江苏省交通厅《关于淮安港楚州港区海螺水泥码头工程使用港口岸线的批复》(苏交港〔2009〕41号)。

项目建设8个500吨级散杂货泊位,使用港口岸线465米。码头采用顺岸挖入式布置,码头面高程为11.33米(85国家高程),码头前沿设计底高程为4.93米。装卸设备主要包括桥式卸船机(QX350T/HA8)2台、固定式卸船机(GZ10-15A7)1台、水泥袋装装船机(YXC)4台、水泥散装装船机(CZS-300)2台、负压吸灰机(XS-200)1台、带式输送机1

台。道路采用环形布置,路面宽 7 米,路面结构为 C25 混凝土。码头卸货通过带式输送机直接输送至厂区,装船通过输送机和管道由厂区直接运至码头装船机。

项目建设单位为淮安楚州海螺水泥有限责任公司;设计单位为江苏省水利勘测设计研究院有限公司;施工单位为中交第二航务工程局有限公司;监理单位为镇江市兴华工程建设监理有限责任公司;质监单位为淮安市交通工程质量监督站。

(3)淮安港楚州港区建华管桩散杂货码头工程

工程于 2010 年 9 月开工,2015 年 12 月竣工。

项目建设依据:2008 年 12 月,江苏省发展和改革委员会《关于核准淮安港楚州港区建华管桩散杂货码头工程项目的通知》(苏发改交通发〔2008〕1770 号);2009 年 6 月,江苏省交通厅《关于淮安港楚州港区建华管桩散杂货码头工程初步设计的批复》(苏交港〔2009〕51 号);2008 年 9 月,江苏省环境保护厅《关于对淮安汤始建华管桩有限公司通用散杂货码头工程环境影响报告书的批复》(苏环管〔2008〕220 号);2008 年 11 月,淮安市规划局"建设项目选址意见书"(编号:选字第 320803200800007 号);2008 年 9 月,江苏省交通厅《关于淮安港楚州港区建华管桩散杂货码头工程使用港口岸线的批复》(苏交港〔2008〕74 号)。

项目建设 6 个 500 吨级泊位。码头采取顺岸式布置,占用岸线总长 540 米(其中码头泊位长度 378 米,待泊区长度 162 米),项目概算总投资为 4694 万元。码头 1~4 号泊位作业宽度均为 10 米,高程 11.5 米,5 号和 6 号作业带宽度为 15 米,高程 14.17 米;待泊区锚地作业带宽度为 5 米,高程 11.5 米。码头工程购置 1 台螺旋卸船机、3 台固定式起重机、2 台固定式门式起重机等。

项目建设单位为淮安汤始建华管桩有限公司;设计单位为淮安市水利勘测设计研究院有限公司;施工单位为江苏省水利建设工程有限公司;监理单位为上海海达工程建设咨询有限公司;质监单位为淮安市交通工程质量监督站。

(三)涟水港区

1.港区综述

(1)港区建设和运营情况

涟水素有"苏北水乡"之称,内河运输主要以盐河为主,辅以涟水灌溉总渠、六塘河等。码头主要分布在盐河县城区段,另外在高沟镇、朱码镇也有码头分布,货物主要是粮食、水泥、矿建材料等。1979 年该港区建设了涟水生资公司码头,长度 55 米,300 吨级泊位 1 个;1985 年建设了涟水西门粮库码头,长度 80 米,300 吨级泊位 1 个。1990 年该港区拥有泊位 10 个,码头总长 332 米,吞吐量为 38 万吨;1995 年该港区拥有泊位 11 个,长度 332 米,吞吐量为 43.6 万吨;2000 年吞吐量为 7 万吨;2005 年吞吐量为 46.5

万吨;2008年涟水港区拥有码头16座、泊位22个,码头总长1318米,吞吐量为56万吨。

(2)港区地理条件和集疏运概况

涟水县地处江苏省北部,县城位于东经119°~119°35′,北纬33°45′~34°05′之间,黄淮平原东部,淮河下游,地处淮安、连云港、盐城、宿迁四市交界处,北至西北与灌南、沭阳两县相连,西与淮安市淮阴区接壤,南与清江浦区、淮安区相邻,东至东南与盐城市的响水、滨海、阜宁三县交界,东西长60千米,南北宽51.5千米,县域面积1676平方公里。涟水县境内地势平坦,河流纵横,土地肥沃,多为沙壤土质。涟水县地处苏北平原腹地,境内平野广畴,盐河纵观涟水南北,黄河故道(古淮河)沿县域东缘穿流而过。

2.港区工程项目

淮安港涟水港区盐河码头一期工程

项目于2009年7月开工,2014年12月竣工。

项目建设依据:2007年7月,江苏省发展和改革委员会《关于核准淮安港涟水港区盐河码头一期工程项目的批复》(苏发改交能发〔2007〕721号);2007年11月,江苏省交通厅《关于淮安港涟水港区盐河码头一期工程初步设计的批复》(苏交港〔2007〕71号);2007年4月,江苏省环境保护厅《关于对淮安港涟水港区盐河码头一期工程环境影响报告书的批复》(苏环管〔2007〕80号);2006年12月,江苏省国土资源厅《关于对淮安港涟水港区盐河码头一期工程项目用地的预审意见》(苏国土资函〔2006〕1182号);2007年3月,江苏省交通厅《关于淮安港涟水港区盐河码头一期工程使用港口岸线的批复》(苏交港〔2007〕15号)。

项目建设500吨级散货泊位3个、300吨级散杂货泊位6个,占用港口岸线410米。码头采用顺岸挖入式布置,前沿线基本平行于岸线,距离航道中心线100米,码头长410米。非设备基础处水工采用细石子混凝土灌砌块石重力式结构,起重机地基处理采用块石换填加钢筋混凝土方桩形成复合地基,翼墙采用C15混凝土灌砌块石重力式结构。码头面高程为9.3米(85国家高程),码头前沿设计底高程为4.1米。道路堆场包括码头前方作业带宽度为25米,主干道宽12米,次干道宽度为9米,道路面积为2.9万平方米;采用现浇混凝土面层,基层采用二灰碎石和级配碎石。装卸设备主要包括5吨固定式起重机(12米)4台、5吨固定式起重机(16米)3台、10吨固定式起重机(12米)1台、DY型移动皮带输送机12台、DY型堆高皮带输送机4台、10吨门式起重机(30米)1台。

项目建设单位为涟水县城市资产经营有限公司;设计单位为江苏省交通规划设计院有限公司;施工单位为江苏省路港建设工程有限公司、涟水县新华建筑安装工程有限公司、扬州苏发照明安装工程等;监理单位为江苏智科交通工程咨询监理有限公司;质监单位为淮安市交通工程质量监督站。

（四）洪泽港区

1.港区综述

（1）港区建设和运营情况

洪泽内河运输主要以苏北灌溉总渠、金宝航线、浔运西线、草泽河、张福河为主。港区主要有苏北灌溉总渠城区段上的县港务处码头、化工厂码头、热电厂码头和水泥厂码头等；货物主要是元明粉、卤水、粮食、水泥、矿建材料等；1969年洪泽港务处建设了港务处码头，长度214米，500吨级泊位3个；1985年建设了洪泽木材公司、建筑材料厂码头；1989年建设了蒋坝码头；1990年建设了九牛水泥码头，1990年该港区拥有泊位39个，码头总长750米，吞吐量为53万吨；1995年该港区拥有泊位10个，长度226米，吞吐量为66万吨；2000年吞吐量为64万吨；2005年吞吐量为36万吨；2008年洪泽港区拥有码头16座、泊位39个，码头总长1919米，吞吐量为222万吨。

2011—2015年吞吐量分别为350万吨、515万吨、654万吨、872万吨、957万吨。

（2）港区地理条件和集疏运概况

洪泽区地处北纬33°02′～34°24′、东经118°28′～119°10′，横跨"两湖"，纵贯"三水"（淮河入海水道、淮河入江水道、苏北灌溉总渠），地处苏北中部，位于淮河下游，属于淮河冲积平原的一部分。东依白马湖，与淮安市淮安区、金湖县及扬州市宝应县水陆相依；南至淮河入江水道（三河），与盱眙县毗邻；西偎洪泽湖，与宿迁市泗洪、泗阳两县隔湖相望；北达苏北灌溉总渠，与淮安市清江浦区以苏北灌溉总渠、淮河入海水道为界。洪泽区呈西高东低之势。全境东西跨度63千米，南北跨度38.5千米。洪泽湖西南面的老子山镇为不连片的低丘陵地，中部为洪泽湖区，东部皆为黄淮冲积平原，地势平坦。洪泽湖大堤高程18.5米，与东部平原落差达10米以上；湖底浅平，高程一般为10～11米，最低处约8.5米，最高处为12米，高出洪泽湖大堤以东地区3～5米。纵横洪泽区境内的主要河流有淮河、苏北灌溉总渠、淮河入江水道、老三河、草泽河、张福河、洪金排涝河等过境河流，以及浔河、砚临河、贴堆河、往良河、花河等境内河流。

2.港区工程项目

淮安港洪泽港区工业园区通用码头工程

项目于2010年10月开工，2016年8月竣工。

项目建设依据：2009年8月，江苏省发展和改革委员会《关于核准淮安港洪泽港区工业园区通用码头工程项目的通知》（苏发改交通发〔2009〕1161号）；2010年7月，江苏省交通运输厅《关于淮安港工业园区通用码头工程初步设计的批复》（苏交港〔2010〕51

号);2008 年 11 月,江苏省环境保护厅《关于对淮安市洪泽盐化工开发有限责任公司淮安港工业园区通用码头建设项目环境影响报告书的批复》(苏环审〔2008〕316 号);2010 年 5 月,淮安市规划局"建设项目选址意见书"(编号:选字第 3208012010070004 号);2008 年 11 月,江苏省交通厅《关于核准淮安港洪泽港区工业园区通用码头工程使用港口岸线的批复》(苏交港〔2008〕93 号)。

码头共布置 500 吨级泊位 21 个,其中散货泊位 5 个(1 号~2 号预留 1000 吨级)、件杂货泊位 16 个(4 号~7 号和 16 号~21 号泊位预留 1000 吨级),以及相关配套工程。其中 1 号~10 号泊位主要服务对象为实联化工(江苏)有限公司,11 号~21 号为公用码头泊位。码头占用岸线总长为 1910 米。码头水工建筑物采用 C30 钢筋混凝土扶壁式结构。顶高程 11.5 米,港池底高程 5.3 米,标准结构段长度为 15.1 米,上部设置高度为 1 米的钢筋混凝土胸墙。扶壁结构肋板上搁置轨道梁的码头结构被称为轨道式码头结构,其他的码头结构被称为普通式码头结构。港区道路总面积 13.42 万平方米(不含进港道路),其中现浇混凝土道路面积 6.12 万平方米,沥青混凝土道路面积 7.3 万平方米。堆场总面积 6.73 万平方米,其中散货堆场面积 1.22 万平方米,件杂货堆场面积 5.51 万平方米。流动机械停车场 0.6 万平方米。

(五)市区港区

1. 港区综述

(1)港区建设和运营情况

港区码头主要分布在京杭运河两淮段和里运河上段,其中公用码头主要有淮安新港、淮安南港,货主码头主要有淮钢码头、清江石化码头、华能电厂码头等。1961 年建设了淮安南港,1974 年建设了红卫桥码头,1978 年改建了淮阴发电厂煤码头,1988 年新建了一号桥码头,1993 年建设了华能电厂码头,2003 年新建了淮安新港码头,等等。随着码头的增多,机械化程度的增强,市区的吞吐量不断提高,从 1952 年的 28.52 万吨发展到 1985 年的 182.87 万吨;1990 年市区拥有码头泊位 78 个,使用岸线长度 4010 米,吞吐量为 220 万吨;1995 年市区拥有码头泊位 71 个,使用岸线长度 3655 米,吞吐量为 223 万吨;2000 年市区港口吞吐量为 257 万吨;2005 年市区港口吞吐量为 613 万吨;2008 年市区拥有码头 30 座、泊位 114 个,其中千吨级泊位 43 个,码头总长 8104 米,吞吐量达 1738 万吨。截至 2015 年,市区港区共有泊位 73 个,设计年吞吐能力 2100 万吨,年吞吐量达 2000 万吨。市区港区主要实施了淮安港市区港区新港作业区一、二期工程。

截至 2015 年底,市区港区开通的集装箱航线有 6 条,包括上海、南京、太仓、扬州、连云港和宿迁。

市区港区 2011—2015 年完成的港口货物吞吐量分别为 2645 万吨、2057 万吨、2381

万吨、1979 万吨、1957 万吨。

（2）港区地理条件和集疏运概况

淮安市境内地势西高东低，起伏较大。西南部为山丘区，最高峰为盱眙境内的老虎峰，海拔 231.0 米；其余大部分为向东北倾斜的平原坡地，最低为淮安区境内的绿草荡，高程在 1.0 米左右，地面平均坡降约为万分之三。

市区港区位于淮安港中南部，是目前淮安港基础设施和集疏运条件最为优越、货运保障能力和服务水平最为完善的港区。境内主要有京杭运河、里运河、古黄河等航道。

2. 港区工程项目

（1）淮安港市区港区新港作业区一期工程

项目于 2003 年 6 月开工，2007 年竣工。

项目建设依据：2002 年，江苏省发展计划委员会《关于淮安新港一期工程可行性研究报告的批复》（苏计基础发〔2002〕1026 号）；2003 年，江苏省发展计划委员会《关于淮安新港一期工程初步设计的批复》（苏计基础发〔2003〕527 号）。2003 年，江苏省国土资源厅《关于批准淮安新港一期工程建设用地的通知》（苏国土资地函〔2003〕666 号）；江苏省水利厅《关于淮安市交通局淮安新港码头工程建设项目的批复》（苏水管〔2003〕221 号）。

项目设计年吞吐量 245 万吨，1000 吨级泊位 2 个和 500 吨级泊位 6 个，估算总投资 7160 万元，使用港口岸线 518 米。码头面设计高程 11.3 米（废黄河高程），码头前沿底高程 5.3 米。码头前沿选用固定式起重机、门式起重机进行装卸作业区。

项目建设单位为新港建设指挥部；设计单位为江苏省交通规划设计院有限公司；施工单位为江苏淮阴水利建设有限公司；监理单位为江苏农垦工程建设监理有限公司；质监单位为淮安市交通工程质量监督站。

（2）淮安港市区港区新港作业区二期工程

项目于 2014 年 11 月开工，2017 年 11 月试运行。

项目建设依据：2013 年 8 月，江苏省发展和改革委员会，《关于核准淮安港市区港区新港作业区二期工程项目的通知》（苏发改基础发〔2013〕1154 号）；2013 年，江苏省交通运输厅《关于淮安港市区港区新港作业区二期工程初步设计的批复》（苏交港〔2013〕79 号）；2013 年 1 月，江苏省环境保护厅《关于淮安港市区港区新港作业区二期工程环境影响报告书的批复》（苏环审〔2013〕11 号）；2014 年，江苏省人民政府《关于淮安港市区港区新港作业区二期建设用地的批复》（苏政地〔2014〕80 号）；2011 年 9 月，交通运输部《关于淮安港市区港区新港作业区二期工程使用港口岸线的批复》（交规划发〔2011〕481 号）。

项目建设 4 个 1000 吨级、2 个 500 吨级的多用途码头泊位（码头水工建筑允许靠泊能力 2000 吨级）。码头岸线总长 416 米。采用顺岸式布置、重力式扶壁式码头结构，码头前沿水深 4 米。堆场面积 10 万平方米。主要装卸设备有 2 台岸边桥式起重机、2 台轨道式集装箱门式起重机。项目总投资 2.72 亿元，其中江苏省补资金 850 万元，其余均由企业自筹。项目陆域用地 17.14 万平方米。

项目建设单位为淮安新港二期工程建设领导小组办公室；设计单位为江苏省交通规划设计院；施工单位为江苏淮阴水利建设有限公司等；监理单位为南京公正工程监理有限公司；质监单位为淮安市交通工程质量监督站。

（六）淮阴港区

1. 港区综述

（1）港区建设和运营情况

淮阴港区位于市区港区北部，紧邻市区港区。淮阴港区码头分布在盐河城区段，以及淮沭新河、张福河的跨河桥梁附近，主要为 500 吨级及以下泊位，货物是元明粉、卤水、粮食、矿建材料等。目前该港区码头均为 1998 年以后建设，1990 年该港区拥有王营码头 1 座，泊位 3 个，长度 240 米，吞吐量为 30 万吨；1995 年该港区拥有泊位 4 个，长度 110 米，吞吐量为 42.5 万吨；2000 年吞吐量为 38 万吨；淮阴港区相继建成了淮阴区新港，太平洋元明粉、东湖建材等码头，2005 年吞吐量为 52 万吨；2008 年淮阴港区拥有码头 10 座，泊位 22 个，码头总长 1125 米，吞吐量为 200 万吨。2015 年拥有 25 个码头，61 个泊位，吞吐量 1290 万吨。

淮阴港区 2011—2015 年完成的港口货物吞吐量分别为 261 万吨、846 万吨、990 万吨、1062 万吨、1290 万吨。

（2）港区地理条件和集疏运概况

淮阴港区位于江苏省北部平原的中心，南濒洪泽湖，东隔盐河与涟水保滩相邻，北隔六塘河与沭阳钱集相望，西隔大运河与泗阳毗邻，介于北纬 33.22°～33.56°，东经 118.56°～119.09°之间，南北长 62.5 千米，东西宽 38.5 千米，总面积 1264.10 平方公里。其中，陆地面积 1034.44 平方公里，占总面积的 81.83%；水域面积 257.04 平方公里，占总面积的 18.17%。淮阴港区地貌形态为黄泛冲积平原。地形平坦，以废黄河为分水岭，向南北两侧逐渐倾斜低洼。运北地区，海拔 10～12 米，其地势西高东低，由西向东呈微波形斜面，而其中有部分洼地（夏家湖地区），海拔仅 9～10 米。运南地区，海拔在 14～16 米之间，称作西南高平原，其地势由北向洪泽湖边呈波状倾斜。

2. 港区工程项目

（1）淮安港淮阴港区城西作业区一期工程

项目于 2013 年 11 月开工，2015 年 12 月试运行，2017 年 11 月竣工。

项目建设依据：2014 年，江苏省发展和改革委员会《关于核准淮安港淮阴港区城西作业区一期工程项目的通知》；2014 年 5 月，江苏省交通运输厅《关于淮安港淮阴港区城西作业区一期工程初步设计的批复》（苏交港〔2014〕18 号）；2013 年 5 月，江苏省环境保护厅《关于对淮安港淮阴港区城西作业区一期工程环境影响报告书的批复》（苏环审〔2013〕98 号）；2014 年 12 月，江苏省人民政府《关于淮安港淮阴港区城西作业区一期工程建设用地的批复》（苏政地〔2014〕724 号）；2011 年 8 月，交通运输部《关于淮安港淮阴港区城西作业区一期工程使用港口岸线的批复》（交规划发〔2012〕497 号）。

项目建设 3 个 500 吨级散货泊位、1 个 1000 吨级散货泊位、3 个 500 吨级通用泊位、1 个 1000 吨级通用泊位。码头岸线总长 544 米。采用顺岸式布置、重力式码头结构，码头前沿水深 3.2 米。堆场面积 11.54 万平方米，仓库面积 0.66 万平方米。主要装卸设备包括 2 台 40 吨固定式起重机、1 台 20 吨固定式起重机、3 台 10 吨固定式起重机、皮带输送机。项目总投资 1.72 亿元，其中江苏省补资金 1050 万元，其余均由企业自筹。项目陆域用地 25 万平方米。

项目建设单位为淮安市淮阴交通投资有限公司；设计单位为江苏省交通规划设计院；施工单位为淮安市航道工程有限公司等；监理单位为湖南三湘交通建设监理事务所等；质监单位为淮安市交通工程质量监督站。

项目主要经营货种为钢材，2015 年，码头完成港口货物吞吐量为 110 万吨。主要货物流向安徽合肥、湖北武汉、黄石、鄂州、本省苏南地区、浙江杭州、湖州、嘉兴、重庆等地。

（2）淮安港淮阴港区许渡作业区码头工程

项目于 2015 年 12 月开工，2018 年 7 月试运行，截至 2018 年项目尚未竣工。

项目建设依据：2014 年 9 月，淮阴区发展和改革委员会《关于淮安市淮阴区码头古镇文化旅游发展有限公司淮安港淮阴港区许渡作业区码头工程项目备案的通知》（淮发改投资〔2014〕206 号）；2015 年 3 月，淮安市港口局《关于淮安港淮阴港区许渡作业区码头工程初步设计的批复》（淮港〔2015〕13 号）；江苏省环境保护厅《关于对淮安港淮阴港区许渡作业区码头工程环境影响报告书的批复》；2014 年 6 月，江苏省国土资源厅《关于淮安港淮阴港区许渡作业区码头工程项目用地的预审意见》；2014 年 6 月，江苏省水利厅《关于淮安港淮阴港区许渡作业区码头工程涉河建设的行政许可决定》（苏水许可〔2014〕106 号）；2013 年 2 月，交通运输部《关于淮安港淮阴港区许渡作业区码头工程使用港口岸线的批复》（交规划发〔2013〕109 号）。

项目建设 5 个待泊泊位、2 个 1000 吨级件杂货泊位、3 个 1000 吨级散货泊位、4 个 2000 吨级散货泊位。码头岸线总长 1157 米。采用顺岸式布置、钢筋混凝土扶壁式码头结构，码头前沿水深 4 米。堆场面积 8.8 万平方米。主要装卸设备有固定式起重机、门式起重机。项目总投资1.72亿元,其中江苏省补资金1050万元,其余均由企业自筹。项目陆域用地24.42万平方米。

项目建设单位为淮安中油隆亿能源实业有限公司;设计单位为江苏省交通规划设计院;施工单位为江苏淮阴水利建设有限公司等;监理单位为镇江市兴华工程建设监理有限公司等;质监单位为淮安市交通工程质量监督站。

(七)金湖港区

1.港区综述

(1)港区建设和运营情况

金湖港区码头主要分布在金宝航线和黎农河等航线上,主要货物是粮食、水泥、煤炭、矿建材料和石油等。1956年建设了吕粮粮管所码头,码头长度30米,300吨级泊位1个;1958年建设了闵桥交通站码头、金龙建材码头;1975年建设了石港粮库码头,码头长度210米,300吨级泊位4个;1990年该港区拥有泊位15个,码头总长507米,吞吐量为37万吨;1995年该港区拥有泊位18个,长度560米,吞吐量为51万吨;2000年吞吐量为43万吨;2005年吞吐量为113万吨;2008年金湖港区拥有码头12座,泊位24个,码头总长1220米,吞吐量为71万吨。

2011—2015年金湖港区吞吐量分别为117万吨、276万吨、382万吨、454万吨、586万吨。

(2)港区地理条件和集疏运概况

金湖县位于淮河下游、江苏省中部偏西地区,方位在长江以北、苏北灌溉总渠以南、洪泽湖以东、大运河以西。地理坐标为北纬32°47′~33°13′,东经118°53′~119°22′。地处两省三市之交,东与扬州市的宝应县、高邮市接壤,东南、南与安徽省滁州市的天长市、南京市六合区相邻,西与淮安市盱眙县、洪泽区交界,北与洪泽区毗邻。地势西高东低,北部、东部、南部是湖荡相间的湖积平原,约占陆地面积73%,地面高程在9.6~5.5米之间;西南部为缓坡丘陵,约占陆地面积27%,地面高程在35.4~5.5米之间。金湖属于亚热带温润季风气候带,四季分明,气候温和,光、热、水资源均较丰富。年平均温度14.6摄氏度。极端最高气温36.9摄氏度,出现在7月中旬;极端最低气温-7.5摄氏度,出现在12月下旬到1月上旬。年均降水量1085毫米。全年降水日数110天左右,最长连续降水日数10天左右,最长连续无降水日数25天左右。四季年平均降水量:冬季为76.3毫米,春季为206.5毫米,夏季为531.5毫米,秋季为179.3毫米。

2.港区工程项目

淮安港金湖港区新港作业区一期工程

项目于2009年6月开工,2016年1月竣工。

项目建设依据:2010 年 8 月,江苏省发展和改革委员会《关于核准淮安港金湖港区新港作业区一期工程项目的通知》(苏发改基础发〔2010〕1002 号);2009 年 6 月,金湖县环境保护局《关于淮安市金湖交通投资有限公司淮安港金湖港区金湖新港作业区一期工程项目环境影响报告表的批复》(金环表复〔2009〕11 号);2010 年 4 月,江苏省国土资源厅《关于淮安港金湖港区金湖新港作业区一期工程项目用地的预审意见》(苏国土资函〔2010〕82 号);2009 年 8 月,江苏省交通厅《关于淮安港金湖港区新港作业区一期工程使用港口岸线的批复》(苏交港〔2009〕65 号);2009 年 11 月,江苏省水利厅《关于淮安港金湖港区新港作业区一期工程建设项目的行政许可决定》(苏水许可〔2009〕233 号)。

项目建设 4 个 300 吨级泊位、5 个 500 吨级泊位(已安装固定式起重机)。采用挖入式港池布置方案,港池长为 290 米,宽为 100 米。码头挡墙采用钢筋扶壁式结构,码头面高程 11.0～12.05 米,码头前沿泥面高程 4.45 米。码头前沿线 21m 范围内为码头前方作业区,堆场功能与前方泊位基本对应,布置件杂货堆场、件杂货仓库和散货堆场等,库场总面积 42087 平方米。作业区道路宽 9 米,整个港区内道路总面积为 11008 米。机械设备包括 HGQ-5 型固定式起重机 6 台、HGQ-10 型固定式起重机 2 台、HGQ-20 型固定式起重机 1 台。项目总投资 2500 万元。

项目建设单位为淮安金湖交通投资有限责任公司;设计单位为江苏省水利勘测设计研究院有限公司;施工单位为华源建设集团有限公司;监理单位为江苏泰康工程咨询监理有限公司;质监单位为淮安市交通工程质量监督站。

十四、扬州内河港

(一)港口概况

1. 港口综述

扬州市地处江苏省中部、长江下游北岸,江淮平原南端,是上海经济圈和南京都市圈的节点城市。东近黄海,西通南京,南临长江,北接淮水,物产丰富、经济发达、环境优美,是我国著名的生态城市和苏中地区最为重要的城市之一。扬州境内河流密布,纵横交叉,水运发达,拥有包括京杭运河(泾河—瓜州)、盐宝线(宝应—射阳湖)、高东线、盐邵线、新通扬运河、芒稻河等在内的众多等级以上航道,具有发展港口的良好区位优势和资源优势。

扬州位于我国东西大动脉(长江)和南北大动脉(京杭大运河)的交汇处,依托独特的地理位置和水运优势,早在清代就成为全国闻名的盐运、漕运中心。辖区内长江港口和内河港共同组成扬州港,已成为我国长江三角洲地区的重要港口之一。以京杭运河为主的扬州内河港 2008 年吞吐量达 2748 万吨,装卸货物以矿建材料、煤炭、粮食、水泥等为主,为推进地方经济的繁荣、带动苏中、苏北区域经济的增长作出了重要贡献。

扬州内河港原有扬州、仪征、高邮、江都、宝应、邗江六港。根据 2002 年交通部"一城一港一政"的港口体制改革原则,原扬州、仪征、高邮等六港合一组建,称为扬州内河港,包括扬州港区、仪征港区、高邮港区、宝应港区、江都港区、邗江港区共六个港区。

2. 港口水文气象

扬州地处温带,属于亚热带湿润季风气候,四季分明,气候温和,雨量充沛,自然条件优越。扬州境内各县市平均温度为 14.4 ～ 15.2 摄氏度,降水量较丰富,年际间变化大,年内分布不均,年平均降水量 1000 毫米左右。扬州地区一年日照时间较长,年平均日照时长约为 2176.7 小时,年平均风速 3.0 ～ 3.7 米/秒,平均相对湿度 75%,年平均无霜期 220 天。

扬州境内水网密集、湖荡众多,蓄水能力较强,河、湖水位的涨速及涨幅变化较小。由于境内地势平坦,全市各河流流速较小,河床稳定。境内有高邮、宝应、白马及邵伯四湖水域。高邮湖面积 538 平方公里,是江苏省第三大湖。境内长江岸线 80.5 千米,其中 10 米深水岸线 40 多千米。市域为淮河下游主要通道,水流经入江水道进高邮湖区,复经万福、芒稻诸闸,下泄入江。

扬州市域处江淮之间,地势西高东低,90% 以上地区为平原。西南部属于仪六盱低山丘陵岗地,海拔 10 ～ 80 米。仪征境内大铜山海拔 149.5 米,为全市最高点。运东地区以通扬运河为界,南北分属长江冲积平原和里下河浅洼平原。地质多以亚黏土、黏土、淤泥、淤泥质黏土、黏性土与砂互层、砂层为主。

3. 发展成就

扬州市内河港口吞吐量保持快速增长,从 1996 年 418 万吨增长到 2008 年 2748.16 万吨,年均增长率达到 16.99%。各港区的发展情况各不相同。扬州、邗江、高邮、宝应四港区规模较大,吞吐量增长也较快;江都较早形成规模,但 2008 年,吞吐量增长幅度不大,仪征由于城市濒临长江,货物运输更多依赖江港,因此内河港的发展规模较小,吞吐量不大。2008 年,扬州、仪征、高邮、江都、宝应和邗江各港区完成的吞吐量分别为 1068 万吨、29 万吨、435 万吨、473 万吨、441 万吨、302 万吨。

扬州内河港港区分布如图 9-3-13 所示,扬州内河港基本情况见表 9-3-16。

图 9-3-13　扬州内河港港区分布图

(二)高邮港区

1.港区综述

(1)港区建设和运营情况

高邮港区为高邮市经济发展、满足城乡建设及人民生活所需物资运输需求、京杭运河沿线物资中转和临港产业开发提供服务。是以公共运输服务为主、兼顾临港工业,满足区域经济发展需要的枢纽港区。高邮港区已建城北作业区。

表9-3-16

扬州内河港基本情况表

序号	港区名称	港区岸线		2015年港口生产性泊位				其中:1978—2015年建成的生产性泊位				2015年港口货物和旅客吞吐量						
		港区规划岸线	其中:2015年前已建成岸线	生产性泊位数	其中:千吨级及以上	生产性泊位总长	其中:千吨级及以上	生产性泊位数	其中:千吨级及以上	生产性泊位总长	其中:千吨级及以上	货物吞吐量	其中:外贸货物吞吐量	集装箱	滚装车辆		旅客	其中:国际旅客
															数量	质量		
		千米	千米	个	个	米	米	个	个	米	米	万吨	万吨	万TEU	万辆	万吨	万人	万人
1	宝应港区	—	1.28	26	0	1284	0	16	0	824	0	—	—	—	0	0	—	—
2	高邮港区	—	2.29	45	0	2292	0	42	0	2172	0	—	—	—	0	0	—	—
3	邗江港区	—	1.33	27	0	1332	0	3	0	250	0	—	—	—	0	0	—	—
4	江都内河港区	—	2.60	72	0	2603	0	5	0	288	0	—	—	—	0	0	—	—
5	扬城港区	—	3.63	66	7	3626	700	8	6	700	635	—	—	—	0	0	—	—
6	仪征内河港区	—	0.92	15	2	915	248	4	2	410	248	—	—	—	0	0	—	—
	合计	—	12.05	251	9	12052	948	78	8	4644	883	2610.59	—	—	0	0	—	—

(2)港区地理条件和集疏运概况

地理位置:位于京杭运河高邮段高邮开发区外环路产业带,南起文游北路与运河东堤交界处,北至外环路与运河东堤交界,全长1.8千米。市区西南经扬州市达南京市165千米,东南经无锡、苏州市抵上海市331千米。北纬32°38′~33°05′、东经119°13′~119°50′。

地形、地貌:高邮市域地质构造处于高邮凹陷的主体部位,跨界东荡、柳堡、菱塘低凸起的一部分,是苏北盆地东台凹陷的次一级构造单元。其北缘为建湖隆起,南界为江都隆起,西接金湖凹陷,为一近东北向的南陡北缓的箕状凹陷。

高邮市域地形以平原为主,低丘平岗比重较小,地势西南偏高,东北偏低。西南部菱塘、天山、送桥是低丘平岗地貌,属于第四纪以来的堆积侵蚀阶地,为镇仪六低山丘陵与平原交界处的尾端;运河以东属于里下河浅洼平原地貌,由古潟湖淤积而成。地面高程西南低丘平岗为15~20米,最高处天山49.5米;运河以东浅洼平原一般为0.85~4.8米,市区为3.85~4.85米。

工程地质:自上而下可划分为素填土、淤泥、粉质黏土与粉土互层、淤泥质粉质黏土、粉质黏土~黏土、粉质黏土、粉质黏土、粉质黏土的地质层。

2.港区工程项目

扬州内河港高邮港区城北作业区码头工程

项目于2007年1月开工,2009年2月试运行,2010年5月竣工。

项目建设依据:2006年11月,江苏省发展和改革委员会《关于核准扬州港高邮港区城北作业区码头工程的批复》(苏发改交能发〔2006〕1270号);2008年1月,江苏省交通厅《关于扬州港高邮港区城北作业区码头工程初步设计的批复》(苏交港〔2008〕8号);2006年7月,江苏省环境保护厅《关于对高邮港码头工程环境影响报告书的批复》(苏环管〔2006〕105号);2006年10月,江苏省国土资源厅《关于京杭运河高邮港码头工程项目用地的预审意见》(苏国土资函〔2006〕891号);2006年9月,江苏省交通厅《关于扬州港高邮港区城北作业区码头工程使用港口岸线的批复》(苏交港〔2006〕54号)。

项目建设500吨级散货泊位8个、件杂货泊位9个,岸线总长977米。码头采用顺岸式布局、钢筋混凝体扶壁式结构。码头前沿水深3.28米。项目后方堆场面积21万平方米,堆存能力60万吨左右。主要装卸设备包括固定式起重机、移动皮带输送机、装载机、堆高皮带输送机17台。项目总投资约2.15亿元,其中业主自有资金9625万元,其他民企资金1.19亿元。用地面积24.76万平方米。

项目建设单位为高邮市京杭运河港口有限公司;设计单位为中交第二航务工程勘察设计院有限公司;施工单位为高邮市水利建筑安装工程总公司、南京广恒工程建设有限公司、仪征市水利工程总队;监理单位为扬州市扬子工程建设监理咨询有限公司;质监单位为扬州市交通工程安全质量监督站、高邮市交通质量监督站。

重大事项变更:为完善码头基础设施,发挥码头整体功能,更好服务地方经济,将高邮港区城北作业区码头工程陆域总面积由约 24.9 万平方米调整为约 21.0 万平方米;将散货装卸工艺由"固定式起重机 + 料斗 + 移动皮带输送机 + 带式输送机 + 堆料机"调整为"固定式起重机 + 料斗 + 自卸汽车 + 单斗装载机"。

建设项目投产后为高邮市区、高邮经济开发区及周边地区的经济发展和城乡提供建设提供必备物资,逐步发展成为具备货物装卸、仓储、中转及物流功能的综合性公用码头,兼顾发展临港工业功能。

(三)江都港区

1. 港区综述

(1)港区建设和运营情况

江都内河港区是扬州内河港组成之一,港口码头主要分布在京杭运河、盐邵河、新通扬运河等航道上,主要建于 20 世纪八九十年代,现拥有生产性泊位 44 个,共占用岸线 2604 米,主要货种为矿建材料、煤炭、原油、成品油等。扬州内河港江都港区主要为江都区经济发展、城乡建设及人民生活提供服务,并为周边地区的物资中转提供运输服务,以大宗散货、件杂货运输为主,兼顾 LNG 加注。是以公共运输服务为主,兼顾临港工业,满足区域经济发展需要的枢纽港区。2011—2015 年江都内河吞吐量分别为 537.28 万吨、516.88 万吨、445.32 万吨、380.42 万吨、395.96 万吨。

(2)港区地理条件和集疏运概况

江都地处温带,属于亚热带湿润季风气候,四季分明,季风显著,雨量充沛,自然条件优越。年平均降水量 975.5 毫米,年最大降雨量 1441.9 毫米(1972 年),年最小降雨量仅为 398.6 毫米(1978 年),年变幅达 3.6 倍。江都地区年平均气温 14.9 摄氏度,年平均日照时长为 2132.5 小时,年平均风速 3.0 ~ 3.7 米/秒,平均相对湿度 75%,年平均无霜期 220 天。

江都区域地势平坦,略呈鱼背状,中部略高,南北两侧较低,除个别地区外,地面高程在 1.6 ~ 9.9 米,大部分在 2.5 ~ 6.0 米之间(黄海高程,下同),地面倾斜坡度小于 6 度。第四系全新统如东组、淤尖组组成的覆盖平原区为松散工程地质组。

江都位于江苏省中部,南濒长江,西傍扬州市广陵区、邗江区,东与泰州市海陵区、姜堰区、高港区接壤,北与高邮市、兴化市毗连。江都对外交通十分便利,宁通高速公路、江海高速公路与京沪高速公路在此交会,328 国道、淮江、沿江、江平等国、省道穿境而过,宁启铁路与正在建设的连淮扬镇铁路在江都"十字型"国铁主骨架初见雏形,通扬运河横穿东西,京杭大运河纵贯南北。

2.港区工程项目

江都高水河集中式物流码头工程

项目于2012年12月开工,2017年12月试运行。

项目建设依据:2010年2月,江都市发展和改革委员会《关于集中式沙石码头工程项目建议书的批复》(江发改〔2010〕25号);2012年3月,扬州市江都区环境保护局《关于江都市鑫源产业投资集团有限公司江都高水河集中式物流码头工程项目环境影响报告书的批复》(扬江环发〔2012〕65号)。

项目建设4个1000吨级泊位,其中散货泊位3个,件杂货泊位1个,岸线总长450米。码头采用顺岸式布局、钢筋混凝土扶壁式结构。码头前沿水深1.83米。主要装卸设备配置包括4台固定式起重机(固定式起重机5吨3台,吊臂长度18米;32吨固定式起重机1台)。项目总投资3500万元,均由企业自筹。用地面积3.1万平方米。

项目建设单位为扬州未来物流有限责任公司;设计单位为江苏省水利勘测设计院有限公司;施工单位为徐州市水利工程建设有限公司;监理单位为江苏省苏水工程建设监理有限公司;检测单位为江苏省水利建设工程质量检测站。项目试投产后,为南水北调东线源头沿线非法小码头的整治提供了保障,同时也为连淮扬镇铁路、泰州扬州机场扩建等工程部分原材料的装卸运输提供了便捷,极大地缓解了铁路、机场建设原材料运输压力,保证了建设工期。

(四)扬城港区

1.港区综述

(1)港区建设和运营情况

扬城港区以能源、矿材、木材等物资中转为主,配合公铁水联运中心和商贸物流园区,为扬州市区经济发展所需能源等大宗散货和企业物资提供运输和仓储服务,并为扬州市地区及苏北地区城乡建设及居民所需物资提供运输服务。是公共运输服务和临港工业开发相结合,满足区域经济发展及物资交流需要,带动周边港区发展的综合性枢纽港区。

①汤汪作业区(主要作业区):汤汪作业区位于汤汪乡连云村(京杭大运河汤汪乡段),实现了公水联运,配合扬州市商贸物流中心,促进商贸流通业和广陵工业园的发展,为扬州市市区城南建设及当地居民所需物资提供运输服务。汤汪作业区首个泊位于2011年12月投产,由于码头工程尚未竣工验收,2015年吞吐量约为3.72万吨,其中钢材3.2万吨,砂石0.52万吨。截至2015年,进出港船舶为149艘次,最大靠泊3200吨级船舶。

②城北作业区(主要作业区):位于扬州电厂北侧,铁路桥以南,为顺岸式港池,定位生产资料型公共码头。该作业区后方为扬州货运北站物流园区,由于建港受周边条件所限,依托现有运河南锚地,适度开发港口公共运输服务,为扬州市城北建设及当地居民所需物资提供运输服务。

(2)港区地理条件和集疏运概况

扬城港区依托京杭大运河水运主通道,连接内河和湖泊,联系高速公路、国省干线公路及铁路,方便水运、陆运货物中转,形成货物集散、交流中心。汤汪作业区前方航道规划按二级航道改造,后方港区道路与运河南路、连运路、沪陕高速公路、G328相连。城北作业区前方航道规划按二级航道改造,后方港区道路与运河北路相接,临近宁启铁路扬州北站,与启扬高速公路、建设中的S611、规划X108相接。

2.港区工程项目

(1)扬州内河港邗江鸿盛兴龙码头工程

项目于1994年1月开工,2004年10月试运行,2012年10月竣工。

项目建设依据:初步设计批复(京运苏北航〔2011〕144号);扬州市环境保护局关于扬州市兴龙水泥有限公司水泥磨机技改环境建设影响报告表(扬环审批〔2015〕109号);用地批复(邗集用〔2000〕字第287号);岸线批复(邗水〔2007〕占字第003号)。

项目建设1个1500吨级重力式装机码头泊位(码头水工建筑允许靠泊能力3000吨),岸线总长130米。码头采用顺岸式布局、重力式结构。码头前沿水深5.5米。项目后方堆场面积0.13万平方米。主要装卸设备包括起重机、输送设备、除尘收集装置各1台。项目总投资140万元。用地面积0.26万平方米。

项目建设单位为鸿盛劳动服务部;设计单位为江苏省交通规划设计院和邗水设计室;施工单位为中建筑港集团有限公司;监理单位为扬州建苑工程监理有限公司;质监单位为江苏省特检院扬州分院、江苏远卓工程检测有限公司。

鸿盛兴龙码头坐落于施桥镇横东村,服务于扬州市兴龙水泥有限公司,为该厂提供原材料卸货服务。该公司所有原材料都从水路运输。年均卸货52万吨左右。

(2)扬州内河港扬城港区汤汪作业区码头南港区工程项目

项目于2009年2月开工,2011年12月试运行。

项目建设依据:2009年9月,江苏省发展和改革委员会《关于核准扬州内河港扬城港区汤汪作业区码头工程项目的通知》(苏发改交通发〔2009〕1333号);2009年10月,江苏省交通厅《关于扬州内河港扬城港区汤汪作业区码头工程项目初步设计的批复》(苏交港〔2009〕88号);2009年10月,江苏省环境保护厅批复《扬州内河港广陵港区汤汪作业区码头工程项目环境影响报告书》(苏环审〔2009〕78号);2008年7月,交通运输部《关于报批扬州港(内河)广陵港区汤汪作业区码头工程使用岸线的批复》(交规划发〔2008〕

187 号）。

项目建设 6 个 1000 吨级件杂货码头泊位（码头水工建筑允许靠泊能力 2000 吨级）、2 个 500 吨级通用泊位，岸线总长 672 米。码头采用顺岸式布局、重力式结构。码头前沿水深 6 米。项目后方堆场面积 3.15 万平方米，堆存容量 11.03 万立方米，仓库面积 0.25 万平方米，堆存容量 1.5 万立方米。主要装卸设备包括门座起重机 6 台、门式起重机 7 台、桥式起重机 1 台。项目总投资 3.5 亿元，其中业主自有资金 1.23 亿元，其他银行贷款 2.27 亿元。用地面积 4.15 万平方米。

项目建设单位为扬州广贸物流开发建设有限公司；设计单位为中交第四航务工程勘察设计院有限公司；施工单位为高邮市水利建筑安装工程总公司；监理单位为南京江宏监理咨询有限公司；质监单位为扬州市交通工程安全质量监督站。

扬州内河港扬城港区汤汪作业区码头南港区工程项目投产后，实现江河联营，充分利用了码头、岸线资源，有利于地方社会经济的发展和航运安全，亦有利于河道工程的管理。周边渐渐形成了以钢材等生产资料为主的物流集散中心。2013—2015 年完成货物吞吐量分别为 5.9 万吨、11.3 万吨、3.72 万吨。

（3）扬州内河港扬城港区城北作业区新盟物流码头工程

项目于 2015 年 1 月开工，2016 年 6 月试运行。

项目建设依据：2014 年 8 月，扬州市发展和改革委员会，批复扬州市新盟物流发展有限公司新盟物流码头项目备案（扬发改许发〔2014〕553 号）；2014 年 10 月，扬州市交通运输局《关于扬州内河港扬城港区城北作业区新盟物流码头工程初步设计的批复》（扬交港〔2014〕16 号）；2012 年 12 月，江苏省环境保护厅，批复扬州内河港扬城港区城北作业区新盟物流码头工程环境影响报告书（苏环审〔2012〕268 号）；2014 年 5 月，扬州市规划局，批复扬州新盟物流发展有限公司码头建设的规划选址意见（扬规函字〔2014〕85 号）；2013 年 1 月，交通运输部《关于扬州内河港扬城港区城北作业区新盟物流码头工程使用港口岸线的批复》（交规划发〔2013〕19 号）。

项目建设 3 个 1000 吨级通用散货码头泊位（码头水工建筑允许靠泊能力 2000 吨级），岸线总长 233 米。码头采用挖入式布局、重力式结构。码头前沿水深 4.5 米。项目后方堆场面积 1.1 万平方米。主要装卸设备包括固定式起重机、后方可移动式输送带及车辆运输。项目总投资 3360 万元，资金来源为企业自筹。用地面积 2.92 万平方米。

项目建设单位为扬州市新盟物流发展有限公司；设计单位为江苏省交通规划设计院股份有限公司；施工单位为南京港港务工程公司；监理单位为扬州华建交通工程咨询监理有限公司；质监单位为扬州市交通工程安全质量监督站。

(五)宝应港区

1.港区综述

(1)港区建设和运营情况

宝应港区共有生产性码头泊位 70 个,码头全长 3450 米,有岸壁式和重力式码头 18 座,年综合通过能力 150 万吨,2011 年完成货物吞吐量 766 万吨,2012—2015 年完成货物吞吐量分别为 792 万吨、787 万吨、809 万吨、805 万吨。

(2)港区地理条件和集疏运概况

宝应港区位于宝应县城京杭大运河东岸,是全县港口的中心,主要以京杭大运河和盐宝河为进口航道。以京杭运河宝应临城段南北辐射,南至子婴闸,北至黄浦八浅洞,全长 41.5 千米,靠泊能力 500～1000 吨级。起重设备 35 台,起重能力 5～16 吨,堆场面积 15 多万平方米。为宝应经济发展、城乡建设及人民生活所需大宗物资运输提供服务;以大宗物资和件杂货运输为主,为临港产业发展服务基地,公共运输服务为主,兼顾临港工业满足区域经济发展需要。宝应港区主要有城南作业区,城北作业区和望直港作业区。

2.港区工程项目

(1)江苏宝应湖粮食运输有限公司码头

项目于 2010 年 10 月开工,2011 年 9 月竣工。

项目建设依据:2008 年,宝应县政府《关于批准江苏宝应湖粮食物流中心有限公司粮食物流储运码头工程建设用地的通知》(宝政地〔2008〕110 号)。

项目建设 4 个 1000 吨级粮食和建材码头泊位,岸线总长 170 米。码头采用顺岸式布局、重力式结构。码头前沿水深 4 米。项目后方堆场面积 0.7 万平方米,堆存能力 10 万吨。主要装卸设备包括 5 吨起重机 2 台。项目总投资 1500 万元,均由企业自筹。用地面积 1.2 万平方米。

项目建设单位为江苏宝应湖粮食运输有限公司;设计单位为扬州大学设计院;施工单位为江苏龙川水利建设有限公司;监理单位为扬州市勘测设计研究院有限公司;质监单位为扬州古运河建设有限公司。

项目投产后,取得了较好的经济社会效益,2012—2015 年完成货物吞吐量分别为 26 万吨、32 万吨、37 万吨、42 万吨。

(2)宝应启扬港务有限公司码头

项目于 2011 年 9 月开工,2012 年 4 月竣工。

项目建设 2 个 1000 吨级建材码头泊位,岸线总长 220 米。码头采用顺岸式布局、直立式结构。码头前沿水深 3.5 米。项目后方堆场面积 1 万平方米,堆存能力 12 万吨。主要装卸设备包括16吨、40吨起重机各一台。项目总投资1500万元,均由企业自筹。用地面积1.3万平方米。

项目建设单位为宝应启扬港务有限公司;设计单位为宝应县水利勘察设计院;施工单位为扬州古运河建设工程有限公司;监理单位为宝应县宝利建设工程监理公司;质监单位为江苏龙川水利建设有限公司。

项目投产后,取得了较好的经济社会效益。2012—2015年完成货物吞吐量分别为15万吨、35万吨、42万吨、50万吨。

(3)宝应正旺新型建材有限公司码头

项目于2011年10月开工,2012年6月试运行,2012年6月竣工。

项目建设2个1000吨级建材码头泊位,岸线总长180米。码头采用顺岸式布局、直立式结构。码头前沿水深3.5米。项目后方堆场面积0.65万平方米,堆存能力6万吨。主要装卸设备包括8吨起重机2台。项目总投资1200万元,均由企业自筹。用地面积0.7万平方米。

项目建设单位为宝应正旺新型建材有限公司;设计单位为扬州古运河建设工程有限公司;施工单位为扬州古运河建设工程有限公司;监理单位为扬州市勘测设计研究院有限公司;质监单位为扬州古运河建设有限公司。

项目建成后,取得了较好的经济社会效益,2012—2015年完成货物吞吐量分别为12万吨、25万吨、30万吨、35万吨。

十五、镇江内河港

(一)港口概况

1.港口综述

镇江内河港地处长江三角洲,位于长江中下游地区南岸,江苏省苏南板块,东临常州市武进区,西与句容市相连,南与金坛区接壤,东北与扬中市隔江相望,东距上海200千米,西距南京68千米,区位优势得天独厚。

区内河流纵横交错,水系发达,水陆交通便利,122省道、312国道、沪宁高速公路、京沪铁路、京沪高铁、沪宁城际铁路、京杭运河等交通干线穿城而过,并拥有丹金溧漕河、九曲河、香草河等多条骨干及市域干线航道,便捷的交通将镇江与上海、南京、苏锡常发达地区紧密连接。

镇江市境内共有内河航道71条,总里程为579.08千米,其中等级航道里程111.30千米。至2018年底,镇江内河港共拥有港口码头60座,共有泊位177个,泊位总长度8457米,主要分布在京杭运河、九曲河、香草河、通济河和丹金溧漕河等现状等级较高的航道上,其中京杭运河有港口码头 27 家,通济河有 4 家,丹金溧漕河 5 家,九曲河 7 家,等级外航道 17 家。

2. 港口水文气象

多年平均气温为 15.7 摄氏度,历史最高气温 40.9 摄氏度,历史最低气温零下 12 摄氏度;累年年平均降水量 1081.9 毫米;累年年最大降水量 1919.9 毫米;一日最大降水量 262.5 毫米(1972 年 7 月 3 日);年日降雨量≥25.0 毫米最多日数为 22 天(1991 年、1998 年),年日降雨量≥50.0 毫米最多日数为 7 天(1991 年),年日降雨量≥100.0 毫米最多日数为 3 天(1991 年),主要集中在每年的 4 ~ 9 月份;根据镇江气象台提供的 1962—2000 年各向最大风速、平均风速及风向频率统计资料,该地区强风向为 WNW 向,最大风速为 16.7 米/秒,常风向则为 ENE ~ ESE 向范围,所占频率为 27%;累年年最多雾日数 37.0 天(1986 年),累年年最少雾日数 13.0 天(1988 年),累年年平均雾日数 25.6 天(1985—2001 年)。此外,根据 1951—1984 年共 34 年的观测记录资料,一次雾日发生的最长持续时间为 18 小时 2 分钟,最短持续时间为 3 分钟;年平均相对湿度为 76%。

3. 发展成就

镇江内河港主要包括丹阳港区、城郊港区(城郊港区包括丹徒、京口),共拥有港口码头 60 座,泊位 177 个,500 吨级以上泊位共 6 个。其中,镇江内河港丹阳港区共有 42 座码头,拥有生产性泊位 128 个;镇江内河港城郊港区共有 18 座码头(丹徒 15 座,京口 3 座),拥有生产性泊位 49 个(丹徒 43 个,京口 6 个),主要分布在京杭运河和通济河。

2015—2017 年内河港口吞吐量分别为 1526.54 万吨、1497.19 万吨、1164.42 万吨。

镇江内河港港区分布如图 9-3-14 所示,镇江内河港口情况见表 9-3-17。

(二)丹阳港区

1. 港区综述

(1)港区建设和运营情况

镇江内河港丹阳港区共有 42 座码头,拥有生产性泊位 128 个,主要分布在京杭运河,丹金溧漕河,九曲河,香草河支流以及其他等级外航道上。现有丹阳作业区、陵口作业区、珥陵作业区 3 个主要作业区,吕城作业区、九曲河作业区 2 个一般作业区,2017 年完成吞吐量 613.68 万吨。

图 9-3-14　镇江内河港港区分布图

（2）港区地理条件和集疏运概况

镇江内河港丹阳港区地处长江三角洲,位于长江中下游地区南岸,江苏省苏南板块,东临常州市武进区,西与镇江市丹徒区、句容市相连,南与金坛区接壤,东北与扬中市隔江相望,东距上海 200 千米,西距省城南京 68 千米,区位优势得天独厚。区内河流纵横交错,水系发达,水陆交通便利,122 省道、312 国道、沪宁高速公路、京沪铁路、京沪高铁、沪宁城际铁路、京杭大运河等交通干线穿城而过,并拥有丹金溧漕河、九曲河、香草河等多条骨干及市域干线航道,便捷的交通将丹阳与上海、南京、苏锡常发达地区紧密连接。集疏运情况:

①丹阳作业区:京杭运河为三级航道,规划新建 450 米疏港道路,与通港西路、沪宁铁路相连,新建 450 米疏港道路,通过化工二经路与沪宁高速公路相连。

②陵口作业区:京杭运河为三级航道,规划专用疏港铁路支线与沪宁铁路相连,规划直接通过肖梁路、齐梁路与 312 国道相连。

③珥陵作业区:丹金溧漕河为三级航道,规划直接通过新庄路、振兴路、吕平路与 241 省道相连,通过丹金路与 312 国道相连。

表 9-3-17

镇江内河港基本情况表

序号	港区名称	港区岸线		2015 年港口生产性泊位				其中:1978—2015 年建成的生产性泊位					2015 年港口货物和旅客吞吐量						
		港区规划岸线	其中:2015 年前已建成岸线	生产性泊位数	其中:千吨级及以上	生产性泊位总长	其中:千吨级及以上	生产性泊位数	其中:千吨级及以上	生产性泊位总长	其中:千吨级及以上	货物吞吐量	其中:外贸货物吞吐量	集装箱	滚装车辆		旅客	其中:国际旅客
															数量	质量		
		千米	千米	个	个	米	米	个	个	米	米	万吨	万吨	万 TEU	万辆	万吨	万人	万人
1	丹徒港区	—	1.81	46	2	1807	170	45	2	1747	170	—	—	—	0	0	—	—
2	丹阳港区	—	5.70	82	4	5697	270	59	2	4377	150	—	—	—	0	0	—	—
3	京口港区	—	0.36	10	0	355	0	4	0	210	0	—	—	—	0	0	—	—
4	句容港区	—	0.66	15	0	660	0	2	0	140	0	—	—	—	0	0	—	—
	合计	—	8.53	153	6	8519	440	110	4	6474	320	1778.09	—	—	0	0	—	—

④吕城作业区:京杭运河为三级航道,直接通过孙家村—吕城镇公路与312国道相连。

⑤九曲河作业区:九曲河将整治为四级航道,规划新建350米疏港道路,通过高吕公路(X002)与338省道相连。

2.港区工程项目

镇江内河港丹阳港区吕城作业区粮食码头项目工程

项目于2010年12月开工,2011年12月试运行,2012年8月竣工。

项目建设依据:2009年7月,江苏省发展和改革委员会《关于核准镇江内河港丹阳港区吕城作业区粮食码头工程项目的通知》(苏发改交通发〔2009〕922号);2010年7月,江苏省交通运输厅《关于对镇江内河港丹阳港区吕城作业区粮食码头工程初步设计的批复》(苏交港〔2010〕54号);2009年11月,江苏省环境保护厅《关于镇江内河港丹阳港区吕城作业区粮食码头工程项目环境影响报告书的批复》(苏环审〔2009〕71号);2009年5月,江苏省国土资源厅《关于镇江内河港丹阳港区吕城作业区粮食码头工程项目用地的通知》(苏国地资预〔2009〕53号);2009年11月,江苏省人民政府《关于批准镇江内河港丹阳吕城作业区粮食码头工程建设用地的通知》(苏政地〔2009〕471号);2008年11月,交通运输部《关于镇江内河港丹阳港区吕城作业区粮食码头工程使用港口岸线的批复》(交规划发〔2008〕472号)。

项目建设1000吨级和500吨级散粮泊位各1个,1000吨级和500吨级袋装粮食泊位各1个,占用港口岸线328米。码头采用挖入式布局、重力式结构。码头前沿设计水深3.2米。项目后方陆域总面积107.9万平方米,配套筒仓库房2.6万立方米,袋装仓库1.7万平方米。主要装卸设备配置包括10吨起重机4台。项目总投资6852万元,公司自筹3495万元,其余银行贷款解决。用地面积12万平方米。

十六、连云港内河港

(一)港口概况

1.港口综述

连云港内河港地处我国沿海中部、江苏省东北部连云港市境内,市境介于北纬34°~35°07′与东经118°24′~119°48′之间,它东滨黄海的海州湾,西南部与淮安、宿迁市毗邻,西部与徐州市接壤,北临山东省日照市,西北临山东省临沂市,区位优势明显。

连云港内河港历史悠久,在古代主要依托盐场,为盐场的盐运输服务。新中国成立后,经过多年建设,连云港市已经形成了以盐河、淮沭新河、灌河、善后河等干线航道为支撑的内河航道运输网络,交通部门相应建设了一大批货运码头,此期间连云港内河港的运输业务以运盐和城乡物资交流为主。由于连云港内河航道基础设施建设落后,未适应船舶大型化发展要求,加上公路运输的快速发展,连云港内河港发展比较缓慢,运输业务主要以服务城乡建设和农业发展为主,运盐业务也在逐步萎缩。

连云港内河港生产性码头主要分布在盐河、南六塘河、淮沭新河等航道上。截至2015年底,连云港内河港共有生产性泊位122个,泊位长度5390米,年总通过能力1150万吨。

连云港内河港主要由连云港区、新海港区、东海港区、灌云港区、灌南港区组成。东海港区码头2个,泊位11个,其中500吨级泊位11个,占用岸线共550米,提供年吞吐能力110万吨。灌云港区码头2个,泊位4个,其中500吨级泊位4个,占用岸线共340米,提供年吞吐能力70万吨。灌南港区码头2个,泊位28个,其中500吨级泊位28个,占用岸线共1232米,提供年吞吐能力550万吨。新海港区码头4个,泊位9个,其中500吨级泊位4个,300吨级泊位5个,占用岸线共816米,提供年吞吐能力76万吨。连云港区码头1个,泊位4个,其中500吨级泊位4个,占用岸线共220米,提供年吞吐能力68.8万吨。

截至2015年底,连云港市已有定级航道83条,总里程1114千米,其中五级以上航道里程302千米;六级、七级航道里程199千米;等级外航道里程612千米。已基本形成了以连云港港疏港航道为主通道,北接沭北运河,西接蔷薇河、淮沭新河、柴米河,东接善后河、东门河、灌河,南接京杭大运河等通江入海航道,构成了干支相通的水运网,成为综合运输网的重要组成部分,为促进连云港市经济发展起到了积极作用。

2. 港口水文气象

连云港市位于江苏省东北部,属于东亚温带季风气候,冬季受西伯利亚冷空气控制,盛行偏N风、干旱少雨、气温偏低;夏季受西太平洋副热带高压与东南季风控制,盛行ES风、温度偏高、湿度大。

月平均气温8月份最高,为27.2摄氏度,1月份最低,为0.9摄氏度。多年平均降水量882.6毫米,年最大降水量1380.7毫米,年最小降水量520.7毫米。常风向为E向,年均风速5.3米/秒。多年平均雾日数(能见度≤1千米)20天,最多36天,最少11天。年平均相对湿度70%。地震烈度为7度,地震动峰值加速度为0.1g。

灾害性天气中,2000年12号台风对连云港外围有影响,降雨量达到890毫米,;连云港地区每年受寒潮影响3~5次,寒潮伴有大风和降温,最低气温基本在－11摄氏度左右;连云港地区经常受江淮气旋和黄河气旋双重影响,常有雷暴并伴有雷雨、大风,对港口作业有一定影响。

3. 发展成就

截至2019年,连云港基本形成了以疏港航道为主通道,北接沭北运河,西接蔷薇河、淮沭新河、柴米河，东接善后河、东门河、灌河，南接京杭大运河等通江入海航道，构成了干支相通的水运网，成为综合运输网的重要组成部分，为促进连云港市经济发展起到了积极作用。

连云港市内河港口2019年度完成吞吐量1416万吨，同比增长3%。其中，进港吞吐量211万吨，同比下降26.4%；出港吞吐量1205万吨，同比增长10.76%。全市内河港口生产运行呈现以下特点：

（1）金属矿石、矿建材料为主要货种。金属矿石吞吐量581.3万吨，同比增长15.3%，占全市内河港口吞吐量41.1%，是连云港内河港口海河联运的重要组成部分，主要为新云台码头装卸的铁矿石、红土镍矿等海河联运大宗散货。矿建材料吞吐量357万吨，同比减少22%，主要货物为水渣、黄砂、石子等，是连云港市传统内河港口的主要货种。

（2）海河联运吞吐量稳定增长。新云台码头海河联运吞吐量完成861万吨，同比增长35.35%。连云港新云台码头有限公司是连云港海河联运体系的重要组成部分。新云台码头运营的集装箱航线，共计装卸集装箱26601TEU。

（3）大型化规模化港口占比稳定上升。新云台码头、海州港务码头、东海白塔埠码头、扬帆码头等一批大型化规模化码头吞吐量1360万吨，占全市吞吐量的96%。

连云港内河港口情况见表9-3-18。

（二）内河港区

1. 港区综述

（1）港区建设和运营情况

2009年3月，内河港区第一个项目——中云台作业区一期工程项目获省发改委核准。一期工程主要建设内容：布置装卸泊位35个（其中500吨泊位9个、1000吨泊位26个），占用岸线长3344米，堆场面积56.83万平方米，仓库面积3.75万平方米。2011—2015年连云港内河港区吞吐量分别为20.5万吨、90.7万吨、172.6万吨、217.8万吨、362.8万吨。

（2）港区地理条件和集疏运概况

内河港区位于连云港市连云区，上合国际物流园区首期启动区内，处于连云港港疏港航道的起点处，烧香河北岸，陆路距连云港港区20千米，地理位置优越。

连云港港疏港航道于2010年年底建成通航，是长三角高等级航道网连申线的起点段。疏港航道北接连云港港，南连灌河、通榆河，西接苏北运河，规划航道等级为三级。整治工程起自连云港物流园区，经烧香河、云善河，穿越善后河、灌云县城、新沂河，止于盐河与盐灌船闸引航道交汇处，航道全长71.36千米，最大设计船舶等级为1000吨级。

表 9-3-18

连云港内河港基本情况表

序号	港区名称	港区岸线		2015年港口生产性泊位				其中:1978—2015年建成的生产性泊位					2015年港口货物和旅客吞吐量						
		港区规划岸线	其中:2015年已建成岸线	生产性泊位数	其中:千吨级及以上	生产性泊位总长	其中:千吨级及以上	生产性泊位数	其中:千吨级及以上	生产性泊位总长	其中:千吨级及以上	货物吞吐量	货物吞吐量	其中:外贸货物吞吐量	集装箱	滚装车辆		旅客	其中:国际旅客
																数量	质量		
		千米	千米	个	个	米	米	个	个	米	米	万吨	万吨	万吨	万TEU	万辆	万吨	万人	万人
1	东海港区	—	1.22	14	0	1220	0	0	0	0	0		—	—	—	0	0	—	—
2	灌南港区	—	1.83	41	0	1834	0	41	0	1834	0		—	—	—	0	0	—	—
3	灌云港区	—	1.56	54	0	1559	0	38	0	1034	0		—	—	—	0	0	—	—
4	新海港区	—	0.98	18	6	976	330	16	6	876	330		—	—	—	0	0	—	—
	合计	—	5.59	127	6	5589	330	95	6	3744	330	833.70		—	—	0	0	—	—

内河港区位于后云台山以南至前云台山之间的大片开阔区域内，与连云港港区通过东疏港高速公路相连，其距离只有 5 千米左右。港区位于烧香河航道沿岸，水运条件优越，连盐铁路从港区经过，港区周围连霍国道主干线、S242、连云港港产业大道等干线公路南北相邻，新光路、云门路与本港区相接，集输运条件优越。

2. 港区工程项目

连云港港内河港中云台作业区一期工程项目（1 号～35 号泊位）

项目于 2008 年 10 月开工，2010 年 12 月试运行。

项目建设依据：2008 年 11 月 28 日，江苏省国土资源厅《关于连云港港内河港中云台作业区一期工程项目用地的预审意见》（苏国土资预〔2008〕181 号）。

项目建设 14 个 1000 吨级通用散货泊位，12 个 1000 吨级杂货泊位，7 个 500 吨级杂货泊位，2 个 500 吨级多用途泊位。码头岸线总长 2223 米。采用顺岸式布置、高桩式码头结构。堆场面积 56.83 万平方米，堆存能力 250 万吨。仓库面积 3.75 万平方米，仓库堆存能力 16 万吨。主要装卸设备包括 4 台 10 吨门座起重机、5 台 25 吨轮胎式起重机、6 台 kW800K\ZL20\ZL50G 装载机、3 台 Q45 牵引车、3 台叉车。项目总投资 11.30 亿元，其中业主自有资金 5.92 亿元，其他银行贷款 5.38 亿元。项目陆域用地 118.87 万平方米。

项目建设单位为江苏金港湾投资有限公司；设计单位为中交第二航务勘察设计院有限公司；施工单位为中交第一航务工程局有限公司、中交第四航务工程局有限公司、连云港港务工程公司等；监理单位为广州南华工程监理有限公司、连云港科谊工程建设监理有限公司；质监单位为连云港市港口工程质量监督站。

项目是连云港港拓展港口功能和空间，实现"海河联运"战略的重要节点，是连云港港与周边港口实现差异化、错位竞争的独特优势和品牌。码头运营商通过盐河与运河、淮河联通的海河联运业务作为经济、低碳、环保的新兴物流业态，呈现出迅猛的发展和巨大的增量潜力。已形成沿大运河南下长江、北上苏北和鲁南，沿着淮河进入皖北和豫南地区的市场格局。运营商先后与高邮、淮安、宿迁、徐州、济宁、蚌埠、阜阳、周口及漯河等地建立了业务往来，经营业务有金属矿石、煤炭、钢材、粮食、化工制品及集装箱等近 40 个货种，辐射范围达到湖南、湖北、浙江、江西、安徽、河南、山东等区域。

内河港中云台作业区一期工程项目的建成投产，拓展了连云港港的港口功能和物流方式，为连云港和腹地城市实施"借港出海""借港入江""海河联运"战略提供了硬件支撑，为沿河城市加快经济结构调整与区域产业有效融合、促进物流发展升级发挥了不可替代的积极作用。依托连云港港国际班轮航线和"五定"班列优势，给沿河城市集装箱运输提供了优选路径，有力助推了内陆城市无水港建设，"借港出海""海港门户"成为现实；通过疏港航道,经连云港至东北、中西部、长江上游更便捷,"海河联运""通江达海"变为现实;完善通畅的铁路、公路、水路综合疏运体系,使连云港与沿河城市的物流产业联系更为紧密。

十七、盐城内河港

(一)港口概况

1.港口综述

盐城内河港历史悠久,经历了历史上多个发展时期,形成了一定的规模。根据2015年港口普查资料,盐城内河港(干线航道)共拥有生产性泊位608个,泊位总长5.2万米,设计年综合通过能力12088万吨,2009年全港完成货物吞吐量5350万吨。盐城内河港在多年来的发展过程中,已经成为社会经济发展的必要运输保障和综合交通体系的重要组成部分,改善了地区投资环境,促进了沿河产业的发展。

2.港口水文气象

盐城地处北亚热带向暖温带气候过渡地带,气候受海洋影响较大,与同纬度的江苏省西部地区相比,春季气温低且回升迟;秋季气温下降缓慢且高于春温;季风气候明显,冬季受欧亚大陆冷气团影响,盛行偏N风且多寒冷天气;夏季受太平洋副热带高压影响,盛行偏S风且多炎热天气,空气温暖而湿润,雨水丰沛。盐城地区属于平原河网地区,河道纵横交错形成网状分布,相互连通,分属淮河水系(废黄河以南)和沂沭泗水系(废黄河及废黄河以北)。主要河流有灌河、东台河、斗龙港、黄沙港、射阳河、串场河、通榆河等,主要湖泊有大纵湖、射阳湖。本区水文特性如下:有记载最高水位为3.55米(1931年9月),新中国成立后最高水位为2.51米(1991年汛期实测水位);多年平均水位1.57米。

3.发展成就

截至2015年,盐城内河港共拥有生产性泊位425个,泊位总长度为2.53万米,形成设计年综合通过能力5246.8万吨。其中300吨级及以上生产性泊位251个,泊位总长度为1.42万米,形成设计年综合通过能力3711.9万吨。2012—2015年货物吞吐量分别为2732.2万吨、3140.7万吨、3314万吨、3674.95万吨。

盐城内河港口情况见表9-3-19。

表 9-3-19

盐城内河港基本情况表

序号	港区名称	港区岸线		2015 年港口生产性泊位			其中:1978—2015 年建成的生产性泊位				货物吞吐量	2015 年港口货物和旅客吞吐量							
		港区规划岸线	其中:2015年前已建成岸线	生产性泊位数	其中:千吨级及以上	生产性泊位总长	生产性泊位数	其中:千吨级及以上	生产性泊位总长	其中:千吨级及以上		其中:外贸货物吞吐量	集装箱	滚装车辆		旅客	其中:国际旅客
		千米	千米	个	个	米	个	个	米	米	万吨	万吨	万 TEU	数量 万辆	质量 万吨	万人	万人
1	滨海内河港区	—	0.81	28	0	810	0	0	0	0	—	—	—	0	0	—	—
2	大丰内河港区	—	2.10	83	0	2104	6	0	340	0	—	—	—	0	0	—	—
3	东台港区	—	4.12	149	0	4120	40	0	1893	0	—	—	—	0	0	—	—
4	阜宁内河港区	—	1.23	18	0	1230	15	0	990	0	—	—	—	0	0	—	—
5	建湖港区	—	2.43	14	0	2430	14	0	2430	0	—	—	—	0	0	—	—
6	射阳内河港区	—	4.09	74	0	4086	60	0	3241	0	—	—	—	0	0	—	—
7	亭湖港区	—	3.25	74	0	3245	20	0	1325	0	—	—	—	0	0	—	—
8	响水内河港区	—	0.3	12	0	300	1	0	30	0	—	—	—	0	0	—	—
9	盐都港区	—	1.40	20	0	1395	1	0	500	0	—	—	—	0	0	—	—
	合计	—	19.73	472	0	19720	157	0	10749	0	3050.29	—	—	0	0	—	—

(二)建湖港区

1.港区综述

(1)港区建设和运营情况

建湖县地处苏北里下河腹部,位于盐城市中西部,东接射阳,北靠阜宁,西临扬州市宝应县,南与盐都区衔接。建湖县内河航道资源丰富,共有内河航道521.5千米,其中等级航道198.2千米,形成由通榆河、盐宝河、黄沙港十字交叉,并与建口线、盐益线等共同组成的干线航道网,具备发展内河水运的资源优势。2015年完成货物吞吐量316万吨。

(2)港区地理条件和集疏运概况

盐城内河港建湖港区里下河作业区位于县经济开发区现代物流园黄沙港与西塘河交汇处。隶属江苏省建湖经济开发区,东临西塘河、南临明珠东路、西接人民北路、北枕港北路。

2.港区工程项目

盐城内河港建湖港区里下河作业区码头

作业区分两期建设,其中南、北港区于2011年、2012年先后开工,2013年底前分别竣工。

项目建设依据:2011年7月,江苏省发展和改革委员会《关于核准盐城内河港建湖港区里下河作业区码头工程项目的通知》(苏发改基础发〔2011〕1046号);2012年1月,江苏省交通运输厅《关于盐城内河港建湖港区里下河作业区码头工程初步设计的批复》(苏交港〔2012〕22号);环评批复(建环验字〔2016〕85号);用地批复,见建筑用地规划许可证(地字第320925201310003号);岸线批复(苏交港〔2012〕22号)。

项目建设12个500吨级杂货码头泊位、5个500吨级通用散货码头泊位。码头岸线总长2500米。作业区码头采用顺岸式布置,南作业区码头采用挖入式布置,码头采用C25混凝土重力式结构,码头前沿设计河底高程为-2.05米。仓储集散102万平方米集中仓储,堆存能力为80万吨。码头前沿采用固定式起重机、前沿门式起重机、堆场门式起重机、轮胎式起重机、牵引车等。项目总投资2.42亿元(省发改委估算资金)。经资质评估公司评估:盐城内河港建湖里下河作业区资产(不含征地拆迁费用)总评估价格22638.1万元,其中南港区9648.6万元,北港区12989.5万元,资金来源为其他国企资金。项目陆域用地:南港池为8.67万平方米,北港池为10万平方米。

项目建设单位为建湖县交通投资有限公司;设计单位为江苏省交通规划设计院股份有限公司;监理单位为江苏淮源监理咨询有限公司;质监单位为江苏省盐城市交通工程质量监督站。

(三)东台港区

1. 港区综述

(1)港区运营情况

2015年完成吞吐量852万吨,其中出港235.5万吨。

(2)港区地理条件和集疏运概况

宁靖盐、徐淮盐、连盐、盐通等多条高速公路环绕四周构成高速公路圈,苏通大桥开通后盐城已经融入上海2小时经济圈;新长铁路纵贯全区,北接陇海线,南连沪宁、宣杭线;区内港口众多,大丰港为国家一类港口,内河航道纵横交错,省干线航道网"二纵四横"的"一纵"——连申线和"一横"——淮河出海航道在此交会,加上灌河、盐邵线、盐宝线、刘大线、泰东线等构成四通八达的航道网。

2. 港区工程项目

盐城内河港东台港区时堰作业区码头一期工程

项目于2010年1月开工,2014年1月试运行,截至2015年项目尚未竣工。

项目建设依据:2010年11月,江苏省交通运输厅《关于盐城内河港东台港区时堰作业区码头一期工程初步设计的批复》(苏交港〔2010〕91号);2011年6月,盐城市内河港口管理处《关于盐城内河港东台港区时堰作业区码头一期工程施工图设计的批复》[苏盐(内)港〔2011〕2号];2009年8月,江苏省交通运输厅《关于盐城内河港东台港区时堰作业区码头一期工程使用港口岸线的批复》(苏交港〔2009〕64号)。

项目建设12个500吨级件杂货泊位、2个500吨级多用途泊位、2个500吨级散货泊位和1个工作船泊位及相关配套设施(码头水工建筑允许靠泊能力1000吨级)。码头岸线总长924米。采用顺岸式和挖入式布置,钢筋混凝土扶壁式结构码头结构。堆场面积33000平方米。主要装卸设备包括固定式起重机、门式起重机等。项目总投资约3.23亿元,其中地方政府投资2150万元,企业业主自有资金1.21亿元,政策性银行贷款1.8亿元。项目陆域用地33.33万平方米。

项目建设单位为东台市泰东工业园区发展有限公司;设计单位为中交武汉港湾工程设计研究院有限公司;施工单位为泰州市海通航务工程有限公司;监理单位为镇江市兴华工程建设监理有限责任公司;质监单位为盐城至远交通工程检测有限公司。

(四)市区港区

1. 港区综述

(1)港区建设

近年来,市区港区重点建设了市区港区步凤作业区、凤冈作业区、城东新界作业区等规模港区。

(2)运营情况

市区港区完成吞吐量573万吨,其中,步凤作业区完成集装箱12513TEU。进口货物品种有饲料玉米、陶瓷、石粉等建材,出口货物品种有大米、面粉、小麦、淀粉、农资、钢材、钢绳等。截至2019年底已开通:①由中远海运开通的步凤港至太仓港航线(途中挂靠南通港、如皋港),投入驳船4艘,每周4航次;②由郁州海运开通的步凤港—连云港航线,投入驳船3艘,每周2航次;③由骏鹏物流开通的步凤港至上海港航线(途中挂靠南通港),投入驳船4艘,每周4航次。

2.港区工程项目

(1)盐城内河港市区港区步凤作业区码头

项目于2012年12月开工,2015年7月试运行,截至2015年项目尚未竣工。

项目建设依据:2013年2月,江苏省发展和改革委员会《关于核准盐城内河港市区港区步凤作业区码头工程项目的通知》(苏发改基础发〔2013〕210号);2013年3月,江苏省交通运输厅《关于盐城内河港市区港区步凤作业区码头工程初步设计的批复》(苏交港〔2013〕19号);2012年12月,江苏省环境保护厅《关于对盐城内河港市区港区步凤作业区码头工程环境影响报告书的批复》(苏环审〔2012〕258号);2013年1月,江苏省国土资源厅《关于盐城内河港市区港区步凤作业区码头工程项目用地的预审意见》(苏国土资预〔2013〕14号);2012年10月,交通运输部《关于盐城内河港市区港区步凤作业区码头工程使用港口岸线的批复》(交规划发〔2012〕524号)。

项目建设5个1000吨级散货泊位,3个1000吨级件杂货泊位和2个1000吨级多用途泊位。码头岸线总长1096米。采用顺岸式布置、重力式码头结构,码头前沿水深3.2米。堆场面积60171平方米,堆存能力20万吨。主要装卸设备包括一台40.5吨、38米岸边门式起重机,2台10吨、16.5米固定式起重机,1台45吨、27米固定式起重机。项目总投资2.73亿元,其中企业业主自有资金1亿元,政策性银行贷款1.73亿元。项目陆域用地10.69万平方米。

项目建设单位为盐城东方港务发展有限公司;施工单位为江苏海通建设工程有限公司;监理单位为镇江市兴华工程建设监理有限责任公司;质监单位为盐城市交通工程质量监督站。

步凤港2019年吞吐量为139万吨。其中,散货、件杂货约为108万吨,集装箱为1.25万TEU。进口货物品种有粮食、管桩、陶瓷等建材,出口货物品种有食品、粮食、农资、钢材等。集装箱业务稳步发展,主要航线为盐城港至太仓港,进口货物到达盐城港后运向盐城周边,出口货物在盐城港集结后运往上海港、太仓港、连云港,再由上海港、太仓港、连云港通过海运、内河运输运往全国各地。

(2)盐城内河港市区港区凤冈作业区码头工程

项目于 2013 年 11 月开工,2015 年 12 月竣工。

项目建设依据:2014 年 1 月,盐城市发展和改革委员会《关于盐城内河港市区港区凤西作业区码头工程核准的批复》(盐发改审〔2014〕13 号);2014 年 3 月,盐城内河港《关于内河港市区港区凤冈作业区码头工程初步设计的批复》(苏盐内港〔2014〕11 号);2014 年 7 月,盐城市内河港口管理处《关于盐城内河港市区港区凤西作业区码头(水工结构)施工图设计的批复》(苏盐内港〔2014〕16 号);2013 年,盐城市环境保护局,关于《盐城内河港市区港区凤冈作业区码头工程环境影响报告书》的审批意见(盐环审〔2013〕51 号);2015 年,江苏省人民政府《关于盐城内河港市区港区凤冈作业区码头工程建设用地的批复》(苏政地〔2015〕362 号);江苏省交通运输厅,准予交通行政许可决定书(案号:0000010065)。

项目建设 6 个 500 吨级散货泊位、3 个 500 吨级件杂货泊位、3 个 500 吨级待泊泊位。码头岸线总长 755 米。采用顺岸挖入式布置、重力式码头结构,码头前沿水深 2.86 米。堆场面积 25400 平方米,散货堆场容量 43200 吨,件杂货堆场容量 9325.71 吨,件杂货仓库容量 2720 吨。主要装卸设备 10 吨/18 米固定式起重机、40 吨/18 米固定式起重机、16 吨/18 米固定式起重机(仅基础预埋件)。项目总投资 1.14 亿元,全部来自其他国企资金。项目陆域用地 9.67 万平方米。

项目建设单位为盐城市交通投资有限公司;设计单位为江苏省交通科学研究院股份有限公司;施工单位为江苏省水利建设工程有限公司;监理单位为南通兴港工程咨询监理有限公司;质监单位为盐城市交通工程质量监督站。

十八、苏州内河港

(一)港口概况

1.港口综述

苏州内河港是全省的重要港口,主要承担矿建、煤炭、钢材、非金属矿石等大宗物资运输任务。由张家港、常熟、太仓、昆山、吴江、市区港区(包括吴中、相城、园区、新区、姑苏区)组成,全港危险品码头占 5%,通用散货类码头占 80% 以上。苏州内河港发展历史悠久,作为中国民族工商业和乡镇企业发祥地,内河港伴随着经济的发展而逐步发展壮大。发展至今,苏州内河港口从新中国成立前依乡间货栈、米行而泊的少量客货混运,逐渐发展到目前以货物运输为主,而客运仅在个别观光河道和旅游湖区内的旅游客运。

苏州内河港区航道呈"两纵八横"布局,京杭运河苏州段规划里程81.4千米,设计通航水深不小于3.2米,航道设计底宽不小于45米;苏嘉线规划里程15.2千米,设计通航水深不小于2.5米,航道设计底宽不小于40米;申张线规划里92千米,设计通航水深不小于3.2米,航道设计底宽不小于45米;锡十一圩线规划里程25.1千米,设计通航水深不小于2.5米,航道设计底宽不小于40米;杨林塘规划里程42.3千米,设计通航水深不小于3.2米,航道设计底宽不小于45米;苏申内港线规划里程55.5千米,设计通航水深不小于3.2米,航道设计底宽不小于45米;苏申外港线规划里程29.4千米,设计通航水深不小于3.2米,航道设计底宽不小于45米;芜申线规划里程100.7千米,设计通航水深不小于3.2米,航道设计底宽不小于45米;长湖申线规划里程22.5千米,设计通航水深不小于3.2米,航道设计底宽不小于45米。

2. 港口水文气象

苏州地处以太湖为中心的浅碟型平原的底部,地形以平原为主,占总面积的54.8%,平均海拔4米左右。苏州市西南略高于东北,微向黄海倾斜。全境可分为西部低山剥蚀区和东部低洼沉积区,平均高程为海拔1～5米,少数低洼点为0.5米以下。运河带内地基土30米以内属于第四系全新统和上更新统,以河流相及滨海相为特征,按时代、成因及土的物理力学性质可分为9个工程地质层和12个亚层。

苏州地处亚热带北部和东部沿海地带,深受冬夏季风影响,属于典型的亚热带季风气候,冬夏季长,春秋季短,气候温和,雨量充沛,四季分明。苏州市多年平均气温为17摄氏度,无霜期230天左右,日照2000小时以上,常年平均降水量1000毫米。

苏州地处以太湖为中心的浅碟型平原的底部,地形以平原为主,占总面积的54.8%,平均海拔4米左右。苏州市西南略高于东北,微向黄海倾斜。全境可分为西部低山剥蚀区和东部低洼沉积区,平均高程为海拔1～5米,少数低洼点为0.5米以下。运河带内地基土30米以内属于第四系全新统和上更新统,以河流相及滨海相为特征,按时代、成因及土的物理力学性质可分为9个工程地质层和12个亚层。

3. 发展成就

随着苏州经济社会的快速发展,内河港口规模不断扩大,吞吐总量迅速增长,2015年吞吐量达到7101.7万吨,5年间增长30%。货种构成也发生了明显变化,从最初的零散物资运输,逐渐发展到煤炭、矿建、钢铁、粮食等大宗货物运输。在京杭运河等主要航道上,内河集装箱运输亦开始起步。

2012—2015年货物吞吐量分别为5501万吨、5504万吨、7241万吨、7102万吨。

苏州内河港口情况见表9-3-20。

表9-3-20

苏州内河港基本情况表

序号	港区名称	港区岸线		2015年港口生产性泊位				其中：1978—2015年建成的生产性泊位				2015年港口货物和旅客吞吐量			滚装车辆			
		港区规划岸线	其中：2015年前已建成岸线	生产性泊位数	其中：千吨级及以上	生产性泊位总长	其中：千吨级及以上	生产性泊位数	其中：千吨级及以上	生产性泊位总长	其中：千吨级及以上	货物吞吐量	其中：外贸货物吞吐量	集装箱	数量	质量	旅客	其中：国际旅客
		千米	千米	个	个	米	米	个	个	米	米	万吨	万吨	万TEU	万辆	万吨	万人	万人
1	沧浪港区	—	1.34	27	0	1340	0	10	0	520	0	—	—	—	0	0	—	—
2	常熟内河港区	—	6.37	201	0	6366	0	102	0	3732	0	—	—	—	0	0	—	—
3	高新港区	—	4.59	80	5	4591	360	57	5	3371	360	—	—	—	0	0	—	—
4	工业园区港区	—	1.23	24	0	1227	0	13	0	672	0	—	—	—	0	0	—	—
5	金阊港区	—	0.59	14	0	585	0	1	0	15	0	—	—	—	0	0	—	—
6	昆山港区	—	2.19	56	0	2192	0	50	0	2016	0	—	—	—	0	0	—	—
7	平江港区	—	0.24	4	0	240	0	4	0	240	0	—	—	—	0	0	—	—
8	太仓内河港区	—	5.87	163	0	5869	0	134	0	4756	0	—	—	—	0	0	—	—
9	吴江港区	—	11.01	235	0	11010	0	234	0	10979	0	—	—	—	0	0	—	—
10	吴中港区	—	6.74	146	0	6735	0	131	0	6180	0	—	—	—	0	0	—	—
11	相城港区	—	2.61	43	0	2610	0	43	0	2610	0	—	—	—	0	0	—	—
12	张家港内河港区	—	9.40	183	0	9401	0	164	0	8636	0	—	—	—	0	0	—	—
	合计	—	52.18	1176	5	52166	360	943	5	43727	360	7101.68	—	—	0	0	—	—

（二）市区港区

1.港区综述

（1）港区建设和运营情况

市区港区主要为苏州全市范围的内河集装箱运输、大宗货物铁公水转运、散杂货集散服务。同时还将承担苏州市的城市发展、重点市政工程建设、工业园区的部分原材料和产成品提供运输服务，为"一环四射"旅游专用航线以及环太湖地区提供水上旅游客运服务。2015年市区港区拥有生产性泊位338个，泊位总长度达17328米，年综合通过能力达5024万吨，年吞吐量达1758万吨。

（2）港区地理条件和集疏运概况

市区港区包括主城区、工业园区、高新区、吴中区及相城区，东与昆山市交界，南与吴江区接壤，西衔太湖。港区所属水系为京杭运河，流经主要航道有京杭运河（四级航道标准）、苏申外港线（四级航道标准）、苏申内港线（五级航道标准）、苏浏线（六级航道标准）、青秋浦（五级航道标准）、苏州老江南运河（六级航道标准）、苏州环城河（六级航道标准）、苏西线（六级航道标准）等；陆路交通干线包括沪宁铁路、沪宁高速公路、苏嘉杭高速公路、312国道、227省道、343省道等，北通苏北，东连上海，西接南京，南达杭嘉湖。

2.港区工程项目

（1）苏州内河港望亭发电厂煤码头工程

项目于2008年10月开工，2010年1月试运行。

项目建设依据：2008年7月，江苏省发展和改革委员会《关于核准苏州港（内河）望亭发电厂煤码头工程项目的批复》（苏发改交通发〔2008〕858号）；2008年11月，江苏省交通运输厅《关于苏州港（内河）望亭发电厂煤码头工程初步设计的批复》（苏交港〔2008〕87号）。2008年11月，苏州市规划局《望亭发电厂改建工程煤码头建设用地（58.35亩）的规划许可证》（地字第320507200800097）；2008年3月，江苏省环境保护厅《苏州港（内河）望亭发电厂煤码头工程环境影响报告表的批复》（苏环表复〔2008〕46号）；2008年5月，江苏省交通厅《关于苏州港（内河）望亭发电厂煤码头工程使用港口岸线的批复》（苏交港〔2008〕38号）。

项目建设3个500吨级装卸码头泊位，岸线总长175米。码头采用挖入式布局、重力式结构。码头前沿水深3.2米。主要装卸设备包括抓斗卸船机。项目总投资7376.81万元，全部为业主自有资金。用地面积514亩。

项目建设单位为望亭发电厂；设计单位为苏州市交通设计研究院有限责任公司；施

工单位为苏州大通工程建设有限公司、苏州市望亭建筑安装工程有限公司；监理单位为苏州市路达工程监理咨询有限公司水运分公司；质监单位为苏州市交通工程质量监督站。

自2010年1月—2010年10月试运行期间，总计接卸船舶147艘，作业量共计12.24万吨。

（2）京杭运河高新港区码头一期工程

项目于2010年10月开工，2013年7月试运行，2015年12月竣工。

项目建设依据：2007年9月14日，江苏省发展和改革委员会《关于核准苏州港京杭运河高新港区码头一期工程项目的批复》（苏发改交能发〔2007〕1025号）；2009年10月，江苏省交通厅《关于苏州港京杭运河高新港区码头一期工程初步设计的批复》（苏交港〔2009〕89号）。2007年7月，江苏省环境保护厅《关于苏州港京杭运河高新港区一期工程环境影响报告书的批复》（苏环管〔2007〕146号）；2007年11月，江苏省国土资源厅《关于下达2007年度第六批省及省以下独立选址建设项目新增建设用地计划的通知》（苏国土资函〔2007〕935号）；2007年2月，交通部《关于苏州港京杭运河高新港区一期工程使用港口岸线的批复》（交规划发〔2007〕72号）。

项目建设11个码头泊位，包括3个1000吨级散货码头泊位，2个1000吨级件杂货码头泊位，6个500吨级件杂货码头泊位（4个钢材泊位、1个木材泊位和1个杂货泊位）。岸线总长687米。码头采用挖入式港池布局、扶壁式结构。码头前沿水深3.2米。项目后方堆场面积10万平方米，堆存能力452万吨。仓库面积约2.09万平方米（钢材仓库9180平方米，件杂货仓库11700平方米）。主要装卸设备包括固定式起重机、门式起重机。项目总投资2.67亿元，全部为业主自有资金。用地面积34.27万平方米。

项目建设单位为江苏方正苏高新港有限公司（原公司：江苏铁流有限公司）；设计单位为江苏省交通规划设计院股份有限公司；施工单位为中交第二航务工程局有限公司；监理单位为宁波交通工程咨询监理有限公司；质监单位为苏州市交通质量监督检查站。

自2013年7月—2014年3月试运行期间，苏高新港总计接卸船舶524艘，作业量共计36.68万吨。

（3）苏州市甪直再生资源集散交易加工中心码头工程

项目于2013年5月开工，2015年2月试运行，2018年2月竣工。

项目建设依据：2012年9月，江苏省发展和改革委员会《关于核准苏州内河港市区港区甪直再生资源集散交易加工中心码头工程项目的通知》（苏发改基础发〔2012〕1325号）；2012年9月，江苏省发展和改革委员会《关于核准苏州内河港市区港区甪直再生资源集散交易加工中心码头工程项目的通知》（苏发改基础发〔2012〕1325号）；

2012年12月，江苏省交通运输厅《关于苏州内河港市区港区甪直再生资源集散交易加工中心码头工程初步设计的批复》（苏交港〔2012〕117号）。2013年5月，苏州市港口管理局《关于苏州内河港市区港区甪直再生资源集散交易加工中心码头工程施工图（陆域部分）设计的批复》（苏港管〔2013〕36号）；2013年1月，苏州市港口管理局《关于苏州内河港市区港区甪直再生资源集散交易加工中心码头工程施工图（水工部分）设计的批复》（苏港管〔2013〕4号）；2011年1月，苏州市环境保护局《关于对苏州市甪直再生资源集散交易有限公司建造500吨级码头项目的环境保护预审意见》（苏环建函〔2011〕37号）；苏州市规划局《建设用地规划许可证》（地字第320506201000158号）。2011年12月，苏州市吴中区甪直镇人民政府《关于协助甪直再生资源产业园码头岸线整治工作的函》。

项目建设8个码头泊位，包括4个500吨级件杂货码头泊位，4个待泊泊位。岸线总长448米。码头采用顺岸式布局、扶壁式结构。码头前沿水深3.2米。项目后方堆场面积2.75万平方米，堆存能力1.64万吨。主要装卸设备包括液压抓钢机和装载机。项目总投资5502.06万元，由公司各股东共同出资。用地面积8.92万平方米，其中码头及引堤用地4.89万平方米，用地面积76亩。

项目建设单位原为苏州市甪直再生资源集散交易有限公司；设计单位为江苏省交通规划设计院股份有限公司；施工单位为上海交通建设总承包有限公司；监理单位为苏州市路达工程监理咨询有限公司；质监单位为苏州市交通工程质量监督站。

2016年1月—2016年9月试运行期间，总计接卸船舶40艘，作业量共计1.5万吨。

（4）苏州内河港市区港区工业园南作业区码头工程

项目于2013年5月开工，2018年1月试运行。

项目建设依据：2005年8月，江苏省发展和改革委员会《关于苏州工业园区投资项目核准及备案权限问题的答复》（苏发改投资发〔2005〕782号）；2011年9月，江苏省交通运输厅《关于苏州内河港市区港区工业园南作业区码头工程初步设计的批复》（苏交港〔2011〕76号）。2011年3月，江苏省交通运输厅"准予交通行政许可书"（案号：0000008189）；2010年10月，苏州工业园区规划建设局"建设用地规划许可证"（地字第C20100025-01号）；2010年10月，苏州工业园区环境保护局"建设项目环保审批意见"；2010年9月，苏州工业园区管理委员会《关于核准苏州吴淞江国际集装箱码头有限公司建设DK20100179地块项目的通知》（苏园管核字〔2010〕105号）；2010年8月，苏州市港口管理局《关于苏州吴淞江内河多功能港区项目的意见》；江苏省交通运输厅《准予交通行政许可决定书》。

项目建设8个码头泊位，包括4个500吨级多用途码头泊位、4个件杂货码头泊位（码头水工建筑允许靠泊能力1000吨级）。岸线总长565米。码头采用顺岸式布局、高桩梁板式结构。码头前沿水深 3.09 米。项目后方堆场面积 5.37 万平方米,仓库面积 5.92 万平方米。主要装卸设备为门式起重机。项目总投资 2.81 元,全部来自企业自有资金。用地面积 19 万平方米。

项目建设单位苏州吴淞江国际集装箱码头有限公司(为苏州物流中心有限公司与长三角内河港有限公司合作成立);设计单位为长江航运规划设计院;施工单位为中建港务建设有限公司;监理单位为镇江市兴华工程建设监理有限责任公司;质监单位为苏州交通工程质量监督站。

(三)吴江港区

1. 港区综述

(1)港区建设和运营情况

港区为吴江区城市发展和工业园区的部分原材料、产成品提供运输服务。2015 年吴江港区拥有生产用码头泊位 235 个,码头总延长 11010 米,年综合通过能力为 1620 万吨,年吞吐量达 1277 万吨。

(2)港区地理条件和集疏运概况

吴江港区所属行政区吴江区,西临太湖,北靠吴中区,东接上海青浦区,南连浙江嘉兴市。港区所属水系为京杭运河,流经主要航道有京杭运河、苏申外港线、长湖申线(四级航道标准)、太浦河(四级航道标准)、吴芦线(七级航道标准)、麻溪港(七级航道标准)、紫荇塘(七级航道标准)等;陆路交通包括苏嘉杭高速公路、318 国道、227 省道、230 省道和沪苏浙高速公路,与上海、浙江直接相连。

2. 港区工程项目

苏州内河港吴江港区立新化纤码头工程

项目于 2012 年 12 月开工,2016 年 1 月试运行。

项目建设依据:2011 年 6 月,吴江市发展和改革委员会《关于江苏立新化纤科技有限公司新建码头项目备案通知书》(吴发改行备发〔2011〕600 号);2013 年 1 月,苏州市港口管理局《关于苏州内河港吴江港区立新化纤码头工程施工图设计的批复》《关于苏州内河港吴江港区立新化纤码头工程方案设计的批复》(苏港管〔2013〕47、48 号);2011 年 6 月,吴江市环境保护局《关于对江苏立新化纤科技有限公司建设项目环境影响报告表的审批意见》(吴环建〔2011〕567 号);2012 年 8 月,江苏省交通运输厅"苏州内河港吴江港区立新化纤码头工程使用港口岸线的准予交通行政许可决定书"(案号0000009326)。

项目建设 4 个 500 吨级码头泊位,包括 2 个件杂货码头泊位、1 个散货码头泊位、乙二醇专用码头泊位。岸线总长 342 米。码头采用顺岸式布局、重力式结构。码头前沿水深3.2 米。项目后方堆场面积 8400 平方米。主要装卸设备包括固定式起重机。项目总投资 1763.6 万元,全部为业主自有资金。用地面积 2.25 万平方米。

项目建设单位为江苏立新化纤科技有限公司;设计单位为江苏省交通科学研究院股份有限公司;施工单位为江苏新海港口工程有限公司;监理单位为江苏腾飞工程项目管理有限公司;质监单位为苏州市吴江区交通工程质量监督站。

(四)昆山港区

1.港区综述

(1)港区建设和运营情况

该港区为昆山市城市发展和工业园区的部分原材料、产成品提供运输服务。2015 年昆山港区拥有生产用码头泊位 56 个,码头总延长 2192 米,年综合通过能力为 399 万吨,年吞吐量达 1447 万吨。

(2)港区地理条件和集疏运概况

昆山市港所属行政区为昆山市,东临太仓和上海嘉定,西濒阳澄湖与相城区接壤,南畔淀山湖与吴江和上海青浦毗邻,北与常熟交界。港区所属长江水系,流经主要航道有苏申内港线(五级航道标准)、苏浏线(五级航道标准)、申张线(五级航道标准)、昆青线(七航道标准)等;陆路交通干线包括沪宁铁路、沪宁高速公路、绕城高速公路、312 国道、339省道、224 省道、343 省道,直通上海、苏州港太仓港区和张家港港区。

2.港区工程项目

(1)江苏翔峰人革集团公司专用码头工程

项目于 2014 年 1 月开工,2017 年 5 月试运行,2017 年 11 月竣工。

项目建设依据:2013 年 9 月,江苏省发展改革委员会《关于核准苏州内河港昆山港区翔峰集团专用码头工程的通知》(苏发改基础发〔2013〕1462 号)。2013 年 10月,苏州市港口管理局《关于苏州内河港昆山港区翔峰集团专用码头初步设计的批复》(苏港管〔2013〕74 号)。2013 年 8 月,江苏省环境保护厅《关于对江苏翔峰人革集团公司专用码头工程环境影响报告书的批复》(苏环审〔2013〕163 号);用地批复(昆国用 2010 第 12010118046 号);2011 年 3 月,江苏省交通运输厅《关于苏州内河港昆山港区翔峰集团专用码头工程使用岸线的许可决定书》(备案号:0000008202 号、0000009316)。

项目建设 1 个 500 吨级液体化工码头泊位,岸线总长 163.5 米。码头采用顺岸挖入式布局、扶壁式结构。码头前沿水深 2.8 米。项目后方厂区码头罐区占地面积 522

平方米。主要装卸设备包括接卸异辛醇的输送泵及压力管道。项目总投资 1169 万元,其中企业业主自有资金 969 万元,政策性银行贷款 200 万元。用地面积 12 亩。

项目建设单位为江苏翔峰人革集团公司;设计单位为中交第二航务工程勘察设计院有限公司;施工单位为昆山市交通航务工程公司;监理单位为昆山誉华工程管理有限公司;质监单位为昆山市交通工程质量监督站。

自 2018 年 1 月到 2018 年 6 月运行期间,作业量共计 3.02 万吨。

(2)苏州市内河港昆山港区中盐码头工程

项目于 2014 年 9 月开工,2017 年 4 月试运行,2017 年 11 月竣工。

项目建设依据:2013 年 3 月,苏州市水利局《关于苏州市内河港昆山港区中盐昆山有限公司吴淞江码头工程的行政许可决定》(苏市水许可〔2013〕25 号);2013 年 12 月,江苏省交通运输厅《关于苏州市内河港昆山港区中盐码头工程初步设计的批复》(昆交〔2013〕126 号)。2013 年 11 月,江苏省环境保护厅《关于对苏州市内河港昆山港区中盐码头工程项目环境影响报告书的批复》(苏环审〔2013〕226 号);用地批复(苏市水许可〔2013〕25 号);2012 年 7 月,苏州市港口管理局《关于苏州市内河港昆山港区中盐码头工程使用港口岸线有关问题的报告》(昆交〔2013〕126 号)。

项目建设 14 个 500 吨级通用散货码头泊位,岸线总长 1492 米。码头采用挖入式布局、板桩式结构。码头前沿水深 4.5 米。堆存能力 3 万吨。主要装卸设备为起重机。项目总投资 9780.1 万元,全部来自企业自有资金。用地面积 85 亩。

项目建设单位为中盐昆山有限公司;设计单位为南京瑞迪建设科技有限公司(原南京水利科学研究院勘测设计院);施工单位为江苏兴宇疏浚环保有限公司;监理单位为上海海科工程咨询监理有限公司;质监单位为昆山市交通质检站。

自 2016 年 11 月—2017 年 11 月试运行期间,苏昆山港中盐码头总计接卸船舶 1143 艘,作业量共计 280 万吨。

十九、常州内河港

(一)港口概况

1. 港口综述

常州内河港位于苏南水网地区,是常州市水路物资对外交流的重要门户,主要服务于常州市区及辖市区的沿河企业。20 世纪 50 年代到 70 年代初,全国港口完成了生产资料所有制改造,建立了"集中统一、分级管理、政企合一"的水运管理体制,由政府主导有计划、有重点地建设和管理港口。1965 年,常州市港务管理处成立,负责全市港埠作业的管理和港口的开发运营,执行"以港养港,以港建港,不足不补,多余上缴"的差额预算制度。港务管理处设立之后的十余年间,对全市港口设施进行更新改造,以港厂合作模式新建随厂码头,扩建专用货场和仓库,形成市区老货场、新货场、新港口和德胜港4个专用货场。改革开放以后,伴随城市工业的发展,社会对港口仓储的需求日益增多,加之港口机械化操作的推广普及,各港口货场相继实施升级改造和征地扩建。市区采菱港和青龙港升级改造的成效最为显著。采菱港于1988年扩建泊位10个,并建成晴雨作业设施;青龙港加快完善铁路、公路、水路的衔接配套设施建设,联运效益得以显现;三山港在20世纪90年代也进行了扩建,年吞吐能力达到200万吨。经过扩建后的港口货场,集疏运能力显著增强,已成为城市重要的货物中转场地。进入21世纪,京杭运河改线工程、京杭运河、丹金溧漕河等干线航道的升等,常州内河港口进入提档升级的阶段。这期间,共实施了常州内河港市区港区京杭运河东、西港区工程、常州内河港金坛港区金城作业区码头工程等一批内河重点项目,内河港口进入集约化、规模化发展轨道。

2. 港口水文气象

常州地处中纬度,离海较近,属北亚热带季风性湿润气候区,气候温和湿润,雨量丰沛,日照充足,无霜期长,四季分明。常年主导风向东南偏东,年平均风速2.9米/秒,年平均雾日29.9天。常州内河港口不受潮汐、外海波浪的影响,风向波浪较小。

3. 发展成就

2011年12月,常州内河港市区港区京杭运河东、西港区工程竣工验收,这是与京杭运河常州市区段改建工程同时实施的内河港口项目,填补了常州市没有规模化、规范化的公用货运码头及配套设施的空白。此后,常州内河港金坛港区金城作业区码头工程等相继实施,常州内河港逐步迈入集约化、规模化的轨道。

2016年7月,《常州内河港总体规划》获得江苏省政府批复,规划将常州内河港功能定位为江苏省内河重要港口,常州市经济社会发展的重要依托。规划明确港口发展方向以能源、矿建材料、原材料、工业产品和内外贸物资运输为主,积极发展内河集装箱运输,逐步发展成为具备装卸仓储、中转换装、临港工业、现代物流等服务功能的综合性港口。规划共设置公用作业区29个,其中重要作业区11个。随着规划的实施,常州内河港口必将更加规模化、集约化,更好实现港产城协调发展。

常州内河港已实现稳定发展,市区、金坛、溧阳港区的港口岸线资源集约化利用不断增强,港口的功能和地位逐步调整,进入新的发展阶段。截至2015年底,常州内河港已建成生产性泊位594个。2011—2015年吞吐量分别为6752万吨、6330万吨、6899万吨、5959万吨、5365万吨。

常州内河港口情况见表9-3-21。

表 9-3-21

常州内河港基本情况表

序号	港区名称	港区岸线		2015年港口生产性泊位				其中:1978—2015年建成的生产性泊位				2015年港口货物和旅客吞吐量						
		港区规划岸线	其中:2015年已建成岸线	生产性泊位数	其中:千吨级及以上	生产性泊位总长	其中:千吨级及以上	生产性泊位数	其中:千吨级及以上	生产性泊位总长	其中:千吨级及以上	货物吞吐量	其中:外贸货物吞吐量	集装箱	滚装车辆		旅客	其中:国际旅客
															数量	质量		
		千米	千米	个	个	米	米	个	个	米	米	万吨	万吨	万TEU	万辆	万吨	万人	万人
1	金坛港区	—	3.39	75	0	3393	0	39	0	2100	0	—	—	—	0	0	—	—
2	溧阳港区	—	14.16	322	0	14157	0	42	0	2080	0	—	—	—	0	0	—	—
3	市区港区	—	12.45	245	12	12446	1166	91	12	6576	1166	—	—	—	0	0	—	—
4	武进港区	—	6.13	131	0	6131	0	97	0	4538	0	—	—	—	0	0	—	—
	合计	—	36.13	773	12	36127	1166	269	12	15294	1166	5203.87	—	—	0	0	—	—

(二)市区港区

1. 港区综述

(1)港区建设和运营情况

市区港区位于常州市新北区、武进区以及天宁、钟楼区,是常州内河港开发最早的港区。承担市区范围的大宗货物铁公水转运、集装箱运输、散杂货集散等功能。随着京杭运河常州市区段的改线,原京杭运河市区段取消航道功能,改革开放之前的市区老货场、新货场、新港口和德胜港,改革开放之后建设的采菱港、三山港、青龙港,这些港口经营业务逐步萎缩。2011 年 12 月,常州内河港市区港区京杭运河东、西港区工程竣工验收,开启了市区港区规模化、规范化发展的新篇。截至 2015 年底,常州内河港市区港区已建成泊位共计 375 个。根据《常州内河港总体规划》,市区港区共规划了 6 个重要作业区、8 个其他作业区,主要为常州市的城市发展、重点市政工程建设、工业园区的部分原材料和产成品提供运输服务。2011—2015 年吞吐量分别为 2125 万吨、1755 万吨、3293 万吨、2205万吨、1821 万吨。

(2)港区地理条件和集疏运概况

市区港区的各作业区主要沿京杭运河、德胜河、武宜运河等航道布置,运河沿岸水系较为发达,浜塘多,沟渠纵横。地下水与地表水有密切联系,港区地下水埋深一般为 2 ~ 5米。在岗地残丘地埋深较大,低洼地段埋深小。港区地貌属于长江下游冲积平原,地势平坦,地表高差较小。港区地质稳定,无全新活动性断裂通过,基地岩层稳定,历史上无破坏性断裂发生,属于地震活动较少的区域,未发现岩洞、土洞、滑坡等不良地质作用。进出港区航道主要为京杭运河常州段、德胜河等国省干线航道、市域干线航道以及市域联络线。市区港区集疏运方式主要为内河航道、市域公路,奔牛作业区有部分货物经过沪宁铁路疏运。

2. 港区工程项目

常州内河港市区港区京杭运河东、西港区工程项目

项目于 2007 年 3 月开工,2009 年 8 月试运行,2011 年 12 月竣工。

项目建设依据:2008 年 2 月,江苏省发展和改革委员会《关于核准常州港京杭运河东、西港区工程项目的批复》(苏发改交通发〔2008〕146 号);2008 年 6 月,江苏省交通厅《常州内河港市区港区京杭运河东、西港区工程初步设计》(苏交港〔2008〕40 号);2007 年3 月,江苏省环境保护厅《关于对京杭运河常州市区改线段东、西港工程环境影响报告书的批复》(苏环管〔2007〕70 号);2007 年 7 月,国土资源部《关于京杭运河常州市区段改建工程建设用地的批复》(国土资函〔2007〕565 号)。

项目分为东港和西港。东港建设 1 个 1000 吨级和 10 个 500 吨级的通用散货泊位,3 个 1000 吨级多用途泊位,5 个 500 吨级件杂货泊位。西港建设 4 个 1000 吨级通用散货泊位,4 个 500 吨级多用途泊位,4 个 500 吨级件杂货泊位。码头岸线总长 1980 米。采用顺岸式布置、重力式码头结构。东港堆场面积约 6 万平方米,西港堆场面积约 5 万平方米。仓库面积 1.37 万平方米。主要装卸设备包括 4 台 10 吨固定式起重机,1 台 25 吨、30 米门式起重机,3 台 10 吨、30 米门式起重机,2 台 10 吨、24 米门式起重机,1 台 40 吨、30 米门式起重机,3 台 10 吨桥式起重机,3 台 5 吨装载机,2 辆 10 吨叉车,2 台 100 吨地磅,2 台 80 吨地磅。项目总投资 4.94 亿元,均由企业自筹。项目东港用地面积 14.73 万平方米,西港用地面积 18.47 万平方米,总陆域用地 33.2 万平方米。

项目建设单位为常州市交通产业集团有限公司;设计单位为江苏省交通规划设计院股份有限公司;施工单位为常州市航务工程有限责任公司、淮安航务工程有限公司、溧阳市路桥工程有限责任公司等;监理单位为常州市交通建设监理咨询有限公司、山东东泰交通建设监理咨询有限公司;质监单位为常州市交通工程质量监督站。

项目投产后,常州东港累计完成货物吞吐量 761.23 万吨,常州西港完成货物吞吐量 680.61 万吨。常州东、西两港精心组织,合理安排,确保了每条船舶的安全靠离泊作业。两港的建设为彻底改变常州市码头"小、散、乱"的局面奠定良好的基础,填补了常州市没有规模化、规范化的公用货运码头及配套设施空白,优化常州市码头基础设施和服务环境,满足常州市部分水运物资中转市场需要,改善、带动了相关产业,如加工、贸易、运输等,为地方经济发展打下了坚实的基础。

(三)金坛港区

1. 港区综述

(1)港区建设和运营情况

金坛港区历史悠久,改革开放之初,金坛内河港口依城区而建,盐化码头、盐港码头等相继建成,主要服务沿线乡镇企业的物资运输。伴随城镇经济的发展,内河码头逐步发展壮大。2014 年 1 月开工建设常州内河港金坛港区金城作业区码头工程,作为金坛地区大宗散货、件杂货的仓储中转中心。截至 2015 年底,常州内河港金坛港区已建成生产性泊位共计 58 个。根据《常州内河港总体规划》,金坛港区主要为金坛地区的大宗物资运输,以及工业园区及相关企业的原材料、产成品运输提供装卸、仓储、中转和物流服务,同时也为金坛地区的矿产材料出口提供运输服务。2011—2015 年吞吐量分别为 1224 万吨、1288 万吨、1290 万吨、1314 万吨、1376 万吨。

(2)港区地理条件和集疏运概况

金坛港区水系属太湖流域上游的西北支,北部句容、丹徒、丹阳的丘陵高田之水,从通济河、丹金溧漕河流入金坛后，汇集西部茅山东麓及东部高亢平原诸水，注入洮湖，然后经湟里河、北干河入滆湖，经中干河，流经溧阳、宜兴入太湖。丹金溧漕河经大运河北与长江相通，纵贯太湖湖西地区南北，成为金坛港区航运骨干河道。通济河为其支流之一。金坛港区河流圩区较密，平原较少，地势呈马鞍形，东西高，中部低，西部为低山丘陵，茅山山脉绵亘南北，东部为洮滆平原，地面高程7～9米，地势平坦。中部为低洼圩区，地面高程3.6～6米。港区地质构造的基本格局主要形成于印支运动和燕山运动，主要呈北东向断裂、北北东向断裂、北西向断裂等分布。港区地质稳定，无全新活动性断裂通过，基地岩层稳定，历史上无破坏性断裂发生，属于地震活动较少的区域，未发现岩洞、土洞、滑坡等不良地质作用。进出港区航道主要为丹金溧漕河、通济河等省干线航道、市域干线航道以及市域联络线。金坛港区集疏运方式主要为内河航道、市域公路。

2. 港区工程项目

常州内河港金坛港区金城作业码头工程项目

项目于2013年12月开工，截至2015年项目尚未竣工。

项目建设依据：2014年5月，常州市交通运输局《常州内河港金坛港区金城作业区码头工程（陆域）施工图设计》（常交港〔2013〕9号）。

项目建设3个1000吨级多用途码头泊位、2个1000吨级件杂货码头泊位、2个1000吨级通用散货码头泊位、5个500吨级通用散货码头泊位、3个500吨级件杂货码头泊位。码头岸线总长1318米。采用挖入式布置、重力式码头结构。堆场面积11.46万平方米。主要装卸设备包括15台HGQ10t/16m的固定式起重机、1台HGQ16t/16m的固定式起重机、2台MJ35t/40m的轨道式集装箱门式起重机、1台MJ41t/40m的轨道式集装箱门式起重机。项目总投资3.75亿元，其中地方政府投资2300万元，企业业主自有资金3.52亿元。项目陆域用地35.59万平方米。

项目建设单位为常州市金坛区金城港投资建设有限公司；设计单位为河海大学设计研究院有限公司、江苏省交通科学研究院股份有限公司；施工单位为兴通路桥工程有限公司、常州市航务工程有限责任公司、江苏中坛建设工程有限公司等；监理单位为江苏苏科建设项目管理有限公司。

二十、泰州内河港

（一）港口概况

1. 港口综述

泰州内河港地处江苏省中部的长江北岸的泰州市境内，市境介于北纬32°01′57″～

33°10′59″,东经119°38′24″~120°32′20″,北部与盐城毗邻,东临南通西接扬州,与上海、苏州、无锡、常州等经济发达地区隔江相望,区位优势明显。截至2018年底,泰州港已利用港口岸线46.34千米,占规划港口岸线总长约65%。其中,公用码头占用岸线22.95千米,临港工业及货主码头占用岸线7.32千米,船厂占用岸线14.03千米;其他码头占用岸线2.04千米。根据码头所处的地理位置、行政区划、自然条件以及运输需求等,将泰州内河港划分为市区港区、兴化港区、姜堰港区、泰兴港区、靖江港区五大港区,形成港口布局与区域开发相协调,五大港区共同发展的空间格局。

泰州内河港通过建口线、高东线、盐邵线可以与长江干线、京杭运河、淮河等水运主通道相通,至2010年,泰州市的航道总里程为2564.33千米,航道密度为0.44千米/平方公里。共有等级航道38条,通航里程为1227.41千米。其中三级航道32.97千米,四级航道32.38千米,六级航道206.80千米,七级航道468.44千米。铁路由宁启铁路和新长铁路实现与周边铁路网的连接;公路有宁通、宁靖盐两条高速公路形成"一横一纵"的高速主通道,328国道、202、103、231、229、332、333、334、336等省道与周边公路网连接。

2. 港口水文气象

泰州市属于北亚热带湿润气候区,东近黄海、受海洋气候的一定影响,季风气候明显,气温偏高,降水量偏少,日照基本正常。主要灾害性天气有寒潮、连阴雨、高温及暴雨、冰雹等不稳定天气。由于近年来气候变暖,降雪天气明显减少。年平均降水量为1042.3毫米,最大年降水量1771.9毫米,夏季主导风向为ESE向,冬季主导风向为NW向,春秋季节的风况以NE~E为多。根据1959—1987年资料统计,全年常风向为E~SE向,频率均为10%,强风向为NNW、NW向,最大风速为17米/秒。本地区每年冬、春二季为多雾季节,雾一般发生在清晨。

泰州市境内水系是长江水系与里下河水系的交汇处。里下河水系地区河湖密布,水网纵横,主要河道有泰州引江河、新通扬运河、泰东河、卤汀河、唐港河、盐靖河、雌雄港、通榆河、蚌蜒河、梓辛河、车路河、白涂河、海沟河、兴盐界河14条,水流一般由南向北,由西向东。长江水系地区地势较平坦,沿江圩区地势较低洼,主要骨干河道有南官河、宣堡河、古马干河、如泰运河、天星港、焦土港、靖泰界河、靖盐河、南干河、周山河、新老生产河、老通扬运河、西干河、东姜黄河、增产港、新曲河、两泰官河、运粮河、蔡港等20条,水流一般由南向北,由西向东。泰州市共有通江涵闸253座(含高港枢纽),里下河地区共有圩口526个,建有圩口闸4150座,固定排涝站1335座,泰州市共有固定电灌站7543座。全市多年平均当地水资源总量20.18亿立方米,水资源人均占有量404.8立方米,江水为泰州市最可靠的水资源。

泰州内河港基本情况表

表9-3-22

序号	港区名称	港区岸线		2015年港口生产性泊位				其中:1978—2015年建成的生产性泊位				2015年港口货物和旅客吞吐量						
		港区规划岸线	其中:2015年前已建成岸线	生产性泊位数	其中:千吨级及以上	生产性泊位总长	其中:千吨级及以上	生产性泊位数	其中:千吨级及以上	生产性泊位总长	其中:千吨级及以上	货物吞吐量	其中:外贸货物吞吐量	集装箱	滚装车辆		旅客	其中:国际旅客
															数量	质量		
		千米	千米	个	个	米	米	个	个	米	米	万吨	万吨	万TEU	万辆	万吨	万人	万人
1	高港内河港区	—	2.40	39	0	2403	0	38	0	2283	0	—	—	—	0	0	—	—
2	海陵港区	—	7.41	139	0	7407	0	109	0	5434	0	—	—	—	0	0	—	—
3	姜堰港区	—	2.79	55	0	2788	0	20	0	1034	0	—	—	—	0	0	—	—
4	靖江内河港区	—	4.39	85	0	4390	0	0	0	0	0	—	—	—	0	0	—	—
5	泰兴内河港区	—	3.15	110	0	3148	0	0	0	0	0	—	—	—	0	0	—	—
6	兴化港区	—	5.85	204	0	5850	0	7	0	980	0	—	—	—	0	0	—	—
	合计	—	25.99	632	0	25986	0	174	0	9731	0	2422.83	—	—	0	0	—	—

3.发展成就

泰州内河港生产性码头主要分布在通扬线、建口线、兴东线、如泰运河等航道上。根据统计资料显示,2010年泰州市全市共有内河码头泊位646个,占全省内河码头泊位总数的10.2%,泊位数量仅次于苏州、南通和常州内河港,位居江苏省第四,已经形成了一定的规模,这也与泰州市内河航道在全省的地位相符。"十一五"以来,内河港口在社会经济发展中的重要性日益显现。2016年吞吐量2380万吨,2017年吞吐量2441万吨,主要货种为矿建材料、粮食、煤炭等。

泰州市丰富的水运资源在泰州市沿河产业的发展中发挥了非常重要的作用。依托泰州内河港和内河水运优势,区域内能源、建材、水泥等大进大出型企业大都分布在航道沿线,各市开发区、工业园区、物流园区等也都充分利用水运条件进行产业的沿河布局,如城北物流园区规划依托新通扬运河,定位为江苏省具有明显专业特色和一定优势的重点综合物流基地,苏中地区区域转运型物流仓储中心之一;规划得胜湖港口物流园将依托内河港口发展物流产业,从而实现物流产业的规模化效益等。内河港口作为泰州市货物运输的重要平台,在吸引大耗能、大运量方面发挥了重要作用,港口开发引导了沿河产业的形成,并与沿河产业的发展形成了良好的互动。

泰州内河港口情况见表9-3-22。

(二)市区港区

1.港区综述

(1)港区建设和运营情况

泰州市区港区包括泰州市海陵区、高港区等市区境内所有内河港口码头。主要为泰州市区及其周边地区的城镇建设、园区开发、产业发展服务,提供包括矿建材料、能源物资、大宗货种、工业原料及产成品和集装箱在内的装卸仓储和物流集散服务。2015年市区港区拥有生产性泊位178个,泊位总长度达9810米,年综合通过能力达1227万吨,年吞吐量达543万吨。

(2)港区地理条件和集疏运概况

城北物流园作业区位于泰州市城北物流园区内,新通扬运河的北岸,航道现状等级为三级,规划为省干线航道,规划等级为三级。农业开发区中桥作业区位于宁启铁路和省道231交界处,泰东河的东岸,航道现状等级为三级,规划为省干线航道,规划等级为三级。苏陈作业区位于新通扬运河和先锋河交界处,先锋河现状为等级外航道,规划等级为五级,新通扬运河现状等级为六级,规划为省干线航道,规划等级为三级。刁铺作业区位于京沪高速公路与南官河的交界处,南官河的西岸,航道现状等级为七级,规划等级为五级。

永安洲作业区位于永安洲大桥上游,古马干河北岸,主要为永安洲镇及周边乡镇城镇建设、物资集散提供水运服务服务。航道现状等级为七级,规划等级为三级,但由于永安洲大桥通航净空的限制,该段航道通航等级最高为五级。

2.港区工程项目

泰州内河港城北物流作业区六号码头工程项目

项目于2013年3月开工,2014年6月试运行,截至2015年底项目尚未竣工。

项目建设依据:2009年11月,泰州市发展和改革委员会《关于泰州城北物流园区六号码头项目核准的通知》(泰发改核〔2009〕470号);2010年7月,泰州市港口管理局《关于泰州内河港城北物流园区六号码头工程初步设计的批复》(泰港发〔2010〕30号)。2009年12月,泰州市环境保护局《关于泰州港丰物流有限公司泰州城北物流园区六号码头工程项目环境影响报告书的批复》(泰环计〔2009〕48号);2011年5月,泰州市国土资源局《关于批准将国有建设用地使用权出让给泰州港丰物流有限公司的通知》(泰国土资〔2011〕出字第18号);2010年5月,江苏省交通运输厅《关于泰州内河港城北物流作业区六号码头工程使用港口岸线的批复》(苏交港〔2010〕33号)。

项目建设3个500吨级散货码头泊位和11个500吨级件杂货码头泊位(码头水工建筑允许靠泊能力1000吨级),岸线总长890米。码头采用挖入式布局、重力式结构。码头前沿水深2.7米。项目后方堆场面积5平方米,堆存能力100万吨。主要装卸设备包括1台30吨低台架门式起重机和9台10吨低台架门式起重机。项目总投资约3.09亿元,资金来源为企业业主自有资金和银行贷款。用地面积16.5万平方米。

项目建设单位为泰州港丰物流有限公司;设计单位为中交第三航务工程勘察设计院有限公司、中交武汉港湾工程设计研究院有限公司;施工单位为江苏神龙海洋工程有限公司;监理单位为镇江市兴华工程建设监理有限责任公司。

(三)兴化港区

1.港区综述

(1)港区建设和运营情况

兴化港区包括兴化市境内所有内河港口码头。主要为兴化市及其周边地区的城镇建设、园区开发、产业发展服务,提供包括矿建材料、能源物资、大宗货种、工业原料及产成品在内的装卸仓储和物流集散服务。2015年兴化港区拥有生产性泊位204个,泊位总长度达5850米,年综合通过能力达602万吨,年吞吐量达1075万吨。已建得胜湖作业区,具体功能如下。

得胜湖作业区:位于兴泰公路的东边,车路河的北岸,分为东、西两个片区,是集装卸、仓储、加工、配送和信息服务为一体的综合性作业区,主要为市区的建设发展服务,同时承担整合市区段车路河上零散浮式起重机码头的功能。

(2)港区地理条件和集疏运概况

得胜湖作业区位于兴泰公路下游,兴东线的北岸,航道现状等级为六级,规划等级为四级。戴窑作业区位于兴东线与横泾河交界处,横泾河东、西两岸,为兴东线的挖入式港池,兴东线航道现状等级为六级,规划等级为四级。戴南作业区(东区)位于鸭蛋河与幸福河的交界处,鸭蛋河的北岸,主要为戴南不锈钢市场和城镇建设服务。由于该作业区距泰东线较近,可作为泰东线的挖入式港池,泰东线航道现状等级为六级,规划为省干线航道,规划等级为三级。兴化城南作业区位于兴化经济开发区内,上海路的南侧,盐邵线西岸,航道现状等级为六级,规划为省干线航道,规划等级为三级,主要为兴化市和经济开发区服务。

2.港区工程项目

泰州内河港兴化港区得胜湖作业区物流交易中心码头工程项目

一期工程于2012年4月开工,2014年3月建成,2014年10月通过交工验收。

项目建设依据:2012年3月,泰州市发展和改革委员会《关于泰州内河港兴化港区得胜湖作业区物流交易中心码头工程可行性研究报告的批复》(泰发改发〔2012〕93号);2012年5月,泰州市港口管理局《关于泰州内河港兴化港区得胜湖作业区码头工程(水域部分)初步设计的批复》(泰港发〔2012〕18号)。2014年12月,泰州市港口管理局《关于泰州内河港兴化港区得胜湖作业区码头工程施工图设计的批复》(泰港发〔2014〕48号);2012年,兴化市环境保护局《关于兴化市得胜湖港口开发有限公司泰州内河港兴化港区得胜湖作业区物流交易中心码头项目环境影响报告表的批复》(兴环管〔2012〕189号);2013年,兴化市国土资源局(兴国用〔2013〕第0212号);2012年1月,江苏省交通运输厅准予交通行政许可决定书"批复使用泰州内河港兴化港区得胜湖作业区码头工程使用港口岸线"(案号:00000009022)。

项目建设8个500吨级件杂货码头泊位,岸线总长506米。码头采用顺岸式布局、重力式混凝土结构。码头前沿水深2.59米。项目一期工程建设3个泊位及后方堆场面积13万平方米,堆存能力70万吨。主要装卸设备包括2台10吨固定式起重机和1台15吨固定式起重机。项目一期工程总投资3500万元,其中企业业主自有资金2000万元,银行贷款1500万元。用地面积20万平方米。

项目建设单位为兴化市得胜湖港口开发有限公司;设计单位为江苏省交通科学研究院股份有限公司;施工单位为江苏神龙海洋有限公司;监理单位为常州市交通建设监理咨询有限公司;质监单位为兴化市交通工程质量监督站。

第四节 浙 江 省

一、综述

(一)内河港口概况

浙江省地理特征非常丰富,从浙北地区水网密集的冲积平原,到浙东地区的沿海丘陵,再到浙南地区的山区,另还有舟山市的海岛地貌,可谓山河湖海无所不有。浙江地势自西南向东北呈阶梯状倾斜。西南多为千米以上的群山盘结,地形以丘陵、山地为主,占全省总面积的70.4%。主要山脉自北而南分别有怀玉山脉、天目山脉、括苍山脉;五大平原,即杭嘉湖平原(杭州、嘉兴、湖州)、宁绍平原(宁波、绍兴)、温黄平原(温岭、黄岩)、温瑞平原(温州、瑞安)、柳市平原;盆地主要是金衢盆地。

浙江内河港口资源得天独厚,全省境内河流众多,水网密布。浙江省内河水上运输运量主要集中在20条内河骨干航道上。全省有杭州港、宁波内河港、嘉兴内河港、湖州港、绍兴港、兰溪港、青田港等7个内河港口,其中杭州港、嘉兴内河港、湖州港为全国内河主要港口。

(二)内河港口发展成就

1978年党的十一届三中全会提出实行改革开放政策,浙江开始启动河港和航道的全面建设,浙江港航开启了改革开放历史征程。37年众志成城,37年砥砺奋进,37年春风化雨,浙江港航人用双手书写了浙江港航事业发展的壮丽史诗。

改革开放后,浙江开始大规模的航道建设。在内河航道建设上,对京杭运河、长湖申线、杭甬运河等主要航道进行局部改造,京杭运河钱塘江的沟通,使钱塘江运往上海、江苏的物资通过三堡船闸江河直达。改造完成京杭运河练市、新市弯道,长湖申线的南浔、湖州市河,疏通"卡脖子"航段。杭甬运河按40吨级标准改造基本完成。

至1990年,内河航道建设先后实施杭甬运河开通工程和京杭运河与钱塘江沟通工程,浙北、浙东水运网实现连接,使浙江主要经济发达地区的水路运输实现直达。同时在内河水运发达地区,对京杭运河(浙境段)、长湖申线(浙境段)、杭甬运河等主要航道的部分"卡脖子"航段进行改造整治,改善了杭嘉湖干线航道的通航条件。

1990年后,根据交通部"抓重点、通干线、先缓解、后适应"的建设方针,浙江省按五级航道标准改造杭嘉湖干线航道,基本形成浙北杭嘉湖内河五级以上干线航道网。同时颁布《浙江省内河"四自"航道管理暂行办法》,内河航道建设投融资体制取得重大突破,嘉于线等四个"四自"航道项目相继开工建设,为内河航道建设注入了新活力。

1991—1995 年,按五级航道标准改造内河航道 73 千米,打通浙北内河航道瓶颈航段 16 处,基本解决了内河航运卡脖子问题,改善了杭嘉湖干线航道的通航条件。建成内河码头泊位 21 个,新增年吞吐能力 210 万吨。

1996 后,浙北内河航道形成干线网。基本形成以京杭运河、长湖申线、杭申线、乍嘉苏线和六平申线 5 条航道浙境段为主的杭嘉湖内河五级以上主要干线航道网,使该地区水路交通紧张状况得到全面缓解,也为长江三角洲江南航道网的"成网、直达"打下了基础。

1996—2000 年,重点强化杭嘉湖航道网,集中力量建设"十线"中的五线,即全线改造京杭运河、长湖申线、杭申线、乍嘉苏线、六平申线 5 条干线航道的浙境段。

2002 年,在交通部的大力支持下,并通过争取世界银行贷款,浙江省杭嘉湖地区的 5 条干线航道进行了全线建设改造,增强了浙北内河航道网的通过能力。列入浙江省政府目标考核的东宗线湖州段四级航道 23.66 千米改造工程按时通过交工验收。全省四级航道里程达到 533 千米,基本形成了浙北杭嘉湖内河五级以上干线航道网;全省内河航道总里程 10408 千米;杭甬运河姚江船闸主体工程通过交工质量鉴定。除杭甬运河杭州段外,东宗线嘉兴段、杭湖锡线和杭甬运河绍兴段实现了开工建设目标。杭申线、长湖申线湖州段、杭州港内河散货作业区三项工程完成了竣工验收,实现了"三条线开工、两个项目完工、三个项目竣工验收"的目标。杭州港成为全国 28 个内河主枢纽港之一,内河航运成为浙江省主要运输方式之一。

2003 年开始,水运强省工程全面实施,内河航道联网成形,宁波—舟山港基本实现一体化。2003 年,通过全省港航管理系统的共同努力,以水运强省工程为重点的全省港航事业取得了快速发展。水运建设(含宁波港)完成投资 12 亿元,新增万吨级泊位 8 个。累计航道里程达到 10539 千米,沿海主要港口年吞吐能力达到 2.3 亿吨。水运强省工程全面实施,全省沿海港口布局规划基本完成,宁波—舟山组合港规划通过了省港口规划建设委员会的审议,金塘岛开发迈出了实质性步伐,杭甬运河全线开工。

2004 年,内河航道通航总里程达到 9892 千米,"十五"期间,全省新增内河高等级航道 42.9 千米。

2005 年,杭湖锡线、东宗线等骨干航道相继完成改造,杭甬运河进入全面实施阶段,浙北内河骨干航道网进一步完善,开工建设了浙江省内河首条沟通上海国际航运中心的内河集装箱通道——湖嘉申线三级航道;在内河航道建设投融资体制上取得重大突破,省政府颁布《浙江省内河"四自"航道管理暂行办法》,嘉于线等四个"四自"航道项目相继开工建设。

2007 年 6 月 12 日,浙江省提出"港航强省"战略,以京杭运河为重点,全面提升浙北航道网;以杭甬运河为主干,完善浙东航道体系;以加快富春江七里泷大坝改造为突破口,全面复兴钱江水运;以瓯江开发为契机,推进浙西山区沿江入海。是年 12 月 19 日,浙江省内河首条按三级通航标准进行改造、可通航 1000 吨级船舶的高等级航道湖嘉申线湖州段通过了交工质量鉴定,并于年底通航。

2008 年后加快推进港航强省建设,启动内河水运复兴计划。浙北高等级航道网不断完善,湖嘉申线湖州段三级航道精品示范工程通过交通运输部验收。制定出台了"水上康庄"工程实施意见,"水上康庄"工程成为新的亮点,共完成渡埠改造项目 21 个,更新渡船 41 艘;建成陆岛码头 10 个、库区码头 51 个。利用科技手段进行骨干航道水深监测,骨干航道巡查频率和养护投入不断增大,养护质量逐步提高。

2010 年,浙江省规模最大的内河集装箱港区——嘉兴内河港多用途港区正式启用。制定了《浙北航区营运船舶动态监管工作规定(试行)》等管理制度,基本建立船舶数据库,推行航道经常性养护经费定额化管理制度,推广因地制宜、养建结合提升支线航道等级的新模式。

2011 年,制订了浙江省内河水运"十二五"发展规划和浙江省内河水运复兴行动计划。湖州长兴捷通物流公司码头、绍兴浙能滨海热电厂码头等内河 500 吨级以上泊位共 74 个。完成养护工程总投资 1.9 亿元,同比增长 88.4%;在白三线、武太线等航道推广"养建结合"模式,提升了支线航道等级。

2012 年,内河完成投资 93 亿元,建成了内河 500 吨级及以上泊位共 238 个,内河港口新增年吞吐能力 0.9 亿吨。内河航道新增高等级航道 275 千米。完成航道养护投资 6.6 亿元。

2013 年开始全面推进内河水运复兴计划,推动水运高质量发展,浙江港航实现了跨越式发展。基本建成湖嘉申线嘉兴段航道改造一期工程、长湖申线航道改造工程,长兴捷通物流码头、绍兴滨海电厂码头等内河码头通过竣工验收。

2014 年,围绕"大港口、大水运"建设,内河水运复兴取得突破,建成华能长兴电厂码头、绍兴中心港区等内河泊位 27 个,衢江航运开发衢州段红船豆枢纽等项目基本建成。

浙江省基本省情和综合运输内容见第三卷沿海港口与航道工程第七节。

浙江省内河港口基本情况见表 9-4-1。

二、杭州港

(一)港口概况

1. 港口综述

杭州港位于浙江省东北部,地处长江三角洲南翼,京杭大运河最南端。东临杭州湾,南接绍兴、金华、衢州三市,西与安徽、江西两省毗邻,北与嘉兴、湖州相连。市域界于北纬 29°11′ ~ 30°34′、东经 118°20′′ ~ 120°27′之间。

表 9-4-1

浙江省内河港口基本情况表

序号	港口名称	港口岸线		2015年港口生产性泊位				其中:1978—2015年建成的生产性泊位				2015年港口货物和旅客吞吐量						
		港口规划岸线 千米	其中:2015年前已建成岸线 千米	生产性泊位数 个	其中:千吨级及以上 个	生产性泊位总长 米	其中:千吨级及以上 米	生产性泊位数 个	其中:千吨级及以上 个	生产性泊位总长 米	其中:千吨级及以上 米	货物吞吐量 万吨	其中:外贸货物吞吐量 万吨	集装箱 万TEU	滚装车辆 数量 万辆	滚装车辆 质量 万吨	旅客 万人	其中:国际旅客 万人
1	杭州港	—	—	809	1	31539	—	—	—	—	—	9371	—	18975	—	—	448	—
2	嘉兴内河港	—	83.17	1557	—	78065	—	1545	—	77579	—	8586.34	76.07	16.56	—	—	—	—
3	湖州港	72.4	70.4	857	7	44681	541	857	7	44681	541	8051	107.53	18.49	—	—	—	—
4	金华内河港	80.57	0.28	10	—	550	—	10	10	550	—	—	—	—	—	—	—	—
5	兰溪内河港	13.59	—	—	—	—	—	—	—	—	—	—	—	—	—	—	—	—
6	青田内河港	9.5	0.52	5	—	520	—	5	—	520	—	316.8	—	—	—	—	—	—
7	绍兴内河港	—	8.62	—	—	—	—	—	—	8616	—	1815	—	0.19	—	—	—	—
	合计	176.06	162.99	3238	8	155355	541	2417	17	131946	541	28140.14	183.6	19010.24	—	—	448	—

杭州港共设钱江、运河、萧山、余杭、富阳、桐庐、建德、淳安、临安9个港区,杭州港京杭运河干线港区划定为运河、余杭港区,内河其他港区划定为钱江、萧山、富阳、桐庐、建德、淳安、临安港区。按生产类型,可分为港口经营性生产泊位和工矿企业非经营性生产泊位。

2.港口水文气象

杭州属于亚热带季风性气候,四季分明,温和湿润,光照充足,雨量充沛。春季温暖多雨;夏季炎热湿润,盛行ES风;6月中旬至7月上旬为"梅雨期";8月下旬至9月中旬是台风季节,多阵雨,偶有冰雹、龙卷风和伏旱;早秋多雨,晚秋凉爽少雨;冬季受WN风气流控制,温度较低。多年平均气温16.2摄氏度,夏季平均气温28.6摄氏度,冬季平均气温3.8摄氏度,历年最高气温39.9摄氏度,最低气温−9.6摄氏度。年平均降雨量1435毫米,平均相对湿度76%。历年最大降水量2356毫米,多年平均降水量1398.9毫米,平均降水日数140.2天;平均年降雪天数9.8天,最大积雪深度23厘米,无霜期230~260天。常风向为NW向、频率为12%,最大风速出现在ES向、28.0米/秒,全年大于或等于8级的大风日数多年平均6.3天。多年平均雾日数37.1天,最多67天,最少19天。多雾时间为冬春两季11月至次年1月间。多年平均雷暴日数40天,最多为63天,最少为20天,7月为雷暴多发月。

杭州市域主要有钱塘江、东苕溪、京杭运河、杭甬运河、上塘河等江河。各水系包括新安江、富春江、浦阳江、萧绍内河、东塘河、余杭塘河、东苕溪、武獐航道、渌渚江、分水江、青山湖、青山航道等。

通过钱塘江、京杭运河、萧绍内河等水系,可直接沟通杭嘉湖地区、萧绍甬地区、江苏省、上海市、浙江省中西部以及皖南等地。

(1)钱塘江水系

钱塘江为浙江省最大河流,由西南流向东北,流经杭州市的淳安、建德、桐庐、富阳、萧山、余杭6县(市、区)。干流在杭州市境内建德梅城以上称为新安江,梅城以下分别称为桐江、富春江、钱塘江,在河口注入杭州湾,全长605千米,流域面积4.9万平方公里。市内流域面积约1.3万平方公里,其水域面积约占全市水域面积的84%。

钱塘江支流在杭州市境内主要有武强溪、枫林港、进贤溪、云源港、寿昌溪、兰江、分水江、渌渚江、壶源江和浦阳江。

钱塘江是典型的山区性独流入海的强潮河流,杭州闸口的历年最高潮位9.49米,最低潮位3.09米;多年平均高潮位6.19米,平均低潮位5.51米,平均潮位5.85米。七堡站的多年平均高潮位6.30米,平均低潮位5.09米,最低低潮位3.49米;平均潮差0.71米,最大潮差3.49米。(注:高程均为吴淞高程。)

(2)京杭运河水系

境内的京杭运河属太湖水系,地处太湖流域东南部的杭嘉湖平原,干流南端起点为三堡船闸,经艮山门、拱宸桥、义桥、武林头至塘栖,由杭申甲线、杭申乙线出境。水位稳定,水流平缓,其水源以降水为主,枯水期除太湖水调节外尚有地下水补给。据拱宸桥站资料,多年平均水位3.3米,历年最高水位5.22米,最低水位1.67米。

(3)萧绍内河水系

萧绍平原河网位于钱塘江右岸,属钱塘江水系,河网水量由钱塘江补给。主要河流和湖泊有萧绍运河、西小江、南门江、湘湖、白马湖等。萧绍运河又称为浙东运河、杭甬运河,西起萧山西兴镇,经裘江、螺山、衙前后入绍兴境内,萧山境内河段长21.6千米。水系历年最高水位7.38米,最低水位4.82米,平均水位5.76米。

3.发展成就

杭州港为全国内河主枢纽港,是全国28个内河主要港口之一,是长江三角洲地区综合运输体系的重要组成部分。《杭州港总体规划(2005—2020)》由交通部、浙江省人民政府联合审批,规划将杭州港定义为全国内河大港,兼具沿海港口功能。杭州港特殊的地理位置,活跃的区域经济中心地位,形成了广阔的经济腹地,辐射范围包括:省内的嘉兴、湖州、绍兴、宁波、温州等主要城市;省外的上海、江苏、安徽、山东等长江沿岸主要省市以及广东、福建、海南等沿海港口。其功能和作用已辐射至整个长江三角洲区域。

杭州港港区分布如图9-4-1所示。杭州港基本情况见表9-4-2。

图9-4-1 杭州港港区分布图

表9-4-2

杭州港基本情况表

序号	港区名称	港区岸线		2015年港口生产性泊位				其中:1978—2015年建成的生产性泊位				2015年港口货物和旅客吞吐量						
		港区规划岸线 千米	其中:2015年前已建成岸线 千米	生产性泊位数 个	其中:千吨级及以上 个	生产性泊位总长 米	其中:千吨级及以上 米	生产性泊位数 个	其中:千吨级及以上 个	生产性泊位总长 米	其中:千吨级及以上 米	货物吞吐量 万吨	其中:外贸货物吞吐量 万吨	集装箱 万TEU	滚装车辆 数量 万辆	滚装车辆 质量 万吨	旅客 万人	其中:国际旅客 万人
1	运河港区	11	8.53	149	0	8533	0	149	0	8533	0	3474	0	0	0	0	0	0
2	钱江港区	1	0.25	5	0	249	0	5	0	249	0	183	0	0	0	0	0	0
3	萧山港区	11.4	6.01	89	1	6008	—	89	1	6008	—	673	0	0	0	0	0	0
4	余杭港区	14.5	7.39	140	0	7388	0	140	0	7388	0	1513	0	0	0	0	0	0
5	富阳港区	8.7	3.42	65	0	3599	0	65	0	3599	0	2888	0	1.89	0	0	0	0
6	桐庐港区	8.4	1.33	20	0	1326	0	20	0	1326	0	515	0	0	0	0	0	0
7	建德港区	9.8	0.72	16	0	716	0	16	0	716	0	32	0	0	0	0	0	0
8	淳安港区	1.7	3.54	321	0	3540	0	321	0	3540	0	93	0	0	0	0	448	0
	合计	66.5	31.19	805	1	31539	—	805	1	31539	—	9371	0	1.89	0	0	448	0

(二)富阳港区

1.港区综述

(1)港区建设和运营情况

作为杭州市"交通西进""旅游西进"的重要节点,富阳港区充分利用紧傍城区的区位优势,发掘用足富春江的水运资源,建成以造纸工业原料进口和产成品出口的集装箱运输为重点、以水泥建材产品出口运输为支柱、以砂石矿产运输为依托、以旅游客运为亮点的综合性、多功能的现代化港区。

《杭州港总体规划(2005—2020)》中富阳港区在规划期内,新建渔山散货作业区、东洲综合作业区、灵桥散货作业区、灵桥集装箱作业区、场口综合作业区、新桐散货作业区、渌渚散货作业区7个货运作业区。截至2015年底,富阳港区共有码头34座,拥有各类泊位65个,使用岸线总长3599米。

2015年,杭州港富阳港区共完成货物吞吐量2888万吨。其中进口量762万吨,出口量2126万吨。富阳港区主要货种为矿建材料和煤炭,其中矿建材料吞吐量2313万吨,煤炭吞吐量323万吨。

2015年富阳港区水运集装箱吞吐量共计18975TEU,其中进港集装箱9606TEU,出港集装箱9369TEU。2011—2015年货物吞吐量分别为2549万吨、2456万吨、2933万吨、2890万吨、2888万吨。

(2)港区地理条件和集疏运概况

杭州市富阳区地处以上海为龙头的长三角经济区南缘,毗邻杭州。富阳区地理坐标为东经119°25′~120°19.5′、北纬29°44′45″~30°11′58.5″(中心位置东经119°57′、北纬30°03′)。东接萧山区,南连诸暨市、西邻桐庐县,北与临安区、余杭区、西湖区毗邻。市境东西长68.67千米,南北宽50.37千米。总面积1831平方公里。

富阳港区航道是杭州市钱塘江沿线货运密度最大的区域,富春江和渌渚江是富阳水路货运量产生的主要航道。富阳区现有干流航道1条,全长48.6千米,支流航道6条,共计28.16千米。其中干流航道为钱塘江航道富阳航段(富春江),自上游桐庐县窄溪镇始到下游渔山乡五丰村止全长48.6千米,为四级航道。

支流航道渌渚江,自渌渚镇山亚村至渌渚镇打石山,长4.41千米,为六级航道,于窄溪镇汇入富春江,可通行300吨级散货船,条件良好航段可通行500吨级散货船、油船。

富阳区陆路有贯穿全境的320国道、沿江一级公路与沪杭、杭甬、杭宁高速公路相连;320国道环线外移、杭富沿江公路、富春江城市隧道建成通车,鹿山大桥顺利通车;陆路320国道、杭新景(杭千)高速公路以及S05、S23、S19、S14等多条省道纵贯全境,距离杭州火车站、杭州萧山国际机场都在1小时车程内。

富春江位于浙江省第一大河钱塘江的下游段,航道条件十分优越,300~500吨级船舶可保证常年通航。上可到达桐庐、建德、兰溪方向,下可通过京杭、杭甬运河到达上海、江苏宁绍地区以及长江沿线各地,也可通过钱塘江沿杭州湾直接出海。

2.港区工程项目

(1)杭州山亚南方水泥有限公司码头项目

项目于2004年6月开工,2017年7月交工验收,2019年7月试运行。

项目建设依据:2002年9月,浙江省钱塘江管理局《关于浙江尖峰登城水泥有限公司码头扩建的批复》(浙钱水政〔2002〕164号);2002年8月,杭州市港航管理局《关于同意浙江尖峰登城水泥有限公司建造码头的批复》(杭港航管〔2002〕158号);2004年7月,杭州市港航管理局《关于浙江尖峰登城水泥有限公司专用码头改变港池布置形式的批复》(杭港航管〔2004〕135号);2019年7月,杭州市富阳区环境保护局《关于杭州山亚南方水泥有限公司矿山配套码头项目环境影响报告表的审批意见》(富环许审〔2019〕111号);2011年3月,富阳山亚南方水泥有公司取得了"国有土地使用证"(因单位名称变更进行更名登记,曾用名浙江尖峰登城水泥有限公司);2016年6月,杭州市港航管理局《杭州市港区岸线使用许可证》(证号:杭港航富字3-S201号);2016年10月,杭州市富阳区水利水电局《关于补办杭州山亚南方水泥有限公司登城码头扩建项目涉河涉堤(含水域占用)的批复》(富水电〔2016〕159号)。

项目建设3个500吨级散货码头泊位,岸线总长192米。码头采用顺岸式布局、高桩梁板结构。码头前沿水深2.5米。主要装卸设备配置3台5吨起重机。项目总投资2439万元,由企业自筹。陆域用地面积2.36万平方米。

建设单位为杭州山亚南方水泥有限公司;设计单位为浙江省交通规划设计研究院;施工单位为浙江顺盛建设工程有限公司;监理单位为北京中达联监理咨询有限责任公司;质监单位为杭州市交通工程质量安全监督局。

由于码头工程建设质量不达标等问题,2008年2月未能通过交工质量评定,2013年该公司对码头工程进行了修补加固。修补加固工程由杭州山亚南方水泥有限公司组织实施,浙江华东工程安全技术有限公司负责检测和评估;设计单位为长江航运规划设计院,监理单位为浙江公路水运工程监理有限公司,施工单位为杭州港航工程公司和杭州房屋加固工程有限公司,交工检测单位为杭州市交通工程试验检测中心有限公司。

2016年12月20日通过了交工质量评定,2017年6月通过杭州市交通工程质量安全监督局交工质量评定报告备案。2017年7月20日,通过了码头工程交工验收。2019年7月25日,取得环评批复后,开始试运行。

(2)杭州富阳东海石油有限公司码头项目

项目于2005年6月开工,2018年2月竣工。

项目建设依据:2006年6月,杭州市港航管理局《关于东海石油有限公司卸油码头改建的批复》(杭港航管〔2006〕134号);2008年11月,富阳市发展和改革局《关于富阳市东海石油有限公司灵桥油库卸油码头改建项目的批复》(富发改服〔2008〕213号);2008年12月,富阳市公安局消防大队《关于同意富阳市东海石油有限公司卸油码头建筑工程消防设施的审核意见》(富公消审建字〔2008〕第0040号);2008年12月,富阳市公安局消防大队《关于富阳市东海石油有限公司卸油码头卸油码头消防验收合格的意见》(富公消验建字〔2008〕第0057号);2008年11月,富阳市环境保护局《关于富阳市东海石油有限公司码头改建项目环境影响报告书的审批意见》(富环开发〔2008〕528号);2004年6月,富阳市水利水电局"浙江省河道管理范围内建设项目申请和审查意见书";2009年1月,杭州市港航管理局"杭州市港区岸线使用许可证"(证号:杭港航富字3-S017号)。

项目建设1个500吨级卸油泊位,岸线总长76米。码头采用顺岸式布局、高桩式结构。码头前沿水深5米。通过船泵加压,再通过输油软管输送柴油至储罐。项目总投资230万元,由企业自筹。陆域用地面积420平方米。

项目建设单位为杭州富阳东海石油有限公司;设计单位为浙江交通勘察设计有限公司;施工单位为嘉兴市世纪交通工程有限公司;监理单位为浙江公路水运工程监理有限公司;质监单位为杭州市交通工程质量安全监督局。

(3)浙江富春江环保热电股份有限公司码头项目

项目于2005年9月开工,2009年9月试运行,2016年11月竣工。

项目建设依据:2003年10月,杭州市港航管理局《关于浙江富春江通信集团有限公司专用码头建设有关事项的函》(杭港航管〔2003〕195号);2004年1月,浙江省发展计划委员会《关于浙江富春江环保热电工程可行性研究报告的批复》(浙计基础〔2004〕37号);2004年3月,浙江省发展和改革委员会《关于浙江富春江环保热电工程初步设计的批复》(浙发改设〔2004〕68号);2005年2月,浙江省钱塘江管理局《富春江环保热电煤炭专用码头建设批复》(钱水政〔2005〕19号);2013年12月,杭州市港航管理局《关于浙江富春江环保热电公司码头二期施工图设计文件的批复》(杭港航管〔2013〕186号);2003年7月,浙江省环境保护局《关于富阳富春江热电有限公司南迁(含)垃圾处理技改工程环境影响报告书审查意见的函》(浙环建〔2003〕114号);2003年12月,浙江省环境保护局《关于浙江富春江环保热电工程环境影响报告书审查意见的函》(浙环建〔2003〕208号);2007年9月,浙江省环境保护局《同意浙江富春江环保热电一期、浙江富春江环保热电二期工程通过环保验收》(浙环建验〔2007〕059号);2003年12月,富阳市规划局《村镇规划选址意见书》(〔2003〕535号);2004年8月,浙江省钱塘江管理局《〈浙江富春江环保热电有限公司煤炭码头和取水工程水域条件及对富春江泄洪影响的分析〉专家评审意见的函》(钱水政〔2004〕145 号);2006 年,经属地政府协调,码头属地村将土地租赁给企业,租用期 25 年;2007 年 7 月,杭州市港航管理局"杭州市港区岸线使用许可证"(证号:杭港航富字 3-S158 号);2013 年 7 月,富阳市发展和改革局《关于浙江富春江环保热电股份有限公司专用码头局部功能调整项目核准的批复》[富发改外(核)〔2013〕249 号]。

项目一期工程建设 2 个 500 吨级煤炭泊位,岸线总长 126 米。码头采用顺岸式布局、高桩梁板结构。码头前沿水深 5~6 米。项目堆场面积 2800 平方米,堆存能力 1 万吨。主要装卸设备配置 2 台 5 吨起重机。项目二期工程建设 2 个 500 吨级件杂货泊位,岸线总长 126 米。码头采用顺岸式布局,高桩梁板结构。码头前沿水深 5~6 米。项目堆场面积 4600 平方米,堆存能力 2 万吨。主要装卸设备配置 2 台 35 吨起重机。项目总投资 3383 万元,使用企业业主自有资金。陆域用地面积 1.67 万平方米。

建设单位为浙江富春江环保热电股份有限公司。一期工程设计单位为杭州市交通设计研究院;施工单位为浙江省水电建筑安装有限公司;监理单位为浙江公路水运工程监理有限公司;质监单位为杭州市交通工程质量安全监督局。二期工程设计单位为杭州市交通设计研究院;施工单位为上海三航奔腾建设工程有限公司;监理单位为山东省交通工程监理咨询有限公司;质监单位为杭州市交通工程质量安全监督局。

(4)杭州富阳华达货运码头有限公司码头项目

项目曾用名富阳市登峰矿源有限公司,于 2007 年 10 月开工,2009 年 5 月交工验收,2009 年 5 月试运行。

项目建设依据:2007 年 11 月,杭州市港航管理局《关于富阳市登峰矿源有限公司码头改造的批复》(杭港航管〔2007〕243 号);2008 年 9 月,富阳市发展和改革局《关于改建灵桥散货码头(华达泊位)项目的批复》(富发改投〔2008〕150 号);2009 年 1 月,富阳市环境保护局《关于灵桥散货码头(华达泊位)改建项目环境影响报告表的审批意见》(富环开发〔2009〕6 号);2008 年 9 月,富阳市规划局"村镇规划选址意见书"[〔2008〕浙规选(村)证 0130241];2008 年 11 月,浙江省钱塘江管理局《关于富阳灵桥散货码头(华达泊位)选址的批复》(浙钱许〔2008〕94 号);2007 年 11 月,杭州市港航管理局"杭州市港区岸线使用许可证"(证号:杭港航富字 3-S103 号);2009 年 3 月,浙江省钱塘江管理局《关于富阳灵桥散货码头(华达泊位)涉堤建设的批复》(浙钱许〔2009〕12 号)。

项目建设 1 个 500 吨级码头泊位,岸线总长 45 米。码头采用顺岸式布局、重力式结构。码头前沿水深 3 米。主要装卸设备为 32 吨桥式起重机。项目总投资 630 万元,由企业股东自筹。陆域用地面积 5819 平方米。

建设单位为杭州富阳华达货运码头有限公司;设计单位为浙江交通勘察设计有限公司;施工单位为浙江宝业交通建设工程有限公司;监理单位为浙江公路水运工程监理有限

公司;质监单位为杭州市交通工程质量安全监督局。

（5）杭州港东洲综合码头项目

项目于2009年4月开工,2011年12月试运行,2015年1月竣工。

项目建设依据:2008年11月,浙江省发展和改革委员会《关于杭州港东洲综合码头项目核准的批复》（浙发改交通〔2008〕796号）;2008年12月,浙江省发展和改革委员会《关于杭州港东洲综合码头工程初步设计的批复》（浙发改设计〔2008〕185号）;2009年4月,杭州市交通局《关于杭州港东洲综合码头工程（航务工程部分）施工图设计文件的批复》（杭交复〔2009〕11号）;2010年1月,杭州市交通局《关于杭州港东洲综合码头生产与辅助建筑工程施工图设计文件的批复》（杭交复〔2010〕4号）;2007年7月,杭州市林业水利局《关于杭州港东洲综合码头工程水土保持方案的批复》（杭林水〔2007〕155号）;2008年3月,杭州市环境保护局《关于"杭州港东洲综合码头项目环境影响报告书"审批意见的函》（杭环函〔2008〕51号）;2008年12月,富阳市规划局"建设用地规划许可证"（地字330183200800162号）;2009年7月,国土资源部《关于杭州港东洲综合码头工程建设用地的批复》（国土资函〔2009〕916号）;2009年9月,杭州市港航管理局"杭州市港区岸线使用许可证"（证号:杭港航富字3-S161号）。

项目建设15个500吨级散货码头（水工结构兼顾1000吨级）,岸线总长991米。码头采用顺岸式布局、高桩板梁式结构。码头前沿水深4.5～7米。项目堆场面积5.5万平方米,堆存能力3.2万吨。仓库面积6273平方米。项目总投资4.1亿元。陆域用地面积26.37万平方米。

项目建设单位为杭州东洲内河国际港有限公司（原名称为杭州东洲综合码头建设有限公司）;设计单位为杭州市交通规划设计研究院、浙江当代建筑设计院有限公司、浙江省钱塘江管理局勘测设计院等;施工单位为浙江宝业交通建设工程有限公司、杭州市交通工程集团有限公司、杭州萧山水利建筑工程有限公司等;监理单位为浙江公路水运工程监理有限公司;质监单位为浙江省交通运输厅工程质量监督局。

（6）杭州钱塘江海事救捞基地码头项目

项目于2016年9月开工,2018年3月试运行,2019年3月竣工。

项目建设依据:2015年1月,杭州市富阳区发展和改革局《杭州钱塘江海事救捞基地码头工程初步设计审查意见》（富发改投资纪要〔2015〕36号）;2015年3月,浙江省钱塘江管理局《关于杭州钱塘江海事救捞基地工程涉河涉堤建设的复函》（浙钱许〔2015〕5号）;2016年8月,杭州市富阳区环境保护局《关于杭州钱塘江海事救捞基地工程环境影响报告书的审批意见》（富环许审〔2016〕292号）;2016年1月,杭州市国土资源局富阳分局"关于地块建设项目用地的预审意见"（富土资预〔2016〕040号）;2016年2月,杭州市港航管理局"杭州市港区岸线使用许可证"（证号:杭港航富字3-S200号）。

项目建设 1 个 500 吨级码头泊位(水工允许靠泊能力为 1000 吨级),岸线总长 61 米。码头采用顺岸式布局、高桩式结构。码头前沿水深 2.5 米。主要装卸设备为 1 台 16 吨的固定式起重机。项目总投资 290 万元,由企业自筹。陆域用地面积 360 平方米。

项目建设单位为杭州富阳利洋船舶修造有限公司;设计单位为广东省航运规划设计院有限公司杭州分公司;施工单位为杭州光华路桥工程有限公司;监理单位为四川省城市建设工程监理有限公司浙江分公司;质监单位为杭州市交通工程质量安全监督局。

(三)运河港区

1. 港区综述

港区建设和运营情况

辖区码头主要集中分布在京杭运河北星桥至鸦雀漾航段,部分位于半山北线和半山南线。辖区有 4 个大件杂货作业区:管家漾作业区、谢村作业区、三里洋作业区(已征迁)和崇贤港作业区。

岸线情况:内河辖区共有码头 43 座,批准港口使用岸线 8082.75 米,泊位 147 个。其中行政区划属余杭区的码头有 11 座,岸线 3471 米,泊位 52 个;属于主城区的有 32 座,岸线 4641.75 米,泊位 95 个。

2. 港区工程项目

(1)杭州港航有限公司杭州港务分公司管家漾作业区

项目于 1996 年 11 月开工,2000 年 12 月竣工。

项目建设依据:1993 年 11 月,浙江省计划经济委员会《关于杭州港内河散货作业区工程可行性研究报告的批复》(浙计经建〔1993〕1187 号);1994 年 5 月,浙江省计划经济委员会《关于杭州港内河散货作业区工程初步设计的批复》;2002 年 6 月,浙江省环境保护局《杭州港内河散货作业区工程环境保护设施验收意见》(浙环建验〔2002〕19 号);2014 年 5 月,杭州市港航管理局"杭州市港区岸线使用许可证"(杭港航内字 1-S072 号)。

项目建设 3 个 500 吨级码头泊位,13 个 300 吨级码头泊位,岸线总长 773.35 米。码头采用挖入式布局、高桩梁板结构。码头前沿水深 3 米。项目后方堆场面积 3.9 万平方米,堆存能力 23.6 万吨。主要装卸设备包括 1 台 5 吨、11 台 10 吨、1 台 16 吨、3 台 20 吨门式起重机,1 台 5 吨、6 台 20 吨固定式起重机,1 台 8 吨轮胎式起重机。项目总投资 1.15 亿元,其中交通部投资 1188 万元、省交通厅投资 1180 万元、世界银行贷款 2524 万元,其余由建设单位自筹。陆域用地面积 6.5 万平方米。

项目建设单位为杭州港内河散货码头筹建处;设计单位为杭州市交通设计研究院;施工单位为中港第三航务工程局第一工程公司;监理单位为浙江省内河航道网改造工程项

目办第十六合同段监理组;质监单位为浙江省交通厅工程质监站。

项目重大事项:

①管家漾作业区于2001年3月由杭州港航实业总公司有偿使用后;一方面从市场需求出发,为更好发挥其功能,提高企业经济效益,部分调整了装卸设备和货种结构;另一方面响应市政府号召,依据杭州市城市发展总体规划和港口总体布局,濮家件杂货码头须在2002年4月15日搬迁完成,在当时的历史条件下,管家漾码头必须由散货码头向件杂货码头转型。

②公司在经过调研的基础上,委托杭州市交通设计研究院编制完成了《杭州港管家漾作业区货种结构的请示》上报杭州市交通局。

③杭州市交通局于2001年10月27日组织召开了杭州港管家漾作业区东侧码头堆场改建方案论证会,并以杭交纪要〔2001〕5号文件下发了会议纪要。

④改造方案批复后,工程分二期实施:第一期由杭州港航工程公司中标承建,2001年11月1日开工建设,2001年11月30日完工;第二期由长城建设集团有限公司中标承建,于2001年12月24日开工,2002年2月10日完工。

⑤码头全部改造完成后,杭州市交通局于2002年4月18日组织召开了杭州管家漾码头竣工验收工作联席会议,并以杭交纪要〔2002〕9号文件下发了会议纪要。

(2)杭州东恒石油有限公司油库项目

项目于2001年1月开工,2004年3月试运行,2004年3月竣工。

项目建设依据:2003年3月,浙江省经济贸易委员会《关于同意迁建杭州东恒石油有限公司油库项目的批复》(浙经贸市场〔2003〕267号);2003年6月,杭州市环境保护局拱墅环保分局《关于杭州东恒石油有限公司拆建油库项目环评初步报告的批复》;2003年9月,杭州市国土资源局"中华人民共和国国有土地使用证"(杭拱国用〔2003〕第000261号);2005年5月,杭州市港航管理局"杭州市港区岸线使用许可证"(杭港航内字1-S051号)。

项目建设1个500吨级码头泊位,岸线总长61米。码头采用顺岸式布局、重力式结构。码头前沿水深3.5米。项目总投资3000万元,其中企业投入1000万元、银行贷款2000万元。陆域用地面积1.22万平方米。

项目建设单位为杭州东恒石油有限公司;设计单位为浙江交通勘察设计有限公司;施工单位为杭州第五建筑工程有限公司;监理单位为杭州市华清工程建设监理有限公司;质监单位为杭州市交通工程质量监督站。

(3)杭州港航有限公司谢村港务分公司谢村作业区

项目于2003年10月开工,2005年9月竣工。

项目建设依据:2001年4月,浙江省交通厅《关于杭州港谢村作业区改建工程可行性研究报告的批复》(浙交复〔2001〕60 号);2001 年 10 月,浙江省交通厅《关于杭州港谢村作业区改建工程初步设计的批复》(浙交复〔2001〕187 号);2006 年 6 月,杭州市国土资源局"中华人民共和国国有土地使用证"(杭拱国用〔2006〕第 000170 号);2015 年 1 月,杭州市港航管理局"杭州市港区岸线使用许可证"(杭港航内字 1-S027 号)。

项目建设 7 个 500 吨级码头泊位,岸线总长 456 米。码头采用顺岸式布局、高桩式结构。码头前沿水深 4 米。项目总投资 2837.7 万元。陆域用地面积 4.03 万平方米。

项目建设单位为杭州港航有限公司;设计单位为杭州市交通规划设计研究院、杭州市拱墅区勘察设计院;施工单位为杭州港航工程公司;监理单位为嘉兴市东方交通工程监理中心;质监单位为浙江省交通工程质量监督站。

2016 年底,根据《关于市区工程渣土水路中转作业点布点规范建设推进工作专题会议纪要》,谢村作业区于 2017 年改造成渣土中转码头,500 吨级泊位 7 个,其中渣土泊位 6 个、泥浆泊位 1 个。

(4)崇贤作业区

项目于 2006 年 6 月开工,2009 年 6 月试运行,2010 年 1 月竣工。

项目建设依据:2003 年 12 月,浙江省发展计划委员会《关于余杭港区崇贤作业区一期工程可行性研究报告的复函》;2004 年 2 月,浙江省发展计划委员会《关于余杭港区崇贤作业区一期工程初步设计的复函》(浙计设计〔2004〕28 号);2010 年 10 月,杭州市余杭区环境保护局《关于余杭港区崇贤作业区一期工程建设项目环境影响后评价的审核意见》(环评批复〔2010〕649 号);2005 年 6 月,国土资源部《关于杭州港余杭港区一期工程建设用地的批复》(国土资函〔2005〕371 号);2006 年 8 月,杭州市港航管理局"杭州市港区岸线使用许可证"(杭港航余字 8-S132 号)。

项目建设 24 个 500 吨级码头泊位(水工允许靠泊能力为 1000 吨级),岸线总长 1531米。码头采用挖入式布局、高桩式结构。码头前沿水深 3.5 米。项目仓库面积 2.4万平方米,堆场面积 8.8 万平方米。主要设备为门式起重机 30 台、桥式起重机 16 台。项目总投资 2.76 亿元。陆域用地面积 56 万平方米。

项目建设单位为杭州崇贤港投资有限公司;设计单位为中交上海港湾工程设计研究院有限公司;施工单位为湖州市交通工程处、浙江广厦市政工程有限公司;监理单位为浙江公路水运工程监理有限公司;质监单位为浙江省交通运输厅工程质量监督局、杭州市交通工程质量安全监督局。

崇贤作业区自 2009 年 6 月投入试运行,钢材吞吐量逐年递增,2016 年全年港口装卸作业量超过 800 万吨,2017 年吞吐量 1000 万吨。

(5)杭州云源实业有限公司码头

项目于 2008 年 4 月开工,2008 年 11 月竣工。

项目建设依据:2007 年 11 月,杭州市港航管理局《关于杭州云源实业有限公司码头技术改造的批复》(杭港航管〔2007〕231 号);2008 年 1 月,余杭区环境保护局《建设项目环境影响报告审批意见》;2008 年 1 月,杭州市港航管理局"准予行政许可决定书"(杭交港航许准〔2008〕第 E3-3001 号)。

2008 年 1 月,码头技术改造项目在余杭区崇贤镇四维村区域实施,建造 500 吨级泊位 1 个,用于码头生产用钢材的装卸作业。

项目建设 1 个 500 吨级高桩梁板码头泊位,岸线总长 62 米。码头采用顺岸式布局、高桩式结构。码头前沿水深 2.5 米。主要装卸设备为 36 吨固定式门式起重机 1 台。项目总投资 1200 万元,由企业自筹。陆域用地面积 3000 平方米。

项目建设单位为杭州茂源钢材有限公司;设计单位为嘉兴市世纪交通设计有限公司;施工单位为浙江省海洋工程有限公司;监理单位为浙江公路水运工程监理有限公司;质监单位为杭州交通工程质量安全监督局。

(6)液化空气(杭州)有限公司码头

项目于 2008 年 8 月开工,2009 年 5 月试运行,2009 年 5 月竣工。

项目建设依据:2007 年 9 月 29 日,杭州市发展和改革委员会《中外合资液化空气(杭州)有限公司厂内改扩建工程项目准予行政许可决定书》(杭发改核准〔2007〕6 号);2008 年 1 月 16 日,杭州市建设委员会《关于液化空气(杭州)有限公司厂内改扩建工程总平面图初步设计的批复》(杭建设审发〔2008〕18 号);2007 年 9 月,杭州市环境保护局《建设项目环境影响评价文件审批意见》(杭环评批〔2007〕0339 号);2009 年 7 月 3 日,杭州市人民政府"中华人民共和国国有土地使用证"(杭拱国用〔2009〕第 000094 号);2008 年 4 月,杭州市港航管理局"杭州市港区岸线使用许可证"(杭港航内字 1-S067 号)。

项目在原有 1 个 300 吨级码头泊位基础上,新建 1 个 500 吨级码头泊位,岸线总长 94 米。码头采用挖入式布局、重力式结构。码头前沿水深 2.5 米。项目总投资 6000 万元,由企业自有资金投入。陆域用地面积 893 平方米。

项目建设单位为液化空气(杭州)有限公司;设计单位为杭州市交通规划设计研究院;施工单位为浙江凌云水利水电建筑有限公司;监理单位为长航监理有限公司(武汉);质监单位为杭州市交通工程质量安全监督局。

(7)杭州农副产品物流中心码头铁路物流有限公司码头

项目于 2008 年 9 月开工,2010 年 8 月试运行,2018 年 3 月竣工。

项目建设依据:2008 年 1 月,浙江省发展改革委《关于杭州粮食物流码头项目核准的批复》(浙发改交通〔2008〕17 号);2008 年 2 月,浙江省发展改革委《关于杭州粮食物流码头项目初步设计的批复》(浙发改设计〔2008〕32 号);2007 年 12 月,浙江省港航局《关于杭州粮食物流码头工程的意见》(浙港航函〔2007〕52 号);2007 年 11 月,余杭区环保局

《杭州粮食物流码头建设项目环境影响报告审批意见》(环评批复[2007]485号);2008年1月,"中华人民共和国国有土地使用证"[杭余国用(2008)第110-187号];2008年9月,杭州市港航管理局《杭州市港区岸线使用许可证》(杭港航余字8-S135号)。

项目建设10个500吨级码头泊位(水工允许靠泊能力1000吨级),岸线总长808米。码头采用顺岸式布局、重力式结构。码头前沿水深2.5米。主要装卸设备包括4台5吨港机、4台3.2吨通用桥式起重机、1套150吨/小时固定式吸粮机、2套固定式食用油输油系统(2CY110/0.6)。项目总投资1.23亿元,由政府和企业共同投资。陆域用地面积2.7万平方米。

建设单位为杭州农副产品物流中心码头铁路物流有限公司;设计单位为浙江省交通规划设计研究院、河南工大设计研究院、北京中和建城建筑工程设计有限公司;施工单位为杭州交投建设工程有限公司、浙江省第一水电建设集团有限公司、浙江国盛钢结构有限公司等;监理单位为浙江公路水运工程监理有限公司、浙江文华建设项目管理有限公司;质监单位为浙江省交通运输厅工程质量监督局、杭州市交通工程质量安全监督局、杭州市余杭区建筑工程质量监督站。

2013—2017年码头货物吞吐量分别为52万吨、48万吨、57万吨、43万吨、53万吨。

(8)浙江省粮食局直属粮油储备库专用码头

项目于2008年9月开工,2009年9月竣工。

项目建设依据:2007年4月,杭州市港航管理局《关于浙江省粮食局直属粮油储备库专用码头技术改造的批复》(杭港航管[2007]81号);2007年1月,浙江省发展和改革委员会《关于省粮食局直属粮油储备库码头升级改造项目建议书批复的函》(浙发改函[2007]2号);2007年8月,杭州市港航管理局《关于〈浙江省粮食局直属粮油储备库码头升级改造工程施工图纸设计〉审查意见的函》(杭港航管[2007]152号);2006年6月,杭州市人民政府"中华人民共和国国有土地使用证"(杭余国用[2006]第110-384号);2012年11月,杭州市港航管理局"杭州市港区岸线使用许可证"(杭港航余8-S059号)。

项目改建后有5个500吨级泊位(结构兼靠1000吨级),岸线总长265米。码头采用顺岸式布局、高桩式结构;码头前沿水深4米。主要装卸设备采用固定式起重机。项目总投资585万元,由浙江省粮食局直属粮油储备库自主资金投入。陆域用地面积0.6万平方米。

建设单位为浙江省粮食局直属粮油储备库;设计单位为杭州市交通规划设计研究院;施工单位为浙江海洋工程有限公司;监理单位为浙江公路水运工程监理有限公司;质监单位为杭州市交通工程质量安全监督局。

(9)杭州锅炉集团股份有限公司崇贤分公司500吨自备重件码头项目

项目于2009年7月开工,2010年9月试运行,2011年1月竣工。

项目建设依据:2008 年 8 月 5 日,杭州市余杭区发展和改革局《关于"配套建设企业自备重件码头"项目核准的批复》(余发改核〔2008〕28 号);2008 年 4 月 22 日,杭州市余杭区交通局《关于杭州杭锅重型装备制造有限公司码头工程初步设计的批复》(余交〔2008〕56 号);2008 年 8 月,杭州市余杭区交通局《关于杭州杭锅重型装备制造有限公司码头工程初步设计调整的批复》(余交〔2008〕164 号);2008 年 6 月,杭州市人民政府"中华人民共和国国有土地使用证"(杭余国用〔2008〕第 108-414 号);2008 年 10 月,杭州市港航管理局"杭州市港区岸线使用许可证"(杭港航余 8-S136 号)。

项目建设 1 个 500 吨级码头泊位,岸线总长 72 米。码头采用挖入式布局、高桩式结构。码头前沿水深 3.2 米。主要装卸设备包括轨道式门式起重机和叉车。项目总投资2642 万元,由企业自筹。陆域用地面积 9500 平方米。

项目建设单位为杭州锅炉集团股份有限公司崇贤分公司;设计单位为长江航运规划设计院;施工单位为浙江省第一水电建设集团有限公司;监理单位为浙江公路水运工程监理有限公司;质监单位为杭州市交通工程质量安全监督局。

(四)建德港区

1. 港区综述

(1)港区建设和运营情况

建德地处浙江西部,杭州的东南面,是杭州的腹地,西进的桥头堡。建德港区作为杭州港的一大港区,航道资源丰富。2008 年建德港口吞吐货物总量 227 万吨,同比增长6.1%,是建德地区经济持续发展的重要保障。

(2)港区地理条件和集疏运概况

建德港区位于杭州市西部,钱塘江中上游,杭州—黄山黄金旅游线中段,位于北纬29.13°~29.46°、东经 118.54°~119.45°。东与浦江县接壤,南与兰溪市和龙游县毗邻,西南与衢江区相交,西北与淳安县为邻,东北与桐庐县交界。东西长约 90 千米,南北宽约47 千米,总面积 2321 平方公里。

建德市政府驻地新安江镇(新安江街道)位于寿昌江与新安江交汇处,东北距省会杭州市 120 千米,东南距金华市 57 千米,西南距衢州市 75 千米,是杭州市的西大门,历史上是浙北通向皖南和赣北的重要水陆交通门户。

建德市境内航道资源丰富,自然水域环境良好,具有发展水运十分优越的基础条件。境域水系属钱塘江流域,新安江在市境西部的芹坑埠入境,由西向东流经新安江城区、洋溪、下涯、马目、杨村桥,在梅城与兰江汇合后流入富春江;境内全长 41.4 千米,流域面积1291.44 平方公里。兰江在三河乡入境,自南而北流经三河、麻车、大洋、洋尾,于梅城东关汇入富春江;境内长 23.5 千米,流域面积 419.38 平方公里。富春江由西南流向东北,经乌石滩、七里泷,于冷水流入桐庐县;境内长 19.3 千米,流域面积 615.75 平方公里。寿昌江是新安江的一级支流,发源于李家镇长林大坑源,主流长 65.8 千米,流域面积 692.3 平方公里;河道曲折,集流时间短,河床宽浅,总落差 428 米,比降大,流速快,暴涨暴落,且易造成洪涝灾害。

新安江向上经新安江大坝入千岛湖可达安徽黄山,兰江向南上行可到兰溪及金华、衢州,富春江下行过七里泷大坝可进桐庐,继续下行 135 千米到杭州经京杭运河、杭甬运河可直通嘉兴、湖州、绍兴、宁波及上海、江苏、山东乃至长江沿线等地。三江航道境内总长 84.2 千米,为五级通航标准(规划四级航道),9 条支线航道总长约 150 千米,其中可通航里程 24.6 千米,为六级、七级通航标准。

建德是浙西重地,全市形成了集公路、水路、铁路于一体的交通运输网络。

建德市境内有 320、330 两条国道,是江浙至赣闽的主道;境内有杭新景高速公路、杭新景高速公路千岛湖支线和杭新景高速公路龙游支线 3 条高速公路,是连接江西、浙江、安徽之间的快捷通道。同时有金千铁路,与浙赣线相连。新建"建德千岛湖通用航空机场",使建德交通便捷程度大大提高。

2. 港区工程项目

(1)杭州港建德港区十里埠综合作业区工程

项目于 2016 年 12 月开工,2018 年 10 月试运行,2018 年 12 月竣工。

项目建设依据:2015 年 2 月,浙江省发展和改革委员会《关于杭州港建德港区十里埠综合作业区工程可行性研究报告的批复》(浙发改交通〔2015〕78 号);2015 年 12 月,浙江省发展和改革委员会《关于杭州港建德港区十里埠综合作业区工程初步设计批复函》(浙发改复设计〔2015〕121 号);2014 年 4 月,浙江省环境保护厅《关于杭州港建德港区十里埠综合作业区工程环境影响报告书的审查意见》(浙环建〔2014〕22 号);2012 年 12 月,浙江省国土资源厅《关于杭州港建德港区十里埠综合作业区工程建设项目用地的预审意见》(浙土资预〔2012〕228 号);2014 年 4 月,浙江省水利厅《关于杭州港建德港区十里埠综合作业区工程涉河涉堤(占用水域)的批复》(浙水许〔2014〕26 号);2017 年 6 月,岸线使用许可证。

项目建设 13 个 500 吨级码头泊位(除煤炭泊位外,其余水工结构按靠泊 1000 吨级船舶设计),岸线总长 803 米。码头采用顺岸式布局、高桩梁板结构。码头前沿水深 5 米。堆场面积 5.22 万平方米,其中集装箱堆场 1.11 万平方米,可堆放 20 英尺❶集装箱 1000 个;多用途堆场 0.81 万平方米,可扩展 20 英尺集装箱堆存 500 个;件杂货堆场 1.91 万平方米,煤炭散粒料堆场 0.85 平方米,堆存能力 3 万吨,散粒料堆场 0.53 万平方米,堆存

---

❶　1 英尺 = 0.3048 米。

能力2万吨,仓库面积0.98万平方米。主要设备包括集装箱门式起重机2台,件杂货门式起重机1台,固定式/移动式装船机各一套,固定式起重机2台,固定式抓料机1台。项目总投资4.73亿元,陆域用地面积16.5万平方米。

项目建设单位为建德市十里埠港发展有限公司;设计单位为杭州市交通规划设计研究院;施工单位为浙江省第一水电建设集团股份有限公司、浙江大东吴集团建设有限公司(房建)、浙江省围海建设集团股份有限公司(强电)等;监理单位为浙江港湾工程项目管理有限公司、浙江广利工程咨询有限公司;质监单位为杭州市交通工程质量安全监督局。

(2)建德市丰和建材有限公司货运码头改扩建工程

项目于2018年1月开工,2018年10通过交工验收。

项目建设依据:2017年9月,杭州市港航管理局《建德市丰和建材有限公司货运码头改扩建工程初步设计的批复》(杭港航管〔2017〕141号);2017年3月,建德市环境保护局《建德市丰和建材有限公司货运码头建设项目环境影响报告书》(建环批〔2017〕A002号);2017年6月,建德市水利水产局《建德市丰和建材有限公司货运码头改扩建工程占用水域影响评价报告》(建水许〔2017〕9号);2017年5月,杭州市港航管理局《关于建德市丰和建材有限公司货运码头改扩建工程码头选址意见批复的申请》(杭港航管〔2017〕77号)。

项目改造为1个500吨级码头泊位(码头水工靠泊能力为1000吨级),岸线95米。码头采用顺岸式布局、高桩梁板式结构;码头前沿水深5米。项目堆场面积0.21万平方米,堆存能力0.56万吨。主要装卸设备包括8吨固定式起重机、料斗、装船皮带输送机。项目总投资697.52万元,企业投资。陆域用地面积1.09万平方米。

项目建设单位为建德市丰和建材有限公司;设计单位为广东省航运规划设计院有限公司杭州分公司;施工单位为浙江国恒建设有限公司;监理单位为浙江港湾工程项目管理有限公司;质监单位为杭州市交通工程质量安全监督局。

(五)余杭港区

1.港区综述

(1)港区建设和运营情况

余杭港区是杭州港的重要组成部分,位于杭州市的北端,通过京杭运河、杭申线与嘉兴港、湖州港相连,是杭嘉湖平原水上交通运输的金三角地带。余杭区域内河流众多,河港交错,湖泊棋布,古老的京杭大运河穿越其间,其得天独厚的地理、自然、人文条件,自古就是水运通达,商贸集聚。1995年以来,余杭港口随着长三角地区经济社会的快速发展,综合交通体系日趋完备,航道条件明显改善,水路货运优势逐年得到发挥,港口经营货源充足,货船吨位明显增大,进出港吞吐量稳步增长。

1995年后,随着经济、社会的发展,码头、港口得到了较快发展,水路货运优势逐年得到发挥。随着我国法律法规的逐步完善，码头、港口的发展审批逐步规范。杭州市港航管理局制定《杭州市港口经营管理暂行规定》（〔2003〕101号）、余杭区政府印发"关于严格控制余杭港自备码头审批工作的通知"（区政府办〔2003〕124号）、2004年国家颁布了《中华人民共和国港口法》之后，港口管理的政策法规相继出台，为港口规划、建设和经营管理提供了法律法规依据。

2003年编制的《杭州港余杭港区总体布局规划》得到浙江省交通厅批复，为余杭区港区、码头制定合理布局和规划，极大提升余杭港的发展速度。

2017年底，余杭港区共有码头65座，拥有各类泊位109个（其中500吨级泊位15个），使用岸线总长5594米，已经建成仁和散杂货及仁和石化作业区，港区内无客旅码头。

《杭州港总体规划（2005—2020）》中余杭港区在规划期内，新建临平集装箱作业区、仁和散货作业区、仁和危险品作业区、崇贤件货作业区、仓前综合作业区、南庄综合作业区、双林散货化工作业区7个货运作业区，塘栖旅游码头1个客运作业区，塘栖锚泊服务区和武林头锚泊服务区2个船舶锚泊服务区，泊位总数188个，其中仁和散货作业区、仁和危险品作业区、崇贤件货作业区已经建成。

①仁和散货作业区。

位于仁和镇姚垛村附近，京杭运河西岸。规划利用岸线700米，陆域纵深为570米，用地42万平方米，可通过进港道路与东西大道及杭宁高速公路相连。布置500吨级散货泊位28个，新建仓库、管理用房4万平方米，堆场15万平方米，设计年吞吐能力745万吨。

②仁和危险品作业区。

位于仁和镇姚垛村附近，京杭运河西岸。规划利用岸线830米，陆域纵深为480米，用地34万平方米，可通过进港道路与东西大道及杭宁高速公路相连。布置500吨级危险品泊位12个，新建仓库、管理用房2万平方米，设计年吞吐能力278万吨。

③崇贤件货作业区。

位于杭州绕城高速公路西线北侧，京杭运河东岸。规划利用岸线2300米，陆域纵深800米，用地184万平方米，可通过进港道路与杭州绕城高速公路相连。布置500吨级件杂货、散货泊位40个，新建仓库、管理用房6万平方米，堆场45万平方米，设计年吞吐能力819万吨。

港区运营情况：2017年余杭港区共完成货物吞吐量1920.52万吨，同比上涨57.16%。其中进港1722.33万吨，同比上涨61.57%；出港198.19万吨，同比上涨27.04%。从各主要货种来看，2017年钢材吞吐量为456.6万吨，同比上涨112.37%。矿建材料1032.9万吨，同比上涨73.60%，其中黄砂556.6万吨，同比上涨61.33%；煤炭100万吨，同比上涨7.5%；水泥110.2万吨，同比增长9.1%；成品油54.9万吨，同比上涨14.38%；泥浆125.6万吨，同比下降8.3%。钢材和矿建材料是主要货物。

(2)港区地理条件和集疏运概况

杭州市余杭区位于杭嘉湖平原南端,西依天目山,南濒钱塘江,是长江三角洲的圆心地。地理坐标为北纬 30°09′~30°34′、东经 119°40′~120°23′,东西长约 63 千米,南北宽约 30 千米,总面积 1228.41 平方公里。余杭区从东、北、西三面成弧形拱卫杭州中心城区,东面与海宁市、桐乡市、江干区交界,中部与德清县、拱墅区毗连,西部与安吉县、临安区、富阳区、西湖区相接。

余杭境内河流众多,航道成网,是典型的江南水网地区。辖区范围内共有定级航道里程 316.2 千米,现实际通航里程 100.17 千米。通航航道情况如下。四级航道(规划三级) 25.39 千米:运河(11.7 千米)、杭申线(13.4 千米)、杭湖锡线(0.29 千米)。六级航道 41 千米:通航航道有东苕溪(9.8 千米)、武獐线(10.9 千米)、王獐线(10.3 千米)、良獐线(10 千米)。七级航道 33.8 千米:通航航道有临五线(9.5 千米)、临博线(11 千米)、塘超线(8.3 千米)、良勾线(5 千米)。

京杭运河、杭申线为国家级文明样板航道,其通航能力 500 吨级,年实际通过能力 600~800 吨级;而武獐线、王獐线、良獐线 3 条六级航道,通航能力 100 吨级,年实际通过能力 200~800 吨级;此外,临博线、临五线、塘超线、良勾线 4 条七级航道,通航能力 50 吨级,年实际通过能力 200~600 吨级。余杭辖区航道等级总体偏低,四级航道约占 9%,六级及以下航道占 91%,极大部分船舶无法进入支线航道。

辖区航道流量主要是京杭运河、杭申线、杭湖锡线航道船舶流量比较密集,其次就是武獐线、王獐线和良獐线有一定船舶流量。由于 2012 年上牵埠船闸停闸和獐山石矿的关停,使相关航段船舶流量大幅下降,目前七级航道中塘超线、良勾线航道基本没有船舶通航。

2. 港区工程项目

(1)杭州荣圣化工有限公司码头

项目于 2005 年 11 月开工,2006 年 12 月试运行,2006 年 12 月竣工。

项目建设依据:2005 年 2 月,杭州市余杭区经济发展局《关于同意杭州荣圣化工有限公司补办项目立项手续的批复》(余经投〔2005〕13 号);2005 年 9 月,杭州市港航管理局《关于杭州荣圣化工有限公司建设自备码头的批复》(杭港航管〔2005〕241 号);2005 年 4 月,杭州市余杭区环境保护局《杭州荣圣化工有限公司建设项目环境影响报告审批意见》(环评批复〔2005〕065 号);杭州市国土资源局核发国有土地使用许可证;杭州市港航管理局核发了"杭州市港区岸线使用许可证"(杭港航余字 8-S129 号)。

项目建设 1 个 300 吨级及 1 个 500 吨级泊位,主要用于危险化学品码头作业,岸线总长 105 米。码头采用挖入式布局、重力式结构,码头前沿水深 3 米。码头前沿设置管线与后方罐区相连,项目总投资 400 万元,由企业自筹。陆域用地面积 8668 平方米。

项目建设单位为杭州荣圣化工有限公司;设计单位为浙江交通勘察设计有限公司;施工单位为杭州港航工程公司;监理单位为浙江公路水运工程监理有限公司;质监单位为杭州市交通工程质量安全监督管理局。

(2)杭州港余杭港区仁和作业区散杂货区一期工程(杭州和睦储运有限公司)

项目于 2006 年 3 月开工,2011 年 11 月试运行,2013 年 2 月竣工。

项目建设依据:2003 年 12 月,浙江省发展计划委员会《关于余杭港区仁和作业区散杂区一期工程可行性研究报告的复函》(浙计函〔2003〕260 号);2004 年 11 月,浙江省发展和改革委员会《关于余杭港区仁和作业区散杂区一期工程初步设计的复函》(浙发改设计〔2004〕335 号);2009 年 7 月,浙江省发展和改革委员会《关于余杭港区仁和作业区散杂区一期工程可行性研究调整报告的批复》(浙发改交通〔2009〕581 号);2011 年 4 月,浙江省发展和改革委员会《关于调整余杭港区仁和作业区散杂区一期工程调整初步设计的批复》(浙发改设计〔2011〕29 号);2012 年 12 月,杭州交通运输局《关于杭州港余杭港区仁和作业区散杂区一期工程(港池部分)施工图设计文件批复》(杭交复〔2012〕47 号);2013 年 11 月,杭州交通运输局《关于调整杭州港余杭港区仁和作业区散杂区一期工程施工图装卸工艺的批复》(杭交复〔2013〕45 号);2004 年 10 月,浙江省环境保护局《建设项目环境影响评价委托审批通知书》(浙环建函〔2004〕359 号);2004 年 10 月,杭州市余杭区环境保护局《杭州和睦储运有限公司建设项目环境影响报告审查意见》(环评批复〔2004〕225 号);杭州市国土资源局核发国有土地使用许可证;杭州市港航管理局"杭州市港区岸线使用许可证"(杭港航余字 8-S123 号)。

项目建设挖入式港池 2 个,24 个 500 吨级泊位(水工结构按 1000 吨级设计),其中散货泊位 12 个,杂货泊位 12 个(其中全天候作业泊位 2 个),岸线总长 641 米。码头采用挖入式布局、重力式结构。码头前沿水深 3.4 米。项目后方堆场面积 10.56 万平方米,堆存能力 42.2 万吨。仓库面积 1.14 万平方米,堆存能力 4.56 万吨。主要装卸设备配置 25 台起重机。项目总投资 4 亿元,由企业自筹。陆域用地面积 40.33 万平方米。

项目建设单位为杭州和睦储运有限公司;设计单位为杭州市交通规划设计研究院、杭州江南建筑设计研究院有限公司、北京龙安华诚建筑设计有限公司;施工单位为杭州港航工程公司、浙江立达工程建设有限公司、浙江金成建设集团有限公司;监理单位为浙江公路水运工程监理有限公司、嘉兴世纪交通工程咨询监理有限公司、浙江文华建设项目管理有限公司;质监单位为浙江省交通运输厅工程质量监督局。

项目运行后主要装卸货种有钢材、煤炭、砂石料等,2013—2016 年码头吞吐量分别为 276.2 万吨、335.5 万吨、211 万吨、185.6 万吨、259 万吨。

(3)杭州浩翔货物中转有限公司(原杭州南山水泥有限公司)码头改造项目

项目于 2007 年 1 月开工,2008 年 5 月试运行,2008 年 5 月完成交工验收。

项目建设依据:2006 年 8 月,杭州市港航管理局《关于同意杭州南山水泥有限公司码头改建的批复》(杭港航管〔2006〕190 号);2007 年 5 月,杭州市余杭区发改中心《关于杭州南山水泥有限公司码头改建项目前期工作的通知》(余发改中心〔2007〕123 号);2008 年 6 月,杭州市余杭区环境保护局《杭州浩翔货物中转有限公司建设项目环境影响报告审批意见》(环评批复〔2008〕241 号);杭州市国土资源局核发国有土地使用许可证;杭州市港航管理局核发"杭州市港区岸线使用许可证"(杭港航余字 8-S008 号)。

项目建设 4 个 500 吨级泊位,岸线总长 240 米。码头采用顺岸式布局、高桩式结构。码头前沿水深 3 米。项目后方堆场面积 1.02 万平方米,堆存能力 4 万吨。主要装卸设备为 4 台起重机。项目总投资 1000 万元,由企业自筹,陆域用地面积 14000 平方米。

项目建设单位为杭州浩翔货物中转有限公司;设计单位为浙江交通勘察设计有限公司;施工单位为杭州市交通集团有限公司;监理单位为浙江公路水路有限公司;质监单位为杭州市交通工程质量安全监督局。

项目投产后,码头主要经营水泥、熟料、砂石料等,2013—2016 年码头吞吐量分别为 41.75 万吨、56.63 万吨、42.38 万吨、34.26 万吨、86.18 万吨。

(4)浙江东宁建设有限公司(原杭州余杭塘栖建筑工程有限公司)码头技术改造工程

项目于 2007 年 12 月开工,2008 年 9 月交工,2008 年 11 月试运行。

项目建设依据:2007 年 5 月,杭州市港航管理局《关于杭州余杭塘栖建筑工程有限公司码头技术改造的批复》(杭港航管〔2007〕89 号);2007 年 9 月,浙江省经贸委《关于核准杭州余杭塘栖建筑工程有限公司码头技术改造项目的批复》(浙经贸投资〔2007〕472 号);2007 年 7 月,杭州市余杭区环境保护局"建设项目环境影响报告审批意见"(环评批复〔2007〕261 号);杭州市国土资源局核发国有土地使用许可证;杭州市港航管理局核发"杭州市港区岸线使用许可证"(杭港航余字 8-S121 号)。

项目建设 1 个 500 吨级泊位,岸线总长 91 米。码头采用挖入式布局、重力式结构。码头前沿水深 2.8 米。项目后方堆场面积 4200 平方米,堆存能力 1.7 万吨。主要装卸设备为 1 台起重机。项目总投资 105 万元。陆域用地面积 1.9 万平方米。

项目建设单位为浙江东宁建设有限公司;设计单位为浙江省交通勘察设计有限公司;施工单位为杭州市交通集团有限公司;监理单位为湖州市公路水运监理有限公司;质监单位为杭州市交通工程质量安全监督局。

项目投产后,东宁建设码头主要装卸货种为煤炭和砂石料,2013 年码头吞吐量为 18.19 万吨,2014 年吞吐量为 19.22 万吨,2015 年吞吐量为 12.52 万吨。

(5)杭州港余杭港区仁和石化作业区南港区

项目于 2008 年 12 月开工,2018 年 12 月试运行,2018 年 12 月竣工。

项目建设依据:2003 年 12 月,浙江省发展计划委员会《关于余杭港区仁和石化区一期工程可行性研究报告的复函》(浙计函〔2003〕259 号);2008 年 11 月,浙江省发展和改革委员会《关于杭州港余杭港区仁和石化作业区南港区项目核准批复》(浙发改交通〔2008〕797 号);2008 年 12 月,浙江省发展和改革委员会《关于杭州港余杭港区仁和石化作业区南港区项目初步设计的批复》(浙发改设计〔2008〕210 号);2004 年 8 月,浙江省环境保护局《关于余杭港区仁和作业区石化区一期工程环境影响报告书审查意见的函》(浙环建〔2004〕155 号);2007 年 8 月,杭州市公安消防局《关于同意余杭港区仁和石化作业区石化区一期工程建筑工程消防设计的审查意见》(杭公消审〔2007〕第 0414 号);杭州市国土资源局核发国有土地使用许可证;杭州市港航管理局"杭州市港区岸线使用许可证"(杭港航余字 8-S137 号)。

项目建设 8 个 500 吨级泊位,岸线总长 590 米。码头采用挖入式布局、重力式结构。码头前沿水深 2.5 米。项目后方配套罐容 15.03 万立方米,其中成品油储罐 24 只,共计 12 万立方米,化工原料储罐 52 个,共计 3.03 万立方米。项目总投资 4.5 亿元,由企业自筹。陆域用地面积 20 万平方米。

项目建设单位为杭州梁运储运有限公司;设计单位为杭州市交通规划设计研究院;施工单位为杭州交投建设工程有限公司;监理单位为北京水规院京华工程管理有限公司;质监单位为浙江省交通建设工程监督管理局。

(6)杭州余杭强力墙体材料有限公司码头改造工程

项目于 2010 年 5 月开工,2012 年 5 月试运行,2017 年 6 月竣工。

项目建设依据:2007 年 8 月,杭州市港航管理局《关于杭州余杭强力墙体材料有限公司码头技术改造的批复》(杭港航管〔2007〕161 号);2008 年 12 月,浙江省经济贸易委员会《关于杭州余杭强力墙体材料有限公司码头技改项目核准的批复》(浙经贸投资〔2008〕1 号);2008 年 11 月,杭州市余杭区经济发展局《关于上报杭州余杭强力墙体材料有限公司码头技术改造项目核准的请示》(余经发核〔2008〕11 号);2008 年 9 月,杭州市余杭区林业水利局"涉河建设项目审批意见"(涉河批复〔2008〕51 号);2008 年 10 月,杭州市余杭区环境保护局《建设项目环境影响报告审批意见》(环评批复〔2008〕430 号);杭州市国土资源局核发国有土地使用许可证;杭州市港航管理局"杭州市港区岸线使用许可证"(杭港航余字 8-S002 号)。

项目建设 2 个 500 吨级泊位,岸线总长 110 米。码头采用顺岸式布局、重力式结构。码头前沿水深 2.8 米。项目后方堆场面积 6500 平方米,堆存能力 2.6 万吨。主要装卸设备为 2 台起重机。项目总投资 400 万元,由企业自筹。陆域用地面积 8750 平方米。

项目建设单位为杭州余杭强力墙体材料有限公司;设计单位为嘉兴市世纪交通设计有限公司;施工单位为杭州港航工程公司;监理单位为浙江公路水运工程监理有限公司;质监单位为杭州市交通工程质量安全监督局。

项目投产后主要经营线材及矿建材料,2013—2017 年码头吞吐量分别为 11.44 万吨、32.07 万吨、23.63 万吨、10.36 万吨、52.93 万吨。

(7)杭州港余杭港区仁和石化作业区北港区项目

项目于 2010 年 8 月开工,2014 年 2 月试运行,2016 年 1 月竣工。

项目建设依据:2008 年 11 月,浙江省发展和改革委员会《关于杭州港余杭港区仁和石化作业区北港区项目核准的批复》(浙发改交通〔2008〕794 号);2009 年 11 月,浙江省发展和改革委员会《关于余杭港区仁和石化作业区北港区项目初步设计的批复》(浙发改设计〔2009〕156 号);2010 年 5 月,浙江省发展和改革委员会《关于杭州港余杭港区仁和石化作业区北港区调整初步设计的批复》(浙发改设计〔2010〕44 号);2010 年 4 月,杭州市交通局《关于杭州港余杭港区仁和石化作业区北港区码头部分施工图设计文件批复》(杭交复〔2010〕16 号);2011 年 11 月,浙江省安全监督管理局《危险化学品建设项目安全设施设计审查意见书》(浙安监危化项目设批字〔2011〕15 号);2015 年 10 月,杭州市余杭区环境保护局《关于杭州余杭石油储运有限公司仁和中转油库调整项目环境保护设施竣工验收意见》(余环验〔2015〕5-58 号);杭州市国土资源局核发国有土地使用许可证;杭州市港航管理局核发"杭州市港区岸线使用许可证"(杭港航余字 8-S143 号)。

项目建设 3 个 500 吨级泊位,岸线总长 255 米。码头采用挖入式布局、重力式结构。码头前沿水深 2.5 米。项目后方建设 6000 立方米成品油储罐 12 个,共计 72000 立方米。项目总投资 1.06 亿元,由企业自筹。陆域用地面积 5.5 万平方米。

项目建设单位为杭州余杭石油储运有限公司;设计单位为杭州市交通规划设计研究院;施工单位为杭州港航工程公司;监理单位为浙江公路水运工程监理有限公司;质监单位为浙江省交通建设工程监督管理局。

项目设计变更:①储存品种由柴油、汽油、煤油、甲基叔丁基醚 MTBE 减少为柴油、汽油。②工艺流程优化。③增加化验功能,将综合楼北原篮球场变更为化验楼。④消防水罐容量由 2 个 1400 立方米变更为 2 个 1700 立方米。

项目投产后的运营情况:余杭石油储运码头自 2015 年正式投产试运行,主要装卸汽油、柴油,2015 年吞吐量为 6.86 万吨,2016 年吞吐量为 36.72 万吨,2017 年吞吐量为 49.06 万吨。

(8)浙江合正实业有限公司(原浙江同鑫工贸有限公司)码头改扩建工程

项目于 2015 年 12 月开工,2017 年 1 月试运行,2019 年 3 月竣工。

项目建设依据:2011 年 4 月,杭州市港航管理局《浙江同鑫工贸有限公司码头改扩建选址的批复》(杭港航管〔2011〕50 号);2014 年 9 月,浙江省经济和信息化委员会《关于核准浙江同鑫工贸有限公司码头改扩建项目的批复》(浙经信投资〔2014〕437

号）;2015 年 9 月,杭州市余杭区经济和信息化局《关于浙江同鑫工贸有限公司码头改扩建项目调整核准内容的批复》（余经信中心〔2015〕2 号）;2015 年 9 月,《关于浙江同鑫工贸有限公司码头改扩建核准项目调整的批复》（余经信中心〔2015〕3 号）;2015 年 10 月,杭州市港航管理局《关于浙江同鑫工贸有限公司码头改扩建工程初步设计的批复》（杭港航管〔2015〕155 号）;2014 年 6 月,杭州市余杭区环境保护局《关于同意浙江同鑫工贸有限公司码头改扩建核准项目环境影响报告表的审批意见》（环评批复〔2014〕545 号）;2016 年 6 月,杭州市港航管理局《关于调整浙江同鑫工贸有限公司码头改扩建工程 1 号泊位装卸工艺的批复》;杭州市港航管理局"杭州市港区岸线使用许可证"（杭港航余字 8-S108 号）;杭州市国土资源局核发国有土地使用许可证。

项目建设 4 个 500 吨级泊位,岸线总长 280 米。码头采用挖入式布局、重力式结构。码头前沿水深2.8 米。项目后方堆场面积 10500 平方米,堆存能力 4.2 万吨。主要装卸设备为 6 台起重机。项目总投资 3300 万元,其中企业自筹 500 万元,银行贷款 2800 万元。陆域用地面积 12500 平方米。

项目建设单位为浙江合正实业有限公司;设计单位为广东省航运规划设计院有限公司杭州分公司;施工单位为浙江国恒建设有限公司;监理单位为山东省交通工程咨询分公司;质监单位为杭州市交通工程质量安全监督局。

（六）桐庐港区

1. 港区综述

（1）港区建设和运营情况

桐庐辖区地处富春江中上游,上承建德港区,下接富阳港区。其中浙江省水运重点工程富春江船闸位于桐庐港区七里泷航段。截至 2018 年 5 月,桐庐港区共有桐庐综合作业区、坞泥口散货作业区、旧县散货作业区 3 个。港区共有货运码头 7 个,客运码头 1 个,泊位 18 个。统计数据显示,2012—2017 年港区完成吞吐量共计 2977 万吨,其中矿建材料 2248 万吨,煤炭 550 万吨,水泥 90 万吨,其余 89 万吨。港区矿建材料吞吐量出港 1696 万吨,进港 552 万吨;吞吐量从 2014 年后开始大幅增加,2014—2017 年年均增幅分别为 50%、39%、17%、46%。

（2）港区地理条件和集疏运概况

桐庐港区处于亚热带季风气候区,气候温和湿润日照充足,雨水充沛,四季分明。6 月中旬至 7 月中旬为"梅雨期",8 月下旬至 9 月中旬是台风季节。

桐庐港区滩多、湾多、水急、水位落差大。港区航道特性不一,大坝至渡济大桥水域航道水深浅,航道宽度窄;渡济大桥至窄溪大桥水域桥梁多,桥区水流紊乱;窄溪下游段水域河道缩窄,流速急。

2.港区工程项目

(1)桐庐综合码头一期工程

项目于2007年2月开工,2011年9月试运行,2020年7月竣工。

项目建设依据:2004年4月,浙江省交通厅《关于桐庐综合码头一期工程可行性研究报告的批复》(浙交复〔2004〕67号);2004年11月,浙江省交通厅《桐庐综合码头工程初步设计的批复》(浙交复〔2004〕187号);2006年12月,杭州市交通局《关于桐庐综合码头一期工程施工图设计文件的批复》(杭交复〔2006〕63号);2006年12月,桐庐县环境保护局《关于桐庐港桐庐综合作业区一期工程建设项目环境影响评价报告书审查意见》(桐环批〔2006〕混10号);2011年1月,桐庐县发展和改革局《关于同意调整建设计划的批复》(桐发改投〔2011〕5号);2011年8月,桐庐县发展和改革局《关于桐庐综合码头工程建设事项的批复》(桐发改投〔2011〕130号);2011年8月,桐庐县交通局《关于对杭州桐庐港务有限公司申请缓建桐庐综合码头9、10号泊位的批复》(桐交〔2011〕72号)(项目一期原建设泊位10个后调整为8个,并将8号泊位未建成部分纳入二期建设)。

项目建设8个500吨级散货码头泊位,岸线总长597米。码头采用顺岸式布局、重力式结构。码头前沿水深2.8米。项目后方堆场面积23516.0平方米。主要装卸设备为4台起重机。项目总投资5341万元,由企业自筹。陆域用地面积13.3万平方米。

建设单位为杭州桐庐港口开发有限公司;设计单位为杭州交通规划设计研究院;施工单位为浙江省第一水电建设有限公司;监理单位为嘉兴世纪交通工程咨询监理有限公司;质监单位为杭州市交通工程质量安全监督局。

(2)桐庐红狮水泥有限公司散货自备码头

项目于2010年3月开工,2017年5月试运行,2018年5月竣工。

项目建设依据:2008年3月,桐庐县发展和改革局《关于桐庐红狮水泥有限公司散货自备码头工程申请报告的批复》(桐发改投〔2008〕18号);2009年2月,桐庐县发展和改革局《关于桐庐红狮水泥有限公司散货自备码头工程初步设计的批复》(桐发改〔2009〕14号);2009年12月,杭州市港航管理局《关于桐庐红狮水泥有限公司自备码头工程施工图(水工部分)设计文件的批复》(杭港航管〔2009〕258号);2012年11月,杭州市港航管理局《关于桐庐红狮水泥有限公司自备码头生产及辅助建筑工程施工图设计文件的批复》(杭港航管〔2012〕137号);2009年2月,桐庐县环境保护局《关于桐庐红狮水泥有限公司自备临时码头工程环境影响评价报告书的审批意见》(桐环批〔2009〕综2号)。

项目建设5个500吨级散货泊位,其中综合散货进口泊位1个,散货出口泊位4个。岸线总长324米。码头采用顺岸式布局、高桩式结构。码头前沿水深2.7米。主要装卸设备包括1座固定式起重机、2座圆弧轨道式装船机。项目总投资8075.01万元,由企业自筹。陆域用地面积2570.0平方米。

项目建设单位为桐庐红狮水泥有限公司;设计单位为长江航运规划设计院;施工单位为杭州港航工程公司;监理单位为武汉土木工程建设监理有限公司;质监单位为杭州市交通工程质量安全监督局。

项目为企业自备码头,项目投产后为企业原燃材料中转发挥重要作用,投产后运营情况正常,实际装卸能力达到设计标准。

(3)桐庐南方水泥有限公司富春江码头生态化改造项目

项目于2015年3月开工,2017年7月试运行,2018年12月竣工。

项目建设依据:2012年11月,桐庐县发展和改革局《关于桐庐南方水泥有限公司富春江码头生态化改造项目核准的批复》(桐发改投核准〔2015〕第5号);2013年6月,杭州市交通运输局《关于印发桐庐南方水泥有限公司富春江码头生态化改造工程可行性研究报告专家评审意见的通知》(杭交发〔2013〕111号);2013年11月,杭州市港航管理局《关于桐庐南方水泥有限公司富春江码头生态化改造工程初步设计的批复》(杭港航管〔2013〕175号);2014年4月,杭州市港航管理局《关于桐庐南方水泥有限公司富春江码头生态化改造工程施工图设计的批复》(杭港航管〔2014〕63号);2012年11月,桐庐县环境保护局《桐庐南方水泥有限公司富春江码头生态化改造工程项目环境影响报告表》(桐环批〔2012〕53号);2016年2月,桐庐县发展和改革局《关于同意调整桐庐南方水泥有限公司富春江码头生态化改造项目的批复》(桐发改投〔2016〕12号);2016年9月杭州市港航管理局《关于桐庐南方水泥有限公司富春江码头生态化改造项目有关内容调整的批复》(杭港航管〔2016〕155号)。

项目建设4个500吨级兼靠1000吨级散货泊位,岸线总长234米。码头采用顺岸式布局、高桩式结构。码头前沿水深2.7米。项目堆场面积1281.6平方米,堆存能力1.2万吨。主要装卸设备为2台10吨固定式起重机。项目总投资4464万元,为企业自有资金。陆域用地面积3.46万平方米。

项目建设单位为桐庐南方水泥有限公司;设计单位为杭州市交通规划设计院;施工单位为杭州市交通规划设计院;监理单位为浙江公路水运工程监理有限公司;质监单位为浙江公路水运工程监理有限公司。

2016年发生项目调整,将码头工程调整为二期建设,并取消5号挖入式港池泊位;项目分成一期、二期分期验收,概算总投资由6052万元调整为4464万元。项目为企业自备码头,项目投产后为企业原燃材料中转发挥重要作用,投产后运营情况正常,实际装卸能力达到设计标准。

(七)萧山港区

1.港区综述

(1)港区建设和运营情况

萧山港区作为杭甬运河、钱塘江出海口岸,为萧山工业园区及萧山区的物资运输服务,主要建设件杂货、散货、化工、集装箱泊位。萧山港区是杭州港的重要组成部分,是杭州市、萧山区对外物资交流的重要口岸和城市建设、沿河产业布局的重要依托,是萧山区实现产业集聚发展,布局临河产业的重要保障,拥有杭州市唯一的出海码头,具备发展海河联运的先决条件。随着腹地经济发展、港口基础设施和集疏运系统的不断完善,萧山港区将成为以煤炭、矿建材料、水泥、钢材、粮食、危险品、集装箱等货物运输为主,以机电产品、工业产品及其他件杂货运输为辅的沿海和内河协同发展的综合性港区。2017年,萧山港区共完成港口吞吐量414.44万吨,其中进港389.57万吨,出港24.87万吨。

(2)港区地理条件和集疏运概况

萧山区处于浙东低山丘陵北部,浙北平原区南部。天目山分支余脉分别从西南、南部、西北入境,呈西南向东北方向展布。钱塘江自西向东南绕市境蜿蜒而过。区内水系复杂,主要有五江(富春江、钱塘江、浦阳江、凰桐江、西小江)、三河(永兴河、箫绍运河、南门江河)、三溪(云溪、楼塔溪、进化溪)、二湖(里墅湖、湘湖),形成南部以钱塘江为主体的水系,萧绍平原的曹娥江水系,以及箫绍平原与北部围垦区的人工河网形成的萧绍内河水系。

2.港区工程项目

(1)萧山临江工业园区临时码头工程

项目于2010年5月开工,2013年2月试运行,2013年10月竣工。

项目建设依据:2009年11月,杭州市萧山区发展和改革局批复了《关于调整萧山临江工业园区临时码头项目可行性研究报告》;2009年12月,浙江省钱塘江管理局批复了《关于萧山临江工业园区临时码头工程建设》;2010年3月,杭州市萧山区发展和改革局批复《关于萧山临江工业园区临时码头项目初步设计》;2012年1月,杭州市港航管理局批复了《关于萧山临江工业园区临时码头工程施工图设计文件》;2009年11月,杭州市萧山区环境保护局批复了《绍兴中远国际货运有限公司杭州萧山临江工业园区临时码头建设项目环境影响报告表》;2010年2月,杭州市港航管理局批复了"萧山临江临时码头岸线选址";浙江省钱塘江管理局《关于临江工业园区临时码头技术改造工程一期工程涉河涉堤建设项目的复函》(浙钱许〔2015〕11号)。

项目建设 1 个 2000 吨级特重大件货物泊位,岸线总长 120 米。码头采用顺岸式布局、高桩梁板结构。码头前沿水深 6.51 米。主要装卸设备为 1 台 350 吨门式起重机。项目总投资 6661.19 万元,由政府投资。陆域用地面积 1.03 万平方米。

项目建设单位为杭州临江投资发展有限公司;设计单位为湖北省交通规划设计院;施工单位为浙江宝业交通建设工程有限公司;监理单位为浙江公路水运工程监理有限公司;质监单位为杭州市交通工程质量安全监督局。

(2)杭州金腾商品混凝土有限公司(原杭州凤祥纺织实业有限公司)

项目于 2010 年 10 月开工,2012 年 7 月竣工。

项目建设依据:2009 年 4 月,杭州市交通局《关于要求对杭州凤祥纺织实业有限公司码头工程初步设计批复的请示》(杭交复〔2009〕14 号);2009 年 6 月,杭州市港航管理局《关于杭州凤祥纺织实业有限公司自备码头工程施工图设计文件的批复》(杭港航管〔2009〕127 号);2009 年 1 月,杭州市萧山区环境保护局批复《杭州凤祥纺织实业有限公司自备码头工程建设项目环境影响报告表》(萧环建〔2009〕0031 号);2008 年 12 月,杭州市港航管理局批复《关于建设自备码头要求使用港口岸线的报告》(杭港航管〔2008〕309 号)。

项目建设 1 个 500 吨级散货泊位,岸线总长 62 米。码头采用半挖入式布局、重力式结构。码头前沿水深 2.5 米。项目堆场面积 1214 平方米。主要装卸设备为 1 台轨道式门式起重机。项目总投资 452.74 万元,由企业自筹。陆域用地面积 2.45 万平方米。

项目建设单位为杭州凤祥纺织实业有限公司;设计单位为长江航运规划设计院浙江分院;施工单位为浙江省第一水电建设集团股份有限公司;监理单位为上海海达工程建设咨询有限公司;质监单位为杭州市交通工程质量安全监督局。

(3)萧山国家粮食储备库迁(扩)建工程码头配套工程

项目于 2010 年 10 月开工,2017 年 1 月试运行,2018 年 12 月竣工。

项目建设依据:2009 年 7 月,杭州市交通局批复了《关于要求对萧山国家粮食储备库迁(扩)建工程可行性研究报告码头部分进行审查的请示》;2010 年 8 月,杭州市交通局批复了《关于萧山国家粮食储备库迁(扩)建工程码头配套工程初步设计》;2010 年 9 月,杭州市萧山区发展和改革局批复了《关于调整萧山国家粮食储备库迁(扩)建项目可行性研究报告》;2010 年 10 月,杭州市港航管理局批复了《关于萧山国家粮食储备库迁(扩)建工程码头配套工程施工图设计文件》;2005 年 11 月,杭州市萧山区环境保护局批复了《萧山国家粮食储备库迁、扩建工程影响报告书》;杭州市港航管理局批复《关于萧山国家粮食储备库迁建工程配套专用码头选址的行业意见》。

项目建设 4 个 500 吨级散货、包货泊位,岸线总长 236 米。码头采用重力式布局、挖入式结构。码头前沿水深 2.6 米。项目堆场面积 2.02 万平方米。主要装卸设备包括 2 台 5 吨桁车及 2 台 5 吨固定式起重机。项目总投资 3.36 亿元,由政府投资。陆域用地面积 16.43 万平方米。

项目建设单位为杭州市萧山区粮食局;设计单位为宁波市交通设计研究院;施工单位为永嘉县交通工程公司;监理单位为上海同济工程项目管理咨询有限公司;质监单位为杭州市交通工程质量安全监督局。

(4)杭州联化水泥有限公司码头一期工程

项目于 2011 年 5 月开工,2012 年 12 月竣工。

项目建设依据:2010 年 12 月,杭州市港航管理局批复了《关于杭州联化水泥有限公司自备码头工程施工图设计文件》;2010 年 10 月,杭州市萧山区环境保护局批复了"杭州联化水泥有限公司 500 吨级自备码头建设项目环境影响报告表"。

项目建设 1 个 500 吨级散货泊位,靠泊能力 500 吨级,岸线总长 120 米。码头采用重力式布局、顺岸式结构。码头前沿水深 2.5 米。项目堆场面积 2394 平方米。主要装卸设备为 1 台 16 吨固定式起重机。项目总投资 500 万元,由企业自筹。陆域用地面积 5.34 万平方米。

项目建设单位为杭州联化水泥有限公司;设计单位为长江航运规划设计院;施工单位为浙江江南春建设集团有限公司;监理单位为上海海达工程建设咨询有限公司;质监单位为杭州市交通工程质量安全监督局。

自 2014 年 6 月—2018 年 6 月,码头吞吐量总计 183 万吨,主要货物为黄砂、水泥熟料。

(5)杭州联化水泥有限公司码头二期工程

项目于 2016 年 1 月开工,2017 年 6 月试运行,2018 年 12 月竣工。

项目建设依据:2010 年 12 月,杭州市港航管理局"关于杭州联化水泥有限公司自备码头工程施工图设计文件"(杭港航管〔2010〕214 号);2015 年 11 月,杭州市港航管理局"关于杭州联化水泥有限公司二期码头工程施工图设计文件"(杭港航管〔2015〕178 号);2010 年 10 月,杭州市萧山区环境保护局"杭州联化水泥有限公司500 吨级自备码头建设项目环境影响报告表"(萧环建〔2010〕2413 号)。

项目建设 1 个 500 吨级散货泊位,岸线总长 120 米。码头采用重力式布局、顺岸式结构。码头前沿水深 2.5 米。项目主要装卸设备包括吸泵、分离器、罗茨真空泵。项目总投资 109.1 万元,由企业自筹。陆域用地面积 5.34 万平方米。

项目建设单位为杭州联化水泥有限公司;设计单位为广东省航运规划设计院有限公司杭州分公司;施工单位为浙江江南春建设集团有限公司;监理单位为四川省城市建设监

理有限公司浙江分公司；质监单位为杭州市交通工程质量安全监督局。

三、嘉兴内河港

（一）港口概况

1.港口综述

嘉兴内河港地处我国长江三角洲南翼、浙江省北部杭嘉湖水网地区，是交通运输部公布的全国 28 个内河主要港口之一。港口所依托的嘉兴市经济基础雄厚，紧邻我国经济、金融、贸易和航运中心的上海市，综合交通十分发达，区位优势十分明显。嘉兴内河港与嘉兴港直接连通，可充分发挥嘉兴内河海河联运优势，通江达海；同时通过京杭运河、杭申线、湖嘉申线、杭平申线、乍嘉苏线等长三角高等级航道，嘉兴内河港的货物可直达上海、苏州、杭州、湖州等地，在浙北杭嘉湖地区、苏南以及上海周边地区的内河港口运输格局中占据重要的枢纽地位。

嘉兴内河港由城郊、海宁、海盐内河、平湖、嘉善、桐乡 6 个港区组成。1986 年，根据交通部《关于开展全国港口普查工作的通知》（〔86〕交函字 149 号），按照"一城一港、一县一港、一镇一港"的普查要求，全市内河确定为 25 个港口；2007 年，嘉兴内河港总体规划经交通部和浙江省人民政府批复，将嘉兴市 25 个港口合并，设立嘉兴内河港，并以行政区划设置城郊港区、嘉善港区、海宁港区、海盐内河港区、平湖港区和桐乡港区。

嘉兴内河港是嘉兴城市和经济发展的依托，是发展临港产业和实现河海联运的主要基础，承担腹地经济发展所需物资、原材料的中转运输。随着嘉兴内河集装箱码头的建成，集装箱港口业务将成为嘉兴内河港的一项新兴业务，嘉兴内河港将逐步发展为现代化、多功能、综合性港口。

2015 年底，嘉兴内河港拥有内河码头泊位 1661 个，泊位长度 8.32 万米，港口吞吐能力达 13848 万吨，当年完成港口吞吐量 8586 万吨。

2.港口水文气象

嘉兴市地处亚热带南缘，是典型的东亚季风气候，冬、夏季风交替明显，四季分明，日光充足，水量充沛，气候温和湿润，历来就有"丝绸之府、鱼米之乡"的美名。春季温暖多雨，夏季炎热湿润，盛行 ES 风。6 月前后，南北气流对峙，形成"梅雨期"；7 月至 8 月，区境处在太平洋副高压的控制下，高温少雨，蒸腾量大，易造成不同程度伏旱；8 月下旬至 9月，受北上台风及倒槽影响，形成全年第二个雨季；秋冬季市少雨期且相对干旱。

嘉兴区内湖、漾众多，河、港纵横，地表水十分丰富。河道比降小，水流平缓，流向顺逆不定；水位变幅小，历年最大水位变幅约 2.6 米。平湖以下受黄浦江潮汐顶托影响，属于感潮河段。河道水源以降水径流为主,枯水季节可由太湖调节补充。

区域内有崇德、嘉兴、软城等水位站,均有长期观测资料。受人类活动的影响,水位测站资料系列的一致性不够。1991 年,开展"太湖流域综合治理骨干工程"以来,兴建杭嘉湖南排、北排、东排工程,建设杭申线四级航道、六平申线五级航道等,改善了流域的水利条件、航运条件,同时也使区内水文情势有了明显的改变。各时期观测资料,均能较好地反映流域水情变化。

3.发展成就

2004 年,全市共拥有内河码头(100 吨级以上)1145 个,泊位 2311 个,泊位长度 77304 米,泊位年通过能力 7000 多万吨。全年完成货物吞吐量 6554 万吨,其中四大主要港口完成货物吞吐量 1802 万吨。

2010 年底,拥有内河码头泊位 1784 个,泊位长度 78.6 千米,港口吞吐量达到 9486 万吨。嘉兴内河港生产性码头泊位主要分布于杭申线、乍嘉苏线、杭平申线、嘉于硖线、东宗线、京杭运河等主干线航道两岸,其他支线航道上也分布了一些简易码头。

嘉兴内河港港区分布如图 9-4-2 所示,嘉兴内河港基本情况见表 9-4-3。

图 9-4-2　嘉兴内河港港区分布图

表 9-4-3

嘉兴内河港基本情况表

序号	港区名称	港区岸线		2015年港口生产性泊位				其中:1978—2015年建成的生产性泊位				货物吞吐量	2015年港口货物和旅客吞吐量						
		港区规划岸线	其中:2015年前已建成岸线	生产性泊位数	其中:千吨级及以上	生产性泊位总长	其中:千吨级及以上	生产性泊位数	其中:千吨级及以上	生产性泊位总长	其中:千吨级及以上	货物吞吐量	其中:外贸货物吞吐量	集装箱	滚装车辆		旅客	其中:国际旅客	
															数量	质量			
		千米	千米	个	个	米	米	个	个	米	米	万吨	万吨	万TEU	万辆	万吨	万人	万人	
1	城郊港区	—	20604	398	0	19844	0	398	0	19844	—	2240.22	76.07	16.56	—	—	—	—	
2	海宁港区	—	4456	78	0	4358	0	78	0	4358	—	682.23	—		—	—	—	—	
3	海盐内河港区	—	9727	177	0	9312	0	169	0	9055	—	1367.44	—		—	—	—	—	
4	平湖港区	—	9280	176	0	8280	0	176	0	8280	—	861.48	—		—	—	—	—	
5	嘉善港区	—	18231	373	0	16366	0	372	0	16334	—	1671.74	—		—	—	—	—	
6	桐乡港区	—	20871	355	0	19905	0	352	0	19708	—	1763.23	—		—	—	—	—	
	合计	—	83169	1557	0	78065	0	1545	0	77579	—	8586.34	76.07	16.56	—	—	—	—	

(二)城郊港区

1. 港区综述

(1)港区建设和运营情况

截至2015年底,嘉兴内河港城郊港区共计码头288个,泊位467个,年吞吐能力达到3986.15万吨,平均每个泊位能力为8.54万吨,岸线利用率相对较低。

城郊港区现有288个码头,除位于杭申线以及乍嘉苏线上企业自备码头规模较大外,其余以100吨级及其以下等级码头较多。这些码头分布散、规模小、装卸设备简陋、装卸工艺比较落后。现状水路运输码头的状况在一定程度上制约和限制了水路交通的持续稳定发展。

(2)港区地理条件和集疏运概况

嘉兴内河港城郊港区位于杭嘉湖水网地区,是嘉兴市水路物资对外交流的重要门户。根据对港区所处的地理位置、集疏运条件以及货物流向,综合分析确定城郊港区的直接经济腹地为嘉兴市南湖区及秀洲区,同时与浙江省和长三角的部分地区有着密切的联系。

城郊港区基本形成了一个由骨干航道组成的航道网。截至2015年,境内共有航道52条,通航里程454.98千米,其中可通行500吨级的四级航道69.42千米,可通行300吨级的五级航道20.03千米,可通行100吨级的六级航道111.05千米。境内主要有杭申线、杭平申线、乍嘉苏线、京杭运河、湖嘉申线等骨干航道。城郊港区吞吐货物以矿建材料、煤炭、水泥等大宗散货为主,其中矿建材料、水泥主要由嘉兴运往上海、杭州等周边主要城市,同时嘉兴是杭州等长三角中心城市发展的重要基础。

2. 港区工程项目

(1)嘉兴嘉化物流有限公司港口码头工程

项目于2005年2月开工,2007年12月试运行,2008年4月竣工。

项目建设依据:2003年9月,嘉兴市发展计划委员会《关于嘉化新丰化学危险品装卸储运中心项目可行性报告的批复》(嘉计〔2003〕374号);2004年2月,嘉兴市发展计划委员会《关于嘉化新丰化学危险品装卸储运中心及专用码头项目初步设计的批复》(嘉计〔2004〕65号)。2003年9月,嘉兴市环境保护局秀城分局《关于浙江嘉兴嘉化物流有限公司嘉化新丰化工物流产业园新建项目环境影响报告表审查意见的函》(秀城环函〔2003〕40号);2004年6月,嘉兴市国土资源局"国有土地使用权出让合同"(嘉城土让合〔2004〕第052号)。

项目建设3个500吨级化学品码头泊位。岸线总长1170.0米。采用顺岸式布置,重力式码头结构,码头前沿水深2.5米。主要装卸设备包括2台额定起重量小于10吨的港口门座起重机、液体输送管道、起重机。项目总投资7232万元,资金来源为企业自筹和银行贷款。

项目建设单位为浙江嘉兴嘉化物流有限公司;设计单位为浙江省天正设计工程有限公司;施工单位为平湖市水利工程有限公司;监理单位为嘉兴市建昌工程建设监理有限公司;质监单位为嘉兴市交通工程质量监督站。

(2)中石化嘉兴油库码头工程

项目于2006年10月开工,2007年6月试运行,2007年10月竣工。

项目建设依据:2005年11月,中国石油化工股份有限公司《关于金嘉湖成品油管道工程油库配套设施可行性研究报告的批复》(石化股份计〔2005〕373号);2005年12月,浙江省发改委《关于金山—嘉兴—湖州成品油管道及配套油库工程初步设计的批复》(浙发改委设计〔2005〕330号)。2010年2月,浙江省环保厅《关于金嘉湖成品油管道及配套设施竣工环境保护验收意见的函》(浙环建验〔2010〕09号)。土地证:嘉南土国用〔2014〕第1040119号。港口岸线批复:水路交通准予行政许可决定书(浙港政-FF〔2008〕53号、浙港政-FF〔2012〕13号)。

项目建设3个500吨级成品油码头泊位,码头岸线总长155米。采用顺岸式布置、重力式码头结构,码头前沿水深3.2米。主要装卸设备包括输油泵、管线。项目总投资268.54万元,均由企业自筹。项目陆域用地133亩。

项目建设单位为中国石化销售有限公司浙江嘉兴石油分公司;设计单位为嘉兴世纪交通设计有限公司;施工单位为浙江凌云水利水电建筑有限公司;监理单位为嘉兴市世纪交通工程监理有限公司;质检单位为嘉兴市港航质检站。

(3)嘉兴内河港多用途港区工程

项目于2008年12月开工,2010年8月试运行,2012年12月竣工。

项目建设依据:2007年4月,浙江省发展和改革委员会《关于嘉兴内河港多用途工程项目核准的批复》(浙发改交通〔2007〕279号);2005年10月14日,浙江省发展和改革委员会《浙江省发展改革委关于嘉兴内河港国际集装箱港区工程可行性研究报告批复的函》(浙发改函〔2005〕236号);2006年3月,浙江省发展和改革委员会《关于嘉兴内河港国际集装箱港区工程初步设计的复函》(浙发改设计〔2006〕30号);2008年10月,浙江省发展和改革委员会《关于嘉兴内河港多用途工程初步设计的批复》(浙发改设计〔2008〕82号);2008年11月,浙江省交通厅《关于嘉兴内河港多用途港区工程施工图设计的批复》(浙交复〔2008〕142号);2012年5月,嘉兴市港航管理局《关于嘉兴内河港多用途港区二阶段工程施工图设计变更批复的函》(嘉港航〔2012〕28号)。2013年4月,嘉兴市南湖区环境保护局《关于嘉兴内河港多用途港区工程补办项目环境影响报告表审查意见的函》(南环函〔2013〕58 号);2007 年 12 月,国土资源部《关于嘉兴内河港多用途港区工程建设用地的批复》(国土资函〔2007〕1041 号);2008 年 6 月,浙江省嘉兴市港航管理局"水路交通准予行政许可决定书"(浙港政-FF〔2008〕32 号)。

项目建设 10 个 500 吨级集装箱码头泊位(码头水工建筑允许靠泊能力 1000 吨)。码头岸线总长 570.0 米。采用挖入式布置、重力式码头结构,码头前沿水深 3.2 米。堆场面积 11.2 万平方米,年通过能力集装箱 18.8 万 TEU、件杂货 114 万吨,合计 264.4 万吨。仓库面积 0.37 万平方米。项目总投资 4.2 亿元,资金来源为(香港)嘉兴内河港投资有限公司、嘉兴市港航建设开发有限责任公司、中国工商银行嘉兴支行。项目陆域用地 32.6 万平方米。

项目建设单位为嘉兴内河国际集装箱码头有限公司;设计单位为长江航运规划设计院、嘉兴市世纪交通设计有限公司、浙江宏正建筑设计有限公司;施工单位为浙江海洋工程有限公司、浙江省长城建设集团有限公司;监理单位为嘉兴市世纪交通工程咨询监理有限公司、浙江嘉元工程监理有限公司;质监单位为浙江省交通厅工程质量监督局、嘉兴市交通工程质量安全监督站。

码头于 2011 年投入试运行,截至 2014 年 11 月底,共完成集装箱吞吐量 46.39 余万 TEU,件杂货 10.3 万余吨,其中 2011—2014 年完成集装箱 6.03 万 TEU、10.56 万 TEU、15.14 万 TEU、14.65 万 TEU。

(4)福莱特玻璃集团股份有限公司码头工程

项目于 2010 年 9 月开工,2011 年 6 月试运行,2011 年 11 月竣工。

项目建设依据:2010 年 11 月,秀洲区发展和改革局《关于浙江福莱特玻璃镜业股份有限公司新建码头项目核准的批复》(秀洲发改核〔2010〕35 号);2011 年,嘉兴市港航管理局《关于浙江福莱特玻璃镜业公司码头工程施工图设计的批复》(嘉港航〔2011〕40 号)。2010 年 11 月,嘉兴市秀洲区环境保护局《浙江福莱特玻璃镜业股份有限公司新建码头项目环境影响报告表》(秀洲环建函〔2010〕166 号)。用地批复:嘉秀洲国用〔2015〕第 47101 号。

项目建设 5 个 500 吨级杂货码头泊位。码头岸线总长 353.0 米。采用挖入式布置、板桩式码头结构,码头前沿水深 2.74 米。堆场面积 17000 平方米,堆存能力 35000 吨。主要装卸设备包括 5 台额定起重量小于 10 吨的港口门座起重机、5 台 8 吨起重机。项目总投资 1100 万元,均由企业自筹。项目陆域用地 56 亩。

项目建设单位为福莱特玻璃集团股份有限公司;设计单位为嘉兴市世纪交通设计有限公司;施工单位为嘉兴市世纪交通工程有限公司;监理单位为嘉兴市世纪交通工程咨询监理有限公司。

2013—2015 年吞吐量分别为 115 万吨、146 万吨、130 万吨。

(5)嘉兴市康立德构件有限公司码头工程

项目于 2010 年 9 月开工,2012 年 11 月试运行。

项目建设依据:2010 年 4 月,《嘉兴市南湖区企业投资项目备案通知书(技术改造)》(南经贸〔2010〕82 号);嘉兴市康立德构件有限公司码头工程施工图设计;2010 年 10 月,浙江省嘉兴市港航管理局《关于嘉兴市康立德构件有限公司码头工程施工设计文件批复的函》(嘉港航〔2010〕85 号)。

项目建设 2 个 500 吨级杂货码头泊位。码头岸线总长164.0米。一个顺岸式泊位、一个挖入式港池泊位,重力式码头结构,码头前沿水深 1.9 米。堆场面积 2000 平方米,堆存能力 2000 吨。主要装卸设备包括 1 台额定起重量小于 10 吨的港口门座起重机、1 台 5 吨固定式起重机、2 台 10 吨桁车。项目总投资 163 万元,均由企业自筹。

项目建设单位为嘉兴市康立德构件有限公司;设计单位为嘉兴市世纪交通设计有限公司;施工单位为嘉兴市宏宇建设有限公司;监理单位为温州港湾工程咨询监理有限公司;质检单位为南湖区质检站。

2011—2015 年吞吐量分别为 11 万吨、13 万吨、13.5 万吨、14 万吨、14 万吨。

(三)海盐港区

1.港区综述

(1)港区建设和运营情况

根据海盐县港航管理处 2013 年统计资料显示,海盐内河港区现有 223 个码头泊位,设计年吞吐能力为 2675 万吨,平均每个泊位能力为 12 万吨,占用岸线长度 10.7 千米,岸线利用率相对较低。码头主要分布于杭平申线、嘉于线航道两侧。统计表明:2015 年底,海盐内河港区仍以 300 吨级以下的小泊位占主导地位。海盐县现共有 127 个码头,除海盐保山矿业有限公司、浙江齐家水泥有限公司等企业自备作业区规模较大外,其余以 100 吨级及其以下等级码头较多。

(2)港区地理条件和集疏运概况

海盐县位于杭州湾北岸的杭嘉湖平原,地处浙江省北部、嘉兴市域的东部,介于北纬30°21′到30°28′,东经120°43′到121°02′之间。东南濒临杭州湾(拥有53.48 千米的海岸线),北与嘉兴秀洲区、秀城区、平湖市接壤,处于上海经济区的腹地范围,又是环杭州湾地区开发的重要区域之一。区内河流纵横交错、湖漾星罗棋布,发展内河航运的条件十分优越。通过杭平申线、嘉于线、长山河等高等级航道,海盐内河港区的货物可直达上海、苏州、杭州、湖州等地。同时,海盐县的陆路交通十分便捷,公路有杭州湾跨海大桥北接线、杭浦高速公路,S01 省道等与全国公路网相连。优越的地理位置和便利的集疏运条件,为海盐内河港区的发展创造了良好的条件。

2.港区工程项目

(1)浙江恒洋热电有限公司生产性自备码头工程

项目于 2004 年 3 月开工,2005 年 5 月试运行,2005 年 5 月竣工。

项目建设依据:2004 年 9 月,嘉兴经贸委批复初步设计(嘉经贸能源〔2004〕384 号、浙经贸能源〔2004〕488 号)。2004 年 4 月,浙江省环境保护局《关于浙江恒洋热电有限公司热电联产项目环境影响报告书审查意见的函》(浙环建〔2004〕75 号);2004 年 3 月,浙江省海盐县航道管理处(地方海事处、港航管理处)《关于变更运煤码头岸线使用长度的复函》(盐航道〔2004〕12 号)。

项目建设 3 个 500 吨级煤炭泊位(码头水工建筑允许靠泊能力 1000 吨)。码头岸线总长 180 米。采用顺岸式布置、重力式码头结构,码头前沿水深 3.8 米。堆场面积 0.72 万平方米,堆存能力 5.0 万吨。项目总投资 208 万元,均由企业自筹。项目陆域用地 1800 平方米。

项目建设单位为浙江恒洋热电有限公司;设计单位为江苏省科佳工程设计有限公司;施工单位为嘉兴市秀洲区水利工程公司;监理单位为杭州诚信投资建设管理有限公司;质监单位为嘉兴市水利水电工程质量监督站。

项目投产后为当地经济社会效益发挥积极作用、改善了环境,近 5 年完成的吞吐量约 250 万吨。

(2)嘉兴征宇混凝土制品有限公司新建码头工程

项目于 2011 年 5 月开工,2011 年 7 月试运行,2011 年 7 月竣工。

项目建设依据:2011 年 4 月,嘉兴市港航局对该码头工程施工图设计进行批复(嘉港航〔2011〕41 号)。《关于嘉兴征宇混凝土制品有限公司年产 50 万立方米商品混凝土建设项目竣工环境保护验收意见的函》(盐环验〔2014〕29 号);2011 年 3 月,嘉兴市港航管理局《水路交通准予行政许可决定书》(浙港政-FD〔2011〕2)。

项目建设 1 个 500 吨级杂货码头泊位。码头岸线总长 96 米。采用挖入式布置、重力式结构,码头前沿水深 4.00 米。堆场面积 0.1 万平方米,堆存能力 6000 吨。主要装卸设备包括 1 台额定起重量小于 10 吨的港口门座起重机。项目总投资 70 万元,均由业主自筹。项目陆域用地 2000 平方米。

项目建设单位为嘉兴征宇混凝土制品有限公司;设计单位为嘉兴市世纪交通设计有限公司;施工单位为湖州市宏强交通建设有限公司;监理单位为山东省交通工程监理咨询公司嘉兴分公司。

(四)嘉善港区

1.港区综述

(1)港区建设和运营情况

根据 2015 年统计资料显示,嘉善内河港区现有码头 322 个,现有泊位 411 个,年吞吐能力为 2604 万吨,占用岸线长度 18.2 千米。码头主要分布于杭申线、芦墟塘、湖嘉申线航道两侧。

嘉善县境内航道密布,水域发达。近年来,嘉善县以独特的地理优势,以航道为依托,建设了临沪产业园,大力发展光伏产业及精密机械产业。同时,随着航道的不断发展,境内湖嘉申线、丁诸线沿岸形成较成熟的经济带,主要涉及木材、服装企业、建材码头、煤炭码头等,成为嘉善县地方经济支柱产业。

(2)港区地理条件和集疏运概况

嘉善县地处太湖流域杭嘉湖平原,位于浙江省东北部,苏浙沪两省一市交会处。境域轮廓呈田字形。东接上海市金山区,东北连上海市青浦区,南临平湖市、嘉兴市南湖区,西依嘉兴市秀洲区,北靠江苏省吴江区,处于长江三角洲的中心地带。

区内水系比较发达,以主要航道杭申线、湖嘉申线、芦墟塘、和尚塘、东清线等构成县水运网络的主骨架;嘉善港区的货物通过主要航道可直达上海、苏州、杭州等地。但是嘉善县航道等级总体偏低,特别是与主干线航道相连,通往各经济区、工业区等地的航道等级普遍偏低,未能实现成网直达运输且堵航现象还时有发生,造成物资流通不畅,运输成本提高。同时,嘉善县的陆路交通十分便捷,公路有 G320 国道、沪昆高速公路、申嘉湖高速公路等与全国公路网相连。优越的地理位置和便利的集疏运条件,为嘉善港区的发展创造了良好的条件。

2.港区工程项目

(1)中国石化销售有限公司浙江嘉兴嘉善红旗塘水上加油点码头工程

项目于 2009 年 9 月开工, 2010 年 12 月竣工。

项目建设依据:2009 年 4 月,嘉善县发展和改革局《中国石化销售有限公司浙江嘉兴嘉善石油支公司的项目立项》(善发改投备〔2009〕011 号)。2008 年 6 月,浙江省嘉兴市交通局《水路交通准予行政许可决定书》(浙港政-FA〔2008〕15)。

项目建设 2 个 500 吨级泊位。码头岸线总长 160 米。采用顺岸式布置、重力式结构,码头前沿水深 2.14 米。项目总投资 230 万元,均由业主自筹。

项目建设单位为中国石化销售有限公司浙江嘉兴嘉善石油支公司;设计单位为嘉兴市世纪交通设计有限公司;施工单位为嘉兴市世纪交通工程有限公司;监理单位为嘉兴市

世纪交通工程咨询监理有限公司。

(2)中石化嘉善华联加油站改建工程

项目于2010年11月开工,2011年8月试运行,2011年8月竣工。

项目建设依据:2010年7月,嘉善县发展和改革局《中国石化销售有限公司浙江嘉兴嘉善石油支公司的项目立项》(善发改投备〔2010〕041号)。2010年9月28日,嘉兴市交通局批复嘉兴市世纪交通设计有限公司编制的施工图设计和安全设施设计专篇(嘉港航〔2010〕92号);嘉兴市交通局"水路交通准予行政许可决定书"(浙港政-FA〔2010〕40)。

项目建设2个500吨级泊位,码头岸线总长100米。采用顺岸式布置、重力式码头结构,码头前沿水深2.14米。主要装卸设备包括2台加油机、2支加油枪、2个油罐。项目总投资235万元,均由企业自筹。

项目建设单位为中国石化销售有限公司浙江嘉兴嘉善石油支公司;设计单位为嘉兴市世纪交通设计有限公司;施工单位为嘉兴市世纪交通工程有限公司;监理单位为嘉兴市东方交通工程监理有限公司。

(3)中国石化销售有限公司浙江嘉兴嘉善顺风水上加油点码头工程

项目于2015年5月开工,2016年4月竣工。

项目建设依据:2013年7月,嘉善县发展和改革局《中国石化销售有限公司浙江嘉兴嘉善石油支公司的项目立项》(善发改投备〔2013〕031号)。2014年8月19日,浙江省嘉兴市港航管理局批复嘉兴市世纪交通设计有限公司编制的施工图设计和安全设施设计专篇(嘉港航〔2014〕76号);2015年1月,浙江省嘉兴市港航管理局《水路交通准予行政许可决定书》(浙港政-FA〔2015〕2号)。

项目建设3个500吨级泊位,码头岸线总长200米。采用顺岸式布置、重力式码头结构,码头前沿水深2.84米。项目总投资395万元,均由企业自筹。

项目建设单位为中国石化销售有限公司浙江嘉兴嘉善石油支公司;设计单位为嘉兴市世纪交通设计有限公司;施工单位为大陆交通建设集团有限公司;监理单位为嘉兴市世纪交通工程咨询监理有限公司。

(五)平湖港区

1.港区综述

(1)港区建设和运营情况

2015年,平湖港区现有195个码头,泊位281个,设计年吞吐能力为1670万吨,码头主要分布于乍嘉苏线、杭平申线、平剪线、黄姑塘等航道两侧。平湖港区以300吨级及以下的小泊位占主导地位。已初步形成以建材、能源、钢材等行业为主平湖沿河产业,同时该地区是能源、原材料短缺地区,其所需的能源、原材料、产成品的运输大部分通过平湖港区完成。

（2）港区地理条件和集疏运概况

平湖市位于东海之滨，浙江省东北部杭嘉湖平原腹地，地处长三角城镇群核心地区，北纬 30°35′～30°52′和东经 120°57′～121°16′之间（不包括海域）。东依上海市金山区，西临嘉兴市区和海盐县，南濒杭州湾，北与嘉善县接壤。

平湖是浙江接轨上海的第一站，也是杭州湾大桥的北岸第一城。市区距上海、杭州、苏州、宁波均在 90 千米左右。境内连接上海的主要通道达 7 条。穿境而过的乍（平湖乍浦）嘉（嘉兴）苏（苏州）高速公路、杭（杭州）浦（上海浦东）高速公路、杭州湾跨海大桥北接线等在此均设有出入口。此外，平湖也是规划建设中的乍嘉湖铁路和沪甬（杭州湾）铁路的必经之地。目前，市域内有浙北地区唯一的国家一类进出口海港——乍浦港，以及 16 条水上航线与上海、杭州、苏州等地相连，其中包括浙北地区唯一的海河联运航线——乍嘉苏航道，与黄浦江和京杭大运河等主要内河航线连接。平湖周边有上海虹桥、浦东和杭州萧山 3 个国际机场，车程均在 1 小时左右。

2. 港区工程项目

石化销售有限公司浙江嘉兴平湖石油支公司裕漾水上供应点码头工程

项目于 2007 年 9 月开工，2009 年 3 月试运行，2009 年 4 月竣工。

项目建设依据：2004 年 6 月，浙江省经济贸易委员会《浙江省经济贸易委员会关于同意新（迁）建中石化平湖石油支公司吕公桥加油站和裕漾水上供应点项目的批复》（浙经贸市场〔2004〕568 号）。2005 年 9 月，平湖市环境保护局"建设项目环境影响登记表"；2006 年 11 月 2 日，平湖市水利局《浙江省河道管理范围内建设项目申请和审查意见书》。

项目建设 1 个 500 吨级成品油码头泊位。码头岸线总长 58 米。采用顺岸式布置、高桩墩式结构，码头前沿水深 2.8 米。主要装卸设备包括 2 台单枪加油机，以及相应的配套设施。项目总投资 110 万元，均由业主自筹。

项目建设单位为中国石化销售有限公司浙江嘉兴平湖石油支公司；设计单位为嘉兴市世纪交通设计有限公司；施工单位为平湖市水利工程有限公司；监理单位为嘉兴市世纪交通工程咨询监理公司；质监单位为平湖市交通局工程质量监督组。

项目投产运行后，2009—2013 年共销售柴油 3679 吨，为企业创造了效益，也方便了来往船只加油。

（六）桐乡港区

1. 港区综述

（1）港区建设和运营情况

桐乡港区有 222 个码头，泊位 373 个，年吞吐能力为 3545.5 万吨，平均每个泊位吞吐量为9.51万吨,占用岸线长度20.9千米。码头主要分布于杭申线、杭平申线(长山河)等航道两侧。桐乡市以码头作为物流平台,已初步形成沿河产业带。

(2)港区地理条件和集疏运概况

桐乡市位于浙江北部杭嘉湖平原,地理坐标为北纬30°28′～30°47′、东经120°17′～120°39′。东连嘉兴市秀洲区,南邻海宁市,西毗德清市、杭州市余杭区,西北接湖州市南浔区,北界江苏省苏州市吴江区。市区距上海市140千米,距杭州市65千米。沪昆高速公路(G60)、申嘉湖高速公路(S12)、京杭大运河等水陆交通要道贯穿全境。

区内河流纵横交错、湖漾星罗棋布,发展内河航运的条件十分优越。通过杭申线、京杭运河、东宗线、杭平申线等高等级航道,桐乡港区可与上海、苏州、杭州、湖州等地实现货物运输。同时,桐乡市的陆路交通十分便捷,公路有练杭高速公路、沪杭高速公路、申嘉湖高速公路、320国道等与全国公路网相连。优越的地理位置和便利的集疏运方式,为桐乡港区的发展创造了良好的条件。

2.港区工程项目

(1)桐乡市港鑫油品有限公司乌镇水上加油点码头工程

项目于2005年12月开工,2006年10月试运行,2006年10月竣工。

项目建设依据:2005年6月,浙江省经济贸易委员会《同意建设桐乡市乌镇水上加油点项目的批复文件》(浙经贸商发展2006-479号)。2007年8月,桐乡市环境保护局:环评批文07-1727。

项目建设1个500吨级挖入式泊位(码头水工建筑允许靠泊能力500吨级)。码头岸线总长88米,采用顺岸式布置、重力式结构,码头水深3.5米,堆场面积833平方米,主要设备为加油机。项目总投资80万元,均由业主自筹,项目陆域用地953平方米。

项目建设单位为桐乡市港鑫油品有限公司;设计单位为嘉兴市民丰建工设计咨询有限公司、浙江广业建设有限公司;施工单位为浙江广业建设有限公司;监理单位为桐乡工程质量监督站;质监单位为桐乡市工程质量监督站。

项目在投产运行后,业务量逐年提升。年提升量在20%以上,为当地的经济发展作出重要贡献,取得社会经济效力非常显著。

(2)桐乡市桐加石油产品有限责任公司濮院成品油码头工程

项目于2011年2月开工,2012年2月试运行,2012年5月竣工。

项目建设依据:2011年3月,嘉兴市港航管理局《桐乡市桐加石油产品有限责任公司濮院成品油库码头扩建工程施工图设计》(嘉港航〔2011〕25号);2012年9月,嘉兴市港航管理局《桐加石油产品有限责任公司濮院成品油库码头技改工程施工图设计》(嘉港航〔2012〕96号)。2011年2月,桐乡市环境保护局《桐加石油产品有限责任公司濮院储油库原地扩建项目环境影响报告》(桐环建〔2011〕25号);2008年2月,桐乡市国土资源局

"用地规划图"。

项目建设6个500吨级成品油码头泊位(码头水工建筑允许靠泊能力1000吨)。码头岸线总长560米,挖入式布置,重力式挡墙结构,码头前沿水深3.46米。堆场面积25408平方米,堆存能力9.8万立方米。装卸设备100厘米管6套。项目总投资5000万元,均由业主自筹。项目陆域用地2.02万平方米。

项目建设单位为桐乡市桐加石油产品有限责任公司;设计单位为南京医药化工设计研究院有限公司;施工单位为黑龙江安装工程有限公司;监理单位为嘉兴市春秋建筑工程咨询有限公司;质监单位为嘉兴市工程质量安全监督站。

(3)桐乡市粮食收储有限公司崇福粮库码头工程

项目于2013年1月开工,2013年4月试运行,2013年4月竣工。

项目建设依据:2012年4月,桐乡市发展和改革局批复工程项目建设书(桐发改审〔2012〕28号)。2012年8月,桐乡市环境保护局批复环评审查意见(桐环建〔2013〕0367号)。

项目建设1个500吨级泊位。码头岸线总长92米。采用顺岸式布置、重力式结构,码头前沿水深6米。堆场面积720平方米,堆存能力500吨。主要装卸设备包括1台5吨固定式起重机、自制输送设备。项目总投资217.9万元,均由业主自筹。项目陆域用地800平方米。

项目建设单位为桐乡市粮食收储有限公司;设计单位为嘉兴市世纪交通设计有限公司;施工单位为桐乡市交通工程有限公司;监理单位为嘉兴市世纪交通工程咨询监理公司;质监单位为嘉兴市交通工程质量安全监督站。

项目投入使用后,2014—2015年,码头装卸水稻3000多吨。

(4)中化道达尔浙江石油销售有限公司桐乡油库码头工程

项目于2013年6月开工,2013年12月完工,2014年1月试运行。

项目建设依据:2012年,桐乡市经济和信息化局《同意对濮院成品油库码头技改工程项目立项》(桐经信经〔2012〕63号);2011年,嘉兴市港航管理局批复了《桐乡市桐加石油产品有限责任公司濮院成品油库码头扩建工程施工图设计》;2012年,嘉兴市港航管理局《桐加石油产品有限责任公司濮院成品油库码头技改工程(汽油泊位)施工图设计》(嘉港航〔2012〕96号);2012年,嘉兴市公安消防支队《濮院成品油库码头扩建工程消防设计》(嘉公消审〔2012〕第168号)。《桐加石油产品有限责任公司濮院储油库原地扩建项目环境影响报告》(桐环建〔2011〕25号);2008年2月,桐乡市国土资源局"用地规划图"〔(村)规条字:XZGT2007556(改)〕。

项目建设2个500吨级成品油码头泊位(码头水工建筑允许靠泊能力1000吨)。码头岸线总长267米。采用顺岸式布置、重力式结构,码头前沿水深3.5米。主要装卸设备为输油管道。项目总投资5000万元,均由业主自筹。项目陆域用地1.49万平方米。

项目建设单位为桐乡市桐加石油产品有限公司;设计单位为中建工业设备安装有限公司;施工单位为华升建设集团有限公司;监理单位为浙江禾城工程管理有限公司;质监单位为嘉兴市工程质量安全监督站。

(七)海宁港区

1.港区综述

(1)港区建设和运营情况

"十二五"以来,海宁市对杭平申线航道进行了全面改造。海宁市现共有 153 个码头,码头泊位 223 个,除已建成的海宁市公用码头为 500 吨级码头外,其他码头均为 300吨级以下码头,这些码头分布散、规模小、装卸设备简陋、装卸工艺比较落后。现状水路运输码头的状况在一定程度上制约和限制了水路交通的持续稳定发展。

2013 年,海宁市政府出台了《海宁市码头综合整治实施方案》,至 2014 年底,海宁市将关停 115 个码头,保留 38 个码头,届时海宁港区年吞吐量下降至 600 万吨。

(2)港区地理条件和集疏运概况

海宁市地处太湖流域杭嘉湖平原,位于浙江省东北部,嘉兴市西南面,东经 120°18′~120°53′、北纬 30°15′~30°36′。东接嘉兴市海盐县,南临钱塘江,西依浙江省杭州市余杭区,北靠嘉兴市秀洲区、桐乡市,处于长江三角洲的中心地带。

港区内河流纵横交错、湖漾星罗棋布,发展内河航运的条件十分优越。通过辛江塘、长山河、硖尖线等航道,海宁港区的货物可直达上海、苏州、杭州、湖州等地,随着杭平申线、京杭运河二通道的逐步建成,海宁港区的水运条件将进一步改善。同时,海宁市的陆路交通十分便捷,铁路经沪杭铁路、沪杭高速铁路与全国铁路网沟通;公路有沪杭高速公路、杭浦高速公路、嘉绍高速公路,G320 国道及 S01 省道等与全国公路网相连。优越的地理位置和便利的集疏运条件,为海宁港区的发展奠定了良好的条件。

2.港区工程项目

海宁公用码头工程

项目于 2008 年 7 月开工,2009 年 5 月完工,2009 年 12 月竣工。

项目建设依据:2008 年,海宁市发展和改革局《关于同意新建海宁市公用码头(暂定名)工程项目立项的批复》(海发改投〔2008〕98 号);2008 年,海宁市发展和改革局《关于新建海宁市公用码头(暂定名)工程初步设计的批复》(海发改投〔2008〕1435 号)。2009年 7 月,浙江省嘉兴市港航管理局"水路交通准予行政许可决定书"(浙港政-FC〔2009〕47 号)。

项目建设 300 吨级泊位 13 个，其中件杂货泊位 4 个，散货泊位 9 个，码头岸线总长 847 米，年吞吐量 280 万吨。采用顺岸式布置、重力式结构，码头前沿水深 2.5 米。码头后方陆域面积 11.15 万平方米，其中堆场面积 5.57 万平方米。主要装卸设备为 13 台起重机。项目总投资 3244.12 万元，由业主海宁市交通投资集团有限公司自筹。

项目建设单位为海宁市交通投资集团有限公司；设计单位为嘉兴市世纪交通设计有限公司；施工单位为杭州港航工程公司；监理单位为嘉兴市世纪交通工程咨询监理有限公司；质监单位为嘉兴市交通工程质量监督站。

四、湖州港

（一）港口概况

1. 港口综述

湖州自古以来水运发达，历史悠久。春秋时代，"以舟为车、以楫为马、往若飘风、去则难从"的湖州已成为著名港埠。清朝光绪二十一年（1895 年）湖州至上海客轮通航，1990 年后，湖州与苏州、常州、镇江、嘉兴、上海、杭州、芜湖等地均有轮船互通。20 世纪 20 年代至 30 年代期间，湖州港开设的轮船公司多达 32 家。新中国成立后，尤其是改革开放后的"八五""九五"期间，国家投入大量资金整治京杭运河和长湖申线航道，使湖州港通航条件得到显著提高，有力促进了湖州港发展。湖州港成为长江三角洲地区综合运输系统的重要枢纽，发展成为具有装卸存储、中转换装、临港工业、现代物流、旅游客运等功能的综合性港口。"十五""十一五"期间湖州大力建设及改建高等级航道网络，建成了全省首条三级航道湖嘉申线湖州段，内河航道形成了以京杭运河、长湖申线、杭湖锡线、东宗线、湖嘉申线为主干的高等级航道网络，并实现了集装箱运输零的突破。"十二五"以来，河海联运模式深入推进，内河集装箱运输发展迅猛，跃居全省第一，临港物流园区初具规模。

湖州港位于浙江省西北部湖州市境内，地处杭嘉湖水网地带，东西苕溪汇流处。湖州市北濒太湖，与无锡、苏州隔湖相望，东邻嘉兴及江苏吴江，南接杭州市，西邻安徽宣城。湖州市地理位置优越，交通条件便利，铁路、公路、内河水运和航空四通八达。在铁路方面，宁杭高铁、杭宣铁路、新长铁路和湖乍铁路等可与京沪高铁、陇海铁路和沪杭铁路等铁路干线相连通；在公路方面，长深高速公路（G25）、沪渝高速公路、申嘉湖高速公路、申嘉杭高速公路、杭长高速公路等多条重要高速公路，G104、G318 及多条国省道纵横交错；在内河水路方面，京杭运河、长湖申线、湖嘉申线、杭湖锡线、东宗线、东苕溪、梅湖线等航道与杭州、上海及环太湖城市相连，并可通过京杭运河沟通长江，辐射长江及京杭运河沿线，通过杭湖锡线、杭甬运河可达宁波港，具备通江达海的条件；在航空方面，湖州市周边主要有杭州萧山机场和上海虹桥机场。湖州市不断完善的交通体系为湖州港提供了便利快捷的集疏运条件。

2. 港口水文气象

湖州市域属于亚热带季风气候区,温暖湿润,四季分明,雨热同季,冬冷少严寒,夏热少酷暑,降水充沛,日照充足,无霜期长。多年平均气温 15.5～15.8 摄氏度;多年平均最高气温 20 摄氏度;多年平均最低气温 11.9 摄氏度;极端最高气温 41.2 摄氏度;极端最低气温 -17.4 摄氏度。

多年平均降雨日 143～161 天(大于 0.1 毫米);多年平均降雨量 1200～1600 毫米;一日最大降水量 263.2 毫米(1962 年 9 月 5 日);冬春季盛行 WN 风,夏秋季盛行 ES 风;出现雾期多在 12 月至次年 3 月,晚春及秋冬季节常有大雾出现。多年平均雾日 26 天,最多雾日 43 天,最少雾日 15 天;年平均相对湿度 81%左右;区域冬季降雪日较少,年平均降雪天数 9.3 天,日最大积雪厚度 240 毫米;湖州港位于长江中下游太湖流域,区内水网密集。西部为低山丘陵地形,其余地区为水网平原。

西部山区河道蜿蜒、曲折,落差较大,在洪水季节水流流量和流速很大,对河床局部有一定的冲刷,但河道走势基本不变;在枯水季节,流量变小,水流平缓、流速较小,由于该区域水体泥沙含量低,因此整个河道存在较小淤积。对于东部平原地带,地势平坦,水位稳定,水流平稳,泥沙含量低,河道走势长久以来保持稳定,仅在个别防护不好的地方可能会由于船行波的影响,使岸壁坍塌的泥沙在河道落淤,须进行必要的疏浚清淤。总的来说,湖州市各主要河道河岸稳定,河床冲淤变幅相对较小,河道走势基本不变。

3. 发展成就

改革开放以来,特别是进入 21 世纪,随着腹地经济的快速发展,湖州港吞吐量总体呈快速增长的趋势,在矿建材料、水泥熟料、煤炭、钢铁、木材、非金属矿石和集装箱等货物运输中发挥了重要作用,有力支撑和促进了湖州沿河产业的发展及区域综合交通体系的完善。

湖州港划分为吴兴港区、南浔港区、长兴港区、德清港区、安吉港区和太湖旅游港区 6 个港区,分别位于吴兴区、南浔区以及长兴县、安吉县和德清县二区三县。2015 年,湖州港共完成货物吞吐量 8052 万吨,其中集装箱 18.5 万 TEU。货物以出港为主,出港货物约占吞吐总量的 67.7%,出港货物主要是矿建材料和水泥熟料,这两种货物约占出港货物总量的 95%。进港货物以煤炭、钢铁、木材和非金属矿石为主。

湖州港港区分布如图 9-4-3 所示,湖州港基本情况见表 9-4-4。

图 9-4-3　湖州港港区分布图

(二)吴兴港区

1.港区综述

(1)港区建设和运营情况

吴兴港区是湖州港的核心港区,地处湖州市中心城区,现有生产泊位 146 个,码头泊位总长 7818 米,泊位年通过能力 2506 万吨。吴兴港区 2015 年完成货物吞吐量 1691 万吨,其中出港 1435 万吨、进港 256 万吨。

(2)港区地理条件和集疏运概况

吴兴港区所在的湖州市区为低山丘陵地带。吴兴港区下设弁南作业区、西塞作业区、八里店作业区和杨家埠作业区等 4 个作业区。港区码头泊位分布于长湖申线、湖嘉申线、东苕溪、杭湖锡线、梅湖线等航道。

2.港区工程项目

(1)湖州港务公司码头

项目于 1993 年 1 月开工,1996 年 6 月试运行,1997 年 1 月竣工。

表 9-4-4

湖州港基本情况表

序号	港区名称	港区岸线		2015年港口生产性泊位				其中:1978—2015年建成的生产性泊位				货物吞吐量	2015年港口货物和旅客吞吐量						
		港区规划岸线	其中:2015年前已建成岸线	生产性泊位数	其中:千吨级及以上	生产性泊位总长	其中:千吨级及以上	生产性泊位数	其中:千吨级及以上	生产性泊位总长	其中:千吨级及以上	货物吞吐量	其中:外贸货物吞吐量	集装箱	滚装车辆		旅客	其中:国际旅客
															数量	质量		
		千米	千米	个	个	米	米	个	个	米	米	万吨	万吨	万TEU	万辆	万吨	万人	万人
1	吴兴港区	15.6	12.3	159	4	8908	351	159	4	8908	351	1691	0	0	—	—	—	—
2	南浔港区	15.0	17.0	182	2	8783	110	182	2	8783	110	629	0.32	1.12	—	—	—	—
3	长兴港区	17.3	18.4	236	0	11095	0	236	0	11095	0	3508	0	0.01	—	—	—	—
4	德清港区	17.8	18.8	242	1	13603	80	242	1	13606	80	1859	0	1.12	—	—	—	—
5	安吉港区	6.7	3.7	38	0	2292	0	38	0	2292	0	364	107.21	16.24	—	—	—	—
	合计	72.4	70.4	857	7	44681	541	857	7	44684	541	8051	107.53	18.49	—	—	—	—

项目建设 10 个 500 吨级煤炭、散货、件杂货、粮食、化肥泊位。码头岸线总长 620 米。采用顺岸式布置、重力式码头结构,码头前沿水深 2.5 米。堆场面积 4.33 万平方米,堆存能力 11.32 万平方米。主要装卸设备包括 3 台固定式起重机、1 台门式起重机、2 台桥式起重机、2 台半门式起重机。项目总投资 2 亿元,均由企业自筹。项目陆域用地 28.4 万平方米。

项目建设单位为浙江湖州港务有限公司;施工单位为中铁十六局三处。

(2)中央储备粮湖州直属库码头

项目于 1998 年 11 月开工,2000 年 6 月竣工。

项目建设 4 个 500 吨级粮食泊位。码头岸线总长 200 米。采用顺岸式布置、重力式码头结构,码头前沿水深 2.5 米,堆场面积 0.2 万平方米,堆存能力 0.6 万吨。主要装卸设备为 2 台固定式起重机。项目总投资 460 万元,资金均为国家财政。项目陆域用地 19.13 万平方米。

项目建设单位为中央储备粮湖州直属库有限公司;设计单位为浙江杭州交通设计院;施工单位为湖州交通工程处;监理单位为中国国际咨询公司湖州监理部;质监单位为湖州市交通建设工程质量监督站。

(3)湖州誉大物流经贸有限公司中转码头

项目于 2003 年 7 月开工,2005 年 5 月竣工。

项目建设 5 个 500 吨级煤炭、件杂货泊位。码头岸线总长 240 米。采用顺岸式布置、重力式码头结构,码头前沿水深 2.5 米。堆场面积 2.17 万平方米,堆存能力 3.8 万吨。主要装卸设备为 5 台固定式起重机。项目总投资 1600 万元,均由企业自筹。项目陆域用地 40 亩。

项目建设单位为浙江誉华集团湖州誉大物流经贸有限公司;设计单位为中交第二航务工程勘察设计院湖州分院;质监单位为湖州市交通工程质量监督站。

(4)嘉骏热电有限公司码头

项目于 2007 年 1 月开工,2008 年 6 月竣工。

项目建设依据:湖州市经济委员会《关于统一能源(湖州)热电有限公司异地迁建技改项目初步设计的批复》(湖市经投资〔2008〕8 号)。岸线批复:浙港政-EF(2013)1007。

项目建设 3 个 500 吨级煤炭码头泊位,岸线总长 190 米。码头采用顺岸式布局、重力式结构。码头前沿水深 2.5 米。项目后方堆场面积 0.59 万平方米。主要装卸设备为 2 台固定式起重机。项目总投资 1225 万元,由企业自筹。用地面积 2466.67 平方米。

项目建设单位为湖州嘉骏热电有限公司;设计单位为浙江交通勘察设计有限公司;施工单位为浙江凌云水利水电建筑有限公司;监理单位为浙江东南建设管理有限公司;质监单位为湖州市交通工程质量监督站。

（5）湖州江南金属材料有限公司码头

项目于 2007 年 5 月开工，2008 年 7 月竣工。

项目建设依据：吴兴区经济发展与统计局"吴兴区企业投资项目备案通知书"（备案号 200605166110021）。岸线批复：湖州市交通局浙港政-EF〔2007〕1086 号。

项目建设 2 个 500 吨级件杂货码头泊位，岸线总长 300 米。码头采用顺岸式布局、重力式结构。码头前沿水深 2.5 米。项目后方堆场面积 8300 平方米，堆存能力 0.82 万吨。主要装卸设备包括 10 吨门式起重机 1 台和固定式起重机 2 台。项目总投资 200 万元，由企业自筹。用地面积 35 亩。

项目建设单位为湖州江南金属材料有限公司；设计单位为中交第二航务勘察设计院湖州设计分院；施工单位为湖州市交通工程处；监理单位为丽水市丽通监理公司湖州分公司；质监单位为湖州市交通工程质量安全监督站。

（6）金洲集团管道工业有限公司码头

项目于 2013 年 5 月开工，2015 年 12 月试运行，2016 年 11 月竣工。

项目建设依据。岸线批复：湖州市交通局（浙港政-EF〔2013〕1002 号）。不动产权证：浙〔2016〕湖州市不动产权第 0008369 号。湖州市房屋建筑工程竣工验收备案证明书：编号 31300020160728101。

项目建设 2 个 500 吨级件杂货码头泊位，岸线总长 158 米。码头采用挖入式布置、重力式结构。码头前沿水深 3.2 米。项目后方堆场面积 3000 平方米，堆存能力 4 万吨。主要装卸设备包括 2 台负荷能力为 50 吨、型号为 QD50/10T-33.4M 的固定式起重机。项目总投资 480 万元，由企业自筹。用地面积 20 亩。

项目建设单位为浙江金洲管道工业有限公司；设计单位为长江航运规划设计院；施工单位为浙江大陆交通建设有限公司；监理单位为中国华西工程设计建设有限公司；质监单位为湖州市交通工程质量安全监督站。

（三）南浔港区

1. 港区综述

（1）港区建设和运营情况

南浔港区下设旧馆作业区、南浔作业区、双林作业区和练市作业区等 4 个作业区。现有生产泊位 159 个。码头泊位总长 8055 米，泊位年通过能力 1365 万吨。南浔港区 2015 年完成货物吞吐量 629 万吨，其中出港 128 万吨、进港 501 万吨。

（2）港区地理条件和集疏运概况

南浔港所在的湖州市区为低山丘陵地带。港区码头泊位分布于长湖申线、湖嘉申线、东宗线、杭湖锡线等航道。

2.港区工程项目

(1)湖州协鑫环保热电有限公司煤码头

项目于2003年10月开工,2004年9月竣工。

项目建设2个500吨级煤炭码头泊位,岸线总长126米。码头采用挖入式布置、重力式结构。码头前沿水深2.5米。项目后方堆场面积2500平方米堆存能力1.2万吨。主要装卸设备为固定式起重机2台。项目总投资800万元,由企业自筹。用地面积7.8亩。

项目建设单位为湖州协鑫环保热电有限公司;设计单位为浙江城建煤气热电设计院;施工单位为浙江省地质矿产工程公司;监理单位为浙江电力建设监理有限公司;质监单位为湖州市交通工程质量监督站。

(2)浙江富钢金属制品有限公司码头

项目于2007年10月开工,2010年1月竣工。

项目建设2个500吨级件杂货码头泊位,岸线总长51米。码头采用顺岸式布局、重力式结构。码头前沿水深2.5米。项目后方堆场面积2500平方米,堆存能力1.2万吨。主要装卸设备为3台固定式起重机。项目总投资245万元,由企业自筹。

(3)东湖石化湖嘉申和孚服务区加油站码头

项目2008年9月开工,2010年11月交工。

项目建设依据:2004年4月,浙江省发展改革委《关于湖嘉申线湖州段航道建设工程可行性研究报告的复函》(浙发改函〔2004〕82号);2004年8月,浙江省发展改革委《关于湖嘉申线湖州段航道建设工程初步设计的函》(浙发改设计〔2004〕231号)。

项目建设1个500吨级成品油码头泊位,岸线总长150米。码头采用顺岸式布局、重力式结构。码头前沿水深3.2米。项目总投资300万元,由政府投资。用地面积8.75亩(水上服务区用地面积)。

项目建设单位为湖州市港航管理局;设计单位为浙江省交通规划设计研究;施工单位为四川路航建设工程有限公司;监理单位为武汉华通工程建设监理;质监单位为浙江省交通运输厅工程质量监督局。

(四)长兴港区

1.港区综述

(1)港区建设和运营情况

长兴港区现有生产泊位210个。码头泊位总长12.4千米,泊位年通过能力5468万吨。长兴港区2015年完成货物吞吐量3508万吨,其中出港2683万吨、进港825万吨。

(2)港区地理条件和集疏运概况

长兴港区下设小浦作业区、李家巷作业区和洪桥作业区3个作业区。港区码头泊位分布于长湖申线、梅湖线、李湖南线等航道。

2.港区工程项目

(1)浙江华能长兴电厂上大压小扩建项目配套码头工程

项目于2013年7月开工,2014年12月试运行,2017年6月竣工。

项目建设依据:2011年1月,浙江省交通运输厅《关于华能长兴电厂2×660兆瓦燃煤机组上大压小工程码头和航道工程可行性研究报告意见的函》(浙交函〔2011〕14号);2013年4月,国家发展改革委《关于浙江华能长兴电厂"上大压小"工程项目核准的批复》(发改能源〔2013〕548号);2013年6月,交通运输部《关于华能长兴电厂"上大压小"工程码头及航道工程初步设计的批复》(交水发〔2013〕364号);2013年8月,湖州市交通运输局《关于华能长兴电厂"上大压小"工程码头及航道工程施工图设计文件的批复》(湖交〔2013〕254号)。2012年11月,环境保护部《关于长兴电厂"上大压小"项目环境影响报告书的批复》(环审〔2012〕290号);2012年1月,水利部《关于华能长兴电厂2×660兆瓦燃煤机组"上大压小"工程水土保持方案的批复》(水保函〔2012〕11号);2013年11月,国土资源部《关于华能长兴电厂"上大压小"工程建设用地的批复》(国土资函〔2013〕817号);2013年1月,交通运输部《关于华能长兴电厂"上大压小"工程码头及航道工程项目岸线使用意见》(交函规划〔2013〕4号)。

项目建设6个1000吨级卸煤码头泊位,1个1000吨级装灰泊位,码头泊位总长度620米,其中煤炭330万吨、粉煤灰35万吨。码头采用挖入式布局、重力式结构。码头前沿水深3.2米。主要装卸设备包括:卸煤泊位为6台卸船机和带式输送机,装灰泊位为3台溜管装船机。项目总投资1.21亿元,由企业自筹。

项目建设单位为华能国际电力股份有限公司长兴电厂;设计单位为浙江省交通规划设计研究院;施工单位为中铁十局集团有限公司、杭州华新机电工程有限公司、上海电力安装第一工程公司;监理单位为上海东华建设管理有限公司;质监单位为浙江省交通建设工程监督管理局。

(2)湖州南方物流有限公司码头工程

项目于2014年10月开工,2016年11月试运行,2017年12月竣工。

项目建设依据:2013年4月,浙江省发展和改革委员会《关于湖州南方物流有限公司码头工程项目核准的通知》(浙发改交通〔2013〕401号);2014年5月,浙江省发展和改革委员会《关于湖州南方物流有限公司码头工程初步设计的批复》(浙发改设计〔2014〕71号);2014年7月,湖州市交通运输局《关于湖州市南方物流有限公司码头工程施工图设计文件的批复》(湖交〔2014〕177号)。湖州市交通运输局岸线许可(浙港政EB〔2014〕

1005 号）；浙江省水利厅《关于湖州南方物流有限公司码头工程水土保持方案的批复》（浙水许〔2013〕1 号）；长兴县环境保护局《关于湖州南方物流有限公司环境影响报告表的审查意见》（长环管〔2013〕043 号）；浙江省国土资源厅《关于湖州南方物流有限公司码头工程建设项目用地的预审意见》（浙土资预〔2013〕003 号）；浙江省住房和城乡建设厅《关于湖州南方物流有限公司码头工程建设项目选址审查意见》（浙规选审字〔2012〕145 号）。

项目建设 10 个 500 吨级散货码头泊位（码头水工建筑允许靠泊能力 1000 吨），其中 6 个水泥熟料泊位、4 个煤炭泊位。岸线总长 986 米。码头采用顺岸式布局、重力式结构。码头前沿水深 3.2 米。项目后方堆场面积 1.7 万平方米，堆存能力 8 万吨。主要装卸设备包括：煤炭泊位配备固定式起重机 4 台，水泥熟料泊位配备圆弧轨道式装船机 6 台。项目总投资 3.10 亿元，由企业自筹。用地面积 22.92 万平方米。

项目建设单位为湖州南方物流有限公司；设计单位为长江航运规划设计院、南京凯盛国际工程有限公司；施工单位为上海三航奔腾建设工程有限公司、中国十五冶金建设集团有限公司；监理单位为湖州市公路水运工程监理咨询有限公司、杭州中新建筑工程监理有限公司；质监单位为湖州市交通工程质量安全监督站、湖州市交通工程质量安全监督站。

（五）德清港区

1. 港区综述

（1）港区建设和运营情况

德清港区现有生产泊位 139 个。码头泊位总长 8099 米，泊位年通过能力 1748 万吨。德清港区 2015 年完成货物吞吐量 859 万吨。

（2）港区地理条件和集疏运概况

德清港区下设新市作业区、雷甸作业区、乾元作业区、武康作业区、钟管作业区和洛舍作业区 6 个作业区。港区码头泊位分布于京杭运河、东苕溪、杭湖锡线、武新线等航道。

2. 港区工程项目

（1）德清国家粮库码头

项目于 2003 年 10 月开工，2004 年 6 月竣工。

项目建设 2 个 500 吨级内河码头泊位（码头水工建筑允许靠泊能力 500 吨），岸线总长 120 米。码头采用顺岸式布置、重力式结构。码头前沿水深 2.5 米。项目后方堆场面积 648 平方米，堆存能力 0.1 万吨，仓库面积 2.4 万平方米，堆存能力 8.8 万吨。主要装卸设备包括固定式起重机 2 台、皮带输送机 1 台。用地面积 7.26 万平方米。项目建设单位为浙江德清国家粮食储备库。

（2）升大实业码头

项目于 2008 年 10 月开工，2009 年 10 月竣工。

项目建设 4 个 500 吨级内河码头泊位（码头水工建筑允许靠泊能力 500 吨）、1 个 1000 吨级泊位，泊位总长 280 米。码头采用顺岸式布局、重力式结构。码头前沿水深 3.2 米。项目后方堆场面积 3.27 万平方米，堆存能力 5.5 万吨；仓库面积 0.35 万平方米，堆存能力 0.5 万吨。主要装卸设备包括门式起重机 5 台、叉式装卸车 1 台。用地面积 6.92 万平方米。

项目建设单位为浙江升大皮质品有限公司；设计单位为嘉兴市世纪交通设计有限公司。

（3）大川空分码头

项目于 2010 年 3 月开工，2012 年 6 月竣工。

项目建设 1 个 500 吨级内河码头泊位（码头水工建筑允许靠泊能力 500 吨），岸线总长 62 米。码头采用挖入式布局、重力式结构。码头前沿水深 2.5 米。项目后方堆场面积 0.2 万平方米，堆存能力 0.5 万吨。主要装卸设备为桥式起重机 2 台。用地面积 2.03 万平方米。

项目建设单位为浙江大川空分设备有限公司；设计单位为长江航运规划设计院浙江分院；施工单位为浙江海洋工程有限公司；监理单位为湖州市公路水运工程监理咨询有限公司；质监单位为湖州市交通工程质量安全监督站。

（4）德清临杭物流园Ⅱ区码头作业区工程

项目于 2014 年 5 月开工，2015 年 10 月试运行，2016 年 11 月竣工。

项目建设依据：2013 年 1 月，浙江省发展改革委《关于德清临杭物流园Ⅱ区码头作业区工程项目核准的通知》（浙发改交通〔2013〕107 号）；2013 年 10 月，浙江省发展改革委《关于德清临杭物流园Ⅱ区码头作业区工程初步设计的批复》（浙发改设计〔2013〕171 号）；2014 年 1 月，湖州市交通运输局《关于德清临杭物流Ⅱ区码头作业区工程施工图设计文件的批复》（湖交〔2014〕19 号）。

项目建设 14 个 500 吨级内河码头泊位（码头水工建筑允许靠泊能力 1000 吨），其中 11 个钢材泊位、3 个杂货泊位，穿插布置 5 个待泊泊位，岸线总长 1034 米。码头采用顺岸式布置、重力式结构。码头前沿水深 2.5 米。项目后方堆场面积 10.6 万平方米，堆存能力 80 万吨。主要装卸设备包括桥式起重机 6 台、岸边轨道式门式起重机 9 台、堆场轨道式门式起重机 7 台。项目总投资 6.24 亿元，由企业自筹。用地面积 22.91 万平方米。

项目建设单位为浙江德清升华临杭物流有限公司；设计单位为长江航运规划设计院、中国新型建材设计研究院；施工单位为杭州港航工程公司、浙江德伟建设有限公司、浙江华盛达建设集团股份有限公司；监理单位为湖州市公路水运工程监理咨询有限公司、杭州市政公用建设开发公司；质监单位为湖州市交通工程质量安全监督站、德清县建筑工程质量监督站。

（六）安吉港区

1. 港区综述

（1）港区建设和运营情况

安吉港区现有生产泊位 79 个。码头泊位总长 4546 米，泊位年通过能力 875 万吨。安吉港区 2015 年完成货物吞吐量 364 万吨，其中出港 275 万吨、进港 89 万吨。

（2）港区地理条件和集疏运概况

安吉港区下设松树墩作业区、递铺作业区、老龙坝作业区和二里半作业区 4 个作业区。港区码头泊位分布于梅湖线等航道。

2. 港区工程项目

安吉川达物流有限公司货运码头工程

项目于 2007 年 11 月开工，2010 年 9 月试运行，2017 年 1 月竣工。

项目建设依据：2005 年 11 月，浙江省发展改革委《浙江省发展和改革委关于安吉川达物流有限公司货运码头工程项目可行性研究报告的批复》（浙发改外资〔2005〕1145 号）；2006 年 8 月，浙江省发展改革委《关于安吉川达物流有限公司货运码头（码头区）工程初步设计的批复》（浙发改设计〔2006〕109 号）；2015 年 12 月，浙江省发展改革委《关于安吉川达物流有限公司货运码头（码头区）工程初步设计调整批复的函》（浙发改设计〔2015〕138 号）。2005 年 9 月，浙江省水利厅《关于安吉川达物流货运码头工程水土保持方案的批复》（浙水许〔2005〕102 号）；2005 年 11 月，浙江省环境保护局《关于安吉川达物流货运码头工程环境影响报告书审查意见的函》（浙环评〔2005〕197 号）；2007 年 12 月，国土资源部《关于安吉川达物流有限公司货运码头工程建设用地的批复》（国土资函〔2007〕1020 号）。

项目建设 5 个 500 吨级多用途集装箱码头泊位（码头水工建筑允许靠泊能力 1000 吨），岸线总长 265 米。码头采用顺岸式布局、高桩梁板结构。码头前沿水深 2.5 米。项目后方堆场面积 7.78 万平方米，堆存能力 15 万吨。主要装卸设备为轨道式门式起重机 2 台。项目总投资 2.40 亿元，由企业自筹。用地面积 14.43 万平方米。

项目建设单位为安吉川达物流有限公司货运码头工程系澳门恒达控股有限公司、安吉亚川物流有限公司；设计单位为浙江省交通规划设计研究院、广东省航运规划设计院有限公司、浙江东南建设管理有限公司；施工单位为浙江海洋工程有限公司、上海裕联建筑有限公司;监理单位为湖州市公路水运工程监理咨询有限公司、安吉县工程建设监理有限公司、浙江宏泰工程项目管理有限公司;质监单位为湖州市交通工程质量安全监督站、安吉县建设工程质量监督站。

码头试运行以来集装箱吞吐量累计达到 57.7 万 TEU,其中 2015 年吞吐量达 14 万 TEU,运行总体情况良好,达到了预期效果。

五、绍兴港

(一)港口概况

1.港口综述

绍兴港位于长江三角洲南翼,浙江省中北部,钱塘江口以南,与上海一水之隔,东邻宁波,南靠台州、金华,西依杭州,北隔钱塘江与嘉兴、上海相望,是浙江省内河重要港口之一,是浙江省港口"一体两翼多联"发展格局的重要组成部分,是内河高等级航道网上的重要结点;是浙江省发展海河联运的重要支点,未来将成为区域集装箱运输的重要喂给港。绍兴市内以杭甬运河、曹娥江、浦阳江为骨干航道,河流纵横交错,湖泊星罗棋布,绍兴港在促进绍兴市及长三角地区经济社会发展中发挥着重要的作用。

2.港口水文气象

绍兴地处亚热带季风气候区,季风显著,四季分明,湿润多雨。多年平均气温17.5℃左右,历年极端最高气温39.5℃,历年极端最低气温 – 10.1℃。多年平均降雨量为1000毫米左右,历年最大降雨量2183.2毫米,历年最小降雨量922.5毫米。降雨主要集中在3~6月份的春雨及梅雨期,在9月份由于受台风影响,形成第二个雨期;冬季降雨量最小,全年降雨量不均,差异较大。多年平均降雪天数为12天,最大积雪深度为30厘米,降雪期在每年的12月份至次年的3月份间。多年平均雾日为28.9天,雾日多集中在每年的3月至4月及10月至12月。多年平均相对湿度为81%。港区水域既有平原内河水系,也有受洪水、潮汐影响的通海河流水系。绍兴内河港口最高通航水位4.33米,最低通航水位3.13米;上虞内河港最高通航水位6.33米,最低通航水位2.63米;嵊州内河港最高通航水位6.43米,最低通航水位3.61米(根据水利部门提供资料,待口门大闸建成后,曹娥江控制水位3.90米);诸暨内河港最高通航水位6.13米,最低通航水位3.33米。

3.发展成就

截至2015年,绍兴市共有港口经营企业68家,其中危险货物港口经营企业6家。完成港口吞吐量1815万吨,其中出港166.3万吨,同比减少48.6%,进港1648.7万吨。

2015 年,市港口货物流向主要是上海、杭州、嘉兴、湖州等地,以及绍兴市境内中转。进出港货物以矿建材料、煤炭、非金属矿石、钢材、水泥等为主。其中矿建材料(主要为黄砂)862.9 万吨,煤炭 464.7 万吨,非金属矿石(主要石灰石)302.2 万吨,钢材 30 万吨,水泥 131.6 万吨,集装箱吞吐量 1901TEU。

各港区港口货物吞吐量情况:越城港区为 575.97 万吨,柯桥港区为 493.55 吨,诸暨港区为 495.15 万吨,上虞港区为 74.72 万吨,滨海港区为 137.13 万吨,上虞港区为 38.51 万吨。

(二)越城港区

1.港区综述

截至 2015 年底,绍兴港越城港区建成码头 3 个,300 吨级及以上泊位 22 个,其中 500 吨级泊位 17 个,年吞吐能力达到 305 万吨,平均每个泊位能力为 13.86 万吨。绍兴港越城港区共计码头 20 个,泊位 43 个,2015 年吞吐量达到 575.9 万吨,使用岸线 3257 米。

越城港区吞吐货物以矿建材料、煤炭、水泥等大宗散货为主,其中矿建材料如水泥主要从富阳、嘉兴、上海运到绍兴,煤炭主要从上海运到绍兴,出港货物吞吐量很少。

2.港区工项目

绍兴港越城港区中心作业区工程

项目于 2009 年 3 月开工,2013 年 8 月试投产,2015 年 2 月竣工。

项目建设依据:2007 年 5 月,浙江省发展改革委《关于绍兴港越城港区中心作业区工程序项目建设书批复的函》(浙发改〔2007〕118 号);2007 年,浙江省发展改革委《关于绍兴港越城港区中心作业区工程可行性研究报告批复的函》(浙发改函〔2007〕302 号);2008 年 11 月,浙江省发展改革委《关于绍兴港越城港区中心作业区程初步设计批复的函》(浙发改设计〔2008〕73 号);2007 年 11 月,浙江省环境保护局《关于绍兴港越城港区中心情作业区工程环境影响报告书审查意见的函》(浙环建〔2007〕103 号);2011 年,绍兴市交通运输局《关于绍兴港越城港区中心作业区工程施工图设计的批复》(绍市交复〔2011〕12 号、绍市交复〔2013〕14 号)。

项目建设 17 个 500 吨级的泊位,总占地面积 519 亩,其中全天候泊车 3 个,集装箱兼顾钢材泊位 2 个,件杂货泊位 6 个,散货泊位 3 个,化工品泊车 3 个(水工结构性按 1000 吨级设计),工程设计年吞吐量为 185 吨。包括堆场总面积 46267 平方米,仓库及雨篷面积为 21438 平方米,化工储罐 20000 立方米,化工中转库 2759 平方米,生产及生活辅助设施 5080 平方米。项目初步设计核定概算总投资为 44996.66 万元,浙江中兴会计师事务所有限公司决算审计,并报经绍兴市交通运输局批复,项目决算总额为37505.82万元。其中,进港道路工程竣工决算经绍兴市天源会计师事务所审计出具的《关于绍兴交通投资集团有限公司绍兴港越城港区中心作业区工程竣工决算的审计报告》,决算审计为5434.13万元。用地34.6万平方米。

建设单位为绍兴港现代物流集团有限公司;设计单位为浙江省交通规划设计研究院、浙江省天正设计工程有限公司;施工单位为杭州港航工程公司、浙江诸安建设集团有限公司;监理单位为温州港湾工程咨询监理有限公司、浙江华建工程监理有限责任公司。

(三)滨海港区

1.港区综述

截至2015年底,绍兴港滨海港区建成码头3个,500吨级及以上泊位15个,其中500吨级泊位12个,年吞吐能力达到388万吨,平均每个泊位能力为32.33万吨。

2015年绍兴港滨海港区共有港口经营企业1家,500吨级泊位6个,2015年吞吐量为137.1万吨。港口岸线390米。滨海港区主要货种为煤炭,主要从上海运到绍兴,没有出港货物。

2.港区工程项目

浙江浙能滨海热电厂码头及航道工程

项目于2010年5月开工,2011年6月竣工。

项目建设依据:2009年7月,国家发展和改革委员会《关于浙江浙能滨海热电厂新建工程项目核准的批复》(发改能源〔2009〕1830号);2011年4月,交通运输部《关于浙江浙能滨海热电厂码头及航道工程初步设计的批复》(交水发〔2011〕170号);2011年5月,绍兴市交通运输局《关于浙江浙能绍兴滨海热电项目码头及航道工程施工图设计的批复》(绍市交复〔2011〕15号);2012年6月,浙江省交通运输厅《关于印发浙能绍兴滨海热电工程码头及航道工程项目档案专项验收意见的通知》(浙交办〔2012〕171号);2013年5月,绍兴市地方海事局《水上水下活动通航安全的核查简表》;2012年6月,环境保护部《关于浙江绍兴滨海热电厂工程竣工环境保护验收意见的函》(环验〔2012〕123号)。

建设6个500吨级卸煤泊位(码头结构按靠泊1000吨级船舶设计);配套建设航道、锚地及导助航等设施。6个500吨级卸煤泊位总长度为389米,主要包括码头平台、栈桥等。码头平台尺寸为389米×16米,采用高桩梁板式结构,桩基采用φ800毫米钻孔灌注桩。码头中部布置辅助平台,尺度为35×12米,主要布置候工楼、泵站等。码头面高程为

7.0米（以85国家高程计），码头前沿设计底高程为-1.0米（以航行基准面计，下同），回旋水域呈椭圆形布置，长轴长为200米、短轴长为140米，设计底高程为0米。码头前沿共配备4台卸船机，水平运输采用皮带输送机。工程批复总概算为14269万元。经竣工决算审计，实际完成投资为11174.02万元。

建设单位为浙江浙能绍兴滨海热电有限责任公司；设计单位为浙江省交通规划设计研究院；施工单位为中交第二航务工程局有限公司、浙江省火电建设公司、浙江凌云水利水电建筑有限公司、嘉兴市世纪交通工程有限公司；监理单位为浙江港湾工程项目管理有限公司；质量监督单位为浙江省交通运输厅工程质量监督局。

第五节　安　徽　省

一、综述

（一）基本省情

安徽省位于中国中东部，华东腹地，地处东经114°54′～119°37′与北纬29°41′～34°38′之间，跨长江、淮河中下游，是长江三角洲组成部分。南北长约570千米，东西宽约450千米，总面积14.01万平方公里，约占我国国土面积的1.45%。2015年，安徽省户籍人口6949.1万人，常住人口6143.6万人。

安徽省按行政区划设合肥、淮北、亳州、宿州、蚌埠、阜阳、淮南、滁州、六安、马鞍山、芜湖、宣城、铜陵、池州、安庆、黄山等16个地级市，其中合肥市是安徽省省会所在地。全省共有7个县级市、54个县、44个市辖区。

安徽省地势西南高、东北低，地形地貌南北迥异，复杂多样。长江、淮河横贯省境，分别流经安徽长达416千米和430千米，将全省划分为淮北平原、江淮丘陵和皖南山区三大自然区域。淮河以北，地势坦荡辽阔，为华北平原的一部分；江淮之间西耸崇山，东绵丘陵，山地岗丘逶迤曲折；长江两岸地势低平，河湖交错，平畴沃野，属于长江中下游平原；皖南山区层峦叠嶂，峰奇岭峻，以山地丘陵为主。境内主要山脉有大别山、黄山、九华山、天柱山，最高峰黄山莲花峰海拔1860米。全省共有河流2000多条，湖泊110多个，著名的有长江、淮河、新安江和全国五大淡水湖之一的巢湖。

安徽历史悠久，人文荟萃，山川秀美，区位优越，建省于清朝康熙六年（公元1667年），省名取当时安庆、徽州两府首字合成，因境内有皖山、春秋时期有古皖国而简称"皖"。安徽自然资源丰富，气候温暖，雨量充沛，土地肥沃，适宜多种动植物生长，生物资源繁多,生态环境良好。世界特有的野生动物扬子鳄和白鳍豚就产在安徽中部的长江流域;全省县级以上已建成自然保护区 104 个,其中国家级 8 个、省级 30 个。粮、棉、油产量均居全国前列,是全国重要的无公害农产品和绿色食品生产基地,农业产业化前景广阔。安徽还是全国矿种较全、储量较多的省份之一。全省已发现矿种 128 种,查明资源储量的有 125 种,依托资源优势,安徽已发展成为全国重要的能源、原材料和加工制造业基地。安徽襟江带淮,吴头楚尾,承东启西,是长江三角洲地区无缝对接的纵深腹地。

(二)综合运输

安徽交通便捷,铜陵长江大桥、芜湖长江大桥、安庆长江大桥连接南北,公路和内河运输能力分别居中部地区第 2 位和第 3 位。2015 年,全省铁路营业里程达 4062.1 千米;公路总里程达 18.7 万千米,其中高速公路通车里程达 4246 千米;内河航道总里程达 6612.01 千米,通航里程 5728.62 千米,其中,一级航道 342.8 千米,三级航道 499.64 千米,四级航道 585.80 千米,五级航道 546.92 千米,六级航道 2461.4 千米,七级航道 706.95 千米,等级外航道 585.11 千米;空中交通拥有合肥、黄山、芜湖、安庆、蚌埠、阜阳等 6 大机场;已建天然气管道总长 2227 千米,油气管道里程保持高速增长。

安徽省内河水运资源十分丰富,境内分布着长江、淮河、新安江等三个水系的 300 多条河流,内河航道通航里程、内河船舶运力、货运量等均位居全国前列。良好的通航条件和腹地旺盛的运输需求为安徽省内河航运发展提供了优越的条件。内河航运是安徽省综合运输体系的主要运输方式之一,已经成为综合运输体系中不可替代的重要组成部分,在全国占有重要地位。安徽港口是上海国际航运中心等沿海港口的重要支撑,是提升区域国际竞争力、扩大长江经济带和安徽对外开放的重要窗口,是促进安徽产业结构调整、加快转变经济发展方式的重要平台。

"十二五"以来,在《关于加快长江等内河水运发展的意见》指导下,安徽内河水运快速发展,港航基础设施、运输服务水平、水上安全保障显著提升,内河水运在促进安徽省经济快速发展和对外物资交流等方面发挥了重要作用。境内长江航道是重要的黄金水道,长江航运已成为安徽省沿江地区原材料及产成品运输的重要方式,并对合肥和芜湖等地的一批经济开发区的迅速成长起到了积极的促进作用。淮河航运则发挥干支流航道深入煤炭产区和通达江、浙、沪等主要煤炭消费地的优势,在两淮煤炭开发中发挥了重要作用。

(三)港口概况

1996 年第二次港口普查时,安徽省有港口 181 个,按港口所在水系分,长江水系 113

个,其中干流 37 个;淮河水系 67 个,其中干流 17 个;新安江水系 1 个。

《港口法》实施后,按照"一城一港"的原则,安徽省将原来的 181 个港口合并,按行政区划划分为 17 个港口,分别是安庆港、池州港、铜陵港、芜湖港、马鞍山港、巢湖港、合肥港、宣城港、阜阳港、六安港、淮南港、蚌埠港、滁州港、亳州港、淮北港、宿州港、黄山港。

2011 年,安徽省撤销巢湖市,原巢湖港撤销,和县港区、含山港区划给马鞍山港,无为港区划给芜湖港,居巢港区、散兵港区、庐江港区划给合肥港。

2015 年 12 月,安徽省将安庆市枞阳县划归铜陵市管辖,安庆港枞阳港区划给铜陵港;六安市寿县划归淮南市管辖,六安港寿县港区划给淮南港。

安徽地处暖温带与亚热带过渡地区。淮河是中国南北气候的分界线,淮河以北属暖温带半湿润季风气候,淮河以南为亚热带湿润季风气候。全省年平均气温在 14 ~ 17 摄氏度之间,平均日照 1800 ~ 2500 小时,平均无霜期 200 ~ 250 天,平均降水量 800 ~ 1800 毫米。四季分明,雨量充沛,气候宜人。

安徽省已批复的各港港口总体规划规划港口岸线 720.14 千米,其中深水岸线 373.7 千米;已开发利用 121.32 千米,占规划港口岸线 16.85%,其中深水岸线 107.1 千米;未开发利用 598.82 千米,占规划港口岸线 83.15%。

安徽省按行政区划划分为 16 个港口。按港口所在水系分:长江水系有 7 个,分别是安庆港、池州港、铜陵港、芜湖港、马鞍山港、合肥港、宣城港;淮河水系有 8 个,分别为是阜阳港、六安港(其中舒城港区属于长江水系)、淮南港、蚌埠港、滁州港(其中全椒港区属于长江水系)、亳州港、淮北港、宿州港;新安江水系有 1 个,即黄山港。按照层次划分:安庆、芜湖、马鞍山、合肥、蚌埠等五港为全国内河主要港口,池州、铜陵、巢湖、阜阳、六安、滁州、淮南、亳州等 8 港为区域性重要港口,淮北、宿州、宣城、黄山等 4 港为一般港口。

安徽沿江安庆、池州、铜陵、芜湖、马鞍山等 5 个港口均为国家一类开放口岸;除池州港外,其余 4 港均为对台直航港口。合肥、蚌埠港为二类开放口岸。2014 年 8 月,芜湖港继上海港之后被国家列为启运港退税港口。

根据交通运输部 2015 年划分,安徽省规模以上港口有 10 个,分别是芜湖港、马鞍山港、铜陵港、安庆港、池州港、合肥港、阜阳港、淮南港、滁州港、亳州港;规模以下港口有 6 个,分别是蚌埠港、宣城港、六安港、淮北港、宿州港、黄山港。

1. 港口腹地情况

(1)腹地经济社会发展现状

2015 年安徽省生产总值 2.20 万亿元、人均 35997 元,三次产业结构为 11.2∶51.5∶37.3,完成全社会固定资产投资 2.40 万亿元,社会消费品零售总额 8908 亿元。2015 年末常住人口6144万人,城镇化率50.5%。

安徽省加强与东部地区的经济联系,深化对外开放,大力实施皖江城市带承接产业转移、中原崛起、合肥经济圈等区域发展战略,全省经济和社会各项事业取得跨越式发展。主要有以下特点:一是经济持续高速增长,综合实力大幅提升;二是发展方式加快转变,结构调整成效明显;三是投资、消费、出口等三大需求较快增长,发展动力明显增强;四是城乡统筹加快推进,区域发展态势喜人。

(2)腹地经济社会发展趋势

安徽紧邻长三角,与长三角地区存在较大的产业结构和经济发展梯度差异,互补性较强。长期以来,安徽省致力于东向发展,基本形成了与长三角之间的立体快速交通网。2014年9月12日,国务院《关于依托黄金水道推动长江经济带发展的指导意见》(简称《意见》)正式印发,《意见》明确提出要加快长江三角洲一体化发展,打造具有国际竞争力的世界级城市群,推进皖江承接产业转移示范区、皖南国际文化旅游示范区建设,优化提升沪宁合(上海、南京、合肥)主轴带功能,这为安徽省加快融入长三角地区,推进经济社会转型升级和加速崛起指明了方向、增添了动力。未来一段时期,安徽省将抢抓长江经济带发展机遇,全面深化改革,全面推进对内对外开放,加速工业化、城镇化双轮驱动,全省经济社会仍将保持较快发展步伐。具体将呈现以下趋势:一是国民经济将继续保持快速增长态势;二是产业转型升级进一步加快;三是新型城镇化将发挥更加突出的带动作用;四是区域发展特色将更加鲜明,皖江示范区及大合肥经济圈辐射带动作用将进一步增强。

2. 港口枢纽、门户功能

根据党的十八大全面建成小康社会的总体要求、交通运输部"综合交通、智慧交通、绿色交通、平安交通"和安徽省委省政府"美好安徽"战略目标,结合腹地经济社会、综合运输和内河港口发展形势,未来安徽省港口发展战略定位:一是落实长江经济带、"一带一路"倡议和实施经济全方位对外开放的重要战略资源;二是加快推进新型工业化、城镇化,促进经济结构调整和转型升级的重要依托;三是加快水运基础设施建设,使水运成为客货运输的交通枢纽。

在已经形成的"五个全国内河主要港口、七个地区性重要港口、四个一般性港口"的基础上,结合综合运输网络、全省生产力布局和城镇化规划,围绕"一纵两横"水运大通道,形成皖江和淮河两大港口群,"芜湖港 + 马鞍山港"、合肥港、蚌埠港三大港口综合枢纽总体格局,以及集装箱、煤炭、矿石、商品汽车等专业化港口运输系统。

安徽省港口空间布局为"两大港口群、三大港口综合枢纽"。两大港口群为皖江港口群、淮河港口群,三大港口综合枢纽为皖江港口综合枢纽、江淮港口综合枢纽、淮河港口综合枢纽。皖江港口群是安徽全面融入长三角、打造长江经济带战略支点的重要战略资源,沿江地区发展外向型经济的重要保障,沿江地区经济快速发展和沿江产业带形成的重要支撑,沿江综合运输体系的核心组成部分。将形成以芜湖港、马鞍山港、合肥港、安庆港、铜陵港、池州港为重点,以宣城港和滁州港、六安港部分港区为补充的总体发展格局。未来,皖江港口群将以转型升级、提质增效、资源整合为重点方向,重点在拓展港口功能、现代物流产业、发展江海联运、推动港城互动等方面取得重大突破。淮河港口群是支撑和促进中原经济区、沿淮城市群经济社会快速发展的重要基础,是皖北地区综合运输体系的重要组成部分,是加快沿河开发、推进工业化进程、承接产业转移、扩大对外开放、促进外向型经济发展的重要依托。随着淮河生态经济带发展战略的启动实施,淮河港口群将逐步发展成为推动区域经济发展的核心战略资源,将形成以蚌埠港、淮南港、阜阳港、滁州港、六安港、亳州港为重点,以宿州港、淮北港为补充的总体发展格局。未来淮河港口群将以规模化、专业化综合港区建设,拓展港口临港开发功能方面取得重大突破。

(四)港口发展成就

1.1978 年以来港口建设情况

1985 年,全省拥有生产性泊位 813 个,泊位总长度 29 千米,其中 1000 吨级及以上泊位只有 97 个;经过 30 年的建设、发展,全省港口码头无论是数量、质量还是运营规模都已登上新台阶。截至 2015 年,全省生产性泊位 1212 个,其中 1000 吨级及以上泊位达到 474 个(其中,万吨级泊位 14 个,5000～10000 吨级泊位 119 个,3000～5000 吨级泊位 104 个,1000～3000 吨级泊位 237 个),泊位总长 83.9 千米。

2.1978 年以来港口生产运营情况

1985 年全省完成港口货物吞吐量 4314.85 万吨,2000 年为 7077.9 万吨,2003 年突破亿吨达 1.13 亿吨,2005 年为 1.71 亿吨,2006 年为 2 亿吨,2010 年为 3.25 亿吨,2015 年为 4.8 亿吨。"十一五"期间,港口吞吐量年均增长 10.2%。"十二五"期间年均增长 5.1%。1990 年安徽省开启集装箱水路运输业务,主要分布在长江港口,2005 年完成 11.6 万 TEU,2010 年完成 22.19 万 TEU(其中外贸 257.86 万吨),2015 年完成 95.59 万 TEU(其中外贸 1649.06 万吨),年均增速为 15.7%;合肥港于 2011 年开展集装箱运输服务,当年完成 5 万 TEU,2015 年达 16.04 万 TEU,年均增速 33.7%。2007 年,安徽芜湖港奇瑞汽车滚装码头试运行,当年完成 1.85 万标辆,2008 年完成 2.04 万标辆,2010 年完成 4.93 万标辆,2015 年完成 10.94 万标辆。2014 年 12 月 8 日,芜湖港吞吐量突破亿吨大关,成为安徽第 1 个亿吨大港。2016 年、铜陵港、马鞍山港吞吐量突破亿吨大关,全省亿吨大港已达 3 个。

3. 至 2015 年港口建设成就

(1)港区建设规模迅速扩大

2007 年 6 月 22 日,经国务院批准,国家发展改革委、交通部联合印发《全国内河航道与港口布局规划》,将安徽省芜申线、合裕线、淮河、沙颍河纳入内河高等级航道布局方案,芜湖、安庆、马鞍山、合肥、蚌埠等 5 个港口被纳入主要港口布局方案,同时明确长江干线铜陵—南京段通航 5000 吨级海船,利用自然水深通航 10000 吨级海船。2006年,安徽省人民政府和交通部联合批复了《安徽省内河航运发展规划(2005—2020年)》,提出以安庆港、芜湖港、马鞍山港、合肥港、蚌埠港等 5 个主要港口,池州港、铜陵港、巢湖港、淮南港、阜阳港、亳州港、六安港、滁州港等 8 个区域性重要港口为依托,其他一般港口为补充,形成层次分明、布局合理、大中小结合的全省港口体系,明确了各港口发展的总体方向,对完善港口布局、引导产业布局、促进腹地经济社会发展,发挥了重要的指导作用。

改革开放以来,安徽港口积极推进各项改革措施,实行政企分开,逐步增强港口企业市场主体地位,港口投融资活动市场化、社会化程度显著提高。按照"谁投资、谁受益"的原则,鼓励社会资本投资港口码头建设与经营。港口设施建设力度不断加大,成绩显著。全省先后建设或扩建了以下港区:芜湖朱家桥港区、荻港港区、三山港区、裕溪口港区,马鞍山港中心港区、慈湖港区、郑蒲港区、太平府港区,安庆港中心港区,池州港江口港区、牛头山港区,铜陵港横港港区、笠帽山港区、永丰港区,合肥港南淝河港区、裕溪河港区,阜阳港阜阳港区、颍上港区,六安港霍邱港区,淮南港毛集港区、凤台港区、潘集港区,蚌埠港中心港区、五河港区,滁州港凤阳、全椒港区,宣城港中心港区、水阳港区、定埠港区,亳州港涡阳港区,淮北港南坪港区,宿州港埇桥港区,蕲县港区,黄山港歙县深渡港区等。

(2)港口综合功能不断拓展

随着经济社会持续快速发展,港口由主要从事装卸、储存、中转等传统业务,朝着提供多元化综合服务方向发展,港口功能逐步向物流、工业、商业等领域延伸。20 世纪 90 年代后,沿江五港先后对外籍轮开放。2015 年,按照国务院的批复,芜湖市出口加工区整合优化为芜湖综合保税区,芜湖港作为区域性外贸枢纽港与外贸中心港的地位和作用得到进一步凸显和强化,实施区港一体化成为可能。综合保税区的设立为进一步强化保税仓储、转运分拨等物流功能打下坚实基础,芜湖有望借此成为沿江内陆有影响力的区域性国际物流中心。

(3)港口管理水平不断提高

安徽港口积极探索建立符合社会主义市场经济体制的港口管理模式,努力推进港口管理方法和管理手段现代化。进入 21 世纪以来,随着港口体制改革不断深化,港口经营管理的市场化程度不断提高,港口经营市场趋于规范。港口行政管理部门为港口经营人自主经营积极创造公平、公正、公开的竞争环境,显著提高了港口运作效率。

《港口法》实施后,安徽按照"一城一港一政"的原则,结合长江港口体制改革,对全省港口行政管理部门进行了调整,理顺港口管理体制。围绕事业单位分类改革、交通大部制改革和构建交通运输体系的总体目标,按照简政放权和责权统一的原则,进一步扩大地方政府管理权限,有效整合管理职能,理顺条块关系,提高行政管理效率,降低行政管理成本,增强公共服务能力;建立机构精干、职能明确、权责一致、管理顺畅、运转协调、行为规范、办事高效、监督有力的水上交通管理体制。2013 年 6 月,安徽省人民政府印发《关于推进全省地方海事(港航)管理体制改革的实施意见》(皖政办〔2013〕17 号),对全省地方海事(港航)管理体制进行改革,将由省地方海事(港航管理、船舶检验)局垂直管理的市级海事(港航管理)机构下放给所在设区市,实行市以下垂直管理。

2009 年 6 月,安徽省人大发布《安徽省港口条例》,进一步推动安徽港口事业发展步入法制化的轨道,培育发展港口市场,强化深化依法治港。《安徽省港口条例》明确安徽省交通运输主管部门所属的港口管理机构具体实施对港口的行政管理,规定港区控制性详细规划编制和审批程序,提出"港口岸线实行有偿使用",规定变更港口岸线使用范围、使用功能以及转让港口岸线使用权、临时使用港口岸线的审批程序,《港口法》实施后,安徽启动港口总体规划编制工作,对港口和港区组成进行了必要调整。各港港口总体规划于 2007—2009 年间获得批准并公布实施。为适应行政区划调整和满足地方经济社会发展,对部分港口总体规划适时进行了修订、调整。各港港口总体规划的实施,对指导港口发展与建设、有效保护和合理利用港口岸线资源,起到了重要的作用。

为贯彻落实交通运输部《关于推进港口转型升级的指导意见》(交水发〔2012〕112 号),提升港口资源使用效率,2015 年安徽省港航管理局开展了港口精细化管理研究工作;该课题借鉴国内外先进的港口岸线管理经验,以"触发制"和"港口岸线利用综合评价"为重要支撑,以百米岸线吞吐量(吞吐量/岸线长度)等指标为重要参考和依据,从岸线审批(准入)、事中、事后监管等方面,设计安徽港口岸线精细化管理制度,从体制机制、法律法规、加强监管、加强统计与发布、加强责任追究以及探索开展岸线有偿使用等方面提出实施岸线精细化管理的对策和建议。

2015 年,交通运输部开展全国港口深水岸线资源普查工作。在此基础上,安徽省港航管理局开展了港口非深水岸线资源普查工作,绘制出版《安徽省港口岸线资源普查图集》,开发建设"安徽省港口资源监测管理系统",对港口岸线资源实行动态管理。

(4)港口支持系统明显改善

港口是现代综合交通运输体系的重要枢纽,港口的集疏运系统对港口运作效率具有重大影响。"十五"以来,安徽加快高速公路和高等级航道网的建设,芜申运河安徽段、合裕线航道、沙颍河航道、店埠河航道和浍河固镇复线船闸、沙颍河阜阳船闸、合裕线裕溪与巢湖复线船闸建成通航,港口集疏运能力得到迅速提升。安徽公路、航道与港口协调发展,为港口进一步提高货物吞吐量提供了集疏运保障。

引江济淮工程建成后,将结束淮河中游与长江中下游水运不畅的历史,构建淮河水系第二条通江入海通道,并与沙颍河、合裕线、芜申运河航道联通,共同形成一条平行于京杭大运河的中国第二条长度超过1000千米的南北水运通道。

(5)港口地位作用更加突出

2008年9月,国务院《关于进一步推进长江三角洲地区改革开放和经济社会发展的指导意见》正式印发,正是这一年,长三角的大门向安徽敞开。2014年9月,国务院《关于依托黄金水道推动长江经济带发展的指导意见》明确安徽为长三角重要组成部分,合肥为长三角城市群副中心。2012年11月,国务院正式批复《中原经济区规划(2012—2020年)》。中原经济区是中国首个内陆经济改革和对外开放经济区,规划范围包括安徽省宿州市、淮北市、阜阳市、亳州市、蚌埠市和淮南市凤台县、潘集区。港口处于重要的战略地位,对参与经济全球化,加快港口城市发展,加强东、中、西部地区经济社会协调发展,具有显著的作用。沿江五港和合肥港、蚌埠港已成为对外开放的主要门户、综合交通运输体系的重要枢纽、现代物流系统的基础平台。

水运经济的发展对安徽全省经济的促进作用十分明显,尤其是皖江水运经济对沿岸经济发展发挥了巨大的作用。皖江城市带的兴起与长江黄金水道航运资源、岸线资源都是密不可分的,随着皖江经济带承接产业转移示范区建设不断推进、行政区划调整,芜湖市、马鞍山市和铜陵市迎来了"拥江"发展的大好时机,深入贯彻五大发展行动,加快推进"以港兴市"战略。港口已成为安徽全省经济持续发展的重要因素之一。

安徽省人民政府高度重视港口发展,先后出台了《关于加强水运基础设施建设和管理加快水运发展的通知》(水运20条)、《关于加快交通运输基础设施建设的意见》(皖政[2010]44号)、《关于加强口岸开放发展促进外贸转型升级的实施意见》等政策性文件,积极抢抓发展机遇,不断深化水运体制机制改革,持续强化水运基础设施建设,努力创新水运行业管理模式,使港口和水运建设发展步入了快车道,有效促进了沿江、沿淮产业布局优化,推进了流域工业化、城镇化进程,为打造"经济强省""文化强省""生态强省",加快建设美好安徽,提供了高效的水路运输服务保障。通过加快港口自身建设,港口和所在城市得到协调发展,"以港兴市",促进区域经济快速增长,港口的地位作用越来越得到重视。

安徽省港口集装箱运输起步较早,主要集中在沿江港口。最早开展集装箱运输服务的是芜湖港和安庆港。开通的海运航线有日韩航线、港台航线、东南亚航线及欧美航线等

20 多条航线，通往国内四十多个港口，通达十多个国家和地区的近百个港口，航线达数万千米，定期航班有日韩航班、港台航班等；内河航线有北方航线、南方航线等，有通往全国许多港口的定期航班。班轮密度最大的芜湖港定期航班每月有 220 余艘集装箱船舶出港。"十五"末，安徽省集装箱吞吐量达 11.26 万 TEU；"十一五"末增长到 22.2 万 TEU；"十二五"期间，全省集装箱吞吐量突飞猛进，2015 年，完成集装箱吞吐量 95.59 万 TEU。芜湖港于 1990 年 11 月开启集装箱运输业务，目前已开通近洋航线"芜湖港—韩国""韩国昂山港（Onsan）—芜湖港"；集装箱航线有"芜湖港—上海外高桥""芜湖港—上海洋山港""芜湖港—太仓港""芜湖港—合肥港""芜湖港—上游港口（武汉、九江、安庆、铜陵）"等。安庆港于 1990 年 12 月开启集装箱运输业务，目前开通了安庆港到上海港、南京港、芜湖港、武汉港、重庆港等航线。铜陵港于 1997 年开展集装箱运输业务，1998 年开通上海港集装箱内支线，通过内支线在上海港、太仓港、南京港、芜湖港中转至全国和世界各地。马鞍山港于 1999 年开展集装箱运输业务；内支线开通了马鞍山港到上海港、舟山港、浙江其他海港、江苏其他河港、青岛港、日照港等航线。池州港于 2003 年开展集装箱运输业务，目前已开通了池州港到上海港、南京港、芜湖港、武汉港、重庆港等航线。合肥港于 2011 年开展集装箱运输业务，目前开通"合肥—芜湖—上海""合肥—南京—上海"两条集装箱支线班轮航线。蚌埠港于 2014 年开展集装箱运输业务，目前开通"蚌埠—太仓""蚌埠—扬州""蚌埠—阜阳"等 3 条内贸航线。

1993 年，长江游轮首靠池州港旅游码头。

2015 年，安徽全省完成港口货物吞吐量散杂货 48044.32 万吨，在全国内河省份排名第 2；集装箱 95.59 万 TEU，在全国内河省份排名第 4，其中外贸 1649 万吨；滚装汽车 10.94 万标辆。按水系分：长江干流完成散杂货 33418.48 万吨、集装箱 79.19 万 TEU、滚装汽车 10.94 万标辆，分别占全省的 69.56%、82.84%、100%；长江支流完成散杂货 7507.65 万吨、集装箱 16.04 万 TEU，分别占全省的 15.62%、16.78%；淮河水系完成散杂货 7100.57 万吨。集装箱 0.36 万 TEU，分别占全省的 14.78%、0.38%。按货物形态、包装及货类分：液体散货 761.67 万吨，占总量 1.59%，其中，原油 42.96 万吨，成品油 579.25 万吨；干散货 41530.75 万吨，占总量 86.44%，其中，煤炭及制品 7918.25 万吨，金属矿石 4259.24 万吨，散装水泥 6918.29 万吨，散装粮食 143.86 万吨，散装化肥 8.36 万吨；件杂货 4852.98 万吨，占总量 10.1%，其中，木材 7.71 万吨，粮食 235.94 万吨，化肥 58.2 万吨，水泥 2252.22 万吨；集装箱 95.59 万 TEU；滚装汽车 10.94 万标辆。

安徽省内河港口基本情况见表 9-5-1。

安徽省内河港口基本情况表

规模	序号	港口名称	港口岸线		2015年港口生产性泊位				其中:1978—2015年建成的生产性泊位				货物吞吐量	2015年港口货物和旅客吞吐量						
			港口规划岸线	其中:2015年前已建成岸线	生产性泊位数	其中:千吨级及以上	生产性泊位总长	其中:千吨级及以上	生产性泊位数	其中:千吨级及以上	生产性泊位总长	其中:千吨级及以上		其中:外贸货物吞吐量	集装箱	滚装车辆		旅客	其中:国际旅客
																数量	质量		
			千米	千米	个	个	米	米	个	个	米	米	万吨	万吨	万TEU	万辆	万吨	万人	万人
规模以上	1	合肥港	68.82	10.98	161	46	9453	3624	161	46	9453	3624	3006.47	16.52	16.04	0	0	0	0
	2	亳州港	29.00	1.86	31	0	1861	0	26	0	1601	0	1397.58	0	0	0	0	0	0
	3	阜阳港	24.5	4.47	58	0	2644	0	49	0	2224	0	1390.96	0	0	0	0	0	0
	4	淮南港	39.18	7.04	88	12	5566	960	88	12	5566	960	2372.36	0	0	0	0	0	0
	5	滁州港	27.81	6.12	87	0	6119	0	83	0	5792	0	908.92	0	0	0	0	0	0
	6	马鞍山港	57.15	17.17	160	82	10699	6503	155	78	10442	6296	9205.34	1305.06	18.51	0	0	0	0
	7	芜湖港	87.90	14.08	142	125	14076	13345	130	113	12672	11941	12009.1	239.93	50.15	10.94	109.4	0	0
	8	铜陵港	91.89	8.37	95	67	7458	5993	87	61	6968	5623	10061.86	40.7	4	0	0	0	0
	9	池州港	65.85	10.36	118	70	10359	7728	105	60	9168	6723	4136.66	18.56	1.42	0	0	0	0
	10	安庆港	39.64	7.21	113	49	8229	4109	104	41	7589	3514	1951.89	28.3	5.1	0	0	0	0
	11	蚌埠港	58.95	3.1	35	23	2381	1834	32	23	2281	1834	853.33	0	0.36	0	0	0	0
规模以下	12	六安港	20.73	0.92	17	0	915	0	16	0	880	0	139.26	0	0	0	0	0	0
	13	宣城港	33.58	3.24	26	0	990	0	26	0	990	0	211.55	0	0	0	0	0	0
	14	淮北港	6.54	0.92	19	0	916	0	19	0	916	0	0	0	0	0	0	0	0
	15	宿州港	24.88	2.60	47	0	1863	0	42	0	1682	0	381.44	0	0	0	0	0	0
	16	黄山港	5.54	0.38	15	0	379	0	13	0	335	0	17.61	0	0	0	0	0	0
		合计	681.95	98.80	1212	474	83908	44096	1136	434	78559	40515	48044.33	1649.07	95.58	10.94	109.4	0	0

二、合肥港

(一)港口概况

1. 港口综述

合肥市位于安徽省中部,江淮之间,为长三角城市群副中心。合肥港是全国内河主要港口,二类开放口岸,是皖江城市带承接产业转移和长江经济带发展的重要支撑,将发展成为以集装箱、散货、件杂货运输为主,兼有旅游客运的综合性港口。2009 年 11 月 6 日,交通运输部和安徽省人民政府联合批复《合肥港总体规划》;2012 年因行政区划调整,原巢湖港的居巢、散兵、庐江等 3 个港区划入合肥港,《合肥港总体规划》启动修订工作,并于 2016 年 12 月通过交通运输部和安徽省人民政府联合审查。规划将合肥港划分为南淝河港区、江淮运河港区、丰乐河港区、白石天河港区、兆西河港区、裕溪河港区、环湖港区等 7 个港区,合肥港将形成"一湖六线、一港七区"的总体布局体系。其中,南淝河港区、裕溪河港区、环湖港区是重点发展港区;未来江淮运河建成,江淮运河港区将是另外一个重点发展的港区。

合肥港是一个具有两千多年历史的古港,居于江淮联运最接近点,在汉代已是重要的交通要地。清末至新中国成立前,城内河道淤塞,港口下移至东门外,只能停泊木帆船。1976 年兴建大兴集作业区,1982 年改造铜陵路作业区,使得港口面貌发生了根本变化,随着城市不断改造,铜陵路作业区在 20 世纪 90 年代已全部拆除。合肥原来有合肥、撮镇、上派、三河、巢湖、散兵、钓鱼台、中庙、缺口、岱山、柘皋、龟山、兆河、金牛、马尾河、石头、姥山、白湖、泥河、白山等 20 个港口,按照"一城一港"原则,合并为合肥港。合肥港货物目前主要经长江运往苏、浙、沪。

合肥港境内主要有合裕线(南淝河河道、巢湖湖区河道、裕溪河航道)、店埠河、派河、江淮运河(引江济巢兆西河线、引江济巢菜子湖线)、丰乐河、兆西河、白石天河等航道,航道总里程 582.34 千米,通航里程 498.75 千米。其中三级航道 138.51 千米,四级航道 36.54 千米,五级航道 124.04 千米,六级航道 148.76 千米,七级航道 31.41 千米。

目前,合肥港在南淝河港区已建成合肥新港锚地,规划 8 处锚地,分别是南淝河港区迎河作业区锚地、三汊河作业锚地、示范园作业区锚地,丰乐河港区同大作业区锚地,兆西河港区龙桥作业区锚地,裕溪河港区巢城作业区锚地、岱山作业区锚地、钓鱼作业区锚地。

2. 港口水文气象

合肥地区属于北亚热带湿润季风气候,主要特征为气候温和,光照充足,热量丰富,无霜期长;受季风气候影响显著,四季分明,雨量适中,但年内年际分配不均匀。全年多 ENE 风向,年平均风速 2.6 米/秒,基本风压 0.3 千帕,强风向 NNE,最大风力 9 级,最大风速21.3米/秒。年平均降水量969.5毫米，降雨时间多集中在4~8月份；年最大降水量1541.9毫米；年最小降水量692.4毫米。全年日降水量大于5毫米的天数为47.5天，小于10.0毫米的天数为30天。年平均降雪天数10.6天，年最大积雪厚度450毫米，基本雪压0.5千帕，无霜期220~230天。历年雾日数最多29天（1953年），平均雾日约16天，主要集中在春冬两季，持续2~4小时。极端最高气温41摄氏度，极端最低气温-20.6摄氏度，年平均气温15.7摄氏度。

合肥港属于长江水系巢湖流域，巢湖主要入湖支流有南淝河、派河、丰乐河、杭埠河、白石天河、兆河、柘皋河等。这些河流都源于山丘区，集水面积大，河道流程短，比降陡，汇流快，穿过很短的圩区后进入巢湖，经湖泊调节容蓄后，出巢湖闸经裕溪河于裕溪闸下注入长江。

合肥港水位受巢湖闸控制，中枯水位期，流向正倒交替，几乎平水。合裕线航道（南淝河、巢湖湖区、裕溪河段）设计最高通航水位为当涂路桥下11.41米、裕溪闸上10.29米（20年一遇水位，1985国家高程，下同）；设计最低通航水位巢湖闸上为5.8米、闸下4.53米，裕溪闸上4.31米（98%保障率水位）。店埠河航道设计最高通航水位合裕公路桥下11.29米，三汊河口10.7米；设计最低通航水位5.8米。丰乐河—店埠河航道设计最高通航水位为丰乐镇13.01米、大潭湾12.1米、巢湖10.6米；设计最低通航水位5.8米。引江济淮工程江淮沟通段（派河航道）设计最高通航水位为派河口枢纽巢湖侧10.6米、派河口枢纽派河测10.7米、蜀山泵站枢纽派河测12.7米、蜀山泵站枢纽瓦埠湖侧23.86米；设计最低通航水位蜀山泵站枢纽派河测5.8米，瓦埠湖测17.4米。引江济淮工程菜子湖线设计最高通航水位庐江节制枢纽巢湖侧11.1米，菜子湖侧15.38米；设计最低通航水位庐江节制枢纽巢湖侧5.8米，菜子湖侧6.86米。兆西河设计最高通航水位兆河节制枢纽巢湖侧10.6米，西河侧10.1米；设计最低通航水位5.8米。

3. 发展成就

新中国成立后，合肥市成立了航运管理站。1953年开始建港，首次大规模人力开挖航道，至1958年新建台阶斜坡码头20座，拥有货场11万平方米，并建成了第一座块石结构的直立式码头，安装电动固定式起重机1台和15米皮带输送机。1985年港口吞吐量已达到100多万吨，2007年吞吐量首次突破1000万吨大关，达到1011.3万吨。通过"七五"至"十一五"几十年的发展，2010年合肥港吞吐量达5589.22万吨。

合肥港规划港口岸线68.82千米；截至2015年，合肥港拥有生产性泊位161个，其中，3000吨级泊位4个，1000（含）~3000吨级泊位42个，500（含）~1000吨级泊位55个，500吨级以下泊位60个；泊位总延长9453米。

2015年，合肥港完成港口货物吞吐量3006.47万吨、集装箱16.04万TEU，其中，煤炭及制品206万吨，石油、天然气及制品24.29万吨，金属矿石213.04万吨，钢铁181.65万吨，矿建材料1512.16万吨，水泥367.19万吨，非金属矿石171.34万吨。

目前合肥港已开通"合肥—芜湖—上海""合肥—南京—上海"两条集装箱支线班轮航线,通过长江沿线港口及上海港口中转,货物可达国内沿海及世界各主要港口。

合肥港港区分布如图 9-5-1 所示,合肥港基本情况见表 9-5-2。

图 9-5-1　合肥港港区分布图

表 9-5-2

合肥港基本情况表

序号	港区名称	港区岸线		2015年港口生产性泊位				其中:1978—2015年建成的生产性泊位				货物吞吐量	2015年港口货物和旅客吞吐量						
		港区规划岸线	其中:2015年前已建成岸线	生产性泊位数	其中:千吨级及以上	生产性泊位总长	其中:千吨级及以上	生产性泊位数	其中:千吨级及以上	生产性泊位总长	其中:千吨级及以上		其中:外贸货物吞吐量	集装箱	滚装车辆 数量	滚装车辆 质量	旅客	其中:国际旅客
		千米	千米	个	个	米	米	个	个	米	米	万吨	万吨	万TEU	万辆	万吨	万人	万人
1	南淝河港区	22.96	2.68	54	23	3081	1634	54	23	3081	1634	1899.76	16.52	16.04	0	0	0	0
2	江淮运河港区	15.9	0.2	1	1	122	122	1	1	122	122	26.79	0	0	0	0	0	0
3	丰乐河港区	2.36	0	2	0	60	0	2	0	60	0	0	0	0	0	0	0	0
4	白石天河港区	0	0	0	0	0	0	0	0	0	0	0	0	0	0	0	0	0
5	兆西河港区	12.46	0.9	6	0	275	0	6	0	275	0	131	0	0	0	0	0	0
6	裕溪河港区	9.99	2.4	58	13	3386	1085	58	13	3386	1085	670.1	0	0	0	0	0	0
7	环湖港区	5.15	4.8	40	9	2529	783	40	9	2529	783	278.82	0	0	0	0	0	0
	合计	68.82	10.98	161	46	9453	3624	161	46	9453	3624	3006.47	16.52	16.04	0	0	0	0

(二)南淝河港区

1.港区综述

(1)港区建设和运营情况

南淝河港区是以集装箱、城市建材、能源等物资运输、临港工业开发为主的综合性港区,主要服务于东部城区城市建设、产业发展。港区下辖迎河、三汉河、撮镇及示范园4个作业区。

港区有生产性泊位54个,泊位总长3081米。其中,1000吨级及以上泊位23个,500吨级泊位15个,500吨级以下泊位16个。港区码头以散货、集装箱、油品和件杂货运输为主,年综合通过能力为1099万吨、50万TEU。2011—2015年货物吞吐量分别为2815.36万吨、674.4万吨、950.65万吨、1190.7万吨1899.76万吨。

(2)港区地理条件和集疏运概况

南淝河港区主要分布于南淝河及店埠河两岸,下辖迎河、三汉河、撮镇及示范园4个作业区,港区可与繁华大道、巢湖路、东华路等道路相连接。

2.港区工程项目

(1)合肥港综合码头一期工程

项目于2008年11月开工,2010年12月试运行,2015年7月竣工。

项目建设依据:2008年8月,安徽省发展和改革委员会《关于合肥港综合码头一期工程可行性研究报告的批复》(发改交通〔2008〕786号);2008年9月,安徽省发展和改革委员会《关于合肥港综合码头一期工程初步设计的批复》(发改设计〔2008〕905号);2008年7月,安徽省环保厅《关于合肥港综合码头一期工程环境影响报告书审查意见的函》(环评函〔2008〕684号);2008年12月,安徽省人民政府《关于合肥港综合码头一期工程建设用地的批复》(皖政地〔2008〕467号);2009年3月,交通运输部《关于合肥港综合码头一期工程使用港口深水岸线的批复》(交规划发〔2009〕144号)。

项目建设1个1000吨级杂货泊位、2个1000吨级多用途泊位,码头岸线总长677米。采用顺岸式布置、高桩式码头结构,前沿水深2.2米。配套建设堆场、道路及海关监管仓库等生产辅助设施,堆场面积6.55万平方米。码头前沿布置1台10吨台架起重机、1台20吨台架起重机。多用途泊位布置在下游,距前沿线2米设2台40吨多用途门式起重机。项目总投资2.38亿元,其中中央投资4700万元、地方投资1.41亿元、非政策性银行贷款5000万元。

项目建设单位为安徽省港航建设投资集团有限公司;设计单位为安徽省交通勘察设计院有限公司;施工单位为安徽省路港工程有限公司;房建施工单位为合肥市东华建筑安

装工程有限责任公司等;监理单位为上海海科工程监理所;质监单位为安徽省交通建设工程质量监督局。

项目2010年12月底试运行,总体运营情况良好。2011—2015年,分别完成集装箱5万TEU、7.11万TEU、10.05万TEU、15.38万TEU、16.04万TEU。

（2）合肥港综合码头二期工程

项目于2012年8月开工,2016年8月试运行,2017年7月竣工。

项目建设依据:2012年1月,安徽省发展和改革委员会《关于合肥港综合码头二期工程可行性研究报告的批复》(皖发改基础函〔2012〕12号);2012年3月,安徽省发展和改革委员会《关于合肥港综合码头二期工程初步设计的复函》(皖发改设计函〔2012〕219号);2011年12月,安徽省环保厅《关于合肥港综合码头二期工程环境影响报告书的批复》(环评函〔2011〕1403号);2012年12月,安徽省人民政府《关于合肥港综合码头二期工程项目建设用地的批复》(皖政地〔2012〕868号);2013年1月,交通运输部《关于合肥港综合码头二期工程使用港口岸线的批复》(交规划发〔2013〕50号)。

二期工程项目位置紧邻一期工程下游,新建4个2000吨级件杂货及多用途泊位,码头岸线总长414米。采用顺岸式布置、高桩式码头结构,前沿水深3.6米。堆场总面积约16.57万平方米。主要装卸设备包括轨距16米、40吨(吊具下)岸边集装箱起重机1台,轨距30米、40吨(吊具下)轨道式集装箱门式起重机2台。项目总投资7.92亿元,其中:项目资本金占60%,由国家和省投资及项目法人筹措;资本金以外投资使用银行贷款。

项目建设单位为安徽省港航建设投资集团有限公司;设计单位为安徽省交通勘察设计院有限公司;施工单位为中建筑港集团有限公司、中交第四航务工程局有限公司、长江重庆航道工程局等;监理单位为广州港工程管理有限公司、安徽中兴工程监理有限公司、江苏华宁工程咨询监理有限公司等;质监单位为安徽省交通建设工程质量监督局。

（3）基鼎管桩生产线配套码头工程

项目于2012年10月开工,2017年8月试运行,2018年8月竣工。

项目建设依据:2013年5月,合肥市发展和改革委员会《关于安徽省基鼎管桩有限公司管桩生产线配套码头建设项目核准的批复》(发改核〔2013〕218号);2012年8月,合肥市港航管理局《关于安徽省基鼎管桩有限公司管桩生产线配套码头工程初步设计的批复》(合港航政〔2012〕85号);2011年12月,合肥市环保局《关于安徽省基鼎管桩有限公司管桩生产线配套码头项目环境影响报告表的审批意见》(环建审〔2011〕483号);2016年1月,肥东县国土资源局颁发国有建设用地产权证(皖〔2016〕肥东县不动产权第0003230号);2012年1月,安徽省港航管理局《关于安徽省基鼎管桩有限公司管桩生产线配套码头工程建设使用港口非深水岸线的批复》(皖港航港〔2012〕16号)。

项目建设4个1000吨级泊位,包括3个散货泊位,1个件杂货泊位,自上游至下游依次布置,码头总长度490米。码头采用衡重式挡土墙结构。码头前沿水深5.0米。泊位上对应布置4台16吨的固定式门座起重机和1台40吨的固定式门座起重机,1号泊位布置1台螺旋卸船机,3号泊位布置1台负压卸船机。项目总投资8418万元,全部为企业自筹。

项目建设单位为安徽省基鼎管桩有限公司;设计单位为中交上海航道勘察设计研究院有限公司、广州打捞局勘测设计所;施工单位为河南禹顺水利工程有限公司、常州市港口机械有限公司;监理单位为中外天利(北京)工程管理咨询有限公司;质监单位为安徽省交通建设工程质量监督局。

(三)江淮运河港区

1.港区综述

(1)港区建设和运营情况

江淮运河港区是以集装箱、散货、件杂货、滚装车运输为主的综合性港区,主要为合肥市西部片区发展服务。港区下辖庄墓、新桥、小庙、华南城、中派、下派6个作业区。

江淮运河港区有生产性泊位1个,泊位总延长122米,泊位等级1000吨级。港区码头以件杂货运输为主,年综合通过能力为23万吨。主要分布企业为合肥熔安动力机械有限公司等。2011—2015年港区吞吐量分别为40.91万吨、12.52万吨、21.05万吨、27.63万吨、26.79万吨。

(2)港区地理条件和集疏运概况

江淮运河港区主要分布于派河、即将开挖的引江济淮(江淮沟通段)两岸和庄墓河左岸,下辖庄墓、新桥、小庙、华南城、中派、下派6个作业区。港区可与合九铁路专用线、宿松路、莲花路等相连接。

2.港区工程项目

熔安船用柴油机生产基地项目码头工程

项目于2008年11月开工,2010年1月试运行,2010年8月竣工。

项目建设依据:2009年10月,合肥市发展和改革委员会《关于合肥熔安动力机械有限公司船用柴油机生产基地码头工程项目核准的批复》(发改核〔2009〕429号);2009年7月,合肥市港航管理局《关于熔安动力机械有限公司船用柴油机生产基地码头工程初步设计的批复》(合航港〔2009〕100号);2010年7月,合肥市环保局经开分局《关于合肥熔安动力机械有限公司冷热水泵房及水池等八个单体环保审核意见》(环建经单审〔2010〕32号);2009年3月,合肥市国土资源局颁发合肥熔安动力机械有限公司国有土地使用证(合经开国用〔2009〕第030号);2008年12月,安徽省港航管理局《关于同意合肥熔安动力机械有限公司船用柴油机生产基地专用码头工程建设使用港口非深水岸线的批复》(皖航港〔2008〕74号)。

项目新建挖入式港池码头一座(泊位1个)、顺岸高桩直立式靠泊码头一座(泊位1个)及相关配套工程,使用岸线长度122.4米。建成码头靠泊等级为1000吨级。年吞吐能力23万吨。前沿水深3.9米。装卸设备包括QD35010020-39桥式起重机两台。项目总投资6384万元,均为业主自有资金。

项目建设单位为合肥熔安动力机械有限公司;设计单位为中船第九设计研究院工程有限公司;施工单位为中交一航局第一工程有限公司;监理单位为中外建天利(北京)工程监理咨询有限公司;质监单位为安徽省交通基本建设工程质量监督站。

2011—2015年,码头分别完成件杂货3.7万吨、7.4万吨、11.2万吨、13.1万吨、6.8万吨。

(四)裕溪河港区

1.港区综述

(1)港区建设和运营情况

裕溪河港区是以散货、件杂货、集装箱运输为主的综合性港区,主要为巢湖市产业园区发展服务。港区下辖巢城、岱山、钓鱼3个作业区。港区有生产性泊位58个,泊位总延长3386米。其中,1000吨级及以上泊位13个,500吨级泊位15个,500吨级以下泊位30个。港区码头以矿建材料、散装水泥、燃油等散货运输为主,年综合通过能力为2270万吨。2011—2015年港区吞吐量分别为1589.81万吨、631.45万吨、678.41万吨、785.78万吨、670.1万吨。

(2)港区地理条件和集疏运概况

裕溪河港区主要位于裕溪河及白口河、白胜河、钓鱼河等支流两岸,下辖巢城、岱山、钓鱼3个作业区。港区可直接与G346、安成路、亚父路等相连接。

2.港区工程项目

(1)巢湖港巢城港区(一期)工程

项目于2008年11月开工,2009年8月竣工。

项目建设依据:2007年12月,安徽省发展和改革委员会《关于巢湖港巢城港区(一期)工程可行性研究报告的批复》(发改交运〔2007〕344号);2008年2月,安徽省发展和改革委员会《关于巢湖港巢城港区(一期)工程初步设计的批复》(发改设计〔2008〕115号);2007年12月,安徽省环境保护局《关于巢湖市巢城港区(一期)工程环境影响报告书审查意见的函》(环评函〔2007〕1172号);2007年5月,获得建设用地规划许可证(巢规地〔2007〕35号);2008年1月,安徽省港航管理局《关于同意巢湖港巢城港区(一期)工程使用港口岸线的批复》(皖航港〔2008〕6号)。

项目建设5个1000吨级泊位,其中散货进口泊位3个,出口泊位1个,件杂货进出口泊位1个;码头岸线总长638米。码头采用退堤挖入式布置、高桩梁板式结构,前沿水深3.1米。堆场面积1.5万平方米,件杂货仓库和散货仓库面积7380平方米。进出口泊位主要装卸设备包括6台固定式起重机、1台直线摆动式装船机、1台5吨桥式起重机和2台10吨抓斗桥式起重机。项目总投资1.30亿元,资金来源除申请交通部和安徽省交通建设基金外,其余由项目法人安徽省港航建设投资集团有限公司负责筹措。

项目建设单位为安徽省港航建设投资集团有限公司;设计单位为安徽省交通勘察设计院;施工单位为安徽省永安建筑有限公司;监理单位为安徽中兴工程建设监理所;质监单位为安徽省交通基本建设工程质量监督站。

2011—2015年,港区分别完成散杂货165万吨、124万吨、155万万吨、165万吨、168万吨。

(2)安徽巢东水泥股份有限公司海昌专用码头工程

项目于2012年2月开工,2013年8月试运行,2015年8月竣工。

项目建设依据:2011年7月,巢湖发展和改革委员会批复安徽巢东水泥股份有限公司海昌专用码头工程项目核准(发改交能〔2011〕310号);2011年8月,安徽省巢湖市港航管理局《关于安徽巢东水泥股份海昌码头初步设计的批复》(巢航规〔2011〕53号);2005年5月,安徽省环保局《关于对安徽巢东民生水泥有限责任公司2×4000吨/日熟料水泥生产线环境影响报告书的批复》(环监函〔2005〕245号);2013年8月,获得土地使用证(巢国用〔2013〕第2480号);2011年7月,安徽省港航管理局《关于安徽巢东水泥股份有限公司海昌水泥码头工程建设使用港口非深水岸线的批复》(皖港航港〔2011〕236号)。

项目建设5个1000吨级泊位,其中2个散货进口泊位、2个散货出口泊位、1个袋装水泥出口泊位;岸线总长396米;码头采用顺岸区布置、高桩梁板结构,前沿水深2.0米。主要装卸设备包括2台弧形装船机、4台10吨固定式起重机和2台袋装水泥装船机。项目总投资7738.09万元,由为企业自筹。

项目筹建单位为安徽巢东水泥股份有限公司;主要设计单位为安徽省交通勘察设计院;主要施工单位为安徽省路港工程有限责任公司;主要监理单位为镇江市兴华工程建设监理有限公司;质监单位为安徽省交通建设工程质量监督局。

(3)中粮粮油工业(巢湖)有限公司码头工程

项目于2012年8月开工,2013年10月试运行,2017年12月竣工。

项目建设依据:2011年5月,巢湖发展和改革委员会批复中粮粮油工业(巢湖)有限公司自备码头项目核准(发改交能〔2011〕173号);2012年4月,安徽省合肥市巢湖港航管理局《关于中粮粮油工业(巢湖)有限公司码头工程初步设计的批复》(合巢港航规建〔2012〕10号);2011年2月,巢湖市环保局《关于中粮粮油工业(巢湖)有限公司自备码头项目环境影响报告书的批复》(环审字〔2011〕19 号);2012 年 11 月,获得土地使用证(巢国用〔2012〕第 C1035 号);2011 年 4 月,安徽省港航管理局《关于中粮粮油工业(巢湖)有限公司码头工程建设使用港口非深水岸线的批复》(皖港航港〔2011〕106 号)。

项目建设 1 个 1000 吨级散货进口泊位、1 个 1000 吨级件杂货出口泊位,并兼顾粮油进出口;码头设计靠泊能力 1000 吨级,水工结构容许靠泊能力 2000 吨级。岸线总长 200 米。码头采用顺岸布置、高桩梁板结构,前沿水深 2.0 米。主要装卸设备包括:散货进口泊位有 2 台 5 吨、18 米抓斗固定式起重机,件杂货进出口泊位有 2 台 5 吨、18 米固定式起重机。项目总投资 5222.53 万元,均由企业自筹。

项目建设单位为中粮粮油工业(巢湖)有限公司;主要设计单位为安徽省交通勘察设计院;主要施工单位为中交第二航务工程局有限公司;主要监理单位为镇江市兴华工程建设监理有限公司;质监单位为安徽省交通建设工程质量监督局。

三、亳州港

(一)港口概况

1.港口综述

亳州港位于亳州市,是安徽省重要港口,是皖北地区综合运输体系的重要枢纽。亳州港以矿建、水泥、煤炭、粮食、件杂货装卸为主,适时发展集装箱、石油化工品运输,逐步成为具有装卸存储、多式联运、现代物流、临港开发和旅游客运等功能的现代化、综合性港口。2008 年 10 月 17 日,安徽省人民政府批复《亳州港总体规划》;2018 年 7 月 10 日,亳州市人民政府批复《亳州港总体规划调整(2016—2025 年)》。规划将亳州港划分为谯城、涡阳、蒙城和利辛等 4 个港区。

亳州港历史悠久,历史上涡阳港、蒙城港是涡河上的主要商埠之一,始建于建安十四年,利辛港兴于 1971 年阜蒙新河通航后,大寺港于 1978 年大寺节制闸建成后成为涡河上游的重要中转站。亳州原来有涡阳、蒙城、利辛、大寺、百尺河、义门、西阳、大兴、小涧、双涧、移村、阚疃等 12 个港口,2000 年合并为亳州港。亳州港货物经京杭运河达长江,通苏、浙、沪。

亳州港境内河流均属淮河水系,主要有涡河、茨淮新河、西淝河、阜蒙新河、利阚新河、惠济河等航道。航道里程总长 362 千米,通航里程 206.28 千米,其中,四级航道 17.49 千米,六级航道 172.51 千米,七级航道 16.28 千米。

亳州港现状没有锚地,规划在谯城港区大寺作业区、蒙城港区双涧作业区、蒙城检查站、利辛港区阚疃作业区设置服务区,具备船舶加油、加气、加 LNG 以及船员生活服务功能;在涡阳港区西阳作业区设置石油化工专用锚地;在涡阳港区城关作业区和西阳作业区、蒙城港区双涧作业区和常兴作业区设置普通锚地。

2.港口水文气象

亳州地处北温带南部,属于暖温带半湿润季风气候区,为热带海洋气团和极地大陆气团交替控制接触地带。气候湿润,雨量适中,季风明显,日照充足,无霜期较长。但年雨量分配不够均衡,降雨多集中在 4 月至 9 月,气候有明显的变异性,旱涝灾害和低温、霜冻、干热风、冰雹等气象灾害时有发生。历年平均气温 14.5 ~ 14.9 摄氏度,最高气温 42.1 摄氏度,最低 −24 摄氏度;年均风速 2.2 ~ 3.2 米/秒;最大风速 20 米/秒;年均雾日 10.1 ~ 18.1 天,年均降雪天数 8.6 ~ 10.6 天,平均日照 2184 小时,平均无霜期 213 天,年均降水量 809.8 ~ 842 毫米。

涡河:自谯城区牛集镇灵子门行政村代桥自然村首先入境,东南流经涡阳县至蒙城县移村集出境入怀远县,境内长 173 千米,流域面积 4039 平方公里,河道含沙量约为 0.08 千克/立方米。涡河沿线全部渠化,建有大寺、涡阳、蒙城三大枢纽,其中大寺闸至涡阳闸河段多年平均水位 28.19 米,涡阳闸至蒙城闸河段多年平均水位 24.49 米,蒙城闸至入淮口段多年平均水位 17.77 米。大寺闸多年平均流量 27.0 立方米/秒,涡阳闸多年平均流量 39.4 立方米/秒,蒙城闸多年平均流量 42.1 立方米/秒。

茨淮新河:为人工运河,自利辛县大李集镇入境,向东流经利辛县境南部,至蒙城县邹楼出境入怀远县,境内长 66 千米,流域面积 1401 平方公里。利辛境内建有阚疃枢纽,阚疃闸上最高通航水位 26.73 米,最低通航水位 23.86 米;阚疃闸下最高通航水位 26.57 米,最低通航水位 23.86 米。

西淝河:自谯城区淝河镇入境,东南流经涡阳县,至利辛县展沟镇出境入凤台、颍上县界,境内长 123.4 千米,流域面积 1871 平方公里。

3.发展成就

《港口法》实施之前,亳州港建成投产的稍具规模的码头主要是安徽省交通厅投资的涡阳建港码头、3 个 300 吨级泊位,蒙城庄子港码头、3 个 500 吨级泊位;其余码头为社会投资建设,大多是简易码头,港口设施及技术比较落后、泊位结构不合理。《港口法》实施后,首个正规建设的码头为涡阳县鸿运码头,2 个 300 吨级泊位,设计年吞吐能力80 万吨,总投资约 650 万元,2006 年 12 月开工,2008 年 1 月投产。之后又陆续建设蒙城港区常兴第一码头、常兴货运码头、茨淮新河常兴水上加油站码头、涡阳港区皖北物流码头、涡河水上加油站码头,利辛港区利辛县浩源化工码头。

亳州港规划港口岸线 29 千米,其中 2015 年以前已使用 1.86 千米。截至 2015 年底,亳州港拥有生产性泊位 31 个。其中,500(含) ~ 1000 吨级泊位 8 个,500 吨级以下泊位 23 个;泊位总延长 1861 米。

　　2015 年，亳州港完成货物吞吐量 1397.58 万吨，其中出口 179.05 万吨，进口 1218.53 万吨。按货种分类：煤炭出口完成 107.08 万吨，铁材进出口 0.97 万吨（其中进口 0.28 万吨，出口 0.69 万吨），矿建材料进口 1213.17 万吨，水泥进口 0.66 万吨，木材出口 0.09 万吨，非金属矿石进口 0.27 万吨，化肥进出口 6.39 万吨（其中进口 1.01 万吨，出口 5.37 万吨），粮食进出口 57.14 万吨（其中出口 54.90 万吨，进口 2.24 万吨），化工原料及制品出口 8.89 万吨，其他进出口 2.93 万吨。

　　亳州港港区分布如图 9-5-2 所示，亳州港基本情况见表 9-5-3。

图 9-5-2　亳州港港区分布图

表 9-5-3

亳州港基本情况表

序号	港区名称	港区岸线		2015 年港口生产性泊位				其中:1978—2015 年建成的生产性泊位				2015 年港口货物和旅客吞吐量				滚装车辆		旅客	其中:国际旅客
		港区规划岸线	其中:2015 年前已建成岸线	生产性泊位数	其中:千吨级及以上	生产性泊位总长	其中:千吨级及以上	生产性泊位数	其中:千吨级及以上	生产性泊位总长	其中:千吨级及以上	货物吞吐量	其中:外贸货物吞吐量	集装箱		数量	质量		
		千米	千米	个	个	米	米	个	个	米	米	万吨	万吨	万 TEU		万辆	万吨	万人	万人
1	谯城港区	6.26	0.2	4	0	200	0	4	0	200	0	197.79	0	0		0	0	0	0
2	涡阳港区	9.29	0.77	12	0	771	0	10	0	661	0	390.44	0	0		0	0	0	0
3	蒙城港区	9.05	0.60	10	0	595	0	10	0	595	0	760.78	0	0		0	0	0	0
4	利辛港区	4.4	0.30	5	0	295	0	2	0	145	0	48.57	0	0		0	0	0	0
	合计	29.00	1.87	31	0	1861	0	26	0	1601	0	1397.58	0	0		0	0	0	0

(二)涡阳港区

1.港区综述

(1)港区建设和运营情况

涡阳港区位于涡阳县城,由城关作业区、西阳作业区组成。其中,城关作业区位于涡阳县城下游,主要服务于涡阳县城,运输货种主要为煤炭、矿建材料、水泥、件杂货等;西阳作业区位于涡阳县高炉镇与西阳镇之间,主要服务于涡阳县城、高炉镇、西阳镇及周边地区,运输货种主要为件杂货、粮食、煤炭、化工品。涡阳港区始建于建安十四年,涡阳曾是涡河上的主要商埠之一。1966年兴建席桥客货运码头;1971年濉阜铁路通车后新建了水铁联运综合性建港码头;1996年又在原建港码头址上建设两座简易散货泊位;2008年涡阳鸿运码头建成投产,建设2个300吨级泊位;2009年涡阳皖北物流码头建成投产,建设3个500吨级泊位;2011年涡阳水上加油站码头建成投产,建设1个300吨级泊位。涡阳港区货物吞吐以内贸为主,货物经京杭运河运达长江,通苏、浙、沪。

2011—2015年港区货物吞吐量分别为81.04万吨、211.55万吨、393.12万吨、436.67万吨、390.44万吨。

(2)港区地理条件和集疏运概况

涡阳县总的地势是西北高,东南低,海拔26.5~34.5米,坡降约七千分之一。由于降雨、河流的侵蚀作用和人类的长期活动及近代黄泛影响,平原地区又有不同的微域地貌,具有大平小不平的特点。中部的涡河、北部的包河和南部的西淝河两岸受黄泛的影响最大,为近代黄泛沉积所覆盖,地势较高。涡河与包河、涡河与西淝河之间是两片低洼的平原。全县地貌大致可分为石灰岩岛状残丘、河间平原、黄泛沉积平原3种类型。

涡阳属暖温带半湿润季风气候区,四季分明,年平均日照2140小时,年平均气温14.6摄氏度,最高气温41.2摄氏度,最低气温-24摄氏度,平均风速3.5米/秒,最大风速15米/秒,无霜期218天,年平均降水量830毫米左右,平均雾日17.2天,光、热、水资源丰富。

涡阳港区现有涡河航道,航道里程约50千米,港区可与境内济祁高速公路、S202、S307、X019、X021、X024、X027连接。

2.港区工程项目

涡阳皖北物流码头

项目于2008年5月开工,2008年6月试运行,2009年3月竣工。

项目建设依据:2007年12月,亳州市港航局《关于涡阳皖北物流码头工程初步设计的批复》(亳航港〔2007〕22 号);2007 年,涡阳县环境保护局《关于对涡阳县皖北物流码头工程项目环境影响报告书审批意见》(涡环秘〔2007〕88 号);2008 年,涡阳县国土资源局用地批复(涡国有〔2008〕第 033176 号);2007 年 11 月,安徽省港航管理局《关于涡阳皖北物流码头工程使用港口岸线的批复》(皖航港〔2007〕59 号)。

工程建设 3 个 500 吨级泊位(水工建筑允许靠泊能力 1000 吨级),岸线 241 米,利用自然岸线顺岸布置,结构形式为桩基半框架式,码头前沿水深 2.8 米。年设计吞吐能力150 万吨,主要用途为煤炭、粮食等散货的出口及件杂货的进出口。堆场面积 8000 平方米。机械设备配置取料机 3 台。工程投资概算 2000 余万元,由中央储备粮涡阳直属库投资。

项目建设单位为中央储备粮涡阳直属库;设计单位为安徽省港航勘测设计院;施工单位为安徽同济建设集团有限公司;监理单位为安徽大禹工程建设监理咨询有限公司;质监单位为安徽省交通基本建设工程质量监督站。

涡阳皖北物流码头于 2009 年投产运营,后由于粮食市场不景气,该码头基本上没有吞吐量,没能发挥应有的效益。

四、阜阳港

(一)港口概况

1. 港口综述

阜阳港位于安徽省西北部、黄淮海平原南端,是安徽省重要港口,是皖北地区和阜阳矿产、旅游等资源开发、经济发展的重要依托,是淮河水系的重要港口和货物集散地,以矿建材料、煤炭及农产品运输为主,集货物运输、装卸、仓储、物流及旅游客运等多功能为一体的综合性重要港口。2008 年 10 月 17 日,安徽省人民政府批复《阜阳港总体规划》,规划将阜阳港划分为阜阳、颍上、太和、临泉、界首、阜南等 6 个港区,其中阜阳港区、颍上港区为主要港区。

阜阳港兴于公元 224 年,自明末清初至今港口一直较兴旺,历经自然岸坡、石阶踏步、木质趸船的"浮式码头"、钢筋混凝土结构码头几个发展阶段。新中国成立前,阜阳港船舶均利用自然岸坡进行装卸。新中国成立后,阜阳、太和、界首、颍上分别兴建了固定码头,阜阳港得到了较快发展。1984 年茨淮新河全线通航,2012 年 3 月阜阳船闸完工,沙颍河全线复航,阜阳港实现了跨越式的发展,成为淮河水系上铁路、公路、水路联运的重要港口之一。阜阳原来有阜阳、茨河铺、界首、颍上、杨湖、南照、两河口、插花、鲁口孜、阜南、安岗、马关、润河、杨桥等 14 个港口,按照"一城一港"的原则,合并为阜阳港。

阜阳市境内河流均属于淮河水系,主要有淮河、沙颍河、泉河、茨淮新河等航道,航道总里程685.56千米,通航里程548千米。其中,淮河航道162.50千米、沙颍河航道208.71千米、泉河航道82.27千米、洪河航道60.18千米、茨淮新河航道34.18千米。货物经京杭运河运达长江,通苏、浙、沪。

阜阳港现状没有锚地,2008年批复的规划,没有规划锚地。

2. 港口水文气象

阜阳港地处暖温带向亚热带的气候过渡带,属于暖温带半湿润性季风气候,流域内季节明显,四季分明,光照充足,雨量适中,无霜期较长。历年平均气温15.1摄氏度,最高气温41.20摄氏度,最低气温−20.8摄氏度;年平均降雨101.9天,多年平均降雨量904.6毫米;历年最大降雨量1313.5毫米,历年最小降雨量481.5毫米;常风向为EN风,频率11%,多年平均风速为3.2米/秒,历年最大风速20米/秒;多年平均雾日21.7天;多年平均降雪天数9.8天。

阜阳市辖区河流属天然渠化河流,沙颍河在安徽省境内界首至沫河口段建有耿楼枢纽、阜阳枢纽、颍上枢纽,界首至颍上闸上的水位主要受到3处水利枢纽控制。颍上闸下至沫河口主要受淮河水位影响,与其主要相通的支流有泉河、茨淮新河。泉河水位受杨桥节制闸、茨河铺节制闸、阜阳节制闸的控制,茨淮新河水位受茨河铺节制闸、插花节制闸的控制,其中常水位上下游变幅都较为平缓。洪河水位受上游来水和淮河回水影响较为严重。

3. 发展成就

阜阳港作为资源运输集散的枢纽,提高了港口腹地区域资源的流动性,使腹地资源流动成本降低,生产要素资源优势得到更充分发挥和利用,港口对促进阜阳腹地经济发展起着至关重要的作用。《港口法》实施之前,阜阳港较大规模的码头有阜阳下河线闸上水铁联运综合性作业区码头、颍泉区茨河铺码头、颍上县沙北码头、临泉县重力式码头。《港口法》实施之后至2015年,新建的码头有阜阳港颍州一期码头、界首市高水位码头、太和新港码头、阜阳港口孜码头、阜阳港汤沟码头、临泉县洪超码头。其中,阜阳港颍州一期码头为阜阳港规模最大的港口。阜阳港规划港口岸线24.5千米,2015年前已使用港口岸线4.47千米。2015年,阜阳港拥有生产性泊位58个。其中,500(含)~1000吨级泊位13个,500吨级以下泊位45个,泊位总长2644米。2015年,阜阳港完成货物吞吐量1390.96万吨。其中,煤炭及制品204.15万吨,石油、天然气及制品1.95万吨,钢铁0.21万吨,矿建材料1082.2万吨,水泥50.89万吨。

阜阳港港区分布如图9-5-3所示,阜阳港基本情况见表9-5-4。

图 9-5-3　阜阳港港区分布图

(二)阜阳港区

1.港区综述

(1)港区建设和运营情况

阜阳港区位于阜阳三市区,即颍东区、颍泉区、颍州区。阜阳港区兴于公元 224 年,自明末清初至今港口一直较兴旺,是沙颍河、泉河上的主要商埠之一。1959—1973 年,分别建成阜阳七里河作业区和闸上水铁联运综合性作业区;1987—1996 年,在闸上作业区分别兴建两座仓库和一座货棚等;1993 年建设茨河铺码头,建设规模为 300 吨级泊位 3 个;2014 年建设阜阳港口孜码头、汤沟码头,建设规模为 5 个 300 吨级泊位;2013 年 12 月建成阜阳港颍州码头一期,建设规模为 4 个 500 吨级泊位;2013 年 12 月建成阜阳闸下 2 个500 吨级泊位(综合泊位)。截至 2015 年共有 17 个码头泊位。

表 9-5-4

阜阳港基本情况表

序号	港区名称	港区岸线		2015年港口生产性泊位				其中:1978—2015年建成的生产性泊位				2015年港口货物和旅客吞吐量							
		港区规划岸线	其中:2015年前已建成岸线	生产性泊位数	其中:千吨级及以上	生产性泊位总长	其中:千吨级及以上	生产性泊位数	其中:千吨级及以上	生产性泊位总长	其中:千吨级及以上	货物吞吐量	其中:外贸货物吞吐量	集装箱	滚装车辆		旅客	其中:国际旅客
															数量	质量		
		千米	千米	个	个	米	米	个	个	米	米	万吨	万吨	万TEU	万辆	万吨	万人	万人
1	阜阳港区	8	1.35	17	0	868	0	11	0	568	0	510.3	0	0	0	0	0	0
2	颍上港区	10.26	1.29	14	0	560	0	11	0	440	0	605.96	0	0	0	0	0	0
3	太和港区	1.5	1.06	17	0	781	0	17	0	781	0	129.07	0	0	0	0	0	0
4	临泉港区	1.54	0.48	6	0	260	0	6	0	260	0	45.64	0	0	0	0	0	0
5	界首港区	1.27	0.29	4	0	175	0	4	0	175	0	99.99	0	0	0	0	0	0
6	阜南港区	1.93	0	0	0	0	0	0	0	0	0	0	0	0	0	0	0	0
	合计	24.5	4.47	58	0	2644	0	49	0	2224	0	1390.96	0	0	0	0	0	0

2011—2015 年阜阳港区完成货物吞吐量分别为 247.99 万吨、121.21 万吨、229.02 万吨、16.62 万吨、510.30 万吨。

（2）港区地理条件和集疏运概况

阜阳港区位于阜阳市的中部，东接颍上县，西接临泉县，南邻阜南县，北邻太和县。境内主要通航河流有沙颍河、泉河、茨淮新河。其中，泉河是沙颍河最大支流，沙颍河是淮河最大支流，以上河流形成了干支互通、纵横交错的水上交通运输网络。阜阳港区辖阜阳市颍州、颍泉、颍东三区内所有港口作业区，为综合性港区，是阜阳港主要港区。该港区地理位置优越，所辖作业区均位于工业区附近或临近城镇。三十里铺作业区为该港区中最大的作业区，也是阜阳港最大的作业区。阜阳港区主要集疏运通道有 S305、S202、G105 及京九、漯阜铁路，集疏运条件便利。港区航道条件优良，沙颍河航道整治工程结束后，可常年通航 1000 吨级船舶，经沙颍河入淮河，可至京杭大运河到达苏南、上海等长三角地区。

2. 港区工程项目

阜阳港颍州一期码头工程

项目于 2012 年 6 月开工，2016 年 9 月试运行，2017 年 6 月竣工。

项目建设依据：2010 年 10 月，安徽省发展和改革委员会《关于阜阳港颍州港区一期工程可行性研究报告的批复》（皖发改基础函〔2010〕1254 号）；2010 年 11 月，安徽省发展和改革委员会《关于阜阳港颍州港区一期工程初步设计的复函》（皖发改设计函〔2010〕995 号）；2010 年 10 月，安徽省环境保护厅《关于阜阳港颍州港区一期工程环境影响报告表的批复》（环审函〔2010〕923 号）；2011 年 12 月，安徽省人民政府《关于阜阳港颍州港区一期工程建设用地的批复》（皖政地〔2011〕1233 号）；2012 年 4 月，安徽省港航管理局《关于阜阳港颍州港区一期工程建设使用港口非深水岸线的批复》（皖港航港〔2010〕113 号）。

项目新建 4 个 500 吨级泊位（水工结构容许靠泊能力 1000 吨），自上游向下游依次为件杂货泊位 1 个、散货进口泊位 3 个。码头占用岸线长度 486 米。设计年吞吐量 230 万吨，其中散货进口 190 万吨、件杂货进出口 40 万吨。码头布置成连续的顺岸式泊位，采用高桩桁架式结构，前沿水深 4.6 米。码头下游建设 1 个斜坡式待泊泊位。码头作业区临时库场 11.62 万平方米。使用港口岸线 486 米。堆场面积 4.07 万平方米，堆存能力 32.9 万吨；件杂货棚 2448 平方米，堆存能力 5.7 万吨。主要装卸设备包括 1 台门座起重机、2 台固定式起重机、1 台桥式起重机。项目总投资 11055 万元，均为企业自有资金。陆域用地面积 19.33 万平方米。

项目建设单位为安徽省港航建设投资集团有限公司；设计单位为安徽省交通勘察设计院有限公司；施工单位为安徽省路港工程有限责任公司、湖南中铁五新重工有限公司、江苏远望起重机械制造有限公司等;监理单位为四川省水运工程监理事务所;质监单位为安徽省交通基本建设工程质量监督站。

项目设计文件获得安徽省工程勘察设计协会颁布的安徽省优秀工程勘察设计行业奖"交通工程"三等奖。

项目于2017年9月15日正式投产运营,充分发挥沙颍河水运优势,满足阜阳港腹地货物物流中转的需要,对完善阜阳辖区水运服务设施、提升港口综合服务功能起到很大促进作用,促进了当地经济和水运事业的发展,产生良好的社会效益和经济效益。

五、淮南港

(一)港口概况

1. 港口综述

淮南港位于安徽省东部偏北,淮河中游,是安徽省重要港口,是淮南市加快推动"三大基地"建设和资源城市转型提升及旅游发展的重要依托,是"淮河生态经济带"现代综合交通体系的重要组成部分,依托淮河、江淮运河水运主通道,发展成为江淮航运的枢纽港。淮南港由以煤炭、矿建运输为主,逐步发展成为以煤炭、建材、化工原料及制品、集装箱等多货种并举,兼有旅游客运的多功能现代化综合性港口。2008年6月6日,安徽省人民政府批复《淮南港总体规划》;2015年行政区划调整,六安港寿县港区划给淮南港;2017年1月4日,淮南市人民政府批复《淮南港总体规划调整(2014—2025年)》。规划将淮南港划分为毛集、凤台、潘集、八公山、田家庵、大通、寿县等7个港区。其中,凤台港区、寿县港区、潘集港区是重点发展港区。

1907年淮南田家庵港成为小火轮停靠口岸,并形成商埠,1914年田家庵港口成为淮河上最大的煤炭外运港口;淮南凤台港始兴于清光绪年间。淮南原来有淮南、凤台、寿县、瓦埠等4个港口,按照"一城一港"的原则,合并为淮南港。淮南港货物主要经洪泽湖至京杭运河运往长江中下游。

淮南境内主要有淮河、茨淮新河、西淝河、窑河、东淝河、涠淮、泺河等航道,属于淮河水系。淮南港现状没有锚地,共规划凤台、潘集、潘集(危险品)、八公山等4处锚地。

2. 港口水文气象

淮南市属于温暖带半湿润大陆性季风气候区。基本特征:春暖、夏热、秋凉、冬冷,四季分明,气候温和,光照充足,热量丰沛,雨量适中,无霜期长,季风显著,雨热同季。年平均气温15摄氏度;历史极端最高气温41.2摄氏度(1959年8月23日),历史极端最低气温−22.2摄氏度(1995年1月6日);常年主导风向为E风,夏季主导风向为ES风,冬季主导风向为EN风,平均风速2.7米/秒;年平均降水量939.3毫米,月平均最大降水量

521.2 毫米,年最多雷暴雨天数 52 天;年平均降雪 8 天。

淮河淮南段 1949 年以来最高水位 24.37 米(2003 年),次高水位 24.0 米(1954 年 7 月 27 日),最低水位(1953 年)12.33 米。蚌埠闸建成后最低水位 15.10 米;年平均流量 813 立方米/秒,最大流量 12700 立方米/秒(1954 年 7 月 25 日),最小流量 0.5 立方米/秒(1978 年),蚌埠闸关闭时闸下泄水量 0.32 立方米/秒(1984 年 3 月 2 日);保证率为 90%,年平均流量 300 立方米/秒,最枯月平均流量 20 立方米/秒。淮河田家庵设计最高通航水位 23.81 米,设计最低通航水位 15.62 米。淮河属于砂质河床,除汛期外,其余时间内含沙量较小,平均含沙量 0.58 千克/立方米,最大含沙量 17.2 千克/立方米,最小含沙量 0。

3.发展成就

淮南市是一座以煤炭、电力、化工为工业主导产品的能源城市,已发展为国家重要的能源基地、华东地区重要的火电基地和安徽省最大的煤化工基地。煤炭、化工产业的原料和产品非常适宜水路运输,为淮南港的发展提供了运量支撑。淮南港规划港口岸线 39.18 千米,2015 年底前已使用岸线约 7.04 千米。截至 2015 年底,淮南港拥有生产性泊位 88 个。其中,1000(含)吨级以上泊位 12 个,1000 吨级以下泊位 76 个,泊位总延长 5566 米。

2015 年,淮南港(含寿县港区)完成货物吞吐量 2374.34 万吨。其中,煤炭及制品 964.82 万吨、钢铁 0.34 万吨、矿建材料 1011.75 万吨、水泥 374.94 万吨、非金属矿石 0.38 万吨。

淮南港港区分布如图 9-5-4 所示,淮南港基本情况见表 9-5-5。

(二)凤台港区

1.港区综述

(1)港区建设和运营情况

凤台港区位于凤台县境内,主要分布在淮河及茨淮新河。腹地内除有张集、谢桥等国家统配煤矿外,还有横跨凤台、颍上两县的罗园矿区,以及一部分国投新集的矿区。凤台港区除进出煤炭外,还中转磷矿、化肥、粮食、砂石、建材等物资。

凤台港区腹地煤炭资源十分丰富,水泥产业发展迅速,大宗货源充足。规划凤台港区为淮南港煤炭出口主港区,同时兼顾水泥产业发展和部分化工产品的运输需求。

2011—2015 年凤台港区完成货物吞吐量分别为 395.64 万吨、527.19 万吨、601.64 万吨、590.0 万吨、608.05 万吨。

图 9-5-4 淮南港港区分布图

（2）港区地理条件和集疏运概况

凤台港区位于凤台县,处于淮河中游,淮北平原南缘。凤台县地势平坦,资源丰富,属于北亚热带季风气候。境内地下水源丰富,地表径流密布,焦岗湖、城北湖、花家湖、姬沟湖等分布其间,淮河、西淝河、永幸河、茨淮新河等穿境而过,可通长江达江浙。

淮南港基本情况表

表 9-5-5

序号	港区名称	港区岸线		2015年港口生产性泊位				其中:1978—2015年建成的生产性泊位				货物吞吐量	2015年港口货物和旅客吞吐量						
		港区规划岸线	其中:2015年前已建成岸线	生产性泊位数	其中:千吨级及以上	生产性泊位总长	其中:千吨级及以上	生产性泊位数	其中:千吨级及以上	生产性泊位总长	其中:千吨级及以上	货物吞吐量	其中:外贸货物吞吐量	集装箱	滚装车辆		旅客	其中:国际旅客
															数量	质量		
		千米	千米	个	个	米	米	个	个	米	米	万吨	万吨	万TEU	万辆	万吨	万人	万人
1	寿县港区	10.29	0.3	5	0	211	0	5	0	211	0	261.84	0	0	0	0	0	0
2	毛集港区	3.14	0.75	7	0	565	0	7	0	565	0	210.36	0	0	0	0	0	0
3	凤台港区	7.95	2.72	33	5	2147	400	33	5	2147	400	608.05	0	0	0	0	0	0
4	八公山港区	1.85	0.88	13	0	758	0	13	0	758	0	112.69	0	0	0	0	0	0
5	潘集港区	9.42	1.55	20	2	1215	160	20	2	1215	160	510.33	0	0	0	0	0	0
6	田家庵港区	2.07	0.84	10	5	670	400	10	5	670	400	92	0	0	0	0	0	0
7	大通港区	4.47	0	0	0	0	0	0	0	0	0	577.09	0	0	0	0	0	0
	合计	39.19	7.04	88	12	5566	960	88	12	5566	960	2372.36	0	0	0	0	0	0

除淮河水上交通较为发达外,淮阜铁路横贯境内东西,凤台、桂集、张集三站镶嵌其间,距京九铁路重站阜阳站仅百千米;另有济祁高速公路、合徐高速公路、界阜蚌高速公路和合淮阜高速公路可利用,距合肥新桥国际机场百余千米。

2.港区工程项目

淮南海螺专用码头

项目于2010年11月开工,2011年8月试运行,2013年6月竣工。

项目建设依据:2009年3月,安徽省经济委员会《关于淮南海螺水泥有限责任公司440万吨水泥粉磨站项目备案的通知》(皖经投资函〔2009〕197号);2010年4月,淮南市港航管理局《关于淮南海螺码头初步设计的批复》(淮航港〔2010〕51号);2010年3月,安徽省环境保护厅《关于淮南海螺水泥有限责任公司440万吨水泥粉磨站码头及廊道配套工程环境影响报告书的批复》(环评函〔2010〕268号);2009年9月,安徽省港航管理局《关于淮南海螺工程建设使用港口非深水岸线批复》(皖航港〔2009〕14号)。

项目建设5个500吨级(兼顾1000吨级)水泥熟料进口泊位,设计年吞吐量320万吨,码头岸线总长555米。码头顺岸式布置,采用高桩梁板式结构,前沿水深3.5米。码头前沿桥式卸船机及门式起重机,码头平台通过下游端熟料皮带输送机栈桥通过堤后。总投资9500万元,均由企业自筹。

项目建设单位为淮南海螺水泥有限责任公司;设计单位为安徽省交通勘察设计院;施工单位为中交第二航务工程局有限责任公司;监理单位为镇江市兴华工程建设监理有限责任公司;质监单位为安徽省交通基本建设工程质量监督站。

项目投产以来承担了淮南海螺水泥有限责任公司生产原材料等进出口运输装卸任务,年水泥产能440万吨。2015年完成货物吞吐量263.45万吨,其中,进口熟料183.25万吨、水泥出口80.2万吨。

六、滁州港

(一)港口概况

1.港口综述

滁州港位于安徽省东部滁州市,襟江带淮,南望长江,北流淮河,东南连接"长三角",是皖东地区综合交通运输网的重要节点,是皖江城市带、南京都市圈、合肥都市圈和滁州市经济发展的重要支撑。滁州港是安徽省重要港口,是以非金属矿石、能源物资、建材、化工品等为主,逐步开展集装箱运输和旅游客运服务的现代化、多功能、综合性港口。2008年9月1日,安徽省人民政府批复《滁州港总体规划》;2018年5月10日,滁州市人民政府批复《滁州港总体规划(调整)》。《滁州港总体规划》将滁州港划分为滁城、来安、全椒、定远、凤阳、明光、天长等7个港区，形成"一港、七区、三大板块"层次清晰、结构合理、功能明确的布局体系。凤阳港区、全椒港区是重点发展港区。

明清时期，全椒县城即有许多简易码头，民间设有全椒船行，20世纪40年代曾开往南京的小客轮，在古河港口有大王庙码头；新中国成立前，滁州市就有运输船舶集中在老五桥装卸货物形成港口，新中国成立后，于1987年形成新港区；1912年，临淮关火车站铺设了通往马滩河岸的专线，使铁路货物在此中转水路运出，1931年，临淮关修建了4个简易码头。滁州原来有滁州、全椒、古河、来安、乌衣、全椒三汊河、赤镇、临淮关、天长、明光、铜城、秦楠等12个港口，按照"一城一港"的原则，合并为滁州港。滁州港水路运输主要货物是以进口砂石矿建材料和出口非金属矿石运输为主，运往苏、浙、沪一带。

滁州境内主要有淮河、滁河、襄河、窑河、池河、清流河、白塔河等航道。其中，淮河、池河、窑河、白塔河属于淮河水系，滁河、襄河、清流河属于长江水系。境内航道总里程560.96千米，通航里程458.97千米，其中三级航道87千米（淮河），五级航道11千米，六级航道333.24千米，七级航道8.15千米。

滁州港现状没有锚地，共规划顾台子作业区、霸王城作业区、盐化工业园作业区、柳湾作业区、汉河集作业区、襄河作业区、滁城作业区、市区作业区等8处锚地。

2. 港口水文气象

淮河滁州段有沬河口闸、临淮关、浮山、小柳巷水文站，最大流量6670立方米/秒，最小流量71.6立方米/秒，多年平均流量10.77立方米/秒，多年平均含沙量0.22千克/立方米。滁河流域泥沙主要来自上游山丘地区，据汉河集水文站1956—2009年实测泥沙资料统计，最大年均含沙量0.45千克/立方米（1975年），最大含沙量为4.05千克/立方米，最小年均含沙量0.05千克/立方米（1990年），多年平均含沙量0.19千克/立方米。

滁州地处江淮之间丘陵地带，为北亚热带湿润季风气候，四季分明，温暖湿润，气候特征可概括为：冬季寒冷少雨，春季冷暖多变，夏季炎热多雨，秋季晴朗气爽。年平均气温为19摄氏度，历年最高气温42摄氏度，最低气温－18.4摄氏度；年平均降雨量1220毫米，年最大降雨量3400毫米，降雨大多集中在5月至9月；年平均雾日25天；常风向为EEN，频率为15%，最大风速为25.6米/秒。

3. 发展成就

滁州市形成了汊河新区、苏滁产业园、滁州市经济开发区、天长经济开发区、凤阳硅工业园等一批特色产业园，沿河布局，港口推动产业聚焦，2015年内河水运承担了9.2%的货运周转量。

滁州港规划港口岸线27.81千米，2015年前已使用岸线6.12千米。截至2015年底，滁州港拥有生产性泊位87个。其中，500（含）~1000吨级泊位15个，500吨级以下泊位

72 个,泊位总延长 6119 米。

2015 年,滁州港完成货物吞吐量 908.92 万吨。其中,煤炭及制品 39.8 万吨,石油、天然气及制品 9.83 万吨,钢铁 2.1 万吨,矿建材料 474.73 万吨,非金属矿石 318.07 万吨。

滁州港港区分布如图 9-5-5 所示,滁州港基本情况见表 9-5-6。

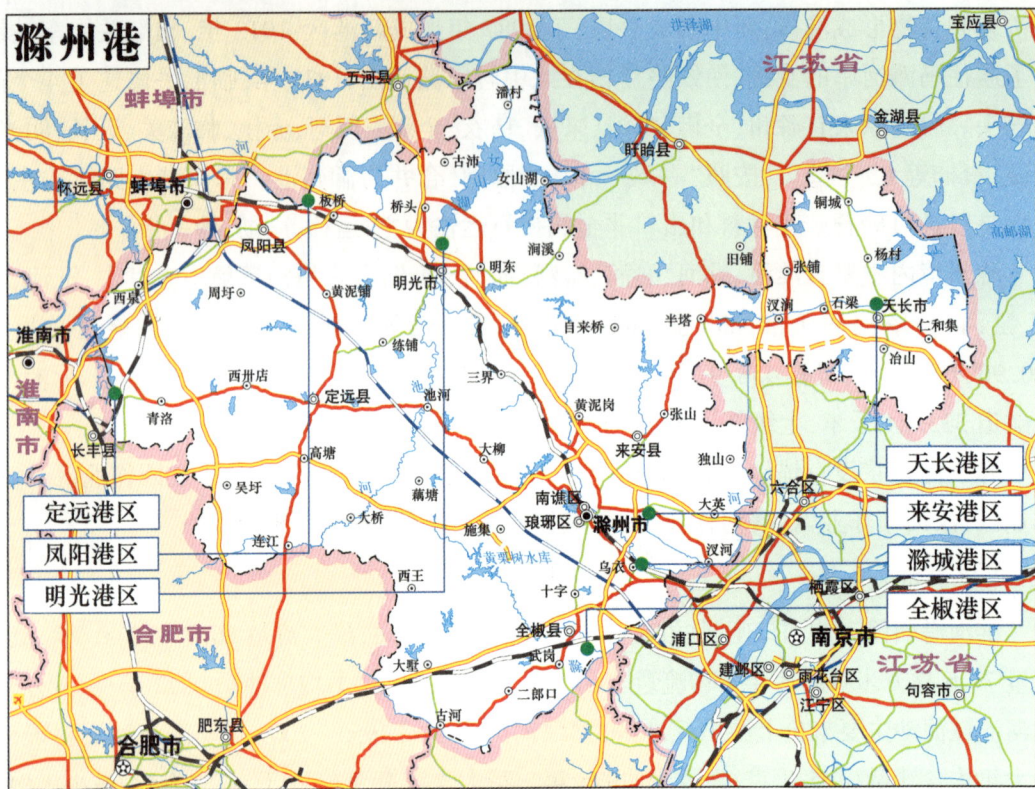

图 9-5-5 滁州港港区分布图

(二)凤阳港区

1.港区综述

(1)港区建设和运营情况

凤阳港区主要服务于凤阳工业园、凤阳硅工业园以及凤阳县经济发展,主要承担非金属矿石、粮食、建材、能源物资运输服务,是具备装卸存储、中转换装、临港工业、加工配送、现代物流、信息服务等功能的综合性港区。港区下辖顾台子、临淮关、霸王城等 3 个作业区。顾台子作业区为门台工业园布局而设立。临淮关作业区是 20 世纪 80 年代之前建设的老旧码头,后经过改造而成。霸王城作业区是凤阳港区重点作业区,是凤阳县规划硅工业园区后,2008 年以后逐步建成。凤阳港区拥有泊位数 41 个,占用岸线 3103 米,目前正在发展集装箱运输。2011—2015 年完成货物吞吐量分别为 2230.8 万吨、2773.8 万吨、2615 万吨、1487.02 万吨、980 万吨。

表 9-5-6

滁州港基本情况表

序号	港区名称	港区岸线		2015年港口生产性泊位				其中:1978—2015年建成的生产性泊位				2015年港口货物和旅客吞吐量							
		港区规划岸线	其中:2015年前已建成岸线	生产性泊位数	其中:千吨级及以上	生产性泊位总长	其中:千吨级及以上	生产性泊位数	其中:千吨级及以上	生产性泊位总长	其中:千吨级及以上	货物吞吐量	其中:外贸货物吞吐量	集装箱	滚装车辆		旅客	其中:国际旅客
															数量	质量		
		千米	千米	个	个	米	米	个	个	米	米	万吨	万吨	万TEU	万辆	万吨	万人	万人
1	滁城港区	2.00	0.10	2	0	102	0	1	0	52	0	0	0	0	0	0	0	0
2	全椒港区	4.34	0.64	12	0	639	0	12	0	639	0	261.89	0	0	0	0	0	0
3	来安港区	2.79	0.44	6	0	440	0	6	0	440	0	76.75	0	0	0	0	0	0
4	天长港区	4.46	1.92	26	0	1920	0	23	0	1643	0	161.98	0	0	0	0	0	0
5	明光港区	5.89	0.16	2	0	160	0	2	0	160	0	6.31	0	0	0	0	0	0
6	凤阳港区	5.83	2.86	39	0	2858	0	39	0	2858	0	401.99	0	0	0	0	0	0
7	定远港区	2.5	0	0	0	0	0	0	0	0	0	0	0	0	0	0	0	0
	合计	27.81	6.12	87	0	6119	0	83	0	5792	0	908.92	0	0	0	0	0	0

（2）港区地理条件和集疏运概况

凤阳港区位于凤阳县,分布在淮河右岸,北濒淮河与五河县相望,东、南部与明光市、定远县毗邻,西部和西北部与淮南市、蚌埠市接壤,地处江淮之间丘陵地带,属于北亚热带暖湿带过渡性气候。凤阳港区与后方腹地之间的集疏运联系主要依托公路,顾台子作业区通过进港道路与王柳路县乡道路连接,间接连至 S307,临淮关作业区通过进港道路与城镇道路连接,间接连至 S307,霸王城作业区通过港区专用道路直接连接 S307。

2. 港区工程项目

凤阳鸿鼎港务有限公司多用途码头

项目于 2014 年 6 月开工,2015 年 11 月试运行,2016 年 10 月竣工。

项目建设依据:2013 年 6 月,滁州市港航管理局《关于凤阳县鸿运港务有限公司多用途码头初步设计的批复》（滁港航规建〔2013〕105 号）;2013 年 11 月,滁州市港航管理局《关于凤阳县鸿运港务有限公司多用途码头初步设计变更的批复》（滁港航规建〔2013〕240 号）;2015 年 11 月,凤阳县环境保护局《凤阳鸿鼎港务有限公司多用途码头项目环境影响报告书》（环评〔2015〕44 号）; 2011 年 9 月,安徽省港航管理局《关于凤阳县鸿运码头二期工程建设使用港口非深水岸线的批复》（皖港航港〔2011〕332 号）;2013 年 11 月,安徽省港航管理局以皖港口许〔2013〕010 号交通行政许可决定书同意凤阳鸿鼎港务有限公司多用途码头重新办理岸线使用许可和变更岸线使用人;2015 年 11 月,安徽省港航管理局以皖港口许〔2015〕024 号交通行政许可决定书同意凤阳鸿鼎港务有限公司多用途码头调整岸线使用方案。

项目建设 10 个 500 吨级直立式泊位,码头水工建筑允许靠泊能力 1000 吨,泊位总长 688 米。码头采用挖入式港池布局,水工主体结构形式为半重力式岸壁结构。码头前沿水深 3.2 米,仓库面积 1.92 万平方米。主要装卸设备包括起重机、装载机、全封闭皮带输送机。项目总投资 1.2 亿元,均由企业自筹。

项目建设单位为凤阳鸿鼎港务有限公司;设计单位为广东省航运规划设计院;施工单位为安徽交通航务工程有限公司;监理单位为黑龙江省黑航工程监理咨询有限公司安徽分公司;质监单位为滁州市交通建设工程质量监督局。

码头对凤阳县水路运输起着重要作用,为凤阳硅工业园区货物内外交流提供了重要平台,为扩大招商引资、服务地方经济起到了保障作用。

七、马鞍山港

（一）港口概况

1. 港口综述

马鞍山港地处"芜（湖）马（鞍山）铜（陵）"皖江经济带,近邻南京,临江近海,位于经济发达的长江三角洲地区,是全国内河主要港口和一类开放口岸,1990年对外籍轮开放,2008年11月,批准为对台湾地区直航港口,是地区经济发展的重要支撑和保障。

2007年9月25日,交通部和安徽省人民政府联合批准了《马鞍山港总体规划》,将马鞍山港划分为慈湖、中心、人头矶、太平府、采石矶、江心洲和姑溪河7个港区。慈湖港区是主要为临港工业服务,并承担油品液体化工等危险品运输的综合港区。中心港区是服务于大型企业为主的公用港区。人头矶港区规划为以服务于钢铁、电力和建材业为主的公用港区。采石矶港区为旅游客运港区。太平府港区是以件杂货、散货为主的综合港区。江心洲港区以集装箱、件杂货和商品汽车为主的多功能公用港区。姑溪河港区是为支流小型船舶服务的综合港区。

港区内有江心洲水道、马鞍山水道、太平府水道和小黄洲水道。马鞍山航道属于长江一级航道。2005年开通乌江航道和小黄洲左汊航道后,江心洲水道和马鞍山水道均设置深水航路,实行船舶各自靠右、定线行驶。小黄洲水道设置为上水单向通航航路。太平府水道姑溪河口以下段水深5米,可通行3000吨级船舶。与之配套的锚地有小黄洲锚地、小黄洲海轮锚地(兼作联检锚地)和下锚地(暂泊区)3处。

2011年8月,行政区划调整后,原巢湖港的和县港区、含山港区划入马鞍山港,从此马鞍山港进入了拥江发展的新时期。2016年10月8日,交通运输部和安徽省人民政府联合批准了新修订的《马鞍山港总体规划(2016—2030年)》,新的总体规划将马鞍山港定性为全国内河主要港口和区域综合运输枢纽的重要组成部分,皖江城市带承接产业转移的重要支撑,马鞍山市对接长江经济带、融入长三角城市群和实现经济社会发展的重要依托,以铁矿石、钢铁、煤炭、集装箱运输为主,兼顾旅游客运的综合性港口。马鞍山港以中心港区、郑蒲港区为核心,以慈湖港区、采石矶港区、太平府港区、江心洲港区、乌江港区为骨干,以当涂港区、博望港区、和县港区、含山港区为补充,形成"一江两岸,双核九区"层次清晰、结构合理、功能明确的布局体系。

2.港口水文气象

马鞍山属于北亚热带季风气候区,气候温和湿润,四季分明,季风明显,无霜期长。历年年平均气温15.4摄氏度;雨量充沛,多年平均降水量1053毫米;年平均雾日数28天,雾多出现在冬春季节,日出后消散,能见度小于1000米的年平均雾日为8天,一般持续约8～10小时。平均含沙量0.45千克/立方米,多年平均输沙量为3.98亿立方米。马鞍山港位于长江中下游扬州—铜陵地震带,马鞍山市地处基本烈度6度区。

马鞍山属北亚热带季风气候区,气候温和湿润,雨量充沛,四季分明,季风明显,无霜期长。冬、夏季长,春、秋季短,冬、夏温差较显著。气温:历年年平均气温15.4摄氏度,极端最高气温43摄氏度,极端最低气温-14摄氏度。降水:多年平均降水量1053毫米,年内降水量超过10毫米的天数29天,年内降水量超过5毫米的天数48天,年内降水量超过 0.1 毫米的天数 118 天。

港口作业条件:风大于 7 级停止作业;日降水量大于 10 毫米停止作业;雾能见度小于 1000 米停止作业。影响作业天数:风影响 8～12 天,雨影响 29～33 天,雾影响 4～6 天,结合马鞍山港多年实际作业天数统计,考虑还有其他方面因素的影响,实际影响作业天数约为 35 天。

3. 发展成就

马鞍山港在初创时期,完成较大规模的基本建设投入后,从 1962 年起,进入了长达 30 多年的相对停滞、缓慢发展时期,货物吞吐量一直徘徊在 300 万吨左右。1993 年以后,随着马钢原料厂码头、二电厂码头、金星码头等货主专用码头相继投产,特别是 1999 年外贸码头的投产,为港口注入了新的生机。3000 吨级的外贸码头,是 1962 年以后的二十多年来,马鞍山港公用港区的第一个大型建设项目,也是马鞍山港第一座件杂货和集装箱专用码头。20 世纪数十年间,马鞍山港的功能结构特点是:作业以进口钢铁原料、电力煤、建筑材料等大宗散货为主;进口货物量远大于出口量;泊位以千吨级浮码头为主;外贸货物微乎其微;集装箱运量为零;作业机械多为 5 吨以下起重装卸机械。20 世纪后期,随着钢铁和煤炭专用码头的相继投产,港口面貌开始发生变化。

"十一五"期间,马鞍山港继续加快发展的步伐。先后建成了皖江第一座外资码头长江港口码头、集装箱装卸能力 9 万 TEU 的天顺码头、年通过能力达 300 万吨的海螺水泥专用码头等重点工程。同时,进行以港口集团码头改扩建为主的老码头改造工程,大力开发人头矶和太平府两个新港区。截至 2010 年底,马鞍山港拥有码头 107 个,"十一五"期间港口总投资近 17 亿元,年港口通过能力由 2000 万吨增长到 5000 万吨。基本形成了以公用码头为主体、以专用码头为特色、以集装箱、件杂货码头为发展方向、以各类小码头为补充的发展格局。

2011 年 8 月,和县、含山并入马鞍山,马鞍山港进入了拥江发展的新时期,与此同时,国家继续加大对皖江深水航道的建设力度。依托长江深水航道的优势和行政区划调整带来的发展空间,马鞍山港积极推进左岸郑蒲港的建设,2013 年 3 月 21 日,马鞍山市人民政府办公室印发《打造江海联运枢纽中心工作方案》,依托郑蒲港区、中心港区 2 个区域打造物流核心区,推动建设马鞍山江海联运枢纽中心,2014 年 12 月 26 日已经开港运营。

马鞍山港规划港口岸线 57.15 千米,2015 年前已使用岸线 17.17 千米。到 2015 年底,马鞍山港共有生产性泊位 160 个,其中,5000 吨级(含)以上泊位 25 个,3000(含)～5000 吨级泊位 21 个,1000(含)～3000 吨级泊位 36 个,500(含)～1000 吨级泊位 31 个,500 吨级以下泊位 47 个;泊位总长 1.07 万米。

2015 年马鞍山港共完成货物吞吐量 9205.3 万吨,其中集装箱吞吐量 18.5 万 TEU,占全省港口集装箱吞吐量的 19.4%。

　　马鞍山港已开通至中国香港、日本、韩国，马鞍山港至东南亚，马鞍山港至上海港、舟山港、浙江其他海港、江苏其他河港、青岛港、日照港等航线。

　　马鞍山港港区分布如图9-5-6所示，马鞍山港基本情况见表9-5-7。

图9-5-6　马鞍山港港区分布图

（二）中心港区

1. 港区综述

（1）港区建设和运营情况

　　中心港区是整合了原马鞍山港中心港区和人头矶港区，形成的大型综合性港区，主要以服务于马钢集团等大型企业和地方经济为主，重点承担金属矿石、煤炭、非金属矿石、钢铁等货物的中转服务，同时承担马鞍山长江右岸部分本地企业的集装箱运输服务功能，是皖江右岸重要的金属矿石、煤炭等散货及集装箱运输基地。中心港区主要包括人头矶作业区和中心作业区。

表 9-5-7

马鞍山港基本情况表

序号	港区名称	港区岸线		2015年港口生产性泊位				其中:1978—2015年建成的生产性泊位				2015年港口货物和旅客吞吐量						
		港区规划岸线	其中:2015年前已建成岸线	生产性泊位数	其中:千吨级及以上	生产性泊位总长	其中:千吨级及以上	生产性泊位数	其中:千吨级及以上	生产性泊位总长	其中:千吨级及以上	货物吞吐量	其中:外贸货物吞吐量	集装箱	滚装车辆		旅客	其中:国际旅客
															数量	质量		
		千米	千米	个	个	米	米	个	个	米	米	万吨	万吨	万TEU	万辆	万吨	万人	万人
1	郑蒲港区	8.25	2.04	11	9	983	900	11	9	983	900	361.23	—	1.13	0	0	0	0
2	乌江港区	6.58	0.68	12	0	656	0	12	0	656	0	595.66	—	—	0	0	0	0
3	慈湖港区	1.97	1.97	19	18	1761	1696	19	18	1761	1696	894.1	—	17.38	0	0	0	0
4	中心港区	5.82	4.42	39	28	3161	2533	35	24	2954	2326	3659.49	1305.06	—	0	0	0	0
5	采石矶港区	0.46	—	0	0	0	0	0	0	0	0	0	—	—	0	0	0	0
6	太平府港区	6.41	6.15	29	22	1556	1069	29	22	1556	1069	1165	—	—	0	0	0	0
7	江心洲港区	0.95	0.15	1	0	132	0	1	0	132	0	58.75	—	—	0	0	0	0
8	当涂港区	10.07	—	9	5	515	305	9	5	515	305	489.43	—	—	0	0	0	0
9	博望港区	1	—	0	0	0	0	0	0	0	0	0	—	—	0	0	0	0
10	和县港区	5.86	1.32	23	0	1167	0	23	0	1167	0	1255.53	—	—	0	0	0	0
11	含山港区	9.78	0.45	17	0	768	0	16	0	718	0	726.15	—	—	0	0	0	0
	合计	57.15	17.18	160	82	10699	6503	155	78	10442	6296	9205.34	—	18.51	0	0	0	0

①人头矶作业区

人头矶作业区位于长江右岸薛家洼下游 300 米与马鞍山一电厂老码头之间，港口岸线长 3300 米。规划以散货、件杂货、集装箱运输为主。规划自上而下形成通用泊位区、散货泊位区、集装箱泊位区、马鞍山一电厂码头区。

薛家洼下游 300 米至马鞍山水上公安码头段为通用码头区，港口岸线长 1400 米，规划布置 16 个 1000 吨级泊位，可形成年通过能力 700 万吨。马鞍山水上公安码头至马鞍山一电厂老码头段为散货泊位区、集装箱泊位区、马鞍山一电厂码头区，港口岸线长 1900 米，已经建有 13 个泊位，年通过能力为 1100 万吨、9 万 TEU，规划根据发展需要，对马鞍山一电厂 2 个 1500 吨级的老码头升级改造，提高深水岸线的使用效率，对电厂前方闲置的港口岸线逐步开发利用。人头矶作业区总体陆域纵深 240～480 米，规划陆域面积约 65 万平方米。作业区集疏运道路主要为沿江大道。

②中心作业区

中心作业区位于长江右岸马鞍山一电厂老码头与马鞍山钢铁股份有限公司 3 号泊位之间，港口岸线长 2800 米。规划以散货、件杂货运输为主。规划自上而下形成散货泊位区、件杂货泊位区、散货泊位区。作业区岸线已经全部开发利用，已建设 22 个泊位，形成年通过能力约 2800 万吨。规划根据发展需要，对老码头升级改造，提高深水岸线的使用效率。规划后方陆域维持现状，总体陆域纵深 180～1140 米，面积约 137 万平方米。作业区集疏运道路主要为沿江大道和港区铁路。

中心作业区部分码头位于下游四水厂二级保护区内，且紧邻主城区，规划期内，作业区内现有码头不得扩大生产规模，并积极采取措施，增加环保设施设备，降低港口生产运营对水质及周边城区的影响。随着国家对钢铁行业去产能政策的实施，逐步搬迁位于四水厂二级保护区内的码头。港区 2011 年吞吐量 9176.84 万吨、2.92 万 TEU，2012—2015 年完成吞吐量分别为 488.42 万吨、8614.11 万吨、1890.11 万吨、1942.53 万吨。

（2）港区地理条件和集疏运概况

中心作业区大部分为货物，可与厂区直接对接，对接的主要方式是铁路专用线和皮带输送机廊道。作业区可通过长江路与沿江大道相连接。人头矶作业区集疏运道路主要为沿江大道。

2.港区工程项目

（1）马鞍山港口（集团）有限责任公司 3-2 号码头

项目于 1980 年 1 月试运行。

项目建设 1 个 2000 吨级通用散货码头泊位（码头水工建筑允许靠泊能力 9000 吨级），岸线总长 61 米。码头利用自然岸线顺岸式布局，浮码头结构。码头前沿水深 5.0 米。项目后方堆场面积 9000 平方米。

(2)马鞍山发电厂2×12.5万千瓦机组扩建工程项目输煤码头项目(已拆除)

项目于1988年12月开工,1991年3月竣工。

项目建设依据:1987年11月,水利电力部《关于马鞍山发电厂两台十二万五千千瓦机组扩建工程初步设计审查意见的批复》(水电电规字〔1987〕第75号);1985年6月,安徽省城乡建设环境保护厅《关于马鞍山发电厂2×12.5万千瓦机组环境影响报告书的批复》(建环字〔1985〕324号)。

项目建设1个1500吨级煤炭码头泊位(码头水工建筑允许靠泊能力1650吨级),岸线总长80米。码头采用引桥式布局、重力式结构。码头前沿水深1米。项目后方堆场面积6000平方米,堆存能力3万吨。配备装卸设备1台。项目总投资374万元,均由地方政府投资。用地面积6000平方米。

项目建设单位为马鞍山发电厂筹建工程处;设计单位为安徽省港航勘测设计院;施工单位为安徽省港航建筑工程公司;质监单位为马鞍山发电厂扩建2×12.5千瓦机组工程质量监督站。

马鞍山发电厂2×12.5万千瓦机组扩建工程配套输煤码头,在投产后,年吞吐量达到80万吨,为2×12.5万千瓦机组正常发电提供了有效保障。该码头于2007年2×12.5万千瓦机组不再发电,于2012年拆除而停用。

(3)马钢工业港原料码头项目

项目于1990年10月开工,1993年5月试运行,1993年12月竣工。

项目建设依据:1986年11月,国家环境保护局《关于马鞍山钢铁公司2500立方米高炉系统工程环境影响报告书的批复》(环建字〔1986〕第379号);1995年5月,马鞍山市国土管理局《关于马钢料场码头土地使用问题的会议纪要》(第十二期);1988年4月,安徽省计划委员会《关于马钢2500立方米高炉原料进口码头港岸线位置的批复》(计设字〔1988〕281号)。

项目建设3个5000吨级通用散货码头泊位(码头水工建筑允许靠泊能力100000吨级),岸线总长288米。码头采用引桥式布局、高桩式结构。码头前沿水深7.5米。主要装卸设备为额定生产率500~1000吨/时的桥式抓斗起重机6台。项目总投资3000万元,均为政策性银行贷款。

项目建设单位为马钢股份有限公司;设计单位为交通部第二航务工程勘察设计院;施工单位为南京港湾公司;监理单位为南京港湾工程公司;质监单位为交通部长江航务工程质量监督中心站。

2014年10月,对码头结构进行了加固,加固改造后在中洪水位满载靠泊及在中低水位减载靠泊20000吨级散货船。

项目投产后,主要承担马鞍山钢铁公司2500立方米和300平方米烧结机生产所需原料的受入、储存、加工、输送,特别是2014年加固和能力提升后,同时承担起新区两座4000立方米高炉、两座300平方米烧结机的原料输送任务,实现了从保"一机一炉"到保两个炼铁总厂"四机五炉"的跨越,成为马鞍山钢铁公司生产原料基地、原燃料处理的中枢,为马鞍山钢铁公司取得的经济效益作出了贡献。2013—2017年码头完成吞吐量分别为885.4万吨、788.2万吨、771.4万吨、948.8万吨、1000.2万吨。

(4)马鞍山港口(集团)有限责任公司6号码头扩建一期工程

项目于2004年12月开工,2006年9月试运行,2007年12月竣工。

项目建设依据:2004年7月,马鞍山市计委《关于马鞍山港6号码头扩建一期工程工程可行性研究报告的批复》(马计函〔2004〕244号);2004年11月,马鞍山市计委《关于马鞍山港6号码头扩建一期工程初步设计的批复》(马计函〔2004〕315号);2004年8月,马鞍山市环保局《关于马鞍山港6号码头扩建工程环境影响报告书的批复》(马环函〔2004〕58号);2005年12月,马鞍山市国土局以马国用2005第31379号、第31380号出具了"国有土地使用权证";2004年12月,水利部长江水利委员会《关于马鞍山港6号码头一期工程使用长江岸线、水域的批复》(长江务〔2004〕778号)。

项目建设2个3000吨级江轮兼靠5000吨级海轮杂货码头泊位(码头水工建筑允许靠泊能力10000吨级),岸线总长168米。码头采用引桥式布局、高桩式结构。码头前沿水深7.15米。项目后方堆场面积2.46万平方米,堆存能力4.04万吨。仓库面积1.02万平方米,堆存能力3.61万吨。主要装卸设备包括额定起重量10~25吨的港口门座起重机3台。项目总投资约1.12亿元,其中政府投资企业投资4121万元,银行贷款7100万元。用地面积约6250平方米。

项目建设单位为马鞍山港口(集团)有限责任公司港口建设指挥部;设计单位为长江航运规划设计院;施工单位为中港第三航务工程局、马鞍山首建建设有限责任公司、马钢集团钢构制作安装分公司等;监理单位为南京公正工程监理有限公司、武汉四达工程建设咨询监理有限公司;质监单位为长江航务工程质量监督中心站、安徽省长江水工程质量监督站。

(5)马鞍山港口(集团)有限责任公司6号码头扩建二期工程

项目于2007年12月开工,2008年6月试运行,2008年12月竣工。

项目建设依据:2007年6月,马鞍山市发展改革委《关于马鞍山港口(集团)6号码头扩建二期工程工程可行性研究报告的批复》(马发改函〔2007〕159号);2007年10月,马鞍山市港口局《关于马鞍山港口(集团)6号码头扩建二期工程初步设计报告的批复》(马港口〔2007〕29号);2004年8月,马鞍山市环保局《关于马鞍山港6号码头扩建工程环境影响报告书的批复》(马环函〔2004〕58号);2004年12月,水利部长江水利委员会《关于马鞍山港6号码头一期工程使用长江岸线、水域的批复》(长江务〔2004〕778号)。

项目建设 2 个 3000 吨级杂货码头泊位（码头水工建筑允许靠泊能力 10000 吨级），岸线总长 175.4 米。码头采用引桥式布局、高桩式结构。码头前沿水深 7.15 米。项目后方堆场面积 1.61 万平方米，堆存能力 3.47 万吨。主要装卸设备为 3 台额定起重量大于 25 吨的港口门座起重机。项目总投资 5977 万元，其中企业投资 3977 万元，银行贷款 2000 万元。用地面积约 6520 平方米。

项目建设单位为马鞍山港口（集团）有限责任公司；设计单位为长江航运规划设计院；施工单位为结构施工单位为马鞍山首建建设有限责任公司；监理单位为南京公正工程监理有限公司；质监单位为长江航务工程质量监督中心站、安徽省长江水工程质量监督站。

2011—2015 年累计完成吞吐量 1374.01 万吨，取得较好的经济社会效益。

（6）马鞍山天顺港口有限责任公司通用码头建设工程项目

项目于 2007 年 12 月开工，2009 年 4 月试运行，2009 年 7 月竣工。

项目建设依据：2007 年 4 月，马鞍山市发展和改革委员会《关于马鞍山天顺港口有限责任公司人头矶港区通用码头建设工程项目可行研究报告的批复》（马发改函〔2007〕114 号）；2007 年 8 月，马鞍山市港口管理局《关于马鞍山天顺港口有限责任公司通用码头建设工程项目初步设计的批复》（马港口〔2007〕22 号）；2006 年 12 月，马鞍山市环境保护局《关于马鞍山天顺港口有限责任公司通用码头工程环境影响报告书的批复》（马环函〔2006〕57 号）；2006 年 12 月，马鞍山市国土资源局《关于马鞍山天顺港口有限责任公司通用码头建设项目用地预审意见的函》（马国土资函〔2006〕62 号）；2007 年 4 月，马鞍山市港口管理局《关于马鞍山天顺港口有限责任公司建设码头使用岸线的批复》（马港口〔2007〕9 号）。

项目建设 2 个 5000 吨级杂货码头泊位（码头水工建筑允许靠泊能力 10000 吨），岸线总长 221 米。码头采用引桥式布局、高桩式结构。码头前沿水深 10 米。项目后方堆场面积 3.58 万平方米，堆存能力 1.2 万 TEU。仓库 2940 平方米，堆存能力 0.23 万吨。主要装卸设备包括 40 吨、30 米门座起重机 1 台，45 吨、36 米岸边集装箱起重机 1 台，45 吨、36 米轨道式集装箱门式起重机 3 台。项目总投资 1.91 亿元，其中企业自筹 7000 万元，申请银行贷款 1.21 亿元。陆域用地 9.33 万平方米。

项目建设单位为马鞍山天顺港口有限责任公司；设计单位为长江航运规划设计院、安徽省长江河道设计研究院；施工单位为中交三航局第三工程有限公司、安徽省长江河道工程有限公司、南京港港务工程公司和蚌埠市平安市政工程有限公司等；监理单位为南京公正工程监理有限公司、武汉四达工程建设咨询监理有限公司、江苏九天监理工程有限公司；质监单位为长江航务工程质量监督中心站、安徽省长江水工程质量监督站。

马鞍山天顺港口有限责任公司自 2009 年 4 月 7 日试运行以来，迅速提高港口的通货能力,且逐渐打造成马鞍山港口专业集装箱码头。已开通到上海外高桥、洋山固定外贸航线,每周22个航班;到南京、太仓、上海及中上游地区内贸航线,每周10个航班。

(7)马鞍山发电厂2×600兆瓦级"上大压小"扩建项目输煤码头项目

项目于2010年1月开工,2011年12月试运行,2013年12月竣工。

项目建设依据:2009年8月,马鞍山市港口管理局《关于对皖能马鞍山发电有限公司扩建项目输煤码头工程初步设计报告的批复》(马港口〔2009〕60号);2008年12月,国家环境保护部《关于马鞍山发电厂2×600兆瓦级"上大压小"扩建工程环境影响报告书的批复》(环审〔2008〕569号);2008年8月,马鞍山海事处《关于马鞍发电厂扩建项目煤码头及取排水工程占用水域有关通航安全事宜的函复》(马海事〔2008〕77号);2008年1月,马鞍山市港口管理局《关于马鞍山发电厂2×600兆瓦扩建项目使用岸线选址的批复》(马港口〔2008〕4号)。

项目建设2个3000吨级杂货泊位(码头水工建筑允许靠泊能力10000吨级),岸线总长190米。码头采用引桥式布局、高桩式结构。码头前沿水深7.4米。项目后方堆场面积3.46万平方米,堆存能力18万吨。主要装卸设备包括3台额定生产率500~1000吨/小时的桥式抓斗起重机。项目总投资8945.18万元,均为业主自有资金。用地面积4.25万平方米。

项目建设单位为马鞍山发电厂;设计单位为长江航运规划设计院、中国电力工程咨询公司和中国电力工程顾问集团中南电力设计院(联合体);施工单位为上海三航奔腾建设工程有限公司、安徽电力建设第一工程公司、杭州华新机电工程有限公司等;监理单位为四川省江电建设监理有限责任公司和四川省水运工程监理事务所(联合体)。质监单位为安徽省长江水工程质量监督站。

2015年11月,项目获得中国电力建设企业协会2014—2015年度国家优质工程奖。

项目投产后,码头实现了年330万吨的吞吐量,为皖能马鞍山发电有限公司两台660兆瓦机组完成正常发电任务提供燃煤装卸、运输发挥了重要作用,取得了良好经济社会效益,2011—2015年累计完成吞吐量近1200万吨,平均年吞吐量近240万吨。

(8)宏峰仓储服务有限公司安置码头项目

项目于2015年5月开工,2015年12月试运行,2016年8月竣工。

项目建设依据:2015年2月,马鞍山市港航管理局批复《马鞍山宏峰仓储服务有限公司安置码头工程初步设计》(皖马港建许〔2015〕1号);2014年12月,马鞍山市环境保护局批复《马鞍山宏峰仓储服务有限公司安置码头工程项目环境影响报告表》(马环审〔2014〕70号);2012年1月,安徽省港航管理局《关于马鞍山市宏峰仓储有限公司安置码头工程建设使用港口非深水岸线的批复》(皖港航港〔2012〕12号)。

项目建设1个1000吨级通用散货码头泊位(码头水工建筑允许靠泊能力3000

吨级),岸线总长90米。码头利用自然岸线采用顺岸式布局,钢制浮式码头结构。码头前沿水深7米。项目后方堆场面积3万平方米,堆存能力8万吨;仓库面积1.2万平方米,堆存能力3万吨;停车场面积400平方米,停车数量20标准车位。配置装卸设备2台。项目总投资2800万元,其中业主自有资金1600万元,银行贷款1200万元。用地面积3万平方米。

项目建设单位为宏峰仓储服务有限公司;设计单位为中铁建港航局集团勘察设计院有限公司;施工单位为江苏省路港建设工程有限公司;监理单位为山东城基工程管理咨询有限公司;质监单位为马鞍山市交通基本建设工程质量监督局。

为了支持马鞍山市城市规划建设,原码头2011年被马鞍山市滨江新区征迁后安置在现在的中心港区。

(9)人头矶微粉码头项目

项目于2004年4月开工,2005年1月试运行,2006年9月竣工。

项目建设依据:2004年3月,马鞍山市计委《关于马鞍山港人头矶港区建设工程(一期工程)工程可行性研究报告的批复》(马计函〔2004〕58号);2004年5月,安徽省长江河道管理局《关于马鞍山港人头矶港区一期码头工程建设初步设计的批复》(长工管〔2004〕114号);2005年10月,马鞍山市环保局《关于马鞍山港人头矶港区建设工程(一期)环境影响报告书的批复》(环保局以马环函〔2005〕63号);2003年12月,马鞍山市港口局《关于对开发人头矶港区建设工程使用岸线等问题批复的函》(马港口函〔2003〕9号)。

项目建设1个500吨级通用散货码头泊位,岸线总长50米。码头利用自然岸线顺岸式布局,为斜坡式码头。码头前沿水深9.75米。主要装卸设备为1台额定生产率小于1000吨/小时的散货装船机。项目总投资817万元。

项目建设单位为马鞍山港口(集团)有限责任公司;设计单位为长江航运规划设计院;施工单位为化工部马鞍山岩土工程公司、鞍山市第二建筑安装工程公司、码头钢引桥制造单位为中港第三航务工程局等;监理单位为南京公正工程监理有限公司;质监单位为安徽省交通基本建设工程质量监督局、长江航务工程质量监督中心站。

2011—2015年累计完成吞吐量166.75万吨,取得较好的经济社会效益。

(10)人头矶港区建设工程(一期工程)

项目于2008年9月开工,2011年11月试运行,2015年11月竣工。

项目建设依据:2005年7月,马鞍山市发展改革委《关于马鞍山港人头矶港区建设工程(一期工程)工程可行性研究报告(修编本)的批复》(马发改函〔2008〕175号);2008年7月,马鞍山市港口局《关于马鞍山港口(集团)有限责任公司人头矶港区建设工程(一期工程)初步设计报告的批复》(马港口〔2008〕57号);2008年9月和2010年11月,马鞍山市环保局分别批复了《人头矶港区建设工程(一期工程)环境影响报告书》(马环函

〔2008〕86 号)和《人头矶港区建设工程(一期工程)人头矶码头工程货种变更环境影响补充报告》(马环函〔2010〕150 号);2007 年 11 月,马鞍山市国土局以马国用 2007 第 80607 号、马国用 2007 第 80608 号出具了"国有土地使用权证";2003 年 12 月,马鞍山市港口局《关于对开发人头矶港区建设工程使用岸线等问题批复的函》(马港口函〔2003〕9 号)。

项目建设 3 个 3000 吨级江轮兼靠 5000 吨级江海轮杂货码头泊位(码头水工建筑允许靠泊能力 10000 吨级),岸线总长 286.5 米。码头采用引桥式布局、高桩式结构。码头前沿水深 9.75 米。项目后方堆场面积 3.36 万平方米,堆存能力 11.06 万吨。主要装卸设备为 4 台额定起重量大于 25 吨的港口门座起重机。项目总投资约 1.80 亿元,其中企业投资 8261 万元,银行贷款 7750 万元,中央投入港口建设经费 2000 万元。用地面积 5.59 万平方米。

项目建设单位为马鞍山港口(集团)有限责任公司;设计单位长江航运规划设计院;施工单位为中交三航局第三工程有限公司、马鞍山首建建设有限责任公司、马鞍山市向山建筑安装有限公司等;监理单位为南京公正工程监理有限公司、武汉四达工程建设咨询监理有限公司;质监单位为安徽省交通基本建设工程质量监督局、安徽省长江水工程质量监督站。

2011—2015 年累计完成吞吐量 822.98 万吨,取得较好的经济社会效益。

(11)马鞍山港口(集团)有限责任公司 7-1 号码头改扩建工程

项目于 2002 年 10 月开工,2003 年 9 月试运行,2005 年 12 月竣工。

项目建设依据:2002 年 4 月,马鞍山市计委《关于马鞍山港 7-1 号码头改扩建工程可行性研究报告的批复》(马计函〔2002〕55 号);2004 年 11 月,马鞍山市计委《关于马鞍山港 7-1 号码头改扩建工程初步设计的批复》(马计函〔2002〕164 号);2002 年 3 月,马鞍山市环保局《关于对马鞍山港 7-1 号码头改扩建工程环境影响报告书的批复》(马环函〔2002〕46 号)。

项目建设 2 个 3000 吨级江轮兼靠 5000 吨级海轮通用散货码头泊位(码头水工建筑允许靠泊能力 5000 吨级),岸线总长 130 米。码头采用引桥式布局、高桩式结构。码头前沿水深 7.15 米。项目后方堆场面积 10745 平方米,堆存能力 7.52 万吨。主要装卸设备为 1 台额定起重量 10~25 吨的港口门座起重机。项目总投资 3256 万元,其中企业投资 1056 万元,银行贷款 2200 万元。与 8 号扩建、7、8 号二期扩建项目共用地面积约 1.93 万平方米。

项目建设单位为马鞍山港口(集团)有限责任公司;设计单位为长江航运规划设计院;施工单位为码头水工及堆场道路施工单位为中港第二航务工程局、马鞍山首建建设有限责任公司、马钢集团钢构制作安装分公司;监理单位为南京港建设工程监理公司;质监单位为长江航务工程质量监督中心站。

2011—2015 年累计完成吞吐量 1768.87 万吨,取得了较好的经济社会效益。

（12）马鞍山港口（集团）有限责任公司8号码头扩建工程

项目于2004年1月开工，2004年10月试运行，2005年12月竣工。

项目建设依据：2003年11月，马鞍山市计委《关于马鞍山港8号码头扩建工程可行性研究报告的批复》（马计函〔2003〕332号）；2003年12月，马鞍山市计委《关于马鞍山8号码头扩建工程初步设计的批复》（马计函〔2003〕385号）；2004年1月，马鞍山市环保局《关于马鞍山港8号码头扩建工程环境影响报告书的批复》（马环〔2004〕3号）；2004年5月，水利部长江水利委员会《关于马鞍山港8号码头扩建工程使用长江岸线、水域的批复》（长江务〔2004〕229号）。

项目建设1个5000吨级海轮兼靠3000吨级江轮通用散货码头泊位（码头水工建筑允许靠泊能力10000吨级），岸线总长135米。码头采用引桥式布局、高桩式结构。码头前沿水深7.15米。项目后方堆场面积9703平方米，堆存能力4.75万吨。主要装卸设备为1台额定起重量10~25吨的港口门座起重机。项目总投资4323万元，其中企业投资2323万元，银行贷款2000万元。与7-1号扩建、7、8号二期扩建项目共用地面积约19340平方米。

项目建设单位为马鞍山港口（集团）有限责任公司；设计单位为长江航运规划设计院；施工单位为码头水工施工单位为中港第三航务工程局三公司、马鞍山市第一建筑安装公司等；监理单位为南京港建设工程监理公司；质监单位为长江航务工程质量监督中心站。

主要设计变更：①由于本项目码头设计时，后方马钢矿槽选址尚未确定，在该工程建设期间马钢矿槽选址确定在转运平台后方223米处，因此，增加该段皮带输送机廊道系统；②原设计堆场为自然堆场，为确保货运质量，7416平方米改为混凝土堆场；③为工艺需要，在堆场处增设了一条反送皮带输送机系统。

2011—2015年累计完成吞吐量1645.23万吨，取得较好的经济社会效益。

（13）马鞍山港口（集团）有限责任公司9号码头扩建工程

项目于2003年11月开工，2004年8月试运行，2006年5月竣工。

项目建设依据：2002年2月，交通部《关于马鞍山港9号码头扩建工程可行性研究报告的批复》（交规划〔2002〕47号）；2003年2月，马鞍山市计委《关于马鞍山9号码头扩建工程初步设计的批复》（交水发〔2003〕37号）；2002年7月，马鞍山市环保局《关于对马鞍山港9号码头扩建工程环境影响报告书的批复》（马环函〔2002〕45号）；2005年12月，马鞍山市国土资源局以马国用〔2005〕第31379号、第31380号出具了"国有土地使用权证"；2003年10月，水利部长江水利委员会《关于马鞍山港9号码头扩建工程使用长江岸线、水域的批复》（长江务〔2003〕654号）。

项目建设2个1500吨级江轮兼靠5000吨级海轮通用散货码头泊位（码头水工建筑

允许靠泊能力5000吨级),岸线总长169米,其中集装箱年通过能力21500TEU。码头采用引桥式布局、高桩式结构。码头前沿水深7.15米。项目后方堆场面积1.12万平方米,堆存能力1.96万吨。主要装卸设备包括2台额定起重量大于25吨的港口门座起重机,1台额定起重量10～25吨的港口门座起重机。项目总投资5684万元,其中企业投资759万元,银行贷款3500万元,交通部专项资金1425万元。与9号料廊项目共用地面积约12490平方米。

项目建设单位为马鞍山港口(集团)有限责任公司;设计单位为长江航运规划设计院;施工单位为中港第三航务工程局;监理单位为南京港建设工程监理公司;质监单位为长江航务工程质量监督中心站。

2011—2015年累计完成吞吐量2190.99万吨,取得较好的经济社会效益。

(14)马鞍山港口(集团)有限责任公司9号码头料廊改造工程

项目于2006年1月开工,2007年5月试运行,2007年12月竣工。

项目建设依据:2005年11月,马鞍山市发展改革委《关于马鞍山港口集团9号码头料廊工程可行性研究报告的批复》(马发改函〔2005〕326号);2006年3月,马鞍山市港口局《关于马鞍山港口(集团)公司9号码头料廊工程初步设计的批复》(马发改函〔2006〕49号);2005年12月,马鞍山市国土局以马国用(2005)第31379号、第31380号出具了"国有土地使用权证"。

项目建设3个5000吨级通用散货码头泊位(码头水工建筑允许靠泊能力10000吨级),岸线总长335.5米。码头采用引桥式布局、高桩式结构。码头前沿水深7.15米。主要装卸设备:2006年该项目将原3台起重机更换为5台额定生产率500～1000吨/时的连续卸船机。项目总投资6629万元,全部为银行贷款。与9号码头扩建工程共用地面积约12490平方米。

项目建设单位为马鞍山港口(集团)有限责任公司港口建设指挥部;设计单位为长江航运规划设计院;施工单位为马钢公司钢构制作安装分公司(钢引桥制作安装)、江苏天目建设集团有限公司(廊道钢结构制作安装);监理单位为南京公正工程监理有限公司、武汉四达工程建设咨询监理有限公司;质监单位为长江航务工程质量监督中心站、安徽省长江水工程质量监督站。

主要设计变更:根据初步设计,码头前沿配置3台16吨桥式抓斗卸船机、3台12吨桥式抓斗卸船机。该工程先期已配置3台12吨桥式抓斗卸船机,根据生产需要,第4台仍按12吨配置,主要因为该设备为非标设备,机型统一,可减少备品备件,降低运行成本。由于该工程为老码头工艺改造,本着有利于提高投资效益的原则,原有码头3台10吨门式起重机暂可利用,随着生产需要,再及时配套另外2台卸船机。

2011—2015年累计完成吞吐量2190.99万吨,取得较好的经济社会效益。

(15)马鞍山港口(集团)有限责任公司7、8号码头(二期)改扩建工程

项目于2006年1月开工,2007年9月试运行,2008年12月竣工。

项目建设依据:2006年5月,马鞍山市发改委《关于马鞍山港口(集团)7、8号码头(二期)改扩建工程可行性研究报告的批复》(马发改函〔2006〕115号);2006年7月,马鞍山市港口局《关于马鞍山港口(集团)7、8号码头(二期)改扩建工程初步设计的批复》(马发改函〔2006〕173号);2006年5月,马鞍山市环保局《关于马鞍山港口(集团)有限责任公司7、8号码头(二期)改扩建工程环境影响报告书的批复》(马环函〔2006〕42号);2005年12月,马鞍山市国土资源局以马国用(2005)第31379号、第31380号文件出具了"国有土地使用权证"。

项目建设5个3000吨级江轮兼靠5000吨级江海轮通用散货码头泊位(码头水工建筑允许靠泊能力10000吨级),岸线总长520.4米。码头采用引桥式布局、高桩式结构。码头前沿水深7.15米。项目后方堆场面积7.26万平方米,堆存能力48.7万吨。主要装卸设备为2台额定起重量10~25吨的港口门座起重机。项目总投资16157万元,其中企业投资4157万元,银行贷款12000万元。与7-1号扩建8号扩建项目共用地面积约19340平方米。

项目建设单位为马鞍山港口(集团)有限责任公司;设计单位为长江航运规划设计院;施工单位为码头水工施工单位为中港第三航务工程局;监理单位为南京公正工程监理有限公司、武汉四达工程建设咨询监理有限公司;质监单位为长江航务工程质量监督中心站、安徽省长江水工程质量监督站。

2011—2015年累计完成吞吐量3414.11万吨,取得较好的经济社会效益。

(三)慈湖港区

1.港区综述

(1)港区建设和运营情况

慈湖港区是以货主码头和外贸码头为主的综合性港区,主要为后方的万能达电厂、海螺水泥以及马鞍山慈湖高新技术产业开发区服务,主要承担煤炭、水泥、油品、金属矿石、矿建材料、工业原料及产品等货物的装卸仓储和物流集散服务。

目前,慈湖港区有生产性泊位11个,泊位总延长1205米,其中5000吨级及以上泊位7个,3000(含)~5000吨级泊位4个;高桩码头11个;公用泊位3个,非公用泊位8个。港区码头以煤炭及制品、钢铁、矿建及水泥等运输为主,年综合通过能力为917万吨。在规划的慈湖锚地中建有2个加油泊位,泊位总延长250米。港区2011年吞吐量888.94万吨、1496TEU,2012—2015年港区吞吐量分别为1065.14万吨、1067.62万吨、964.07万吨、894.10万吨。

（2）港区地理条件和集疏运概况

慈湖港区位于长江右岸万能达发电有限公司与慈湖河口之间，港口岸线长 2300 米。规划以散货、件杂货、石油化工品运输为主。规划自上而下形成二电厂码头区、件杂货泊位区、通用泊位区、海螺水泥码头区、石油化工泊位区和通用泊位区。作业区岸线已经全部开发利用，已建设 13 个泊位（含在建泊位 2 个），可形成年通过能力约 1117 万吨。规划后方陆域维持现状，总体陆域纵深 100～400 米，面积约 44 万平方米。马鞍山长江公路大桥建成通车后，马和汽渡功能将逐步弱化，规划适时对汽渡所占用的岸线进行货运码头改造，将马和汽渡改造成滚装泊位。大部分货物港区与厂区直接对接，集疏运大部分为厂内运输。社会集疏运方式为公路运输，通过海螺大道、联合路连接沿江大道，并与公路网联通。

2. 港区工程项目

（1）马鞍山万能达发电公司专用码头项目

项目于 1992 年 5 月开工，1995 年 6 月试运行，1995 年 12 月竣工。

项目建设依据：1985 年 12 月，水利电力部批复《马鞍山猫子山电厂专用卸煤码头可行性研究报告》；1990 年 12 月，国家计划委员会《关于马鞍山第二发电厂一期工程设计任务书的批复》（计工〔1990〕1956 号）；1990 年 6 月，安徽省城乡建设环境保护厅《关于马鞍山第二发电厂环境影响报告书的补充批复》（建环字〔1990〕320 号）；1992 年 5 月，安徽省人民政府《安徽省建设征（拨）用土地批复通知书》（皖征字〔1992〕第 072 号）；

项目建设 3 个 3000 吨级煤炭码头泊位（码头水工建筑允许靠泊能力 5000 吨级），岸线总长 287.7 米。码头采用引桥式布局、高桩式结构。码头前沿水深 6.5 米。项目后方堆场面积 4 万平方米，堆存能力 18 万吨；筒仓容量 1.2 万吨。主要装卸设备为 6 台额定生产率 500～1000 吨/时的桥式抓斗起重机。项目总投资 5942 万元，其中中央投资 2377 万元，地方投资 3565 万元。用地面积 1.86 万平方米。

项目建设单位为马鞍山第二发电厂筹建处；设计单位为交通部第二航务工程勘察设计院；施工单位为交通部二航局第四工程公司；质监单位为安徽省电力工业局。

码头于 1992 年建设，1995 年投产使用。2015 年卸载煤炭 300 万吨。每年进出港 400 余艘次，5000 吨以上船舶 300 余艘。每年生产能力约 280 万吨，发电约 60 亿千瓦时。

（2）马鞍山石油分公司油料输转工艺节能改造工程

项目于 1993 年 12 月开工，1995 年 1 月试运行，1995 年 9 月竣工。

项目建设依据：1992 年 11 月，安徽省商业厅《关于马鞍山石油公司油料输转工艺节能技改项目可行性研究报告的批复》（商工字〔1992〕405 号）；1993 年，安徽省水利厅《关于对马鞍山石油分公司石油码头初设的批复》（皖水工字〔1993〕第 425 号）；1993 年 3 月，马鞍山市环境保护局《关于〈市石油分公司油料输转工艺节能技改工程环境影响报告书〉

的批复》(马环开发字〔1993〕039号);2007年,马鞍山市房地产管理局"国有土地使用权证"(马国用〔2007〕第80418号);1992年12月,交通部长江航务管理局《关于对马鞍山船厂、马鞍山市石油公司申请使用岸线问题的意见的通知》(长航计〔1992〕826号)。

项目建设1个3000吨级成品油码头泊位,岸线总长285米。码头采用引桥式布局、高桩式结构。码头前沿水深10米。项目后方堆场面积7000平方米。主要装卸设备鹤管、管道泵、输油管。项目总投资2642万元,均为业主自有资金。用地面积3.55.06万平方米。

项目建设单位为安徽省石油公司马鞍山分公司;设计单位为商业部北京设计院;施工单位为中国煤炭建筑安装公司第三分公司、交通部第二航务工程勘察设计院工程局;监理单位为交通部第二航务工程勘察设计院。

工程建成投产后,实现马鞍山市成品油调进的自动接卸,可为电厂、炭黑厂等大中型企业进行全密闭管道输运油料,减少中间装卸和运输损耗。

(3)马鞍山金星化工(集团)有限公司专用码头工程

项目于1999年12月开工,2000年9月竣工。

项目建设依据:1998年11月,马鞍山市计划委员会《关于金星化工集团专用码头工程可行性研究报告的批复》(马计文〔1998〕308号);1999年4月,安徽省水利厅《关于马鞍山金星化工公司码头工程初步设计的批复》(皖水管函〔1999〕189号);1998年11月,马鞍山市环境保护局"关于'马鞍山金星化工(集团)有限公司码头工程环境对策分析报告'"(马环秘〔1998〕114号);2009年5月,马鞍山市国土资源局"国有土地使用权证"(马国用〔2009〕第81399号);1998年6月,交通部长江航务管理局《关于马鞍山金星化工(集团)有限公司建设货运专用码头申请使用岸线的批复》(长航计〔1998〕440号)。

项目建设1个2000吨级杂货泊位、1个2000吨级通用散货泊位(码头水工建筑允许靠泊能力5000吨级),岸线总长200米。码头采用引桥式布局、高桩式结构。码头前沿水深8.93米。项目后方堆场面积4.13万平方米,堆存能力20万吨。主要装卸设备为3台额定起重量10~25吨港口门座起重机。项目总投资3064.18万元,均为业主自有资金。用地面积4.13万平方米。

项目建设单位为马鞍山金星化工(集团)有限公司;设计单位为长江航运规划设计院;施工单位为第三航务工程局第三工程公司、南京港口机械厂;监理单位为南京港建设工程监理公司;质监单位为交通部长江航务工程质量监督中心站。

码头自2001年投运以来,运行情况总体良好,2002年达到了设计能力,2011—2015年码头吞吐量均超过100万吨/年,装备合理、运行可靠。有效缓解了周边航运码头装卸压力,提高了慈湖高新区水路运输能力。

（4）马鞍山海螺水泥有限责任公司专用码头项目

项目于 2005 年 5 月开工，2006 年 4 月竣工。

项目建设依据：2004 年 8 月，马鞍山发展计划委员会《关于马鞍山海螺水泥有限责任公司 5000 吨级专用码头工程可行性报告的批复》（马计函〔2004〕212 号）；2004 年 5 月，马鞍山发展计划委员会《关于建设马鞍山海螺 5000 吨级专用码头项目立项的批复》（马计函〔2004〕111 号）；2004 年 10 月，马鞍山市环境保护局《关于批准马鞍山海螺码头环境影响报告书》（马环函〔2004〕71 号）；2006 年 11 月，马鞍山市以马国用〔2006〕第 31975-1 号、马国用〔2006〕第 31975-2 号出具了"国有土地使用证"；2004 年 10 月，马鞍山港口管理局《关于对马鞍山海螺水泥有限责任公司申请使用岸线的批复》（马港口〔2004〕34 号）。

项目建设 2 个 5000 吨级散装水泥码头泊位（码头水工建筑允许靠泊能力 10000 吨级），岸线总长 201 米。码头采用引桥式布局、高桩式结构。码头前沿水深 6 米。主要装卸设备为 4 台额定起重量 10～25 吨的港口门座起重机。项目总投资 7250.92 万元，均为业主自有资金。

建设单位为马鞍山海螺水泥有限责任公司；设计单位为长江航运规划设计院设计；施工单位为中港第二航务工程局四公司施工；监理单位为武汉四达工程建设咨询监理有限公司；质监单位为安徽省长江水工程质量监督站。

该码头为马鞍山海螺水泥有限责任公司配套工程，自 2006 年 5 月投产以来，承担了马鞍山海螺原材料及生产成品的进出港任务。2011—2015 年累计完成吞吐量 1042 万吨。

（5）马鞍山长江港口有限公司公共码头工程项目

项目于 2007 年 11 月开工，2009 年 3 月试运行，2010 年 7 月竣工。

项目建设依据：2007 年 11 月，马鞍山市发展和改革委员会《关于马鞍山长江港口有限公司公共码头工程项目核准的批复》（马发改函〔2007〕350 号）；2007 年 12 月，马鞍山市港口管理局《关于马鞍山长江港口有限公司公共码头初步设计报告的批复》（马港口〔2007〕36 号）；2008 年 1 月，马鞍山市环境保护局《关于马鞍山长江港口有限公司公共码头工程环境影响报告书的批复》（马环含〔2008〕1 号）；2008 年 2 月，交通部《关于马鞍山长江港口有限公司公共码头工程使用港口岸线的批复》（交规划发〔2008〕82 号）。

项目建设 1 个 5000 吨级通用散货泊位、2 个 5000 吨级杂货泊位，岸线总长 620 米。码头采用引桥式布局、高桩式结构。码头前沿水深 9 米。项目后方堆场面积 14.05 万平方米，堆存能力 20 万吨。仓库面积 3.21 万平方米。主要装卸设备为 3 台额定起重量 10～25 吨的港口门座起重机，2 台额定起重量大于 25 吨的港口门座起重机。项目总投资 24374.97 万元，均为业主自有资金。用地面积 15.4 万平方米。

项目建设单位为马鞍山长江港口有限公司；设计单位为长江航运规划设计院，施工单位为长江航运规划设计院、江阴市新德建设工程有限责任公司、安徽省长江河道工程有限责任公司等；监理单位为镇江市兴华工程建设监理有限责任公司；质监单位为长江航务工程质量监督中心站、安徽省长江水工程质量监督站。

马鞍山长江港口有限公司至 2009 年运营以来，不断加大投资，港口基础设施不断完善，港口发展能力和服务水平显著提高，港口建设取得了长足的进步。港口货物吞吐量也高速增长，区域内的各大企业都得到良好的港口装卸服务，在区域中的影响力不断提高。特别是港口靠泊能力提升以后，到港的大型船舶明显增多，作业船舶大型化趋势明显。2011—2015 年分别完成吞吐量 339 万吨、371 万吨、436 万吨、411 万吨、329 万吨。

（6）马鞍山港慈湖综合码头项目

项目于 2014 年 8 月开工，2015 年 12 月试运行，2017 年 10 月竣工。

项目建设依据：2012 年 5 月，安徽省发展改革委《关于马鞍山港慈湖综合码头工程立项的批复》（皖发改基础函〔2012〕776 号）；2013 年 10 月，安徽省发展改革委《关于马鞍山港慈湖综合码头工程可行性研究报告的批复》（皖发改基础函〔2013〕1188 号）；2013 年 7 月，安徽省环境保护厅《关于马鞍山港慈湖综合码头工程环境影响报告书审批意见的函》（皖环函〔2013〕793 号）；2012 年 8 月，安徽省人民政府《关于马鞍山市 2012 年度第 7 批次城市建设农用地转用和土地征收实施方案的批复》；2014 年 4 月，交通运输部《关于马鞍山港慈湖综合码头工程使用港口岸线的批复》（交规划发〔2014〕277 号）。

项目建设 1 个 20000 吨级杂货泊位，1 个 20000 吨级通用散货泊位，岸线总长 290 米。码头采用引桥式布局、高桩式结构。码头前沿水深 9 米。项目后方堆场面积 4.3 万平方米，堆存能力 20 万吨。仓库面积 0.5 万平方米，堆存能力 2 万吨。主要装卸设备为 4 台额定起重量 10～25 吨的港口门座起重机。项目总投资 20091 万元，均为业主自有资金。用地面积 10 万平方米。

建设单位为安徽省港航建设投资集团有限公司；设计单位为长江航运规划设计研究院；施工单位为上海三航奔腾建设工程有限公司、合肥义兴建筑安装工程有限公司、江西省路港工程有限公司等；监理单位为福建陆海建设监理所；质监单位为安徽省交通建设工程质量监督局、安徽省水工程质量监督站、马鞍山市建设工程质量监督站。

慈湖综合码头 2016 年 11 月投产试运营，2017 年完成吞吐量 48 万吨，2018 年上半年完成吞吐量 45 万吨。

（四）太平府港区

1. 港区综述

（1）港区建设和运营情况

太平府港区是服务于马鞍山南部承接产业转移集中区、当涂县开发区和地方经济发展为主的港区，主要承担矿建材料、煤炭、成品油、金属矿石、非金属矿石等大宗货物运输服务和修造船服务。

太平府港区有生产性泊位 23 个，泊位总延长 1374 米。其中，1000（含）～3000 吨级泊位 17 个，500（含）～1000 吨级泊位 6 个；高桩码头 9 个，重力式码头 4 个，浮码头 10 个；公用泊位 16 个，非公用泊位 7 个。港区码头以金属矿石、钢铁、矿建材料等运输为主，年综合通过能力为 1353 万吨。主要分布企业有安徽长江物流有限责任公司、中庆石化有限责任公司等。港区分布 13 个修造船厂，共占用岸线 3565 米。2011—2015 年港区吞吐量分别为 654.79 万吨、971.99 万吨、979.27 万吨、1121.19 万吨、1165.00 万吨。

（2）港区地理条件和集疏运概况

太平府港区位于太平府水道右岸马鞍山三电厂大件码头上游 260 米与马鞍山长江公路大桥上游 1600 米之间，港口岸线长 6410 米。受河口和规划跨江通道的影响，分为三段：马鞍山三电厂大件码头上游 260 米至双摆渡排灌站，双摆渡排灌站下游 2250 米至金柱塔，太平府水道马鞍山港口（集团）有限责任公司码头至马鞍山长江公路大桥上游 1600 米。规划以散货、船舶工业、石油化工品运输为主。规划自上而下划分为通用泊位区、散货泊位区、修造船厂区、马鞍山港口（集团）有限责任公司码头区、华庆石化码头区、力通钢缆码头区、中庆石化码头区、长江物流码头区和通用泊位区。

马鞍山三电厂大件码头上游 260 米至双摆渡排灌站段通用泊位区和散货泊位区，港口岸线长 1760 米。其中马鞍山三电厂和中天建材公司厂区顺岸布置已经占用 1500 米岸线，并已建有 4 个 1000 吨级散货泊位，形成年通过能力 210 万吨。规划在马鞍山三电厂大件码头上游 260 米岸线布置 2 个 1000 吨级通用泊位，可形成年通过能力 100 万吨，占用陆域面积约 8 万平方米。对于因马鞍山三电厂和中天建材公司厂区顺岸布置闲置的港口岸线，规划根据经济发展需要，逐步开发利用。

双摆渡排灌站下游 2250 米至金柱塔段为修造船厂区，港口岸线长 1650 米，滩地较宽，并已经建设了修造船厂，规划维持现状。

太平府水道马鞍山港口（集团）有限责任公司码头至马鞍山长江公路大桥上游 1600 米段自上而下依次为马鞍山港口（集团）有限责任公司码头区、华庆石化码头区、力通钢缆码头区、中庆石化码头区、长江物流码头区和通用泊位区，港口岸线长 3000 米。其中，长江物流码头上游均为已建泊位，已建有 8 个通用泊位和 2 个石油泊位，形成年通过能力 650 万吨。华庆石化、中庆石化码头上下游尚有部分岸线，规划结合企业发展需要，适时改建、扩建石化码头，但需要满足安全距离要求。长江物流码头下游至马鞍山长江公路大桥上游 600 米段，目前被大量的简易码头占用，规划结合经济发展需求，清理整合简易码头，形成现代化的通用泊位区，规划布置 12 个 3000 吨级泊位，可形成年通过能力 1200 万吨。作业区总体陆域纵深 86～540 米，规划陆域面积 100 万平方米。

港区集疏运方式为公路运输,通过疏港路连接宁芜路,并与公路网相连。

2.港区工程项目

当涂经济开发区综合码头建设项目(一期工程)

项目于2012年6月开工,2013年12月试运行,2016年8月竣工。

项目建设依据:2010年7月,马鞍山市发展改革委《关于马鞍山港口集团当涂经济技术开发区综合码头建设项目核准的批复》(马发改秘〔2010〕41号);2010年8月,马鞍山市港口局《当涂经济开发区综合码头建设项目初步设计许可》(皖马港建许〔2010〕4号);2010年2月,马鞍山市环保局《关于马鞍山港口集团公司当涂经济开发区综合码头建设项目环境影响报告书的批复》(马环函〔2010〕7号);2010年3月,当涂县国土局"国有土地使用权证"(当国用〔2010〕第0719号、当国用〔2010〕第0720号);2010年8月,交通运输部《关于马鞍山港口集团当涂经济综合码头建设项目使用港口岸线的批复》(交规划发〔2010〕447号)。

项目建设1个3000吨级江轮兼靠5000吨级江轮泊位、1个1000吨级煤炭码头泊位,岸线总长192米。码头采用引桥式布局、高桩式结构。码头前沿水深5.1米。项目后方堆场面积0.67万平方米,堆存能力1.57万吨。主要装卸设备为2台额定起重量10~25吨的港口门座起重机。项目总投资7302万元,其中企业投资3902万元,银行贷款3400万元。用地面积5.86万平方米。

建设单位为马鞍山太平府港口有限公司;设计单位为长江航运规划设计院。施工单位为中交三航局第三工程有限公司、江苏苏南建设集团有限公司、江苏苏南建设集团有限公司;监理单位为武汉四达工程建设咨询监理有限公司;质监单位为安徽省交通基本建设工程质量监督局。

从投产到2015年完成吞吐量160.43万吨,取得较好的经济社会效益。

(五)郑蒲港区

1.港区综述

(1)港区建设和运营情况

郑蒲港区功能定位为:依托皖江城市带、郑蒲港新区、江北产业集中区建设,郑蒲港区将发展成为马鞍山港的大型综合性深水港区,重点开展沿海、近洋集装箱运输、临港工业原料及产品、城市物资等大宗货物运输,具备装卸存储、中转换装、临港开发、运输组织、保税物流等功能,成为皖江左岸的现代物流中心、江海转运枢纽和对外贸易的重要水运口岸,同时为郑蒲新区开展旅游客运服务。郑蒲港区主要包括西梁山作业区和郑蒲作业区。

①西梁山作业区。

西梁山作业区位于长江左岸中洋造船厂与鑫泰特种钢业有限公司码头之间,港口岸线长 1600 米。本段岸线以船舶工业为主,规划调整为以散货、件杂货运输为主,兼顾船舶工业功能。规划自上而下形成通用泊位区、船舶工业区、通用泊位区、鑫泰公司码头区。除了船舶工业区外,自上而下依次布置 6 个 1000 吨级通用泊位、4 个 3000 吨级通用泊位、1 个 500 吨级泊位、1 个 500 吨级泊位(鑫泰公司码头),可形成年通过能力 800 万吨。西梁山作业区码头前沿水深 4～12 米,总体陆域纵深 100～725 米,规划陆域面积约 65 万平方米。集疏运方式为公路运输,通过疏港路连接 S206,并与公路网相连。

②郑蒲作业区。

郑蒲作业区位于长江左岸马鞍山长江公路大桥下游 750 米与得胜河口上游 1800 米之间,港口岸线长 6650 米(不包含姥下河水厂一级保护区、太阳河口、新河口口门、规划九华山路过江隧道预留安全距离),规划以集装箱、件杂货、散货、石化产品运输为主。规划自上而下形成件杂货泊位区、集装箱泊位区、件杂货泊位区、散货泊位区、石化泊位区。马鞍山长江公路大桥下游 2200 米与太阳河河口之间为件杂货泊位区,港口岸线长 1550 米,规划布置 11 个 5000 吨级泊位(兼顾 20000 吨级),码头前沿水深 5～11 米,可形成年通过能力 300 万吨、80 万 TEU;太阳河口与新河口之间为集装箱和件杂货泊位区,港口岸线长 2500 米,规划布置 4 个 20000 吨级集装箱泊位,8 个 20000 吨级件杂货泊位,可形成年通过能力约 1100 万吨、90 万 TEU,码头前沿水深 10～15 米;新河口与得胜河口上游 1800 米之间为散货泊位区和石化泊位区,港口岸线长 2350 米,自上游到下游依次布置 6 个 20000 吨级(兼顾 30000 吨级)的散货泊位和 4 个 10000～20000 吨级的石油化工泊位,可形成年通过能力约 3400 万吨,码头前沿水深 12～23 米。郑蒲作业区总体陆域纵深 1450～2233 米,规划陆域面积约 1200 万平方米。

作业区后方的郑蒲新区规划有和州大道、郑蒲大道等主干道,可与联合路、S206、合马高速公路连接,同时规划建设郑蒲港新区疏港铁路与规划的北沿江铁路相接进入铁路网。太阳河口、新河口等河口内的岸线需经过必要的建港适宜性分析和论证后才可利用。规划在马鞍山长江公路大桥下游 750 米处,根据需要布置支持保障系统泊位。

2014—2015 年,郑蒲港区完成港口吞吐量分别为 114.63 万吨、361.23 万吨。

(2)港区地理条件和集疏运概况

郑蒲港区西梁山作业区:目前的疏港道路主要为西梁山镇的城镇道路,随着港区货运量的增加,规划新建一条疏港道路与 S206 相接。

郑蒲港区郑蒲作业区:作业区后方的郑蒲新区规划有和州大道、郑蒲大道等主干道,可与 S206、合马高速公路连接。

2. 港区工程项目

马鞍山港郑蒲港区一期工程项目

项目于 2012 年 11 月开工,2015 年 1 月试运行,2016 年 7 月竣工。

项目建设依据:2012 年 7 月,安徽省发展改革委《关于马鞍山港郑蒲港区一期工程可行性研究报告的批复》(皖发改基础函〔2012〕787 号);2012 年 8 月,安徽省发展改革委《关于马鞍山港郑蒲港区一期工程初步设计的批复》(皖发改设计函〔2012〕884 号);2012 年 3 月,环境保护部《关于安徽省巢湖港和县郑蒲港区一期工程环境影响报告书的批复》(环审〔2012〕92 号);2012 年 6 月,安徽省国土资源厅《关于安徽省马鞍山港郑蒲港区一期工程建设用地预审意见的函》(皖国土资函〔2012〕1033 号);2013 年 2 月,交通运输部《关于马鞍山港郑蒲港区一期工程使用港口岸线的批复》(交规划发〔2013〕120 号)。

项目建设 1 个 5000 吨级集装箱码头泊位、2 个 5000 吨级杂货码头泊位(码头水工建筑允许靠泊能力 20000 吨级),岸线总长 431 米,其中集装箱 15 万 TEU/年、件杂货 130 万吨/年。码头采用高桩梁板结构。码头前沿水深 8~10 米。项目后方堆场面积 8 万平方米,堆存能力 1.01 万 TEU。仓库面积 1.11 万平方米。主要装卸设备包括 1 台额定起重量 10~25 吨的港口门座起重机,1 台额定起重量大于 25 吨的港口门座起重机,2 台额定生产率小于 500 吨/时的桥式抓斗起重机,1 台额定起重量小于 50 吨、小于 30 米的岸边集装箱起重机,1 台轨距小于 35 米的轨道式集装箱门式起重机,2 台轨距 35~50 米的轨道式集装箱门式起重机。项目总投资 37000 万元,其中其他企业投资 30000 万元,政策性银行贷款 7000 万元。用地面积 23.6 万平方米。

建设单位为安徽省郑蒲港务有限公司;设计单位为中交第二航务工程勘察设计院有限公司;施工单位为中交第二航务工程局有限公司、陕西建工集团机械施工有限公司、浙江省三门建安工程有限公司等;监理单位为南京公正工程监理有限公司、武汉四达工程建设咨询监理有限公司、安徽绿环环保有限公司;质监单位为安徽省交通基本建设工程质量监督局、安徽省长江水工程质量监督一站。

港口以集装箱业务为主,兼顾件杂货业务。集装箱业务由于南京港的影响,业务开展较慢;件杂货业务由于腹地产业结构,正处于培育期。

八、芜湖港

(一)港口概况

1. 港口综述

芜湖港位于长江下游、安徽省东南部,紧邻经济发达的长江三角洲地区。芜湖港是全国内河主要港口和国家一类开放口岸,芜湖港 1980 年 2 月经国务院批准为长江首批外贸运输港口;1991 年 10 月,经全国人大批准为安徽省第一个对外籍轮开放港口;2008 年 11 月批准为对台直航港口,2014 年 9 月,朱家桥港区被批准为全国享受启运港退税政策的 8 个试点口岸之一。芜湖港是皖江城市带承接产业转移的重要依托和安徽省对外贸易的重要口岸,是皖江航运的枢纽和核心,具有承东启西、连南接北的区位优势。芜湖港是以集装箱、商品汽车、煤炭、建材、非金属矿石运输为主的综合性、现代化港口。

2009 年 7 月 21 日,交通运输部和安徽省人民政府联合批复《芜湖港总体规划》;2012 年因行政区划调整,原巢湖港无为港区划入芜湖港,芜湖港总体规划启动修订工作,2016 年 10 月 12 日,交通运输部和安徽省人民政府的联合批复《芜湖港总体规划(2016—2030 年)》,芜湖港进入拥江发展的新时期。规划将芜湖港长江干线划分为 7 个港区,分别为左岸的高沟港区、白茆港区、裕溪口港区和右岸的荻港港区、三山港区、滨江港区、朱家桥港区,长江支流规划为无为支流、繁昌支流、南陵、湾沚、清水港区等 5 个港区。其中,朱家桥港区、三山港区、裕溪口港区是重点发展港区。

芜湖港历史悠久,明代芜湖已有"江东首邑""长江巨埠"之称;1876 年,被辟为通商口岸,轮船招商局在芜湖设立办事处,由于轮运业的兴起和码头设施的建设,芜湖港港口吞吐能力大大提高;1934 年,淮南煤炭开始从裕溪口出口。新中国成立后,国家对芜湖港进行了大规模建设,1958 年在裕溪口建成全国内河第一座机械化码头;"二五"期间在裕溪口建成第一座装置 4 台门坐式起重机的直立式码头,并对右岸的码头、堆场进行了技术改造;1983 年建成朱家桥码头一期工程,1984 年扩建宝钢中转煤炭码头,1989 年底扩建二期;1990 年建成朱家桥外贸码头、仓库和堆场。芜湖原有芜湖、荻港、芦南、新港、湾沚、南陵、荆山、弋江、峨桥、土桥、刘家渡、江坝、襄安、西河、姚沟、泥汊、开城、山东湾、二坝、黄雒河、陡沟、汤沟、周曲家等 23 个港口,按照"一城一港"的原则合并为芜湖港。

芜湖港航道条件良好,除长江干线航道外,还有合裕线、芜申线、洲河、漳河、青弋江、江淮运河(引江济巢兆西河线)、漳河等航道。区域内航道总里程 620.3 千米,其中一级航道(长江干线)125.2 千米,二级航道 44.2 千米,三级航道 50.6 千米,四级航道 162.3 千米,五级航道 41.3 千米,六级航道 125.9 千米,七级航道 70.8 千米。

芜湖港现状有万家滩、头棚、陈家洲联检、东梁山等 4 处锚地,规划万家滩、团洲、头棚、三坝、小洲、陈家洲联检、东梁山等 7 处锚地。

2.港口水文气象

芜湖港位于亚热带湿润季风气候,四季分明,夏热冬温,雨量充沛,具有明显的季节性。由于受季风气候的影响,冷暖气团交锋频繁,天气多变,年内梅雨显著,夏雨集中,是安徽省降水量较多的地区之一。多年平均气温 16 摄氏度,历年最高气温 40.5 摄氏度,历年最低气温 -13.1 摄氏度;年平均降水量 1300 ~ 1600 毫米;常风向为 EN 风、E 风,全年平均频率 13 ～ 17%,最大风速 14.5 米/秒;历年最大积雪深度 25 厘米,历年平均降雪天数 10.4 天;平均雾日天数 16.2 天/年;暴雨时常发生,多年平均暴雨天 9 天。

最高高潮位 10.96 米,最低低潮位 0.18 米,最大潮差 1.14 米,平均潮差 0.23 米;防洪设计水位 12.54 ～ 12.84 米,频率 5% 水位 10.27 米,频率 10% 水位 9.85 米,保证率 95% 水位 1.38 米,当地航行基准面 0.75 米。长江芜湖段历年最大含沙量 3.24 千克/立方米,历年最小含沙量 0.02 千克/立方米,多年平均含沙量 0.49 千克/立方米。

3. 发展成就

芜湖港是安徽省最大的货运、外贸和集装箱枢纽港,近年来,先后在朱家桥港区、裕港港区、三山港区建成了一批集装箱、商品汽车滚装、煤炭、水泥、矿石、成品油等大型化、规模化、专业化码头及相应的物流配套设施,芜湖港基础设施和发展水平显著提升,在皖江城市带乃至整个安徽省经济发展中发挥了重要的作用。

芜湖港规划港口岸线 87.90 千米,其中长江岸线规划总长 59.30 千米,长江支流岸线 28.6 千米,2015 年前已建成岸线 14.08 千米。截至 2015 年,芜湖港共有生产性泊位 142 个,其中,10000 吨级泊位 13 个,5000 吨级泊位 46 个,3000(含)～5000 吨级泊位 27 个,1000(含)～3000 吨级泊位 39 个,1000 吨级以下泊位 17 个;泊位总延长 14076 米。

2015 年,芜湖港完成港口货物吞吐量 1.20 亿吨、集装箱 50.15 万 TEU。其中,煤炭及制品 2142.03 万吨,石油、天然气及制品 206.78 万吨,金属矿石 973.27 万吨,钢铁 463.09 万吨,矿建材料 3316.94 万吨,水泥 3343.27 万吨,非金属矿石 1010.47 万吨。

芜湖港目前已开通近洋航线"芜湖港—韩国""韩国昂山港—芜湖港";集装箱航线有"芜湖港—上海外高桥""芜湖港—上海洋山港""芜湖港—太仓港""芜湖港—合肥港""芜湖港—上游港口(武汉、九江、安庆、铜陵)"等。

芜湖港港区分布如图 9-5-7 所示,芜湖港基本情况见表 9-5-8。

(二)白茆港区

1. 港区综述

(1)港区建设和运营情况

白茆港区位于长江左岸芜湖市鸠江区境内,介于江坝至裕溪河入江口之间,由江坝、汤沟、二坝 3 个作业区组成。二坝作业区已建成 5000 吨级液体化工码头和散货码头各 1 座、大件运输码头 1 座以及 1000 吨级粮食码头 1 座,主要是企业自备码头,其中大件码头兼顾社会服务功能。2015 年港区吞吐量达到 958 万吨。因商合杭铁路芜湖长江公铁大桥的建设需要,液体化工码头和大件运输码头将在本港区内搬迁后同规模还建,其中液体化工码头还建工程已完成。

图 9-5-7　芜湖港港区分布图

(2)港区地理条件和集疏运概况

白茆港区原属巢湖港无为港区,2011 年安徽省行政区划调整,撤销地级巢湖市,将无为县划入芜湖市。《芜湖港总体规划(2016—2030 年)》将原无为港区长江干线规划为白茆港区。白茆港区自然岸线长约73.2 千米,大部分岸线微凸,深槽贴岸,水深条件良好,岸坡稳定,10 米深槽 600～1200 米呈上段窄下段宽,上段滩地很宽,岸边距堤较远,下段岸线平顺,岸边距堤很近,岸线条件较好,后方陆域开阔,可作为大中型泊位岸线建港。后方集疏运通过新建疏港道路与 S319、通江大道相连,通往无为、合肥及周边地区。

2.港区工程项目

(1)安徽华谊化工有限公司码头项目

项目于 2008 年 12 月开工,2011 年 5 月试运行,2012 年 12 月竣工。

表 9-5-8

芜湖港基本情况表

序号	港区名称	港区岸线		2015年港口生产性泊位				其中:1978—2015年建成的生产性泊位				货物吞吐量	2015年港口货物和旅客吞吐量						
		港区规划岸线	其中:2015年前已建成岸线	生产性泊位数	其中:千吨级及以上	生产性泊位总长	其中:千吨级及以上	生产性泊位数	其中:千吨级及以上	生产性泊位总长	其中:千吨级及以上		其中:外贸货物吞吐量	集装箱	滚装车辆		旅客	其中:国际旅客
															数量	质量		
		千米	千米	个	个	米	米	个	个	米	米	万吨	万吨	万TEU	万辆	万吨	万人	万人
1	高沟港区	4.6	0.55	8	3	546	253	8	3	546	253	246.91	0	0	0	0	0	0
2	白茆港区	17.01	1.01	10	9	1009	959	10	9	1009	959	200.96	0	0	0	0	0	0
3	裕溪口港区	5.18	1.13	9	9	1130	1130	9	9	1130	1130	1518.83	0	0	0	0	0	0
4	荻港港区	7.59	4.09	39	37	4091	3999	31	29	2902	2810	4309.51	0	0	0	0	0	0
5	三山港区	9.95	2.57	20	20	2565	2565	20	20	2565	2565	2446.16	0	0	0	0	0	0
6	滨江港区	8.75	0.54	10	5	540	438	10	5	540	438	453.91	0	0	0	0	0	0
7	朱家桥港区	6.23	3.61	37	37	3605	3605	33	33	3390	3390	1877.51	239.93	50.15	10.94	109.4	0	0
8	无为支流港区	10.04	0.59	9	5	590	396	5	5	590	396	689.3	0	0	0	0	0	0
9	繁昌支流港区	3.17	0	0	0	0	0	0	0	0	0	0	0	0	0	0	0	0
10	南陵港区	2.92	0	0	0	0	0	0	0	0	0	0	0	0	0	0	0	0
11	湾沚港区	8.56	0	0	0	0	0	0	0	0	0	200	0	0	0	0	0	0
12	清水港区	3.91	0	0	0	0	0	0	0	0	0	66	0	0	0	0	0	0
	合计	87.91	14.09	142	125	14076	13345	130	113	12672	11941	12009.09	239.93	50.15	10.94	109.4	0	0

项目建设依据:2006 年 10 月,安徽省发展改革委《关于安徽无为焦炭联产甲醇项目配套码头工程核准的批复》(发改交运〔2006〕936 号);2008 年 9 月,安徽省发展改革委批复了《安徽无为焦炭联产甲醇项目配套码头工程可行性研究调整报告》(发改交通〔2008〕591 号);2009 年 5 月,安徽省发展改革委批复了《安徽无为焦炭联产甲醇项目配套码头工程初步设计》(发改交运〔2009〕389 号);2005 年 1 月,安徽省环境保护局对码头项目环评进行批复(环然函〔2005〕33 号);2006 年 12 月,取得无为县城镇规划局建设工程规划许可证(城规〔2006〕59 号);2009 年 7 月,交通运输部《安徽无为焦炭联产甲醇项目配套码头工程使用长江港口深水岸线的批复》(交规划发〔2009〕350 号)。

项目建设 1 个 1000 吨级件杂货码头泊位 1 座;散货码头 1 座,散货码头设 1 个 5000 吨级兼顾 10000 吨级进口泊位和 1 个 5000 吨级兼顾 10000 吨级出口泊位;液体化工码头 1 座,设 1 个 5000 吨级化工泊位和 1 个 500 吨级(内泊)泊位。设计吞吐量为散货进口 160 万吨,散货出口 7 万吨,件杂货 10.1 万吨,液体化工品 90.7 万吨,总吞吐量 330.8 万吨。码头均采用高桩梁板式结构,自上游起依次隔开布置液体化工码头、散货码头和件杂货码头,占用岸线总长 585 米。项目总投资 3.71 亿元,由安徽华谊化工有限公司自筹解决。用地 52.66 万平方米。

件杂货码头主要装卸设备为 1 台 10 吨、25 米门座起重机,水平运输机械为载重汽车和大型平板车;码头前沿水深 8.05 米。进口泊位主要装卸设备为 2 台 600 吨/小时桥式抓斗式卸船机,水平运输设备采用宽度 1400 毫米、速度 2.5 米/秒的皮带输送机;出口泊位主要装卸设备为 1 台 800 吨/小时装卸船机,水平运输设备采用宽度 1400 毫米、速度 1.6 米/秒的皮带输送机。

液体化工码头为解决后方厂区产品的运输问题。码头设 5000 吨级和 500 吨级(内泊)液体化学品泊位各 1 个,为墩式码头。码头前沿线呈一字形布置,作业平台尺寸为 52 米×25 米,平台两侧设有 14 米×16.2 米、14 米×12 米系缆墩各 1 个,在作业平台下游侧设有 10 米×12 米连接平台 1 个。码头平台通过 1 条长 396.5 米、宽 8 米引桥与大堤道路连接,操作平台上布置有装卸臂控制室并设置有 2 座消防炮塔和 1 座油气回收装置。码头前沿水深 8.05 米。码头配置了 4 根管线与后方厂区相连,装卸作业机械为 4 台装卸臂。

建设单位为安徽华谊化工有限公司;设计单位为中交第二航务工程勘察设计院有限公司;施工单位为中交第二航务工程局有限公司;监理单位为广州华申建设项目管理责任公司;质监单位为安徽省交通厅工程质量监督局。

(2)益海嘉里(安徽)粮油工业有限公司码头

项目于 2010 年 3 月开工,2012 年 8 月试运行,2012 年 11 月竣工。

项目建设依据:2010 年 7 月,安徽省港航管理局《关于益海嘉里(安徽)粮油工业有限公司码头益海嘉里(安徽)粮油工业有限公司码头改扩建工程建设使用港口非深水岸线的批复》(皖港航港[2010]270 号)。

项目建设 1 个 500 吨级散粮码头泊位(码头水工建筑允许靠泊能力 1000 吨级),岸线总长 115 米。码头利用自然岸线顺岸式布局,采用浮码头结构。码头前沿水深 3 米。码头充分利用原二坝化肥中转库码头栈桥、皮带输送机廊道和下部基础,在现有设施的基础上进行改造。前沿采用 60 米×14 米×2.5 米×1 米钢质趸船,采用 49 米钢引桥与后方混凝土栈桥连接。主要装卸设备为 1 台 10 吨、16 米固定式起重机和输油设备,水平运输设备采用宽度 800 毫米、速度 2.2 米/秒皮带输送机和输油管道。项目总投资 1000 万元,由益海嘉里(安徽)粮油工业有限公司自筹解决。

建设单位为益海嘉里(安徽)粮油工业有限公司;设计单位为安徽省交通勘察设计院有限公司;施工单位为安徽省中成建设工程有限公司;监理单位为山东港通工程管理咨询有限公司;质监单位为安徽省巢湖市交通工程质量监督站。

(三)裕溪口港区

1. 港区综述

(1)港区建设和运营情况

裕溪口港区位于长江左岸芜湖市鸠江区境内和裕溪河,是芜湖港主要港区之一,长江中下游重要的煤炭中转基地。位于长江介于裕溪河入江口至芜马交界处之间,长江部分由裕溪口、黄山寺 2 个作业区组成;长江支流作业区有黄家渡、雍镇 2 个作业区。目前长江支流黄家渡、雍镇 2 个作业区无经营性码头。裕溪口作业区主要服务于长江中下游电厂煤炭配送、运输,现有安徽皖江物流集团股份有限公司 29 号、32 号、34 号码头有及配套建设的一些工作船码头。黄山寺作业区主要服务江北产业集中区,已建成 3000 吨级散杂货码头 1 座。2011—2015 年港区吞吐量分别为 599.8 万吨、614.02 万吨、948.9 万吨、1051.17 万吨、1697.96 万吨。

(2)港区地理条件和集疏运概况

裕溪口港区长江部分位于裕溪口水道,陈家洲左汊左岸,非长江主航道。岸线顺直,水深条件一般,其中裕溪口入江口至贮木场段岸坡稳定,贮木场至张家湾段位于凹岸冲刷段,需进行岸坡防护。江面宽度约 300 米,后方陆域开阔,属于宜港岸线。裕溪口作业区后方集疏运主要通过铁路专用线与淮南线相连,进行煤炭运输;黄山寺作业区后方集疏运可通过新建疏港道路与 S206、通江大道及合芜高速公路等相连接。长江支流黄家渡、雍镇 2 个作业区位于裕溪河,现裕溪河已提升改造为二级航道,水深条件良好。其原属巢湖港无为港区,2011 年安徽省行政区划调整,将无为县由原巢湖市划入芜湖市辖区,《芜湖港总体规划(2016—2030 年)》将其调整为裕溪口港区黄家渡、雍镇作业区。后方集疏运通过新建疏港道路与 S319、通江大道相连,通往无为、合肥及周边地区。

2.港区工程项目

(1)裕溪口煤码头二期扩建工程(芜湖港裕溪口 33 号码头)

项目于 1989 年 11 月开工,1992 年 11 月试运行,1993 年 9 月竣工。

项目建设依据:1988 年,交通部批复了芜湖港裕溪口煤码头二期扩建工程的初步设计(交基字〔1988〕145 号)。

项目建设 1000 吨级(水工结构兼顾 3000 吨级)的码头一座(33 号码头),并配有 39 米长的维修桥和 60 米钢制趸船一艘。码头利用自然岸线顺岸式布局,采用高桩式结构。岸线总长 80 米。码头前沿水深 3.6 米。建设堆场 2.5 万平方米,可同时堆存 11 个煤种、13.5 万吨。配置大型斗轮堆取料机 1 台,螺旋卸车机 4 台,直线摆动式装船机 1 台,TD75 型皮带输送机 11 条,总长 1240 米的皮带输送机运输系统;铁路专用线 0.98 千米,一次可停靠车皮 52 节。计量配有电子动态轨道衡 1 台,电子皮带秤 4 台。并建有环保防尘、生产和生活辅助设施等。项目总投资 5301.84 万元,均为交通部投资。用地面积 2.5 万平方米。

项目建设单位为安徽皖江物流(集团)股份有限公司(原芜湖港务管理局);设计单位为交通部第二航务工程勘查设计院和铁道部第四勘测设计研究院;主要施工单位为交通部第二航务工程局第四工程公司、铁道部大桥局第四工程处、芜湖港建筑安装公司等。

该项目建成投入使用,使芜湖港成为长江规模最大的煤炭出口中转基地,年吞吐能力达到 400 万吨以上,为两淮煤炭的出口提供了便捷、高效、安全的通道。

(2)裕溪口 32 号码头重建工程

项目于 1997 年 6 月开工,1999 年 8 月试运行,2000 年 12 月竣工。

项目建设依据:1992 年 5 月,交通部《关于芜湖港裕溪口 32#煤码头重建工程项目建议书的批复》(交计发〔1992〕363 号);1994 年 7 月,交通部《关于芜湖港裕溪口 32#煤码头重建工程可行性研究报告的批复》(交计发〔1994〕660 号);1995 年 9 月,交通部《关于芜湖港裕溪口 32#煤码头重建工程初步设计的批复》(交基发〔1995〕837 号)。

项目重建裕溪口 32 号 3000 吨级兼顾 5000 吨级煤炭专用泊位 1 个,以及相应的生产辅助配套设施工程,岸线总长 85 米。码头利用自然岸线顺岸式布局,采用高桩式结构。码头前沿水深 6 米。主要装卸设备为额定生产率小于 1000 吨/时的散货装船机 1 台,额定生产率 500～1500 吨/时的皮带输送机 1 台。项目总投资 8530.38 万元,由交通部投资建设。

项目建设单位为安徽皖江物流(集团)股份有限公司(原芜湖港务管理局);设计单位为长江航运规划设计院、蚌埠铁路分局勘查设计院、安徽省长江河道管理局勘测设计室;施工单位为中国水利水电第十三工程局等 9 家主要单位;监理单位为交通部中交水运工程设计咨询中心;质监单位为长江航务工程质量监理中心站。

裕溪口 32 号码头重建工程建成后,芜湖港裕溪口煤炭年通过能力由 320 万吨提升到 600 万吨。

(3)安徽江北产业集中区起步区公用码头工程

项目于 2012 年 12 月开工,2014 年 3 月试运行,2015 年 9 月竣工。

项目建设依据:2012 年 8 月江北产业集中区产业发展部批复《安徽江北产业集中区起步区公用码头工程可行性研究报告》(江北产发〔2012〕60 号);2012 年 10 月,江北产业集中区产业发展部批复《安徽江北产业集中区起步区公用码头工程初步设计》(江北产发〔2012〕117 号);2012 年 9 月芜湖市环境保护局对码头项目环评进行批复(环行审〔2012〕412 号);2013 年 10 月,取得芜湖市城乡规划局建设用地规划许可证(地字第〔2012〕340201201300134 号);2013 年 4 月,交通运输部《关于安徽江北产业集中区起步区公用码头工程使用长江港口深水岸线的批复》(交规划发〔2013〕228 号)。

码头工程项目新建 4 个 3000 吨级泊位,水工结构兼顾 5000 吨级,项目一次规划、分期实施。其中一期工程已完工,二期工程正在开工建设。岸线总长 460 米。码头利用自然岸线顺岸式布局,采用高桩式结构。码头前沿水深 6.5 米。主要装卸设备有:1 号泊位选用 1 台 40 吨、30 米多用途门座起重机和 1 台 25 吨、25 米门座起重机,2 号泊位选用 1 台 40 吨、30 米多用途门座起重机和 1 台 16 吨、25 米门座起重机,水平运输设备为 30 吨载重汽车和 40 吨在牵引半挂车。项目后方堆场面积 5.44 万平方米。仓库面积 5000 平方米。项目一次规划、分期实施。一期工程投资 4.1 亿元,二期工程投资 2 亿元,总投资 6.1 亿元,由企业自筹解决。用地面积 7.82 万平方米。

建设单位为安徽江北金山港储运有限责任公司;设计单位为中交武汉港湾工程设计研究院;施工单位为中交第二航务工程局有限公司;监理单位为中外天利(北京)工程监理咨询有限公司;质监单位为安徽省交通建设工程质量监督局。

该码头一期工程的建成投入使用,年吞吐量达到 200 万吨以上,填补了裕溪口港区没有大型公用散货、件杂货码头的空白,完善了港区功能,提高了裕溪口港区的吞吐能力,促进了江北产业集中区和周边的经济发展。同时也给企业自身的健康发展创造了条件。

(4)芜湖港裕溪口港区 29 号码头改扩建工程

项目于 2014 年 11 月开工,2015 年 9 月试运行,2016 年 12 月竣工。

项目建设依据:2014 年 2 月,芜湖市发展改革委《关于芜湖港储运股份有限公司芜湖港裕溪口港区 29 号码头改扩建工程项目登记备案的通知》(芜发改交通〔2014〕51 号);2014 年 5 月,芜湖市发展改革委以芜发改交通〔2014〕183 号文批复《芜湖港裕溪口港区29 号码头改扩建工程可行性研究报告》;2014 年 10 月,芜湖市发展改革委以芜发改交通〔2014〕458 号文件批复《芜湖港裕溪口港区 29 号码头改扩建工程初步设计》;2014 年 8

月,芜湖市环保局《关于芜湖港储运股份有限公司芜湖港裕溪口港区 29 号码头改扩建工程环境影响报告书批复的函》(环行审〔2014〕343 号)。

项目改扩建 1 个 10000 吨级散货进口泊位,利用自然岸电顺岸式布置,采用高桩梁板式结构,配套建设转运楼、皮带输送机引桥,并配置相应的装卸设备,建设供水、供电、环保、消防等生产辅助设施。主要装卸设备为在码头前方配置的 2 台额定能力 800 吨/小时桥式抓斗卸船机,配备 D31 的推耙机作为清仓设备。项目总投资 1.16 亿元,由安徽皖江物流(集团)股份有限公司自筹解决。项目依托原后方库场,无新增用地。

项目建设单位为安徽皖江物流(集团)股份有限公司;设计单位为中交第二航务工程勘察设计院有限公司;施工单位为中交第二航务工程局有限公司;监理单位为镇江市兴华工程建设有限责任公司;质监单位为芜湖市交通基本建设质量监督站。

(四)荻港港区

1. 港区综述

(1)港区建设和运营情况

荻港港区位于长江右岸芜湖市繁昌县境内,在长江介于庆大圩至繁昌三山界之间,由庆大圩、芦南、新港 3 个作业区组成。港区内已建成 10000 吨级泊位 2 个,5000 吨级泊位 5 个,1000 吨级泊位 4 个。2011—2015 年港区吞吐量分别为 3400.17 万吨、2899.69 万吨、2872.63 万吨、3754.05 万吨、2521 万吨。

(2)港区地理条件和集疏运概况

荻港港区位于长江荻港水道单一河段以及黑沙洲河段右岸。大部分自然岸线顺直微凸,河势稳定,水深条件良好,10 米线宽度在 1 千米左右,岸坡稳定,陆域条件较好,为宜港岸线。后方陆域纵深 200 米以上,面积近 100 万平方米。港区后方集疏运通过新建疏港道路与 S312、S216 相接。

2. 港区工程项目

(1)安徽荻港港口物流有限公司庆大码头

项目于 2007 年 4 月开工,2008 年 10 月试运行,2010 年 3 月竣工。

项目建设依据:2006 年 2 月,芜湖市发展改革委以发改工交〔2006〕052 号对码头项目进行立项批复;2006 年 6 月,芜湖市发改委、芜湖市国土资源局、芜湖市城市规划局联合审批码头工程可行性研究报告(发改工交〔2006〕248 号);2006 年 10 月,芜湖市发改委批复了《繁昌县庆大货物码头工程初步设计》(发改工交〔2006〕501 号);2006 年 9 月,芜湖市环境保护局对码头项目环评进行批复(环监管〔2006〕127 号);2005 年 10 月,芜湖市长江岸线及陆域管委会《关于建设荻浦货物码头项目占用长江岸线及陆域的批复》(岸管办

〔2005〕11 号)。

项目建设 2 个 5000 吨级通用散货码头泊位,岸线总长 200.15 米。码头利用自然岸线顺岸式布局,采用高桩式结构。码头前沿水深 8.2 米。主要装卸设备为 1 台 10 吨、25 米固定式起重机,水平运输机械为载重汽车和自卸车。项目总投资 2230 万元,由繁昌县庆大货物装卸有限责任公司自筹解决。

项目建设单位为繁昌县庆大货物装卸有限责任公司;设计单位为长江航运规划设计院;施工单位为上海奔腾建设工程有限公司;监理单位为江苏镇江兴华监理有限公司;质监单位为长江航务工程质量监督中心站。

庆大码头原设计为 2 个 5000 吨级散货出口泊位。设计年吞吐量均为 400 万吨。在码头建设过程中,因市场发生变化,项目建设单位更改了施工方案,码头实际建成投入使用的为 1 个 5000 吨级泊位和 1 个 1000 吨级泊位。

安徽荻港港口物流有限公司码头项目是荻港港区第一座大型现代化公用码头,2015 年货物总吞吐量达到了 400 万吨。

(2)安徽荻港港口物流有限公司荻浦码头

项目于 2007 年 4 月开工,2008 年 10 月试运行,2010 年 3 月竣工。

项目建设依据:2006 年 6 月,芜湖市发展改革委、芜湖市国土资源局、芜湖市城市规划局联合审批了码头工程可行性研究报告(发改工交〔2006〕247 号);2006 年 10 月,芜湖市发展改革委批复了《繁昌县荻浦货物码头工程初步设计》(发改工交〔2006〕500 号);2006 年 9 月,芜湖市环境保护局对码头项目环评进行批复(环监管〔2006〕126 号);2005 年 10 月,芜湖市长江岸线及陆域管委会《关于建设荻浦货物码头项目占用长江岸线及陆域的批复》(岸管办〔2005〕11 号)。

项目建设 2 个 5000 吨级通用散货码头泊位,岸线总长 260 米。码头利用自然岸线顺岸式布局,采用高桩式结构。码头前沿水深 9.5 米。主要装卸设备为 1 台 10 吨、25 米固定式起重机,水平运输机械为载重汽车和自卸车。项目总投资 3340 万元,由繁昌县荻浦货物装卸有限责任公司自筹解决。

项目建设单位为繁昌县荻浦货物装卸有限责任公司;设计单位为长江航运规划设计院;施工单位为上海奔腾建设工程有限公司;监理单位为江苏镇江兴华监理有限公司;质监单位为长江航务工程质量监督中心站。

荻浦码头原设计为 5000 吨级散货进口及出口泊位各 1 个。在码头实施过程中,因市场发生变化,项目建设单位更改了施工方案,码头实际建成投入使用的为 1 个 5000 吨级泊位和 1 个 1000 吨级泊位。

(3)安徽荻港海螺水泥股份有限公司码头工程

项目于 2007 年 4 月开工,2010 年 2 月试运行,2011 年 1 月竣工。

项目建设依据:2006 年 11 月,芜湖市发展改革委批复了《安徽荻港海螺水泥股份运行公司的码头工程可行性研究报告》(发改工交〔2006〕549 号);2007 年 2 月,芜湖市发展改革委《关于安徽荻港海螺水泥股份有限公司专用码头二期工程初步设计的批复》(发改工交〔2007〕124 号);2008 年 9 月,芜湖市环境保护局对码头项目环评进行批复(环行审〔2008〕44 号);2006 年 9 月,芜湖市长江岸线及陆域管委会《关于安徽荻港海螺水泥股份有限公司专用码头工程使用长江港口深水岸线的批复》(岸管办〔2006〕21 号)。

工程项目设计新建 2 个 5000 吨级进、出口散货泊位,占用岸线 285 米,水工结构兼顾 10000 吨级。码头利用自然岸线顺岸式布局,采用高桩式结构。码头前沿水深 7.5 米。项目总投资 6799 万元,由企业自筹解决。

工程分二期建设。项目一期建设 1 个趸船泊位(二期工程完工后拆除)和 1 号泊位,建设 1 个 5000 吨级熟料出口泊位。码头采用高桩梁板式结构,码头平台尺寸为 134×10 米,1 号引桥布置在上游侧,引桥宽 3.5 米,泊位长度 134 米,年通过能力 464 万吨。主要装卸设备为 1 台 ZS.S2J1500 直摆式装船机,水平运输机械为皮带输送机直接从厂区输送至码头。工程投资 2900 万元。二期码头平台尺寸为 285 米×16 米,进口廊道及引桥一座,长 212.51 米,宽 9.04 米,出口廊道一座,长 144.55 米,宽 4 米,码头前沿水深 7 米。主要装卸设备为:1 台效率为 1500 吨/小时的直摆式装船机,2 台 16 吨、30 米门座起重机,主要水平运输机械为皮带输送机。

建设单位为安徽荻港海螺水泥股份有限公司;码头工程设计单位为长江航运规划设计院;施工单位为中交第二航务工程局第四工程有限公司;监理单位为是上海远东水运工程监理咨询公司;质监单位为安徽省交通基础建设工程质量监督站。

安徽荻港海螺水泥股份有限公司码头工程的建成投入使用,填补了荻港港区没有大型散货码头、件杂货码头的空白,完善了港区功能,提高了该公司港区的吞吐能力,促进了安徽荻港海螺水泥股份有限公司和周边的经济发展。2015 年货物总吞吐量达到了 951.29 万吨。

(4)安徽建华管桩有限公司通用散杂货码头项目

项目于 2010 年 2 月开工,2012 年 8 月试运行,2012 年 10 月竣工。

项目建设依据:2010 年 3 月,芜湖市发展改革委批复了《安徽建华管桩有限公司通用散杂货码头工程可行性研究报告》(发改工交〔2010〕123 号);2010 年 7 月,芜湖市发展改革委批复了《安徽建华管桩有限公司通用散杂货码头工程初步设计》(发改工交〔2010〕459 号);2008 年 4 月,芜湖市长江岸线及陆域管委会《关于安徽建华管桩项目占用长江岸线及陆域的批复》(岸管办〔2008〕9 号)。

项目建设 5000 吨级直立式码头 1 座,设散杂货进出口泊位 2 个。另建出桩港池 2 座,设 1000 吨级管桩出口泊位 2 个。出口泊位采用内港池形式,共建设内港池 2 座,占用长江岸线 93 米,配有一台(63＋63)吨、34.5 米双连跨桥式起重机和一台(8＋8)吨、34.5 米双连跨桥式起重机;进口泊位总长 260 米、宽 24 米,由码头桩台共设 2 条引桥与后方陆域连接,配备 2 台 16 吨、30 米门座起重机和 2 台固定回转式起重机。项目总投资 1.89 亿元,由企业自筹解决。

项目建设单位为安徽建华管桩有限公司;设计单位为长江航运规划设计院;施工单位为中交第三航务工程局有限公司;监理单位为江苏科兴工程建设监理有限公司;质监单位为安徽省交通建设工程质量监督局。

建设期间的重大事项:2012 年 10 月通过芜湖市港航管理局主持的竣工验收。因散货进口码头前沿水深达不到设计要求,竣工验收时核定该散货泊位码头靠泊等级为 3000 吨级。2015 年货物总吞吐量达到了 325 万吨。

(5)龙元建设安徽水泥有限公司码头

项目于 2010 年 3 月开工,2012 年 9 月试运行,2013 年 5 月竣工。

项目建设依据:2009 年 5 月,芜湖市发展改革委批复了《龙元建设安徽水泥有限公司码头改扩建工程可行性研究报告》(发改工交〔2009〕293 号);2009 年 9 月,芜湖市发展改革委批复了《龙元建设安徽水泥有限公司码头改扩建工程初步设计》(发改工交〔2009〕629 号);2012 年 9 月,芜湖市环境保护局对码头项目环评进行批复(环行审〔2009〕194 号);2006 年 5 月,芜湖市长江岸线及陆域管委会《关于龙元建设安徽水泥有限公司码头改扩建工程占用长江岸线及陆域的批复》(岸管办〔2006〕4 号)。

项目建设 2 个 5000 吨级码头泊位,码头顺岸布置,均为浮码头结构,岸线总长 280.0 米。位于工程上游的为散货进口泊位,泊位长 136 米;下游的为水泥熟料进口泊位,泊位长 144 米。码头前沿水深 6.5 米。趸船尺度均为 80 米×15 米×3.5 米,趸船通过 3.9 米宽钢引桥、栈桥转运楼等与厂区相连。散货出口泊位主要装卸设备为 1 台直线摇摆式装船机,进口泊位主要装卸设备为 5 吨、25 米浮式起重机,水平运输机械均为皮带输送机。项目总投资 3453 万元,由企业自筹解决。

项目建设单位为龙元建设安徽水泥有限公司;设计单位为安徽省交通勘察设计院;施工单位为安徽省交通航务工程有限公司;监理单位为安徽中兴工程建设监理所;质监单位为安徽省交通厅工程质量监督局。

(6)安徽荻港港口物流股份有限公司码头补建工程

项目于 2011 年 12 月开工,2013 年 3 月试运行,2013 年 6 月竣工。

项目建设依据:2011 年 9 月,芜湖市发展改革委对补建工程初步设计进行了批复(发改交通〔2011〕805 号);2006 年 9 月,芜湖市环境保护局对码头项目环评进行批复(环监管〔2006〕126 号、环监管〔2006〕127 号);2011 年 8 月,芜湖市长江岸线及陆域管委会《关于安徽荻港港口物流股份有限公司码头工程补建及补建期间临时占用岸线的批复》(岸管办〔2011〕17号)。

项目建设1个10000吨级通用散货码头泊位,岸线总长167米。码头顺岸式布局,采用高桩式结构。码头前沿水深8.5米。码头配备1台AHZ1630E门座起重机,水平运输机械为自卸汽车和大型平板车。项目总投资4000万元,由企业自筹解决。

项目建设单位为安徽荻港港口物流股份有限公司;设计单位为长江航运规划设计院;施工单位为上海奔腾建设工程有限公司;监理单位为江苏镇江兴华监理有限公司;质监单位为安徽省交通建设工程质量监督局。

安徽荻港港口物流有限公司码头项目是荻港港区第一座大型现代化公用码头,建成后当地政府拆除了十几座简易小码头,改善了装卸作业条件,减少了环境污染,保护了环境。同时提高了荻港港区的吞吐能力,完善了港区功能,带动了周边的经济发展。

(7)芜湖市富航物流有限公司码头项目

项目于2012年12月开工,2016年3月试运行,2016年11月竣工。

项目建设依据:2012年1月,芜湖市发改委批复了《芜湖市富航物流有限公司码头建设工程可行性研究报告》(芜发改交通〔2012〕9号);2012年3月,芜湖市发改委批复了《芜湖市富航物流有限公司码头建设工程初步设计》(芜发改交通〔2012〕208号);2011年12月,芜湖市环保局《关于芜湖市富航物流有限公司码头建设工程项环境影响报告书的批复》(环行审〔2011〕568号);2011年2月,芜湖市长江岸线及陆域管委会《关于芜湖市富航物流有限公司码头建设工程占用长江岸线的批复》(岸管办〔2011〕1号)。

项目共建设3个5000吨级泊位(码头水工建筑允许靠泊能力10000吨级),利用自然岸线顺岸布置,岸线总长440米。码头前沿水深7.5米。上游为2个散货泊位,均采用浮码头结构形式。下游单独布置件杂货泊位,码头平台尺寸为140×25米,上下流分别通过1号、2号汽车引桥与岸连接,引桥宽9米。装卸设备为2台40吨、30米门座起重机,水平运输机械为载重汽车和大型平板车。项目总投资约1.39亿元,所需资金来源为富航物流有限公司自有资金和银行贷款。用地716亩(含后方厂房)。

项目建设单位为芜湖市富航物流有限公司;设计单位为安徽省交通勘察设计院;施工单位为中交二航局第四工程有限公司;监理单位为武汉四达工程建设咨询监理有限公司;质监单位为安徽省交通建设工程质量监督局、芜湖市交通基本建设工程质量监督站。

(五)三山港区

1.港区综述

(1)港区建设和运营情况

三山港区位于长江右岸芜湖市三山区境内,由高安圩、三山河、头棚、洋灯浃4个作业区组成。港区内已建成 20000 吨级泊位 1 个、10000 吨级泊位 4 个、5000 吨级泊位 18 个(其中加油泊位 4 个),3000 吨级加油泊位 1 个。港区主要服务于芜湖综合保税区物流园、三山经济开发区和大桥综合经济开发区,是以石油及制品、散货运输为主的综合港区,芜湖港主要港区之一。2011—2015 年港区吞吐量分别为 985.08 万吨、1539.03 万吨、1615.78 万吨、1928.08 万吨、2446.16 万吨。

(2)港区地理条件和集疏运概况

三山港区位于长江右岸。其中三山河口以上属黑沙洲出口段,在高安圩附近护岸后,基本冲淤平衡,深泓傍岸,深泓右缘变化不大。三山河口至保定圩到洋灯涿河口,属于芜裕河段,河床抗冲能力不强,为崩岸河段,经多年整治,逐步得到控制,深泓基本稳定,水深条件较好。洋灯涿河口以下位于芜裕河段白茆水道右岸,非长江主航道,深泓偏向左岸。陆域条件较好,后方陆域纵深 200 米以上,面积近 140 万平方米。港区后方集疏运通过新建疏港道路与化工大道、三华山路、峨溪路等与三山区市政道路相连接。

2. 港区工程项目

(1)芜湖市二环石油有限公司力克油库码头

项目于 2004 年 4 月开工,2006 年 5 月试运行,2007 年 11 月竣工。

项目建设依据:2005 年 3 月,芜湖市发展计划委员会批复了《芜湖市二环石油公司繁昌力克油库码头工程初步设计》(计工〔2005〕93 号);2003 年 11 月,芜湖市长江岸线及陆域管委会《关于芜湖市二环石油有限公司 50000 吨油库及码头需要岸线的批复》(岸管办〔2003〕17 号)。

项目建设 1 个 3000 吨级成品油码头泊位,岸线总长 65 米。码头利用自然岸线顺岸式布局,浮码头结构,由 1 艘 78×12 米钢质趸船及活动钢引桥、固定式混凝土栈桥等组成。主要装卸设备为 2 台额定生产率小于 1000 吨/小时的输油臂。项目总投资 6000 万元,均为企业自有资金。用地面积约 6.7 万平方米。

项目建设单位为芜湖二环石油有限公司;设计单位为长江委长江勘测规划设计研究院、金陵石油化工设计院;施工单位为江苏中天市政工程有限公司;监理单位为繁昌县同力建设工程监理有限公司;质监单位为长江航务工程质量监督中心站、繁昌县建筑工程安全质量监督站。

(2)芜湖海螺水泥有限公司专用码头

项目于 2005 年 12 月开工,2009 年 1 月试运行,2009 年 4 月竣工。

项目建设依据:2005 年 3 月,芜湖市发展计划委员会批复了《芜湖海螺水泥有限公司专用码头工程可行性研究报告》(计工〔2005〕59 号);2005 年 5 月,安徽省环境保护对码头项目环评进行批复(环监函〔2005〕249 号);2004 年 10 月,芜湖市长江岸线及陆域管委会《关于芜湖海螺水泥有限公司专用码头建设占用长江岸线及陆域的批复》(岸管办

〔2004〕110 号)。

项目建设 5000 吨级直立式码头泊位 7 个,码头利用自然岸线顺岸布置,岸线总长 868 米,码头前沿水深 7.5 米。设散货进出口泊位 2 个,出口泊位 5 个。该码头工程自上游开始依次为 1 号~7 号泊位,其中 1 号、2 号(煤炭、石膏进口,兼作袋装水泥出口)泊位,以及 3 号(袋装水泥出口)泊位,采用高桩梁板式结构,平台长 334 米,宽 20 米。码头平台通过 1 条人车引桥和 1 条皮带输送机廊道分别与大堤和厂区转运站连接。4 号、5 号、6 号、7 号为散装水泥、水泥熟料出口泊位,桩台长 534 米、宽 16 米,采用高桩梁板式结构,墩台采用高桩承台框架式结构。总投资 2.34 亿元,由企业自筹解决。

项目建设单位为芜湖海螺水泥有限公司;设计单位为长江航运规划设计院;施工单位为中交第二航务工程局四公司;监理单位为江苏科兴工程建设监理有限公司;质监单位为交通部长江航务工程质量监督中心站。

芜湖海螺水泥有限公司专用码头是安徽海螺集团公司下属芜湖海螺水泥有限公司配套码头项目。该码头是长江是最大规模的散货码头,自建成以来,年吞吐量达到 1600 万吨以上。

(3)安徽华电芜湖发电有限公司煤码头

项目于 2008 年 3 月开工,2011 年 3 月试运行,2011 年 9 月竣工。

项目建设依据:国家发展和改革委员会《关于安徽华电芜湖电厂新建工程项目的核准》(发改能源〔2005〕2856 号);2008 年 1 月,芜湖市发展和改革委员会批复《华电芜湖电厂煤码头工程初步设计》(发改工交〔2008〕43 号);2008 年 2 月,安徽省环境保护厅对码头项目环评进行批复(环评函〔2008〕155 号);2007 年 5 月,取得芜湖市人民政府颁发的国有土地使用证(芜国用〔2007〕第 091 号);2007 年 9 月,芜湖市长江岸线及陆域资源管委会《关于华电芜湖电厂建设煤炭专用码头占用长江岸线的批复》(岸管办〔2007〕33 号)。

项目建设 5000 吨级(兼顾 10000 吨级)直立式码头 1 座,设煤炭进口泊位 2 个,码头岸线总长 254 米。码头利用自然岸线顺岸式布局,采用高桩梁板式结构。码头平台长 254 米、宽 18.5 米,前沿水深 9.2 米。码头平台通过 1 条大件运输栈桥和 1 条皮带输送机廊道分别与大堤和厂区转运站连接,其中大件运输栈桥长 195 米、宽 8 米;皮带输送机廊道长 421.24 米、宽 8 米,跨大堤处采用 58 米钢引桥,与大堤净空高度大于 5 米。码头共安装 3 台 800 吨/小时抓斗式卸船机,水平运输机械为宽度 1400 毫米皮带输送机,与后方厂区堆场相连。项目总投资 14725 万元,由企业自筹解决。用地面积 67.89 万平方米。

项目建设单位为安徽华电芜湖发电有限公司;设计单位为安徽省交通勘察设计院;施工单位为中交第一航务工程局二公司;监理单位为北京中达联监理咨询有限责任公司;质监单位为交通部长江航务工程质量监督中心站。

(4)芜湖三山海螺港务有限公司码头

项目于2008年3月开工,2009年7月试运行,2010年12月竣工。

项目建设依据:2006年9月,芜湖市发展改革委以发改工交〔2006〕405号文件对码头项目进行立项批复;2007年2月,芜湖市发展改革委批复了《芜湖三山海螺港务有限公司码头工程可行性研究报告》(发改工交〔2007〕60号);2007年8月,芜湖市发展改革委批复了油品码头工程可行性研究报告(发改工交〔2007〕429号);2007年5月,芜湖市发展改革委对该码头工程初步设计进行了批复(发改工交〔2007〕194号);2007年4月,安徽省环境保护局对码头项目环评进行批复(环评函〔2007〕273号、环评函〔2007〕274号);2006年10月,芜湖市长江岸线及陆域管委会《关于芜湖三山海螺港务有限公司建设码头项目占用长江岸线及陆域的批复》(岸管办〔2006〕28号)。

项目自上游开始分别建设2个10000吨级散杂货泊位码头和2个5000吨级油品进出口泊位码头,两码头之间相距159米,满足安全距离要求。码头前沿水深9.1米。散杂货码头由码头平台、栈桥、皮带输送机引桥组成,采用高桩梁板式结构。散杂货码头主要装卸设备为16吨和40吨门座起重机,件杂货水平运输机械为载重汽车和自卸车,散货采用皮带输送机运输至后方堆场。油品泊位采用浮码头结构形式,由2艘90×14米钢质趸船组成。其中堆场面积4.7万平方米,道路面积4000平方米,停车场与仓库的面积4000平方米。油库区设重油罐区1.2万立方米和轻柴油罐区1.8万立方米。生产辅助区及生活辅助区包括机修仓库、办公楼及食堂、宿舍等。配套建设供水、供电、消防、环保等辅助生产设施。项目总投资1.72亿元,由企业自筹解决。

项目建设单位为安徽海螺集团公司成立的芜湖三山海螺港务有限公司;设计单位为安徽省交通勘察设计院、东华工程科技股份有限公司、长江航运科学研究所;施工单位为中交第二航务工程局、江苏启程建设集团有限公司、鄂州市光大船业有限公司;监理单位为镇江兴华工程建设监理有限公司;质监单位为安徽省交通基本建设工程质量监督站。

(5)中国石油安徽销售分公司芜湖油库码头

项目于2008年9月开工,2009年7月试运行,2012年9月竣工。

项目建设依据:2006年1月,芜湖市发展改革委以发改工交〔2006〕014号文件对该公司油库及油码头项目进行立项;2006年12月,芜湖市发展改革委批复油码头工程可行性研究报告(发改工交〔2006〕705号);2007年11月,芜湖市港航管理局批复该码头工程初步设计(芜港规划〔2007〕236号);2006年12月,芜湖市环境保护局对油库及码头项目环评进行批复(环函〔2006〕100号);2005年12月,芜湖市长江岸线及陆域管委会《关于中国石油安徽销售分公司在保定圩新建油库及油码头占用长江岸线及陆域的批复》(岸管办〔2005〕20号)。

项目包括5000吨级进出口油品泊位1个。码头采用顺岸式布局。码头前沿水深6.5

米。后方油罐区建设 70000 立方米油库以及相应的供水、供电、消防、办公等生产、生活辅助配套设施。油码头采用浮码头结构形式,由 1 艘 80×13 米钢质趸船及活动钢引桥、固定式混凝土栈桥等组成。趸船上设置加油及卸油设备,通过布置在栈桥上的管道与后方油罐区连接。项目总投资 1 亿元,均由企业自筹解决。用地面积 6.09 万平方米。

项目建设单位为中国石油安徽销售分公司;设计单位为长江委长江勘测规划设计研究院、东华工程科技股份有限公司;施工单位为安徽省路港工程有限责任公司;监理单位为黑龙江黑航工程建设监理有限公司安徽省分公司;质监单位为长江航务工程质量监督中心站。

(6)芜湖市二环石油有限公司力克油库码头二期工程

项目于 2010 年 11 月开工,2011 年 12 月试运行,2012 年 2 月竣工。

项目建设依据:2010 年 7 月,芜湖市发展和改革委员会批准该项目初步设计(发改工交〔2010〕473 号);2008 年 11 月,芜湖市环境保护局对码头项目环评进行批复(环行审〔2008〕196 号);2006 年,芜湖市长江岸线及陆域管委会《关于芜湖市二环石油有限公司力克油品码头新增泊位占用长江岸线的批复》(岸管办〔2006〕25 号)。

项目建设 1 个 5000 吨级成品油码头泊位,岸线总长 92.8 米,码头利用自然岸线顺岸式布局,采用浮码头结构形式。码头前沿水深 8.5 米。码头由 1 艘 92×14 米钢质趸船及活动钢引桥、固定式混凝土栈桥等组成。二期工程项目总投资 1460 万元,均由企业自筹。用地面积约 120 亩。

项目建设单位为芜湖市二环石油有限公司;设计单位为安徽省交通勘察设计院;施工单位为安徽省路港工程有限责任公司;监理单位为黑龙江黑航工程建设监理有限公司;质监单位为安徽省交通基本工程质量监督局。

(7)芜湖港三山港区东汇码头

项目于 2011 年 4 月开工,2016 年 2 月试运行,2016 年 8 月竣工。

项目建设依据:2008 年 4 月,芜湖市发展改革委批复工程可行性研究报告(发改工交〔2008〕175 号);2014 年 8 月,芜湖市发展改革委批复《芜湖港三山港区东汇码头续建工程初步设计变更说明》(芜发改交通〔2014〕378 号);2007 年 6 月,芜湖市长江岸线及陆域管委会《关于芜湖东汇储运有限责任公司拟建货运码头占用长江岸线及陆域的批复》(岸管办〔2007〕12 号)。

项目建设 3 个 5000 吨级通用散货码头泊位(水工结构兼顾 20000 吨级船舶停靠),岸线总长 400 米。码头利用自然岸线顺岸式布局。该码头由码头平台、栈桥、皮带输送机引桥组成。码头平台采用高桩梁板式结构,平台尺寸为 400 米×30 米,码头前沿水深 10.5 米。码头平台与陆域之间布置 3 条引桥,采用架空结构。码头主要装卸设备为 16 吨和 25 吨门座起重机(合计 6 台),件杂货水平运输机械为载重汽车和自卸车。项目总投资

3.4 亿元，由企业自筹解决。

建设单位为芜湖东汇港务有限公司；设计单位为长江航运规划设计院；施工单位为中海工程建设总局；监理单位为武汉四达工程建设咨询监理有限公司；质监单位为安徽省交通基本建设工程质量监督站、芜湖市交通基本建设工程质量监督站。

（8）芜湖港三山港区中外运码头

项目于 2012 年 2 月开工，2014 年 3 月试运行，2014 年 11 月竣工。

项目建设依据：2011 年 6 月，芜湖市发展和改革委员会批复《芜湖港三山港区中外运码头工程可行性研究报告》（发改交通〔2011〕405 号）；2011 年 10 月，芜湖市发展和改革委员会批复《芜湖港三山港区中外运码头工程初步设计》（发改交通〔2011〕769 号）；2011 年 12 月，安徽省人民政府《关于芜湖港三山港区中外运码头工程项目建设用地的批复》（皖政地〔2011〕1339 号）；2011 年 9 月，交通运输部《关于芜湖港三山港区中外运码头工程使用长江港口深水岸线的批复》（交规划发〔2011〕536 号）。

该码头共建设 4 个 10000 吨级泊位，自上游至下游依次为 1 号、2 号多用途泊位，3 号为重件兼件杂货泊位，4 号为散货泊位。码头桩台长 662 米，宽 30 米，采用高桩梁板式结构，码头前沿水深 8.7 米。桩台通过 3 座引桥与后方陆域衔接。后方陆域总占地面积约 842.4 亩，主要布置集装箱堆场、拆装箱库、件杂货堆场及配套的生产、生产辅助建筑物。

按一次设计、分期实施的原则，一期建设下游 2 个 10000 吨级泊位（1 号、2 号）。一期工程主要配备的装卸设备为：2 号泊位配备 2 台 25 吨、30 米，2 台 45 吨、30 米门座起重机，水平运输机械为载重汽车和大型平板车；1 号泊位配备 2 台 800 吨/小时抓斗式卸船机，通过皮带输送机廊道安装宽度 1400 毫米皮带输送机与后方新兴铸管厂区转运站连接。项目总投资 7.67 亿元，40% 由企业自筹解决，60% 银行贷款。

项目建设单位为芜湖三山港口有限责任公司；设计单位为长江航运规划设计院；施工单位为中交第二航务工程局有限公司、长江航道局、中建港务有限公司；监理单位为北京中达联监理咨询有限责任公司；质监单位为安徽省交通基本建设质量监督局。

（9）安徽中桩物流有限公司码头

项目于 2013 年 4 月开工，2016 年 3 月试运行，2016 年 11 月竣工。

项目建设依据：2012 年 5 月，芜湖市发展改革委批复《安徽中桩物流有限公司公用散杂货码头可行性研究报告》（发改工交〔2012〕204 号）；2013 年 2 月，芜湖市发展改革委批复《安徽中桩物流有限公司码头工程初步设计》（发改工交〔2013〕128 号）；2012 年 9 月，芜湖市环保局《关于安徽中桩物流有限公司码头工程环境影响报告书的批复》（环行审〔2012〕411 号）；2012 年 2 月，芜湖市江河岸线及陆域资源管委会《关于安徽中技桩业有限公司离心桩项目及配套码头工程占用长江岸线及陆域的批复》（岸管办〔2012〕2 号）。

工程上游为港池式出桩泊位，因市场变化而停建。下游为 3 个 5000 吨级散杂货泊位

(码头水工建筑允许靠泊能力 10000 吨级)。项目占用岸线总长 587 米。码头利用自然岸线顺岸式布局,采用高桩梁板式结构形式,泊位长 396 米、宽 20 米,码头前沿水深 7.5 米。码头平台设引桥 3 座,散货主要装卸设备为 2 台 600 吨/小时卸船机,通过皮带输送机水平运输;水平运输机械为自卸汽车。项目总投资 30452.61 万元,其中 35% 由企业自筹,65% 银行贷款。

项目建设单位为安徽中桩物流有限公司;设计单位为长江勘测规划设计院有限责任公司;施工单位为中海工程建设总局;监理单位为海军东海工程设计院;质监单位为安徽省交通工程质量监督局。

(六)朱家桥港区

1. 港区综述

(1)港区建设和运营情况

朱家桥港区位于长江右岸鸠江区和芜湖市经济技术开发区境内、广福矶至芜湖马鞍山交界处,港区由朱家桥、黄泥滩和东梁山 3 个作业区组成,为芜湖港主要港区之一。朱家桥港区已成为安徽省最主要的集装箱中转港区,是以集装箱、商品汽车运输为主的综合性港区,主要为芜湖市及皖江地区经济发展和对外贸易服务。

朱家桥港区已建成朱家桥外贸码头、朱家桥国际集装箱码头及二期码头、奇瑞汽车滚装码头、芜湖海螺物流码头、金光物流码头等大型公用码头,以及融汇化工码头、芜湖发电厂五期煤炭专用码头、信义码头等一批货主自备码头。港区 2011—2015 年吞吐量分别为 1110.25 万吨、1024.7 万吨、996.08 万吨、1218.85 万吨、1261.9 万吨。

(2)港区地理条件和集疏运概况

朱家桥港区自然岸线长约 16.5 千米。其中广福矶—四褐山长约 5.2 千米。该段位于芜湖大桥水道单一河段,该段河势稳定,岸线顺直微凹,水深在 5 米以上;四褐山—西华基地码头长约 3.3 千米。该段位于西华水道及曹姑洲右汊右岸,属于长江主航道,岸线微凸,深槽贴岸,水深条件良好,岸坡稳定,后方为四褐山旅游区。西华基地码头—东梁山电塔长约 5.6 千米。该段位于陈家洲右汊右岸,属于长江主航道,岸线顺直,深槽偏左,岸坡稳定,边滩较宽,为非宜港岸线。东梁山电塔—杜家圩长约 2.4 千米。该段位于西华水道单一河段,岸线弯曲,下游边滩较宽,为非宜港岸线。

朱家桥港区是芜湖港的核心港区,拥有芜湖港难得的深水岸线及公、铁、水集疏运条件,南部有朱家桥铁路专线连接宁(芜)铜铁路;集装箱公用码头对外疏港道路主要有长江路、港湾路、武夷山路、齐落山路、港一路和水阳江路,向外连接 205 国道和合芜高速公路;东梁山作业区对外主要为长江路、凤鸣湖路和泰山路;黄泥滩作业区对外交通主要通过长江路连接泰山路。港区位于芜湖市主城区,集疏运道路以市区主干道路为主。通过疏港道路与芜湖市主干道路相连。

2.港区工程项目

(1)安徽环宇公路沥青材料有限责任公司沥青专用码头

项目于1998年10月开工,2008年12月竣工。

项目建设依据:1997年11月,安徽省交通厅批复工程可行性研究报告(皖交基函字〔1997〕18号);1997年12月,安徽省公路局批复工程初步设计报告(皖路机〔1997〕23号)。

项目建设1个5000吨级化学品码头泊位,岸线总长70米。码头为直立式框架结构,码头平台长70米、宽13米,前沿水深7.6米。码头平行岸线布置,由1条引桥与岸连接。项目总投资2500万元,由安徽省公路局投资建设。

建设单位为安徽省公路局;设计单位为安徽省港航设计院;主要施工单位为安徽省港航建筑工程公司;监理单位为安徽省中兴建设工程监理所;质监单位为安徽省交通厅工程质量监督站。

(2)芜湖港朱家桥外贸码头3号泊位

项目于2001年8月开工,2002年8月试运行,2003年4月竣工。

项目建设依据:2001年,交通部批复朱家桥外贸改扩建工程初步设计(交水发〔2001〕24号)。

项目建设1个5000吨级集装箱专用泊位,岸线总长151.4米。码头顺岸式布局,采用高桩式结构,码头前沿水深8.5米。装卸设备有1台30.5吨岸边集装箱装卸桥,1台30.5吨集装箱正面搬运机,1台30.5吨轨道下集装箱起重机,配置7台集卡车、牵引车,堆场堆存能力2600TEU,另有拆装箱场地面积1120平方米。项目总投资2500万元,均由中央政府投资。

建设单位为安徽皖江物流(集团)股份有限公司(原芜湖港务局、芜湖港储运股份公司);设计单位为中交二航院;施工单位为中港第二航务工程局第四工程公司、芜湖华夏建设有限公司、大连大起有限责任公司、无锡华东重型机械厂、芜湖港电力安装工程公司等单位;质监单位为长江航务工程质量监督中心站。

项目的建成,结束了长江芜湖港以上无集装箱专用码头的历史,一流的装卸设备提高了外贸港区的功能和集装箱转运效率,集装箱装运台时效率较以往提高60%,为巩固芜湖港的安徽省外贸集装箱主枢纽港地位和建立现代物流转运中心奠定了良好基础。

(3)芜湖海螺物流码头扩建工程项目

项目于2006年4月开工,2006年9月试运行,2007年8月竣工。

项目建设依据:2012年2月,芜湖市发展改革委以芜发改交通〔2012〕30号文件对码头项目进行立项批复;2005年11月,芜湖市发展改革委、国土资源局、城市规划局联合批

复《芜湖海螺物流有限公司扩建码头工程可行性研究报告》(发改工交〔2005〕528号);
2012年10月,芜湖市发展改革委批复了《芜湖港朱家桥码头二期工程初步设计》(芜发改交通〔2012〕595号);2005年10月,芜湖市环保局批复了《芜湖海螺物流有限公司码头扩建工程环境影响报告书》(环监管〔2005〕96号);2005年10月,芜湖市长江岸线及陆域管委会《关于芜湖海螺物流有限公司码头改扩建工程占用长江岸线及陆域的批复》(岸管办〔2005〕1号)。

项目建设5000吨级散货泊位一个。占用长江岸线120米,码头前沿水深10米。码头顺岸式布局,采用高桩梁板式结构,码头平台长120米、宽22米,前沿水深7.5米,引桥长189.98米、宽7.5米。项目总投资2500万元,均为企业自有资金。

项目建设单位为芜湖海螺物流有限公司;设计单位为长江航运规划设计院;施工单位为中港第二航务工程局第四工程公司;监理单位为芜湖四达建立公司;质监单位为安徽省长江水工程质量监督站。

(4)奇瑞汽车股份有限公司汽车滚转码头一期工程项目

项目于2007年1月开工,2008年7月试运行,2008年12月竣工。

项目建设依据:2001年10月,安徽省发展计划委员会以计基础〔2001〕898号文件对码头项目进行立项批复;2002年10月,安徽省发展计划委员会批复《芜湖港西江汽车滚装码头可行性研究报告》(计基础〔2002〕412号);2006年11月,芜湖市发展改革委批复《奇瑞汽车有限公司滚装码头工程初步设计》(芜发改交通〔2006〕570号);2002年1月,芜湖市环保局批复《芜湖港储运股份有限公司西江汽车滚装码头工程环境影响报告书》(环监管〔2002〕9号);2007年9月,芜湖市长江岸线及陆域管委会《关于奇瑞汽车有限公司多用途码头一期工程占用长江岸线及陆域的批复》(岸管办〔2007〕31号)。

项目建设1个5000吨级商品汽车滚装码头专用泊位,岸线总长283米。码头顺岸式布局,采用浮码头结构,码头前沿水深10米。配有立体仓库1座,占地面积1.8万平方米,可一次性堆存标准商品车3200辆。项目总投资5000万元,均为企业自有资金。占地面积约53.28亩。

项目建设单位为奇瑞汽车有限公司;设计单位为长江水利委员会长江勘测规划设计研究院;质监单位为安徽省长江水工程质量监督站。

汽车滚装码头作为长江上现代化滚装码头,是奇瑞汽车主要的输出口之一, 2011年该码头项目汽车滚装量为9.08万标辆,2015年汽车滚装量达到了10.94万标辆。

(5)芜湖港朱家桥集装箱码头一期工程

项目于2008年4月开工,2011年6月试运行,2012年4月竣工。

项目建设依据:2001年10月,安徽省发展计划委员会以计基础〔2001〕880号文件对码头项目进行立项批复;2002年5月,安徽省发展计划委员会批复《芜湖港朱家桥集装箱码头一期工程可行性研究报告》(计基础〔2002〕411 号);2012 年 5 月,安徽省港航管理局批复《芜湖港朱家桥集装箱码头一期工程初步设计》(皖港航建〔2012〕153 号);2002 年 1 月,芜湖市环保局批复《芜湖港储运股份有限公司朱家桥集装箱码头一期工程环境影响报告书》(环监管〔2002〕6 号);2007 年 11 月,芜湖市长江岸线及陆域管委会《关于明确芜湖港储运股份有限公司朱家桥集装箱码头一期工程占用长江岸线及陆域资源事宜的批复》(岸管办〔2007〕38 号)。

项目建设 2 个 5000 吨级集装箱泊位。占用长江岸线 327 米,码头顺岸式布置,采用高桩梁板式结构。配备 2 台 35 吨、26 米集装箱岸边起重机和 6 台 35 吨、30 米轨道式集装箱门式起重机,重箱堆场 4.6 万 m^2。项目总投资 2.96 亿元,均为业主自有资金。项目占地面积约 219 亩。

项目建设单位为芜湖港储运股份有限公司;设计单位为中交第二航务工程勘察设计院有限公司;施工单位为中交第二航务工程局有限公司;监理单位为武汉四达工程建设咨询监理有限公司;质监单位为长江航务工程质量监督中心站。

(6)信义环保特种玻璃(芜湖)有限公司码头工程

项目于 2008 年 12 月开工,2009 年 9 月试运行,2011 年 5 月竣工。

项目建设依据:2008 年 6 月,芜湖市发展改革委以发改工交〔2008〕258 号文件对码头项目进行立项批复;2008 年 10 月,芜湖市发展改革委批复《信义环保特种玻璃(芜湖)有限责任公司码头工程可行性研究报告》(发改工交〔2008〕506 号);2009 年 1 月,芜湖市发展改革委批复《信义码头工程初步设计》(发改工交〔2009〕2 号);2008 年 6 月,芜湖市环保局批复《信义环保特种玻璃(芜湖)有限公司 5000 吨级货物码头工程环境影响报告书》(环行审〔2008〕160 号);2008 年 4 月,芜湖市长江岸线及陆域管委会《关于信义环保特种玻璃(芜湖)有限公司码头工程项目占用长江岸线的批复》(岸管办〔2008〕6 号)。

项目建设 1 个 3000 吨级通用散货码头泊位(码头水工建筑允许靠泊能力 5000 吨级)。码头顺岸式布局,采用高桩梁板式结构。码头总长 135 米、宽 22.5 米,前沿水深 6.5 米,引桥长 622.3 米、宽 10.5 米。主要装卸机械配备 3 台 GQ10-25 固定式起重机,水平运输机械为载重汽车和 2 条带式输送机。项目总投资 3426.78 万元,均为业主自有资金。

项目建设单位为信义环保特种玻璃(芜湖)有限责任公司;设计单位为安徽省港航勘测设计院;施工单位为中国水产广州建港工程公司;监理单位为武汉中澳工程项目管理有限责任公司;质监单位为长江航务工程质量监督中心站。

(7)芜湖发电厂五期煤炭专用码头

项目于 2009 年 3 月开工,2011 年 12 月试运行,2012 年 12 月竣工。

项目建设依据:2008 年 10 月,芜湖市发展改革委《关于芜湖电厂五期"上大压小"工程专用煤码头工程初步设计的批复》(发改工交〔2008〕498 号);2005 年 5 月,国家环境保护总局《关于芜湖发电厂五期2×600兆瓦燃煤发电机组扩建工程环境影响报告书审查意见的复函》(环审〔2005〕430号);2004年5月,芜湖市长江岸线及陆域管委会《关于芜湖发电厂五期扩建工程建设占用长江岸线及陆域的批复》(岸管办〔2004〕1号)。

码头建设2个5000吨级煤炭进口专用泊位,兼顾10000吨级散货泊位1个,岸线总长210米。码头利用自然岸线顺岸式布局,采用高桩梁板式结构,码头平台尺寸为210米×20米,前沿水深7.5米,引桥为202.8米×4.5米。项目投资9201.29万元,均为业主自有资金。用地面积26.55万平方米。

项目建设单位为芜湖发电公司;设计单位为中交武汉港湾工程设计研究院;施工单位为中交第二航务工程局有限公司;监理单位为镇江市兴华工程建设监理有限责任公司;质监单位为长江航务工程质量监督中心站。

芜湖发电厂五期煤炭码头工程落实了国务院国发〔2007〕2号文件精神,推动安徽省关停小火电机组工作,优化电源结构,提高能效,减少污染,满足了安徽省经济发展对电力需求。同时提高了朱家桥港区的吞吐能力,完善了港区功能,带动了周边的经济发展。2011年完成货物吞吐量为187.77万吨,2015年完成货物吞吐量达到了201.84万吨。

(8)芜湖金江物流货运码头

项目于2009年12月开工,2012年11月试运行,2014年2月竣工。

项目建设依据:2008年6月,芜湖市发展改革委以发改工交〔2008〕273号文件对芜湖绿洲环保能源有限公司码头项目进行立项批复;2009年1月,芜湖市发展改革委批复码头工程可行性研究报告(发改工交〔2009〕4号);2009年8月,芜湖市发展改革委批复《芜湖金江物流码头工程初步设计》(发改工交〔2009〕462号);2009年5月,芜湖市环境保护局对码头项目环评进行批复(环行审〔2009〕127号);2003年9月,芜湖市长江岸线及陆域管委会《关于芜湖绿洲环保能源有限公司申请占用长江岸线的批复》(岸管办〔2003〕15号)。

项目建设1个5000吨级通用散货码头泊位,岸线总长135米。码头利用自然岸线顺岸式布局,采用高桩式结构。码头平台尺寸为85米×25米,引桥为88.48米×13米,前沿水深常年保持在10米以上。项目后方堆场面积2万平方米,仓库面积3000平方米。项目实际投资5576.7万元,均为业主自有资金。

项目建设单位为芜湖金江物流有限公司;设计单位为安徽省港航勘察设计院;施工单位为中交第二航务工程有限公司;监理单位为安徽中兴工程监理有限公司;质监单位为安徽省交通基本建设质量监督站。

项目原建设单位芜湖绿洲环保能源有限公司,在工程实施过程中,因码头货运市场发生较大变化以及有关债务问题,对码头进行转让,项目更名为芜湖金江物流有限公司货运码头工程继续实施。

2012 年完成货物吞吐量为 4.27 万吨,2015 年完成货物吞吐量 40.72 万吨。

(9)芜湖融汇化工有限公司码头

项目于 2010 年 3 月开工,2010 年 12 月试运行,2011 年 12 月竣工。

项目建设依据:2006 年 2 月,芜湖市发展改革委以发改工交〔2006〕052 号、发改工交〔2006〕053 号文件对两码头项目进行立项批复;2009 年 6 月,芜湖市发展改革委批复工程可行性研究报告(发改工交〔2009〕363 号);2009 年 11 月,芜湖市发展改革委批复《融汇化工专用码头初步设计》(发改工交〔2009〕630 号);2009 年 9 月,芜湖市环境保护局对码头项目环评进行批复(环行审〔2009〕199 号);2008 年 10 月,芜湖市长江岸线及陆域管委会《关于芜湖融汇化工有限公司化工专用码头项目占用长江岸线的批复》(岸管办〔2008〕27 号)。

项目利用长江岸线 335 米,分别建设上游一个 1000 吨级液体危险品泊位,下游一个 5000 吨级综合泊位,码头前沿水深 7.5 米。综合泊位采用桩基梁板结构,码头平台长 142 米、宽 25 米,主要装卸设备为 2 台门座起重机、2 个移动漏斗,水平运输机械为皮带输送机和载重汽车。液体危险品泊位为浮码头,趸船长 60 米、宽 12 米,采用抛锚系留方式,通过管道运输作业。项目实际投资 6425.66 万元,均为业主自有资金。

项目建设单位为芜湖融汇化工有限公司;设计单位为安徽省交通勘察设计院、芜湖四维船舶技术有限公司;施工单位为中交第二航务工程局有限公司;监理单位为南京公正工程监理有限公司;质监单位为安徽省交通基本建设工程质量监督站。

芜湖融汇化工有限公司码头工程项目是融汇化工公司扩建工程的配套工程,整个码头装卸工艺自动化程度高,多采用能耗低、效率高的机械、电气设备,减少了能耗和环境污染,同时提高了朱家桥港区的吞吐能力,完善了港区功能,带动了周边的经济发展。2011 年该码头吞吐量为 53.13 万吨,2015 年吞吐量达到了 86.61 万吨。

(10)芜湖港朱家桥外贸码头二期

项目于 2013 年 7 月开工,2014 年 4 月试运行,2014 年 12 月竣工。

项目建设依据:2012 年 2 月,芜湖市发展改革委以芜发改交通〔2012〕30 号文件对码头项目进行立项批复;2012 年 7 月,芜湖市发展改革委批复《芜湖港朱家桥外贸码头二期工程可行性研究报告》(芜发改交通〔2012〕414 号);2012 年 10 月,芜湖市发展改革委批复《芜湖港朱家桥码头二期工程初步设计》(芜发改交通〔2012〕595 号);2011 年 5 月,芜湖市环保局批复了《芜湖港朱家桥外贸码头二期工程环境影响报告书》(环行审〔2011〕175 号);2008 年 10 月,芜湖市长江岸线及陆域管委会《关于芜湖港朱家桥外贸码头二期工程占用长江岸线的批复》(岸管办〔2008〕28 号);2012 年 9 月,水利部长江水利委员会《关于芜湖港储运股份有限公司芜湖港朱家桥外贸码头二期工程涉河建设方案的批复》(长许可〔2012〕207 号)。

项目建设 10000 吨级件杂货泊位 2 个和多用途泊位 1 个(水工结构兼顾 20000 吨级)

以及相应的配套设施,占用长江岸线 400 米。码头利用自然岸线顺岸式布置,采用高桩梁板式结构,前沿水深 10 米。配备 4 台 35 吨、26 米集装箱岸边起重机,拆装箱库面积 2920 平方米。项目总投资 2.88 亿元,均为业主自有资金。项目占地面积约 240 亩,

项目建设单位为安徽皖江物流(集团)股份有限公司;设计单位为中交第二航务工程勘察设计院有限公司;勘察单位为安徽第二水文工程勘察院;施工单位为上海交通建设总承包有限公司;监理单位为镇江市兴华工程建设监理有限责任公司;质监单位为安徽省交通建设工程质量监督局。

(11)信义光伏产业(安徽)控股有限公司码头扩建工程

项目于 2014 年 5 月开工,2016 年 12 月试运行,2017 年 10 月竣工。

项目建设依据:2012 年 6 月,芜湖市发展改革委以发改交通〔2012〕340 号文件对码头项目进行立项批复;2012 年 8 月,芜湖市发展改革委批复《信义光伏产业(安徽)控股有限公司码头扩建工程可行性研究报告》(芜发改交通〔2012〕483 号);2014 年 5 月,芜湖市发展改革委批复《信义光伏产业(安徽)控股有限公司码头扩建工程初步设计报告》(芜发改交通〔2014〕171 号);2013 年 12 月,芜湖市环保局批复《信义光伏产业(安徽)控股有限公司码头扩建工程环境影响报告书》(环行审〔2013〕322 号);2011 年 5 月,芜湖市长江岸线及陆域管委会《关于信义光伏产业(安徽)控股有限公司码头扩建工程占用长江岸线的批复》(岸管办〔2011〕8 号);2014 年,水利部长江水利委员会《关于信义光伏产业(安徽)控股有限公司码头扩建工程涉河建设方案的批复》(长许可〔2014〕220 号)。

项目建设 1000 吨级件杂货泊位 1 个和 5000 吨级散货泊位 1 个,占用长江岸线 208 米,设计吞吐量为散杂货 79.2 万吨。码头顺岸式布局,采用高桩梁板式结构。码头平台长 208 米、宽 22.5 米,前沿水深 6.5 米,引桥长 411 米、宽 9 米。配备 2 台 10 吨、25 米移动式门座起重机。项目总投资 8821.80 万元,均为业主自有资金。

项目建设单位为信义光伏产业(安徽)控股有限公司;设计单位为中水珠江规划勘测设计有限公司;施工单位为上海三航奔腾建设工程有限公司;监理单位为武汉四达工程建设咨询监理有限公司;质监单位为芜湖市交通基本建设工程质量监督站。

码头建成后,提高了朱家桥港区的吞吐能力,完善了港区功能,带动了周边的经济发展。2011 年项目吞吐量为 31.69 万吨,2015 年货物总吞吐量达到了 53.20 万吨。

九、铜陵港

(一)港口概况

1.港口综述

铜陵港位于长江黄金水道的皖江经济带铜陵市,紧邻经济发达的长江三角洲地区,是

安徽省重要港口和国家一类开放口岸,1993年对外籍轮开放,2009年批准为对台直航港口。铜陵港是铜陵市及皖中南地区发展临江、临港工业的重要依托,是安徽省实施东向发展战略和促进铜陵市外向型经济发展的重要基础。铜陵港口将发展成为以能源、原材料、工业产成品和内外贸集装箱运输为主,相应发展临江工业服务和现代物流,兼顾旅游客运的现代化综合性港口。2008年6月,安徽省人民政府批复《铜陵港总体规划》,2015年因行政区划调整,安庆港枞阳港区划入铜陵港。规划将铜陵港长江干线划分为大通、横港、长湖滩及扫把沟、笠帽山、汀家洲、永丰、江北和枞阳等8个港区,长江支流划分为顺安河港区。铜陵港重点发展横港港区、笠帽山港区、永丰港区;大通港区和顺安河港区码头已基本拆除退出,为城市生活景观岸线;枞阳港区大部分港口岸线在铜陵淡水豚保护区范围内,保护区内的码头已全部拆除退出。

铜陵港始兴于东汉初年,由铜陵地区开采铜砂冶炼业而起,城因铜兴,港因铜建,轮船运输成为铜陵地区对外的主要运输方式;进入唐代,铜矿业兴盛,水路运输业得到进一步发展;明清时代,由于和悦洲汉道水域较好,以及皖南经济的发展、九华山佛教闻名对香客的招徕,大通便成为港口中心地位;新中国成立后,港口获得新生,港口中心区由大通迁移横港。

铜陵港境内河流均属于长江水系,除长江干线航道外,还有顺安河航道、江淮运河(引江济巢菜子湖线)。航道总里程147.78千米,通航航道里程147.04千米,其中,一级航道134.9千米(长江干线),六级航道12.14千米。

铜陵港现状有方港河、扫把沟等2处锚地。此外,还规划红杨树、成德州、笠帽山、危险品、土桥、永丰等6处锚地。

2. 港口水文气象

铜陵港属于亚热带温润季风气候,四季分明。春季温度适中,夏季炎热,秋季干燥,冬季较冷。多年平均气温16.2摄氏度,极端最高气温41.0摄氏度,极端最低气温-11.9摄氏度,港区无冰冻史。

铜陵港常风向为NE,频率20%,强风向为SW,风速24米/秒,年平均风速3.1米/秒。

铜陵河段属径流平原性河流,水位、流量、沙量的变化,随上游长江干流及鄱阳湖的来水、径流、挟沙量的改变而改变。水位、流量、沙量自1月起至6月逐渐增高(增大),7月份至年底逐渐下落(减少)。汛期的5~10月,径流量占全年的71.6%,输沙量占87.5%,枯水期的12月、次年1月、2月,径流量占全年的14.6%,输沙量占4.2%,最高洪水位一般多出现在7月,最枯水位一般多出现在1月。历年最高洪水位14.44米,历年最枯水位0.68米。

3. 发展成就

1993年1月,铜陵港被国家批准为一类开发口岸,铜陵港横港港区的长江外贸码头对外籍轮开放。2009年8月27日,直航台湾的"东妮"号从铜陵港起航,驶向台湾高雄港,标志着铜陵对台直航贸易交流合作进入一个崭新的历史阶段。2018年1月,安徽省长江沿岸第一个进境水果指定口岸——铜陵进境水果指定口岸正式运营。

铜陵港规划港口岸线91.89千米,其中长江干线88.55千米,长江支流3.34千米,2015年前已使用岸线8.37千米。截至2015年底,铜陵港(注:含枞阳港区)拥有生产线泊位95个,其中10000吨级泊位1个,5000吨级泊位22个,3000吨级泊位19个,1000(含)~3000吨级泊位25个,1000吨级以下泊位28个。泊位总长度7458米。

2015年,铜陵港(注:含枞阳港区)完成港口货物吞吐量10061.86万吨、集装箱4万TEU,其中,煤炭及制品1963.19万吨,石油、天然气及制品16.37万吨,金属矿石761.63万吨,钢铁156万吨,矿建材料2923.81万吨,水泥2810.62万吨,非金属矿石669.66万吨。

2016年,铜陵港成功晋级安徽省第二个、长江第13个亿吨大港。2017年完成港口货物吞吐量1.11亿吨,跻身全国内河亿吨大港十强。经过多年的发展,铜陵港口规模和综合服务能力已处于安徽省港口前列。

铜陵港已开通了内支线至上海港、南京港、太仓港、芜湖港中转。

铜陵港港区分布如图9-5-8所示,铜陵港基本情况见表9-5-9。

图9-5-8　铜陵港港区分布图

表 9-5-9

铜陵港基本情况表

序号	港区名称	港区岸线		2015年港口生产性泊位				其中:1978—2015年建成的生产性泊位				2015年港口货物和旅客吞吐量							
---	---	---	---	---	---	---	---	---	---	---	---	---	---	---	滚装车辆		旅客	
		港区规划岸线	其中:2015年已建成岸线	生产性泊位数	其中:千吨级及以上	生产性泊位总长	其中:千吨级及以上	生产性泊位数	其中:千吨级及以上	生产性泊位总长	其中:千吨级及以上	货物吞吐量	其中:外贸货物吞吐量	集装箱	数量	质量		其中:国际旅客
		千米	千米	个	个	米	米	个	个	米	米	万吨	万吨	万TEU	万辆	万吨	万人	万人
1	大通港区	2.70	0.78	5	5	445	445	5	5	445	445	1275.7	0	0	0	0	0	0
2	横港港区	5.00	2.00	21	20	1958	1928	17	16	1688	1658	3288.39	40.7	4	0	0	0	0
3	长湖滩及扫把沟港区	2.57	1.18	15	13	714	684	13	11	614	584	1278.91	0	0	0	0	0	0
4	笠帽山港区	5.74	1.48	13	11	1406	1186	13	11	1406	1186	999.68	0	0	0	0	0	0
5	汀家洲港区	27.94	0.18	3	3	180	180	3	3	180	180	568.99	0	0	0	0	0	0
6	永丰港区	5	0.80	7	7	798	798	7	7	798	798	530.85	0	0	0	0	0	0
7	江北港区	4.2	0	0	0	0	0	0	0	0	0	0	0	0	0	0	0	0
8	枞阳港区	35.4	1.80	27	8	1797	772	25	8	1677	772	2050.51	0	0	0	0	0	0
9	顺安河港区	3.34	0.16	4	0	160	0	4	0	160	0	68.83	0	0	0	0	0	0
	合计	91.89	8.38	95	67	7458	5993	87	61	6968	5623	10061.86	40.7	4	0	0	0	0

（二）大通港区

1.港区综述

（1）港区建设和运营情况

大通港区位于铜陵市南部,长江右岸。港区上起青通河口,下讫羊山矶,规划岸线5000米。港区是以非金属矿石、矿建材料、水泥熟料、煤炭运输为主的公用港区,主要为铜陵市南部城区及青阳等地的工矿企业服务。大通港区20世纪90年代时期建设了广舜、青通、灯笼沟、大洋、物华等小型码头。2013年起,铜陵市实施港口岸线资源整合和港口环境整治工作,拆除了规模小、环境污染大的小码头,只保留了铜陵上峰水泥码头。通过港口岸线资源整合,改善了港口环境,同时为大通镇发展旅游产业释放了岸线。2011—2015年港区吞吐量分别为1365.96万吨、1519.55万吨、1437.93万吨、1286.61万吨、1275.71万吨。

（2）港区地理条件和集疏运概况

大通港区处于长江大通河段,和悦洲右汊,可通航中小型船舶。港区后方紧邻铜都大道,可与京台高速公路(G3)、沪渝高速公路(G50)、省道S320相连,公路集疏运条件较好。港区唯一的铜陵上峰水泥公司码头货物全部通过皮带输送机运输。

2.港区工程项目

铜陵上峰水泥股份有限公司专用码头工程

项目于2004年1月开工,2006年10月试运行,2007年9月竣工。

项目建设依据:2003年10月17日,安徽省经济贸易委员会批复铜陵上峰水泥股份有限公司2×5000T/D新型干法水泥熟料生产线改造项目建议书,上峰水泥码头作为配套码头立项;2004年3月,铜陵市发展计划委员会批复《铜陵上峰水泥股份有限公司专用码头工程可行性研究报告》(铜计基〔2004〕65号);2004年1月,安徽省环境保护局批复了《铜陵上峰水泥股份有限公司2×4500t/d新型干法水泥熟料生产线建设工程环境影响报告书》(环监函〔2004〕1号);2004年3月,铜陵市港口管理局《关于同意铜陵上峰水泥股份有限公司申请使用港口岸线的批复》(铜港〔2004〕21号)。

项目建设1个3000吨级熟料出口泊位、1个2000吨级煤炭进口泊位,使用港口岸线367米,码头采用顺岸布局形式,高桩梁板结构形式,码头前沿水深4.18米。码头主要装卸设备为直线移动式装船机和门座起重机各1台、皮带输送机1台。码头后方建有熟料筒仓,容积2万吨。项目总投资7512万元,均为业主自有资金。工程建设只包括码头水工部分,不建设码头堆场,陆域用地面积6000平方米。

项目建设单位为铜陵上峰水泥股份有限公司;设计单位为长江航运规划设计院;施工

单位为中交第二航务工程局第四工程分公司;监理单位为武汉四达工程建设咨询监理有限公司;质监单位为交通部长江航运工程质量监督中心站。

项目自 2007 年 9 月正式运营以来,满足了铜陵上峰水泥股份有限公司水泥熟料水路出口和燃煤进口的业务需求。2015 年水泥熟料出口 410 万吨,煤炭进口 135 万吨。

(三)横港港区

1.港区综述

(1)港区建设和运营情况

横港港区位于长江铜陵河段,长江右岸,铜陵长江公路大桥下游。港区规划港口岸线 5000 米,港区规划公用码头为主,同时兼顾货主专用码头建设,自上而下依次规划为横港石油作业区、海螺水泥专用作业区、深水集装箱码头、多用途码头及件杂货作业区、横港客运区、横港深水散货作业区。

港区已建成中石化 1000~3000 吨级石油泊位 2 个;海螺水泥熟料 5000 吨级出口泊位 4 个,3000 吨级煤炭进口泊位 1 个;长江外贸码头 1000~5000 吨级泊位 4 个;煤炭 5000 吨级专用泊位 2 个;非金属矿石、3000 吨级散货泊位 4 个。主要为铜陵海螺水泥、铜化集团公司、皖能电厂等大型企业服务,同时为铜陵市发展集装箱运输、境外水果进口、再生金属拆解业等外向型经济服务。港区 2011 年吞吐量 1923.72 万吨、1.1 万 TEU,2012 年吞吐量 2475.3 万吨、0.89 万 TEU,2013 年吞吐量 2875.73 万吨、2.18 万 TEU,2014 年吞吐量 3488.95 万吨、3.18 万 TEU,2015 年吞吐量 3288.39 万吨、3.5 万 TEU。

(2)港区地理条件和集疏运概况

横港港区后方建有滨江大道、铜都大道,进而连接铜陵公路网,公路运输便利。铜陵有色公司铁路专用线连接港区,可连接铜九线、合铜线等铁路网。

2.港区工程项目

(1)铜陵中石化码头项目

项目于 1990 年 1 月开工,1994 年 1 月试运行,1995 年 4 月竣工。

项目建设 2 个 3000 吨级和 1 个 1000 吨级成品油泊位,使用港口岸线约 300 米。码头利用自然岸线顺岸布局,采用浮码头结构,码头前沿水深 6.15 米。2013 年因铜陵海螺码头扩建工程的实施,拆除 1 个 3000 吨级油品泊位。码头主要设备为额定生产率小于 1000 吨/小时的输油臂 2 台,码头后方建有储油罐,容积为 1.56 万立方米。项目总投资 5000 万元,均为业主自有资金。用地 2.55 万平方米。

项目建设单位为中石化安徽铜陵分公司。

铜陵中石化油品码头是铜陵市唯一的公用成品油码头,码头的建成为铜陵市的成品油水上运输提供保障,降低了运输成本。2015 年成品油装卸 16 万吨。

(2)铜陵港横港件杂货码头一期工程项目

项目于 1993 年 9 月开工,2001 年 4 月试运行,2004 年 1 月竣工。

项目建设依据:1992 年 8 月,交通部批复《铜陵港横港件杂货码头一期工程可行性研究报告》(交计发〔1992〕705 号);1993 年 5 月,国家交通投资公司《关于铜陵港横港件杂货码头一期工程初步设计的批复》(交投水〔1993〕059 号);1991 年 7 月,安徽省城乡建设环境保护厅《关于铜陵港横港件杂货码头一期工程环境影响评价大纲的批复》(建然函字〔1991〕78 号)。

项目建设 5000 吨级海轮泊位 1 个,2000 吨级江驳泊位 1 个,兼顾停靠 2 艘 3000 ~ 5000 吨级江海轮,使用港口岸线 230 米。码头采用顺岸布局形式、高桩梁板结构形式,码头前沿水深 9.15 米。码头后方道路堆场面积 30550 平方米,集装箱堆场面积 3600 平方米。堆场堆存能力 300 万吨、1000TEU。项目总投资1.14 亿元,均为业主自有资金。用地面积 6.53 万平方米。

项目建设单位为铜陵港务管理局;主要设计单位为长江航运规划设计院;主要施工单位为中港第三航务工程局南京分公司;监理单位为九江港建设工程监理公司;质监单位为交通部长江航运工程质量监督中心站。

项目是铜陵港第一个大型港口工程,提升了铜陵港国家一类开放口岸的港口硬件设施水平,基本满足了对外籍轮停靠、服务的条件。一期建设的 5000 吨级泊位和 2000 吨级泊位是铜陵港长江外贸码头主要港口设施,经过多年的生产运营,为铜陵市外向型经济的发展提供了支撑。2015 年完成集装箱吞吐量 3.5 万 TEU。

(3)铜陵海螺水泥有限公司一期工程项目

项目于 1994 年 12 月开工,1996 年 10 月试运行,1998 年 6 月竣工。

项目建设依据:1987 年 11 月,铜陵港务管理局以批复《铜陵水泥厂综合性港口可行性研究报告》(铜港字〔1987〕第 108 号);1991 年 12 月,安徽省人民政府、国家建筑材料工业局、国家原材料投资公司对该项目初步设计进行批复(政秘〔1991〕277 号);1986 年 5 月,安徽省城乡建设环保厅批复《铜陵水泥厂环境影响报告书》(建环字〔1986〕395 号)。

项目建设 1 个 5000 吨级水泥熟料出口泊位,作业平台长 90.8 米、宽 16 米,使用港口岸线 91 米。码头采用顺岸式布局形式、高桩梁板结构形式,前沿水深 6.5 米。码头主要设备为直线移动式装船机,功率为 1000 吨/时,码头后方建有熟料筒仓,筒仓容量 10 万吨。项目总投资 3500 万元,均为业主自有资金。用地面积 2.67 万平方米。

项目建设单位为铜陵海螺水泥有限公司;设计单位为安徽省港航勘测设计院;施工单位为交通部二航局第四工程公司;监理单位武汉四达工程建设监理有限公司;质监单位为

交通部长江航运工程质量监督中心站。

(4)安徽铜陵海螺水泥有限公司专用码头扩建项目

项目于2003年4月开工,2005年7月试运行,2007年1月竣工。

项目建设依据:2003年1月,铜陵市发展计划委员会《关于铜陵海螺水泥有限公司专用码头扩建工程初步设计的批复》;2002年12月,铜陵市环境保护局批复《铜陵海螺水泥有限公司专用码头扩建工程环境影响报告书》(铜环函字〔2002〕221号);2002年12月,铜陵市港口管理局批复铜陵海螺水泥码头扩建工程岸线使用(铜港〔2002〕134号)。

项目建设5000吨级高桩梁板出口泊位1个,3000吨级高桩梁板出口泊位1个,1500吨级浮式进口泊位1个,使用港口岸线471米,码头前沿水深6.0米。码头采用顺岸式布局形式、高桩梁板式结构形式。码头主要装卸设备为额定生产率1000～3000吨/小时直线移动式装船机1台,15吨门座起重机1台。码头后方建有熟料筒仓,容量1万吨。项目总投资2200万元,均为业主自有资金。用地面积7万平方米。

项目建设单位为安徽铜陵海螺水泥有限公司;设计单位为长江航运规划设计院;主要施工单位为中航第二航务工程局第四分公司;监理单位为武汉四达监理公司;质监单位为安徽省长江河道管理局质监站。

(5)铜陵港横港件杂货码头改扩建工程项目

项目于2007年12月开工,2015年11月试运行,2016年8月竣工。

项目建设依据:2006年12月,铜陵市发展和改革委员会对该项目进行核准(铜发改基础〔2006〕415号);2008年8月,铜陵市港口管理局批复《铜陵港件杂货码头改扩建项目初步设计》(铜港〔2008〕61号);2008年3月,铜陵市环境保护局批复《铜陵港件杂货码头改扩建工程环境影响报告表》;2006年10月,铜陵市国土资源局《关于铜陵市港务(集团)有限责任公司横港件杂货码头改扩建工程项目用地预审意见》(铜国土资字〔2006〕285号);2011年3月,交通运输部《关于铜陵港横港港区件杂货码头改扩建工程使用港口岸线的批复》(交规划发〔2011〕6号)。

项目改建5000吨级件杂货泊位,保留2000吨级件杂货泊位,新建2个1000吨级件杂货泊位,使用港口岸线145米,码头前沿深水7.9米。码头采用顺岸式布局,高桩梁板结构形式。项目后方堆场面积10.23万平方米。项目总投资1.31亿元,均为业主自有资金。新增用地面积10.23万平方米。

项目建设单位为铜陵港务有限责任公司;设计单位为长江航运规划设计院;主要施工单位为中交二航局第四工程有限公司;监理单位为武汉四达工程建设监理有限公司;质监单位为安徽省交通基本建设工程质量监督站。

项目建成投产后,铜陵港真正意义上拥有了集装箱专用泊位,集装箱年通过能力达到5万TEU,增强了铜陵港集装箱的通过能力,全面提高了港口综合效率,促进经济的发展。

（6）铜陵港横港港区铜陵港务有限责任公司七号码头项目

项目于 2011 年 1 月开工，2013 年 4 月试运行，2016 年 9 月竣工。

项目建设依据：2011 年 4 月，铜陵市发展和改革委员会以铜发改基础函〔2011〕175 号文件对该项目进行核准；2011 年 4 月，铜陵市交通运输局《关于铜陵港务公司七号码头工程初步设计的批复》（铜交港〔2011〕69 号）；2011 年 1 月，铜陵市环境保护局《关于铜陵港务有限责任公司合成氨配套码头项目环境影响报告书的批复》（铜环评〔2011〕11 号）；2012 年 5 月，交通运输部《关于铜陵港横港港区铜陵港务有限责任公司七号码头工程使用港口岸线的批复》（交规划发〔2012〕206 号）。

项目建设 5000 吨级（水工结构兼顾 10000 吨级）煤炭码头泊位 1 个，使用港口岸线 139 米，码头前沿设计水深 6.8 米。码头采用顺岸式布局形式、高桩梁板结构形式。筒仓容量 5 万吨。项目总投资 3500 万元，均为业主自有资金。

项目建设单位为铜陵港务有限责任公司；设计单位为安徽省交通勘察设计院；施工单位为中交第二航务工程局有限公司；监理单位为武汉四达工程建设咨询监理有限公司；质监单位为安徽省交通基本建设工程质量监督站。

项目的建成投产，满足了铜化集团 28 万吨合成氨项目用煤需求，提高了企业经济效益。2015 年码头吞吐量 73 万吨。

（7）铜陵海螺四期 12000T/D 熟料线配套专用码头项目

项目于 2011 年 4 月开工，2012 年 6 月试运行，2014 年 4 月竣工。

项目建设依据：2011 年 3 月，铜陵市发展和改革委员会以铜发基础〔2011〕116 号文件核准该项目；2011 年 4 月，铜陵市交通运输局批复初步设计（铜交港〔2011〕62 号）；2011 年 6 月，铜陵市环境保护局批复《铜陵海螺水泥有限公司码头扩建工程环境影响报告书》（铜环评〔2011〕112 号）；2009 年 12 月，铜陵市国土资源局《关于铜陵海螺码头扩建工程项目用地预审意见》（铜国土函〔2009〕75 号）；2011 年 10 月，交通运输部《关于铜陵港横港港区海螺码头扩建工程使用港口岸线的批复》（交规划发〔2011〕591 号）。

项目建设 5000 吨级（兼顾 10000 吨级）高桩梁板出口泊位 1 个，拆除中石化 3 号泊位 1 个，迁建 1500 吨级浮式泊位 1 个，配套 1 台 1800 吨/小时装船机，使用港口岸线 287 米。码头采用顺岸式布局形式、高桩梁板式结构形式和浮码头形式，前沿水深 6 米。码头主要装卸设备为功率为 1000 吨/小时直线移动式装船机 1 台、15 吨门座起重机 1 台。码头后方建有熟料筒仓，筒仓容量 10 万吨。项目总投资 9550 万元，均为业主自有资金。用地面积 5 万平方米。

项目建设单位为安徽海螺水泥股份有限公司；主要设计单位为长江航运规划设计院；主要施工单位为中航第二航务工程局有限公司；监理单位为镇江兴华工程建设监理有限责任公司；质监单位为安徽省交通基本建设工程质量监督站。

项目建成使用后,解决了铜陵海螺水泥股份有限公司12000吨/日扩建后码头能力不足的问题,保障了公司水泥销售渠道的畅通。2015年,完成货物吞吐量760多万吨。

(8)铜陵港横港港区皖能鑫港港务有限责任公司码头扩建项目

项目于2012年2月开工,2012年9月试运行,2015年10月竣工。

项目建设依据:2012年2月,铜陵市发展和改革委员会《关于皖能滨江港埠公司码头扩建项目核准的批复》(铜发改基础〔2012〕22号);2012年2月,铜陵市交通运输局《关于铜陵皖能滨江港埠公司码头扩建工程初步设计的批复》(铜交港〔2012〕36号);2012年1月,铜陵市环境保护局《关于皖能发电有限公司皖能滨江港埠公司码头扩建项目环境影响报告书的批复》(铜环评〔2012〕3号);2011年9月,铜陵市国土资源局《关于皖能滨江港埠公司码头扩建项目用地预审意见》(铜国土资〔2011〕370号);2013年5月,交通运输部《关于铜陵港横港港区铜陵皖能鑫港物流有限责任公司码头扩建工程使用港口岸线的批复》(交规划发〔2013〕340号)。

项目建设5000吨级煤炭进口泊位1个,水工结构兼顾10000吨级船舶靠泊设计和建设,使用港口岸线长135米,码头前沿水深7.9米。码头采用顺岸布局形式、高桩梁板结构形式。码头主要装卸设备为1台直线移动式卸船机、1台皮带输送机,货物通过皮带输送机运输至电厂堆场。项目总投资7248.47万元,均为业主自有资金。用地面积2.33万平方米。

项目建设单位为铜陵皖能鑫港物流有限责任公司;设计单位为长江航运规划设计院;施工单位为上海三航奔腾建设有限公司;监理单位为武汉四达工程建设咨询监理有限公司;质监单位为安徽省交通基本建设工程质量监督站。

项目建成投产后,运行良好,满足了铜陵皖能电厂100万千瓦机组燃煤水路运输需求,保障了燃煤供应安全。2015年港口吞吐量约245万吨。

(四)长湖滩及扫把沟港区

1.港区综述

(1)港区建设和运营情况

长湖滩及扫把沟港区位于长江铜陵河段,长江右岸,铜陵长江公路大桥下游。港区规划为长湖滩分港区和扫把沟分港区。港区岸线全长6122米,宜港岸线长2600米,港区规划公用码头为主,同时兼顾货主专用码头建设。港区内货主专用码头为铜陵有色金属(集团)控股公司码头,公用码头主要是铜陵市港务公司码头和民营企业码头。

港区建有色公司金城、金德1000~3000吨级泊位2个;德盛公司码头2个3000吨级泊位;兴港物流公司、五洲公司500吨级泊位4个。主要为周边的铜陵市六国化工企业、富鑫炼钢厂等厂矿企业提供港口服务。2011—2015年港区吞吐量分别为875.44万吨、

827.72 万吨、842.4 万吨、1006.22 万吨、1278.91 万吨。

(2)港区地理条件和集疏运概况

长湖滩及扫把沟港区后方建有滨江大道、铜官大道,进而连接铜陵公路网,公路运输便利。铜陵有色金属公司铁路专用线连接港区,可连接铜九线、合铜线等铁路网。

2.港区工程项目

(1)铜陵金城码头项目

项目于 2004 年 3 月开工,2005 年 6 月试运行,2006 年 1 月竣工。

项目建设依据:2003 年 9 月,铜陵市发展计划委员会《关于新建铜陵金诚码头项目建议书的批复》(铜计基〔2003〕256 号);2003 年 12 月,铜陵市发展计划委员会《关于新建铜陵金诚码头可行性研究报告的批复》(铜计基〔2003〕381 号);2005 年 12 月,铜陵市环境保护局以铜环〔2005〕217 号文件对项目进行环保验收;2003 年 12 月,铜陵市港口管理局《关于同意铜陵金诚码头使用岸线的批复》(铜港〔2003〕42 号)。

项目建设 1 个 1000 吨级(兼顾 3000 吨级)金属矿石码头泊位。使用港口岸线 97 米。码头采用顺岸式布局形式、浮码头结构,趸船长 76 米、宽 15 米,码头前沿水深 3.5 米。主要装卸设备为 8 吨固定式起重机,货物通过皮带输送机转运至货运车辆,不设堆场。项目总投资 2100 万元,均为业主自有资金。用地面积 5973 平方米。

项目建设单位为铜陵有色金航轮船公司;设计单位为安徽省港航勘测设计院;施工单位为铜陵市铜山建设有限责任公司;监理单位为鑫铜建设监理有限责任公司;质监单位为安徽省长江水工程质量监督站。

该项目建成投产后,解决了铜陵金隆铜业有限公司生产原料铜金砂水路进口,保证了原料供给,促进了公司的发展。2017 年进口铜金砂约 75 万吨。

(2)铜陵兴港公司码头项目

项目于 2006 年 12 月开工,2008 年 11 月试运行,2009 年 11 月竣工。

项目建设依据:2006 年 8 月,铜陵市港口管理局以铜港函〔2006〕20 号文件对该项目选址进行批复。2006 年 4 月,铜陵市环境保护局批复"建设项目环境影响登记表";2007 年 11 月,安徽省港航管理局《关于铜陵市兴港物流有限责任公司建设码头使用港口非深水岸线的批复》(皖港航〔2007〕56 号);2006 年 11 月,安徽省长江河道管理局《关于铜陵市兴港物流有限责任公司码头装卸平台改建工程建设方案的批复》(长工管〔2006〕478 号)。

项目建设 2 个 500 吨级杂货码头泊位,使用港口岸线长度为 225 米。码头采用顺岸式布局形式、高桩结构形式,码头前沿水深 3.5 米。码头主要装卸设备为 2 台 8 吨固定式起重机,项目后方堆场面积 0.94 万平方米。项目总投资 2400 万元,均为业主自有资金。项目陆域用地面积 0.94 万平方米,为散货堆场。

项目建设单位为铜陵市兴港物流有限责任公司;设计单位为安徽省船港设计所;施工单位为铜陵市科华建设有限公司;监理单位为黑龙江黑航工程监理公司安徽分公司;质监单位为安徽省港航质监处。

(3)铜陵金德码头项目

项目于2009年1月开工,2012年12月竣工。

项目建设依据:2003年2月,铜陵市发展计划委员会批复"铜陵金诚码头可行性研究报告"(铜计基〔2003〕381号);2007年2月,铜陵市港口管理局批复该项目岸线选址(铜港函〔2010〕5号);2007年6月,安徽省水利厅《关于铜陵有色金属集团控股有限公司金城码头扩建工程建设方案的批复》(皖水管函〔2007〕556号)。

项目建设1000吨级(兼顾3000吨级)化学品码头泊位1个。占用港口岸线约97米。码头采用顺岸式布局形式、浮码头结构形式,趸船长74米、宽14米,码头前沿水深3.5米。码头陆域用地为硫酸装卸平台,面积约0.49万平方米,码头主要装卸设备为自流式管道,长约150米。项目总投资1896万元,均为业主自有资金。

项目建设单位为铜陵有色金属集团铜冠运输有限公司;设计单位为安徽省交通勘察设计院;主要施工单位为巢湖市水利电水电建筑安装总公司铜陵分公司;监理单位为中咨工程建设监理公司;质监单位为安徽省长江水工程质量监督站。

(五)汀家洲港区

1.港区综述

(1)港区建设和运营情况

汀家洲港区位于长江铜陵河段,长江右岸,南夹江河道。港区自汀家洲头至顺安河口,港区划分为(长江干流)汀家洲右汊作业区、小夹江左岸作业区、小夹江右岸作业区。港区岸线全长7.46万米,深水岸线长3200米。小夹江左岸作业区,可建设500~1000吨级小型码头;小夹江右岸作业区,长江干流段的汀家洲出口(金牛渡)上1100米至顺安河口岸线长3200米,规划作为2000~5000吨级码头作业区。

港区2016年后建有铜陵友邦港口有限公司1个500吨级(兼顾1000吨级)散货泊位,铜陵安喜物流公司1个500吨级泊位。主要为义安区西联乡、铜陵东部城区等企业提供港口服务。主要进出口货物为矿建材料、金属矿等。2011—2015年港区吞吐量分别为23.0万吨、20.27万吨、33.16万吨、65.35万吨、568.99万吨。

(2)港区地理条件和集疏运概况

汀家洲港区主要位于南夹江,南夹江现为自然通航水域,进口处有浅滩,枯水期不通航,中、洪水期通航。岸线陆域为村庄和农田,后方建有滨江大道北段、朱永路、沿新路,进而连接铜陵公路网,公路运输便利。

2. 港区工程项目

铜陵县铜太矿业有限公司码头

项目于 2004 年 1 月开工,2004 年 12 月试运行,2005 年 4 月竣工。

项目建设依据:2004 年 2 月,铜陵县港口管理局《关于同意铜陵县铜太砂业有限公司使用岸线的批复》(铜港〔2004〕12 号)。

项目建设 3 个 1000 吨级黄沙散货泊位。占用港口岸线约 1400 米。码头采用顺岸式布局形式、浮码头结构形式,趸船长 54 米、宽 14 米,码头前沿水深 2.5 米。项目总投资 2000 万元,均为业主自有资金。用地面积 15.33 万平方米。

项目建设单位为铜陵县铜太砂业有限责任公司;施工单位为铜陵县建鑫建筑安装有限责任公司;质监单位为安徽省长江水工程质量监督站。

该项目是铜陵市黄砂综合整治重点工程,集黄砂装卸、仓储、销售为一体,码头建成投产后,改善可铜陵市黄砂码头、堆场零散的不利局面,成为黄砂集散基地。2015 年港口货物吞吐量约为 102 万吨。

(六)永丰港区

1. 港区综述

(1)港区建设和运营情况

永丰港区位于长江铜陵河段,长江右岸,铜陵河段。港区自顺安河口至复兴圩旭,岸线长 5000 米,一级岸线。永丰港区是铜陵港预留深水港区,主要为大型能源企业及铜陵东部城区服务。港区主要承担东部城区金桥工业园区物质、铜陵国电煤炭等大宗货物的装卸、仓储和中转运输服务。

港区建有国电公司 1 个 2000 吨级泊位,2 个 5000 吨级泊位;铜陵协诚港口公司 1 个 10000 吨级泊位,2 个 5000 吨级泊位;新兴际华现代东港公司 2 个 5000 吨级泊位。港区码头泊位等级和综合服务能力较强,是铜陵港新兴的主体港区,满足了国电公司、旋力特钢厂等大型厂矿企业的货物运输需求,同时积极为铜陵东部城区企业、园区服务。2011—2015 年港区吞吐量分别为 216.87 万吨、194.22 万吨、145.5 万吨、382.34 万吨、530.85 万吨。

(2)港区地理条件和集疏运概况

永丰港区主要位于南夹江,南夹江现为自然通航水域,进口处有浅滩,枯水期不通航,中、洪水期通航。岸线陆域为村庄和农田,后方建有滨江大道北段、朱永路、沿新路等疏港道路,进而连接铜陵公路网,公路运输便利。

2. 港区工程项目

(1)国电铜陵发电有限公司码头工程

项目于 2005 年 11 月开工,2007 年 11 月试运行,2011 年 10 月竣工。

项目建设依据:2007年3月,安徽省发展和改革委员会以发改能源〔2007〕213号文件核准了该项目;2010年3月,铜陵市交通运输局《关于国电铜陵发电厂一期码头工程初步设计的批复》(铜交港〔2010〕70号);2005年5月,国家环保总局批准了该项目的环境影响报告书(环审〔2005〕473号);2003年4月,铜陵市港口管理局《关于国电铜陵发电公司筹建处要求使用港口岸线的复函》(铜港〔2003〕26号);2005年6月,长江航务管理局《关于国电铜陵电厂一期工程专用码头建设涉及河道管理有关问题的批复》(长江务〔2005〕34号)。

项目建设1个2000吨级大件泊位、2个5000吨级煤炭专用泊位,使用港口岸线305米。码头采用顺岸式布局形式、高桩梁板结构形式,码头前沿设计水深6.45米。码头主要机械设备为2台16吨门座起重机,带宽1.5米的皮带输送机,码头不建设堆场,物料经皮带输送机直接输送到电厂煤炭堆场。项目总投资8452万元,均为业主自有资金。用地面积52亩。

项目建设单位为国电铜陵发电有限公司;主要设计单位为长江航运规划设计院;主要施工单位为中交第二航务工程局第四分公司;监理单位为武汉四达工程建设咨询监理公司、镇江兴华工程建设监理有限公司;质监单位长江航务管理局质量监督中心站、安徽省长江水工程质量监督站。

项目是国电铜陵发电公司2×600兆瓦燃煤机组建设大件装卸、燃煤供应专用码头,项目的建设保证了电厂工程的大件运输和运营煤炭供应,保障供电安全。2015年港口货物吞吐量320万吨。

(2)铜陵市协诚港口有限责任公司码头工程

项目于2011年1月开工,2015年10月试运行,2015年11月竣工。

项目建设依据:2010年,铜陵市发展和改革委员会《关于铜陵市协诚港口有限责任公司码头工程项目核准的批复》(铜发改基础〔2010〕635号);2011年12月,铜陵市交通运输局《关于铜陵市协诚港口有限责任公司码头工程初步设计的批复》(铜交港〔2011〕1号);2010年9月,铜陵市环境保护局《关于铜陵市协诚港口有限责任公司码头工程环境影响报告书的批复》(铜环评〔2010〕101号);2010年11月,铜陵市国土资源局《关于铜陵市协诚港口有限责任公司码头工程陆域堆场建设项目用地预审意见》(铜国土资〔2010〕435号);2011年7月,交通运输部批复该项目使用岸线(交规划发〔2011〕370号);2010年,长江南京航道局《关于铜陵市协诚港口有限责任公司码头工程建设涉及航道有关问题审查意见的函》(宁道航管函〔2010〕44号);2010年,水利部长江水利委员会《关于铜陵市协诚港口有限责任公司码头工程涉河建设方案的批复》(长许可〔2010〕194号)。

项目建设1个10000吨级散货泊位、5000吨级通用泊位2个(水工结构按靠泊

10000 吨级船舶设计),使用港口岸线 453 米。码头采用顺岸式布局形式、高桩梁板结构形式,码头前沿设计水深 9.77 米。码头后方堆场面积 6.47 万平方米,堆场堆存能力 200 万吨。项目总投资 2.05 亿元,其中业主自有资金为 60%,银行贷款占 40%。用地面积 13.19 万平方米。

项目建设单位为铜陵市协诚港口有限责任公司;设计单位为中交第二航务工程勘察设计院有限公司;施工单位为广东金东海集团有限公司;监理单位为镇江市兴华工程建设监理有限公司;质监单位为安徽省交通建设工程质量监督局。

该码头既为铜陵旋力特钢厂原料进口,产成品出口服务,又为铜陵东部城区周边企业服务。项目建成投产后,保证了旋力特钢厂发展的需求,同时承担了公用码头的服务。2015 年码头货物吞吐量约 410 万吨。

(3)铜陵港永丰港区新兴际华通用码头一期工程

项目于 2014 年 9 月开工,2016 年 9 月水工部分交工。

项目建设依据:2012 年 5 月,铜陵市发展和改革委员会《关于铜陵港永丰港区新兴际华通用码头一期工程项目核准的批复》(铜发改基础〔2012〕68 号);2013 年 10 月,铜陵市交通运输局《关于铜陵港永丰港区新兴际华通用码头一期工程初步设计的批复》(铜交港〔2013〕128 号);2009 年 6 月,铜陵市环境保护局《关于铜陵长江港口有限公司码头工程环境影响报告书的批复》(铜环函〔2009〕174 号);2012 年 7 月,铜陵市国土资源局《关于新兴际华铜陵东港现代物流园项目用地预审意见》(铜国土资〔2012〕69 号);2013 年 10 月,交通运输部《关于铜陵港永丰港区新兴际华通用码头一期工程使用港口岸线的批复》(交规划发〔2013〕725 号)。

项目建设 2 个 5000 吨级通用泊位(码头水工建筑允许靠泊能力 10000 吨级),使用港口岸线 274 米。码头采用顺岸布局、高桩梁板结构形式,码头前沿设计水深 6.8 米。主要装卸设备为额定起重量 10～25 吨的港口门座起重机 1 台。配套物流面积 41.34 万平方米。项目总投资 5.07 亿元,其中业主自有资金占 60%,银行贷款占 40%。

项目建设单位为新兴际华铜陵东港现代物流有限公司;主要设计单位为长江航运规划设计院有限公司;主要施工单位为上海三航奔腾建设工程有限公司;主要监理单位为武汉长航科达工程监理有限公司。

(七)枞阳港区

1. 港区综述

(1)港区建设和运营情况

枞阳港区位于长江右岸。港区上起长河口,下至普济圩灰河口,自然岸线长 63000 米,其中港口深水岸线 25400 米,非深水岸线 10000 米。港区规划为小港作业区、藕山作业区、桂家坝作业区、老洲作业区。

小港作业区主要建有海事、公安等支持保障系统码头,简易小型砂石等货运码头已在港口环境整治中拆除,港区环境明显改善。藕山作业区建有枞阳海螺公司3个5000吨级高桩梁板式熟料出口泊位、1个3000吨级煤炭进口泊位、1个1500吨级煤炭进口泊位。桂家坝作业区主要建有船舶修造厂、渡口、取水口等临河设施。老洲作业区内的货运码头因处于保护区,货运码头也已拆除。2011—2015年港区吞吐量分别为1479.62万吨、1482.77万吨、1518.69万吨、1533.99万吨、2050.51万吨。

（2）港区地理条件和集疏运概况

枞阳港区位于长江左岸,铜陵市西北向。2016年安徽省行政区划调整时,枞阳港区由安庆港划入铜陵港。枞阳港区自然岸线资源丰富,拥有较多的深水岸线资源。在建的池州公路大桥连接长江南北两岸,实现南北沟通。济祁高速公路、北沿江高速公路、G347一级路等交通基础设施便利。

2. 港区工程项目

安徽枞阳海螺水泥股份有限公司专用码头三期工程

项目于2008年5月开工,2009年2月试运行,2012年9月竣工。

项目建设依据:2005年3月,安庆市发展和改革委员会《关于枞阳海螺水泥专用码头三期扩建工程核准的批复》（发改基础〔2005〕119号）;2007年11月,安庆市港口管理局《关于安徽枞阳海螺水泥股份有限公司专用码头三期工程初步设计的批复》（皖港许可〔2007〕134号）;2005年8月,安庆市环境保护局《关于安徽枞阳海螺水泥股份公司专用码头三期扩建工程环境影响报告书批复》（环建函〔2005〕022号）;2005年4月,安庆市国土资源局《关于枞阳海螺码头扩建项目用地的初审意见》（庆国土资〔2005〕86号）;2007年5月,交通部《关于安徽枞阳海螺水泥股份有限公司专用码头三期工程使用港口岸线的批复》（交规划发〔2007〕255号）。

项目建设5000吨级出口泊位1个,年设计货运量310万吨;3000吨级煤炭进口泊位1个,工程使用港口岸线376米。码头采用顺岸布局、高桩梁板结构形式,码头前沿设计水深6.4米。货物经皮带输送机输送至厂区堆场,总投资6451.48万元,均为业主自有资金。

项目建设单位为安徽枞阳海螺水泥股份有限公司;主要设计单位为长江航运规划设计院;主要施工单位为中交第二航务工程局有限公司;主要监理单位为武汉四达工程建设咨询监理有限公司;质监单位为安徽省交通基本建设工程质量监督局、安徽省长江水工程质量监督站。

项目是枞阳海螺水泥四期2×5000吨/日熟料生产线的配套码头,码头的投产运营,满足了熟料出口和煤炭进口的需要。2015年完成港口货物吞吐量约650万吨。

（八）笠帽山港区

1. 港区综述

（1）港区建设和运营情况

笠帽山港区位于长江铜陵河段,长江右岸,成德洲右汊东港航道。港区自黑沙河口至义安区化工园,是新兴发展的主要深水辅助港区。港区岸线全长 5736 米,宜港岸线长 5529 米。港区规划公用码头为主,同时兼顾货主专用码头建设,港区内货主专用码头为铜陵有色金属(集团)控股公司码头,公用码头主要是铜陵市港务公司码头和民营企业码头。

港区建有有色公司金城、金德 1000～3000 吨级泊位 2 个;德盛公司码头 2 个 3000 吨级泊位;兴港物流公司、五洲公司公司 500 吨级泊位 4 个。主要为周边的铜陵市化工企业、炼钢厂等厂矿企业提供港口服务。2011—2015 年港区吞吐量分别为 307.04 万吨、360.78 万吨、490.69 万吨、733.09 万吨、999.69 万吨。

（2）港区地理条件和集疏运概况

笠帽山港区后方建有滨江大道,滨江大道南北贯通,进而连接铜陵公路网,公路运输便利。铜陵有色公司铁路专用线连接港区,可连接铜九线、合铜线等铁路网。

港区岸线顺直,岸坡稳定,水深条件好,可建设 3000～5000 吨级深水泊位,主航道常年可通航 5000 吨级海轮,港区所在的东港航道于 2014 年开通为公用航道,维护水深 4.5 米。港区附近建有方港河锚地、汀州综合锚地、危化品锚地,面积 85 公顷。

2. 港区工程项目

（1）铜陵有色金属(集团)公司循环经济化工园专用码头项目

项目于 2006 年 4 月开工,2009 年 10 月试运行,2012 年 4 月竣工。

项目建设依据:2005 年 11 月,铜陵市发展计划委员会《关于铜陵有色金属(集团)公司循环经济化工园专用码头项目可行性研究报告的批复》(铜计基〔2006〕357 号);2006 年 1 月,铜陵市发展计划委员会批复《铜陵有色金属(集团)公司循环经济化工园专用码头初步设计》(铜计投〔2006〕4 号);2005 年 11 月,铜陵市环境保护局《关于铜陵有色金属(集团)公司循环经济化工园专用码头工程环境影响报告书审查意见的函》(铜环函〔2005〕138 号);2006 年 4 月,铜陵市港口管理局《关于铜陵有色金属(集团)公司申请使用港口岸线的批复》(铜港〔2006〕30 号)。

项目建设 1000 吨级(兼顾 3000 吨级)散货进出口泊位各 1 个、1000 吨级(兼顾 3000 吨级)件杂货泊位 1 个、1000 吨级硫酸出口泊位 1 个,使用港口岸线约 552 米。码头采用顺岸式布局、高桩梁板结构形式。码头前沿水深 5.65 米,设计靠泊能力 3000～5000 吨级。主要装卸设备为 10 吨门座起重机 2 台、15 吨门座起重机 2 台。项目总投资约 1.5 亿元,均为业主自有资金。项目用地面积约 222 亩。

项目建设单位为铜陵有色金属（集团）有限公司；设计单位为安徽省交通勘察设计院；施工单位为中交第二航务工程局有限公司；监理单位为中咨工程建设监理公司；质监单位为安徽省交通质监局。

项目是铜陵循环经济化工园专用码头，码头投产后，满足化工园水路运输需求，促进了循环经济的发展。2015 年完成港口货物吞吐量约 230 万吨。

（2）铜陵新亚星港务有限公司码头工程

项目于 2009 年 3 月开工，2010 年 1 月试运行，2016 年 11 月竣工。

项目建设依据：2008 年，铜陵市发展和改革委员会《关于铜陵循环园 2 号码头项目核准的批复》（铜发改外贸〔2008〕505 号）；2009 年 2 月，铜陵市环境保护局《关于铜陵新亚星港务公司码头工程环境影响报告书的批复》（铜环评〔2009〕31 号）；2010 年 12 月，铜陵市城乡规划局《关于新亚星港务公司二期码头用地规划意见的函》（铜规函〔2010〕336号）；2012 年 12 月，交通运输部《关于铜陵港笠帽山港区铜陵新亚星港务公司码头工程使用港口岸线的批复》（交规划发〔2012〕116 号）。

项目建设 3 个 5000 吨级泊位散货泊位、1 个 5000 吨级件杂货泊位，码头平台长 480米、宽 24 米，使用港口岸线 480 米。码头采用顺岸布局、高桩梁板结构形式，码头前沿水深 6.2 米。码头陆域散货堆场面积约 9.09 万平方米，堆场堆存能力 1000 万吨。码头主要装卸设备为 16 吨门座起重机 2 台、800 吨/小时移动式装船机 2 台。项目总投资为9319 万元，建设资金由企业自筹，其中自有资金 7319 万元，银行贷款 2000 万元。用地面积 8.2 万平方米。

项目建设单位为铜陵新亚星港务有限公司；设计单位为长江航运规划设计院；施工单位为中交第二航务工程局有限公司；监理单位为武汉四达工程建设监理咨询有限公司；质监单位为长江航务工程质量监督中心站。

该项目是新亚星焦化有限公司投资的专用码头，同时提供公用服务。码头投产后，满足了焦化厂原料进口和产成品出口运输需求，促进公司的发展。同时为码头后方的铜陵国家级经济技术开发区服务，满足园区企业物流需求。2015 年港口货物吞吐量约为 380 万吨。

（3）铜陵有色铜冶炼技术升级改造项目专用码头工程

项目于 2012 年 8 月开工，2015 年 1 月试运行，2016 年 8 月竣工。

项目建设依据：2011 年，铜陵市发展和改革委员会以铜发改基础函〔2011〕8 号文件同意该项目开展前期工作；2012 年 3 月，铜陵市交通运输局《关于铜陵有色铜冶炼升级改造项目专用码头工程初步设计的批复》（铜交港〔2012〕53 号）；2011 年 12 月，铜陵市环境保护局《关于铜陵有色金属（集团）铜冠运输有限公司铜陵有色铜冶炼升级改造项目码头工程环境影响报告书的批复》（铜环评〔2011〕110 号）；2012 年 1 月，铜陵市国土资源局

《关于铜陵有色铜冶炼技术升级改造项目专用码头项目用地预审意见》（铜国土资〔2012〕19号）；2013年1月，交通运输部《关于铜陵港笠帽山港区铜陵有色铜专用码头工程使用港口岸线的批复》（交规划发〔2013〕32号）；2011年，长江南京航道局《关于铜陵有色铜冶炼升级改造项目专用码头工程建设涉及航道有关问题审查意见的函》（宁道航管函〔2011〕51号）。

项目建设1个5000吨级通用泊位、1个5000吨级散货泊位、3个3000吨级危险化学品泊位，使用岸线长度为579米。码头采用顺岸式布局，5000吨级码头采用高桩结构形式，3000吨级码头采用浮式结构形式。5000吨级泊位前沿水深7.9米，3000吨级泊位前沿水深4.2米。主要装卸设备为额定起重量10～25吨的港口门座起重机2台，额定生产率500～1000吨/小时的桥式抓斗起重机2台。码头陆域散货堆场面积约1.48万平方米，堆存能力120万吨。项目总投资1.23亿元，均为业主自有资金。2012年，经铜陵市国土资源局预审，该项目用地总规模为3.39万平方米，均为建设用地。

项目建设单位为铜陵有色金属（集团）铜冠物流有限责任公司；设计单位为安徽省交通勘察设计院有限公司；施工单位为中交第二航务工程局有限公司；监理单位为武汉四达工程建设监理咨询有限公司；质监单位为安徽省交通工程建设质量监督管理局。

铜陵有色铜冶炼技术升级改造项目是铜陵有色响应国家有关有色金属产业调整振兴规划一大举措，设计规模为阴极铜60万吨，为铜陵有色实现"千亿企业"目标奠定了基础。

（4）安徽汇成港口物流有限公司码头改扩建项目

项目于2014年3月开工，2017年4月试运行，2018年4月竣工。

项目建设依据：2014年1月，铜陵市发展改革委以铜发改基础〔2014〕7号文件对该项目予以核准；2013年10月，铜陵市交通运输局批复《安徽汇成港口物流有限公司码头工程初步设计》（铜交港〔2013〕442号）；2013年11月，铜陵市环境保护局《关于安徽汇成港口物流有限公司汇成码头项目环境影响报告书的批复》（铜环评〔2013〕75号）；2014年10月，交通运输部《关于铜陵港笠帽山港区安徽汇成港口物流有限公司汇成码头改造工程使用港口岸线的批复》（交规划函〔2014〕810号）。

项目建设2个10000吨级通用散货码头泊位。码头采用顺岸式布局形式、高桩梁板结构形式，工程用地面积约180亩，使用港口岸线273米，码头前沿水深6.65米。码头后方堆场面积约12万平方米。码头主要装卸设备为2台16吨门座起重机。

项目总投资约1.41亿元，其中业主自有资金1亿元，银行贷款4128万元。用地面积9.33万平方米。

项目建设单位为安徽汇成港口物流有限公司；设计单位为安徽省交通勘察设计院有限公司；施工单位为中交第二航务工程局第四工程局有限公司；监理单位为武汉四达工程建设咨询监理有限公司；质监单位为安徽省交通建设工程质量监督局。

该项目是实施铜陵市港口岸线资源整合工作示范项目,通过改造提升码头的通过能力和综合服务能力,改善了港区码头档次低、岸线利用效率低的局面,同时为铜陵经济技术开发区的发展提供了支撑。

十、池州港

(一)港口概况

1.港口综述

池州港位于池州市境内,长江下游右岸,是国家一类开放口岸,是安徽省重要港口和皖西南地区的综合交通枢纽,是池州市及安徽省"两山一湖"景区的旅游客运中转港。池州港以建材、非金属矿石、能源为主,积极开拓集装箱运输,逐步发展成为具有装卸存储、运输组织、旅游客运、临港开发、现代物流等多功能的现代化港口。2008 年 6 月 6 日,安徽省人民政府批复《池州港总体规划》。规划将池州港划分为香口、东流、吉阳、大渡口、牛头山、钱江口、乌沙、江口、梅龙和老港区 10 个长江港区以及秋浦河杜湖港区和青通河童埠港区。其中,江口港区、牛头山港区、东流港区、梅龙港区是重点发展的综合性港区,吉阳港区和乌沙港区尚未开发建设。

池州港历史悠久,自汉代起就有石城古港,是进行漕运、盐运的一个重要港口,由于地处水陆交通要冲,港口发展很快,到唐宋时期,池州港已成为长江下游的一个重要港口,货运以商品运输和"贡赋"并重。明代,随着徽商的崛起,池州港已成为有名的商港。19 世纪初,随着近代工业和航运业的发展,池州府所属的大通、江口、贵池等港口先后开办客货轮船运输,池州港逐步发展起来。新中国成立后,国家开始投资建设港口。1954—1971年,先后建成客运码头、客货码头和货运码头,港口初具规模;1972—1983 年,先后建成客运站房、固定式煤炭专用线码头、年设计吞吐量 40 万吨的综合码头、固定式黄砂生产作业线和池口支流直立墩座梁板结构的码头,大大提高了港口装卸能力和机械化程度。池州原来有池州、香口、东流、梅埂、牛头山、乌沙、大渡口、童埠等 8 个港口,根据"一城一港"原则,整合为池州港。池州港货物经长江运往苏、浙、沪和国外。

池州市境内河流均属于长江水系,除长江干线航道外,还有秋浦河航道、青通河航道、九华河航道,航道总里程 389.43 千米,全部为通航航道。其中,一级航道 158 千米(长江),五级航道 53.26 千米,六级航道 86.91 千米,七级航道 80.73 千米。

池州港现状锚地有 6 处,分别是牛头山锚地、河西锚地、泥洲锚地、中洪水位锚地、危险品锚地、九华锚地。规划锚地共 10 处,从上游至下游依次为香口锚地、香口危险品锚地、东流锚地、东流危险品锚地、大渡口锚地、牛头山锚地、牛头山危险品锚地、泥洲锚地、九华锚地、梅龙锚地。

2. 港口水文气象

池州港辖区内长江干线上起江西九江与池州东至县交界处的牛矶山,下讫与铜陵市接壤的青通河口,该河段上游有九江水位站,区间有安庆水位站、大通水文站。大通水文站位于感潮区的上界,控制长江 170 万平方公里的来水量,大通站径流特征基本上可以代替港辖区河段径流特征。

三峡水库蓄水前,大通水文站流量历年最大值为 9.26 万立方米/秒,最小值为 4620 立方米/秒,多年平均为 2.87 万立方米/秒;含沙量历年最大值为 3.24 千克/立方米,最小为 0.02 千克/立方米,多年平均值为 0.47 千克/立方米。三峡水库蓄水后,大通水文站流量历年最大值为 6.47 万立方米/秒,最小值为 8060 立方米/秒,多年平均为 2.64 万立方米/秒;含沙量历年最大值为 1.02 千克/立方米,多年平均值为 0.17 千克/立方米。

池州市属于暖湿性亚热带季风气候,气候温暖,四季分明,雨量充沛,梅雨显著,光照充足,无霜期长。年平均气温 16.5 摄氏度,7、8 月为最热月,年极端最高气温 40.8 摄氏度,年极端最低气温为 -15.6 摄氏度;年平均降水量 1468.6 毫米、平均降水日数 140 天,日最大降水量 250.3 毫米;平均初雪日是 12 月 25 日,终雪日期是 2 月 16 日,最大雪深 35 厘米;年平均风速 2.7 米/秒,7 月份受夏季风影响多为 WS 风,其余月份以 EN 为主,平均风频率是 18 次;年平均雾日 18.8 天,最多年份 33 天。

3. 发展成就

(1)池州港港口设施现状

池州港规划港口岸线 65.85 千米,其中长江干线 64 千米,2015 年前已使用岸线约 10.36 千米。截至 2015 年底,池州港拥有生产性泊位 118 个。其中,5000 吨级(含)以上泊位 16 个,3000(含)～5000 吨级泊位 26 个,1000(含)～3000 吨级泊位 28 个,500(含)～1000 吨级泊位 26 个,500 吨级以下泊位 22 个;泊位总延长 10359 米。

2015 年完成港口建设投资 2.53 亿元。总投资 2.9 亿元的牛头山港区公用码头一期工程、投资 1500 万元的香口港区香隅化工园公用码头一期工程、投资 1.2 亿元的东流港区公用码头工程、总投资 1.15 亿元的牛头山港区铜润科技循环经济园码头工程、总投资 1.59 亿元的江口港区铜冠有色池州公司码头工程项目、总投资 3200 万元的安徽皖宝矿业股份有限公司专用码头、总投资 2.2 亿元的贵航物流公司码头工程、总投资 5000 万元的香口港区华尔泰股份公司长江码头二期工程已竣工验收并正式运营。池州港新旅游码头水工主体工程建设,完成投资 1568 万元。

(2)池州港对当地社会发展的带动作用

池州港是腹地矿产资源开发的重要运输保障。2010—2015 年,池州港非金属矿石吞吐量占港口吞吐总量的比例在 30% 左右,90% 以上为出口;2015 年全市矿石产量 2700

万吨左右,同年池州港非金属矿石、矿建材料、金属矿石出口量为 2000 万吨,约占池州市矿石产量的 74% 左右。是腹地临港工业发展和对外开放的重要支撑。池州市沿江产业园区较多,这些临港产业园区是池州市生产力集聚的重点区域。池州市沿江地区形成了冶金、有色、化工、机械制造、新材料、能源电力等重点产业集群。池州港每年承担着大量的工业生产所需的矿石、能源物资等原料以及水泥、化工、钢铁等产品的运输任务。安徽东至经济开发区、安徽贵池前江工业园区、池州经济技术开发区等都配套建设了园区公用码头,部分冶金、建材、化工、电力企业建设了专用码头,形成了港口与产业互动发展的良好局面。池州市对外交通发达,公路、铁路、水路、航空交通便捷。长江黄金水道流经池州境内,池州港为国家一类对外开放口岸,长江干线重点港口之一。2015 年池州市各种运输方式完成货运量 9643 万吨,比上年增长 7.5%,其中水路运输量 5169 万吨,占比 53.6%,比上年增长 13.7%;货物运输周转量(不含铁路)269 亿吨公里,比上年增长 8.6%,其中水路运输周转量 195 亿吨公里,比上年增长 13.6%。上述数据表明,水运在池州市经济社会发展过程中发挥了不可替代的作用,池州港已经成为综合交通体系中的重要组成部分。

（3）2015 年港口吞吐量及主要货类吞吐量

2015 年池州港完成货物吞吐量 4136.66 万吨、集装箱 1.42 万 TEU。其中,煤炭及制品 387.82 万吨,石油、天然气及制品 44.42 万吨,金属矿石 56.54 万吨,钢铁 58.1 万吨,矿建材料 956.48 万吨,水泥 1304.83 万吨,非金属矿石 1197.21 万吨。

（4）到港船型

2010—2015 年,3000 吨级以上的内河船舶是到港的主力船型,1000~3000 吨级内河船在减少。池州港已开通了池州港至上海港、南京港、芜湖港、武汉港、重庆港等航线。

池州港港区分布如图 9-5-9 所示,池州港基本情况见表 9-5-10。

（二）香口港区

1. 港区综述

（1）港区建设和运营情况

香口港区生产性码头多为"三线"时期建设。截至 2015 年,有生产性泊位 9 个,泊位总延长 874 米,年综合通过能力为 280 万吨。港区主要运输货种为矿建材料、煤炭、化工原料及制品等。主要港口企业为安徽东至香隅化工园公用码头有限公司、安徽华尔泰港口物流公司等。张公矶、原耀华码头均已停产,属地政府拟拆除;原龙江水厂 1 号、2 号泊位已在长江干线非法码头专项整治过程中拆除。2011—2015 年港区吞吐量分别为377.31 万吨、320.46 万吨、489.82 万吨、498.29 万吨、439.79 万吨。

（2）港区地理条件和集疏运概况

香口港区集疏运方式为公路运输。通过疏港路连接 S327(G530),并与济广高速公路相连。

图9-5-9 池州港港区分布图

2.港区工程项目

安徽东至香隅化工园公用码头项目一期液体浮码头工程

项目于2012年11月开工,2013年10月试运行,2015年5月竣工。

项目建设依据:2008年11月,池州市发展和改革委员会批复《安徽东至香隅化工园公用码头工程可行性研究报告》(池发改交运〔2008〕392号);2010年2月,池州市港口管理局批复《安徽东至香隅化工园公用码头工程初步设计》(池港口〔2010〕12号);2008年12月,池州市环境保护局《安徽东至香隅化工园公用码头建设工程环境影响报告书的批复》(池环发〔2008〕187号);2008年11月,安徽省人民政府《关于安徽东至香隅化工园公用码头工程建设用地的批复》(皖政地〔2008〕334号);2009年12月,交通运输部《关于池州港香隅化工园区公用码头工程使用港口岸线的批复》(交规划发〔2009〕744号)。

表 9-5-10

池州港基本情况表

序号	港区名称	港区岸线		2015年港口生产性泊位				其中:1978—2015年建成的生产性泊位				2015年港口货物和旅客吞吐量						
		港区规划岸线	其中:2015年前已建成岸线	生产性泊位数	其中:千吨级及以上	生产性泊位总长	其中:千吨级及以上	生产性泊位数	其中:千吨级及以上	生产性泊位总长	其中:千吨级及以上	货物吞吐量	其中:外贸货物吞吐量	集装箱	滚装车辆		旅客	其中:国际旅客
															数量	质量		
		千米	千米	个	个	米	米	个	个	米	米	万吨	万吨	万TEU	万辆	万吨	万人	万人
1	香口港区	4.62	0.87	9	6	874	633	7	4	678	437	439.79	0	0	0	0	0	0
2	东流港区	6.36	1.04	14	6	1036	580	14	6	1036	580	476.5	0	0	0	0	0	0
3	吉阳港区	2.7	0	0	0	0	0	0	0	0	0	0	0	0	0	0	0	0
4	大渡口港区	7.98	0.36	5	0	246	0	5	0	246	0	11.16	0	0	0	0	0	0
5	牛头山港区	8.55	3.13	28	24	3133	2913	26	23	2988	2832	2043.33	0	0	0	0	0	0
6	钱江口港区	5.28	0	0	0	0	0	0	0	0	0	0	0	0	0	0	0	0
7	乌沙港区	3.54	0	0	0	0	0	0	0	0	0	0	0	0	0	0	0	0
8	老港区	2.88	1.96	19	16	1909	1755	13	10	1221	1067	155.02	0	0	0	0	0	0
9	江口港区	10.03	1.32	13	11	1321	1239	13	11	1321	1239	564.52	18.56	1.42	0	0	0	0
10	梅龙港区	11.97	0.64	7	5	642	514	7	5	642	514	366.84	0	0	0	0	0	0
11	秋浦河杜湖港区	0.48	0	0	0	0	0	0	0	0	0	7.41	0	0	0	0	0	0
12	菁通河童埠港区	1.45	0.63	11	1	628	54	11	1	628	54	52.72	0	0	0	0	0	0
13	港点	—	0.41	12	1	570	40	9	0	408	0	19.37	0	0	0	0	0	0
	合计	65.84	10.36	118	70	10359	7728	105	60	9168	6723	4136.66	18.56	1.42	0	0	0	0

项目建设 3000 吨级液体危险品出口泊位 1 个,设计年吞吐量 98 万吨。工程占用岸线长 136.1 米。码头顺岸式布局,采用浮码头结构。码头前沿水 5 米。设一座 65 米×11 米钢质趸船和一座引桥,引桥由一座 48 米长活动钢引桥和一座 198.6 米固定式引桥、混凝土承台及接岸设施组成。项目后方堆场面积 2200 平方米。工程概算 14514.5 万元,一期水工建筑物中标价 3996.63 万元,均为业主自有资金。用地面积 18.39 万平方米。

项目建设单位为安徽东至香隅化工园公用码头有限公司;设计单位为中交武汉港湾工程设计研究院有限公司;施工单位为中海工程建设总局;监理单位为上海海科工程咨询有限公司;质监单位为安徽省交通建设工程质量监督局。

项目 2014 年完成吞吐量 18 万吨,2015 年完成吞吐量 25 万吨。

(三)东流港区

1. 港区综述

(1)港区建设和运营情况

东流港区多为历史形成的小码头。截至 2015 年,有生产性泊位 13 个,泊位总延长 944 米。年综合通过能力为 257 万吨。主要运输货种为矿建材料、煤炭、粮食、成品油等。2011—2015 年港区吞吐量分别为 320.31 万吨、300.72 万吨、431.42 万吨、501.78 万吨、476.5 万吨。

(2)港区地理条件和集疏运概况

东流港区集疏运方式为公路、管道运输。通过疏港路连接 X103、G206,并与公路网相连。

2. 港区工程项目

池州港东流港区公用码头工程

项目于 2013 年 1 月开工,2014 年 7 月试运行,2015 年 10 月竣工。

项目建设依据:2012 年 10 月,池州市发展和改革委员会《关于池州港东流港区公用码头建设项目核准的批复》(池发改交运〔2012〕451 号);2012 年 12 月,池州市港口管理局批复《池州港东流港区公用码头工程初步设计》(池港口〔2012〕121 号);2012 年 11 月,池州市环境保护局《关于东至县东流菊江港埠有限公司池州港东流港区公用码头工程环境影响报告书的批复》(池环发〔2012〕107 号);2012 年 9 月,东至县国土资源局《关于池州港东流港区公用码头建设项目拟用地审查的意见》(东国土资函〔2012〕175 号);2013 年 9 月,交通运输部《关于池州港东流港区公用码头工程使用港口岸线的批复》(交规划发〔2013〕532 号)。

项目建设 3000 吨级(水工结构兼顾 5000 吨级)散货出口泊位 1 个、多用途泊位 1 个。

码头利用自然岸线顺岸式布局,占用岸线长 257 米,码头前沿水深 5.5 米。上游为散货泊位,浮式码头结构,由 75 米×16 米钢质趸船、49 米×3.5 米钢引桥、混凝土框架墩及 26 米×4 米固定式混凝土引桥与后方皮带输送机作业线相连接。下游为高桩梁板码头结构,码头平台长 114 米、宽 25 米,两端各设固定式混凝土引桥 1 座,引桥长 87.2 米、宽 9 米,形成环形通道。主要装卸设备为额定起重量 10~25 吨的港口门座起重机 2 台。堆场面积 1.1 万平方米。工程概算 1.6 亿元,均为业主自有资金。用地面积 12.94 万平方米。

项目建设单位为东至县东流菊江港埠有限公司;设计单位安徽省交通勘察设计院有限公司;施工单位为中交二航局第四工程有限公司;监理单位为武汉四达工程建设咨询监理有限公司;质监单位为安徽省交通建设工程质量监督局。

项目 2014 年完成吞吐量 20 万吨,2015 年完成吞吐量 40 万吨。

(四)牛头山港区

1.港区综述

(1)港区建设和运营情况

截至 2015 年,牛头山港区有生产性泊位 30 个,泊位总延长 3378 米。设计年综合通过能力为 2639 万吨。主要运输货种为非金属矿石、水泥、矿建材料、煤炭、金属矿石、钢铁、成品油等。通过小散码头整合,拆除志诚、铜山矿、顺达等 5 座码头 6 个泊位,释放的岸线用于建设中电建安徽长九公司矿石码头一期工程。2011—2015 年港区吞吐量分别为 1373.05 万吨、1673.54 万吨、1930.86 万吨、1989.94 万吨、2043.33 万吨。

(2)港区地理条件和集疏运概况

牛头山港区集疏运方式为公路运输。港区可通过前江工业园区道路连接 G318、G327、G50、沪渝高速公路,并与公路网相连。

2.港区工程项目

(1)池州海螺水泥股份有限公司专用码头一期、二期工程

一期工程于 2001 年 6 月开工,2003 年 1 月试运行;二期工程于 2003 年 2 月开工,2004 年 2 月试运行;2006 年 5 月竣工。

项目建设依据:2000 年 11 月,池州地区行政公署发展计划委员会《关于池州海螺水泥股份有限公司专用码头工程项目建议书的批复》(池计基〔2000〕221 号);2001 年 3 月,池州市发展计划委员会《关于安徽池州海螺水泥股份有限公司专用码头可行性研究报告的批复》(池计基〔2001〕35 号);2002 年 10 月,池州市发展计划委员会《关于安徽池州海螺水泥股份有限公司专用码头二期工程可研报告的批复》(池计投资〔2002〕235 号);2001 年 5 月,池州市发展计划委员会《关于安徽池州海螺水泥股份有限公司专用码头工

程初步设计的批复》(池计基〔2001〕75号);2002年12月,池州市发展计划委员会《关于安徽池州海螺水泥股份有限公司专用码头二期工程初步设计的批复》(池计投资〔2002〕288号)。2001年5月,池州市环境保护局《关于安徽池州海螺水泥股份有限公司专用码头工程环境影响报告书的批复》(池环发〔2001〕35号);2006年6月,取得池州市政府土地使用证(池土国用〔2006〕第CHZ-090/2006号);2001年5月,池州市发展计划委员会《关于安徽池州海螺水泥股份有限公司专用码头工程开工的批复》(池计基〔2001〕79号)。

一、二期工程共建5个泊位。其中,一期工程建设3000吨级出口泊位2个及1500吨级进口泊位1个,二期工程建设1000吨级出口泊位2个。占用岸线长581.75米。从上游到下游依次布置2个1000吨级浮式出口泊位(1号、2号出口泊位)、2个3000吨级直立式出口泊位(3号、4号出口泊位)、1个1500吨级浮式进口泊位(5号进口泊位)。码头前沿水深5米。1号、2号出口泊位,采用浮式码头结构,各设一艘68米×13米趸船,由一座42米×3.5米钢引桥与前方墩台相连。3号、4号出口泊位,采用直立式码头结构,上游设系缆墩一个,码头桩台与系缆墩之间用钢联桥连接,皮带输送机引桥前方由转运站墩台、装船机墩台与码头桩台相连,后方由60米钢引桥架空越过大堤,直至与堤内熟料库相连。5号进口泊位,采用浮式码头结构,设一艘70米×13米趸船,由一座42米钢引桥与前方桥台相连。主要装卸设备包括额定生产率1000~3000吨/小时的散货装船机3台,额定生产率500~1500吨/小时的皮带输送机6台。项目总投资8779.9万元,其中,一期工程总投资6378.37万元,二期工程总投资2401.53万元,全部由建设单位自筹解决。

项目建设单位为池州海螺水泥股份有限公司;设计单位长江航运规划设计院;施工单位为中港第二航务工程局四公司、中国建材苏州安装工程公司;监理单位为湖北武汉四达监理有限公司;质监单位为安徽省水运工程质量监督站。

(2)池州海螺水泥股份有限公司专用码头三期工程

项目于2007年3月开工,2008年3月竣工。

项目建设依据:2006年11月,池州市发展和改革委员会《关于池州海螺水泥股份有限公司专用码头三期工程可行性研究报告的批复》(池发改交运〔2006〕393号);2007年1月,池州市发展和改革委员会批复《池州海螺水泥股份有限公司专用码头三期工程初步设计》(池发改交运〔2007〕21号);2006年9月,池州市环境保护局《关于安徽池州海螺水泥股份有限公司专用码头三期工程环境影响报告书的批复》(池环发〔2006〕112号);2007年10月,安徽省人民政府《关于池州海螺水泥股份有限公司专用码头建设用地的批复》(皖政地〔2007〕239号);2006年11月,池州市港口管理局《关于安徽池州海螺水泥股份有限公司专用码头三期工程岸线使用的批复》(池港口〔2006〕108号)。

项目扩建5000吨级出口泊位2个、3000吨级兼顾5000吨级进口泊位1个。设计年吞吐量共计 740 万吨,占用岸线长 407 米,码头前沿水深 5 米。从上游到下游依次布置 1 个煤炭进口泊位(1 号泊位)和 2 个水泥熟料出口泊位(2 号、3 号泊位)。1 号煤炭进口泊位,采用高桩直立式结构,装备 2 台 16 吨门座起重机,带式输送机进行原煤的水平运输。2 号、3 号水泥熟料出口泊位,采用高桩直立式结构,每个泊位前方装备 1 台效率为 1500 吨/小时的直线摆动式装船机,带式输送机进行水泥熟料的水平运输。批准总概算为 11430.37 万元,实际总投资 13116.84 万元,全部由建设单位自筹解决。

项目建设单位为池州海螺水泥股份有限公司;设计单位长江航运规划设计院;施工单位为中港第二航务工程局四公司、中国建材苏州安装工程公司;监理单位为镇江兴华工程建设监理有限公司;质监单位为安徽省交通基本建设工程质量监督站。

(3)中国石油安徽销售分公司池州油库码头工程

项目于 2009 年 2 月开工,2009 年 12 月试运行,2012 年 11 月竣工。

项目建设依据:2008 年 6 月,池州市发展和改革委员会《关于中国石油安徽销售分公司池州油库码头工程核准的批复》(池发改交运〔2008〕246 号);2009 年 3 月,池州市港口管理局批复《中国石油安徽销售分公司池州油库码头工程初步设计》(池港口〔2009〕19 号);2008 年 7 月,池州市环境保护局《关于中国石油安徽销售分公司池州牛头山油库及码头项目环境影响报告书的批复》(池环发〔2008〕102 号);2008 年 12 月,取得池州市政府土地使用证(池土国用〔2008〕第 1604315660 号);2009 年 2 月,交通运输部《关于中国石油安徽销售分公司码头工程使用港口深水岸线的批复》(交规划发〔2009〕84 号)。

项目建设 1 个 3000 吨级成品油泊位,占用岸线长 148 米。码头为浮式结构,前沿水深 5 米。设一艘 86.5 米 × 15 米钢质趸船,1 座引桥。批准总概算为 1126.81 万元,实际总投资 816.49 万元,全部由建设单位自筹解决。

项目建设单位为中国石油天然气股份有限公司安徽销售分公司;设计单位长江勘测规划设计院研究有限责任公司;施工单位为安徽省路港工程有限责任公司;监理单位为黑龙江黑航工程监理咨询有限公司安徽分公司。

工程 2011—2015 年完成货物吞吐量分别为 38 万吨、38 万吨、38 万吨、38 万吨、38 万吨。

(4)池州市贵航物流有限公司码头一期工程

项目于 2011 年 2 月开工,2012 年 4 月试运行,2013 年 10 月竣工。

项目建设依据:2011 年 5 月,池州市发展和改革委员会《关于贵航物流有限公司码头一期建设项目核准的批复》(池发改交运〔2011〕165 号);2011 年 5 月,池州市港口管理局批复《池州市贵航物流有限公司码头一期工程初步设计》(池港口〔2011〕36 号);2011 年 5 月,池州市环境保护局《关于池州市贵航物流有限公司码头一期工程环境影响报告书的批复》(池环发〔2011〕51 号);2011 年 10 月,取得池州市政府土地使用证

（池土国用〔2011〕第 1604316543 号）；2011 年 11 月，交通运输部《关于池州港牛头山港区池州市贵航物流有限公司码头一期工程使用港口岸线的批复》（交规划发〔2011〕704 号）。

项目 1 个建设 3000 吨级（水工结构兼顾 5000 吨级）散货进口泊位、件杂货进出口泊位 1 个，利用码头顺岸式布局，均采用高桩梁板码头结构，码头前沿水深 5.5 米。工程占用岸线长 265 米。散货进口泊位布置 1 台桥式抓斗卸船机。项目批准总概算为 1.47 亿元，实际总投资 1.45 亿元，建设资金全部由建设单位自筹。

项目建设单位为池州市贵航物流有限公司；设计单位为安徽省交通勘察设计院有限公司；施工单位为中交第二航务工程局有限公司；监理单位为黑龙江黑航工程监理咨询有限公司；质监单位为安徽省交通建设工程质量监督局。

（5）池州港牛头山港区公用码头一期工程

项目于 2012 年 2 月开工，2012 年 12 月竣工。

项目建设依据：2011 年 12 月，池州市发展和改革委员会《关于池州港牛头山港区公用码头一期工程项目核准的批复》（池发改外资〔2011〕574 号）；2012 年 3 月，池州市港口管理局批复《池州港牛头山港区公用码头一期工程初步设计》（池港口〔2012〕16 号）；2013 年 6 月，池州市环境保护局《关于池州市牛头山港务有限公司池州港牛头山港区公用码头一期工程环境影响报告书的批复》（池环发〔2013〕53 号）；2014 年 10 月，取得池州市政府土地使用证（池土国用〔2014〕第 142 号、池土国用〔2014〕第 143 号）；2014 年 10 月，交通运输部《关于池州港牛头山港区公用码头一期工程使用港口岸线的批复》（交规划函〔2014〕882 号）。

项目建设 3000 吨级（水工结构兼顾 5000 吨级）散货出口泊位 1 个、散货进口泊位 1 个、多用途泊位 1 个，码头顺岸式布局。工程占用岸线长 366 米。码头前沿水深 5.6 米。散货出口泊位，采用浮式码头结构，设一艘 65 米×13 米钢质趸船。主要装卸设备包括额定起重量 10～25 吨港口门座起重机 3 台。项目后方堆场面积 5.3 万平方米，堆存能力 21.2 万吨。工程投资总额 2.3 亿元，均为业主自有资金。

项目建设单位为池州远航牛头山港务有限公司；设计单位安徽省交通勘察设计院有限公司；施工单位为中交二航局有限公司、南京港港务工程公司；监理单位为南京公正工程监理有限公司；质监单位为安徽省交通建设工程质量监督局。

该项目 2013—2015 年完成货物吞吐量分别为 67 万吨、199 万吨、296 万吨。

（6）安徽皖宝矿业股份有限公司专用码头工程

项目于 2012 年 4 月开工，2014 年 6 月试运行，2015 年 12 月竣工。

项目建设依据：2010 年 11 月，池州市发展和改革委员会《关于安徽皖宝矿业股份有限公司码头工程可行性研究报告的批复》（池发改交运〔2010〕424 号）；2011 年 11 月，池州市港口管理局批复《安徽皖宝矿业股份有限公司码头工程初步设计》（池港口〔2011〕70号）；2011年6月，池州市环境保护局《关于安徽皖宝矿业股份有限公司码头工程环境影响报告书的批复》（池环发〔2011〕60号）；2018年，取得池州市国土资源局不动产权证（皖2018池州市贵池区不动产权证第0000024号、皖2018池州市贵池区不动产权证第0000025号、皖2018池州市贵池区不动产权证第0000026号、皖2018池州市贵池区不动产权证第0000027号）；2010年11月，交通运输部《关于池州港牛头山港区安徽皖宝矿业股份有限公司码头工程使用港口岸线的批复》（交规划发〔2010〕634号）。

项目建设5000吨级散货泊位1个。工程占用岸线长75米。码头前沿水深5.5米，结构形式为浮式码头，由趸船、承台、钢引桥及架空栈桥组成。主要装卸设备包括额定生产率1000～3000吨/小时的散货装船机1台，额定生产率500～1500吨/小时的皮带输送机2台。项目后方堆场面积1.7万平方米。项目码头工程实际投资为3601.1万元，建设资金全部由建设单位自筹。

项目建设单位为安徽皖宝矿业股份有限公司；设计单位为长江航运规划设计院；施工单位为上海东海华庆工程有限公司；监理单位为武汉四达工程建设咨询监理有限公司；质监单位为安徽省交通建设工程质量监督局。

项目2014年完成货物吞吐量16万吨，2015年完成货物吞吐量16万吨。

(7)池州市贵航物流有限公司码头二期工程

项目于2013年2月开工，2014年3月试运行，2015年5月竣工。

项目建设依据：2013年2月，池州市发展和改革委员会《关于池州市贵航物流有限公司码头二期建设项目核准的批复》（池发改交运〔2013〕32号）；2013年11月，池州市港口管理局批复《池州市贵航物流有限公司码头一期工程初步设计》（池港〔2013〕62号）；2013年10月，池州市环境保护局《关于池州市贵航物流有限公司码头二期工程环境影响报告书的批复》（池环然〔2013〕25号）；2014年7月，取得池州市政府土地使用证（池土国用〔2014〕第097号）；2014年10月，交通运输部《关于池州港牛头山港区贵航物流有限公司码头二期工程使用港口岸线的批复》（交规划函〔2014〕811号）。

项目建设5000吨级散货进口泊位1个、3000吨级（水工结构兼顾5000吨级）件杂货泊位2个，码头顺岸式布局，前沿水深5.6米。工程占用岸线长391米。散货进口泊位为高桩梁板式码头。项目后方堆场面积6.65万平方米。项目码头工程批复投资为1.00亿元，实际总投资1.04亿元，建设资金全部由建设单位自筹。

项目建设单位为池州市贵航物流有限公司；设计单位安徽省交通勘察设计院有限公司；施工单位为中交第二航务工程局有限公司；监理单位为黑龙江黑航工程监理咨询有限公司；质监单位为安徽省交通建设工程质量监督局。

项目2014年完成货物吞吐量100万吨，2015年完成货物吞吐量140万吨。

（8）池州铜润科技循环经济园码头工程

项目于2013年3月开工，2014年6月试运行，2015年11月竣工。

项目建设依据：2013年1月，池州市发展和改革委员会《关于铜润科技循环经济园码头建设工程核准的批复》（池发改交运〔2013〕12号）；2013年9月，池州市港口管理局批复《铜润科技循环经济园码头工程初步设计》（池港口〔2013〕53号）；2013年1月，池州市环境保护局《关于池州铜化润丰材料科技有限公司池州铜润科技循环经济园码头工程环境影响报告书的批复》（池环发〔2013〕4号）；2017年、2018年取得池州市国土资源局不动产权证（皖2017池州市贵池区不动产权证第00000185号、皖2017池州市贵池区不动产权证第00000186号、皖2017池州市贵池区不动产权证第00000187号、皖2017池州市贵池区不动产权证第00000188号、皖2018池州市贵池区不动产权证第0000022号、皖2018池州市贵池区不动产权证第0000023号、皖2018池州市贵池区不动产权证第0000038号）；2014年4月，交通运输部《关于池州港牛头山港区池州铜润科技循环经济园码头工程使用港口岸线的批复》（交函规划〔2014〕279号）。

项目建设5000吨级（水工结构兼顾10000吨级）散货进、出口泊位各1个。码头顺岸式布局，占用岸线长302米。码头前沿水深5.5米。散货进口泊位为高桩梁板式码头，平台长139米、宽18米，前方平台通过1座皮带输送机引桥和1座汽车引桥与厂区连接；散货进口泊位为浮式码头，趸船平面尺寸为80米×15米，趸船通过49米×4米钢引桥、框架墩及3号皮带输送机与厂区的散货出口转运楼进行连接。主要装卸设备为额定起重量10～25吨的港口门座起重机1台。项目后方堆场面积2万平方米。项目码头工程批复投资为9703万元，全部由建设单位自筹。

项目建设单位为池州铜化润丰材料科技有限公司；设计单位安徽省交通勘察设计院有限公司；施工单位为中交第二航务工程局有限公司；监理单位为武汉四达工程建设咨询监理有限公司；质监单位为安徽省交通建设工程质量监督局。

项目2014完成货物吞吐量25万吨，2015年完成货物吞吐量27万吨。

（五）江口港区

1.港区综述

（1）港区建设和运营情况

截至2015年，江口港区有生产性泊位11个，泊位总延长1200米。年综合通过能力为1016万吨、5万TEU。港区主要运输货种为非金属矿石、矿建材料、煤炭、成品油、集装箱等。2011—2015年吞吐量分别为521.38万吨、564.85万吨、567.4万吨、643.96万吨、564.53万吨。

（2）港区地理条件和集疏运概况

江口港区集疏运方式主要为公路运输，港区可直接与沿江大道相连，进而沟通沿江高速公路和规划的宣城至池州高速公路。

2. 港区工程项目

（1）池州港泥洲港区一期工程（池州港江口港区一期工程）

项目于 2001 年 11 月开工，2004 年 1 月试运行，2005 年 3 月竣工。

项目建设依据：1996 年 12 月，交通部《关于池州港泥洲港区一期工程可行性研究报告的批复》（交计发〔1996〕1057 号）；2001 年 3 月，交通部《关于池州港泥洲港区一期工程可行性研究报告变更方案的批复》（交水发〔2001〕117 号）；1997 年 9 月，交通部基建司批复《池州港泥洲港区一期工程初步设计》（交基发〔1997〕538 号）；2001 年 5 月，交通部批复《池州港泥洲港区一期工程初步设计变更方案》（交水发〔2001〕232 号）。

项目建设 5000 吨级非金属矿和 3000 吨级件杂货泊位各 1 个，其中非金属矿 151 万吨、件杂货 41 万吨。码头采用高桩梁板结构，前沿水深 4.5 米。主要装卸设备为额定起重量 10～25 吨的港口门座起重机 2 台。堆场 3.72 万平方米。工程批准概算 1.07 亿元，后调整约为 1.04 亿元，其中交通部资本金 2830 万元，企业自筹资金 3423.71 万元，国家开发银行贷款 4100 万元。

项目建设单位为池州港务管理局（池州市港务总公司）；设计单位为长江航道规划设计院；施工单位为中港第二航务工程局第五工程分公司、南京港港务工程有限公司、中国长江航运集团红光港机厂等；监理单位为南京港建设工程监理公司、武汉长信工程建设咨询监理公司；质监单位为长江航务工程质量监督中心站。

项目 2011—2015 年完成吞吐量分别为 135.36 万吨、145.60 万吨、161.99 万吨、174.49 万吨、146.41 万吨。

（2）池州港江口港区二期工程

项目于 2008 年 3 月开工，2009 年 10 月试运行，2011 年 6 月竣工。

项目建设依据：2007 年 12 月，池州市发展和改革委员会《关于池州江口港区二期工程建设项目核准的批复》（池发改外资〔2007〕466 号）；2009 年 3 月，池州市港口管理局批复《池州港江口港区二期工程初步设计》（池港口〔2009〕21 号）；2008 年 7 月，池州市环境保护局《关于对池州港江口港区二期工程项目环境影响报告书的批复》（池环发〔2008〕110 号）；2017 年，取得池州市国土资源局不动产权证（皖 2017 池州市不动产权证第 0138449 号）；2009 年 2 月，交通运输部《关于池州港江口港区二期工程使用长江港口深水岸线的批复》（交规划发〔2009〕83 号）。

项目建设 5000 吨级（水工结构兼顾 10000 吨级）散货泊位 1 个、多用途泊位 1 个。码头利用自然岸线顺岸式布局，占用岸线长 275 米，码头前沿水深 5.7 米。码头采用高桩梁板结构。主要装卸设备为轨距小于 35 米的轨道式集装箱门式起重机 1 台。后方布置集装箱堆场,沿江大道南侧布置件杂货堆场、集装箱拆装箱库和车辆作业区。工程批准概算 2.3 亿元,由企业自筹解决。

项目建设单位为池州港远航控股有限公司;设计单位为中交武汉港湾工程设计院有限公司;施工单位为中交第二航务工程局、南京港港务工程有限公司、中国长江航运集团红光港机厂等;监理单位为武汉四达工程建设咨询监理有限公司;质监单位为安徽省交通基本建设工程质量监督站。

项目 2011—2015 年完成吞吐量分别为 270.53 万吨、275.69 万吨、271.57 万吨、311.30 万吨、259.34 万吨。

(3)铜冠有色池州公司码头工程

项目于 2012 年 10 月开工,2014 年 4 月试运行,2015 年 11 月竣工。

项目建设依据:2009 年 11 月,池州市发展和改革委员会《关于铜冠有色池州公司码头工程核准的批复》(池发改交运〔2009〕347 号);2009 年 12 月,池州市港口管理局批复《铜冠有色池州公司码头工程初步设计》(池港口〔2009〕122 号);2009 年 10 月,池州市环境保护局《关于安徽铜冠有色金属(池州)有限责任公司码头工程环境影响报告书的批复》(池环发〔2009〕84 号);2011 年 6 月,取得池州市政府土地使用证(池土国用〔2011〕第 126 号);2013 年 2 月,交通运输部《关于池州港江口港区铜冠有色池州公司码头工程使用港口岸线的批复》(交规划发〔2013〕107 号)。

项目建设 3000 吨级(水工结构兼顾 5000 吨级)散货出口泊位 1 个、散货进口泊位 1 个、件杂货泊位 1 个,码头顺岸式布局。工程占用岸线长 378 米。码头平台为高桩梁板结构形式,前沿水深 5.5 米;散货出口泊位连续布置在散货进口泊位上游,前方平台长 127 米、宽 10 米,采用直线移动式装船机和皮带输送机线进行装卸。项目后方堆场面积 5.3 万平方米。项目总投资 1.8 亿元,由企业自筹解决。用地面积 5.48 万平方米。

项目建设单位为安徽铜冠有色金属(池州)有限责任公司;设计单位安徽省交通勘察设计院;施工单位为中交第二航务工程局第四工程有限公司、葛洲坝集团第六工程有限公司、铜陵有色铜冠建筑安装有限责任公司;监理单位为武汉四达工程建设咨询监理有限公司;质监单位为安徽省交通建设工程质量监督局、中国有色金属工业建设工程质量监督站铜陵站。

项目 2014 年完成吞吐量 50 万吨,2015 年完成吞吐量 120 万吨。

(六)梅龙港区

1.港区综述

(1)港区建设和运营情况

截至 2015 年,梅龙港区有生产性泊位 10 个,泊位总延长 972 米。年综合通过能力为

180万吨、40万人次。港区以非金属矿石、金属矿石、矿建材料、煤炭、客运运输为主。2011—2015年港区吞吐量分别为295.71万吨、388.65万吨、195.16万吨、345.42万吨、366.84万吨。

(2)港区地理条件和集疏运概况

梅龙港区集疏运方式为公路、铁路运输。港区后方可直接与S321(G236)相连接。

2.港区工程项目

池州港旅游码头工程

项目于2013年12月开工,2016年10月试运行,2017年2月竣工。

项目建设依据:2012年12月,池州市发展和改革委员会《关于池州港旅游码头工程项目核准的批复》(池发改交运〔2012〕550号);2013年6月,池州市发展和改革委员会批复了《池州港旅游码头工程初步设计》(池发改设计〔2013〕231号);2013年1月,池州市环境保护局《关于池州港旅游码头工程环境影响报告书的批复》(池环发〔2013〕11号);2015年12月,取得池州市国土资源局不动产权证(皖2015池州市不动产权证第0000120号);2014年4月,交通运输部《关于池州港梅龙港区旅游码头工程使用港口岸线的批复》(交函规划〔2014〕278号)。

项目原设计新建豪华游轮泊位1个、普通客轮泊位1个,实际建设2000吨级普通客轮泊位1个,设计年运送旅客20万人次。批准使用岸线270米,实际使用岸线长96.8米。码头采用浮码头结构形式,前沿水深4.3米,设1座65米×13.5米钢质趸船。项目核定总概算8893.14万元,其中普客泊位水工2504.54万元,均为业主自有资金。用地面积3.03万平方米。

项目建设单位为池州市港口投资发展有限公司;设计单位为安徽省交通勘察设计院;施工单位为中交第二航务工程局第一工程有限公司、池州市港投特种设备安装维修有限公司;监理单位为南京公正工程监理有限公司;质监单位为池州市建设工程质量安全监督局。

十一、安庆港

(一)港口概况

1.港口综述

安庆港位于长江黄金水道的皖江经济带安庆市,紧邻经济发达的长江三角洲地区,是全国内河主要港口和国家一类开放口岸,1996年对外籍轮开放,2011年批准为对台直航港口。安庆港是安徽省境内长江左岸的深水良港,是皖西南及临近地区内外贸物资进出的门户,是连接东部和西部地区重要的运输枢纽,以能源、原材料和集装箱运输为主,兼顾旅游客运,具备装卸存储、中转换装、运输组织、临港开发等功能,并逐步拓展现代物流等功能的综合性港口。

2008 年 6 月 13 日,交通运输部和安徽省人民政府联合批复《安庆港总体规划》;2012 年启动中心港区规划调整工作,2018 年 2 月 8 日,交通运输部和安徽省人民政府联合批复《安庆港中心港区总体规划》;2015 年底行政区划调整,原枞阳港区并入铜陵港。规划将安庆港长江干线划分为宿松、望江、中心等 3 个港区,长江支流划分为怀宁、太湖、桐城等 3 个港区。中心港区包括皖河农场作业区、皖河口作业区、五里庙作业区和长风作业区,形成"一江两核、两翼并举"的总体格局,是安庆港重点发展港区,以石油及化工品、散货、件杂货、集装箱等运输为主,将发展成为具有装卸中转、多式联运、商贸物流、保税仓储、临港开发、旅游客运等功能的综合性港区和区域性枢纽。

安庆素有"千年古渡百年港"之称,早在南宋建城前,安庆就有盛唐湾古渡,称为宜城渡;1876 年、1902 年,中英不平等条约先后将安庆辟为"暂停口岸""通商品岸";1917 年,招商局在安庆成立办事处。新中国成立后,安庆相继修建了一批码头和客运候船室等设施,20 世纪 60 年代中、后期,开始建设机械化码头,70 年代建成 14 号煤炭码头、19 号件杂货码头、大件码头和石油及化工码头。安庆原来有安庆、复兴、华阳、石门湖、望江、太湖、同兴、套口、汇口、漳湖、磨盘、莲州、杨湾、洋棚、河口、狮子口、石库等 17 个港口,按照"一城一港"的原则合并为安庆港。

安庆港境内河流均属于长江水系,除长江干线航道外,还有华阳河航道、皖河航道,航道总里程 926.14 千米,通航航道里程 913.22 千米。其中,一级航道 184 千米(长江干线),五级航道 29.53 千米,六级航道 198.61 千米,七级航道 173.52 千米。

安庆港共规划 8 处锚地,分别是王家洲码头、华阳锚地、官洲上游锚地、官洲下游锚地、大渡口锚地、五里庙联检锚地、五里庙游轮及散杂货锚地、长风联检锚地;现状有 3 处锚地,位于中心港区,分别是五里庙油轮及散杂货锚地、五里庙联检锚地、大渡口锚地。

2.港口水文气象

安庆属亚热带季风气候区,气候温和,雨量充沛,光照充足,无霜期长,四季分明。年平均气温 16.5 摄氏度,年最高气温 44.7 摄氏度,年最低气温 −9.3 摄氏度;年平均降水量1403 毫米,年最大降水量 2207.7 毫米,年最小降水量 755.2 毫米;年平均雾日 12.8 天;常风向 EN,频率 30%。

长江干线安庆段历年最高洪水位 16.85 米(黄海高程,下同),历史最低洪水位 1.67 米,多年平均水位 8.15 米,年内最大水位差 12.96 米。泥沙历年最大流量 92600 立方米/秒,历年最小流量 4620 立方米/秒,多年平均流量 28700 立方米/秒;最大流速 3.50 米/秒,平均流速 1.3 米/秒,平均含沙量 0.48 千克/立方米。

3.发展成就

随着安庆经济的不断发展,为缓解安庆港件杂货及重件装卸作业压力,1984年,经交通部批准,投资1096万元,在城市东郊五里庙开辟货运新港区,安庆港五里庙港区一期工程,新建2个2000吨级件杂货泊位,年综合通过能力43万吨,1987年竣工投产。为满足腹地集装箱运输需求,1995年,安庆港着手外贸集装箱码头初步设计工作。1997年4月,安庆港五里庙港区二期暨外贸集装箱码头工程开工建设。新建5000吨级江海轮件杂货(兼顾集装箱)泊位一个,工程总投资7420万元,配有长江港口一流的硬件设施,年综合通过能力30万吨(其中集装箱1.35万TEU)。2004年,安庆港五里庙三期工程集装箱码头开工建设,建设5000吨级集装箱江海轮码头一座及配套设施,总投资1.36亿元,年通过能力5万TEU。2005年马窝港区一期工程动工,2007年长风港区一期工程前期工作启动。这些项目的建成,极大改善了安庆港口水运基础设施,实现了港口、产业和城市互动协调发展。

安庆港规划港口岸线39.64千米,其中长江干线31.7千米,长江支流7.94千米,2015年前已使用岸线7.21千米。截至2015年,安庆港(注:不含枞阳港区)共有生产性泊位113个,泊位总长度8229米,千吨级以上泊位49个,泊位总长度4109米。

2015年,安庆港(注:不含枞阳港区)完成港口货物吞吐量1951.57万吨、集装箱5.1万TEU。其中,煤炭及制品432.8万吨,石油、天然气及制品315.02万吨,金属矿石53.6万吨,钢铁4.51万吨,矿建材料838.66万吨,水泥142.36万吨,非金属矿石13.1万吨。

安庆港已开通了安庆港至上海港、南京港、芜湖港、武汉港、重庆港等航线。

安庆港港区分布如图9-5-10所示,安庆港基本情况见表9-5-11。

(二)望江港区

1.港区综述

(1)港区建设和运营情况

望江港区主要包括华阳作业区。华阳作业区位于华阳镇磨盘洲处,规划为望江县及临近地区农产品和其他物资进出口服务,并承担太湖、潜山等地部分矿产资源输出。

港口岸线总长度9000米,其中现有码头使用港口岸线400米,陆域纵深100～200米,用地面积6万平方米;规划利用岸线长度1538米,陆域占地面积50万平方米,纵深按500米控制。2011—2015年港区货物吞吐量分别为35.99万吨、62.0万吨、59.21万吨、47.72万吨、152.42万吨。

(2)港区地理条件和集疏运概况

望江港区上起望江和宿松交界处,下至沟口闸,自然岸线长约53千米,其中,港口深水岸线6000米,非深水岸线3000米。

图 9-5-10　安庆港港区分布图

华阳河流域内航道全长 250.7 千米，其中五级航道 33.8 千米，六级航道 90.8 千米，七级航道 55.5 千米，七级以下航道 70.6 千米。

华阳作业区有两条县道经过港区后方，省道（S332）目前已到华阳河口，2010 年前后和港区连通。

2. 港区工程项目

（1）安徽华阳港储公司货运码头一期工程

项目于 2008 年 12 月开工，2009 年 6 月试运行，2010 年 1 月竣工。

表 9-5-11

安庆港基本情况表

序号	港区名称	港区岸线		2015年港口生产性泊位				其中:1978—2015年建成的生产性泊位				2015年港口货物和旅客吞吐量						
		港区规划岸线	其中:2015年前建成已建岸线	生产性泊位数	其中:千吨级及以上	生产性泊位总长	其中:千吨级及以上	生产性泊位数	其中:千吨级及以上	生产性泊位总长	其中:千吨级及以上	货物吞吐量	其中:外贸货物吞吐量	集装箱	滚装车辆 数量	滚装车辆 质量	旅客	其中:国际旅客
		千米	千米	个	个	米	米	个	个	米	米	万吨	万吨	万TEU	万辆	万吨	万人	万人
1	中心港区	9.7	3.91	54	39	3910	3169	48	33	3485	2744	1557.84	28.3	5.1	0	0	0	0
2	宿松港区	13	1.48	20	2	1481	150	20	2	1481	150	214.88	0	0	0	0	0	0
3	望江港区	9	1.00	24	6	2018	620	22	5	1863	510	152.42	0	0	0	0	0	0
4	太湖港区	0.8	0.18	5	0	180	0	5	0	180	0	0	0	0	0	0	0	0
5	怀宁港区	1.54	0.38	6	0	380	0	6	0	380	0	26.75	0	0	0	0	0	0
6	桐城港区	5.6	0.26	4	2	260	170	3	1	200	110	0	0	0	0	0	0	0
	合计	39.64	7.21	113	49	8229	4109	104	41	7589	3514	1951.89	28.3	5.1	0	0	0	0

项目建设依据：2008 年 6 月，望江县发展改革委《关于安徽省华阳港储有限责任公司华阳货运码头一期工程工程可行性研究报告的批复》（发改投资〔2008〕216 号）；2009 年 1 月，安庆市港口管理局《关于安徽省华阳港储有限责任公司华阳一期工程初步设计的批复》（皖港许可〔2009〕11 号）；2008 年，望江县环保局《关于安徽省华阳港储有限责任公司华阳货运码头一期工程环境影响报告表的批复》（望环管〔2008〕30 号）；2008 年 8 月，安庆市港口管理局《关于同意转让长江岸线的批复》（皖港许可〔2008〕124 号）。

项目新建 1000 吨级（兼顾 3000 吨级）直立式码头一座。码头顺岸式布局，岸线总长 80 米，码头前沿水深 6 米。码头前方配备 5 吨、18 米以及 10 吨、18 米固定式起重机各 1 台（抓斗、吊钩两用）和纵横向皮带输送机各一条。同时建有堆场、围墙、码头供水、供电等生产配套工程。堆场面积 6.75 万平方米。工程总造价 1850 万元，均为非政策性银行贷款。用地面积 10.27 万平方米。

项目建设单位为安徽华阳港储公司有限责任公司；设计单位为安徽省交通勘察设计院；施工单位为中交集团第二航务工程局四公司、常州市港口机械有限公司；监理单位为安徽省中兴工程建设监理所；质监单位为安徽省交通基本建设工程质量监督站、安徽省长江水工程质量监督站。

项目投产后当年吞吐量完成 15 万吨，大大节约了运输成本，促进了地方经济的发展。2015 年完成吞吐量 52 万吨。

（2）望江县朗睿达有限公司综合码头工程

项目于 2010 年 3 月开工，2012 年 6 月试运行，2013 年 1 月竣工。

项目建设依据：2010 年 10 月，望江县发展改革委《关于安徽舒美特化纤股份有限公司自备综合码头项目核准的批复》（发改许可〔2010〕99 号）；2010 年 10 月，安庆市港口管理局《关于安徽舒美特化纤股份有限公司码头工程初步设计的批复》（皖港规建〔2010〕113 号）；2009 年 12 月，望江县环保局《关于安徽舒美特化纤股份有限公司自备码头工程环境影响报告表的批复》（望环管〔2009〕82 号）；2009 年 1 月，安徽省港航局《关于安徽舒美特化纤股份有限公司码头工程建设使用港口非深水岸线的批复》（皖港航港〔2010〕45 号）。

项目建设 1 个 1000 吨级散货泊位，泊位长度 150 米，码头利用自然岸线顺岸式布局。码头前沿水深 6 米。码头前方布置两台 5 吨、25 米固定式起重机（带抓斗）。同时建有堆场、围墙、码头供水、供电等生产配套工程，码头堆场、道路建设面积 6223 平方米。工程总造价 1481.6 万元，均来自非政策性银行贷款。用地面积 9831.85 平方米。

项目建设单位为安徽舒美特纤维股份有限公司；设计单位为安徽省交通勘察设计院；施工单位为安徽省中成建设工程有限公司、安徽新锐公路工程有限公司；监理单位为安徽中兴工程建设监理所；质检单位为安徽省公路工程检测中心。

项目投产后,当年完成吞吐量15万吨,大大节约了运输成本,促进了地方经济的发展。2015年完成吞吐量46万吨。

(三)中心港区

1.港区综述

(1)港区建设和运营情况

安庆港中心港区是安庆港的核心港区,是皖江城市带承接产业转移的重要支撑,是安庆市经济发展、产业布局的重要依托和对外开放的重要窗口。中心港区是以石油及化工品、散货、件杂货、集装箱等运输为主的综合性港区。

中心港区已形成西门水运工业基地、老城区作业区、五里庙外贸集装箱综合物流基地、马窝散货物流基地、长风铁水联运综合物流基地等码头集聚区。形成皖河农场作业区、皖河口作业区、五里庙作业区和长风作业区4个港口作业区共同发展的总体空间布局。拥有长江自然岸线67.5千米。截至2015年,中心港区共有码头泊位92个,码头泊位长度7988米5000吨级以上生产性泊位10个,功能主要以煤炭、油品、集装箱和通用件杂货泊位为主。港区2011—2015年吞吐量分别为1148.76万吨、1290.61万吨、1212.1万吨、1511.98万吨、1557.84万吨。

(2)港区地理条件和集疏运概况

中心港区地貌总体特征是西高东低,整个港口范围内无大的地质不良现象。按山矶节点分为3个河段。自上而下依次为官洲河段、安庆河段、太子矶河段。其中,安庆河段为微弯型河段;官洲河段、太子矶河段为弯曲型河段。历史上本段河道呈右摆之势,左岸留下广阔的冲积性平原,长江两岸边界条件差异较大:左岸分布全新世纪冲积和湖积层,抗冲性能较差;右岸多山矶阶地,抗冲性能较强。

中心港区段上起沟口闸、下至长河河口,全长67.5千米,航道维护水深常年在6米以上,洪水期7.5~8米,可常年通航5000吨级船舶。港区内集疏运主要方式包括公路、管道和内河。目前铁路尚在规划中。

2.港区工程项目

(1)安庆石化化肥厂码头

项目于1977年8月开工,1981年6月试运行,1982年6月竣工。

项目建设依据:1973年12月,燃料化学工业部《关于安庆石油化工厂修改初设审查意见的批复》(燃油化设字〔1973〕第1877号);2010年1月,环境保护部《关于中国石油化工股份有限公司安庆分公司含硫原油加工适应性改造及油品质量升级工程环境影响报告书的批复》(环审〔2010〕10号)。

项目建有 2 个 1000 吨级件杂货码头泊位,年通过能力 50 万吨。利用岸线总长 136 米。采用浮码头结构,两个泊位分别由趸船、活动钢引桥与栈桥组成。码头前沿水深 6 米。主要装卸设备为皮带输送机 1 台。项目总投资 4000 万元,均为国企资金。用地面积约 4000 平方米。

项目建设单位为中国石油化工股份有限公司安庆分公司;设计单位为安徽省交通厅港航工程处。

项目投产后,2003 年货物吞吐量完成 20.92 万吨,因市场化肥销售不景气,2012 年以后停产。

(2)安庆港 15 号、16 号码头工程

项目于 1984 年 10 月开工,1986 年 10 月竣工。

项目建设依据:1981 年 12 月,交通部《关于安庆港五里庙港区计划任务的批复》(交计字〔1981〕2624 号)。

项目建设 2000 吨级通用散货码头泊位 2 个,码头长度 150 米。码头顺岸式布置,采用高桩梁板式结构,前沿水深 6 米。主要装卸设备为 5 吨×14 米桥式装卸机 2 台。2001 年对码头前沿系靠船装置进行了改造,增添了设备。项目仓库占地面积 9464 平方米,道路占地面积 10946 平方米,堆场占地面积 7331 平方米,生产辅助设施占地面积 1887.5 平方米。项目总投资 1046.04 万元,均为地方政府投资。

项目建设单位为安庆港务局;设计单位为交通部第二航务勘察设计院;施工单位为第二航务工程局四公司。

项目建成投产后,2003 年完成吞吐量 45.26 万吨,2015 年完成吞吐量 25.36 万吨。

(3)安庆港埠公司码头工程

项目于 1985 年 4 月开工,1986 年 12 月试运行,1987 年 7 月竣工。

建设 2 个 2000 吨级和 1 个 1500 吨级通用散货码头泊位,码头顺岸布置,岸线总长 220 米。码头采用浮码头结构,前沿水深 6 米。港口起重机械 3 台。固定资产投资 346.5 万元。

项目建设单位为安徽省安庆轮船有限公司。

项目建成后当年完成吞吐量 50 多万吨,2015 年完成吞吐量 103.16 万吨。

(4)石化热电厂煤码头工程

项目于 1986 年 10 月开工,1990 年 11 月试运行,1991 年 11 月竣工。

项目建设依据:1986 年 1 月,中国石油化工总公司《关于安庆石化总厂油改煤工程初步设计的批复》(中石化规字〔1986〕1 号);2010 年 1 月,环境保护部《关于中国石油化工股份有限公司安庆分公司含硫原油加工适应性改造及油品质量升级工程环境影响报告书的批复》(环审〔2010〕10 号)。

项目建设 1500 吨级煤炭专用泊位 1 个,岸线总长 122 米。码头采用浮码头结构,前沿水深 6 米。码头设施由趸船、钢引桥、皮带输送机组成。1996 年进行了改造;2003 年对卸煤设备进行更换,将双十吨浮式起重机换链斗式卸煤机,码头年通过能力由原来的 80 万吨提高到了 120 万吨。项目总投资 1680 万元,均为国企资金。

项目建设单位为中国石油化股份有限公司安庆分公司;设计单位为交通部第二航务工程局勘察设计院;施工单位为交通部二航局第四工程公司。

项目投入运行后,解决了企业自身煤炭发电的需求量,2015 年完成吞吐量 60.41 万吨。

(5)铜陵有色金属集团股份有限公司铜矿江边码头泊位

项目于 1989 年 3 月开工。

项目建设 1 个 2000 吨级金属矿石码头泊位,岸线总长 375 米。码头采用浮码头结构。码头前沿水深 6 米。项目后方堆场面积 4016 平方米。装卸设备 1 台。项目总投资 273.65 万元。

项目建设单位为铜陵有色金属集团股份有限公司;设计单位为交通部第二航务勘察设计院;施工单位为交通部第二航务工程局第三工程公司。

项目投产后,2015 年吞吐量为 25.57 万吨。

(6)安庆港 19、20 号码头

项目于 1996 年 12 月开工,1998 年 12 月试运行,1999 年 10 月竣工。

码头顺岸布置,前沿水深 6 米。19 号码头为浮式进口散货码头,设计靠泊 2000 ~ 3000 吨级驳船。码头长度 50 米。20 号码头为浮式出口散货码头,停靠 3000 吨级驳船及 2000 吨级江海轮。码头长度 65 米,1999 年建成投产。设计年综合通过能力 40 万吨。主要装卸设备包括额定生产率小于 1000 吨/小时的散货装船机 1 台,额定生产率小于 500 吨/小时的皮带输送机 2 台以及其他港口流动机械 2 台。

项目建设单位为安庆港务总公司(现已转让给安庆港有限公司)。

项目投产后,2003 年完成吞吐量 20.40 万吨,2015 年完成吞吐量 59.06 万吨。

(7)安庆港五里庙港区二期工程(17 号码头)

项目于 1997 年 4 月开工,2000 年 10 月试运行,2002 年 2 月竣工。

项目建设依据:1994 年,交通部《关于安庆港五里庙港区二期工程可行性研究报告的报复》(交计发〔1994〕862 号);1993 年 3 月,安庆市环保局《关于〈安庆港五里庙二期工程环境影响评价大纲〉的批复》(环局字〔93〕第 015 号)。

项目新建 5000 吨级海轮件杂货(集装箱)泊位 1 个,兼顾 2000 吨级驳船停靠。年综合通过能力 30 万吨(其中集装箱 1.35 万 TEU)。占用港口岸线 295 米。码头利用自然岸线顺岸式布局,采用高桩式结构。码头长 139 米、宽 28 米,前沿水深 6 米。两座引桥宽 12

米,长 40 米。主要装卸设备为额定起重量小于 50 吨、30～50 米的岸边集装箱起重机 1 台。项目配套仓库面积 2215 平方米,混凝土地坪。集装箱堆场面积 7900 平方米,件杂货堆场面积 6530 平方米及后方陆域设施。项目总投资 8600 万元,均为非政策性银行贷款。

项目建设单位为安庆市港口管理局;设计单位为交通部第二航务工程勘察设计院、长江船舶设计院;施工单位为交通部二航局第四工程公司、安庆航务工程公司、安庆长江建设总公司等;监理单位为长江航务工程建设监理总公司九江公司;质监单位为交通部长江航务工程质量监督中心站。

项目建设竣工,使五里调港区有了很大改观。基础设施较为完善,机械化程度和货物通过能力有很大提高。2002 年完成吞吐量 18.47 万吨,集装箱完成 9011TEU。

（8）安庆石化液态烃码头工程

项目于 2001 年 1 月开工,2002 年 6 月试运行,2003 年 1 月竣工。

项目建设依据:2000 年,中国石油化工股份有限公司安庆分公司《关于化肥厂建设丙烯液化气专用码头工程可行性研究报告的批复》（安庆分公司〔2000〕计字 17 号）;2000 年 12 月,安庆市港口管理局《关于对石化总厂化肥厂液化气码头初步设计的审查意见的批复》（皖港规建〔2000〕131 号）;2010 年 1 月,环境保护部《关于中国石油化工股份有限公司安庆分公司含硫原油加工适应性改造及油品质量升级工程环境影响报告书的批复》（环审〔2010〕10 号）;2001 年 3 月,安庆市港口局《关于对安庆石化液化气码头使用岸线申请开工的批复》（皖港规建〔2001〕28 号）。

项目建设 1500 吨级液态烃泊位 1 个,占用岸线总长 70 米;码头采用浮码头结构。主要装卸设备:双管装卸臂 1 台,趸船上配置压缩机 2 台,用于协助卸船和码头扫线。项目总投资 1702 万元,均为国企资金。

项目建设单位为中国石化股份有限公司安庆分公司;设计单位为交通部二航设计院;施工单位为中港第二航务工程局第四工程公司;监理单位为南京港湾建设监理事务所。

（9）安庆市凤凰航运公司货运码头

项目于 2001 年 3 月开工,2001 年 10 月试运行,2001 年 12 月竣工。

项目建设依据:2001 年,安庆市港口局批复了初步设计（宜港规建〔2001〕83 号）;2001 年 11 月,安庆市港口局审批岸线（皖港规建〔2001〕100 号）。

项目建设 1 个 1000 吨级通用散货码头泊位,岸线总长 80 米。码头利用自然岸线顺岸式布局,采用浮码头结构。码头前沿水深 6 米。项目后方主要装卸设备为港口起重机械 1 台。项目总投资 400 万元。

项目建设单位为安庆市凤凰航运公司。

项目建成投产后,2001 年、2002 年货物吞吐量分别为 4.5 万吨、5.3 万吨,2015 年完成吞吐量 28.39 万吨。

（10）安庆港1、2号码头扩建工程

项目于2002年2月开工，2002年9月试运行，2003年3月竣工。

项目建设依据：2001年3月，安徽省交通厅《关于安庆港1、2号码头扩建工程可行性研究报告的批复》（皖交计〔2001〕46号）；2001年6月，安徽省交通厅《关于安庆港1、2号码头重建设工作初步设计的批复》（皖交基〔2001〕128号）。

项目建设1000吨级通用散货码头一座，设计年吞吐量30万吨，码头利用自然岸线顺岸式布局，占用岸线70米。码头为浮式结构，前沿水深6米。新建60米×14米×2.5米钢质趸船1艘、31.5米×4.5米移动式钢桥2座、56米×6米斜坡道2道、护岸工程及相应配套设施。码头采用车船直取的装卸工艺。项目总投资700万元，均由地方政府投资。

项目建设单位为安庆市航运管理局（现安庆市港航管理局）；设计单位为安徽省港航勘测设计院；施工单位为安庆市航运局港航工程处；质监单位为安徽省交通基本建设工程质量监督站。

项目建成投产后，2004年货物吞吐量完成4.37万吨，2015年完成吞吐量39.87万吨。

（11）安庆曙光化工（集团）有限公司危险品装卸作业码头改建工程

项目于2004年3月开工，2004年11月试运行，2005年5月竣工。

项目建设依据：2004年4月，安徽省长江河道局《关于安庆曙光化工（集团）有限公司建设浮式码头工程初步设计的批复》（长工管〔2004〕90号）；2004年7月，安庆市环保局《关于曙光化工（集团）有限公司码头投资发行项目环境影响报告书的批复》（环建函〔2004〕012号）。

项目在原有码头基础上，增加40米趸船，钢质栈桥3节，4.5吨×2吨×0.9吨钢质浮筒2个，设计靠泊能力1000吨。改建后，码头包含1个2000吨级化学品泊位，岸线总长265米。码头利用自然岸线顺岸式布局，采用浮码头结构，前沿水深6米。配置装卸设备1台。

项目建设单位为安庆曙光化工（集团）有限公司。

项目建成后，2004年完成吞吐量2.60万吨，2015年完成吞吐量10.20万吨。

（12）安庆港五里庙港区三期工程（集装箱码头）

项目于2004年9月开工，2005年6月试运行，2006年1月竣工。

项目建设依据：2003年4月，安徽省发展计划委员会《关于安庆港五里庙港区三期工程项目建议书的批复》（计基础〔2003〕231号）；2003年12月，安庆市港口管理局批复岸线（皖港规建〔2003〕92号）；2004年5月，水利部长江水利委员会《关于安庆港五里庙港区三期工程使用长江岸线、水域及滩地建设码头工程涉及河道管理有关事宜的批复》（长江务〔2004〕261号）。

项目建设一个5000吨级集装箱专用江海轮泊位，年通过5万TEU，码头顺岸式布局，占用岸线总长 106 米。陆域分为堤内陆域和堤外陆域,两块陆域跨堤连接。码头前方布置 1 台 40 吨、25 米岸边集装箱起重机,重箱堆场选用 2 台轨距 30 米轨道式集装箱门式起重机。项目总投资 1.36 亿元。

项目建设单位为安庆市港口管理局;设计单位为长江勘测规划设计研究院;施工单位为交通部二航局第四工程公司。

三期工程建设竣工后,适应了港口集装箱运输快速发展的需要,一期、二期、三期工程的码头连成一个整体,从根本上改善了港口基础设施条件,使安庆港初步显现现代化大港口的气象。投产当年完成吞吐量 28.90 万吨,集装箱完成 8996TEU,2015 年完成 51032TEU,吞吐量完成 68 万吨。

(13)安庆港马窝港区一期工程

项目于 2006 年 11 月开工,2007 年 6 月试运行,2008 年 12 月竣工。

项目建设依据:2006 年 2 月,安徽省发展改革委《关于安庆马窝港一期工程可行性研究报告的批复》(安发改交运〔2006〕98 号);2006 年 4 月,安徽省发展改革委《关于安庆马窝港一期工程初步设计的批复》(发改设计〔2006〕424 号);2006 年 1 月,安徽省环保厅《关于安庆港马窝港区一期工程环境影响报告书审查意见的复函》(环评函〔2006〕37 号);2006 年 8 月,交通部《关于安庆港马窝一期工程使用港口岸线的批复》(交规划发〔2006〕429 号)。

项目新建 2 个 5000 吨级分节驳通用散货泊位,其中煤炭进口泊位 205 万吨,散货出口泊位 210 万吨。码头顺岸式布置,主要由码头平台及引桥组成,并呈 L 形,采用直立式高桩梁板结构,码头平台长 236 米、宽 23 米,引桥长 111.5 米、宽 20 米,码头前沿水深 6 米。生产区位于码头正后方,堆场面积 30800 平方米,其中煤炭进口和散货出口 15400 平方米。主要装卸设备为额定生产率 500～1000 吨/小时的连续卸船机 1 台,额定生产率小于 1000 吨/小时的斗轮堆取料机 1 台。项目总投资 19959 万元,其中项目资本金 7984 万元,由交通部和安徽省补贴及由安庆市政府筹措;其余 11975 万元由项目法人申请银行贷款。用地面积 13.7 万平方米。

项目建设单位为安庆市交通投资(集团)有限公司;设计单位为长江航运规划设计院;施工单位为中国交通建设股份有限公司;监理单位为武汉四达建设咨询监理有限公司;质监单位为安徽省交通基本建设工程质量监督站。

项目被列为安徽省“十一五”交通重点工程;安徽省“861”行动计划项目;安庆市“3231”工程 45 个重点项目之一。

2008 年 12 月,项目建成投入试运行后,满足了企业自身及周边地区货物运输需求,增强了企业市场竞争力,促进地方经济发展。2009 年完成吞吐量 51.02 万吨,2015 因环保问题,停产整顿。

（14）安庆港18号码头改建工程

项目于2008年12月开工,2010年6月试运行,2011年3月竣工。

项目建设依据:2008年6月,安徽省发展改革委《关于安庆港18号码头改建工程初步设计的批复》(发改设计〔2008〕268号)。

原18号码头边改扩建一座5000吨级(兼顾万吨级)多用途泊位,并和已建的五里庙二期工程(5000吨级多用途泊位)相贯通,以充分利用二期工程现有引桥和起重设备;将原18号码头适当下移形成滚装通道。码头利用自然岸线顺岸式布局,占用岸线总长158米。码头采用高桩式结构,前沿水深6米,配置40吨台架式起重机1台,主要供战备、装备和集装箱进出。项目总投资3029.65万元,均为非政策银行贷款。

项目建设单位为安庆市交通投资集团有限公司;设计单位为湖北省交通规划设计院;施工单位为中交第二航务工程局有限公司;监理单位为武汉中澳工程项目管理有限责任公司;质监单位为安徽省交通基本建设工程质量监督站。

项目投产后,2011年完成吞吐量12万吨。2015年完成吞吐量22万吨。

（15）安庆港长风港区一期工程

项目于2009年1月开工,2011年12月试运行,2014年2月竣工。

项目建设依据:2007年,安徽省发展改革委《关于安庆港长风港区一期工程项目建议书的批复》(发改交运〔2007〕741号);2008年7月,安徽省发展改革委《关于安庆港长风港区一期工程可行性研究报告的批复》(发改交通〔2008〕644号);2009年2月,安徽省发展改革委《关于安庆港长风港区一期工程初步设计的批复》(发改设计〔2009〕138号);2008年8月,安徽省环保厅《关于安庆港长风港区一期工程环境影响报告书的批复》(环评函〔2008〕66号);安徽省国土资源厅《关于安庆港长风港区一期工程建设用地预审意见的函》(皖国土资函〔2007〕1533号);2009年3月,交通运输部《关于安庆港长风港区一期工程使用长江港口深水岸线的批复》(交规划发〔2009〕153号)。

项目新建2个5000吨级件杂货泊位,利用顺岸式布局,岸线总长275米。码头主要由码头平台和引桥组成,码头平台长275米、宽28米,前沿水深6米。码头平台上、下两端分别设12×472米、12×484米引桥与后方陆域连接,堆场平行堤岸布置。码头采用直立式高桩梁板结构,码头平台基础采用预应力混凝土空心方桩,引桥采用钢筋混凝土排架结构,水工建筑物安全等级为二级。项目配备港口起重机械2台。堆场面积4.9万平方米。项目总投资2.00亿元,其中资本金7996万元,除申请交通运输部(补贴3000万元)和安徽省补贴外,由项目法人安庆市交通(集团)有限公司自筹;资本金以外所需资金由项目法人申请交通银行贷款解决。项目总用地16.81万平方米,其中农用地约15.42万平方米(其中耕地约5.83万平方米),建设用地约1.38万平方米。

项目建设单位安庆市交通(集团)有限公司(现已变更为安庆港有限公司);设计单位

为长江航运规划设计院;施工单位为中交第二航务工程有限公司;监理单位为武汉中澳工程项目管理有限责任公司;质监单位为安徽省交通基本建设工程质量监督站。

项目2014年建成投入试运行情况良好,实现了港口升级换代,提升港口服务能力和水平,但因安庆城市经济发展的缓慢,长风港区没有发挥应有作用。2014年、2015年吞吐量分别完成13.58万吨、20.29万吨。

(16)安庆电厂综合码头工程

项目于2012年2月开工,2014年6月试运行,2015年1月竣工。

项目建设依据:2012年10月,安庆市发展改革委《关于安庆马窝方兴综合码头及物流基地(安庆电厂综合码头及储煤场工程)项目核准的批复》(安发改许可〔2012〕122号);2012年6月,安庆市港口局《关于安庆电厂综合码头工程初步设计的批复》(宜港规建〔2012〕99号);2012年6月,安庆市环保局《关于安庆马窝方兴综合码头及物流基地项目(安庆电厂综合码头及储煤场项目)环境影响报告书的批复函》(环建函〔2012〕247号);2012年11月,安庆市国土资源局《关于安庆电厂综合码头及储煤场工程项目用地预审意见的函》(庆国土资函〔2012〕105号);2012年9月,交通运输部《关于安庆港中心港区安庆电厂综合码头工程使用港口岸线的批复》(交规划发〔2012〕507号)。

项目新建2个5000吨级通用散货码头泊位(可停靠1艘10000吨级海轮),设计年吞吐量180万吨。码头利用自然岸线顺岸式布置,岸线总长254米。工程水工结构由前方平台、连接平台、皮带输送机栈桥、汽车栈桥等组成。前方平台采用高桩梁板结构,长254米、宽20.5米,排架间距8米;码头前沿水深6米;汽车栈桥长216.0米、宽9.0米,排架间距10米。主要设备包括2台1000吨/小时桥式抓斗卸船机、4条额定生产率<500吨/小时的皮带输送机等。项目投资概算2.34亿元,均为中央政府投资。

项目建设单位为安徽安庆皖江发电有限责任公司;设计单位为安徽省交通勘察设计院有限公司;施工单位为中交第二航务工程局有限公司;监理单位为中交二航院工程咨询监理有限公司;质监单位为安徽省交通建设工程质量监督局。

项目2013年12月建成投入试运行,情况良好,满足了电厂自身用煤的同时,还为安庆地区其他用煤企业供煤,增加了安庆市的煤炭供应渠道,进而提高了安庆地区供电保证率和稳定性。2014年、2015年分别完成吞吐量158万吨、269.10万吨。

(17)安庆金海口经贸有限公司码头工程

项目于2012年11月开工,2013年12月试运行,2014年7月竣工。

项目建设依据:2012年3月,安庆市发展改革委《关于安庆海口码头工程项目核准的批复》(安发改许可〔2012〕11号);2011年6月,安庆环境保护局《关于安庆金海口经贸有限公司新建码头项目环境影响报告书的批复函》(环境函〔2011〕288号);2011年6月,安徽省港航管理局《关于安庆金海口经贸有限公司码头工程建设使用港口非深水岸线的批复》(皖港航港〔2011〕431 号)。

项目新建 1 个 1000 吨级通用散货泊位。码头顺岸式布置,岸线总长 220 米。码头为浮式结构,钢式趸船尺寸(船长×船宽×型深)为 65 米×15 米×2.75 米,码头前沿水深 6 米。港口输送机械 2 台。项目总投资 2938.73 万元,均为企业自筹及银行贷款。

项目建设单位为安庆金海口经贸有限公司;设计单位为中交四航局港湾工程设计院有限公司;施工单位为安庆市宁江船舶修造贸易有限公司。

项目 2013 年 12 月建成投入试运行,情况良好,发展了临港经济,满足企业自身及周边地区货物运输需求,增加企业市场竞争力,促进地方经济发展。2014 年完成吞吐量 21.30 万吨,2015 年完成吞吐量 70.96 万吨。

十二、蚌埠港

(一)港口概况

1.港口综述

蚌埠港位于安徽省东北部蚌埠市,淮河中游,是全国内河主要港口、二类水运开放口岸。蚌埠港是沿淮地区大宗物资中转的重要基础设施,是蚌埠市及皖北地区经济发展、产业布局、资源开发、城市建设的重要依托,是蚌埠市构建华东地区交通枢纽城市的重要支撑和安徽省综合交通运输体系的重要枢纽,是蚌埠市及皖北地区对外开放的重要平台,是淮河水系的综合性港口。2009 年 2 月 27 日,交通运输部和安徽省人民政府联合批复《蚌埠港总体规划》,规划将蚌埠港划分为中心、怀远、固镇、五河等 4 个港区,其中中心港区、五河港区是重点发展港区。

蚌埠港历史悠久,公元 1369 年,朱元璋在蚌埠东南兴建中都城,就在蚌埠设立码头转运物资,并设立了渡口;清道光、咸丰年间,随着铁路的兴建,蚌埠逐渐成为重要城镇,港口有了相应发展。蚌埠原来有蚌埠、固镇、怀远、五河、唐集、上桥、龙亢、常家坟、马头城、沫河口、新集、小溪等 12 个港口,按照一城一港的原则,合并为蚌埠港。

蚌埠境内主要有淮河、涡河、浍河、茨淮新河、怀洪新河等航道,属于淮河水系。境内航道总里程 453.6 千米,通航里程 453.6 千米。其中,三级航道 141.96 千米(淮河),四级航道 151.64 千米,五级航道 40.55 千米。

蚌埠港现状没有锚地,在新修订的《蚌埠港总体规划》中规划布设了锚地。

蚌埠港已开通"蚌埠—太仓""蚌埠—扬州""蚌埠—阜阳""蚌埠港—连云港"4 条水运集装箱航线。

2.港口水文气象

蚌埠港属于暖温带半湿润季风气候区,春季多雨,盛夏炎热,秋季干燥,无霜期长,四季分明而春秋较短,具有明显的季节性,全年主导风向为 EN 风偏 E 风。历年平均气温 15.2 摄氏度,极端最高气温 42 摄氏度,极端最低气温 −22.8 摄氏度;常风向为 ENE,频率 16%,最大风速达 21.3 米/秒,平均风速为 3.5 米/秒左右;年最大降水量达 1559.5 毫米,最小降水量仅为 442.1 毫米;雾日天数 19.9 天/年;年无霜期 217 天。

蚌埠位于淮河中游,地区等级河流有淮河、涡河、浍河、怀洪新河及人工开挖河流茨淮新河。蚌埠河段属于平原性河流,水位、流量、沙量的变化,随上游淮河干流及支流来水、径流挟沙量的改变而变化。规划辖区内水位、流量、沙量的月均变化趋势为 1 月至 7 月逐渐增大,8 月至 12 月逐渐减小。

3. 发展成就

蚌埠市是皖北地区经济中心、全国重要的交通枢纽,被称作两淮重镇、沪宁咽喉,战略地位十分重要。京沪高铁、津浦铁路、京台高速铁路、宁洛高速铁路等干线铁路和高速公路在此交会,承东启西、连接南北,区位优势十分显著。改革开放以来,特别是进入 21 世纪以来,随着"中部崛起"战略的实施和腹地经济的快速发展,蚌埠港吞吐量快速增长,在矿建材料、粮食、非金属矿石和集装箱等运输中发挥了重要作用,有力促进了沿河产业的发展和区域综合运输体系的完善。"十一五"和"十二五"期间,蚌埠港建成了蚌埠新港码头一期、二期工程等。2017 年 3 月,蚌埠二类水运口岸获安徽省政府批复同意设立,成为淮河流域首个集装箱水运口岸。

蚌埠港规划港口岸线 58.95 千米,2015 年前已使用岸线 3.1 千米。截至 2015 年,蚌埠港拥有生产性泊位 35 个,其中,1000 吨级泊位 23 个,500(含) ~ 1000 吨级泊位 7 个,500 吨级以下泊位 5 个;泊位总延长 2381 米。

2015 年,蚌埠港完成货物吞吐量 853.33 万吨。其中,煤炭及制品 102.69 万吨,金属矿石 1.82 万吨,钢铁 3.81 万吨,矿建材料 564.94 万吨,非金属矿石 24.92 万吨。

蚌埠港到港船型为 300 ~ 1000 吨级,其中淮河干流沿岸码头到港主要为 500 ~ 1000 吨级船舶,支线航道沿岸到港船舶主要为 300 ~ 500 吨级船舶。

蚌埠港港区分布如图 9-5-11 所示,蚌埠港基本情况见表 9-5-12。

(二)中心港区

1. 港区综述

(1)港区建设和运营情况

蚌埠港中心港区是蚌埠港的核心港区,以粮食、煤炭、矿建材料、非金属矿石、化工品、钢铁、集装箱和件杂货及旅游客运的运输为主,主要为沿淮产业带特别是禹会工业区、蚌埠工业园区、长淮卫临港产业园等服务。

图 9-5-11　蚌埠港港区分布图

中心港区位于蚌埠市区的淮河干流,是蚌埠港目前规模最大的港区,主要由新港作业区、龙子湖作业区、小蚌埠作业区、蚌埠市老港作业区组成。中心港区现有 500～1000 吨级泊位 13 个,泊位总长 900 米,年货物通过能力 650 万吨。货种以煤炭、粮食、矿建材料、集装箱、危险品运输为主。新港作业区蚌埠新港码头一期已建设完成 1 个 1000 吨级、1 个 500 吨级件杂货泊位和 1 个 1000 吨级散货泊位,年设计吞吐能力 110 万吨。二期建设完成 2 个 1000 吨级多用途泊位,年设计吞吐能力 57 万吨,集装箱 5.5 万 TEU。2011—2015 年港区货物吞吐量分别为 59.96 万吨、72.31 万吨、84.25 万吨、109.71 万吨、109.86 万吨。

(2)港区地理条件和集疏运概况

中心港区依托蚌埠市,对外交通条件极为便利。蚌埠市现形成了公路、水路、铁路和航空并举的运输格局。公路方面,有京台、宁洛、蚌合、蚌五、徐明、蚌埠绕城高速公路,G104、G206 国道和多条省道交织成网,分别通往徐州、合肥、南京、洛阳等周边地区。水运方面,淮河干流航道是国家高等级航道网"两横一纵两网十八线"中的"十八线"之一,干流航道横贯蚌埠东西,溯淮河而上,可至豫东及皖北各地市,向下经京杭运河及长江,可达苏、浙、沪、湘、鄂、赣等省及沿海各地。目前已开通"蚌埠—太仓""蚌埠—扬州""蚌埠—阜阳""蚌埠港—连云港"4 条水运航线,极大提升通江达海能力。铁路方面,蚌埠是华东铁路运输网的重要节点,京沪铁路、津浦铁路、两淮铁路和京福铁路等形成沟通全国各地的铁路网。民用航空方面,蚌埠市境内的腾湖国际机场正在规划建设。

表 9-5-12

蚌埠港基本情况表

序号	港区名称	港区岸线		2015年港口生产性泊位				其中:1978—2015年建成的生产性泊位				2015年港口货物和旅客吞吐量						
		港区规划岸线	其中:2015年前已建成岸线	生产性泊位数	其中:千吨级及以上	生产性泊位总长	其中:千吨级及以上	生产性泊位数	其中:千吨级及以上	生产性泊位总长	其中:千吨级及以上	货物吞吐量	其中:外贸货物吞吐量	集装箱	滚装车辆 数量	滚装车辆 质量	旅客	其中:国际旅客
		千米	千米	个	个	米	米	个	个	米	米	万吨	万吨	万TEU	万辆	万吨	万人	万人
1	中心港区	13.81	1.1	14	12	1039	928	14	12	1039	928	248.52	0	0.36	0	0	0	0
2	怀远港区	27.12	0.95	12	5	746	410	12	5	746	410	349.56	0	0	0	0	0	0
3	五河港区	12.32	0.75	9	6	596	496	6	6	496	496	136.72	0	0	0	0	0	0
4	固镇港区	5.7	0.3	0	0	0	0	0	0	0	0	118.53	0	0	0	0	0	0
	合计	58.95	3.1	35	23	2381	1834	32	23	2281	1834	853.33	0	0.36	0	0	0	0

2．港区工程项目

（1）新港作业区码头一期工程项目

项目于 2005 年 3 月开工，2006 年 8 月试运行，2012 年 3 月竣工。

项目建设依据：2003 年 11 月，安徽省发展计划委员会批复《蚌埠新港工程可行性研究报告》（计基础〔2003〕1147 号）；2004 年 3 月，安徽省发展计划委员会批复《关于蚌埠新港工程初步设计》（发改设计〔2004〕99 号）；2003 年 8 月，安徽省环境保护局《关于蚌埠新港（一期）环境影响报告书的批复》（环然〔2003〕124 号）；2005 年 8 月，安徽省人民政府《关于蚌埠新港工程建设用地的批复》（皖政地〔2005〕57 号）。

项目建设中低水位 500 吨级和 1000 吨级件杂货泊位各 1 个及 1000 吨级散泊位 1 个；码头岸线总长 354 米；码头利用自然岸线顺岸布置，采用高桩梁板式结构，前沿水深 3.0 米。配套建设件杂货仓库、办公等房屋建筑面积 8640 平方米；港口装卸机械 6 台；港区堆场面积 7800 平方米，后方仓库面积 15000 平方米、机修车间面积 392 平方米，建有配电房、前后方道路、港区供电、供水等附属设施。一期工程概算总投资为 6212.42 万元。陆域用地面积 10.3 万平方米，一期工程使用总面积 5.6 万平方米。

项目建设单位为蚌埠新港开发有限公司；设计单位为安徽省港航设计院、蚌埠市建筑设计研究院；施工单位为安徽省路港工程有限责任公司、安徽水利开发股份有限公司、蚌埠市第六建筑安装工程有限公司等；监理单位为南京公正监理有限公司、安徽省大禹工程建设监理咨询部、蚌埠市工程监理公司；质监单位为安徽省交通工程基本建设质量监督站、蚌埠市建筑工程质量监督站。

2011—2015 年完成货物吞吐量分别为 59.96 万吨、72.31 万吨、84.25 万吨、109.71 万吨、109.86 万吨。

（2）新港作业区码头二期工程项目

项目于 2012 年 12 月开工，2013 年 11 月试运行，2016 年 10 月竣工。

项目建设依据：2011 年 9 月，安徽省发展和改革委员会《关于蚌埠新港二期工程立项的批复》（皖发改基础函〔2011〕962 号）；2012 年 7 月，安徽省发展和改革委员会批复《蚌埠新港二期工程可行性研究报告》（皖发改基础函〔2012〕788 号）；2012 年 8 月，安徽省发展和改革委员会《关于蚌埠新港二期工程初步设计的复函》（皖发改设计函〔2012〕914 号）；2012 年 7 月，安徽省环境保护厅《关于蚌埠新港二期工程环境影响报告书的批复》（环评函〔2012〕763 号）；2012 年 12 月，安徽省人民政府《关于蚌埠新港二期工程建设用地的批复》（皖政地〔2012〕1118 号）；2012 年 12 月，交通运输部《关于蚌埠新港二期工程使用港口岸线的批复》（交规划发〔2012〕771 号）。

项目建设 2 个 1000 吨级多用途泊位（1 个件杂货泊位、1 个集装箱泊位），设计件杂货年通过能力 57 万吨、集装箱 5.5 万 TEU；码头采用顺岸布置、高桩梁板式结构，前沿水深

3.0 米,码头使用岸线 166 米;配备起重机 25 米、45 吨门式起重机 1 台。项目概算总投资约 2.74 亿元,包括工程费用(含设备)概算 1.90 亿元、其他费用概算 6304.33 万元、预备费用概算 1263.05 万元和建设期贷款利息概算 882.88 万元。资金来源为中央财政补贴、企业投入和银行贷款。

项目建设单位为安徽省港航建设投资集团有限公司;设计单位为安徽省交通勘察设计院有限公司;施工单位为安徽水利开发股份有限公司、湖南中铁五新重工有限公司、蚌埠市鑫通电力成套设备安装有限公司;监理单位为武汉长航科达工程监理有限公司、武汉四达工程建设咨询监理有限公司;质监单位为安徽省交通建设工程质量监督局。

码头前方作业区于 2013 年 12 月 12 日通过交工验收,2014 年 4 月,开通集装箱班轮蚌埠—太仓首条航线。该码头作为安徽省水运重点工程、千里淮河唯一集装箱码头,开启了淮河集装箱运输新时代。截至 2015 年,新港作业区二期码头工程累计装卸船舶 175 航次,完成集装箱吞吐量 8335 万 TEU。到港船型为集装箱船舶,多为 1000 ~ 1500 吨级船舶。其中,2014 年装卸船舶 66 航次,完成吞吐量 2626TEU;2015 年装卸船舶 109 航次,完成吞吐量 5709TEU。

十三、六安港

(一)港口概况

1.港口综述

六安市地处北亚热带的北缘,属于湿润季风气候。其特征是:季风显著,雨量适中,冬冷夏热,四季分明,冬夏季长,春秋季短,热量丰富,光照充足,无霜期较长,光、热、水配合良好;但由于处在北亚热带向暖温带转换的过渡带,暖冷气流交汇频繁,年际间季风强弱程度不同。多年平均气温 15.5℃,最高气温 41.0℃,最低气温 - 18.9℃;常风向 ESE,多年平均风速 2.5 米/秒;最大风速 20 米/秒,年平均降雨量 1089.4 毫米,年最大降雨量 1449.3 毫米,年最小降雨量 648.0 毫米,全年降水天数达 125.6 天。历年平均雾天数 22.3 天,多年平均霜天数 60.8 天。

六安市地处江淮之间,东临巢湖、北抵淮河,市内有三湖六库(城西湖、城东湖、瓦埠湖三大湖区,佛子岭水库、磨子潭水库、白莲岩水库、响洪甸水库、梅山水库、龙河口水库六大水库)、淠史杭灌区干渠及多条天然河流。主要天然河流有 8 条:淮河、史河、沣河、汲河、淠河、东淝河、丰乐河及杭埠河。六安市河流属于平原性河流,水位、流量、沙量的变化,随淮河干流及支流来水、径流挟沙量的改变而变化。

表9-5-13

六安港基本情况表

序号	港区名称	港区岸线		2015年港口生产性泊位				其中:1978—2015年建成的生产性泊位				2015年港口货物和旅客吞吐量						
		港区规划岸线	其中:2015年前已建成岸线	生产性泊位数	其中:千吨级及以上	生产性泊位总长	其中:千吨级及以上	生产性泊位数	其中:千吨级及以上	生产性泊位总长	其中:千吨级及以上	货物吞吐量	其中:外贸货物吞吐量	集装箱	滚装车辆		旅客	其中:国际旅客
															数量	质量		
		千米	千米	个	个	米	米	个	个	米	米	万吨	万吨	万TEU	万辆	万吨	万人	万人
1	霍邱港区	5.748	0.603	10	0	603	0	10	0	603	0	134.63	0	0	0	0	—	—
2	寿县港区	4.267	0.211	5	0	211	0	5	0	211	0	261.84	0	0	0	0	—	—
3	舒城港区	2.300	0.272	5	0	272	0	4	0	237	0	4.62	0	0	0	0	—	—
4	霍山港区	2.400	0.020	1	0	20	0	1	0	20	0	0	0	0	0	0	—	—
5	叶城港区	2.540	0.020	1	0	20	0	1	0	20	0	0	0	0	0	0	—	—
6	金寨港区	2.300	0	0	0	0	0	0	0	0	0	0	0	0	0	0	—	—
	合计	19.555	1.126	22	0	1126	0	21	0	1091	0	401.09	0	0	0	0	—	—

2.发展成就

六安市位于豫皖两省交界,高速公路有济广高速公路、沪陕高速公路、沪蓉高速公路和京台高速公路等国家高速公路主干线,铁路有阜六铁路、宁西铁路、合九铁路等干线铁路,建成了较完善的水路、公路、铁路互相联通的综合交通运输网络。改革开放以来,特别是进入 21 世纪以来,随着"一带一路""中部崛起"、长江经济带等的实施和腹地经济的快速发展,六安港吞吐量快速增长,在矿建材料、粮食、非金属矿石等货物运输中发挥了重要作用,有力促进了沿河产业的发展和区域综合运输体系的完善。

六安港规划港口岸线 19.56 千米,2015 年前已使用岸线 1.13 千米。截至 2015 年底,六安港拥有生产性泊位 22 个,其中,500(含)～1000 吨级泊位 7 个,500 吨级以下泊位 15 个;泊位总延长 1126 米。

2015 年,六安港完成货物吞吐量 401.09 万吨。其中,煤炭及制品 2.51 万吨,金属矿石 92.39 万吨,矿建材料 280.67 万吨,水泥 6.37 万吨,粮食 15.78 万吨。

六安港到港船型为 300～1000 吨级,其中淮河干流沿岸码头到港主要为 500～1000 吨级船舶,支线航道沿岸到港船舶主要为 300～500 吨级船舶。

2015 年六安港旅客总吞吐量为 22 万人。

六安港基本情况见表9-5-13。

(二)霍邱港区

1.港区综述

(1)港区建设概况和运营情况

六安港霍邱港区是六安港重点发展的港区,以建设散货码头及件杂货为主,兼顾油品码头;主要功能是服务于周集铁矿和拟建的霍邱钢厂及周边地区,承担铁精粉及相关工业产品、煤炭、钢铁、矿建材料、粮食、油品等货种的装卸、物流仓储。

霍邱港区位于六安市北部,临近淮河干流,是六安港目前规模最大的港区,主要由周集作业区、临淮岗作业区、老坝头作业区等作业区组成。截至 2015 年,霍邱港区共有生产性泊位 10 个,泊位总长 603 米,年货物通过能力为 457 万吨。货种以矿建材料、金属矿石、粮食、水泥等散货运输为主。港区 2014 年吞吐量为 199.83 万吨,2015 年吞吐量为 134.63 万吨。

(2)港区地理条件和集疏运概况

霍邱港区依托霍邱市,对外交通条件极为便利。根据《六安市"十三五"综合交通发展规划》,将构建"六横七纵九联"骨架路网,将修建多条干线公路与高速公路相衔接,优化六安市骨架公路网络,改善交通出行环境,提高交通组织的合理性,助力淮河淠河生态经济带建设,助推承接产业转移,带动沿线地区的发展。其中 S244 霍邱罗岗至六安分路口段公路、S324 霍邱隐贤至宋店公路、S325 六安马头至长集段公路等多条道路建设,将提高霍邱县交通流中转和运行的效率,提升交通供给能力。水运方面,淮河干流航道是国家高等级航道网"两横一纵两网十八线"中的"十八线"之一,干流航道横贯蚌埠东西,溯淮河而上,可至豫东及皖北各地市,向下经京杭运河及长江,可达苏、浙、沪、湘、鄂、赣等省及沿海各地。且霍邱周集地区铁矿资源丰富,周集铁矿是国内罕见的大型鞍山式铁矿,矿区由周集、张庄、周油坊、李楼、吴集等 9 个矿床组成,已探明储量 16.5 亿吨,居华东第一位、我国第五位。

2.港区工程项目

周集码头工程项目

项目于 2015 年试运行,2016 年竣工。

项目建设中低水位 500 吨级散货泊位 2 个、高水位 500 吨级散货泊位 1 个,设计年吞吐能力 110 万吨,其中件杂货 70 万吨,散货 40 万吨;码头泊位总长 198 米;码头利用自然岸线顺岸布置,采用高桩梁板式结构,前沿水深 3 米。

项目建设单位为安徽周集港口有限公司;设计单位为安徽省交通勘察设计院;施工单位为安徽省路港工程有限责任公司;监理单位为四川省水运工程监理事务所;质监单位为安徽省交通建设工程质量监督局。

2015 年港口吞吐量在 100 万吨左右。

第六节 江 西 省

一、综述

(一)基本省情

江西位于长江中下游交接处的南岸,地处北纬 24°29′14″ ~ 30°04′41″,东经 113°34′36″ ~ 118°28′58″之间,土地面积 16.69 万平方公里。东邻浙江、福建,南连广东,西接湖南,北毗湖北、安徽。2015 年常住人口 4565.63 万人。

2015 年,江西省统筹做好稳增长、促改革、调结构、优生态、惠民生等各项工作,经济发展总体平稳,稳中有进,社会事业全面进步。全省实现生产总值 16723.8 亿元,财政总收入 3021.5 亿元,500 万元以上项目固定资产投资 16993.9 亿元,规模以上工业增加值 7268.9 亿元,外贸出口 332.7 亿美元。区域发展格局进一步完善,全面对接"一带一路"倡议和长江经济带国家战略,赣南等原中央苏区振兴发展和罗霄山集中连片特困地区扶贫攻坚成功上升为国家区域发展战略,鄱阳湖生态经济区建设顺利推进,昌九一体化步伐明显加快,赣东、赣西协调发展,"龙头昂起、两翼齐飞、苏区振兴、绿色崛起"展现勃勃生机,区域经济呈现多极支撑、多元发展新格局。沿江产业带已初具规模,一些大型工矿企业,以及工业开发区都是临江布置,比较典型的是电厂、冶金厂、水泥厂及化肥厂等大型工矿企业,如长江沿线的亚东水泥、理文造纸、九江电厂、嘉盛粮油、九江萍钢、江西铜业、龙达(差别)化学纤维,赣江沿线的南昌亚力水泥、海螺水泥、晨鸣纸业、丰城电厂、吉安华能电厂、信丰海螺水泥,信江沿线的贵溪电厂、贵溪冶炼厂、贵溪化肥厂、余干黄金埠电厂等。

江西省有 11 个设区市、10 个县级市、70 个县,11 个设区市分别是南昌市、景德镇市、萍乡市、九江市、新余市、鹰潭市、赣州市、吉安市、宜春市、上饶市、抚州市。南昌市为江西省政治、经济、文化、科技中心。

江西境内的鄱阳湖平原地区是我国重要的商品粮基地,绿色农产品正成为重要增长点,全省绿色食品数量达 916 个,居全国前列;有机食品数量 415 个,居全国第一位。同时建有省级以上农业产业化龙头企业 273 家,其中国家级 14 家。江西省是华东地区木材和毛竹生产基地,我国淡水渔业重点省份之一。

江西地下矿产资源丰富,尤以有色金属和非金属矿为最。在已探明储量的矿产资源中,铜、钽、铯、铬、铷、钪、银、铀、钍等 13 种的储量位居全国第一。铜、钨、铀钍、钽铌、稀土被誉为江西的"五朵金花"。

江西山川秀丽,历史文化悠久,自然和人文景观众多,旅游资源得天独厚:庐山是著名的旅游避暑胜地,井冈山是中国革命的摇篮,南昌是中国人民解放军的诞生地。

(二)综合运输

1978 年,江西铁路营运里程 1184 千米;江西省仅有 2 条最好的二级公路,即 105 国道、320 国道。这两条国道组成"十"字公路主网架,承担着江西南来北往的交通重任。公路通车里程 30245 千米。水路航道处于天然状况,常年仅通航 300 吨级船舶,枯水季节水深不足 1 米。全省货物周转量 128.63 亿吨公里,其中铁路 108.48 亿吨公里,公路 5.14 亿吨公里,水运 15.01 亿吨公里。全省旅客周转量 44.67 亿人公里;铁路货物运输量 2163 万吨,公路货物运输量 2910 万吨,水路货物运输量 2093 万吨。

改革开放后,江西省着力构建现代综合运输体系,统筹各种运输方式发展,基础设施逐步完善,在城乡发展协调推进下,公路、铁路、水路、航空、管道建设进入快速发展阶段。江西开通了南昌—深圳海铁联运班列。公路、铁路、民航快捷方便的交通形式受到大众欢迎。水路运输因速度慢、环节多、自然条件影响大、机动灵活性差等缺点,并且水运具有多环节性,需要港口、船舶、供应、通信导航、船舶修造和代理等企业以及国家有关职能部门等多方面的密切配合才能顺利完成,因而水运客、货运输"弃水走陆"现象逐年增多。至2010 年,江西水运长途客运基本退出客运市场,水路客运转至湖、库区、旅游景点和沿江河两岸周边短途运输。

为加快水运发展，水运企业利用水运长运距、大运量、成本低、起运点和到达点都在江河沿线附近的优势，以调整运输结构来应对市场货物运输格局的变化。除继续承运煤炭、粮食、化肥、钢材等传统货物外，另开辟了盐卤、液碱、渣油、散装水泥、液化气、集装箱等特种货物运输，开拓了大宗物质运输。江西腹地富聚建筑材料、矿产。以黄砂为例，长江中下游基本建设所需黄砂，大多采自赣江、信江和鄱阳湖区，黄砂运输最高峰时占到全省水路货运物运输量80.74%。

九江156千米的长江岸线是南昌通江达海的交通优势，江西的矿产资源丰富，水运部门正在努力全面打通赣江航道（已在赣江航道上建成了3个航电枢纽），货物运输将以南昌为中心枢纽，辐射省内赣州、抚州、景德镇、宜春、上饶、九江、鄱阳、樟树等市县，连接长江中下游等省市运输网络，提高了水运竞争力，使一部分从水运流失的货物，重新回到水运。从而带动全省经济发展，促进江西中部崛起。

赣江南昌—湖口航道等级从Ⅴ级提高到内河Ⅱ-(3)级航道标准，实现了江西省内河高等级航道零的突破之后，江西内河运输船舶平均载重吨位大大提高。船舶的平均载重吨位从2005年的258吨增加到2015年的1041吨。赣江石虎塘至神岗山三级航道整治工程，信江高等级航道项目前期工作正式启动。全省高等级航道达614千米。

截至2015年底，高速公路建设实现新的突破，达5088千米，打通24个出省通道。公路通车里程15.7万千米。实现县县通高速公路；高速公路通车里程位居全国前列，占全国总里程的4.2%。全省铁路营运里程3872.3千米，高速铁路从零到867千米；城市轨道交通实现零的突破。

空运方面，已建成南昌昌北机场、九江机场、景德镇机场、赣州黄金机场、宜春明月山机场、吉安井冈山机场等6个机场。2004年南昌昌北机场通过对外籍航班开放口岸验收，晋升为国际机场，通航城市达49个。

2015年，江西公路与水运货物运输量16.1亿吨。货物运输周转量3904.4亿吨千米。其中，公路货运量14.8亿吨。水运货运量9400.7万吨。公路货物周转量3200.1亿吨千米，水运货物周转量207.4亿吨千米。全省铁路货物发送量6801.9万吨，铁路货物周转量660.33亿吨千米。全年旅客运输量7.0亿人，旅客周转量990.9亿人千米。水运旅客周转量0.3亿人千米；航空旅客吞吐量985万次，货邮吞吐量6.25万吨，其中，南昌昌北国际机场旅客吞吐量748.8万人次、货邮吞吐量5.11万吨。建有油气管道约460千米，包括仪长原油管道黄梅至九江支线约12千米，九江、南昌、樟树成品油管线约110千米，川气东送江西专线约8千米，江西省天然气管网约220千米。

（三）港口概况

江西处于中原与岭南、沿海与内陆的交接处。主要水道赣江，自南而北贯穿全省，经鄱阳湖出长江,注入东海。这种特殊的地理位置和水道流向,使江西在古代以中原为轴心的交通构架中,占有十分重要的地位。

战国时期,赣江—鄱阳湖—长江已经是漕运通渠。九江、鄱阳、南昌、大庾、河口、余干、吴城、吉安、赣州等港已经是南北运输的重要转运、换载、军运要港。隋朝开京杭大运河后,南北运输畅达,赣江、信江、昌江等沿江港埠进一步兴盛。明末清初,江西境内以南昌为中心,以景德镇、吴城镇、河口镇、樟树镇等重要城镇为基点的水陆交通网络和商品流通网络日趋完善。

鸦片战争的血与火,取道江西的几条南北通道随着中外交通贸易的重心由广州移往上海而迅速衰退。"向之冲途,今为迂道",商货锐减,经贸萧条。1936年粤汉铁路通车后,江西衔接岭南的交通地位更加下降。清咸丰十一年(1861年),九江正式辟为通商口岸,港口管理权落入英国人手中。西方列强的轮船遂以九江为据点,横行于长江,肆虐于赣河。江西省传统的农副产品和手工业产品备受排挤和摧残,江西经济一蹶不振。

进入近代以后,随着南昌、九江为代表的中心港口的建成开始了由帆船港向轮船港过渡的发展,更多的中小型港口诞生、发展起来。尽管江西港口众多,但港口的码头设施均处于无趸船、无站房、无库房、无装卸机械的落后状态。到1949年江西全境解放时,主要通航城镇的港口仅有岸坡码头117座,全长1976米。

江西地处中亚热带湿润季风区,气候温和,雨量丰沛,光照充足,四季分明,无霜期长,夏冬长,春秋短,春季温暖多雨,夏季炎热温润,秋季凉爽少雨,冬季寒冷干旱。港口年平均气温16~20摄氏度,由于流域内植被较好,河流含沙量很小。

1985年,全省港口占河道自然岸线总长238.17千米,码头线总长20.88千米,江西省各港港界线均未正式划定。截至2015年底,江西省港口岸线总长197千米,其中深水岸线191千米,已利用港口岸线80千米,其中深水岸线75千米。

进入21世纪,江西省港口管理体制改革拉开了帷幕。九江市港口管理局与九江港务集团公司实现了政企分开。江西省航运管理局与江西省航务管理局合并组建江西省港航管理局,使全省水路交通体制改革取得历史性突破。根据江西省十届人大四次会议审议通过的《江西省国民经济和社会发展第十一个五年规划纲要》,明确了江西水运"十一五"发展目标;根据《公路水路交通"十一五"发展规划》和《江西省内河航运发展规划(2006—2020年)》,全省港口的布局确定了以九江港和南昌港为内河主要港口码头建设工程;以赣州港、吉安港、樟树港、新余港、鹰潭港、鄱阳港、景德镇港、乐平港、瑞昌港、彭泽港等10个区域性重要港口为依托,其他一般港口为基础的层次分明、功能完善、布局合理的全省港口体系。《九江港总体规划(修订)》已于2015年6月通过了交通运输部和江西省政府组织的联合审查,九江港整合鄱阳湖港口群和长江沿线港区。长江沿江港区包括瑞昌、城西、城东、湖口、彭泽五个港区,鄱阳湖港口群包括湖口、庐山区(现濂溪区)、星子、都昌等港区。《南昌港总体规划》于 2009 年 6 月获得交通运输部和江西省人民政府联合批复，目前已启动规划修订工作。南昌港由东新、鸡山、张洲、龙头岗、樵舍、老港区（昌东）等 6 个货运港区和 1 个旅游客运港区组成。南昌港重点建设鸡山、龙头岗、樵舍、东新等新港区。其余港口《樟树港总体规划》《吉安港总体规划》《修水县港口总体规划》《都昌县港口总体规划》已获批复。

根据规划，江西省的内河主要港口 2 个，分别是九江港和南昌港；区域性重要港口 10 个，分别是赣州港、吉安港、樟树港、新余港、鹰潭港、鄱阳港、景德镇港、乐平港、瑞昌港、彭泽港；一般性港口为丰城港、新干港、永修港、余干港、万年港等 49 个。规模以上港口 5 个，分别为南昌港、九江港、蛤蟆石港、湖口港、丰城港，其余 54 个港口均为规模以下港口。

港口枢纽、门户功能：九江港是江西省最大的码头港口，是联结内陆经济腹地与海港的重要枢纽，也是江西省唯一通江达海对外开放的国家一类口岸。作为赣北门户，九江港充分发挥长江黄金水道作用，已成为港口经济腹地内大型钢铁及电力企业、金属矿石、非金属矿石以及工业和民用煤炭的重要集散地。在长江沿线建成了一批规模化、专业化的散货、件杂货、集装箱码头和城西港区、湖口港区等集中连片规模化港区，港口发展能力和服务水平显著提升。另外，依托港口大力发展临港工业园区和港口物流园区，上港集团在九江二桥（在建）上游投资建设的物流园区已基本建成，下游还有在建的九江现代综合大市场。九江港规划建设成为长江中游重要的区域性枢纽港。

南昌是江西省政治、经济、文化中心，是全国铁路和公路的主枢纽，"赣、信、抚、饶、修"五大水系在南昌境内汇聚至鄱阳湖，湖水经九江湖口流入长江。南昌港是全国内河主要港口之一，赣江第一大港，也是南昌综合交通枢纽的重要组成部分，它承接全省各地货物贸易集聚和分销功能。南昌港国际集装箱码头、亚力水泥制品专用码头、晨鸣纸业码头、龙头岗综合码头、海螺水泥专用码头等一批为园区和临港工业服务的码头的建设，促进了南昌经济技术开发区、昌南工业园、小蓝工业园、临空经济区等园区发展，加速了南昌产业布局的调整和构建，为南昌产业加快发展和经济腾飞奠定了坚实基础。

（四）港口发展成就

1978 年，江西省港口普遍存在码头简陋、设备老化、机械化程度低、装卸工艺落后等问题（无港口统计资料）。进出港道路狭窄，船舶到港后大多数港口靠人工装卸货物，压船压港压货情况严重。

1985 年，江西省吞吐量超过 1 万吨以上港口 97 个：分布于赣江水系 42 个，抚河水系 10 个，信江水系 8 个，饶河水系 9 个，修水水系 3 个，鄱阳湖区 12 个，长江沿线 13 个。其中，20 万吨以上港口 20 个，100 万吨以上的港口有赣州港、樟树港、南昌港、九江港 4 个。主要港口绝大多数分布于赣江、滨湖及长江沿线。1985 年，江西省客运吞吐量 968.86

万人次，货运吞吐量 2247.88 万吨。全省港口泊位 702 个，其中生产性泊位 685 个。按使用性质，货运码头占 93%，客运码头占 7%；按结构形式，简易码头（一般为简易斜坡）占 35%，斜坡码头占 18%，浮码头占 21%，直立式码头占 24%，栈桥码头占 2%。全省港口生产用仓库（含水上仓库）面积 4.16 万平方米，堆场（含简易堆场）面积 62.49 万平方米，货棚面积 0.57 万平方米，合计 67.22 万平方米。港口各类机械 380 台，其中，起重机械 99 台、输送机械 173 台、装卸搬运机械 89 台、专用机械 19 台。此时的江西港口虽然增添了一些装卸设备，但远远不能满足国民经济的发展及改革开放形势的需要。

1985—1999 年，全省内河各中小港口的建设投资主要以码头修复与扩建，设施更新改造或添置为主。重点改扩建了南昌、九江、樟树、吉安、赣州、鄱阳等六大港口，新建、扩建了景德镇、彭泽等数个中小港口。九江港作为长江流域第一批经国务院批准对外开放的内河港口，率先步入长江沿江开放的行列，由此打开九江与国际直接交往的通道。九江港以沿江城镇为中心区建设了客运码头和一批散货、件杂货码头，并对原外贸码头进行改、扩建，先后建成 5000 吨级码头泊位 3 个。外贸码头的建设对包括九江市、江西省在内的沿江各省市经济发展起到积极的促进作用，初步改善了沿江港口落后的面貌。南昌港也对其原港口的码头结构形式进行了改建，即由原来的石级式、自然土坡式变为直立式、水泥斜坡式，港口最大靠泊能力从 100 吨级提高到 500 吨级。并根据货物运输形式的变化，将原滕王阁货运码头改建成年吞吐量为 1.5 万 TEU 的江西省内河第一个集装箱码头。在重点建设九江港和南昌港的同时，对赣州港、吉安港、樟树港、鄱阳港等大、中、小港口进行了改建，增添一些机械设备。

进入 21 世纪，随着江西航道工程整治拉开帷幕，江西省内河高等级航道实现了零的突破，千吨级船舶可从南昌直达江海，大大加快了沿江港口的发展。港口的货物吞吐量也呈高速增长态势，特别是随着外贸经济的发展，集装箱吞吐量增长迅猛，原港区已满足不了日益增长的物质需求，急需开辟新港区。南昌港开辟了鸡山港区、龙头岗港区、樵舍港区，九江港开辟了湖口港区、瑞昌港区、彭泽港区等新港区。在这些新港区，一批规模化、集约化、专业化的散货、件杂货、集装箱码头相继建成。南昌港港口船舶最大靠泊能力从 2000 年的 500 吨级提升到 2000 吨级，1000 吨级及以上的泊位达 26 个。九江港 5000 吨级及以上泊位 18 个。九江港对外开放码头 5 个，开放锚地 2 处，开通 20 余条国际航线，与全球 80 多个港口建立货运往来，外贸货运量占全省外贸货运量的 60% 以上。港口的发展对区域经济增长的贡献率高达 25% 以上。港口发展能力和服务水平不断提升。

截至 2015 年末，全省港口泊位总数达 1839 个，生产性泊位 1765 个，深水泊位 157 个，各类专业化泊位 223 个，集装箱泊位 4 个。货物年通过能力为 1.61 亿吨，旅客年通过能力为 770 万人次，集装箱 60 万 TEU。完成货物总吞吐量 3.27 亿吨（含集装箱吞吐量 35.9 万 TEU，旅客吞吐量 344.7 万人次）。外贸出口 366.82 万吨（其中九江港外贸出口 278.46 万吨，南昌港外贸出口 88.36 万吨)。九江港完成货物吞吐量 1.04 亿吨,正式迈入亿吨大港行列,南昌港集装箱吞吐量首次突破 10 万 TEU。

江西港口的集疏运以"水—水""公—水"为主。"水—水"与长江流域沿线和省内各支流港口相通,"公—水"各港口与区域路网相连,港口的集疏运主要以公路运输为主。九江港、樟树港部分港区利用铁路、管道进行集疏运。公路集疏运主要以市政和城乡规划道路连接高速公路、国道为主,但有的港区原设计通过量还不能满足港区货运通过量,未形成规模的集疏运体系,对城市交通、环境带来一定的压力。

港口现代化装卸工艺情况:港口装卸工艺前方主要以门座起重机、固定式起重机、浮式起重机为主,后方辅以汽车式起重机、轮胎式起重机、叉车、牵引车、平板车等,专业散货码头配备皮带输送机、化工和油品码头配备管道输油臂等。总体来说,"十一五""十二五"期间建设的诸如南昌港、九江港集装箱码头、理文物流有限公司码头、丰城曲江码头等使用现代化装卸设备外,大部分港口装卸机械设备还是相对比较简陋的。

"十一五""十二五"时期,全省水运建设以"两江两港"(赣江、信江,九江港、南昌港)为核心,"两横一纵"(长江江西段、赣江、信江)高等级航道建设为重点,推进城市化和工业化建设。南昌港、九江港的建设取得了较大的进展,建设了一批规模化、专业化码头。以赣江、鄱阳湖区、长江高等级航道为依托,基本形成以南昌港、九江港为核心,其余港口为辅的港口体系。港口发展能力和服务水平不断提升。依托港口大力发展临港工业和港口物流业,南昌港、九江港将逐步发展成为设施先进、功能完善、运行高效、文明环保的现代化、多功能、综合性港口。

江西省内河港口见表 9-6-1。

二、南昌港

(一)港口概况

1. 港口综述

南昌港地处江西省南昌市,位于江西北部赣江中下游,濒临中国第一大淡水湖——鄱阳湖,自然岸线长 332 千米,溯赣江而上经樟树、吉安,至赣州 450 千米;顺赣江西支下行至湖口 180 千米(营运里程),在湖口进入长江。南昌港道路与公路、铁路和机场公路相衔接,内河水路与赣江、信江和长江干线相通,具有优越的水运条件,是江西省重要的水陆交通枢纽。江西省主要经济腹地为南昌市和赣江两岸地区,以及环鄱阳湖经济带。按《南昌市总体规划》,南昌港由东新、鸡山、张洲、龙头岗、樵舍、老港区(昌东)等 6 个货运港区和 1 个旅游客运港区组成。南昌港重点建设鸡山、龙头岗、樵舍、东新等新港区。

表 9-6-1

江西省内河港口基本情况表

规模	港口名称	港口岸线		2015年港口生产性泊位				其中:1978—2015年建成的生产性泊位				货物吞吐量	2015年港口货物和旅客吞吐量				
		港口规划岸线	其中:2015年前已建成岸线	生产性泊位数	其中:千吨级及以上	生产性泊位总长	其中:千吨级及以上	生产性泊位数	其中:千吨级及以上	生产性泊位总长	其中:千吨级及以上	货物吞吐量	其中:外贸货物吞吐量	集装箱	旅客	其中:国际旅客
		千米	千米	个	个	米	米	个	个	米	米	万吨	万吨	万TEU	万人	万人
规模以上	九江港	65.84	31.02	483	185	31615	19840	457	162	28666	17136	21596.37	278.46	25.49	68.03	0
	南昌港	35.23	10.78	82	26	5587	2427	82	26	5587	2427	3054.53	88.36	10.75	0	0
	赣州港	15.58（规划报批中）	0.54	501	0	15469	0	501	0	15469	0	1729	0	0	129.2	0
	吉安港	34.5	0.53	107	0	2845	0	107	0	2845	0	1520	0	0	29.4	0
	宜春港	26.33（规划报批中）	1.55	306	0	7664	0	306	0	7664	0	1593.7	0	0	0	0
	抚州港	18.5	1.57	92	0	2293	0	92	0	2293	0	620	0	0	0	0
	新余港	0	0.2	24	0	755	0	24	0	755	0	82.3	0	0	77.6	0
规模以下	鹰潭港	9.53（规划报批中）	0.45	81	0	1739	0	81	0	1739	0	449	0	0	108	0
	景德镇港	17.53（规划报批中）	0.63	47	0	1520	0	47	0	1520	0	168	0	0	0	0
	上饶港	27.44（规划报批中）	2.26	289	0	11175	0	289	0	11175	0	1678.2	0	0	40.5	0
合计		250.48	49.53	2012	211	80662	22267	1986	188	77713	19563	32491.1	366.82	36.24	452.73	

南昌港自汉高祖六年(公元前201年)筑城置郡起,便成为南北交通的一大港埠。汉朝初年,江西远距离贩运频繁,南昌港已成为较大的中转销售港口。唐朝在广州设"市舶司"后,南昌港更成为广州至长安(今陕西省西安市)航线上的中继港,南商北贾往来于此,港口货物堆积如山。宋元以后直至明清,南昌港成为全省漕粮总汇转运之地。民国时期,由于轮船业的兴起,南昌港与九江港同为中心港口。1934年以后,由于六大干线公路和浙赣铁路相继建成,水运略减,南昌港逐渐衰退。抗日战争时期,南昌港更趋衰落。直到新中国成立后,南昌港码头全部收归国有才显出一线生机。改革开放前,南昌港口建设主要以改建或扩建码头为主,即由原来的石阶式、自然岸坡式码头改建为直立式、斜坡式混凝土码头,增添一些港口装卸设备。但由于历史欠账较多、基础设施薄弱,水运资源优势没有得到充分发挥。

改革开放初期,港口建设问题提到了议事日程,国家开始投入资金,对原基础设施差、装卸设备落后的老港口拆建。南昌港新建、改建、扩建了第一、二、三、四作业区和南昌港客运码头。其中第一作业区以百货杂货和粮食为主,第二作业区以进口煤炭为主,第三作业区以煤炭、杂货、矿建材料、化肥农药、木材为主,第四作业区以轻、重工业产品及集装箱为主,南昌客运码头开辟有开往鄱阳、都昌、余干等地的客运航线5~6条,成为江西省内河最大的客运码头,每年可接待旅客112万人次。另外,社会也纷纷开始投资建设码头,南昌港对原江边码头和昌北码头进行更新改造,在南昌大桥上游、扬子洲、白水湖工业园区等地先后兴建了一批通用散杂货码头。由于此阶段赣江航道处于天然状况,这些码头泊位靠泊能力大多只有100~500吨级,但仍成为当时南昌港的主要公共码头,承担了南昌港货物装卸和旅客运输的主要功能。随着集装箱货物运输形式的出现,1997年,南昌港在原滕王阁货运码头的基础上,改建年吞吐量为30000TEU集装箱码头,结束了南昌港口无国际标准集装箱装卸运输的历史。1999年,滕王阁集装箱码头因城市规划而拆迁,在昌北港改建年吞吐量在5500TEU左右的国际集装箱码头。

进入21世纪,随着经济的高速增长,国家对水运基础设施的投资力度加大,港口建设速度明显加快,赣江航道整治工程也拉开了帷幕。随着赣江航道等级的提高,首条南昌—上海江海直达航线开通,大大促进了南昌的经济发展。2005年,首座现代化国际集装箱专用码头工程南昌港建成投产。港口建设更注重港口功能完善和结构调整,新建港口向着专业化和规模化方向发展。嗣后,一批水泥、石化、纸业等企业业主落户南昌并沿江建码头,千吨级码头泊位逐年增多。如南昌亚力水泥有限公司为满足企业自身生产需要建设了1个1000吨级、2个500吨级泊位,江西赣江海螺水泥有限公司建设了4个2000吨级泊位,南昌富昌石油储运有限公司搬迁重建了1个800吨级成品油泊位。港口最大靠泊能力由改革开放初期的500吨级提高到目前的2000吨级。

随着赣江航道条件的改善，江西省货物运输船舶向"大型化、标准化"方向发展，船舶的平均吨位由 2007 年 290 吨增加到 2015 年 1041 吨，年增长率 17.3%。船舶吨位的提高，使港口吞吐量倍增。2007 年，南昌港货物吞吐量为 1653.43 万吨。2015 年，货物吞吐量为 3054.53 万吨。

截至 2015 年，南昌港共有生产用码头 38 座，总延长 6027 米，泊位数 87 个，最大靠泊能力 2000 吨级。其中，1000 吨级以上泊位 25 个。共有机械设备 299 台，最大起重量 45 吨；装卸搬运机械 160 台，专用机械 2 台；其他装卸机械 5 台。

南昌港内河航道主要是赣江。赣江是纵贯江西省内南北水运交通大动脉，赣江从河源流至南昌后分东西两河流入鄱阳湖。1987 年，江西省启动赣江西河段南昌至湖口 156 千米航道全面整治工程。经多年（次）整治，南昌—湖口 156 千米航道，从五级航道标准，提高到目前内河二级航道标准，常年可通航 2000 吨级船舶，实现了江西省内河高等级航道零的突破。赣江上游南昌—赣州航道，通过正在建设中的梯级航电枢纽，有望达到常年通航 1000 吨级船舶。

2. 港口水文气象

南昌港地处亚热带季风区，气候湿润温和、雨量充沛、四季分明，年平均气温 17.5 摄氏度，极端最高气温 40.9 摄氏度，极端最低气温 –9.3 摄氏度。冬夏季长，春秋季短。年平均降雨量 1645 毫米，年最大降雨量 2358 毫米，一般每年 4 月至 7 月为汛期，10 月至次年 2 月为枯水期。年平均雾雪天数 17.7 天，最大积雪厚度 160 毫米，全年无霜期 277 天；航道港口无冰封史。冬季为 N 风或 EN 风；夏季 WS 风，偶有台风侵袭；年平均风速 3.4 米/秒；最大风速 30 米/秒。最高水位 23.22 米，最低水位 10.05 米，平均水位 15.92 米（据南昌八一桥水位站 1955—2012 年统计资料）。赣江最大流量 21200 立方米/秒（1982 年 6 月 20 日）；多年最小流量 172 立方米/秒（1963 年 11 月 3 日）；年平均流量 2130 立方米/秒，多年平均径流量 670 亿立方米。径流年际变化大、年内分配极不均匀。最大年均流量 3640 立方米/秒（1973 年），最小年均流量的 750 立方米/秒（1963 年），汛期 4～7 月径流量占全年径流量的 59.2%，其中 6 月份最大，月均流量 4805 立方米/秒，占全年径流量的 18.8%；枯水期 10 月至次年 2 月，平均流量 993 立方米/秒，径流量占年径流量的 19.4%，其中 12 月最小，月均流量仅 821 立方米/秒。

南昌港多年平均悬移质输沙量为 1130.7 万吨，年内分配极不均匀，其中汛期 4 月、5 月、6 月三个月输沙量总和占全年的 67.41%。南昌主要地貌单元有风化剥蚀丘陵和岗地、Ⅰ级阶地、Ⅱ级阶地及河漫地。出露地层以第四系松散堆积层为主，厚度 15～37 米，下伏基岩为第三系红岩系。区域构造形迹被第四纪所覆盖，区内基底褶皱强烈，盖层褶皱较弱，断裂较发育，以北东向断层为主，构造上主要受赣江大断裂控制。

3. 发展成就

南昌市是江西省政治、经济、文化、科技中心，"襟三江而带五湖"，盛产农林水产品，并形成了汽车、电子等工业支柱产业。改革开放前，南昌港只有石级码头和土坡码头 25 座，最大靠泊能力达 100 吨。改革开放初期，大量货物经南昌港集散或中转联运，为南昌港发展创造了良好的外部环境。港口的基础设施建设也得到重视。改、扩建码头兴起，码头结构形式也由原来的石级式、自然土坡式变为直立式或水泥斜坡式。1990 年，南昌港改、扩建 4 个货运作业区和新建一个客运码头，4 个作业区拥有生产码头 24 座，总延长 1546 米，泊位 49 个，最大靠泊能力从 100 吨级提高到 500 吨级，成为江西省多功能、综合性港口。1991 年 10 月，南昌港滕王阁货运码头建成投产。该码头为直立式码头，长 350 米，11 个泊位，年货物吞吐量能力 30 万吨，同时建有仓库 3 座。1997 年又将滕王阁货运码头改建成年吞吐量 30000TEU 的集装箱码头。

进入 21 世纪，国家加大了港口基础设施建设的力度，原南昌港港口布局分散，码头吨级小，占用岸线多，作业效率低，运输成本高等缺点暴露无益。为改变港口落后面貌，根据《南昌港总体规划》要求，南昌港靠近市区的码头外迁，新建港区以龙头岗港区为主，与鸡山集装箱港区、樵舍化工港区共同构成的规模化、集约化、专业化码头。滕王阁集装箱码头整体搬迁。2005 年 5 月，南昌港首座现代化的国际集装箱码头在鸡山港区建成投产。该码头有 1000 吨级泊位 2 个，8.8 万平方米堆场、道路，配置门式起重机 4 台和 15 台和流动装卸机械，设计年吞吐量 50000TEU。2010 年，南昌港—九江港集装箱内支线水路运输航线开通，结束了南昌港无外贸货物吞吐量的历史。当年完成外贸集装箱吞吐量 22170TEU，外贸货物吞吐量 28.7 万吨。

南昌港是南昌综合交通枢纽的重要组成部分，南昌港新建的码头以规模化、集约化、专业化码头为主，有力引导了港口运输向大型化、高效化方向发展，促进了到港运输船舶的大型化发展。2010—2014 年，到港船舶平均吨位大约增长 75%，高于同期全国内河货运船舶平均吨位 61% 的增长速度，也高于同期江西省内河货运船舶平均吨位 26% 的增长速度，运输效益和港口面貌得到显著改善。

1990 年，南昌港拥有各类码头 30 座，泊位数 80 个，最大靠泊能力 500 吨级，货物吞吐量 377.3 万吨，各类装卸机械 57 台，最大起重能力 15 吨。截至 2015 年，南昌港拥有各类码头 38 座，泊位数 87 个，港口最大靠泊能力为 2000 吨级。货物吞吐量 3054.53 万吨，年均增长率为 15.4%。各类装卸机械 299 台，最大起重能力 45 吨。

随着江西省经济的不断发展，南昌港将加快建设步伐，并以其良好的水运条件和交通要冲地位，为江西实现在中部地区迅速崛起发挥积极作用。

南昌港港区分布如图 9-6-1 所示，南昌港基本情况见表 9-6-2。

图 9-6-1　南昌港港区分布图

(二)樵舍港区

1.港区综述

(1)港区建设和运营情况

樵舍港区为南昌市新规划的港区,港区定位功能为危险品及散杂货港区。2015 年 5 月,中电投江西电力有限公司新昌发电分公司 2000 吨级的煤炭浮码头泊位 2 个开工建设;年吞吐能力 97.5 万吨,为形成的产业园区提供煤炭、件杂货等物资运输服务。

(2)港区地理条件和集疏运概况

樵舍港区位于赣江西支左岸,南昌东外环大桥约 8 千米新建区樵舍镇刘家村。港区的集疏运主要通过水水和水陆两种方式。水路从赣江二级航道进湖口入长江;陆路可通过港区 16 千米一级公路进入 G105 国道、南昌绕城高速公路出城运送至全国各地。

表9-6-2

南昌港基本情况表

序号	港区名称	港区岸线		2015年港口生产性泊位				其中:1978—2015年建成的生产性泊位				2015年港口货物和旅客吞吐量				
		港区规划岸线	其中:2015年前已建成岸线	生产性泊位数	其中:千吨级及以上	生产性泊位总长	其中:千吨级及以上	生产性泊位数	其中:千吨级及以上	生产性泊位总长	其中:千吨级及以上	货物吞吐量	其中:外贸货物吞吐量	集装箱	旅客	其中:国际旅客
		千米	千米	个	个	米	米	个	个	米	米	万吨	万吨	万TEU	万人	万人
1	东新港区	1.25	0.7	10	3	720	300	10	3	720	300	—	—	—	—	—
2	鸡山港区	4.2	3.21	32	14	2354	1254	32	14	2354	1254	—	—	—	—	—
3	张洲港区	4.1	0.26	1	1	85	85	1	1	85	85	—	—	—	—	—
4	龙头港区	3	1.11	11	8	898	788	11	8	898	788	—	—	—	—	—
5	樵舍港区	1.8	0.93	—	—	—	—	—	—	—	—	—	—	—	—	—
6	昌东港区	1	0	—	—	—	—	—	—	—	—	—	—	—	—	—
7	砂石港区	2	0	—	—	—	—	—	—	—	—	—	—	—	—	—
8	老港区	1.7	1.7	24	—	1370	—	24	—	1370	—	—	—	—	—	—
9	旅游客运区	0.16	0.16	4	0	160	0	4	0	160	0	—	—	—	—	—
10	预留港区	16.02	2.71	—	—	—	—	—	—	—	—	—	—	—	—	—
	合计	35.23	10.78	82	26	5587	2427	82	26	5587	2427	3054.53	88.36	10.75	—	—

2.港区工程项目

中电投新昌发电分公司电煤配套码头项目

项目于 2015 年 5 月开工,2016 年 4 月试运行。

项目建设依据:2014 年 11 月,江西省发展改革委《关于核准中电投江西电力有限公司新昌发电分公司电煤配套码头工程项目申请报告的批复》(赣发改交通〔2014〕1274号);2013 年 11 月,江西省环境保护厅《关于中电投江西电力有限公司新昌发电分公司电煤配套码头工程环境影响报告书的批复》(赣环评字〔2013〕282 号);2014 年 5 月,新建县国土资源局《关于对中电投江西电力有限公司新昌发电分公司电煤码头建设项目用地的审查意见》(新国土资规字〔2014〕20 号);2014 年 10 月,交通运输部《关于南昌港樵舍港区中电投江西电力有限公司新昌发电分公司电煤配套码头工程使用港口岸线的批复》(交规划函〔2014〕839 号)

项目建设 2 个 2000 吨级散货码头泊位,码头设计靠泊能力 2000 吨,岸线总长 230米。码头采用顺岸式布局,浮式结构。码头前沿水深 3.7 米。主要装卸设备包括 10 吨固定旋转式卸船机两台。项目总投资 4670 万元,均由企业自筹。

项目建设单位为国家电投集团江西电力有限公司新昌发电分公司;设计单位为江西省港航设计院;施工单位为福建路港(集团)有限公司;监理单位为江西星海监理咨询所;质监单位为江西港航质量检测中心。

为保障电煤供应发挥了重大作用,节约燃料物流成本效益显著,同时水运成本的价格优势也非常可观,2016 年新昌码头运煤 52.11 万吨。

(三)龙头港区

1.港区综述

(1)港区建设和运营情况

龙头港区是 2007 年《南昌市总体规划》的一个新港区。2009 年,江西海螺水泥有限公司 4 个 1000 吨级专用水泥码头泊位在龙头港区开工建设,2010 年建成投产,年吞吐量450 万吨。2014 年,南昌龙头岗综合码头一期工程 4 个 2000 吨级件杂货集装箱码头开工建设,2016 年 9 月开港试运行。龙头岗综合码头是新中国成立以来江西省内河建设规模最大、靠泊能力最强的现代化综合码头。2015 年,龙头港区已建码头泊位 8 个,年吞吐量645 万吨,20 万 TEU,港区主要装卸货种为煤炭、水泥、件杂货,为昌北、乐化片区及南昌市周边县区物资运输服务。

(2)港区地理条件和集疏运概况

龙头港区位于赣江西支左岸,地处南昌市北郊新建区樵舍镇七里岗,距南昌市 30

千米，属南昌市半小时经济圈。龙头港区毗邻南昌市昌北国际机场。水陆空交通十分便利，水运可通过赣江二级主航道上至吉安、赣州，下至湖口入长江直达各港口城市。陆地运输得天独厚，与 105 国道、京九铁路、昌九高速公路、福银高速公路交会，乐温高速公路横跨镇内，区内公路四通八达。

2. 港区工程项目

（1）江西赣江海螺配套专用码头

项目于 2009 年 7 月开工，2010 年 2 月竣工。

项目建设依据：2009 年 10 月，南昌市港航管理处《关于江西赣江海螺水泥有限公司水泥专用码头工程初步设计的批复》（洪港航计字〔2009〕63 号）；2009 年 2 月，南昌市环境保护局《关于江西赣江海螺水泥有限公司专用配套码头项目环境影响报告书初步审核意见的报告》（洪环监督〔2009〕052 号）；2009 年 8 月，交通运输部《关于江西赣江海螺水泥码头使用港口岸线的批复》（交规划发〔2009〕411 号）。

项目建设 4 个 1000 吨级散货码头泊位，码头设计靠泊能力 1000 吨（码头水工建筑允许靠泊能力 1000 吨），岸线总长 380 米。码头采用顺岸式布局、高桩式结构。码头前沿水深 2.65 米。主要装卸设备包括 10 吨固定式起重机 2 台、600 吨/小时桥式抓斗卸船机 2 台、带式输送机 1 台。项目总投资 5269.79 万元，其中投入到环境保护投资 190 万元，全由企业自筹。

项目建设单位为江西省宏通物流有限公司；设计单位为广东省航道勘察设计研究院有限公司、江西省航务勘察院；施工单位为浙江第一水电建设集团有限公司；监理单位为武汉四达监理公司；质监单位江西省交通工程质量监督站。

项目投产后正常运营，为公司水泥生产原材料主要中转输送来源，公司采购熟料及原材料基本由船运至码头后，输送入库，保障生产。2011—2015 年货运吞吐量 1134.2 万吨。

（2）南昌龙头岗综合码头一期工程项目

项目于 2012 年 12 月开工，2017 年 6 月试运行。

项目建设依据：2011 年 2 月，江西省发展和改革委员会《关于南昌龙头岗综合码头工程可行性研报告的批复》（赣发改交通字〔2011〕281 号）；2011 年 8 月，江西省发展和改革委员会《关于南昌龙头岗综合码头一期工程初步设计的批复》（赣发改设审字〔2011〕1615 号）；2014 年 10 月，江西省发展和改革委员会《关于批复南昌龙头岗综合码头一期工程初步设计变更暨工可调整的函》（赣发改设审字〔2014〕1094 号）；2015 年 4 月，江西省环境保护厅《关于南昌龙头岗综合码头工程（一期）环境影响评估变更报告意见的函》（赣环评函〔2015〕63 号）；2012 年 7 月，江西省国土资源厅《南昌龙头岗综合码头工程（一期）建设用地的批复》（赣国土资核〔2012〕951 号）；2011 年 11 月，交通运输部《关于南昌港龙头岗港区综合码头一期工程使用港口岸线的批复》（交规划发〔2011〕703 号）。

项目建设 4 个 2000 吨级码头泊位,其中 2 个件杂货泊位和 2 个集装箱泊位。码头设计靠泊能力 0.2 万吨,岸线总长 408 米。码头采用顺岸式布局、高桩式结构。码头前沿水深 3.84 米。项目后方堆场面积 13.26 万平方米,堆存能力 12.15 万吨、20 万 TEU,仓库面积 3.1 万平方米,堆存能力 22.32 万吨。主要装卸设备包括 2 台起重量 35 吨、轨距 10.5 米的轻型集装箱装卸桥,1 台 40 吨、25 米门座起重机,1 台 25 吨、25 米门座起重机,2 台 10 吨、25 米门座起重机等。项目总投资 8.28 亿元。资金来源于政府投资、企业自筹。用地面积 3.94 万平方米。

项目建设单位为江西省港航建设投资有限公司;设计单位为中交第四航务勘察设计院有限公司、江苏国电科源电力设计院有限公司;施工单位为江西省路港工程有限公司、江西省宏顺建筑工程有限公司、江西省安装工程有限公司;监理单位为江西交通咨询公司;质监单位为江西省交通建设工程质量监督管理局。

龙头岗综合码头于 2017 年 6 月进入试运营阶段,2017 年公司内贸集装箱吞吐量 1.52 万TEU。

(四)鸡山港区

1.港区综述

(1)港区建设和运营情况

鸡山港区是在 2003 年江西省第一座现代化专业码头——南昌港国际集装箱码头开工建设开始逐步形成的。南昌国际集装箱码头有 1000 吨级泊位 2 个,2005 年 7 月建成投产,这也是江西水运事业实现历史性的突破开始。随后,赣江航道的整治,又使赣江航道等级不断提高,港区船舶吨位也不断提升。一些企业业主选择在鸡山港区临江建厂,码头建设进入高潮。在此期间,也有一些民营企业未办任何审批手续,非法建造了一些码头。日前已停产,列入非法码头整治拆除类码头。

2015 年,鸡山港区有 2000 吨级通用散(杂)货泊位 3 个;1000 吨级通用散(杂)货码头泊位 6 个,2 个集装箱码头泊位;800 吨级成品油专用码头泊位 1 个;500 吨级通用散(杂)货泊位 12 个;300 吨级通用散(杂)货 9 个。

港区国际集装箱码头 2015 年已突破 10 万 TEU。鸡山港区是南昌市内外贸服务的集装箱专业港,主要为南昌经济技术开发区、昌九工业走廊以及全市发展外向型经济服务,为腹地内的外贸集装箱集并运输及内贸集装箱中转运输服务。

(2)港区地理条件和集疏运概况

本港区所处的地形、地质、地貌等地理特点及水文气象条件,与南昌港相同。

鸡山港区位于赣江西河的左岸,赣江铁路桥下游约 6 千米处。南昌市经开区白水湖工业园区内。鸡山港与105、320、316国道和福银、沪瑞、昌九高速公路及南昌市东、西环高速公路在园区内交会,京九铁路纵贯全区,毗邻南昌市昌北机场,形成南昌市铁路、公路、航空和水运综合交通运输物流平台。

鸡山港是为南昌市内外贸易服务的集装箱专业港区。港区内集疏运主要通过赣江船舶运输至湖口入长江,再运至长江中下游各港区,或通过公路、铁路、民航运输。其港区交通运输方式齐全,呈立体化,具有十分优越的区位优势。

2.港区工程项目

(1)南昌港国际集装箱码头

项目于2003年10月开工,2005年5月竣工。

项目建设依据:2003年8月,江西省发展计划委员会批复《南昌港国际集装箱码头初步设计方案》(赣计设审字〔2003〕843号);2005年11月,江西省环境保护局办公室《关于南昌港集装箱码头工程竣工环境保护验收意见的函》(赣环督函〔2005〕222号);2003年3月,"建设用地规划许可证"(洪北地字〔2003〕48号)。

项目建设2个1000吨级集装箱码头泊位,码头设计靠泊能力10000吨,岸线总长666.45米。码头采用顺岸式布局、高桩式结构。码头前沿水深3.2米。项目后方堆场面积8.8万平方米,堆存能力0.05万吨、5万TEU。主要装卸设备包括45吨轨道式集装箱门式起重机3台、45吨进口集装箱正面起重机1台,另有中小型叉车等设备。项目总投资1.58亿元,其中项目法人自筹5348万元,其余部分由江西省重点建设费拨款解决。用地面积17.05万平方米。

项目建设单位为南昌港国际集装箱码头项目办;设计单位为江西省交通厅航运设计所;施工单位为江西省交通厅航务管理局港航工程处;监理单位为江西省交通工程监理公司;质监单位为江西省交通工程质量监督站。

2005年5月码头建成投营,集装箱吞吐量屡创新高。2005年累计完成集装箱吞吐量1.13万TEU;2006年突破3万箱,完成3.01万TEU;2009年完成5.00万TEU;2015年突破10万TEU,完成10.30万TEU。

(2)南昌亚力水泥制品有限公司专用码头

项目于2004年12月开工,2005年8月竣工。

项目建设依据:2004年10月,江西省发展计划委员会批复《南昌亚力水泥制品有限公司专用码头可行性研究报告》(赣发改交运字〔2004〕1124号);2004年8月,南昌市环境保护局《关于水泥制品生产、仓储及配套码头工程项目环境影响报告表审查意见的函》(洪环监督〔2004〕119号);2005年6月,交通部《关于南昌亚力水泥制品有限公司白水湖专用码头使用岸线的批复》(交规划发〔2005〕268号)。

项目建设3个1000吨级散货码头泊位,码头设计靠泊能力1000吨,岸线总长150

米。码头采用顺岸式布局、高桩式结构。码头前沿水深 2.7 米。主要装卸设备配置包括 2 台密闭提运机(1 台 300 吨/小时、1 台 200 吨/小时),与之配套空压机 3 台(阿特拉斯 GA200W-7.5,2 台;复盛 5175,1 台)。项目总投资 1947 万元,均由企业自筹。用地面积 5.43 万平方米。

项目建设单位为中港第二航务工程局;设计单位为江西省交通厅航运管理局设计所;施工单位为中港第二航务工程局;监理单位为九江港建设工程监理公司。

项目投入营运后,2011—2015 年吞吐量为 679.08 万吨。2017 年中转发货水泥 247 万吨,混凝土销售 20 万立方米/年。

(3)南昌市昌北防洪排涝工程管理处防汛码头

项目于 2011 年 11 月开工,2014 年 3 月试运行。

项目建设依据:2016 年 11 月,交通运输部《关于南昌港鸡山港区南昌市昌北防洪排涝工程管理处防汛码头工程使用港口岸线的批复》(交规划函〔2016〕708 号)。

项目建设 2 个 2000 吨级件杂货和散货通用码头泊位,码头设计靠泊能力 2000 吨,岸线总长 182 米。码头采用顺岸式布局、高桩式结构。码头前沿水深 4.8 米。项目后方堆场面积 1.6 万平方米,仓库面积 0.8 万平方米。项目总投资 6656.15 万元,均由企业自筹。用地面积 2.43 万平方米。项目总占地面积 36.4 亩,其中码头陆域用地 27.44 亩,河滩地 8.96 亩。

项目建设单位为江西中海港务有限责任公司;设计单位为江西省航务勘察设计院;施工单位为宜春市交通公路工程建设有限公司;监理单位为华海达(北京)工程管理咨询有限公司监理单位。

项目投产后提高了防汛物资保障安全系数,发挥防汛码头作用,保障了防汛物资吊装和储备的功能,同时为南昌及周边区域企业降低了物流成本,促进了南昌经济发展。

(4)江西晨鸣纸业有限公司货运码头

项目于 2012 年 12 月开工,2014 年 7 月竣工。

项目建设依据:2013 年 11 月,江西省经贸局《关于码头技改项目可行性研究报告的批复》(赣经贸投资〔2003〕742 号)。

项目建设 4 个 2000 吨级散货码头泊位,码头设计靠泊能力 2000 吨,岸线总长 410 米。码头采用顺岸式布局、高桩式结构。码头前沿水深 7.5 米。项目后方堆场面积 3.86 万平方米。主要装卸设备包括 GQ1020 固定式起重机 2 台、GQ1620 固定式起重机 3 台、GQ3020 固定式起重机 1 台、MQ3023 门座起重机 1 台。项目总投资 1.2 亿元,均由企业自筹。用地面积 5.33 万平方米。

项目建设单位为江西晨鸣纸业有限公司;设计单位为中交四航局港湾工程设计院有限公司;施工单位为安徽省交通航务工程有限公司;监理单位为长航监理有限公司(武

汉）九江分公司。

项目投产后的营运情况，2015—2016 年货物吞吐量 220 万吨。

（五）张洲港区

1.港区综述

（1）港区建设和运营情况

张洲港区是南昌市总体规划后设立的一个新港区。2011 年 4 月，益海嘉里（南昌）粮油食品公司码头建设 1000 吨级高桩码头泊位 3 个；年吞吐能力 90 万吨；由当地政府同意使用临时岸线的建华管桩（江西）有限公司码头建 2000 吨级浮码头泊位 1 个；年吞吐能力 50 万吨，已关停，列入非法码头整治拆除类码头。截至 2015 年底，港区共有生产性码头泊位 4 个，年吞吐量 140 万吨。

（2）港区地理条件和集疏运概况

本港区所处的地形、地质、地貌等地理特点及水文气象条件，与南昌港相同。

张洲港区位于江西南昌县南新乡会龙洲，赣江西支右岸，赣江铁路桥下游约 8 千米，距南昌市区仅 20 千米。与乐温高速公路、S102、S103 国道交会，区位优势明显。港区内集疏运可通过赣江二级航道出湖口入长江，将货物运至长江沿线各港口，也可通过陆路的国道、高速公路将货物运输到全国各地。

2.港区工程项目

益海嘉里（南昌）粮油食品公司码头（一期工程）

项目于 2010 年 1 月开工，2011 年 4 月试运行，2018 年 12 月竣工。

项目建设依据：2011 年 12 月，南昌市发展改革委《关于核准益海嘉里（南昌）粮油食品有限公司码头工程项目的批复》（洪发行外字〔2011〕409 号）；2012 年，南昌市交通运输局《关于益海嘉里（南昌）粮油食品公司码头工程初步设计的批复》（洪交字〔2012〕47号）；2009 年 1 月，南昌市环保局《关于益海嘉里（南昌）粮油食品有限公司粮油深加工项目环境影响报告书审查意见的函》（洪环监督〔2009〕17 号）。

项目建设 3 个 1000 吨级码头泊位，码头设计靠泊能力 1000 吨（码头水工建筑允许靠泊能力 2000 吨），岸线总长 260 米。码头采用顺岸式布局、高桩式结构。码头前沿水深 10米。主要装卸设备包括 5 吨门座起重机 2 台、15 吨门座起重机 2 台。项目总投资 3900 万元，均由企业自筹。

项目建设单位为益海嘉里（南昌）粮油食品公司；设计单位为中铁建港航局集团勘察设计院有限公司；施工单位为山东省济宁市航运管理局港航工程处；监理单位为长航监理有限公司（武汉）九江分公司。

三、九江港

（一）港口概况

1.港口综述

九江港地处江西省九江市,位于长江的赣、鄂、皖三省交界河段的南岸,西距武汉港269千米,东距吴淞口844千米,距鄱阳湖水入江处30千米。九江港水域面积36平方公里,陆域面积16.2平方公里。从该港沿江上溯可抵湘、鄂、川、渝,顺流而下可达皖、苏、沪、浙等省市,江海直达;入湖口经鄱阳湖与江西省内"赣、抚、饶、信、修"五大河系相通。陆路上与四通八达的铁路、高速公路及机场相通。使之成为水、陆、空立体交通枢纽,区位优势明显。

九江港历史悠久,汉代时期就已形成港埠,清代时期成为全国著名的三大茶市和四大米市之一。1858年,九江港辟为通商口岸。清代末年随着殖民主义和帝国主义的掠夺、侵略,九江港口日渐萧条,商埠倒闭,航运业陷入低潮。新中国成立后,才使九江港获得新生。特别是改革开放以来,随着经济社会的发展,以沿江城镇为中心的码头集中区逐步发展形成,建设了一批散货、件杂货码头,九江港也逐步发展壮大。

2001年,根据《国务院办公厅转发交通部关于深化中央直属和双重领导港口管理体制改革意见的通知》(国发办〔2001〕91号),交通部《关于贯彻实施港口管理体制深化改革工作意见和建议的函》(交函水〔2002〕1号)及交通部《关于加快港口政企分开步伐和加强港口行政管理的通知》(交水发〔2003〕69号)等文件精神,2007年7月,九江152千米的长江港口行政管理职能全部移交九江市港口管理局负责。实现了长江九江152千米的统一港口行政管理,标志着九江市正朝着真正意义上"一城一港一政"管理模式迈进。

九江港包括长江沿江港区和鄱阳湖港口群,长江沿江港区包括瑞昌、城西、城东、湖口、彭泽5个港区,鄱阳湖港口群包括湖口、庐山区(现濂溪区)、星子、都昌等港区。2000年以来,九江港建设取得了长足的进步,随着腹地运输需求的不断增长和沿江产业布局的持续推动,九江港的货物吞吐量也呈高速增长态势,特别是随着外贸经济的发展,集装箱吞吐量增长迅猛,九江港的基础设施建设不断加快,相继在长江沿线兴建了一批规模化、大型化、专业化的散货、件杂货、集装箱码头、港口发展能力和服务水平不断提升。在瑞昌港区陆续建成亚东水泥专业化出口码头、江州联合造船有限公司舾装码头等;城西港区建成外贸码头、集装箱码头、九鼎物流有限公司多用途码头等;城东港区建成国电九江发电厂输煤码头、中石化九江分公司油品码头和江西煤炭储备中心等;湖口港区建成蓝天玻璃制品有限公司专用码头、九江钢厂专用码头等;彭泽港区建成南方水泥专用码头等。

九江港经过改革开放近40年的老港区改扩建和开辟新港区,已形成一定规模的港口群。截至2015年,九江港共有生产用码头169座,总延长19262米,泊位数205个,最大靠泊能力5000吨级。其中,1000吨级以上泊位130个,共有机械设备908台。对外开放码头5个,开放锚地2处,开通8条直达国际航线,与全球多个港口建立货运往来,开通九江—上海公共内支线航班。九江港外贸货运量占江西省外贸货运量的60%以上,港口的发展对区域经济增长的贡献率高达25%以上。九江港已从一座年吞吐量仅数万吨的百年商港发展成为年吞吐量为21596.41万吨的长江大中型、现代化程度较高的内河港口,作为江西省唯一的通江达海的港口日益凸现"大港口"的作用和长江重要的枢纽港地位,有力推进了沿江经济的快速发展。

九江港水上运输便利发达,全区通航里程达970千米,内河、内湖通航里程达818千米,其中鄱阳湖区通航里程289千米,修水河水系484千米,其中152千米长江航道段为一级航道,长江河面宽阔,港区航道顺直,水深港阔,是长江航道中的优良港口之一。水深可常年保证5000吨级船舶航行。沿长江干流溯江而上可达武汉、重庆等地,顺流而下可抵芜湖、南京、上海等东部地区。九江港吴城至湖口81千米为鄱阳湖湖区航道,鄱阳湖水系经湖口汇入长江,形成完整的航道网。受内河和长江汛期双重影响,高水期长达半年,常年可保证千吨级船舶航行。

九江港有姚港锚地和新港游轮两处开放的锚地,始建于20世纪70年代。随着沿江经济和港口的快速发展,到港船舶以及过境候泊船舶数量大幅增加。为了提高港口公用基础设施配套水平,适应港口发展,保障船舶通航安全,2015年6月12日,九江港湖口港区永和州锚地工程获得九江市发展改革委的立项批复。该锚地工程位于长江下游湖口水道中段三洲圩附近水域,面积约45公顷,可满足3000~5000吨级船舶组合锚泊需要,兼顾10000吨级船舶锚泊。锚地分成上下两段,上段为普通货船锚地,长1600米、宽225米;下段为危险品船锚地,长350米、宽225米。两段间距200米,共30个3000~5000吨级船舶锚位。锚地建成后,可有效保证湖口港区的通航和码头生产水域的安全。

2. 港口水文气象

九江港地处亚热带季风区,气候湿润温和,四季分明,雨量充沛。九江港历年极端最高气温41.2摄氏度,最低气温-9.7摄氏度,年平均气温17摄氏度。历年平均雾日8.1天,最多年雾日15天,最少年雾日2天。全年无霜期240~300天,河流港口无冰冻史,终年可通航。港口常风向偏N风或EN风,一般在冬、春季。夏季多偏S风或WS风。历年最大风速九江港37.1米/秒,年平均降雨量1493毫米,最大降雨量2128.0毫米;最高水位达23.03米(1998年8月2日),最低枯水位4.58米(1924年3月23日),平均水位12.10米。长江九江河段水位主要受长江来水流量控制和鄱阳湖出流顶托的影响,长江洪水提前或遇到鄱阳湖水系洪水推迟,宜造成九江河段的高水位。航行基准面7.08米(均为黄海高程)。

九江站多年平均径流量为7416亿立方米,历年最大年径流量9590亿立方米(1998年),历年最小年径流量5381亿立方米(2006年);径流量年内分配不均匀,汛期5月至10月径流量约占全年的 71.4%,以 7 月、8 月为最大,约占全年径流量的 30.2%。多年平均流量为 23500 立方米/秒,最大流量为 75000 立方米/秒(1996 年 7 月 23 日),年平均流速0.8~1.0 米/秒。九江站多年平均含沙量为 0.26 千克/立方米,多年年平均输沙量为1.88 亿吨,输沙量年际变化较大,九江站年最大年输沙量 3.22 亿吨,最小年输沙量 0.48亿吨;九江站站输沙量年内分配不均,5 月至 10 月输沙量占全年输沙量的 88.5%,7 月至9 月占全年输沙量的 65%,其中 7 月份较大,占全年输沙量的 26.8%。

3. 发展成就

1978 年以后,九江港中转物资迅速增长。九江港开始了改造旧港区、建设新港区、扩大通过能力为主要目标的大规模港口建设,货运码头兴建迅速,规模扩大。1980 年 4 月 1日,在改革开放的大背景下,九江港作为长江流域第一批经国务院批准对外开放的内河港口,率先步入长江沿江开放的行列。1992 年 6 月 28 日,九江港正式对外籍船舶开放,对外开放码头 5 座,分别为 214 码头、外贸码头、三角线港区、炼油厂码头、中建万佳码头,锚地2 处,分别为姚港锚地和新港锚地。贸易航运开辟了日本、菲律宾、新加坡、俄罗斯、韩国、中国香港、中国台湾地区、斐济等直达国家及地区近洋直达航线;对外籍轮开放后,成功接泊洪都拉斯、巴拿马、伯利兹、俄罗斯、越南、柬埔寨、韩国、丹麦等外国籍的远洋船舶;国际集装箱航运每天开通有九江—上海公共内支线航班。

由于对外籍轮船开放的需要,国家有关部门先后在九江投资上亿元设立和健全海关、出入境检验检疫局、海事局、边防检查站等机构。口岸开放三十多年以来,在九江聚集了一批熟悉国际货运规划,以及相关国际涉外金融、保险、航运等综合专业技能的国际物流人才。设立有 10 余家专业的外贸运输代理公司,凭借遍及全世界的运输代理网络及先进的电子数据交换系统平台,能为九江的进出口货物提供海运、空运、陆运(铁路、公路)代理服务,能直接承接九江与世界各地的货物运输往来。

九江港口建设步伐日益加快。1986 年 9 月,九江港外贸码头一期工程动工建设,1992 年二期工程开工建设,1999 年 4 月二期扩建工程竣工,扩建后的外贸码头可同时停靠两艘 5000 吨级的外贸轮船泊港作业。嗣后,随着国民经济的发展和九江市产业结构的变化,货主、厂矿自备码头成为九江港码头建设的重要组成部分。港口货物吞吐量迅速增长,对区域经济发挥了重要作用。"十一五"期间,九江港充分利用北依长江和环(鄱阳)湖得天独厚的黄金水道优势,港口建设由粗放型向集约型快速发展。江西省将外贸码头公司、集装箱及港口涉外公司统一纳入组建中的"九江国际水运中心"范畴,以充分发挥作为江西省唯一国家一类对外贸易口岸功能作用。随着腹地运输需求的不断增长和沿江产业布局的持续推动,九江港的货物吞吐量也呈高速增长态势,九江港的基础设施建设不断加快,一大批重大业主港口项目纷纷落户九江港。2007 年 10 月,由上海港投资建设的九江港城西港区集装箱码头一期工程奠基开工。2013 年 2 月通过交通运输部竣工验收,

2014 年 12 月 5 日正式宣布对外开放。中石化九江分公司、九江国家粮库等一批专用码头也相继落户城西港区。2012 年 5 月,位于瑞昌港区码头镇梁公堤作业区江西理文公用码头开工建设,2013 年 8 月竣工投产。1991 年金砂湾和银砂湾两个工业园区落户湖口,湖口港区临港产业徒然兴起,先后建成砂石公司、蓝天玻璃制品有限公司、九江钢厂、江新船厂等业主专用码头,港区首次出现靠泊能力在 5000 吨级的大型舾装码头,完全改变了只有小型轮船进港作业的历史。湖口港也成为环鄱阳湖集装箱运输通江达海的理想中转地。瑞昌港改革开放前是长江沿线一个很不显眼的地方小港口,运输船舶吨位最大的也只有 200 余吨。改革开放后,由于地理、区位和政策优势,吸引了台湾远东集团、台湾亚联、亚利、利德公司等先后到瑞昌市投资,并依江设厂。港口码头设施由原来的小趸船发展到现代化的直立式大型装卸码头。港口货物吞吐量高速增长。

经过 40 多年的建设,九江港已成为江西省唯一对外开放的水运一类港口,也是长江中游重要的江海联运、内外贸运输中转的枢纽港。1995 年,九江港有生产用码头 38 座,总延长 3540 米,泊位 53 个,最大靠泊能力 5000 吨级。港口货物吞吐量 982.1 万吨,外贸吞吐量 23.7 万吨,集装箱吞吐量 0.69 万 TEU。至 2015 年,九江港有生产用码头 169 座,总延长 19262 米,泊位 205 个,靠泊能力在 1000 吨级及以上的 130 座,最大靠泊能力 5000 吨级。非生产用码头 23 座,总延长 2212 米,泊位 31 个,在生产用码头中,已装备各种装卸机械 908 台,最大起重能力达 800 吨。港口货物吞吐量 21596.41 万吨,外贸吞吐量 278.46 万吨,集装箱吞吐量 25.49 万 TEU。

九江港港区分布如图 9-6-2 所示,九江港基本情况见表 9-6-3。

图 9-6-2　九江港港区分布图

表 9-6-3

九江港基本情况表

序号	港区名称	港区岸线		2015年港口生产性泊位				其中:1978—2015年建成的生产性泊位				货物吞吐量	2015年港口货物和旅客吞吐量				
		港区规划岸线	其中:2015年前已建成岸线	生产性泊位数	其中:千吨级及以上	生产性泊位总长	其中:千吨级及以上	生产性泊位数	其中:千吨级及以上	生产性泊位总长	其中:千吨级及以上		其中:外贸货物吞吐量	集装箱	旅客	其中:国际旅客
		千米	千米	个	个	米	米	个	个	米	米	万吨	万吨	万TEU	万人	万人
1	瑞昌港区	8.54	4.64	60	51	5516	4806	56	47	5146	4436	4201.90	0	23600	16.73	0
2	城西港区	11.94	4.31	35	29	4415	3996	30	24	3545	3126	422.20	278.46	231300	0	0
3	城东港区	6.32	7.70	48	25	4842	2971	42	20	4121	2330	1750.29	0	0	0	0
4	湖口港区	13.11	7.10	50	46	4471	4146	47	44	4188	3963	3416.48	0	0	0	0
5	彭泽港区	10.23	5.44	39	24	3538	2531	31	17	2833	1891	634.00	0	0	0	0
6	鄱阳湖区	15.7	9.84	251	10	8833	1390	251	10	8833	1390	11171.5	0	0	51.3	0
	合计	65.84	39.03	483	185	31615	19840	457	162	28666	17136	21596.37	278.46	254900	68.03	0

(二)城东港区(原城区港区)

1. 港区综述

(1)港区建设和运营情况

九江城东港区地处九江城区下游。其港区功能以散货、件杂货、危化品等货运为主,兼顾客运,主要为城市发展和大型工矿企业生产服务,为腹地大宗散货中转服务。城东港区由琵琶湖作业区、乌石矶作业区等2个作业区组成。其中,乌石矶作业区为新开辟作业区,是以矿石、煤炭等大宗散货中转为主的公用作业区;琵琶湖作业区为现状作业区。

1988年,城东港区建设客班轮泊位4个。随着公路、铁路、民航的快速发展,客运萎缩,2008年后停止客班营运,只有少量旅游船停靠。2000年以前,虽有一些大型厂矿在城东港区建有专用货主码头,但这些码头机械化程度较低,分布也不太合理。进入21世纪,随着沿江产业的规划与发展,货运量的增长带动了码头新建或改扩建进程,港口面貌大为改善。1981年,国电九江发电厂5000吨级的输煤码头开工建设。项目完成后,累计发电量超过300亿千瓦·时,取得较好的经济和社会效益。九江石化等业主在城东港区建码头。2015年,城东港区有5000吨级煤码头泊位1个,5000吨级通用码头泊位3个;5000吨级液体化工泊位1个,3000吨级液体化工泊位4个;1000吨级油泊位1个。工作船泊位2个,完成吞吐量772.37万吨。2011—2015年完成货物吞吐量分别为292.0万吨、292.16万吨、1531.04万吨、434.71万吨、772.37万吨。

(2)港区地理条件和集疏运概况

城东港区位于九江市城区东部。东临鄱阳湖、南依杭瑞高速公路和铜九铁路、西接九江石化总厂、北襟长江,最近距离九江市区7千米,拥有长江岸线33千米。2.7千米配套铁路专线贯穿城东港区,串联码头、企业和铁路。横贯东西的长江与纵伸南北的京九铁路大动脉在九江城东港区形成十字交通枢纽,港区的集疏运处于承东启西,引南接北,交流中转的位置。城东港区是东部沿海地区产业向中西部转移的跳板地带。

2. 港区工程项目

(1)国电九江发电厂输煤码头

项目于1981年4月开工,1983年6月试运行,1984年9月竣工。

项目建设依据:1976年3月,国家计委〔76〕计字第109号批复《九江第二发电厂计划任务书》;1976年4月,江西省基本建设委员会以〔76〕赣基设字第12号文件批准九江第二发电厂厂址;1976年5月,江西省电力工业局以〔76〕电政字第11号文件批准正式成立江西省九江第二发电厂筹建处。1980 年,江西省基本建设委员会以〔80〕赣基设字第 205 号文件出具关于审查九江第二发电厂增改烧煤除灰工程初步设计的复函。设计依据 1980 年 4 月国家计划委员会以计燃〔1980〕216 号文件批复的"关于九江二电厂燃油改为烧煤的复函",并依据 1980 年九江第二发电厂与九江港务管理局签订"九江第二发电厂进口煤码头设计协议书"。

项目建设 2 个 5000 吨级煤码头泊位,岸线总长 250 米。码头采用顺岸式布局、斜坡式结构。码头前沿水深 4 米。项目后方堆场面积 6.6 万平方米,堆存能力 30 万吨。主要装卸设备为 TD75 型皮带输送机 6 条。项目总投资 400.09 万元,由财政拨款和银行贷款共同完成。

项目建设单位为国电九江发电厂(原名称为江西省九江第二发电厂筹建处);设计单位为九江港务管理局;施工单位为九江地区专建公司;监理单位为九江港务管理局;质监单位为九江港务管理局。

项目获得国家质量奖审定委员会评为优质工程,并授予银质奖。

国电九江发电厂码头投产后,在港区内提供货物装卸服务、港口设施、设备租赁。承接长江中下游运至电厂码头的电煤,运营情况较好。2011—2015 年累计集运电煤分别为 82 万吨、68 万吨、136 万吨、140 万吨、132 万吨,累计发电量超过 300 亿千瓦·时,为本地区人员就业和全省经济发展作出重大贡献。

(2)九江港客运码头及客运站工程

项目于 1989 年 12 月开工,1992 年 12 月竣工。

项目建设依据:1984 年 9 月,江西省计划委员会以〔1986〕基建字 82 号文件批复工程工可设计;1988 年,交通部以〔88〕基设字 195 号文件批复工程初步设计。

项目建设 4 个客运泊位,新建的客运码头由原来的一大一小 2 个泊位增加到 4 个 5000 吨级泊位,岸线总长 465 米。码头采用引桥式布局、斜坡式结构。码头前沿水深 8 米。主要装卸设备包括 2 吨载重汽车 4 台、1.5 吨叉车 3 台、2 吨电动葫芦 2 台、30 度自动扶梯 2 台、150 千瓦柴油发电机组 1 组。项目总投资 2500 万元,政府出资 2500 万元。陆域用地面积 6.8 万平方米。

项目建设单位为九江港务管理局;设计单位为长江航运规划设计院;施工单位为交通部第二航务工程局、九江市第一建筑工程公司、厦门鹭港建筑装饰工程总公司等;质监单位为长江航务工程质量监督中心站。

项目竣工后,年客流量由原来的 30 万人次增加到 300 万人次。进入 21 世纪,随着公路、铁路、民航运输跨越式发展,水路客源逐年减少。2008 年"非典"以后,客运停止营运,只有少量旅游船停靠。2014 年:80 航次,旅客人数约 24000 人。2015 年:54 航次,旅客人数约 16000 人。2016 年:10 航次,旅客人数约 3000 人。

(3)江西九江国家粮食储备库码头1号2号泊位

项目于1992年12月开工,2001年8月试运行,2001年8月竣工。

项目建设2个3000吨级粮食码头泊位,岸线总长360米。码头采用引桥式布局、板桩结构。码头前沿水深5米。主要装卸设备为起重机。项目总投资6000万元,由企业自筹。陆域用地面积7.99万平方米。

项目建设单位为九江国家粮食储备库;设计单位为武汉港湾工程设计院;施工单位为交通部第二航务工程局三公司;监理单位为九江港建设工程监理公司。

(4)九江石化总厂第二油品码头工程

水工部分1998年3月5日开工,1999年1月竣工。陆域1999年10月12日开工,2000年7月20日建成,2000年8月投用。

项目建设依据:1996年4月,中国石化九江石油化工总厂《关于储运厂增建第二油品码头项目立项的批复》(九江石化〔1996〕计字02号);1998年1月,中国石化九江石油化工总厂《关于九江石化总厂第二油品码头工程初步设计的批复》(九江石化〔1998〕技字03号);1996年11月,九江市环境保护局《关于九江石化总厂第二油品码头工程环境影响报告的报告的批复》(九江市环局字〔1996〕61号);1997年,九江市规划局《关于你厂第二油品码头的建设选址的批复》(九江市规办发〔97〕管字第13号);1997年8月,水利部长江水利委员会《对九江石化总厂利用长江水域及岸线修建油品码头的请示的批复》(长江务〔1997〕518号)。

项目建设1个5000吨级成品油泊位、2个3000吨级原油泊位、1个1000吨级成品油泊位、2个工作船泊位,总泊位数6个,岸线总长933米。码头采用引桥式布局、浮码头结构。码头前沿水深0.42米。主要装卸设备包括金属软管及工业管道。项目总投资7739.1万元,由企业自筹。陆域用地面积0.7万平方米。

项目建设单位为中国石化石油化工九江总厂;设计单位为中交第二航务工程勘察设计院有限公司;施工单位为武汉华航港湾工程总承包公司;监理单位为九江港务局监理公司、九江石化工程建设监理公司;质监单位为中国石化九江石油化工总厂工程质量监督站。

2011—2015年分别完成吞吐量85.2万吨、88.7万吨、97万吨、99.3万吨、115.6万吨。

(5)九江市庐宁燃气有限公司(招商道达尔)码头工程

项目于1998年4月开工,1998年11月竣工。

项目建设依据:1997年12月,九江市计划委员会《关于中外合资九江招商巨龙石化有限公司建设液化石油气专用码头储配站项目可行性研究报告的批复》(九市计工交字〔1997〕23号);1998年1月,九江市计划委员会《九江招商巨龙石化有限公司液化石油气储配站及专用码头工程初步设计的批复》(九市计设审字〔1998〕03 号);1997 年 10 月,九江市环境保护局批复《九江招商巨龙石化有限公司液化石油气储配站专用码头环境影响评价报告书》(环评批准市环局字〔1997〕87 号);1997 年 5 月,九江市城市规划办公室《关于液化石油气专用码头建设址的批复》(市规办发〔97〕管字第 20 号)。

项目建设 1 个 3000 吨级液体散货码头泊位,岸线总长 198 米。码头采用引桥式布局、浮码头结构。码头前沿水深 10 米。项目后方堆存能力 0.21 万吨。主要装卸设备包括液化石油气工艺管线、液化气烃泵及压缩机。项目总投资 3000 万元,由企业自筹。陆域用地面积 3.2 万平方米。

项目建设单位为九江市庐宁燃气有限公司(深圳招商石化有限公司);设计单位为交通部武汉港湾勘察设计研究院;施工单位为交通部第二航务工程局;质监单位为交通部长江航务质量监督中心站。

(6)九江石化固体散货码头改造工程

项目于 2009 年 12 月开工,2015 年 8 月试运行,2017 年 6 月竣工。

项目建设依据:2009 年 2 月,中国石化股份有限公司化工事业部《关于九江分公司固体散货码头改造工程可行性研究报告的批复》,(石化股份计〔2009〕7 号);2009 年 10 月,九江市港口管理局《关于中石化九江分公司固体散货码头改造工程初步设计的批复》(九港规字〔2009〕113 号);2008 年 8 月,九江市行政服务中心以九环审〔2008〕90 号文件对该项目环评报告表进行了批复;国有土地使用证(九城国用〔97〕字第 163 号);2009 年 1 月,九江市港口管理局《关于确认九江石化使用岸线的函》(长江务〔2010〕38 号)。

项目建设 1 个 2000 吨级固体散货泊位,岸线总长 159 米。码头采用引桥式布局、浮码头结构。码头前沿水深 7 米。主要装卸设备包括 2 台浮式起重机、4 条皮带输送机。项目总投资 2670.62 万元,由企业自筹。无新增陆域用地。

项目建设单位为中国石化九江分公司;设计单位为中交第二航务工程勘察设计院有限公司;施工单位为湖南水利水电建设工程有限公司;监理单位为长航监理有限公司(武汉)九江分公司;质监单位为长江航务工程质量监督中心。

项目投产后运营情况良好,年吞吐量约 48 万吨。

(7)九江市越盛燃料化工油库有限公司新港水上加油站码头改造工程

项目于 2010 年 12 月开工,2013 年 4 月竣工。

项目建设依据:2013 年 1 月,九江市港口管理局《关于九江市越盛燃料化工油库有限公司新港水上加油站码头改造工程初步设计的批复》(九港规〔2013〕7 号);2014 年 3 月,九江市庐山区环保局《关于九江市越盛燃料化工油库有限公司新港水上加油站码头栈桥改造工程项目环境影响报告书的批复》(庐环审〔2014〕第 44 号);2008 年 5 月,江西省水利厅《关于九江市越盛燃料化工油库有限公司输油管道及码头工程河道管理范围内建设项目的批复》(赣水建管字〔2008〕149号)。

项目建设1个3000吨级液体散货泊位,岸线总长120米。码头采用引桥式布局、浮码头结构。码头前沿水深6米。主要装卸设备配置中化石油赣01趸船(60米×10米)、一座长36米×3米的活动钢引桥、128.31米×3米固定式引桥,布置2根DN150油管、2根DN200油管、1根DN100水管、1根DN100污水管。项目总投资925万元,由国企投资。

项目建设单位为九江市越盛燃料化工油库有限公司;设计单位为广东省综合交通勘察设计院有限公司;施工单位为中交二航局第三工程有限公司、九江翔升造船有限公司;监理单位为长航监理有限公司(武汉)九江分公司;质监单位为长江航务工程质量监督中心。

(8)江西煤炭储备中心项目

项目于2012年5月开工,2016年7月试运行,2017年7月竣工。

项目建设依据:2011年,江西省发展改革委《关于江西煤炭储备中心九江城东通用码头工程项目申请报告的批复》(赣发改交通字〔2011〕3044号);2012年9月,九江市港口管理局《关于江西煤炭储备中心九江城东通用码头初步设计的批复》(九港规〔2012〕62号);2010年11月,江西省环境保护厅《关于江西煤炭储备中心九江城东通用码头工程环境影响报告书的批复》(赣环评字〔2010〕614号);2010年12月,江西省国土资源厅《关于江西煤炭储备中心九江城东通用码头工程项目用地的预审意见》(赣国土资核〔2010〕1900号);2011年8月,交通运输部《关于九江港城区港区江西煤炭储备中心九江通用码头工程使用港口岸线的批复》(交规划发〔2011〕461号)。

项目建设3个5000吨级兼顾10000吨级通用、散货码头泊位(水工允许靠泊能力万吨级),岸线总长400米。码头采用引桥式布局、高桩式结构。码头前沿水深10米。项目后方堆场面积4.3万平方米,堆存能力100万吨。主要装卸设备包括1号泊位布置1台1000吨/小时的直线轨道式散货装船机和2台16吨、30米门座起重机;2号及3号泊位配置4台800吨/小时的桥式抓斗卸船机,物料运输设有3线皮带输送机。项目总投资:6.31亿元,江西省能源集团公司出资建设。陆域用地面积17.33万平方米。

项目建设单位为江西煤炭储备中心有限公司;设计单位为中交第二航务工程勘察设计院有限公司;施工单位为中交二航局第三工程有限公司、江苏工力重机有限公司、武汉港迪电气有限公司等;监理单位为厦门合诚水运工程监理有限公司;质监单位为江西省交通工程质量监督站。

江西煤炭储备中心项目集水路、铁路、公路运输为一体,形成了多式联运的立体运输网,打通了长江黄金水道上一条出入赣的运输通道。项目的建成,契合了国家关于"一带一路"倡议和打造长江经济带的战略,项目的发展潜力、经济效益、社会效益巨大。2016

年 7 月试运行,2017 年完成转运 550 万吨。

（9）江西新立基沥青有限公司石化码头工程

项目于 2013 年 3 月开工,2016 年 6 月试运行,2017 年 12 月竣工。

项目建设依据:2013 年 9 月,九江市发展和改革委员会《关于江西新立基沥青有限公司石化物流临时码头项目立项的批复》（九发改交通字〔2013〕764 号）;2014 年 1 月,九江市港口管理局《关于九江港城区港区江西新立基沥青有限公司石化物流临时码头工程初步设计的批复》（九港规〔2014〕2 号）;2014 年 3 月,九江市环境保护局《关于江西新立基沥青有限公司"石化物流码头工程"项目环境影响报告书的批复》（九环评字〔2014〕26 号）;2015 年 2 月,九江市人民政府"国有土地使用证"（九城国用〔2015〕第 207 号）;2015 年 12 月,交通运输部《关于九江港城区港区江西新立基沥青有限公司石化码头工程使用港口岸线的批复》（交规划函〔2015〕918 号）。

项目建设 1 个 3000 吨级石油化工泊位,岸线总长 124 米。码头采用沿防波堤内侧布置布局、浮码头结构。码头前沿水深 5 米。项目储罐容量 2 万立方米。主要装卸设备包括装卸趸船、沥青管线 DN350、空压机、沥青泵。项目总投资 1454.73 万元,由企业自筹。陆域用地面积 6.55 万平方米。

项目建设单位为江西新立基沥青有限公司;设计单位为长江勘测规划设计研究有限责任公司;施工单位为中交二航局第三工程有限公司;监理单位为长航监理有限公司（武汉）九江分公司;质监单位为长江航务工程质量监督中心站。

（10）轻烃出厂设施完善配套项目

项目于 2013 年 5 月开工,2015 年 1 月试运行,2017 年 3 月竣工。

项目建设依据:2012 年 12 月,九江市工业和信息化委员会以九工信投资备〔2012〕6 号文件出具工程可行性研究报告批复;2013 年 11 月,九江市港口管理局《批复轻烃出厂设施完善配套项目改造工程（水域部分）初步设计》（九港规〔2013〕110 号）;2013 年 10 月,九江市环境保护局《关于〈中石化九江分公司轻烃出厂设施完善配套项目环境影响报告书〉的批复》（九环评字〔2013〕150 号）。

项目对现有的 5000 吨级液体化工泊位进行改造,岸线总长 532 米。码头采用引桥式布局、浮码头结构。码头前沿水深 0.42 米。主要装卸设备为 2 台船用装卸臂。项目总投资 1582.92 万元,由企业自筹。无新增用地。

项目建设单位为中国石油化工股份有限公司九江分公司;设计单位为九江石化设计工程有限公司、中交第二航务工程勘察设计院有限公司;施工单位为湖南水利水电第一工程有限公司、洪宇建设集团、九江检安石化工程有限公司等;监理单位为长航监理有限公司（武汉）九江分公司;质监单位为石油化工工程质量监督总站九江石化质监分站。

(三)鄱阳湖港口群区

1.港区综述

(1)港区建设和运营情况

鄱阳湖港口群由湖口、庐山区(现濂溪区)、星子、都昌、永修等鄱阳湖周边的老港区组成。1995年,鄱阳湖港口群有生产用码头26座,总延长1439米,泊位数31个,最大靠泊能力2000吨级1个。货物吞吐量为153.94万吨。1995—2005年,港口群的基本建设以改扩建和增添设备为主。2008年以后,江西大唐化学有限公司、赛得利(江西)化纤有限公司酸碱卸货专用码头等货运码头落户九江县庐山区(现濂溪区),九江东毅港口建设发展有限公司神灵湖东货运码头落户星子县(现庐山市)。鄱阳湖港口群首次出现靠泊能力达5000吨级的泊位。

2000年,由于长江限采和禁采黄砂,原在长江采砂的船舶,转而进入鄱阳湖作业,促使湖区货物吞吐量大增。2004年湖区黄砂出运量高达7427.9万吨,其中庐山(蛤蟆石)、都昌(老爷庙)和永修(吴城)黄砂输出量分别为2584.1万吨、1074.2万吨和1436.1万吨,成为港区重点货物之一。此后几年,湖区黄砂输出量虽有减少,但至2009年时仍有5823万吨。2015年,鄱阳湖港口群有生产用码头泊位数232个,总延长8.30千米,其中千吨级及以上14个,货物吞吐量达8527.88万吨。

(2)港区地理条件和集疏运概况

鄱阳湖港口群各港区的集疏运可通过水路出湖口连长江,或通过鄱阳湖连江西内河赣江、修河、信江、饶河等,将货物运到江西各港口。鄱阳湖港口群中的庐山港区位于长江航道中游,港口紧接九江市区,地理位置优越,航道等级Ⅱ-(3)级。庐山港区姑塘作业区紧靠姑塘化纤化工产业基地,可通过工业区道路连接姑塘镇以及庐山区(现濂溪区),作业区集疏运非常便捷。都昌港区位于鄱阳湖北都昌县城南,上距吴城30千米,下距湖口90千米,是湖区较大的滨湖港口。都昌港区城区作业区后方集疏运通道通过西湖路连接S210、S304和九景高速公路。星子港区位于鄱阳湖下游西岸,庐山市南门,距长江交汇处45千米,星子港区沙山作业区可分别通过星子工业园、沙山工业园区道路,连接工业园和周边地区以及庐山市,集疏运条件便捷。湖口港区位于长江与鄱阳湖交会处,由长江港区与鄱阳湖港区组成。老爷庙作业区利用现有乡道连接S304省道。永修港区考虑到吴城作业区靠近吴城镇,且以客运和工作船停靠为主,主要利用镇区道路进行集疏运。柘林湖港区柘林湖环湖公路已经建成,各重要客运码头和停靠点均可利用环湖公路,沟通G316国道、S306省道,并和规划中的地方高速公路相接。

2. 港区工程项目

（1）江西大唐化学有限公司货运码头项目

项目于 2008 年 1 月开工，2012 年 4 月试运行，2013 年 1 月竣工。

项目建设依据：2008 年 10 月，江西省交通厅航务管理局以航政 47 号文件同意码头选址和平面布置方案的《交通行政许可决定书》；2009 年 1 月，江西省发展和改革委员会《关于江西大唐化学有限公司码头建设项目申请报告核准的批复》（赣发改交字〔2009〕74 号）；2012 年 8 月，九江市环境保护局《关于江西大唐化学有限公司 5 万吨无水氟化氢一期项目竣工环境保护验收的批复》（九环评字〔2012〕109 号）；2008 年 9 月，江西省水利厅《关于江西大唐化学有限公司货运码头工程河道管理范围内建设项目的批复》（赣水建管字〔2008〕528 号）；2008 年 11 月，江西省交通厅《关于江西大唐化学有限公司港口岸线使用的批复》（交计字〔2008〕287 号）。

项目建设 3 个 800 吨级煤码头泊位，岸线总长 653 米。码头采用顺岸式布局、高桩式结构。码头前沿水深 3.28 ～ 17.25 米（枯水期至洪水期）。项目后方堆场面积 1596 平方米，堆存能力 0.16 万吨，仓库面积 3170 平方米，堆存能力 1 万吨。主要装卸设备包括集装箱泊位用 MH 型、32 吨、10.5 米通用门式起重机 1 台，散货泊位用 GQ5 型、5 吨、18 米固定式起重机 1 台，液货泊位用 80ZXB-50-200 硫酸卸料泵 2 台。项目总投资 6343 万元，由企业自筹。陆域用地面积 5 万平方米。

项目建设单位为江西大唐化学有限公司；设计单位为江西省港航设计院；施工单位为中交二航局第三工程公司；监理单位为长航监理有限公司（武汉）九江分公司；质监单位为九江市交通工程质量监督所。

（2）赛得利（江西）专用码头（二期工程）

项目于 2009 年 12 月开工，2011 年 6 月试运行，2016 年 3 月竣工。

项目建设依据：2013 年 12 月，江西省发展改革委以赣发改外资〔2013〕994 号文件出具项目核准的批复；2009 年 5 月，江西省环境保护厅"环评批复"（赣环督字〔2009〕247 号）；2013 年 6 月，江西省港航管理局"岸线批复"（赣港航计基字〔2013〕28 号）。

项目建设 2 个 500 吨级固体散货码头泊位，水工结构容许靠泊能力 1000 吨级。岸线总长 425 米。码头采用突堤式布局、高桩式和浮码头结构。码头前沿水深 2.73 米。项目后方堆场面积 2600 平方米，堆存能力 2.16 万吨，仓库面积 960 平方米，堆存能力 0.8 万吨。主要装卸设备有浮式起重机 1 台、门式起重机 2 台、卸酸泵 1 台、卸碱泵 1 台。项目总投资 2134 万元，由企业自筹。在原有一期自建开挖港池内建造，未有新增土地。

项目建设单位为赛得利（江西）化纤有限公司；设计单位为江西省港航设计院；施工单位为江西省路港工程有限公司；监理单位为江西中昌工程咨询监理有限公司；质监单位为九江市交通工程质量监督所。

(3)星子县神灵湖东货运码头建设工程项目

项目于 2014 年 11 月开工,2017 年 3 月试运行,2017 年 3 月竣工。

项目建设依据:2013 年 2 月,九江市港航管理局出具"关于星子县神灵湖东货运码头工程初步设计的审查批复";2010 年 12 月,江西省环境保护厅《关于星子县神灵湖东货运码头工程环境影响报告书的批复》(赣环评字〔2010〕664 号);2011 年 7 月,江西省国土资源厅《关于星子县神灵湖东货运码头项目的用地预审意见》(赣国土资核〔2011〕1035号);2012 年 7 月,交通运输部《关于九江神灵湖作业区星子县神灵湖东货运码头工程使用港口岸线的批复》(交规划发〔2012〕313 号)。

项目建设 5 个 2000 吨级泊位(其中,件杂货泊位 3 个、散货泊位 2 个),岸线总长 500米。码头采用顺岸式布局、高桩结构。码头前沿水深 7.5 ~ 18 米。项目后方堆场面积47769 万平方米,堆存能力 100 万吨,仓库面积 5757.8 万平方米,堆存能力 5 万吨。主要装卸设备有 GQ4030 固定式起重机、XC500 吨/小时门式起重机、卸船机、1200 吨/小时皮带输送机布料机、600 吨/小时轮胎移动式装船机、1200 吨/小时皮带输送机、1200 吨/小时移动式装船机。项目总投资约 1.99 亿元,企业自筹 5880 万元,银行贷款 1.4 亿元。陆域用地面积 20.99 万平方米。

项目建设单位为九江东毅港口建设发展有限公司;设计单位为河海大学设计研究院有限公司、长江勘测规划设计研究院有限公司、广东省综合交通勘察设计院有限公司;施工单位为福建路港(集团)有限公司;监理单位为上海海达工程建设咨询有限公司;质监单位为江西省交通建设工程质量监督管理局。

庐山市神灵湖东货运码头于 2017 年 3 月 16 日开始试运行,到 2017 年 9 月 16 日止,共运输砂石货物 39.07 万吨,从近半年的试运行结果来看,各项指标均能满足安全、环保、质量等技术要求,各项配套服务设施也符合实际运行要求。

(四)彭泽港区

1. 港区综述

(1)港区建设和运营情况

彭泽港区是九江港重要港区。上起红光码头,下至与安徽交界处的牛矶。原由红光港、城区港、马当港 3 个作业区组成。1995 年,彭泽港有生产性码头泊位 6 个,总延长 298米,最大靠泊能力 1000 吨级,货物年吞吐量 14.30 万吨。进入 21 世纪,码头建设才进入快速发展阶段。2004 年,九江南方水泥有限公司建设 2000 吨级泊位一个,年吞吐量 78万吨;2010 年,彭泽县康普力实业发展有限公司公用码头建设 1 个 3000 吨级兼顾 5000 吨级散货泊位。年吞吐量为 155 万吨。2011—2014 年港区吞吐量分别为 417.9 万吨、344.0万吨、344.0 万吨、426.0 万吨。2015 年,彭泽港最大靠泊能力为 5000 吨级,完成货物吞吐量 634 万吨。

根据《九江市港口总体规划》，彭泽港区重新规划。彭泽港区以集装箱、散货、件杂货、危化品装卸为主，主要为彭湖湾工业园、矶山化工园及九江市经济发展服务。新规划区域由红光、彭郎矶、矶山 3 个作业区组成。城区、马当作业区搬迁。原红光作业区即将改建为彭泽港区重要的大型公用作业枢纽港，将建 13 个 5000 吨级泊位（包括集装箱泊位、多用途泊位）及配套港区、物流园等。主要为彭湖湾工业园及周边地区经济发展服务，以集装箱、件杂货、散货装卸为主；彭郎矶作业区予以保留，主要为彭泽县公共运输和临港工业服务，并承担原老城区龙城作业区的货运码头搬迁任务；矶山作业区为新规划作业区，以危化品装卸为主，主要为矶山生态化工园发展服务，同时，将成为九江市重要的危化品中转储运基地。

（2）港区地理条件和集疏运概况

彭泽港地处江西省九江市彭泽县，位于长江中下游南岸，北临长江主航道，是江西省临江岸线最长的县，拥有黄金江岸线 42 千米，航道达到国家一级，常年可航行 5000～10000 吨级船舶。

彭泽港水陆交通十分便利，有"赣北大门"之称。它东邻安徽省东至县，南抵江西省鄱阳、都昌县毗邻，西连江西省湖口县，北与安徽省宿松、望江县隔江相望。港区陆域道路呈网状布置，陆路与九景高速公路、湖牛公路相连，与铜九线铁路衔接形成港区对外交通网。水路可通过长江到达长江沿线各港口，又可与鄱阳湖水系相联通，与更为广泛的江西腹地相连进行，集疏运。

2.港区工程项目

（1）彭泽县龙翔建材有限公司码头

项目于 1978 年 1 月开工。

项目建设 2 个 3000 吨级碎石码头泊位，岸线总长 150 米。码头采用引桥式布局、浮码头结构。码头前沿水深 10 米。项目后方无堆场。主要装卸设备为装船机。项目总投资 2000 万元，为业主自有资金。陆域用地面积 1 万平方米。

项目建设单位为彭泽县龙翔建材有限公司。

（2）彭泽县惠民物通发展有限公司装卸货 80 万吨码头

项目于 1982 年 3 月开工。

项目建设依据：2018 年 12 月，彭泽县发展和改革委员会备案登记（编号：2018-360430-55-03-030412）；2006 年 1 月，彭泽县建材总厂红光村签订了用地协议；2008 年 7 月，九江市港口管理局彭泽分局以彭港字〔2008〕19 号文件出具岸线批复。

项目建设 1 个 3000 吨级碎石泊位。码头岸线总长 90 米。采用引桥式布置、浮码头结构，前沿水深 8.0 米。堆场面积 0.05 万平方米，堆存能力 0.04 万吨。仓库面积 0.03

万平方米,仓库堆存能力 0.15 万吨。项目总投资 3000 万元,均由企业自筹。项目陆域用地 1.33 万平方米。

项目建设单位为彭泽县惠民物通发展有限公司。

(3)彭泽县彭湖碎石东矿有限公司年装卸码头

项目于 2003 年 1 月开工。

项目建设依据:2018 年 7 月,彭泽县发展和改革委员会备案登记(编号:2018-360430-55-03-015604)。

项目建设 1 个 3000 吨级碎石码头(码头水工建筑允许靠泊能力 5000 吨)。码头岸线总长 80 米。采用引桥式布置、浮码头结构。堆场面积 1.0 万平方米,堆场堆存能力 30000 吨。主要装卸设备为 3 台柳工 855N 装载机。项目总投资 2100 万元,均由企业自筹。项目陆域用地 1.1 万平方米。

项目建设单位为彭泽县彭湖碎石东矿有限公司。

(4)江西九江南方水泥有限公司码头项目

项目于 2004 年 2 月开工,2004 年 11 月试运行,2005 年 5 月竣工。

项目建设依据:2004 年 1 月,彭泽县发展计划委员会以彭计字〔2004〕6 号文件批复九江兰丰水泥有限公司建设专用码头工程可行性研究报告;2004 年 1 月,彭泽县发展计划委员会以彭计字〔2004〕13 号文件批复九江兰丰水泥有限公司建设专用码头工程初步设计;2004 年,江西省水利厅《关于九江兰丰水泥有限公司建设专用码头工程河道管理范围内建设项目审查意见的函》(赣水建管字〔2004〕67 号);2004 年,九江海事局《关于九江兰丰水泥有限公司建设专用码头工程建设的批复》(浔海事通〔2004〕60 号)。

项目建设 1 个 3000 吨级煤码头泊位。码头岸线总长 165 米。码头采用顺岸式和引桥式布置、高桩式和浮码头结构,前沿水深 8.0 米,无堆场。主要装卸设备包括 1 台固定旋转式起重机、1 台接料漏斗、1 台装船机。项目总投资 6000 万元,均由企业自筹。项目陆域用地 5.2 万平方米。

项目建设单位为江西九江南方水泥有限公司;设计单位为武汉港湾工程设计研究院;监理单位为九江港建设工程监理公司。

项目自 2004 年 11 月试运行以来,累计完成转运 1040 万吨。

(5)彭泽县康普力实业发展有限公司公用码头一期工程

项目于 2010 年 3 月开工,2010 年 11 月竣工。

项目建设依据:2010 年 11 月,彭泽县城乡建设规划委员会"工业用地规划许可证"(地字 000020100792019 号);2013 年 12 月,交通运输部以规划〔2013〕727 号文件出具岸线批复。

项目建设 1 个 3000 吨级碎石型砂泊位(码头水工建筑允许靠泊能力 5000 吨)。码头岸线总长 130 米。采用引桥式布置、浮码头结构。堆场面积 1.0 万平方米,堆存能力 6 万吨。仓库面积 0.21 万平方米,仓库堆存能力 1.2 万吨。主要装卸设备包括 3 台轮胎式装载机、1 台浮式起重机。项目总投资 2659.45 万元,均由企业自筹。项目陆域用地 19780.3 万平方米。

项目建设单位为彭泽县康普力实业发展有限公司;设计单位为广东省综合交通勘察设计院有限公司、中铁建港航局集团勘察设计有限公司;施工单位为中交二航局第三工程有限公司;监理单位为长航监理有限公司(武汉)九江分公司;质监单位为长江航务工程质量监督中心站。

(五)瑞昌港区

1. 港区综述

(1)港区建设和运营情况

瑞昌港区作为长江入赣第一港。改革开放前瑞昌港区是长江沿线一个地方小港口,江边码头只有几艘小水泥趸船,运输船舶吨位最大为 200 余吨。改革开放后,瑞昌港区基础设施建设有了发展,1995 年,瑞昌港区有生产性码头 16 座,泊位 22 个,最大靠泊能力 2000 吨级,年吞吐量 11.65 万吨。进入 21 世纪,港口掀起建设新高潮,瑞昌港区抓住机遇,将招商引资与港口建设结合起来,建设临江工业园区,积极吸纳企业资金参与港口开发建设,变港口运输为港口经济。由于地理、区位和政策优势,吸引了与港口生产关系密切的大中企业参与瑞昌港区的建设与经营,先后建成了油品、硫矿、石灰石、水泥、造纸、造船等专业化码头。江西最大台资企业——年产水泥 1400 万吨的江西亚东水泥公司,江西最大港资企业——江西理文造纸和化工公司,江西最大造船企业——年造船能力 30 万载重吨的江西江州联合造船有限公司舾装码头,江西首条、我国第六条海底电缆生产线单位——江西吉恩重工有限公司等到瑞昌发展。港口码头设施由原来的小趸船发展到靠泊能力达 5000 吨级、年吞吐量达 4201 万吨的现代化直立式大型装卸码头。

瑞昌港区以散货、件杂货运输为主,主要为当地及周边地区的经济发展、临港工业发展、建材及砂石等矿产资源外运服务。瑞昌港区包括金丝港、梁公堤、下巢湖口等 3 个作业区。其中,下巢湖口作业区为新增加作业区,以散货运输为主;金丝港作业区以散货、件杂货等运输为主;梁公堤作业区是瑞昌港区的重要公用码头区和今后发展的重点港区,以件杂货以及散杂货等运输为主,为码头工业园、瑞昌工业园以及瑞昌市和周边地区服务。

2011—2015 年完成货物吞吐量分别为 904.08 万吨、1212.0 万吨、2052.48 万吨、3060.91 万吨、4201.94 万吨。2013—2015 年已有少量集装箱吞吐量,分别为 1.22 万 TEU、2.28 万 TEU、2.36 万 TEU。

（2）港区地理条件和集疏运概况

瑞昌港区位于长江中下游南岸长江入赣第一市——瑞昌市（县级），隔江与湖北武穴市相望，拥有16.5千米的长江岸线，水域面积9.8平方公里，江面宽阔，其中三分之二为深水岸线。水路货运航线遍及长江各港口，并可直达连云港、宁波、福州、厦门、汕头等沿海城市。陆路与杭瑞、福银、沪容高速公路相接。

2. 港区工程项目

（1）中国石化销售有限公司江西瑞昌石油分公司7105油库码头

项目于1972年1月开工，1973年1月试运行，1973年1月竣工。

项目建设依据：2011年6月，瑞昌市环境保护局《关于中石化销售有限公司江西瑞昌石油分公司加油站、储油库项目竣工环境保护验收的批复》（瑞环审字〔2011〕77号）。

项目建设1个5000吨级液体散装泊位。码头岸线总长150米。采用顺岸式和引桥式布置、浮码头结构，码头前沿水深5.1米。堆场面积400平方米。主要装卸设备为DN2019毫米主管道2根，各400米。项目陆域用地面积58422平方米。

项目建设单位为中国石化销售有限公司江西瑞昌石油分公司；设计单位为江西省石化设计院；监理单位为7105工程处。

2011—2015年5年内吞吐量为28万吨。

（2）江西亚东水泥专用码头项目

项目一期工程于1998年10月开工，1999年5月试运行，1999年7月竣工。二期工程于2000年11月开工，2006年6月竣工。三期工程于2012年11月开工，2017年5月试运行，2013年6月竣工。

项目建设依据：1998年3月，江西省计划委员会《关于亚东水泥有限公司瑞昌制造厂专用码头工程可行性研究报告批复》（赣计能交字〔1998〕11号）；2000年11月，《关于江西亚东水泥有限公司瑞昌制造厂专用码头二期工程可行性研究报告的批复》（赣计能交字〔2000〕83号）；2004年11月，江西省发展和改革委员会《江西亚东水泥有限公司瑞昌制造厂三期码头扩建工程可行性研究报告的批复》（赣发改交运字〔2004〕1327号）；2009年1月，江西省发展和改革委员会《关于江西亚东水泥有限公司瑞昌制造厂三期码头扩建工程初步设计的批复》（赣发改审字〔2009〕60号）；2005年，江西省环境保护局《关于江西亚东水泥有限公司瑞昌制造厂第三、第四条新型干法水泥生产线扩建工程环境影响报告书审批意见的函》（赣环督函字〔2005〕39号）；2006年2月，九江海事局《关于江西亚东水泥有限公司瑞昌制造厂三期码头扩建工程建设的批复》（浔海事政务〔2006〕14号）；2014年9月，交通运输部《关于九江港瑞昌港区江西亚东水泥有限公司专用码头技改扩建工程使用港口岸线的批复》（交规划函〔2014〕781号）。

项目建设8个5000吨级通用码头泊位（码头水工结构容许靠泊能力10000吨）。码头岸线总长 667 米。码头采用引桥式布置、高桩式结构,码头前沿水深 5.8 米。堆场面积 2 万平方米。主要装卸设备包括 3 台带斗式门座起重机、1 台桥式卸船机、1 台皮带运输机、1 台装船机。项目总投资 1.5 亿元,均由企业自筹。

项目建设单位为江西亚东水泥有限公司;设计单位为交通部长江航运规划设计院、中交武汉港湾工程设计研究院有限公司;施工单位为上海三航奔腾建设工程有限公司;监理单位为长航监理有限公司;质监单位为武汉港湾工程质量检测有限公司。

重大事项:2007 年 7 月 29 日取得中华人民共和国港口经营许可证(1 号~7 号泊位);2017 年 11 月 13 日取得中华人民共和国港口经营许可证(8 号泊位)。

建设项目投产后的运营情况:2011—2015 年货物吞吐量分别为 722 万吨、755 万吨、773 万吨、1240 万吨、1495 万吨。

(3)九江瑞昌港区梁公堤作业区理文公用码头工程项目

项目于 2013 年 4 月开工,2015 年 1 月试运行,2016 年 10 月竣工。

项目建设依据:2013 年 5 月,江西省发展改革委《关于核准九江港瑞昌港区梁公堤作业区理文公用码头工程项目的批复》(赣发改外资字〔2013〕938 号);2013 年 5 月,江西省发展改革委《关于核准九江港瑞昌港区梁公堤作业区理文公用码头工程项目的批复》(赣发改外资字〔2013〕938 号);2012 年 7 月,江西省环境保护厅《关于九江港瑞昌港区梁公堤作业区理文公用码头工程环境影响报告书的批复》(赣环评字〔2012〕240 号);2012 年 12 月,长江水利委员会《关于九江港瑞昌港区梁公堤作业区理文公用码头及取水工程涉河建设方案的批复》(长许可〔2012〕279 号);2013 年 3 月,交通运输部《关于九江港瑞昌港区梁公堤作业区理文公用码头工程使用港口岸线的批复》(交规划发〔2013〕216 号)。

项目建设 7 个 5000 吨级危货、件杂货码头泊位(码头水工结构容许靠泊能力 10000 吨)。码头岸线总长 820 米。码头采用引桥式布置、高桩式结构,码头前沿水深 6.19 米。堆场面积 4.2 万平方米。项目总投资 2 亿元,均由企业自筹。项目陆域用地面积 35.62 万平方米。

项目建设单位为瑞昌理文物流有限公司;设计单位为长江航道规划设计研究院;施工单位为中交二航局第三工程有限公司;监理单位为长航监理有限公司(武汉)。

重大事项:2015 年 3 月 10 日取得中华人民共和国港口经营许可证。

项目投产后 2016 年吞吐量 153 万吨,2017 年 223 万吨。

(4)瑞昌码头工业城公用码头项目

项目于 2014 年 2 月开工,2016 年 5 月试运行,2016 年 10 月竣工。

项目建设依据:2012 年 3 月,江西省发展和改革委员会以赣发改投资字〔2012〕1965 号文件出具了工程可行性研究报告批复;2012 年 11 月,九江市港口管理局以九港规〔2012〕81 号文件出具了初步设计批复;2009 年 1 月,江西省环境保护局《关于九江港瑞昌港区梁公堤作业区九江市码头工业城公用港口一期码头工程环境影响报告书的批复》

(赣环督字〔2009〕54 号);2012 年 7 月,江西省国土资源厅《关于九江港瑞昌港区九江市码头工业城公用港口一期码头工程的用地预审意见》(赣国土资核〔2012〕1063 号);2010 年 8 月,江西省交通运输部《关于九江港瑞昌港区码头工业城公用港口一期码头工程使用港口岸线的批复》(交规划发〔2010〕421 号)。

项目建设 4 个 3000 吨级散货、件杂货码头泊位(码头水工结构容许靠泊能力 5000 吨)。码头岸线总长 450 米。码头采用引桥式布置、浮码头结构,码头前沿水深 6 米,堆场面积 200 亩。主要装卸设备包括 2 台门座起重机(1 台 16 吨、1 台 25 吨)。项目总投资 4.32 亿元,均由企业自筹。项目陆域用地 344 亩。

项目建设单位为瑞昌市沿江开发建设投资有限公司;设计单位为长江航道规划设计研究院;施工单位为中交二航局第三工程有限公司;监理单位为江西星海监理咨询所;质监单位为江西省交通工程质量监督站。

重大事项:2017 年 11 月,九江市港口管理局颁发了中华人民共和国港口经营许可证。

(5)九江港瑞昌港区梁公堤作业区新洋丰肥业生产基地码头工程项目

项目于 2015 年 4 月开工,2016 年 12 月试运行,2017 年 11 月竣工。

项目建设依据:2016 年,瑞昌发展改革委以瑞发改审字〔2016〕9 号文件出具了工程可行性研究报告批复;2015 年 9 月,瑞昌市环境保护局《关于九江港瑞昌港区梁公堤作业区新洋丰肥业生产基地码头工程环境影响报告书的批复》(环瑞审字〔2015〕37 号);2016 年 2 月,瑞昌市发展和改革委员会《关于九江港瑞昌港区梁公堤作业区新洋丰肥业生产基地码头工程项目备案的通知》(瑞发改审字〔2015〕9 号);2016 年 1 月,交通运输部《关于九江港瑞昌港区梁公堤作业区新洋丰肥业生产基地码头工程使用港口岸线的批复》(交规划函〔2016〕23 号)。

项目建设 2 个 5000 吨级散货、件杂货码头泊位(码头水工结构容许靠泊能力 10000 吨)。码头岸线总长 245 米。码头采用引桥式布置、高桩式结构,码头前沿水深 7.0 米。堆场面积 22800 平方米,堆存能力 9 万吨。主要装卸设备包括 1 台门座起重机,1 台螺旋式卸船机,1 台皮带输送机。项目总投资 8866 万元,均由企业自筹。

项目建设单位为江西新洋丰肥业有限公司;设计单位为长江航道规划设计研究所;施工单位为中交二航局第三工程有限公司;监理单位为长航监理有限公司(武汉)九江分公司。

项目 2016 年吞吐量约 26 万吨,2017 年吞吐量约 36 万吨。

(六)湖口港区

1.港区综述

(1)港区建设和运营情况

湖口港区以件杂货、散货运输为主,主要为临港工业及腹地经济发展服务,为腹地大宗散货中转服务。规划包括金砂湾作业区和银砂湾作业区,其中,金砂湾作业区主要为临港工业和公共运输提供服务,以件杂货、散货等运输为主;银砂湾作业区的水陆域条件优越,适宜发展大型的公用码头作业区,规划为大型的散货中转公用港区,以煤炭、矿石接卸中转为主。

1985年,湖口港区仅码头泊位8个,码头总延长119米,最大靠泊能力1500吨级,货物吞吐量10.9万吨。1991年,在开发九江沿江经济带这个大气候的推动下,金砂湾和银砂湾两个工业园区随之在湖口建成,临港产业徒然兴起,港口建设亦起高潮。1997年,江西中建万佳燃气有限公司率先在湖口建1个3000吨级的液化石油气专用码头。由于湖口前沿港深,航道条件好,千吨级的船舶可进入湖口。湖口先后建成砂石公司、江新船厂、钢铁、玻璃、建材、煤炭等货主专业码头,完全改变了只有小型轮船进港作业的历史。截至2015年,湖口港码头泊位63个,码头总延长7655米,货物吞吐量3416.48万吨,最大靠泊能力5000吨级。湖口港区成为环鄱阳湖货物运输通江达海的理想中转地。

2011—2015年港区货物吞吐量分别为111.6万吨、1503.18万吨、1877.1万吨、2556.62万吨、3416.48万吨。

(2)港区地理条件和集疏运概况

湖口港区位于长江与鄱阳湖交汇处,是地理上长江中游与下游的分界点,是江西内河出江物资和长江入赣物资的门户和江、湖物资中转集散点,还是内河船舶燃、润、油料和生活用品的补给港。湖口港区为天然良港,腹地物产丰富,人口稠密,货物年吞吐量较大。湖口港区对外交通便利。途经湖口的有九景高速公路、彭湖高速公路、铜九铁路、赣江高等级航道、长江黄金水道,已经形成公路、铁路、水路各具特色、优势互补的综合运输格局。水路交通沿鄱阳湖上可直通南昌及赣江流域各市县,沿长江可上溯武汉、重庆,下达南京、上海等各地港口。

2.港区工程项目

(1)江西中建万佳燃气有限公司配套码头建设工程

项目于1997年7月开工,1999年7月竣工。

项目建设依据:1997年9月,九江市计划委员会《关于中建万佳燃气有限公司九江液化石油气储配站及专用码头可研报告的批复》(九市计工交字〔1997〕18号);1997年9月,九江市计划委员会《关于中建万佳燃气有限公司九江液化石油气储配站及专用码头初步设计的批复》(九市计设审字〔1997〕21号);1997年9月,九江市环境保护局《关于对中建万佳九江液化石油气储配站及专用码头项目环境影响报告书的批复》(市环局字〔1997〕73号);1998年1月,湖口县土地管理局"建设用地批准书"(〔1998〕湖土用字第98001号);1998年1月,九江市航运管理处《关于对江西中建万佳燃气有限公司液化气专用码头建设的批复》(市航处〔1998〕第05号)。

项目建设1个3000吨级液化石油气泊位。码头岸线总长150米。采用引桥式布置、浮码头结构,码头前沿水深15.0米。堆场面积2000平方米,堆存能力4000立方米。主要装卸设备包括1艘65米长趸船、4个1000立方米的存储球罐及专用管线、2台压缩机、4台液化气泵、液化气专用管线。项目总投资3000万元,均由业主自筹。项目陆域用地3.07万平方米。

项目建设单位为江西中建万佳燃气有限公司;设计单位为中国市政工程华北设计研究院、扬子江港航设计院;施工单位为江西省安装公司第二分公司、南昌市工业设备安装建筑工程公司、中交二航局五公司;监理单位为长江航运建设工程监理总公司九江公司;质监单位为交通部长江航务工程质量监督中心站。

(2)富达码头

项目于2000年12月开工,2010年5月试运行,2003年12月竣工。

项目建设依据:2009年9月,九江市港口管理局《关于九江富达实业有限公司申请从事港口经营许可的批复》(九江港〔2009〕106号);2003年6月,九江市环保局《关于对〈九江富达实业有限公司年产3800吨分散染料及中间体项目环境影响报告书〉的批复》(九环开字〔2003〕号);2004年2月,湖口县规划建设局"建设用地规划许可证"(用地批准2004Y0229发办003号);2009年8月,九江市港口管理局《关于九江富达实业有限公司码头港口岸线使用的函》。

项目建设1个1000吨级硫酸、发烟硫酸码头泊位。码头岸线总长100米。码头采用引桥式布置、浮码头结构,码头前沿水深20.61米。主要装卸设备为型号φ70PP的装卸管道。项目总投资750万元,均由企业自筹。项目陆域用地250亩。

项目建设单位为九江富达实业有限公司;设计单位为湖口县建筑设计院;施工单位为湖口县水利电力建筑安装公司。

项目2011—2015年货物吞吐量26万吨。

(3)九江萍钢钢铁有限公司3号~7号泊位码头工程

项目于2007年11月开工,2009年4月试运行,2018年12月竣工。

项目建设依据:2018年,湖口县发展和改革委员会《关于九江萍钢钢铁有限公司(原江西九江钢厂有限公司)以新代旧综合利用技术改造配套码头工程项目备案通知》(湖发改备字〔2018〕01号);2009年1月,江西省环境保护厅《关于江西九江钢厂配套码头工程竣工验收环保验收意见的函》(赣环评函〔2009〕114号);2007年7月,江西省国土资源厅《关于九江钢厂有限公司以新代旧综合利用技术改造项目用地的预审意见》(赣国土资核〔2007〕225号);2018年8月,交通运输部《关于九江港湖口港区金沙湾作业区九江萍钢钢铁有限公司以新代旧综合利用技术改造配套码头工程使用港口岸线的批复》(交规划函〔2007〕444号)。

项目建设 5 个 5000 吨级件杂货、干散货码头泊位。码头岸线总长 700 米。码头采用引桥式布置、高桩式结构，码头前沿水深 6 米。堆场面积 31680 平方米，堆存能力 40 万吨。主要装卸设备包括起重机、输送机。项目总投资 2.38 亿元，均由企业自筹。项目陆域用地 47 亩。

项目建设单位为九江萍钢钢铁有限公司；设计单位为中交第二航务工程勘察设计院有限公司；施工单位为中交二航局第三工程有限公司；质监单位为长江航务工程质量监督中心站。

（4）江西联达金砂湾冶金有限公司码头改扩建工程

项目于 2009 年 2 月开工，2009 年 11 月试运行，2014 年 7 月竣工。

项目建设依据：2009 年 7 月，江西省水利厅《关于九江联港工贸有限公司码头改扩建工程河道管理范围内建设项目初审意见的函》（赣水建管字〔2009〕205 号）；2010 年 11 月，九江市港口管理局《关于九江联港工贸有限公司码头工程初步设计的批复》（九港规〔2010〕83 号）；2009 年 9 月，江西省环境保护厅《关于联港码头工程环境影响报告书的批复》（赣环督字〔2009〕383 号）；2009 年 8 月，水利部长江水利委员会《关于联港码头工程涉河建设方案的批复》（长许可〔2009〕139 号）；2010 年 3 月，交通运输部《关于联港码头该扩建工程使用岸线的批复》（发改交通字〔2010〕586 号）。

项目建设 2 个 3000 吨级散货码头泊位。码头岸线总长 135 米。码头采用顺岸式布置、浮码头结构，码头前沿水深 8.5 米。堆场面积 0.42 万平方米，堆存能力 2 万吨。主要装卸设备包括码头平台（趸船）、浮式起重机、固定式漏斗、皮带输送机系统、下料斗及 1 座固定式钢引桥。项目总投资 4233 万元，均由企业自筹。项目陆域用地 0.42 万平方米。

项目建设单位为江西联达金砂湾冶金有限公司；设计单位为中交武汉港湾工程设计研究院有限公司；施工单位为中交二航局第三工程有限公司；监理单位为长航监理有限公司（武汉）九江分公司；质监单位为长航航务工程质量监督中心站。

项目投产后满足公司自主货物装卸。2013—2015 年货物吞吐量分别为 60.25 万吨、80.03 万吨、53.30 万吨。

（5）赛得利（九江）纤维有限公司水运码头

项目于 2009 年 4 月开工，2012 年 6 月试运行，2014 年 2 月竣工。

项目建设依据：2010 年，江西省发展和改革委员会《关于九江港湖口港区龙达（江西）差别化化学纤维有限公司专用码头项目申请报告核准的批复》（赣发改交通字〔2010〕492 号）；2009 年，江西省环境保护厅《关于龙达（江西）差别化化学纤维有限公司码头项目环境影响报告书的批复》（赣环督字〔2009〕185 号）；2010 年，水利部长江水利委员会《关于龙达（江西）差别化化学纤维有限公司码头工程涉河建设方案的批复》（长许可〔2010〕31 号）；2009 年 9 月，交通运输部《关于龙达（江西）差别化化学纤维有限公司使用港口岸线的批复》(交规划发〔2009〕474 号)。

项目建设 2 个 5000 吨级件杂货泊位、1 个 5000 吨级散货泊位、1 个 1000 吨级液体泊位。码头岸线总长 415 米。码头采用引桥式和顺岸式布置,高桩式和浮码头结构,码头前沿水深 18.2 米。主要装卸设备包括 1 台 CZ200-400C 硫酸泵、2 台 CZ250-400 烧碱泵、3 台 16SA-9B 型水泵。项目总投资 1.14 亿元,均由企业自筹。

项目建设单位为龙达(江西)差别化化学纤维有限公司;设计单位为长江航道规划设计研究院、广东省综合交通勘察设计院有限公司;施工单位为中交二航局第三工程有限公司、江西优能技术发展有限公司、武昌船舶重工有限责任公司等;监理单位为长航监理有限公司(武汉)九江分公司;质监单位为长江航务工程质量监督中心站。

项目投产后满足公司自主货物装卸。2013—2015 年货物吞吐量分别为 53.00 万吨、22.68 万吨、54.18 万吨。

(6)九江力星物流有限公司码头技术改造工程

项目于 2010 年 6 月开工,2017 年 12 月试运行,2017 年 12 月竣工。

项目建设依据:2013 年 7 月,湖口县人民政府办公室《抄告单〈同意九江力星物流有限公司在不新增岸线的基础上对柘矶村矽砂矿四号码头进行技术改造,建成园区综合型公用码头〉》(湖府办抄字〔2013〕61 号);2014 年 4 月,九江市水利局《关于九江港湖口港区金沙湾作业区力星物流有限公司码头技改工程的批复》(九水建管字〔2014〕45 号);2016 年 10 月,湖口县环境保护局《关于九江力星物流有限公司对原柘矶村矽砂矿 4 号码头进行技术改造工程项目竣工环境保护验收意见的函》(湖环函〔2016〕49 号);2008 年 9 月,项目获得湖口县国土资源局用地批准(国用〔2008〕第 0429 号);2017 年 12 月,九江市港口管理局湖口县分局出具《关于认定九江力星物流有限公司历史岸线的意见》。

项目建设 1 个 3000 吨级散货码头泊位,岸线总长 128 米。码头采用引桥式布局、斜坡式结构。码头前沿水深 10 米。项目后方堆场面积 1.2 万平方米,堆存能力 11 万吨。主要装卸设备包括浮式起重机 1 台。项目总投资 600 万元,建设资金由项目业主自筹。用地面积 2 万平方米。

项目建设单位为九江力星物流有限公司;设计单位为河海大学设计研究院有限公司;施工单位为九江峰华船舶修造有限公司;监理单位为长航监理有限公司(武汉)九江分公司;质检单位为武汉港湾工程质量检测有限公司。

(7)中国石油江西九江湖口油库码头项目。

项目于 2010 年 9 月开工,2011 年 4 月试运行,2012 年 7 月竣工。

项目建设依据:2010 年 2 月,水利部长江水利委员会《关于中国石油江西销售分工公司九江湖口油库码头工程涉河建设方案的批复》(长许可〔2010〕36 号);2010 年 3 月,九江市港口局《关于九江湖口油库码头工程初步设计的批复》(九港规〔2010〕40 号);2010

年3月,江西省环境保护厅《关于中国石油天然气股份有限江西销售分公司九江湖口油库库区及码头工程环境影响报告书的批复》(赣环评字〔2010〕2号);2010年3月,江西省水利厅《关于九江湖口油库码头工程河道管理范围内建设项目开工的批复》(赣水建管字〔2010〕185号);2010年3月,交通运输部《关于九江湖口油库码头工程使用港口岸线的批复》(交规划发〔2010〕139号)。

项目建设1个3000吨级成品油码头泊位(码头水工建筑允许靠泊能力5000吨级),岸线总长181.5米。码头采用顺岸式布局、钢制趸船(85米×13米)浮式码头结构。码头前沿水深12米。项目后方堆场面积2.02万平方米,筒仓容量5.4万立方米。项目总投资2478万元,建设资金由企业自筹。

项目建设单位为中国石油江西销售分公司九江分公司;设计单位为长江勘测规划设计研究有限公司;施工单位为江西省路港工程有限公司;监理单位为长航监理有限公司(武汉)九江分公司;质监单位为长江航务工程质量监督中心。

（8）江西铜业集团公司铅锌冶炼工程水运码头

2010年11月开工,2011年10月试运行,2014年3月竣工。

项目建设依据:2009年3月,水利部长江水利委员会《关于江西铜业集团公司铅锌冶炼工程水运码头工程涉河建设方案的批复》(长许可〔2009〕66号);2011年6月,江西省水利厅《关于江西铜业集团公司铅锌冶炼工程水运码头过堤工程专项设计报告》(赣水建管便字〔2011〕172号);2009年6月,江西省环保厅《江西铜业集团铅锌冶炼工程水运码头项目环评批复》(赣环督字〔2009〕375号);2011年10月,湖口县国土资源局"建设用地土地证"(湖口县〔2011〕第01573号);2010年11月,交通运输部《关于江西铜业集团公司铅锌冶炼工程水运码头工程使用港口岸线的批复》(交规划发〔2010〕621号)。

项目建设1个5000吨级普货码头泊位及危货码头技改工程。普货工程建设1个5000吨级散货码头泊位及1个3000吨级通用码头泊位。码头前沿水深5米。码头岸线总长203米,码头采用引桥式布局、直立式码头结构。主要装卸设备为起重机2台。项目总投资9474万元,均由企业自筹。

项目建设单位为江西铜业铅锌金属有限公司;设计单位为长江勘探规划设计研究有限责任公司;施工单位为葛洲坝第五工程有限公司;监理单位为中交二航院工程咨询监理有限公司;质监单位为九江市交通工程质量监督所。

危货码头为在已建的水运码头2号散货进口泊位处增加硫酸出口功能,满足一艘2000吨级硫酸船舶装船作业要求。主要改造内容为利用公司现有物流设备,增设装酸管道(包括泵阀控制系统、管道吹扫系统)及安全辅助设施。项目投产后,能满足公司自主货物装卸,并有富余作业能力。2013—2015年货物吞吐量分别为18.77万吨、8.14万吨、12.34万吨。

(9)江西金砂湾港务有限责任公司码头建设工程

项目于2011年2月开工,2012年5月试运行,2016年11月竣工。

项目建设依据:2011年,江西省发展和改革委员会《关于江西蓝天玻璃制品有限公司专用码头改扩建工程项目申请报告核准的批复》(赣发改交通字[2011]1268号);2010年5月,水利部长江水利委员会《关于江西蓝天玻璃制品有限公司改扩建工程涉河建设方案的批复》(长许可[2010]65号);2009年,江西省环保厅《关于江西蓝天玻璃制品有限公司专用码头改扩建工程项目环境影响报告书的批复》(赣环督字[2009]527号);2010年,湖口县规划建设局"中华人民共和国建设项目选址意见书"(选字第360429201000023号);2010年6月,交通运输部《关于江西金砂湾港务有限责任公司码头工程使用港口岸线的批复》(交规划发[2010]260号)。

项目拆除原有码头并建设1个3000吨级散货码头泊位及2个3000吨级件杂货码头泊位,岸线总长323米。码头采用引桥式突堤布局、高桩式结构。码头前沿水深4.65米。项目后方堆场堆存能力25万吨。主要装卸设备包括800吨/小时的堆料机1台、16吨门座起重机2台、10吨门座起重机1台。项目总投资12588万元,均由企业自筹。用地面积6.2万平方米。

项目建设单位为江西金砂湾港务有限责任公司;设计单位为长江航道规划设计研究院;施工单位为中交二航局第三工程有限公司;监理单位为长航监理有限公司(武汉)九江分公司;质监单位为长江航务工程质量监督中心。

(10)中国石油江西销售分公司湖口油库码头扩建工程(弘达码头)

项目于2013年10月开工,2014年3月试运行,2014年6月竣工。

项目建设依据:2013年1月,九江市发展和改革委员会《关于湖口油库码头临时泊位工程项目立项的批复》([2013]922号);2012年5月,九江市港口管理局《湖口油库码头临时泊位工程初步设计的批复》(九港规函[2012]3号);2012年3月,九江市港口管理局《湖口油库码头临时泊位工程施工图设计的批复》(九港规函[2012]3号);2009年8月,湖口县环保局《关于对九江弘达石油化工有限公司30万吨/年石油化工产品储存项目环境影响报告表的批复》(湖环审[2009]06号);2010年3月,交通运输部《关于中国石油江西销售分公司九江湖口油库码头工程使用港口岸线的批复》(交规划发[2010]139号)。

项目建设1个3000吨级成品油码头泊位,岸线总长181米。码头采用引桥式布局、浮式码头结构。码头前沿水深8米。项目后方堆场面积3.5万平方米,堆存能力4.2万吨。主要装卸设备包括4台金属软管、1台扫仓泵。项目总投资299.27万元,均由企业自筹。

项目建设单位为中国石油江西销售分公司、江苏省工程勘察设计院、河海大学设计研究院有限公司;设计单位为江西省化学工业设计院九江分院;施工单位为江西省化学工业设计院九江分院;监理单位为九江石化监理公司;质监单位为江苏省建设厅、湖北省船舶检验处黄冈检验所。

2014年底试运营2015年初投产年吞吐量30万吨。

(11)湖口县长宏精制硅砂有限公司码头改造工程

项目于2014年9月开工,2015年9月试运行,2016年6月竣工。

项目建设依据:2012年,九江市发展和改革委员会《关于湖口县长宏精制硅砂有限公司码头改造工程项目立项的批复》(九发改交通字[2012]11号);2014年4月,九江市港口管理局《关于湖口县长宏精制硅砂有限公司码头改造工程初步设计的批复》(九港[2014]33号);2015年2月,湖口县环境保护局《关于湖口县长宏精制硅砂有限公司码头改造工程环境影响报告书的批复》(湖环评[2015]7号);2012年11月,湖口县规划建设局"建设用地规划许可证"(地字第360429201200036号);2012年11月,九江市港口管理局出具《关于湖口县长宏精制硅砂有限公司码头技术改造使用岸线的意见》。

项目改造1个3000吨级散货码头泊位及新建1个3000吨级散货码头泊位,岸线总长228米。码头采用引桥式布局、斜坡式结构。码头前沿水深6.5米。项目后方堆场面积5000平方米。主要装卸设备包括额定起重量为5吨的FQ5-20型起重机1台,额定起重量为10吨的FQ10-25型起重机1台,运量为400吨/小时的300米、800型皮带输送设备1条。项目总投资3000万元,均由企业自筹。用地面积4万平方米。

项目建设单位为九江市港口管理局和上海庭瑞航标设备有限公司;设计单位为中交武汉港湾工程设计研究院有限公司;施工单位为湖口县新源建筑工程公司;监理单位为九江港建设工程监理公司。

码头通过工程改造,提高装卸质量和效率,年吞吐量由原来80万吨增加到150万吨,取得了较好的经济及社会效益。

(12)湖口县大型砂实业有限公司码头工程

项目于2014年11月开工,2016年6月试运行,2017年5月竣工。

项目建设依据:2013年1月,九江市发展改革委《关于湖口县大型砂实业有限公司码头改造工程项目立项的批复》(九发改交通字[2013]141号);2013年1月,湖口县发展改革委以湖发改字[2013]2号文件出具项目工程可行性研究报告批复;2015年12月,湖口县环保局《关于湖口县大型砂实业有限公司码头技改造工程项目环境影响报告书的批复》(湖环评[2015]62号);2013年8月,水利部长江水利委员会《关于湖口县大型砂实业有限公司码头技改工程涉河建设方案的批复》(长许可[2013]221号);2013年3月,九江市港口局《关于湖口县大型砂实业有限公司码头技术改造使用岸线的意见》(九港规函[2013]3号)。

项目改造原有码头建设1个3000吨级散货码头泊位,岸线总长135米。码头采用顺岸式布局、浮式码头结构。码头前沿水深6米。项目后方堆场面积0.6万平方米,堆存能力10万吨。主要装卸设备包括1台起重机、2台铲车。项目总投资2694.31万元,均由企业自筹。用地面积12万平方米。

项目建设单位为湖口县大型砂实业有限公司;设计单位为中交武汉港湾工程设计研究院有限责任公司;施工单位为江西路港工程有限公司;监理单位为长航监理有限公司(武汉)九江分公司。

(13)江西神华九江电厂新建工程配套码头建设工程项目

项目于2015年12月开工,2017年12月试运行。

项目建设依据:2013年9月,江西省交通运输厅《关于神华江西国华九江煤炭储备(中转)发电一体化工程的配套码头工程审查意见的函》(赣交规划字〔2013〕236号);2015年3月,江西省发展改革委《关于江西神华九江电厂配套码头工程初步设计的批复》(赣发改设审〔2015〕236号);2013年11月,环境保护部《关于江西神华九江电厂新建项目环境影响报告书的批复》(环审〔2013〕294号);2013年2月,水利部长江水利委员会《关于九江工程配套码头及取水口工程涉河建设方案的批复》(长许可〔2013〕30号);2015年2月,取得"中华人民共和国港口岸线使用许可证"(交港河岸〔2015〕23号)。

项目建设2个5000吨级散货进口码头泊位及1个5000吨级散货出口码头泊位,码头平台长409米、宽22米。引桥共1座,长258.08米、宽度为18米和15米。码头采用引桥式布局、高桩式结构。码头前沿水深5米。项目后方堆场面积2.26万平方米,堆存能力30万吨。主要装卸设备包括每个进口泊位配置2台轨距为16米、额定效率为800吨/小时的桥式抓斗卸船机。项目总投资3.12亿元,均由企业自筹。厂区用地面积36万平方米。

项目建设单位为神华国华九江发电有限责任公司;设计单位为中交第二航务工程勘察设计院有限公司;施工单位为中交二航局第三工程有限公司;监理单位为中交二航院工程咨询监理有限公司;质检单位为江西港航质量检测中心。

(七)城西港区

1.港区综述

(1)港区建设和运营情况

按照《九江港总体规划》,城西港区以集装箱运输为主,兼有件杂货、滚装等运输功能,主要为九江经济技术开发区、赤湖工业园、九江县货物进出口服务,为全省内外贸集装箱中转运输服务,同时逐步拓展保税仓储、商贸服务、现代物流等功能,并为向保税港区方向发展创造条件。城西港区规划包括赤湖作业区、滨江作业区、官湖作业区和阎家渡作业区等4个作业区组成。其中,赤湖作业区为新增加作业区,以件杂货等通用散杂货运输为主;滨江作业区为新增加作业区,以集装箱、件杂货等运输为主;官湖作业区以集装箱中转运输为主;阎家渡作业区以通用散杂货运输为主,并兼顾滚装。

1980年4月,九江港辟为对外贸易口岸后,城西港区就作为对外贸易港口。原城西港的5号、6号码头选为外贸码头,作为重点建设项目。1988年,2个5000吨级泊位的外贸码头竣工,为江西及毗邻省进出口物资运输发挥了重要枢纽作用。嗣后,随着沿江地区产业集聚、逐步起势,城西港区建设采取老港区扩能改造和开辟新港区并举,重点建设集装箱码头、件杂货码头和通用散杂货码头,一批现代化、专业化的大型码头逐年增多。城西港区作为九江港重要的对外贸易的港区,开通了8条直达国际航线,与全球多个港口建立货运往来;开通九江—上海公共内支线航班,为九江港打造为区域性航运中心作出贡献。

2015年,城西港区拥有生产性码头泊位21座、工作泊位6座。其中,5000吨级泊位4座。堆场总面积27万平方米,岸线总长3018米,年通过能力430万吨。港口完成货物吞吐量达到422万吨,集装箱吞吐量22万TEU。

(2)港区地理条件和集疏运概况

城西港区位于九江市城区西部,是江西省沿江开发总体战略的核心区域,依长江承东西,托京九接南北,水陆交通十分发达,是"川、汉、宁、沪"的重要联运枢纽。港区有专用铁路线可直接进入南浔铁路七里湖车站,与京九、武九、合九、铜九及昌九的城际铁路与5条铁路干线和沙浔铁路支线相衔接;公路除与昌九、九景的高速公路连接外,经九江大桥还与沿江高速公路网相连,城西港区距九瑞公路仅1千米,通过九瑞公路与105国道连接;九江长江二桥直通港区内,可直接连接沪蓉高速公路。九江庐山机场有开往全国各大城市的航线,距南昌昌北国际机场仅1小时路程。水路航道等级为一级,航运可直达长江沿江各城市港口,开通了九江至上海中转世界各大港口的集装箱支线航班,并可以直航日本、俄罗斯、中国台湾、中国香港及东南亚各国和地区。内河航运可通过赣江二级航道将货物运到江西省内各港口。

2.港区工程项目

(1)中石化长江燃料有限公司九江分公司官牌夹加油站码头工程

项目于1987年1月开工,1988年4月试运行,1988年4月竣工。

项目建设依据:1986年5月,交通部长江航务管理局、交通部长江轮船总公司联合发文《关于做好组建长江燃料供应总站准备的通知》(长航办1986-372号、长轮总经1986-347号);1986年10月,九江港务管理局与长江燃料供应总站签署《关于九江港燃料供应机构移交给长江燃料供应总站的交接协议》,明确"油415驳随同泊位移交九江站",当时九江地区的油料供应基地设在龙王墩码头;在1987年,为支持九江港客运码头建设,九江站油料供应基地临时移出至1号基地,后移至官牌夹水域。2004年5月,中长燃九江分公司在航道处办理了《关于长燃九江分公司建官牌夹水上加油站泊位的批复》(浔道航2004-9号);2004年7月,九江海事局《关于设立官牌夹水上加油站泊位的批复》(浔海事通2004-52号)。

项目建设1个5000吨级油品码头,1个6000吨级油品码头,岸线总长300米,码头采用引桥式布局、浮式码头结构。码头前沿水深5.5米。项目储罐容量900立方米。主要装卸设备包括型号为龙工855型的铲车1台。项目总投资800万元,均由企业自筹。

项目建设单位为九江港务局。

(2)九江港外贸码头二期工程

项目于1997年2月开工,2001年9月试运行,2001年9月竣工。

项目建设依据:1995年9月,交通部《关于九江港外贸码头二期工程初步设计的批复》(交基发824号);1994年3月,九江市环境保护局《关于九江港外贸码头二期工程环境影响报告书的批复》(市环字〔1994〕16号)。

二期项目建设1个设计5000吨级杂货码头并将原外贸码头一期工程的6号泊位改建成多用途泊位,岸线总长400米,集装箱3万TEU,码头采用顺岸式布局、高桩梁板结构。码头前沿水深4.5米。项目后方堆场面积5.01万平方米,仓库面积1.52万平方米。二期项目总投资8928.57万元,其中交通部专项资金2506万元,开发银行贷款6160万元,港务局自筹资金262.57万元。项目未新增陆域项目用地。

项目建设单位为九江港务管理局;设计单位为交通部第二航务工程勘察设计院、中国建筑总公司第七工程局、九江市第三建筑公司;施工单位为交通部第二航务工程局;监理单位为长江航运建设监理公司;质监单位为长江航务工程质量监督中心站。2013—2016年完成吞吐量分别为275.83万吨、243.5万吨、108.13万吨、188.92万吨。

(3)上港集团九江港务有限公司外贸码头

项目于1997年2月开工,2001年9月试运行,2004年9月竣工。

项目建设依据:1995年9月,交通部《关于九江港外贸码头二期工程初步设计的批复》(交基发824号);1994年3月,九江市环境保护局《关于九江港外贸码头二期工程环境影响报告书的批复》(市环字〔1994〕16号)。

项目建设1个设计5000吨级杂货码头并在原外贸码头一期工程的6号泊位改建成多用途泊位,岸线总长391米,码头采用引桥式布局、浮式码头结构。项目后方堆场面积2.77平方米。项目总投资8928.57万元,其中中央投资2768.57万元,银行贷款6160万元。

项目建设单位为九江县鑫丰货运有限责任公司。

(4)九江四方港务物流有限公司1号码头跨堤天桥工程

项目于2003年11月开工,2004年3月试运行,2004年3月竣工。

项目建设依据:2002年11月,九江市经济贸易委员会批复九江港务局第一港务公司提交工程可行性研究报告（九经贸字〔2002〕76 号）。

项目建设 3 个 5000 吨级散货码头泊位，岸线总长 320 米。码头采用顺岸式布局、浮式结构。码头前沿水深 5 米。项目后方堆场面积 3.2 万平方米。主要装卸设备包括卸船机械 DM600-25 堆矿机 1 台，装车 MQ10-25 门座起重机，宽度 1000 毫米、速度 2.0 米/秒的皮带输送机。项目总投资 1132.3 万元，全部由企业自筹。

项目建设单位为中港第二航务工程局第三工程公司；设计单位为江西省交通厅航运设计所；施工单位为中港第二航务工程局第三工程公司；监理单位为九江港建设工程监理公司。

（5）九江顺鑫码头

项目于 2005 年开工，2006 年试运行。

项目建设依据：2005 年 9 月，九江县水利局《关于九江县顺鑫码头（爱国村码头）改建工程河道管理范围内建设项目的开工批复》；2005 年 11 月，九江市发展和改革委员会《关于九江鑫山水泥有限公司专用码头改造立项的批复》；2006 年 6 月，九江市水利局《关于印发九江顺鑫码头改造工程竣工验收鉴定书的函》。

项目建设 2 个 3000 吨级散货码头泊位，岸线总长 232 米。码头采用顺岸式布局、斜坡式结构。码头前沿水深 5 米。项目后方堆场面积 0.3 万平方米。主要装卸设备为抓斗机。项目总投资 104.49 万元，均由企业自筹。用地面积 0.3 万平方米。

项目建设单位为九江县鑫山水泥有限公司；设计单位为九江县水利电力规划设计院；施工单位为庐山区水利水电建筑工程公司；监理单位为九江县水利水电工程监理中心；质检单位为九江县建设工程质量检测中心。

（6）九江港城西港区集装箱码头一期工程

项目于 2007 年 10 月开工，2008 年 12 月试运行，2013 年 12 月竣工。

项目建设依据：2009 年 2 月，交通运输部《九江港城西港区集装箱码头一期工程初步设计》（交水发〔2009〕52 号）；2008 年 3 月，环境保护部批复《九江港城西港区集装箱码头一期工程环境影响报告书》（环审〔2008〕33 号）；2008 年 2 月，国土资源部批准九江港城西港区集装箱码头一期工程建设用地（国土资预审字〔2008〕55 号）。

项目建设 2 个 5000 吨级集装箱码头泊位，岸线总长 295 米。码头采用顺岸式布局、高桩式结构。码头前沿水深 10 米。项目后方堆场面积 5.69 万平方米，堆存能力 30 万 TEU。主要装卸设备为 2 台岸边集装箱起重机，其中 1 台 40.5 吨、26 米，1 台 35 吨、26 米；重箱堆场采用 4 线共 8 台轨道式门式起重机（RMG）。项目总投资 4372 万元，均由企业自筹。用地面积 17.46 万平方米。

项目建设单位为上港集团九江港务有限公司；设计单位为中交第二航务工程勘察设计院有限公司；施工单位为上海港务工程公司；监理单位为上海远东水运工程建设咨询监

理公司;质监单位为长江航务工程质量监督中心站。

建设项目投产后完成的集装箱吞吐量:2013 年 18 万 TEU,2014 年 20 万 TEU,2015 年 23 万 TEU。

(7)九江市徐家湾物流有限公司码头工程

项目于 2008 年 10 月开工,2009 年 1 月试运行。

项目建设依据:2008 年 10 月,九江市港口管理局《关于九江市徐家湾物流有限公司码头工程初步设计》(九港管〔2008〕162 号);2019 年 10 月,九江市柴桑区生态环境局出具了《关于九江市徐家湾物流有限公司环境影响报告书的批复》。

项目建设 1 个 3000 吨级散货码头泊位,岸线总长 120 米。码头采用顺岸式布局、斜坡式结构。码头前沿水深 5.5 米。项目主要装卸设备为抓斗机。项目总投资 2800 万元,均由企业自筹。

(8)九鼎物流有限公司多用途码头工程

项目于 2012 年 1 月开工,2013 年 7 月试运行,2014 年 5 月竣工。

项目建设依据:2012 年 6 月,九江市港口管理局《九江港城西港区九鼎物流有限公司多用途码头工程初步设计》(九港规〔2012〕51 号);2011 年 9 月,江西省环境保护厅《九江港城西港区九鼎物流有限公司多用途码头项目环境影响报告书》(赣环评字〔2011〕383 号);2011 年 9 月,江西省国土资源厅批复《九江港城西港区九鼎物流有限公司多用途码头项目的用地预审意见》(赣国土资核〔2011〕1368 号);2011 年 12 月,交通运输部《九江港城西港区九鼎物流有限公司多用途码头工程使用港口岸线的批复》(交规划发〔2011〕780 号)。

项目建设 2 个 5000 吨级多用途码头泊位(码头水工建筑允许靠泊能力 20000 吨),岸线总长 245 米。码头采用顺岸式布局、高桩式结构。码头前沿水深 7 米。项目后方堆场面积 9.0 万平方米,堆存能力 500 万吨,仓库面积 11.4 万平方米,堆存能力 50 万吨。主要装卸设备包括码头前沿安装 3 台 25 吨、40 吨门式起重机和 1 台 45 吨多用途门式起重机,集装箱重箱堆场采用 45 吨轨道式集装箱门式起重机,件杂货堆场采用门式起重机和轮胎式起重机装卸。项目总投资 7 亿元,其中自有资金 2 亿元,银行贷款 5 亿元。在本项目建设中,未新增陆域项目用地。

项目建设单位为九江市九鼎物流有限公司;设计单位为长江勘测规划设计研究有限公司;施工单位为南京市水利工程建设有限公司、江西省地质总公司新达分公司、江西省皓天建设有限公司;监理单位为上海海科工程监理有限公司;质监单位为江西省交通质量监督站。

2017 年 9 月,项目设计单位获得交通运输部水运协会"优秀设计二等奖"。

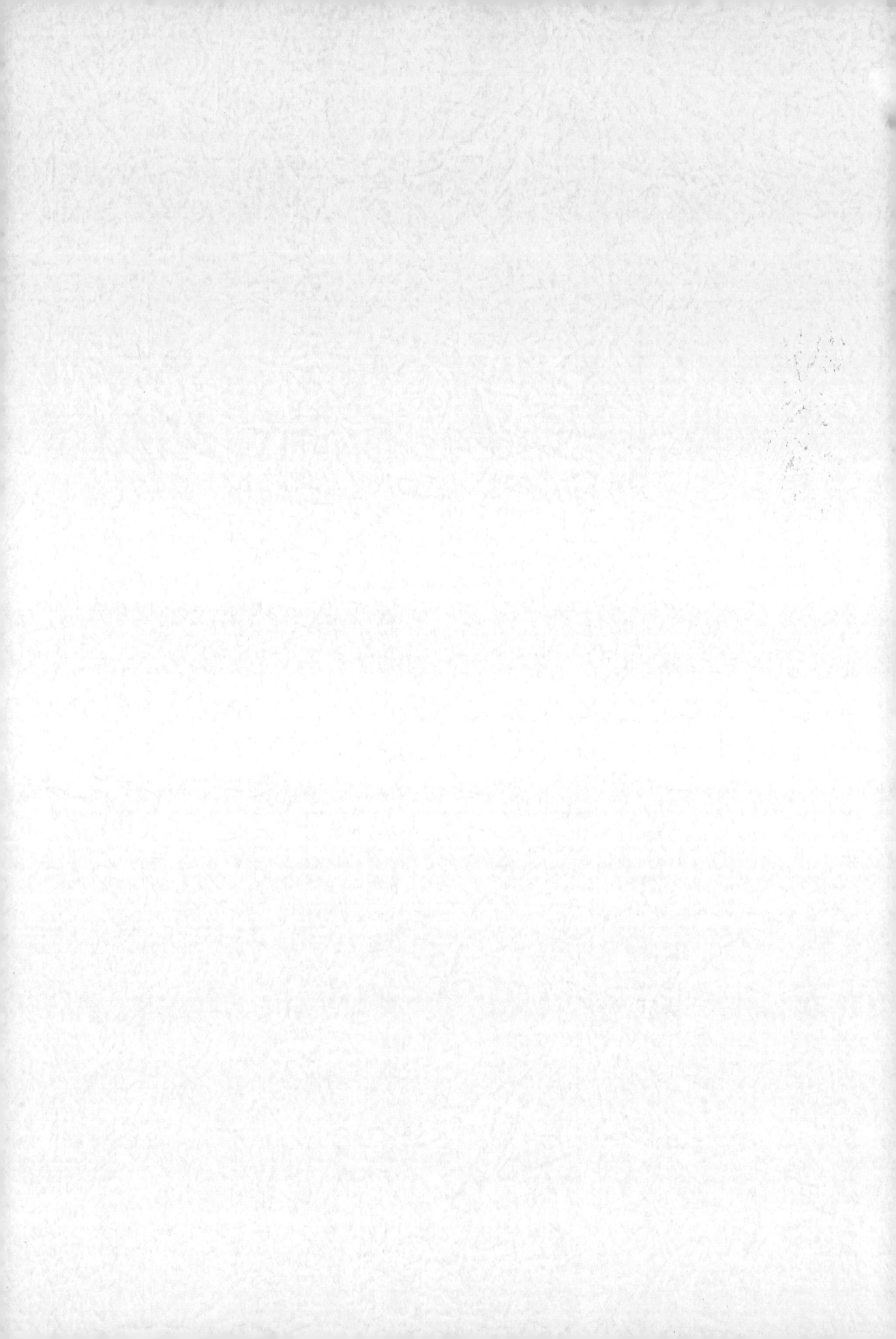